북한 민중사

이 저서는 2017년 정부(교육부)의 재원으로 한국연구재단의 지원을 받아 수행된
연구임(NRF-2017S1A6A4A01020715).

북한 민중사

1940년대: 빗발치는 민중의 요구 / 1950년대: 전쟁도 전후 상처도 민중 몫 / 1960년대: 천리마 시대 /
1970년대: 생활은 개선, 집단주의는 강화 / 1980년대: 모자라는 생필품, 재활용의 경제 /
1990년대: 모두 고난의 행군 / 2000년대: 생존을 위해서는 저항도 / 2010년대: 생활의 향상을 향해

안문석 지음

일조각

· 원문 가운데 이해하기 어려운 북한 말은 괄호 안에 설명했다.
· 원문 가운데 맞춤법에 완전히 어긋나 이해하기 어려운 부분은 괄호 안에 설명했다. 하지만 맞춤법과 맞지 않더라도 문맥상 이해할 수 있는 것은 그대로 두었다.
· 원문 가운데 판독이 불가능한 부분은 ○○○로 표시했다.
· 인명, 지명 등은 이해의 편의를 위해 두음법칙을 적용해 표기했다. 다만 잘 알려진 인물에 대해서는 두음법칙을 적용하지 않고 북한에서 부르는 대로 적었다.
· 기관명, 단체명 등은 이해의 편의를 위해 두음법칙을 적용해 표기했다.
· 지명 가운데 생소한 곳은 괄호 안에 설명했다.
· NARA(美문서기록보관청) 문서 가운데 책자로 만들어져 있는 것은 『 』, 짧은 문서들은 「 」로 표시했다.
· NARA 문서 가운데 단권으로 정리되어 있는 것도 있지만, 대부분은 여러 가지 문서가 섞여 있다. 전자의 경우는 인용 시 페이지를 밝힐 수 있지만, 후자의 경우는 페이지를 밝힐 수 없어 item 번호만 표시했다. item 번호 다음에 part나 copy 번호가 있는 경우는 이것까지 표시했다.
· 본문에서 보충 설명은 각주, 출처는 미주 처리했다.

머리말

해방과 함께 우리는 우리의 땅과 말을 다시 찾았고 자유를 얻었다. 곧 남에는 미군, 북에는 소련군이 진주했다. 남과 북 사람들의 삶은 달라졌다. 다른 체제 속에서 다른 삶을 영위했다. 지배층도 다르고, 그 지배층의 지배를 받는 피지배층, 즉 민중의 삶도 달랐다. 남쪽의 민중이 해방 이후 어떤 삶을 살아왔는지에 대한 연구는 여러 각도로 진행되어 왔다. 하지만 한반도의 반쪽 북한의 일반인, 민중에 대한 긴 호흡의 연구는 없다. 해방 직후부터 지금까지 북한의 필부필부들이 뭘 먹고 뭘 입고 어떤 생각을 하며 살아왔는지를 통시적으로 관찰한 연구가 없는 것이다.

이 연구는 그런 시도다. 해방 직후에는 북한 사람들이 어느 정도로 어렵게 살았고, 김일성 정권 당시에는 어느 정도 수준이었는지, 김정일·김정은 정권으로 이어지는 동안 북한 일반 사람들의 삶은 어떻게 달라졌는지, 그 변천사를 살펴보는 것이다.

정치체제와 경제구조, 대외정책 등 상위정치를 관찰하는 것은 그런 작업을 통해 북한 정권의 행태를 분석하고 그에 대한 대응책을 찾아보려는 취지이다. 물론 남북관계 개선과 통일의 과정으로 나아가는 데 매우 중요한 작업이다. 하지만 북한과의 관계를 개선하고 통일로 나아가는 데 있어 북한의 구성원인 사람들에 대한 이해 없이 가능하겠는가? 그들이 어떤 삶을 살아왔고 어떤 노정을 거쳐 지금은 어떤 생을 영위하고 있는지 알지 못하고 진정한 대화가 가능할까? 이 연구는 그런 고민에서 시작되었다.

먹는 문제는 어떻게 해결해 왔는지, 옷과 집은 어떤지, 그리고 여가에는 무엇을 하고, 학교에서는 무엇을 배우고, 아플 때 치료는 어떻게 받는지 등등 일상적인 부분들을 비교적 세밀히 파악하려 했다. 하지만 쉽지는 않았다. 자료를 찾기가 어려웠다. 오히려 1940년대 자료는 많았다. 한국전쟁 당시 미국이 북한에서 가져간 온갖 서류 속에 당시 북한 사람들의 생활을 파악할 수 있는 내용이 많았다. 1940년대 북한 민중의 삶을 미국의 수도 워싱턴 D.C. 근교 메릴랜드주 칼리지파크에 있는 美국립문서기록보관청에서 미국 사서들의 눈치를 보아 가며 찾아야 하는 느낌이 묘하지 않을 수 없었다. 1950년대에서 1970년대까지의 자료도 미국에서 많이 찾을 수 있었다. 美의회도서관에서 북한의 정기간행물을 엄청나게 가지고 있는데, 민중생활의 심층부를 알 수 있는 자료도 많았다. 그 이후 시기는 북한에서 나오는 간행물들은 정형화되어 있어 일반 사람들의 생활 깊숙한 곳을 파악하는 데에는 도움이 되지 않았고, 탈북자들의 수기, 그들과의 인터뷰, 북한 방문자들의 관찰기 등 온갖 자료를 동원해 퍼즐을 맞춰 가는 식으로 연구를 진행해야 했다.

민중생활이 연구의 핵심이다 보니 힘들고 어려운 부분을 중심으로 서술하게 되었다. 해방 직후의 식량난과 전력난이 1950년대를 거쳐 지금까지 계속되고 있는 점, 소금과 먹는 기름의 부족현상이 시대를 막론하고 계속되고 있는 점, 협동농장의 비효율성과 협동농장에서 놀고먹는 사람 때문에 생기는 문제, 공장의 열악한 상황, 생산은 부족하고 수요는 많아 생기는 사람들의 불편 등이 북한의 민중이 실제 경험하고 있는 일들이니 이런 부분에 대한 설명이 많은 것이다. 민중은 권력과 부에서 멀리 있는 상태에서 지배를 받는 계급이다 보니 불가피한 측면도 있다.

물론 휴양, 여유에 대한 기술도 있지만 많은 부분을 할애하지는 못했다. 그렇다고 해서 북한 사람들이 늘 어렵고 힘들고 불만스럽게만 살아왔다는 얘기는 아니다. 그들의 내면으로 들어가 보면, 다른 어느 나라 사람 못지않게 만족하는 삶을 살고 있을 수도 있다. 하지만 그런 부분은 북한 깊숙이 들어가지 않으면 확인하기 어렵다. 연구의 한계가 아닐 수 없다.

그동안 북한의 대외정책 및 국내 정치의 변화와 그 원인에 대한 연구를 주로 하다가 연구 지평을 넓히는 의미에서 이번에 일상사에 대한 연구를 진행했는데, 앞으로 사람들의 생활에 대한 연구는 더욱 확대되어야 함을 절실하게 느꼈다. 정책과 제도를 살피는 것은 결국 그것이 인간생활에 어떤 식으로 다가갔는지를 보지 않으면 의미가 없고, 그런 부분을 보기 위해서는 인간생활에 대한 연구가 깊어져야 할 것이다. 예를 들어, '1960년대 황해남도 해주 사람들의 생활', '함경북도 회령 김복동의 1970년대 생활' 등과 같은 미시적인 연구가 더욱 많아져야 한다는 것이다. 이를 통해 이와 유기적 연계 속에 진행되는 북한의 제도와 정책에 대한 연구도 훨씬 심층화할 수 있을 것이다.

이 책이 그런 연구에 하나의 자극제가 되었으면 하는 바람이다. 물론 그와 같은 연구가 활성화되려면 남북관계가 좋아져야 한다. 물자뿐만 아니라 사람이 오가야 한다. 북미관계가 개선되고 비핵화가 진전되어 남북이 쉽게 오가는 날이 얼른 오기를 새삼 바라는 마음이다.

2020년 9월

안문석

차례

제2장_ 1950년대: 전쟁도 전후 상처도 민중 몫

제3장_ 1960년대: 천리마 시대

제4장_ 1970년대: 생활은 개선, 집단주의는 강화

제5장_ 1980년대: 모자라는 생필품, 재활용의 경제

제6장_ 1990년대: 모두 고난의 행군

제7장_ 2000년대: 생존을 위해서는 저항도

제8장_ 2010년대: 생활의 향상을 향해

프롤로그

문제제기 및 연구방향

북한에 대해서는 다양한 시각에서 논의와 연구가 진행되어 왔다. 그 가운데 대종을 이루는 것은 북한의 정치, 군사 부문에 관한 것이다. 북한이 탄생부터 지금에 이르기까지 정치적인 맥락 속에서 이해하지 않으면 안 되는 존재이고, 여전히 한국, 미국, 중국 등과의 정치적 관계 속에서 파워게임을 계속하고 있기 때문에, 북한의 정치와 관련된 연구가 많은 것은 자연스러운 현상이기도 하다. 또한 북한은 외부 세력과의 군사적인 대치 속에서 나름의 자립적·주체적 생존을 추구해 왔기 때문에 계속해서 군사력을 증강해 왔으며 국제 사회에 대한 도발을 지속해 왔다. 따라서 북한의 군사전략에 대한 연구 또한 북한 연구의 주요 분야가 되어 왔다. 정치, 군사 부문과 함께 북한의 경제적 난관의 실상을 알아보고 경제난의 원인을 찾기 위한 북한 경제에 대한 연구도 비교적 활발히 진행되어 왔다. 그리고 대외적으로 공개되는 북한의 문학, 예술 작품들에 대한 연구도 어느 정도 성과를 보여 왔다.

하지만 북한 연구에 있어서 '아래로부터의 시각'에 기초한 연구는 미진하다. 북한 일반 주민의 일상적인 삶에 대한 천착과 분석을 중심으로 한 연구는 불모지로 남아 있다. 통상 사회과학 연구에서 중시되어 온 것은 합리주의, 실증주의가 강조하는 엄밀성rigidity이었고, 이 때문에 인간의 감성적 복합성은 무시되어 왔다.[1] 일반인들의 삶에 대한 실제적 접근은 그래서 사회과학 연구에서 그다지 중요하게 취급되지 않아 왔다. 북한 연구도 예외가 아니었다. 권력과 상부구조 중심의 연구가 주류를 이루면서 '아래로부터의 접근', 북한체제 속 인간의 삶에 대한 연구는 미진했던 것이다.

북한에서도 다양한 사람의 일상적 경험과 행위는 국가의 제도나 정책과 일정한 접점을 가지고 있고, 일상의 연구를 통해 북한의 실상과 역사의 진행에 따른 변화를 보다 실체적으로 파악할 수 있다. 그런 점에서 북한 주민들의 실제 생활상에 대한 연구는 활성화되어야 하는 당위가 있다. 북한의 지배 계층이 아닌 일반적 사람들을 통상 '주민'이라고 일컬어 왔는데, 북한이 주로 사용하는 용어로는 '인민'이 될 것이고, 민중people이라고 해도 좋을 것이다. 민중은 지배계급에 대한 상대적인 개념으로, 지배를 받는 계급을 말한다. 정치적 통치수단, 경제적 생산수단, 사회적·문화적 군림수단으로부터 소외되어 지배층의 지배를 받는 피지배계층을 이르는 것이다. 노동자와 농민이 그 핵심적 구성 부분이다.[2] 모두가 재산을 공유하고 관직도 돌아가면서 하는 국가가 있다면 지배를 받는 자도 없고 민중이라는 개념도 성립하지 않을 것이다. 하지만 아리스토텔레스가 플라톤의 국가론을 비판하면서 주장한 것처럼 이러한 형태의 국가는 존재하기 어렵다.[3]

북한도 명목상으로는 노동자, 농민의 나라이지만, 사무원, 병사 등과 함께 실제로 그들은 북한 정권의 지도부에 의해 통치받는 세력이다. 따라서 북한 체제에도 민중이란 계층은 존재하고, 민중과 주민, 인민은 서로 통용되는 개념이라고 할 수 있다. 북한에서 지금은 민중이라는 용어를 거의 쓰지 않지만 해방 직후에는 쓰기도 했다. 3·1절 28주년을 맞아 각계각층의 기념 모습을 전하는 『로동신문』 1947년 3월 3일 자 기사 제목이 "3월 1일 이 민족적 명절을 기념하는 민중의 이모저모: 집합소에서 대회장까지"이었다. 『로동신문』은 이 기사에서 농민과 노동자, 사무원, 청년, 학생, 그리고 평양 시민들이 군중대회 등을 열면서 3·1절을 기념하는 모습을 자세히 전했다.[4] 그러니까 농민과 노동자, 사무원, 청년, 학생, 일반 시민 등이 모두 민중의 개념에 포함된다는 의미다.

남한에서는 민중 개념이 특히 1980년대에는 변혁운동의 주체를 지칭하는 용어로 주로 쓰였는데, 이제는 이질적인 정체성과 경험을 가지고 있으면서 구조적 한계 속에서도 나름의 미시적 맥락에 따라 선택하고 행위를 하는 일상의 주체로 인식되고 있다.[5] 이러한 최근의 민중 개념에 비추어 볼 때, 민중은 주민, 인민이라는 용어와 바꾸어 써도 무방할 것으로 여겨진다. 따라서 북한의 일상생활 관련 역사 연구는 북한 민중사를 살펴보는 것이 될 것이다.

어쨌든 '아래로부터의 시각'은 그동안 북한 연구에서 중요한 연구 이슈로 인정되지 못해 왔는데, 최근 들어 일부 연구자들이 이런 부분에 관심을 갖고 관련 연구를 진행하고 있다.[6] 이러한 시도들은 북한에 대한 이해의 지평을 넓히는 데 많은 기여를 하고 있다. 다만 연구자의 관심에 따라 여성, 관료, 시장 등의 소재를 산발적으로 연구함으로써 체계성이나 종합성은 아직 기대하기 어려운 정도라고 하겠다.

이 연구는 해방 이후부터 최근까지의 북한의 역사를 주민들의 일상생활 관점에서 관찰, 서술하려는 것이다. 그럼으로써 주민들의 실제 생활상을 시대 변화에 따라 체계적으로 정리하는 작업을 할 수 있을 것이다. 이 작업은 주민 생활상의 변화 기록에 그치지 않고, 이를 통해 북한의 상부구조에서 진행되어 온 논의와 정책, 제도들이 북한 사회에 어떻게 체화되어 왔는지, 또 상부와 하부의 괴리는 어느 지점에서 어떤 양상으로 나타나는지를 세밀하게 파악하는 데 크게 기여할 것이다. 개인들의 경험을 통해 북한 사회구조의 실상을 더욱 명확히 드러낼 수 있는 것이다. 이러한 작업은 그동안의 권력 중심, 정책 중심, 상부구조 중심의 접근과는 근본적으로 다른 것이라고 할 수 있다.

특히 북한에 대한 연구들이 정치와 상부구조 중심으로 진행되면서 주민의 저항에 대해서는 거의 관심을 두지 못해 왔는데, 이 연구는 그 부분에 대해서도 되도록 많은 자료를 동원해 기술한다. 사회 체제의 전면적 개혁을 위한 집단적 저항이 없다고 해서 주민 사이에 저항이 없는 것은 아니다. 지체foot dragging, 위장dissimulation, 거짓 순응false compliance, 좀도둑질pilfering, 모른 척하기feigned ignorance, 비방slander, 방화arson, 생산 방해sabotage 등과 같은 '약자들의 무기weapons of the weak'는 '일상적 형태의 저항everyday forms of resistance'으로 일반 사람들의 삶 속에 빈번하게 나타나고 있다.[7] 북한에서도 정책에 대한 동의 유보, 일정한 불만의 표출, 단속에 대한 회피 등의 형태로 소극적 저항은 지속적으로 있어 왔다. 이 연구는 북한 주민들의 일상 속에 나타난 소극적 저항의 양태, 변화의 과정 등에 대해서도 탐구, 기술한다.

요컨대 이 연구는 첫째, 북한 주민의 일상성에 초점을 두고, 둘째, 주민생활의 다양성을 드러내면서, 셋째, 그들의 자율성과 저항의 측면에도 관심을 두며, 넷째, 제도, 정책과 일상의 연결고리를 분석해 냄으로써 북한 역사를 새로운 시각으로 기술해 나가는 특성을 가지고 있다.

연구의 방법과 범위

이 연구는 지난 70여 년의 북한 역사를 주민들의 일상적인 삶의 모습을 통해 확인하는 것이다. 연구의 구체적 방법론으로는 질적 연구qualitative research의 방법을 차용했다. 질적 연구는 개념화와 이론화, 계량화하기 전 상태를 파악해 보다 사실에 가까이 접근하려는 방법론으로, 사실 확인에 방점을 두는 것이다. 역사 연구에 있어서 첫 번째 목표는 실제로 일어난 것이 무엇인지를 파악하는 것이 되어야 할 것이다. 그 이후 해석이나 추론이 가능하고 이를 바탕으로 필요한 교훈을 얻어 낼 수 있을 것이다. 이 연구는 그런 시각에서 질적 연구 방법론으로 북한 주민들의 일상적인 삶을 확인하는 작업을 한다.

질적 연구 가운데서도 문헌조사document survey가 주요 방법론으로 활용되었다. 문헌은 뒤에 따로 소개하겠지만, 해방 직후 북한 주민들의 삶을 확인할 수 있는 1차자료와 최근의 모습을 보여 주는 북한의 정기간행물 등 방대한 자료를 수집, 이용했다. 이런 자료들을 통해 실제 북한 주민들의 다양한 삶의 모습을 파악하려 했다. 문헌조사와 함께 반구조적 인터뷰semi-structured interview도 연구방법론으로 활용되었다. 반구조적 인터뷰는 현장에서 만나는 사람들을 상대로 즉흥적으로 의견을 묻는 형태가 아니라, 사전에 인터뷰 대상자에 대해 파악하고 질문도 정리된 형태로 준비해 인터뷰 대상자로부터 실제적이고 깊이 있는 정보를 확보하는 방법이다. 1940년대 이후 북한에 살았던 사람들을 미국과 한국에서 만나 당시 이들의 삶의 모습을 파악해 서술했다. 이러한 방법을 통해 북한 주민들의 삶을 보다 입체적으로 확인하려 했다.

사실의 확인과 분석을 통해 일정한 답을 찾아가면서 종합적인 흐름을 기술함으로써, 이 연구는 사회과학의 전통적 연구 방법론인 귀납법을 따른 것이기도 하다. 아울러 북한 주민들의 삶의 모습을 시간의 흐름에 따라 파악하려 했다는 점에서 역사적 접근 방법이기도 하다. 북한 연구는 우선 사실의 축적 자체가 부족한 것이 현실이다. 그런 상황에서 이 연구는 이론화 이전에 사실의 축적에 상당히 기여할 것으로 여겨진다. 또한 이 연구는 사실의 확인에 우선 관심을 두면서 단순한 사실 확인에 그치는 것이 아니라 사실들의 유기적 연계를 통한 북한 역사의 포괄적인 조명에도 주목했다.

분석의 수준 측면에서는 개인 수준, 국내 수준, 국제 수준 가운데 2개의 층위, 즉 개인 수준과 국내 수준에서 연구가 이루어졌다. 개인 수준에서는 북한 주민들의 실제 생활, 즉 노동자와 농민, 어민의 직업생활, 가정생활, 여가생활 등 세세한 부분을 기술하려 했다. 국내 수준에서는 이러한 인민들의 모습이 북한 당국에서 만든 법령과 어떤 관계 속에서 이루어지는지, 사람들의 삶이 정책과 제도의 변화 속에서 어떻게 달라지는지 등에 주목했다. 개인의 삶에만 집중한 것이 아니라 국가의 제도, 정책과 개인의 삶의 유기적 관계에 대해서도 관심을 갖고 구체적인 모습을 파악하려 한 것이다. 이러한 노력으로 북한 역사 70년의 모습을 보다 심층적으로 파악하려 했다.

이 연구의 범위는 북한 역사가 시작된 해방 직후부터 2010년대까지 북한 역사의 전부라고 할 수 있다. 물론 북한 정부가 수립된 1948년 9월 9일 이후를 공식 북한 역사라고 볼 수도 있겠지만, 해방 직후 북한 체제 성립을 위한 공간도 이후 역사와 직결되어 있고, 북조선임시인민위원회나 북조선인민위원회의 조치들은 북한 역사에서 매우 중요한 위치를 차지하고 있기 때문에, 북한 역사 서술의 시작은 해방 직후부터 하는 것이 옳을 것이다. 그리고 가장 최근의 삶의 모습까지 파악하는 것이 북한 주민들 삶의 총체적인 변화상을 파악하는 길이라고 여겨 2010년대까지의 북한 주민들의 일상사를 탐구, 기술했다. 지난 70년의 북한 역사를 포괄하는 서술을 통해 북한 역사 전체에 걸친 일상생활사의 변화상을 보다 일목요연하게, 보다 체계적으로 파악할 수 있을 것으로 기대한다.

연구자료

이 연구에는 많은 자료가 동원되었다. 이 연구는 특히 북한 체제 형성 시기인 1940년대와 1950년대 민중생활의 실제를 파악하는 데 관심을 기울였다. 체제 형성기에 대한 깊은 탐구가 이후 역사를 이해하는 데 유용할 것이기 때문이다. 이를 위해 미국 현지조사를 실시했고, 美문서기록보관청NARA. National Archives and Records Administration과 美의회도서관Library of Congress에서 많은 자료를 확보할 수 있었다. 덕분에 1940년대와 1950년대 민중생활은 다른 시대보다도 더 깊이 연구할 수 있었다. 美문서기록보관청이 소장하고 있는 자료는 한국전쟁 당시 미군이 북한 지역에서 수집한 것인데, 통상 '노획문서'라고 부르는 것이다. 상자로 1,200여 개에 이르고 목록도 제대로 만들어져 있지 않은 신·구 노획문서를 모두 검토해 북한 민중들의 삶을 확인할 수 있는 것들을 발췌하고 문서와 문서를 대조하면서 당시 북한 민중들의 일상을 재구성하는 데 활용했다. 사람들 사이의 편지, 군인들의 자기소개서, 당 세포 조직의 회의록, 분주소(파출소)의 일지 등은 당시 민중의 생활상을 파악하는 데 귀중한 자료가 되어 주었다. 이러한 자료를 모두 검토하는 것은 방대한 작업이었지만, 이를 통해 당시 북한 민중들의 생활을 깊이 있게 파악하는 성과를 얻을 수 있었다.

美의회도서관이 소장하고 있는 북한의 정기간행물도 주요 분석 대상이 되었다. 특히 시사만화잡지 『활살』(1954~1963년까지 발행. 1959년부터는 『화살』)은 당시 북한 사회의 부정적인 측면도 적나라하게 드러내고 있다. 특히 협동농장의 관료주의, 공장의 비리, 국영상점의 잘못된 점 등을 주민 입장에서 취재, 보도해 그로 인한 민중들의 불편과 어려움을 파악하는 데 크게 도움이 되었다. 그 외에도 美의회도서관은 잡지 『조선여성』(1948년 말까지는 『조선여성』, 1949년부터는 『조선녀성』)도 1949년 10월호부터 거의 빠짐없이 구비하고 있어 일상생활을 파악하는 데 많은 도움이 되었다. 예를 들어, 건자재 쇠파이프가 빼돌려져 식칼로 제작되어 유통되는 일 등 국가재산 침해 사례가 비교적 상세히 소개되어 그로 인한 일반 사람들의 피해나 불편을 파악할 수 있었다. 『농촌여성』이라는 잡지는 1950년대 농촌의 실상을 파악하는 데 필요한 정보를 제공해 주었다. 그 밖에 『농민』과 『새조선』은 1940년대를 파악하는 데, 『조선민주주의인민공화국 내각공보』는 1940년대와 1950년대를 깊이 아는 데, 『농업협동조합원』은 고리대금업의 존재 등 1950년대를 보다 깊이 탐구하는 데, 『천리마』, 『신생활』, 『등대』, 『상업』, 『삼천리』 등은 1960년대를 분석하는 데 많은 기여를 했다.

다양한 인물의 회상기를 묶어서 게재해 온 『인민들 속에서』라는 단행본 1권(1962년 발행)~107권(2018년 발행) 시리즈는 북한의 공장과 광산, 농촌, 어촌의 실상을 잘 전해 준다. 『김일성 저작집』과 『김일성 전집』, 『김일성 선집』도 방대한 내용에 김일성이 북한 전역을 돌며 농촌과 공장, 어촌, 상점 등의 잘못된 부분을 지적하고 시정을 지시하는 부분을 포함하고 있다. 주민들로부터 솔직한 얘기를 들어 보는 대목도 많이 포함하고 있다. 이러한 내용들은 당시 북한 민중들의 생활상을 파악하는 데 소중한 자료가 되어 주었다. 『김정일 선집』도 김정일 스타일로 문제점을 인정하고 시정을 명령하는 내용을 적나라하게 기록한 부분이 많아 연구에 소중한 자료가 되었다. 북한 사회과학원 역사연구소가 펴낸 『조선전사』와 조선중앙통신사가 발행하는 『조선중앙연감』은 북한 시각에서 펴낸 것이지만, 항목에 따라서는 세세한 내용을 기록하고 있어 당시의 정황과 분위기를 인식하는 데 중요한 정보를 제공했다.

2000년 8월부터 서울에서 발행된 『민족21』은 북한 현지 취재를 통한 기사, 북한 기자가 직접 쓴 기사 등을 통해 북한 민중들의 삶을 전해 줘 2000년대 이후의 북한 민중의 생활상을 파악하는 데 큰 도움이 되었다. 북한 내부 기자들의 기고로 일본에서 2007년 11월부터 발행되기 시작한 『림진강』(2009년 9월호부터는 『임진강』)은 다소 과장된 듯한 내용도 있지만 장마당의 장사 실태, 쌀 등 생필품의 시장가격 등을 파악하는 데 많은 참고가 되었다.

북한의 민속요리나 위인 소개, 수필 등의 가벼운 내용을 싣고 있는 월간지 『금수강산』도 생활상을 파악하는 데 도움이 되었다. 『로동신문』이나 『민주조선』 등 북한의 기관지들은 민중생활의 진솔한 내용을 적나라하게 게재하는 경우는 거의 없지만 각 시대의 생활상을 전반적으로 파악하는 데 참고자료로 활용되었다.

조선노동당 국제담당 비서를 지낸 황장엽, 영국 주재 북한대사관 공사 출신의 태영호, 김정일의 처형 성혜랑, 김형직사범대학 교수 출신의 김현식, 태국 주재 북한대사관 참사 출신의 홍순경 등이 펴낸 회고록은 북한에서 보낸 오랜 세월 동안의 경험을 담고 있어 많은 정보를 제공해 주었다. 독일 출신 의사 노베르트 폴러첸, 스위스 출신 사업가 펠릭스 아브트, 그리고 재미교포 언론인들, 재독교포 학자들이 써 놓은 북한에서의 경험담이나 방북기도 연구에 필요한 내용들을 많이 담고 있었다.

평양에서 살다가 한국전쟁 당시 월남한 뒤 미국에서 살고 있는 재미교포의 인터뷰는 1940년대 평양과 평안남도 사람들의 생활상을 깊이 알 수 있게 해주었다. 함경북도 무산 출신의 60대 탈북자는 1970년대 청진을 비롯한 함경북도 사람들의 생활상에 대한 이해를 심화시켜 주었고, 평안북도 삭주 출신의 40대 탈북자는 1980년대 평안북도 지역 사람들의 생활을 세밀하게 전해 주었다. 다양한 형태의 1차자료, 북한의 다양한 기관이 발행해 온 정기간행물, 북한에서 발간된 단행본 자료, 북한 경험자들의 수기, 탈북자의 증언, 이런 것들이 종합적으로 다양한 정보를 제공해 이 연구가 나름의 성과와 결실로 이어질 수 있었다고 하겠다.

1 Michel Maffesoli, "The Sociology of Everyday Life: Epistemological Elements", *Current Sociology* 37-1, 1989, p. 1.

2 장훈교, "민중에 대하여: '국가-없는-자'들과의 조우", 역사학연구소 편, 『한국민중사의 새로운 모색과 역사쓰기』, 선인, 2010, pp. 70-71.; 조정환, 『제국기계 비판』, 갈무리, 2005, p. 80.; 한완상, 『민중과 지식인』, 정우사, 1978, pp. 13-14.

3 아리스토텔레스 저, 라종일 역, 『정치학』, 올재, 2011, pp. 51-52.

4 "3월 1일 이 민족적 명절을 기념하는 민중의 이모저모: 집합소에서 대회장까지", 『로동신문』 1947. 3. 3., 3쪽.

5 허영란, "민중운동사 이후의 민중사: 민중사 연구의 현재와 새로운 모색", 『역사문제연구』 15, 2005, p. 313.

6 그 가운데에서도 두드러진 연구는 동국대학교 북한일상생활연구센터가 펴낸 『북한의 일상생활세계: 외침과 속삭임』(박순성·홍민 편, 한울아카데미, 2010)과 『북한의 권력과 일상생활: 지배와 저항 사이에서』(홍민·박순성 편, 한울아카데미, 2013)이다. 이 두 저서에는 일상생활 연구 관련 이론은 물론이고 북한의 일상생활 연구를 위한 방법론과 공장 노동자와 시장 종사자, 여성, 관료 등의 일상생활을 연구한 논문들이 실려 있다. 통일연구원에서 펴낸 『북한 주민의 일상생활』(조정아·서재진·임순희·김보근·박영자, 통일연구원, 2008)도 탈북자들과의 다양한 인터뷰를 통해 북한의 농민과 노동자의 생활을 보다 실제적으로 파악할 수 있게 해준다.

7 James C. Scott, *Weapons of the Weak: Everyday Forms of Peasant Resistance*, Yale University Press, 1985, p. 29.

1940~

제1장

빗발치는 민중의 요구

해방 그리고 자유

분출하는 민중의 분노

1945년 8월 15일 해방을 맞은 한반도의 민중들은 그동안 일제에 억눌렸던 자유에 대한 욕구를 마음껏 분출했다. 북한 지역이라고 해서 다를 것이 없었다. 제국주의 일본에 대한 분노를 먼저 표출했다. 일제가 사용하던 관공서에 걸려 있는 일본 국기를 끌어 내려 발로 짓밟았다. 관공서를 부숴 버리기도 했다. 일제가 세운 신사神社도 불태워 버렸다. 해방되는 날 인구 37만 명의 평양은 흥분과 축제 분위기에 휩싸여 있었고, 그날 평양에 있는 신사는 불에 타 사라졌다. 16일에는 평안북도 정주와 황해도 안악의 신사가 불탔다. 17일에는 평안북도 삭주·영변, 평안남도 안주, 황해도 재령에서 신사들이 소각되었다. 그다음 날에는 평안북도 선천·박천, 황해도 송림에서, 21일에는 평안북도 용천에서 신사들이 불타 없어졌다. 북한의 민중들은 35년간 자신들을 짓눌렀던 일제에 대한 타오르는 분노를 그런 식으로 발산했다. 신사 소각은 특히 평안북도와 황해도 지역에서 격렬하게 진행되었는데, 이 지역의 많은 기독교도가 일본 신도神道에 대해 강한 거부감을 지니고 있었기 때문이다.

일제를 등에 업고 민중을 억압한 세력에 대해서는 보복을 가하기도 했다. 미군이 한국전쟁 당시 북한에서 수집한 노획문서(이후 '미군 노획문서' 또는 '노획문서'라고 쓴다)가 美문서기록보관청NARA에 보관되어 있는데, 1,200여 상자, 160만여 페이지에 이른다. 이 가운데 북한 군인들의 자기소개서가 발견되는데, 여기에 해방 직후 북한 지역 주민들이 분노를 표출하는 모습들이 자세히 기록되어 있다. 1949년 인민군의 한 항공부대에서 항공기 수리병으로 근무하던 김종상의 자기소개서를 보자. 자기소개서를 쓸 당시 김종상은 22살로, 그러니까 해방 당시에는 18살이었다. 주변 상황을 웬만큼은 살필 수 있는 나이였다. 그의 아버지 김장손은 일제강점기 달구지로 물건을 실어다 주고 삯을 받는 우차꾼이었다. 황해도 금천군에 살았는데, 해방이 될 때까지 그 일을 계속했다. 우차꾼들을 관리하는 관리인이 있었다. '달구지총대'라고 불리는 사람이었다. 일본인인지 한국인인지 김종상은 밝히지 않았다. 이 사람이 우차꾼들을 심하게 다루었다. 배급으로 나오는 쌀도 주지 않을 정도였다. 해방되는 날 김종상을 비롯한 여럿이 이 달구지총대의 집에 몰려갔다. 집을 뒤졌더니 쌀이 세 달구지나 나왔다. 달구지총대를 찾아 마구 때렸다. 심한 부상을 당한 달구지총대는 3일 만에 사망했다.[1]

청년들이 소작인들과 함께 자위대를 조직해 친일 농장주를 축출하기도 했다. 황해도 황주군에서는 김병일 등 청년들이 소작인들과 손잡고 친일 세력인 '삼성농장'의 농장주 이종섭을 축출했다. 이후 농장주가 사람을 모아 농민조합 사무실과 좌익세력들을 습격했다. 이에 대해 좌익세력들이 나서 농장주 세력을 제압했다.[2] 이런 식으로 민중들은 일제강점기 일제에 협력하면서 악행을 일삼은 사람들에게 직접적으로 격분을 표출했다.

해방의 벅찬 기쁨과 해방감, 일제에 대한 분노를 그런 식으로 표현했지만, 북한의 민중들은 일정 정도 절제를 보여 주기도 했다. 일본 사람들을 마구잡이로 잡아서 집단살해 하거나 하는 모습은 없었다. 하지만 일제와 친일파에 대한 처단의 목소리는 곳곳에서 터져 나오고 있었다. 때문에 일본인들과 친일파들은 몸을 피해야 했다. 특히 일제강점기 경찰이나 관리로 생활했거나 일제에 협력하면서 양조장, 버스회사 등으로 부를 축적한 사람들은 본거지에서 되도록 먼 곳으로 도망칠 수밖에 없었다.

민중의 자치: 자발적 정치조직들

해방이 되자마자 각 지역에서는 주민들이 자발적으로 자신의 지역을 관리할 수 있는 자치조직을 구성했다. 일본이 물러간 상태에서 스스로의 관리와 통치를 위해 지역 단위에서 자생적인 정치조직을 만들어 낸 것이다. 진공상태에서 새로운 질서를 만드는 작업이 민중들에 의해 아래로부터 이루어진 것이다. 자치위원회, 인민위원회 등 그 이름은 여러 가지 형태였다. 평양 지역이 가장 민첩하게 움직였다. 해방의 날 8월 15일에 평안남도 치안유지위원회가 구성되었다. 위원장은 조만식, 부위원장은 현준혁이었다. 다음 날 이 위원회는 건국준비위원회 평남지부로 이름이 바뀌었다. 17일에는 조선공산당 평안남도지구위원회가 구성되었다.[3]

신의주 지역에서도 8월 16일 자치위원회가 조직되었다. 2017년 8월 서울신학대 박명수 교수가 美문서기록보관청에서 한경직, 윤하영 목사의 청원서를 발견했는데, 거기에 구체적인 내용이 담겨 있다. 신의주 지역에서 활동하던 두 목사가 1945년 9월 26일 서울에 와서 미군정청에 북한 지역의 상황을 알린 내용인데, 이 청원서에 따르면 신의주에서는 해방 바로 다음 날인 8월 16일 신의주의 유력인사들이 모여 자치위원회를 만들었다. 질서유지를 위한 것이었다. 25일에는 평안북도의 각 시·군 대표들이 모여 평북자치위원회를 구성했다.[4] 함경남도 지역에서는 8월 16일 함흥형무소에서 석방된 천여 명이 행정기관인 함흥부 그리고 경찰서와 주재소를 접수했다. 석방자 가운데 송성관, 김재규, 박경득 등이 중심이 되어 그날 함경남도 인민위원회좌익이 출범했다. 이는 곧 함경남도 공산주의자협의회로 전환되었고, 그 무렵 건국준비위원회 함경남도지부(위원장 도용호)도 조직되었다.[5]

이 조직들은 질서를 유지하는 일이 우선이었지만, 일본인이나 친일파들의 토지를 몰수해 농민들에게 분배하기도 하고, 산업체를 인수해 관리하기도 했다. 부족한 학교를 짓는 등의 사업을 직접 추진하기도 했다. 평안북도 의주군 옥상면 사람들은 해방 직후 옥상면 인민위원회를 설립하고 총무부 등 조직을 갖추었다. 그러고는 옥상면에 중학교가 없으니 중학교를 만들자는 결정을 한 뒤 창립이사회를 꾸려 학교설립 작업을 추진했다. 그 결실은 1년 후인 1946년 8월 옥상중학교 개교로 보게 되었다.[6]

이렇게 생겨난 자생조직들에는 좌익과 우익 세력이 두루 참여하고 있었다. 하지만 소련군이 들어오면서 지역의 자치조직들은 소련군 주도 속에 개편되어 나갔다. 8월 24일에 소련군 선발대가, 26일에는 본진 3천여 명이 평양에 들어왔다. 27일 소련군사령부의 주선으로 건국준비위원회 평남지부와 조선공산당 평안남도지구위원회는 통합되어 평안남도 인민정치위원회가 조직되었다.

신의주의 경우 8월 30일 소련군이 시내로 들어오면서 평북자치위원회는 31일 평안북도 인민정치위원회로 전환되었다. 인민정치위원회는 소련의 지원을 받는 공산주의자들이 주도하게 되었다. 소련군은 일본군의 무기를 공산주의자들에게 넘겨주었고, 법원 건물을 사용하도록 했으며, 라디오 방송국과 유일한 지역 신문까지 공산주의자들의 차지가 되

옥상중학교 창립이사로 학교 개교를 위해 활동한 김일규의 자기소개서(간부이력서, 자서전, 평정서)

도록 해주었다.[7]

함경남도 함흥에는 소련군이 8월 25일 진주했는데, 소련군의 주선으로 조선민족 함경남도집행위원회가 구성되었다. 공산주의자협의회와 건국준비위원회가 각각 11명의 위원 지분을 가지고 있었다. 이 위원회가 행정과 치안을 모두 맡았다.[8] 9월 1일에는 함경남도 인민위원회로 개칭되었다.

이렇게 자생적인 자치조직은 소련군 주도로 초기 단계의 지방정권 기관으로 변화되어 갔다. 평안남도와 평안북도, 함경남도에서 인민정치위원회 또는 인민위원회라는 이름의 조직이 출범한 데 이어, 9월 2일에는 황해도 인민위원회, 9월 15일에는 강원도 인민위원회, 10월 26일에는 함경북도 인민위원회가 구성되어 6개 도의 초기 행정체계가 갖추어지게 되었다. 1946년 11월 25일에는 북조선임시인민위원회에서 평안남도 인민정치위원회를 평안남도 인민위원회로 명칭을 바꿔 지방정권기관들의 이름을 '○○○○인민위원회'로 통일했다.

공장의 노동자들은 공장을 접수했다. 일본인들은 물러가면서 공장을 친일파들에게 넘기기도 하고 시설을 파괴하기도 했다. 공장 건물에 불을 지르고, 제철소 용광로와 설비들을 망가뜨렸으며, 탄광의 갱도에 물을 부었다. 그러자 노동자들이 직접 공장을 보호하고 운영하는 데 나섰다. 자위대를 조직해 일본인 관리자들을 축출하고 공장을 인수했다. 불탄 공장을 다시 짓고 탄광의 갱도에서 물을 퍼냈다. 함경남도 흥남의 흥남비료공장에서 용접공으로 근무하던 18살 문택용은 해방과 함께 구성된 공장 자위대에 들어갔다. 당시 공장을 지키는 일이 무엇보다 중요했던 만큼 공장 자위대원들은 숙식을 함께하며 일했다. 문택용도 3개월간 숙식을 함께하며 공장을 수비하는 일을 했다(그는 이후 흥남공업기술학교를 거쳐 함경남도 연포비행장에서 비행학생으로 비행술을 배우는 길을 택했다).[9]

노동자들은 공장운영도 직접 맡았다. 해주의 조선시멘트, 조선화약 같은 대규모 공장들도 노동자들이 자율적으로 운영했다. 광산도 마찬가지였다. 공장위원회, 공장수비위원회, 공장준비위원회, 공장관리위원회, 공장관리운영위원회, 자치위원회, 노동조합 등 이름은 여러 가지였지만, 운영하는 형태는 비슷했다. 5~15명으로 위원회가 구성되고, 그 가운데 노동자들의 추대 등으로 위원장이 선출되었다. 1945년 8월 17일에는 황해제철소와 문평제련소에서, 다음 날에는 용등탄광과 부령야금공장에서, 20일에는 수풍발전소와 청진제철소에서 공장관리위원회가 구성되었다. 8월 말까지는 강선제강소, 흥남인민공장, 부전강발전소, 사동탄광, 신창탄광, 성흥광산, 대유동광산, 순천화학공장, 함흥제사공장 등 북한 지역의 주요 산업시설에서 공장위원회가 출범했다.

평안북도 운산군에 있는 운산광산의 경우 기사로 근무하고 있던 박영관을 공장운영위원장으로 추대했다. 박영관은 평양의 대동공업전문학교에서 광산학을 전공한 광산 전문 기사였다(이후 박영관은 김일성대학 공학부 광산지질과 연구원을 거쳐 평양공업대학 교수가 되었다).[10] 이렇게 구성된 공장운영위원회가 공장을 인수해 구매와 생산, 공장 관리, 판매, 인사 운영 등 모든 분야를 관장했다. 미군이 진주하기 전 이남의 상황도 비슷했다. 경기도 부천군에 있던 소림광업 경성제련소에서 기술자로 근무하던 양인선은 해방과 함께 종업원들의 추천으로 공장관리위원장에 선출되었다. 그는 위원회를 조직하고 일본인들을 모두 축출했다.[11]

10월 말 각 도의 인민위원회가 체제를 갖추게 되면서 공장위원회들은 이때부터 도 인민위원회의 관리를 받게 되었다. 이후 11월 19일 도 인민위원회를 통할하는 '북조선 5도행정국'이 출범했다. 공장들은 특성에 따라 5도행정국의 각 국에 소속되게 되었다.

생활고 그리고 흉흉한 민심

먹을 것, 입을 것 모자라던 일제 치하에서 해방되면서 새로운 희망에 부풀어 있던 민중들의 삶이 당장 개선되는 것은 아니었다. 여전히 못 먹고 못 입는 생활이 계속되었다. 게다가 소련군의 약탈까지 겹쳐 민중의 삶은 어려움의 연속이었다. 1940년대를 이북 지역에서 지낸 사람들은 당시 먹을 것이 부족한 게 가장 힘든 일이었다고 말한다. 해방 후 평안남도 강동군 시족면에서 중학교를 다니다 한국전쟁 때 월남한 허선옥도 당시 자신은 부친이 상점을 운영해 아주 어려운 사정은 아니었지만, 주변의 또래 아이들 가운데에는 제대로 밥 세 끼를 먹지 못하는 경우가 많았다고 증언한다. 쌀밥은 귀했고, 강냉이밥이나 강냉이로 죽을 쑤어 올챙이 모양으로 만든 올챙이묵을 먹는 경우도 많았다고 한다.[12]

북한에서 조선노동당 국제담당 비서까지 지낸 뒤 1997년 망명한 황장엽은 일제에 의해 강제 징용되어 강원도 삼척의 시멘트 공장에서 일하다 해방 직후 평양으로 돌아가 모교인 평양상업학교 교사가 되었다. 교사인데도 집 한 칸 없어서 학교 숙직실에서 학생 몇 명과 함께 자취를 했다. 식사는 강냉이를 삶아서 먹는 것이 전부였다.

이렇게 형편이 어렵다 보니 좀도둑이 많았다. 식량이나 옷, 생활필수품 등을 훔쳐 갔다. 도둑은 황장엽의 숙직실에까지 들었다. 잠자고 있는 사이 들어와 벗어 놓은 옷과 만년필 등을 훔쳐 갔다. 학교의 유리도 빼서 가져갔다. 그래서 황장엽은 축구부 학생들을 밤에 잠복시켰다. 도둑 둘을 잡았다. 황장엽은 그들을 앞세워 사는 곳까지 찾아가 보았다. 평양 연못동의 낡은 창고에서 살고 있었다. 이불도 없어서 볏짚을 덮고 생활했다. 그 모습에 황장엽은 '도둑질을 하는 것도 무리는 아니다'라는 생각까지 했다. "더 이상 학교 유리는 빼가지 말라"고 타이르고 발길을 돌렸다.[13]

노동자들이 식량을 요구하며 시위를 벌이기도 했다. 평양철도공장의 노동자들이 쌀을 달라며 소동을 벌인 것이다. 김일성이 현장에 나가 "나라의 주인 된 당신들, 로동계급이 투쟁하여 곤난을(곤란을) 이겨내야지 소동을 일으키면 되겠는가"라며 타일러 시위는 해산되었다.[14] 김일성이 이 시위가 일어난 시점을 '광복 직후'라고 말하고 있는 점으로 미루어, 김일성이 평양에 들어온 1945년 9월 22일 직후에 시위가 발생했던 것으로 여겨진다.

각 도 인민위원회가 자리를 잡으면서 생활에 필요한 물품들을 공급하는 일에 우선 노력을 기울였다. 일본이 남기고 간 적산을 모아 필요한 사람들에게 나누어 주었다. 담요와 식기, 신발, 비누, 성냥 등 생필품을 모아 필요에 따라 분배한 것이다. 그럼에도 모자라는 생필품 문제를 해결하는 것은 난망한 일이었다.

뭐니 뭐니 해도 어려움 가운데 제일 큰 것은 먹는 문제를 해결하는 것이었다. 먹을 것을 구하기 어려웠고, 그래서 북한 당국이 세운 대책은 식량배급제였다. 1946년 3월 1일부터 실시했다. 국가기관, 국영기업의 직원과 부양가족들에게 식량배급을 시행한 것인데, 빈민들도 배급 대상에 포함되었다.[15] 곧(1946년 3월 5일) 토지개혁이 실시되어 농민들의 식량문제가 해결될 것이었기 때문에 농민들은 배급 대상에서 제외되었다. 개인상공업자 등 도시 주민들도 비교적 소득이 높았기 때문에 배급에서 제외되었다.

국가기관과 국영기업 직원이라고 해서 일률적으로 배급한 것은 아니었다. 일의 성격에 따라 배급이 달랐다. 힘들고 위험한 일을 하는 노동자에게는 하루 600g, 그 밖의 노동자에게는 500g의 식량이 지급되었다. 사무원에게는 400g, 노동자와 사무원의 부양가족에게는 300g이 배분되었다. 여전히 부족한 양이었다. 배급이라고 해서 완전히 무료로 주는 것은 아니었고, 시장가격의 20분의 1 정도를 내고 쌀 등 식량을 살 수 있도록 하는 것이었다. 노동자들이 '식량배급신청서'를 작성해 직장에 제출하면 직장에서 식량배급표를 주었다. 내각양정국에서 발행한 배급표를 직장을 통해 분배한 것이다. 노동자들이 이 표를 가지고 지정된 배급소에 가서 식량을 싼값에 사는 시스템이었다.

모자라는 식량을 보충하기 위해 남한 쪽과 밀수를 하는 주민들도 있었다. 인민위원회까지 직접 밀수에 나서는 사례도 있었다. 미군정 보고서 가운데 북한 쪽에서 오는 편지를 검열, 번역해 놓은 것이 있는데, 여기에서 이런 내용들이 발견된다. 1946년 4월 함경남도 낙원군 삼호에 사는 사람이 경상남도 김해의 친구에게 보내는 편지에 북의 명태와 남의 쌀을 교환하자는 내용이 담겨 있다. 당시 북에서 쌀의 수입은 금지되어 있었다. 편지에는 삼호인민위원회를 대신해 남으로 내려가 쌀을 가져오겠다는 내용도 들어 있어 인민위원회가 직접 밀수에 나섰음을 보여 준다. 쌀이 그만큼 모자랐음을 말해 주는 것이다.[16]

당시의 어려운 생활상을 반영하듯 죄를 짓고 교도소에 수감된 사람들의 죄명도 절도, 화폐위조 등의 범죄가 대부분이었다. 1947년 8월 평양에 있는 교도소인 평양교화장에 수감된 사람 가운데 이름과 죄명이 분명하게 확인되는 사람이 20명인데, 횡령·횡령방조가 6명, 절도 5명, 화폐위조 5명, 국가재산약취 1명, 아편밀매 1명, 독직 1명, 협박 1명 등이었다.[17] 대부분 재물, 경제와 관련된 범죄인 것이다. 민초들이 먹고사는 문제를 해결하면서 살아가기가 녹록지 않았음을 웅변적으로 말해 주는 것이라고 하겠다.

좀 더 구체적으로 보면, 해방 이후 일본인으로부터 접수한 적산의 경우 제대로 관리가 되지 않고 부정의 대상이 되는 경우가 많았다. 1947년 9월에 발행된 잡지 『조선여성』에 북조선검찰소 이일선이 쓴 글이 있는데, 여기에 그러한 내용이 자세히 소개되어 있다. 분명하게 표시되어 있

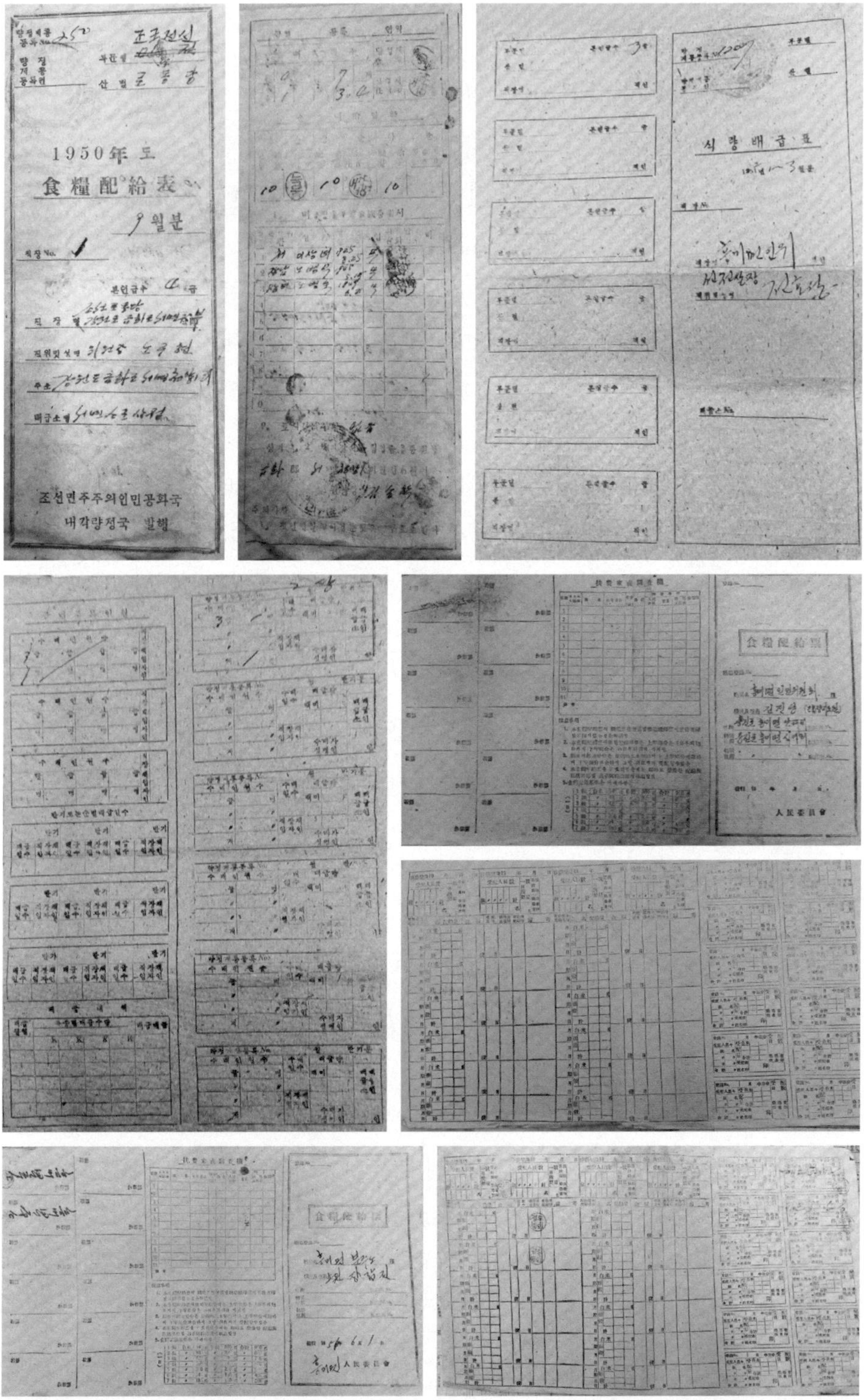
1950年도
食糧配給表
9월분
조선민주주의인민공화국
내각량정국 발행

식량배급표

食糧配給票

人民委員會

식량배급표(1950년대)

지는 않지만 이일선은 검사였던 것으로 보인다. 일제강점기 토목공사 하청업체들이 평양에 40여 개 있었다. 이북 전역에는 60개 정도였다. 일제가 물러간 뒤 이 업체들은 적산으로 남았다. 토목 건재와 기계도 대량으로 남겨졌다. 당국이 관리하고 있었지만 유실되는 것이 많았다. 철판, 파이프 등 빼돌려진 많은 자재가 시장에서 유통되었다. 혼란스런 상황이어서 건설공사는 많지 않았고, 공사장의 수요가 적어지자 자재들은 엉뚱하게 이용되는 경우가 많았다. 파이프가 도끼나 식칼이 되었고, 금속도료가 목재도료로 쓰이기도 했다. 소중한 자재들이 낭비되고 있었던 것이다. 그래서 당국은 「북조선인민위원회, 사회단체, 소비조합 재산보호에 관한 법령」, 「북조선의 뇌물 및 기타 직무태만 처벌에 관한 법령」 등을 제정해 이러한 부정행위의 단속과 처벌에 나서지 않을 수 없었다.[18] 민중의 삶은 팍팍하고, 그 속에 작은 범죄들은 횡행하고, 그런 가운데 그나마 있는 자원들도 제대로 활용이 되지 않는 상황이었다.

민중의 저항

소련군의 만행과 주민들의 자구

1945년 2월 미국과 영국, 소련의 정상이 참석한 얄타회담에서 소련의 태평양전쟁 참여가 합의되었다. 하지만 소련은 참전을 미루다가 8월 9일 새벽 0시에야 참전을 선언했다. 미국이 8월 6일 일본 히로시마에 원자탄을 떨어뜨리자 전쟁 종료가 임박함을 인지하고, 전후 주도권을 미국에 빼앗기지 않기 위해 서둘러 참전한 것이다. 참전을 선언한 9일 소련군 제1극동방면군 소속 제25군이 북한에 진주했다. 육로로는 함경북도 경흥 쪽으로, 바닷길로는 함경북도 웅기, 나진, 청진 등으로 들어왔다. 일부 지역에서 일본군의 저항이 있기는 했지만, 이렇다 할 것은 없었다. 일사천리로 내려와 8월 24일에는 선발대가, 26일에는 본진이 평양에 입성했다. 평양 시민들은 소련군을 그야말로 해방군으로 보고 군중대회까지 열어 환영했다.

그런데 소련군은 북한을 점령한 뒤 여기저기서 말로 표현하기 어려운 만행을 저질렀다. 주민들을 폭행하고 돈이 될 만한 보석이나 시계 등을 빼앗았다. 주민들과 시비를 벌이다 총으로 사람을 쏘아 죽이기도 하고 강간도 저질렀다. 어떤 집에 8명의 소련군이 집단으로 침입해 여학생

1945년 8월 26일 소련군의 평양 입성을 환영하는 모습

소련 제25군 사령관 치스차코프
오른쪽 사진은 1945년 8월 26일 밤 철도호텔에서 후루카와 가네히데 평안남도지사와 행정권 이양 절차를 논의하고 있는 모습이다.

을 윤간하는 경우도 있었다.[19] 1945년 9월 26일 작성한 한경직, 윤하영 목사의 청원서에도 소련군의 만행이 자세히 묘사되어 있는데, 소련군은 도시에 들어가면 우선 은행으로 가 현금을 강탈했다. 신의주의 경우 은행에서 120만 엔을 가져갔다. 가정집에 침입해서는 옷과 시계 등을 약탈하고 부녀를 강간하는 사례가 수없이 발생했다. 이러한 상황을 피해 남쪽으로 내려가던 여성들은 38선을 넘으면서 소련군에게 약탈당하고 강간당했다.[20]

당시 북한 사람들은 그런 소련군을 '마오제'라고 불렀다. 함경도 사투리인데, '막 굴러먹은 놈'이라는 의미이다. 북한 지역 민중들이 소련군의 만행을 경험한 것은 처음이 아니었다. 러일전쟁 직전인 1903년에도 비슷한 일이 있었다. 당시 소련군은 평안북도 정주에 들어와 약탈과 강간을 저질렀다.[21] 한국 최초의 현대 장편소설 『무정』을 쓴 이광수가 당시 12살의 눈으로 그런 모습을 관찰해 기록해 놓았다. 곧 일본군도 들어와 정주에서 러일전쟁의 첫 육상전투가 벌어지게 되었다.

42년 만에 다시 해방군을 자임하고 진주한 소련군의 만행 앞에 민중들은 달리 의지할 만한 곳을 찾지 못했다. 자생적 치안조직 적위대가 있었지만, 그야말로 자생적인 조직이어서 질서를 확보하기에는 역부족이었다. 주민들은 스스로 치안책을 강구할 수밖에 없었다. 집집마다 숨을 공간을 따로 마련했고, 소련군이 침입하면 놋그릇, 양재기 등을 크게 두드렸다. 소리를 듣고 주변 사람들이 몰려들게 해 소련군을 몰아낸 것이다. 주민들을 보호하려는 적위대와 소련군 사이에 총격전이 발생하기도 했다.

제2차 세계대전을 치르는 과정에서 소련군의 주력부대들은 독일과 싸우기 위해 유럽전선에 배치되어 있었다. 태평양전쟁에 참전을 선언했지만 극동전선에 보낼 병력은 부족했다. 그래서 모스크바와 하바롭스크, 민스크 등에서 수감자들을 석방해 죄수부대를 꾸려 극동전선에 보냈다. 북한에 진주한 소련군의 상당 부분은 이런 병력이었다. 만행은 대부분 이런 부류들에 의해 저질러졌던 것으로 보인다. 문제가 심각해지자 소련군 내에서도 심각한 논의가 진행되었고, 9월 6일 불법행위 금지령이 내려졌다. 이후 야만스런 행위는 줄어들었다. 금지령을 어겨 사형을 당하는 병사들도 있었다. 1946년 말까지도 일부 비슷한 행위가 발생하기도 했지만 이후에는 점차 사라져 갔다.

소련군의 개별적인 불법행위도 문제였지만, 조직적인 약탈은 북한 지역에 심각한 피해를 주었다. 소련군은 북한 지역의 주요 시설과 물자를 소련으로 실어 갔다. 특히 함흥과 원산, 진남포, 청진 등에 있는 공장에서 공작기계, 방직기계 등 각종 기계류와 전동기 등을 뜯어 갔다. 1945년 11월 15일부터 1946년 5월 1일 사이 38개 대규모 공장에서 2,050만 엔 상당의 공장 물품과 1,410만 엔 상당의 신제품을 가져갔다.[22] 압록강 수풍발전소의 10만 킬로와트 발전기 세 대도 소련으로 옮겨 갔다. 약탈을 저지하려던 발전소 기술자가 소련군이 쏜 총에 맞는 사고가 발생하기도 했다. 이 기술자는 간신히 목숨을 건져 나중에 전기공업성의 부상(차관)이 되었다. 쌀도 대규모로 반출해 갔다. 1945년에 244만 섬, 1946년에는 290만 섬을 소련으로 실어 갔다. 소 15만 마리, 말 3만 마리, 돼지 5만 마리도 1945년에 반출되었고, 1946년에는 소 13만 마리, 말 1만 마리, 돼지 9만 마리가 소련으로 옮겨졌다. 금(1.5톤), 은(5톤)을 포함한 금속 혼합물 4,261톤, 형석 1,550톤, 흑연정광 454톤 등 주요 광물도 실려 나갔다.[23]

소련군은 1946년 1월 1일 철도보안대를 창설했는데, 소련으로 향하는 철도시설을 보호하기 위한 것이었다. 전리품 수송을 보다 안전하게 하기 위해 별도의 경비부대를 만든 것이다. 13개 중대를 갖추고 있던 철도보안대의 주요 간부들은 대부분 소련군 출신이었다. 소련군 소좌(소령)였던 박영순과 박우섭, 전문섭, 김재욱, 그리고 소련군 대위였던 안영 등이 철도보안대에서 핵심적인 역할을 하고 있었다. 이와 같은 조직적인 약탈은 1946년 5월 제1차 미소공동위원회가 결렬될 때까지 계속되다가 이후 중단되었다. 통일 임시정부의 가능성이 낮아지면서 소련의 전략이 수정된 것이다. 종전에는 북한에서 되도록 많은 전리품을 챙기자는 것이었지만, 통일 임시정부의 가능성이 낮아지고 북한에 단독정부가 들어설 가능성이 높아지면서 약탈을 중단하고 북한에 친소련 정부를 세우는 쪽에 더 관심을 쏟게 된 것이다. 물자의 약탈보다는 소련식 사회주의 시스템을 갖춘 정부를 출범시키는 것이 장기적으로 소련에 유리하다는 판단을 한 것이다. 제2차 세계대전이 종료되면서 북한은 강대국 소련에 의해 전리품으로 취급되었다. 소련의 태도는 대외전략 변경에 따라 겨우 변화하는 모습이었다. 그 와중에 피해와 고통을 당하는 것은 북한의 민중들이었다.

'공산당 몰아내자' 대규모 시위

해방 직후 북한 지역에는 공산당에 동조하는 세력이 많았지만, 공산당에 반감을 가진 사람들도 적지 않았다. 해방 직후 평양에 돌아가 평양상업학교 교사생활을 했던 황장엽도 회고록에서 1946년 즈음의 상황을 설명하면서 이렇게 쓰고 있다.

> 학생들 중에는 반공산당 삐라를 뿌리고 툭하면 동맹휴학을 하는 패거리도 섞여 있었다. 나는 그런 일이 있으면 가정방문을 통해 학생은 학교에 나와 공부를 해야 한다고 꾸준히 설득했다. 설득하며 다니지 말라는 내용의 삐라가 나에게 전달되어도 나는 겁내지 않고 그 일을 계속했다.[24]

공산당을 지지하는 세력이 있는가 하면 이에 반대하는 세력도 분명히 있었다는 얘기이다. 1945년 10월 10일 조선공산당 북조선분국이 설립되고 김일성 세력은 소련군을 등에 업고 북한 사회에 대한 지배력을 확보해 나갔다. 그즈음 일부 지역에서는 공산세력의 일방적 주도에 대한 반감도 생기고 있었다. 그러한 기류가 표면으로 드러난 사건이 1945년 11월 23일의 신의주학생사건이다. 이날 신의주 지역 학생 3,500여 명이 집회를 열었다. '공산당을 몰아내자', '소련군은 물러가라' 등의 구호를 외쳤다. 학생들은 공산당 평북도당본부와 도 보안서에 돌을 던지며 시위를 계속했다. 소련군과 보안대원들은 즉각 무력 진압에 나섰다. 권총과 따발총을 쏘며 강경 진압했다. 학생 20여 명이 숨지고, 부상자는 수백 명에 이르렀다.

학생들이 시위에 나선 것은 소련군의 만행과 공산당의 독선 때문이었다. 소련군이 진주 당시부터 저질러 온 온갖 악행에 시민과 학생들의 반감이 심화되어 있었고, 소련과 손잡은 공산당에 대해 불만을 가진 사람들도 많았다. 더욱이 일부 지방에서는 공산당 간부들이 시민들의 의사에 반하는 조치를 일방적으로 하는 경우도 있어 공산세력에 대한 불만은 폭발 직전의 화산과 같았다. 북한의 공간자료에서도 이를 일부 인정하고 있다. 신의주학생사건의 발생원인과 관련해 "물론 반동들의 책동에 의해 빚어진 것이기는 하지만 당, 정권기관에 잠입한 이색분자들과 인민적인 작풍을 갖추지 못한 일부 일군들의 관료행세와 경찰식 사업방법과도 련관되여(연관되어) 있었다"라고 밝히고 있는 것이다. 사건 발생 후 현장에 내려간 김일성이 당시 신의주보안서 부서장에게 "보안일군들이 인민들의 권리를 침해한 일은 없었는가"라고 묻자 부서장은 "그런 일이 더러 있었다"고 답했다.[25] 심지어 신의주 인민위원회 간부 중에는 적산이라는 이름으로 주민의 재산을 빼앗아 가지는 사람도 있었다.[26] 당과 지방정권기관, 경찰이 인민들의 불만을 살 만한 일을 했다는 말이다.

신의주학생사건이 일어난 직접적 계기는 공산당의 용암포수산학교 접수였다. 용암포수산학교는 신의주 서쪽 20km 지점에 위치한 이 지역 유일의 중학교였다. 그런데 이를 공산당이 접수해 당원의 정치훈련소로 사용했다. 11월 18일 용암포에서 인민위원회 환영대회가 열렸는데, 학생 대표로 나선 신의주동중 이청일 학생이 수산학교를 돌려 달라고 연설했다. 학생들과 주민들이 크게 박수를 치며 호응했다. 그 자리에서 용암포 인민위원장 이용흡을 만나 건의하자는 결의가 이루어졌다. 그런데 이용흡이 신의주로 빠져 나간다는 소문이 퍼졌다. 학생들은 길목에서 기다렸다. 이때 기다리고 있던 학생들을 머리띠 두른 좌익계 인사 100여 명이 달려들어 폭행했고, 그 와중에 용암포 제1교회의 목사가 사망했다.

이제 사건은 용암포에서 신의주로 확대되었다. 신의주 지역 학생단체가 용암포 지역 학생단체와 연합해 반공시위를 하기로 계획을 세웠다. 도 공산당본부와 도 보안서, 시 보안서 등을 공격한다는 계획도 마련했다. 학생들은 11월 23일 오후 2시에 모였고, 시위를 하다가 당초 계획한 대로 주요 관공서를 공격했다. 하지만 무기를 가진 소련군과 보안대를 학생들이 당해 낼 수는 없었다. 소련군과 보안대원들은 학생들을 개머리판으로 후려치고 권총과 소총, 따발총을 동원해 공격했다. 1,000여 명이 검거되고 나머지는 흩어질 수밖에 없었다.

신의주제2공업학교와 신의주사범학교의 학생위원장 황창하와 한형규는 주동자로 분류되어 시베리아로 유형을 갔다. 나머지 학생들은 훈방되었지만 배후세력에 대한 대규모 검거 선풍이 불었다. 사안이 심각했던 만큼 김일성이 11월 27일 신의주 현지를 방문해 상황을 파악하고 지역 민심을 살폈다. 당시 신의주역은 3층 벽돌집이었다. 1층은 손님 기다림칸(대합실), 2층은 식당, 3층은 방이 여러 개 있는 합숙소였다. 김일성은 이 합숙소에 머물렀다.[27] 김일성은 학생들의 마음을 달래는 데 신경을 썼다. 학생 대표들을 만나 일제강점기 압록강을 건너 항일투쟁을 하던 얘기도 들려주고, "진짜 공산주의자는 나쁜 짓을 안 한다. 가짜들이 나쁜 짓을 많이 한다. 도당 책임자와 간부들을 인민재판에 넘겨 처벌하겠다"고 밝히기도 했다. 그러면서도 소련군과 김일성 세력은 우익인사 검거는 계속해 반공세력을 약화시키는 계기로 삼았다. 신의주학생의거기념회는 200명이 유형을 갔다고 주장하기도 한다.[28] 어쨌든 이 사건을 계기로 북한 지역에서 우익세력은 크게 약화되었다. 이후 1946년에 진행되는 토지개혁과 주요산업 국유화 조치로 우익은 북한에서 아예 발붙일 곳을 잃게 된다.

민중의 요구

농민의 소작료 투쟁과 토지개혁 요구

해방 직후 한반도 전체 인구의 80% 정도는 농민이었다. 농민의 대다수는 소작농과 고농雇農(고용 농민. 남의 집 일을 돌보아 주면서 그 집에 붙어사는 농민)이었다. 1937년 당시 자작농은 전체 농가의 18%에 불과했고, 소작농 · 고농은 70%가 넘었다. 1945년 북한 지역의 상황을 보면, 전체 농가의 4%에 불과한 지주가 전체 경지 면적의 58.2%를 차지하고 있었고, 전체 농가의 56.7%에 이르는 빈농은 전체 경지 면적의 5.4%만을 소유하고 있었다. 대부분의 농민이 소작을 하거나 농업 노동을 하고 있었다. 소작농의 경우 수확물의 50~90%를 소작료로 지주에게 납부해 빈궁한 상태를 벗어나지 못하고 있었다.[29] 조선 후기부터 수확의 절반 이상을 소작료로 내놓던 관행이 일제강점기와 해방 직후까지도 계속되고 있었던 것이다.

그즈음 실제 농민들의 생활상을 보면, 소작료를 내고 나면 남는 곡식이 많지 않아 다음 수확기까지 먹는 문제를 해결하지 못하는 사람들이 많았다. 평안북도 선천군 운종면 신미동(현재는 선천군 운종리)에 사는 김선옥의 경우도 1946년 2월 당시 두 달 정도 먹을 수 있는 벼와 수수, 옥수수, 피가 남아 있을 뿐이었다.[30] 집은 대부분 허름한 초가집이었고, 가구라고는 농짝 한두 개가 전부였다. 방바닥은 천으로 덧대거나 종이를 발라 놓은 집이 많았다. 그나마 그것도 못해 바닥이 그대로 드러나 있는 집들도 있었다.[31]

해방이 되자 북한 지역의 농민들은 소작료를 낮추는 운동을 무엇보다 먼저 시작했다. '3·7제 투쟁'이었다. 수확의 70%는 소작인이 가지고 30%만 소작료로 내겠다는 것이었다. 소작인이 부담하던 세금도 지주가 내도록 해야 한다는 내용도 있었다. 농민들은 농민조합을 중심으로 곳곳에서 집회를 열고 3·7제 실시를 촉구했다. 물론 지주들은 거세게 저항했다. 추수철이 되자 농민은 산출의 3할만을 내려 하고 지주는 5할 이상을 받으려는 싸움이 계속되었다. 지주들은 무기를 휘두르면서 소작인의 곡식을 가져가고 농민들은 빼앗긴 곡식을 다시 찾아오는 등 사활을 건 공방이 계속되었다.

그런 가운데 함경남도 인민위원회는 1945년 9월 20일 소작료 3·7제를 시행했다.[32] 평안남도 인민정치위원회는 1945년 10월 21일 「소작료 3·7제에 관한 규정」을 발표하고 3·7제 실시에 들어갔다. 하지만 그것으로 깨끗이 정리되는 것은 아니었다. 여전히 소작인과 지주의 분쟁은 계속되었다. 1946년 초에는 많은 지역에서 3·7제 실시가 확정되었지만, 그래도 일부 지역에서는 이 문제가 명확히 정리되지 않은 채 남아 있었다. 3·7제를 확정, 발표한 지역에서도 실제 현장에서는 안 지켜지는 경우가 많았다.

평안북도 선천군 운종면 신미동의 경우, 마을 사람들이 4명의 지주로부터 땅을 빌려 농사를 짓고 있었다. 마을 사람들도 3·7제가 시행되었음을 알고는 있었다. 하지만 지주가 집집마다 돌아다니며 50%를 내지 않으면 소작을 떼겠다고 협박했다. 그 바람에 50%를 내지 않을 수 없었다. 마을에 농민조합이 구성되어 있긴 했었다. 그러나 어떻게 운영해야 할지 갈피를 잡지 못하고 우왕좌왕하는 형편이었다.[33] 지방정권기관의 권위가 하부까지 완전하게 실현되지 않고 있는 상황에서 지주들이 토지에 명줄을 건 농민들을 위협해 욕심을 채우는 사례가 많았던 것이다. 이에 대항해 일부 농촌 지역에서는 농민들이 스스로 지주를 몰아내고 토지를 서로 분배하기도 했다.[34]

1946년 1월 3일 평양에서 전국농민조합총연맹 북조선연맹 창립식이 열렸는데, 이 자리에서 토지문제 해결이 제1과업으로 천명되었다. 그러면서 농민들의 토지문제 해결 열기는 고조되어 갔다.[35] 1946년 2월이 되어서는 농민들이 3·7제를 넘어서 토지를 요구하는 청원운동을 벌이기 시작했다. 전통적인 농업국가에서 농민으로 살아온 사람들의 토지에 대한 욕구는 본능에 가까운 것이라고 할 수 있다. 특히 오랫동안 토지 없는 설움을 겪어 온 빈농들의 땅에 대한 욕구는 높을 수밖에 없었다. 2월 18~19일에 걸쳐서 평안남도 강동군과 성천군, 안주군, 양덕군, 그리고 황해도 승호군 등지에서 농민들이 군중대회를 갖고 봄갈이 이전에 토지개혁을 실시할 것을 촉구했다.

2월 18일 평안남도 강동군의 읍내에서 열린 집회에는 농민 1만 2,000여 명이 참여해 지주들의 착취를 규탄하고 조속한 토지개혁을 요구하는 목소리를 높였다. 그 과정에서 농민들이 토지를 요구하는 내용으로 쓴 혈서가 3만여 통에 이르렀다.[36] 2월 말에는 각지의 농민 대표 300여 명이 2월 8일 북한의 임시 중앙주권기관으로 출범한 북조선임시인민위원회를 방문해 토지개혁을 서둘러 줄 것을 요구했다. 3월 1일에는 3·1절을 기념해 농민들이 북한 전역에서 집회를 가졌다. 평양에 20만 명 등 350만여 명이 "토지는 밭가리(밭갈이)하는 농민에게로"를 외치며 집회에 참여했다.[37] 농민들의 토지개혁 요구가 거셌고, 농민들의 정치적 인식도 그만큼 고양되어 있었으며, 조직력 또한 상당했음을 보여 주는 것이라 하겠다.

토지개혁과 농촌위원회

이러한 농민들의 요구를 수용해 북조선임시인민위원회는 3월 5일 「토지개혁법」을 발표하고 8일부터 토지개혁을 시작했다. 지주에게 토지를 무상으로 몰수해 농민들에게 나누어 주는 방식이었다. 무상몰수, 무상분배라는 큰 틀 속에서 진행된 것이다. 몰수 대상은 5정보(15,000평) 이상의 지주 소유지였다. 실제로 5정보 이상의 땅을 가진 사람이 직접 경작하는 경우는 거의 없었는데, 이러한 현실을 반영한 결정이었다. 5정보가 못 되는 경우에도 모두 소작을 주는 토지, 계속 소작을 주는 토지도 몰수 대상이었다. 일본인이나 민족반역자가 가지고 있는 토지도 몰수되었다.

당시 북조선임시인민위원회 산업국장으로 재직하고 있던 이문환은 소유하고 있던 토지 2만 평을 모두 몰수당했다.[38] 5정보가 넘었기 때문에 몰수 대상이 된 것이다. 이문환은 서울의 중앙고등보통학교와 중국 다롄大连의 남만공업전문학교를 졸업한 북한 최고의 전기 전문 엔지니어였고, 북한 산업발전의 중심 역할을 하고 있는 인물이었다. 이런 인물도 예외 없이 몰수 대상이 되었다.

토지를 받는 사람은 토지가 없거나 적은 농민이었다. 그리고 분배기준은 농가별 가족노동력이었다. 가족의 수와 연령을 고려해 땅을 나누어 준 것이다. 18~60세 남자는 1점, 18~50세 여자도 1점, 10~14세 소아는 0.4점 등으로 점수를 매겨 그 점수의 합에 따라 토지를 분배했다. 평안남도 대동군 남곶면 두단리(현재는 평양시 낙랑구역 두단동)에 사는 한 농민은 식구가 7명으로 밭 2,000평과 논 1,000평을 받았다. 여기에 오이 300평, 토마토 300평 등을 경작할 계획을 세우고 있었다. 600평에 채소

북조선임시인민위원회 건물(상)과 성립경축대회 모습(하)
1946년 2월 8일 출범한 북조선임시인민위원회는 3월 8일부터 토지개혁을 진행했다.

를 심는 것만으로도 2만 원 정도의 수입을 예상하고 있었다.[39] 토지를 얻게 된 기쁨에 더해 상당히 높은 소득까지 기대하고 있었던 것이다. 노동자들의 월급을 설명하는 부분에서 자세히 살펴보겠지만, 1940년대 북한 노동자들의 월급이 850원 정도였으니까, 토지개혁 직후 농민들이 매우 큰 기대를 갖고 있었음을 알 수 있다.

토지를 몰수당한 지주는 다른 지역으로 이주해 살도록 했다. 농민들과의 충돌을 막기 위해서였다. 이주한 지주는 이주지에서 토지를 분배받을 수 있었다. 당시 북한의 대·소지주 70,000여 명 가운데 3,500여 명은 실제로 이주해서 토지를 받았다. 하지만 대부분은 남한으로 떠났다.

토지개혁을 현장에서 실행한 조직은 농촌위원회였다. 농촌위원회는 기본적으로는 전국의 리里 단위에 하나씩 구성되었다. 규모가 큰 리에는 2~3개의 농촌위원회가 조직되는 경우도 있었고, 작은 리의 경우는 2~3개가 합쳐져 하나의 농촌위원회를 구성하기도 했다. 그렇게 해서 북한 전역에 1만 500여 개의 농촌위원회가 조직되었다. 위원으로 참여한 농민이 9만여 명이었다. 전광석화처럼 추진된 토지개혁이었던 만큼 농촌위원회라고 해야 변변한 사무실을 따로 마련하기는 쉽지 않았고, 위원장의 집을 사무실로 쓰는 경우가 많았다.[40] 5~9명의 빈농과 고농으로 구성된 농촌위원회는 우선 그 지역의 지주와 농민들의 재산과 가족 수 등을 면밀히 조사했다. 몰수 대상인 친일파와 민족반역자에 대한 일차적인 결정도 농촌위원회가 했다. 친일파와 민족반역자 판정은 중대한 문제이기 때문에 당에서 파견된 심사위원들이 최종 판단했지만, 1차 심사는 농촌위원회의 몫이었다. 주요 조사가 마무리된 뒤 농촌위원장이 관할 지역의 지주들을 소환했다. 관련 법령을 통지하고는 '불로지주 이주에 관한 퇴거서약서'에 동의하도록 했다. 곧바로 노동자와 사무원으로 이루어진 토지개혁선전대가 동원되었다. 이들은 '토지분배계획표'에 따라 해당 토지에 말뚝을 박고, 이를 토지가 없거나 적은 사람들에게 나눠 주었다. 토지소유증명서도 발부해 주었다. 떠난 지주들의 주택도 몰수해 고농들에게 분배했다.

농민들이 분배받은 토지의 넓이는 조금씩 달랐다. 논과 밭, 토지의 비옥

토지개혁으로 분배받은 땅을 가는 농민들

도 등에 따라 토지의 등급을 나누어 질 좋은 토지는 좀 적게, 질 낮은 토지는 좀 많이 분배했기 때문이다. 평안남도의 경우 가구당 평균 3,891평을 받았고, 최저는 2,502평, 최고는 4,774평이었다. 전체적으로는 100만 325정보가 몰수되어 72만 4,522가구의 고농과 빈농들에게 분배되었다.[41]

토지개혁 직후인 1947년 4월에는 북조선농민은행이 설립되었다. 농민의 93%가 참여해 총자금의 절반 이상을 내고, 노동자와 사무원, 개인 상공업자도 출자해 은행이 창설되었다. 도, 시, 군에 220여 개 지점을 두고 있었다. 농민들에게 농사에 필요한 자금을 빌려주는 것이 주요 설립 목적이었다. 돈이 없는 농민들은 우선 여기서 빌린 돈으로 소, 농기구, 종자, 비료 등을 마련해 첫해 농사를 지었다. 대출이자는 9.2%로 낮은 편이 아니었지만, 영농자금이 필요한 농민들에게는 유용한 자금이었다.[42]

농민들의 생활은 전반적으로 크게 개선되었다. 토지와 생산물이 기본적으로 자신의 소유가 된 것 자체가 큰 개선이었고, 지주에게 내야 했던 고율의 소작료를 내지 않게 되었다는 것 또한 큰 변화였다. 농민들은 스스로 농사짓고 수익을 늘려 나아진 삶을 직접 경험할 수 있게 되었다. 평안북도 용천군 양하면 오송동에 사는 농민 최성구는 일제강점기 땅 한 평 없이 자기 방 한 칸 마련하지 못한 채 15년간 고용살이를 했다. 하지만 토지개혁 이후 3년 동안 열심히 농사를 지어 기와집에 소 한 마리와 돼지 다섯 마리를 갖추고 살 수 있게 되었고, 탈곡기와 제승기(새끼 꼬는 기계)도 사고, 신문, 잡지까지 구독할 수 있게 되었다. 토지개혁 이후 1948년 말까지 북한 지역 전체 농민들이 구입한 농우가 117,809마리에 이르렀고, 우마차가 32,391대, 탈곡기가 26,204대, 제초기가 53,700대, 화물자동차가 45대였다. 기타 작은 농기구들의 구입량은 헤아리기 어려울 정도였다.[43] 주영북한대사관 공사로 재직하다 2016년 탈북한 태영호의 할아버지는 1946년 분배받은 땅으로 농사를 지어 송아지 한 마리 살 돈을 벌었다. 그 돈을 들고 장(함경북도 명천군 명천읍)에 나갔다. 그런데 그만 화투판에 들어서는 바람에 그 돈을 모두 날리고 말았다. 그때만 해도 도박이 허용되고 있었다. 한 해 농사지은 것을 한순간에 날린 태영호의 할아버지는 이듬해 다시 농사에 매진해 결국 송아지 한 마리를 샀다. 일을 열심히 하면 재산을 모을 수도 있을 만큼 괜찮은 상황이었던 것이다.[44]

토지를 받은 농민들은 수확량의 25%를 세금으로 내야 했다. 농업현물세라는 이름이 붙어 있었다. 하지만 실제로는 애국미, 성출誠出(성의껏 내놓는 것) 등의 이름으로 내는 것을 포함하면 소출의 40% 정도는 납부해야 했다. 성출 가운데에서는 소련군 주둔비라는 명목이 많은 비중을 차지했고, 학교신축비, 면유지비, 보안대비 등 다양한 형태가 있었다. 1947년 3월 평안남도 인민위원회 재정부장 이인원이 평원군의 실태를 조사했는데, 소정의 세금 이외의 잡세를 걷지 말라는 상부의 지시에도 불구하고 숙천면 인민위원회의 경우 8·15헌금, 방역비, 인민학교후원비, 축우畜牛 부담금 등의 명목으로 잡세를 걷고 있었다. 또 순안면 인민위원회는 인민병원, 성인학교, 성인중학교, 성인특수학교 등에 대한 후원비를 징수하고 있었다. 순안면의 한 인민학교에서는 숙직비 등을 걷고 있었다.[45] 지방의 말단기관까지 행정시스템이 체계화되지 못한 측면이라고 할 수 있겠는데, 그러한 이유 때문에 농민들의 부담은 여전히 만만치 않았다. 분배받은 토지면적이 가족의 수에 따라 다르고 경작 정도에 따라 소출도 달라, 어떤 농민은 부농이 되고 어떤 농민은 빈농이 되기도 했다. 토지개혁 이듬해인 1947년부터 부농들이 부림소 등을 가지고 농민들을 착취하는 현상도 생겨났다.[46]

일부 지방인민위원회는 파종면적, 곡식 종류별 수확고 등을 실사하지 않고 책상머리에서 계산한 것을 근거로 농업현물세를 부과했는데, 농민들은 이를 불공평하게 여겼고, 이에 대해 불만을 갖게 되었다.[47] 그래서 1946년 가을 농업현물세 납부가 지지부진했다. 11월 중순까지 황해도는 납부율이 32%에 불과했고, 함경북도는 38%, 함경남도는 44%, 강원도는 57%, 평안북도는 71%, 평안남도는 75%였다. 평양특별시만 103%의 높은 납부율을 보였다.[48] 그러자 북조선임시인민위원회는 11월 18일 현물세를 납부하지 않으면 곡물판매를 못하게 하는 조치를 발표했다.[49] 이러한 강력한 조치가 발표되자 농민들은 어쩔 수 없이 현물세를 납부했다. 11월 24일까지 예상량의 91%가 납부되었다.[50]

현물세 등을 납부하고 나머지 대부분의 곡식은 국가에서 수매를 했다. 북한 당국도 이를 적극 독려했다. 노동자와 기술자, 사무원 등에게 배급을 하기 위해서는 많은 곡식이 필요했다. 수매는 소비조합이 맡아서 했다. 그런데 대금 청산은 바로바로 되지 않았다. 당연히 농민들의

농업현물세를 납부하는 농민들(상)과 농업현물세 영수증(하)

면화현물세를 납부하는 여성들

불만이 많았을 것이다. 이에 따라 1947년 2월 초 북조선임시인민위원회 농림국은 소비조합에 수매양곡 대금을 속히 청산할 것을 지시했다. 청산방법은 농사에 필요한 비료를 농민들에게 지급하는 식이었다.[51]

북한의 토지개혁은 1946년 3월 8~30일 3주간의 짧은 기간에 그야말로 전광석화처럼 진행되었다. 그런 가운데에서도 지주들의 반발이 없을 리 없었다. 함경남도 고원군의 지주들은 다른 지역으로 이주하면서 토지를 부동산 매매업자들에게 팔아넘기기도 했고, 황해도 벽성군의 지주들은 토지를 분산해 다른 사람 이름으로 숨기기도 했다. 황해도 재령군의 지주들은 "토지개혁법 인정하지 않는다"며 정면으로 대항했고, 함경북도 경흥군의 지주들은 농촌위원회의 재산조사에 응할 수 없다며 맞서기도 했다. 황해도 안악군에서는 지주들이 인민위원회와 농촌위원회를 습격하기도 했다. 평안남도 강서군 성태면 성2리의 농촌위원장 김혜선은 토지를 몰수당한 지주가 휘두른 흉기에 찔려 목숨을 잃었다.[52] 평양에서는 3·1운동 경축대회에 참가한 김일성에게 폭탄을 던지는 일까지 발생했다. 함경남도 함흥 등에서는 토지개혁 반대시위가 발생하기도 했다. 강원도에서는 지주들이 남한의 정치세력, 종교인 등과 연대해 비밀조직을 만들고 토지개혁을 중단시키기 위한 무장폭동을 모의하다가 발각되기도 했다.

이러한 반발에도 불구하고 북조선임시인민위원회가 토지개혁을 군사작전처럼 실시한 데에는 농민들의 지지를 확대해 김일성의 권력기반을 강화하려는 김일성 세력과 소련군의 전략이 작용하고 있었다. 어쨌든 토지개혁을 통해 빈농들은 실제로 토지를 가지게 되었고, 그 바람에 북조선임시인민위원회와 김일성에 대한 북한 지역 민중의 지지는 높아졌다. 실제로 토지개혁을 실시한 뒤 정권에 대한 농민과 대중의 지지는 매우 높아졌다. 김일성 자신도 토지개혁에 대한 평가에서 "당을 확대할 뿐만 아니라 당이 농촌에서 공고한 진지를 차지한 중요한 관건이 되었다"라고 역설했다.[53] 탈북자들의 증언 등을 통해 오늘날까지도 대부분의 북한 사람들은 김일성에 대해서는 존경심을 갖고 있는 것으로 알려져 있는데, 김일성의 독립운동과 함께 토지개혁이 핵심적인 원인이라고 할 수 있다.

빈발한 토지 부정분배

속전속결로 이루어진 만큼 흠결도 없지 않았다. 농민이 아닌 전업 노동자가 분배받은 경우도 있었고, 분배과정에서도 가족노동력에 기반한 점수에 의하지 않고 '타력'에 의해 분배된 경우가 있었다. 점수 이외의 다른 힘이 작용해 많이 받은 사람이 있었던 것이다. 1946년 12월 13일 북조선노동당(북로당) 강원도 인제군당 상무위원회는 이러한 사실을 인정하고 추가적인 부정분배 여부에 대해 철저히 조사하기로 결정했다.[54] 실제로 조사를 해보니 부정분배의 사례가 많이 나왔다. 인제군 남면의 경우만 보더라도 농업을 한 적이 없는 오순팔이라는 사람이 논 1,000평, 밭 2,183평 등 3,183평을 분배받는 등 자격 없는 자가 토지를 받은 경우가 모두 15건이었다. 김장자 등 10명은 가족 수에 따른 점수 이외에 추가로 토지를 받은 것으로 나타났다. 북로당 남면 당 위원장 심상태는 이와 같은 사실을 군당 위원장에게 서면으로 보고하고, 이남 도주자 7명의 토지와 함께 검토해서 토지가 적거나 없는 농민들에게 나누어 주도록 건의했다.[55]

인제군 인제면에서도 농민이 아닌 자에게 분배한 경우 4건, 경작하던 농민이 아닌 다른 사람에게 잘못 분배된 경우 14건, 몰수 대상이 아닌 것을 몰수한 경우 5건 등이 발견되었다.[56] 인제군의 2개 면에 대한 자료만 발견되지만, 이러한 사례로 미루어 인제군의 다른 면, 그리고 다른 군에서도 비슷한 사례가 상당히 있었을 것으로 추정해 볼 수 있겠다. 1950년 8월 발간된 『당열성자들에게 주는 주간보』는 "북반부 토지개혁에서 본 바와 같이 만일 인민위원회 속에 불순분자나 이색분자들이 잠입하고 있는 지방에서는 반드시 토지개혁이 부분적으로 법령대로 집행되지 못하고 혹은 부당몰수 혹은 부당분배 등 좌경적 우경적 오유들이(오류들이) 적지 않게 표현되는 것이다"라면서 부정 사례가 있었음을 공식적으로 인정하고 있다.[57] 공간자료도 인정하지 않을 수 없을 만큼 부정 사례는 표면화되었던 것이다.

토지개혁으로 분배받은 토지는 팔지도 양도하지도 못하게 되어 있었다. 하지만 이를 어기고 거래하는 경우가 적지 않았다. 1947년 11월 26

일 북로당 강원도 인제군당 위원장 송갑수가 각 면당 위원장에게 보낸 지시문은 이러한 불법적 거래를 조사하라는 내용이었다. "일부 농민들은 자기에 역사적으로 혜택 받은 토지를 개인적으로 매매하는 불법적 부정한 사실이 있다고 본다"면서 "우리 당은 이에 중대한 관심을 돌리어 적발하는데 각 면당 위원장은 농촌세포를 통하여 좌기 양식에 의한 세심한 조사를 하여 12월 25일까지 어김없이 보고할 것을 지시함"이라고 엄중하게 명하고 있다.[58] 공문의 내용으로 보아 북한 전역에서 토지거래가 이루어지고 있었고, 그래서 그러한 조사가 대대적으로 시작된 것으로 여겨진다.

지시문에 따라 조사가 이루어졌는데, 인제군 남면의 경우 1948년 3월 당시 부정거래 토지가 논 12,631평, 밭 61,922평, 합쳐서 74,553평에 이르렀다.[59] 논은 한 평에 25원 정도, 밭은 5원 정도에 거래되었다.[60] 부정거래 토지는 압수해서 리 인민대회 결정으로 '토지 적은 충실한 열성농민'에게 주도록 했다. 그리고 자작하던 토지를 분배받은 경우 그 땅을 도 인민위원장의 승인 후 팔 수 있도록 했다.[61] 현실을 고려해 제한적으로 매매를 인정한 것이다. 북한 당국은 토지개혁을 하면서 토지의 공공적 특성을 강조해 거래를 금지하고 있었지만, 농민들의 현실은 이를 그대로 따를 수 없는 형편이었다.

이렇게 토지가 거래되면서 가진 토지가 줄어들어 식량난을 겪는 농민도 생겨났다. 1948년 1월 25일 북로당 강원도 인제군당 위원장 송갑수가 강원도당 위원장에게 보고한 내용을 보면, 농촌에서도 식량부족 가구가 많았음을 알 수 있다. 인제면의 871가구, 남면의 309가구, 북면의 498가구, 서화면의 890가구 등 인제군에서만도 2,568가구가 먹을 것이 부족한 상황이었다. 인구수로 보면 남자 6,735명, 여자 6,361명, 합쳐서 13,096명에 이르렀다.[62] 북면 498가구의 상황을 좀 더 자세히 보면, 이들 가구의 평균 가족 수는 5.2명이었다. 평균 경지면적은 논 486평, 밭 1,304평이었다.[63] 논밭 합쳐서 1,790평에 불과했던 것이다. 토지개혁으로 평안남도 농가가 받은 평균 3,891평과 비교하면, 절반에도 미치지 못하는 수준이었다. 이 정도의 농지로 다섯 식구가 먹고살아야 했으니 식량이 부족할 수밖에 없었다.

분배받은 토지를 스스로 경작하지 않고 사람을 부려 농사를 지으려는 경우도 있었다. 1947년 3월 당시 평양시 관내 농촌에서 농민 5명이 고용제를 실시하다 적발되었다. 평양특별시 인민위원회는 이들을 '악질 불경不耕 지주'로 간주하고 소유 토지를 몰수했다. 그 가운데 2명에 대해서는 집과 농기구까지도 몰수하는 처분을 내렸다.[64]

한편 토지개혁으로 농민들이 토지를 소유하게 되었음에도 불구하고, 산에서 화전민으로 생활하는 사람들이 1950년까지 존재했다. 북한 당국이 토지개혁 당시 이들을 파악하지 못했던 것인지, 이들이 토지개혁 당시 분배받은 토지를 어떤 원인으로 잃고 산으로 들어간 것인지는 분명치 않다. 생활고를 이기지 못해 토지를 판 사람들, 토지개혁 당시 파악되지 않고 산에 남아 있던 사람들이 모두 존재했던 것으로 보인다. 1947년에는 화전민이 북한 전역에 46,990가구가 있었다. 황해도에 4,088가구, 평안남도에 4,037가구, 평안북도에 16,866가구, 함경남도에 17,187가구, 함경북도에 981가구, 강원도에 3,831가구가 존재했다.[65]

1948년 3월 당시에도 강원도 인제군에만 716가구의 화전민이 살고 있었다. 인제군 인민위원회가 현지에 나가 좌담회를 실시하고 이들을 국영기업소 등에 배치하려 했지만, 화전민들은 이주를 거부했다. 그래서 인제군 인민위원회의 북조선노동당 조직도 이 문제로 골머리를 앓고 있었다. 1948년 3월 11일 인제군 인민위원회 당조(핵심 간부 당원으로 구성된 조직체)의 회의록이 이를 잘 보여 준다. 이 회의에 참여한 인제군

인민위원회 핵심 간부들은 화전민 대부분이 그대로 머물고 싶어 하기 때문에 1948년 말까지 이들을 이주시키기 위해서는 더 광범위한 선전사업이 필요함을 강조하면서 그렇게 하기로 결의하고 있다.[66]

이후 북한 당국의 지속적인 설득과 선전으로 화전민은 차츰 하산했다. 1949년에 평안북도 창성군에서 1,753명이 파악되어 평북 도내의 공장과 기업소에 일자리를 배치받았다. 또 1950년에는 함경남도 장진군 402가구, 단천군 223가구, 혜산군 205가구, 북청군 208가구의 화전민이 흥남지구에 있는 공장에서 일자리를 얻었다. 평안북도의 경우, 희천군에서 236가구, 초산군에서 560가구 등 1,597가구의 화전민이 파악되어 도내 공장으로 배치되었다. 그 밖에 함경북도에서는 명천군에서 30가구, 길주군에서 27가구, 학성군에서 70가구, 부령군에서 49가구, 회령군에서 70가구의 화전민이 발견되어 이들을 농촌 지역으로 이주시켰다.[67] 이렇게 북한 자료가 밝히고 있는 것만 해도 1949~1950년에 이주한 화전민이 4,600여 가구에 이르렀다.

농민들이 토지를 분배받아 모두 만족하고 잘산 것처럼 북한 당국은 말하고 있지만 실제 사정은 달랐던 것으로 보인다. 한국전쟁 당시 미군이 북한에서 노획한 문서 가운데는 북한 군인들의 자기소개서도 포함되어 있는데, 농촌 사정이 자세히 묘사되어 있는 것도 발견된다. '자서전'이라고 되어 있는 1928년생 정두화의 자기소개서를 보자. 부모와 동생들을 둔 정두화의 집은 토지개혁으로 6,000평을 받았다. 하지만 생활이 어려웠다. 3년 동안 농사를 짓다가 평양으로 이주했다.

> 1945년 8·15일 해방 후 붉은 군대의 원조 밑에서 1946년 3월 5일 토지개혁으로 말미아마(말미암아) 6,000평이라는 많은 토지를 분여받아 농업에 종사하다 그래도 농우도 없고 노력도 부족하여 1949년 3월에 평양으로 이사하여 현

재 부친님은 직물공장에서 노동을 하고 있으며 어머니는 가정에서 무지업으로 있고(무직업으로) 동생은 제10중학교 1학년에 통학하고 있다.[68]

토지를 분배받아도 다섯 식구가 충분히 먹고살 정도는 아니었던 것으로 보인다. 그래서 평양으로 이주해 가장 혼자서 공장노동을 하게 되었다는 내용이다. 가장 혼자 공장에서 일하는 것이 오히려 나았다는 얘기가 된다. 황해도 금천군 김종상의 가족도 논 5마지기와 밭 10,000평을 분배받았다. 할머니, 아버지, 어머니, 고모, 동생 5명 등 식구가 모두 10명이어서 적지 않은 토지를 받은 것이다. 하지만 형편은 어려웠다. 식구는 많았지만 농사일을 할 수 있는 사람은 적었다. 동생들은 학교에 다니고 아버지마저 병상에 있었다. 일할 사람은 김종상 본인과 어머니 정도였다. 소도 없었다. 그러니 소출은 적고 먹고살기가 보통 어려운 것이 아니었다.[69] 농촌 실정은 토지개혁 이후에도 녹록지 않았던 것이다.

노동자, 여성의 개혁요구와 민주개혁

농민뿐만 아니라 공장의 노동자들도 해방이 되면서 자연히 자신들의 생활여건 개선에 대해 요구했다. 실제 일제강점기 이들의 생활은 빈궁의 연속이었다. 하루 노동시간은 14~16시간에 이르렀다. 1937년의 통계에 따르면, 16살 이상 조선인 직공들의 노동시간은 일본인 직공보다 16%가 길었고, 16살 미만 조선인 직공의 노동시간은 일본인 직공보다 25%가 길었다.[70] 이러한 여건에서 신고辛苦의 생활을 영위한 노동자들은 해방과 함께 보다 나은 환경에 대한 기대를 가지고 있었다.

그런 가운데 1946년 6월 24일 「북조선 노동자·사무원에 대한 노동법령」이 발표되어 노동자의 노동여건이 크게 개선되었다. 법령의 핵심적인 내용은 노동자들의 8시간 노동이었다. '8시간 노동-8시간 학습-8

1946년 6월 노동법령 실시 경축대회

시간 휴식'이라는 기본적인 노동생활의 틀에 따라 8시간 이상의 노동은 위법한 것으로 규정했다. 작업 환경이 열악한 직종이나 지하에서 일하는 노동자들에게는 7시간만 일을 시키도록 했다. 또 14살부터 16살까지의 노동자들에게는 6시간을 초과해서 일을 시키지 못하도록 했다. 14살 미만의 소년, 소녀에 대해서는 노동을 시키지 못하도록 했다. 시간 외 노동에 대해서는 가능하긴 하지만 연간 250시간을 초과하지 못하도록 했다.

미국의 여성 언론인 애너 스트롱Anna Louise Strong이 1946년 북한을 방문해 노동자들을 만났다. 해방 전과 달라진 것이 무엇인지 궁금해 물었다. 노동자들의 대답은 "첫째로 예전에는 13시간 일했다. 생각할 시간이 없었다. 지금은 8시간 노동을 하게 되어 세상일에 대해 다 알게 되었다"는 것이었다. 가장 큰 변화가 8시간만 일을 하게 된 것이라는 얘기였다. 그들은 두 번째 변화로, 예전에는 쌀밥을 못 먹고 콩깻묵을 먹었는데, 하루 750g 쌀 배급을 받게 되었고, 더 좋은 집에서 살게 된 것이라고 대답했다. 세 번째 변화로, 전에는 의견을 얘기할 수 없었는데, 조합을 통해 공장 지도부에 말할 수 있게 되었고, 선거를 통해 정부에도 의견을 제시할 수 있게 된 것이라고 말했다.[71] 노동시간 규정과 함께 많은 것이 달라져 가고 있음을 노동자들이 체감하고 있었던 것이다.

노동여건이 개선되면서 생산성도 높아졌다. 국영 평양견직공장에 근무하는 당운실이라는 여성 조사공繰絲工의 실례를 보면, 해방 직후에는 매월 300g의 실을 뽑아냈다. 당시에는 소녀공으로 6시간만 일했다. 그러다가 1946년에는 500g, 1947년에는 1,000g, 1948년에는 4,000g, 1949년에는 4,500g의 실을 뽑아냈다.[72] 이와 같은 생산성 향상은 점차 개선된 시설의 영향도 있었겠지만, 기본적으로는 노동자들의 근로의욕 증진으로 가능했던 것으로 여겨진다.

사회적인 약자에 머물러 있던 여성들도 해방과 함께 스스로의 사회적 위치에 대해 자각하고 그에 따른 개혁적 요구를 내놓기 시작했다. 평안북도 의주의 의주여성동맹은 1946년 1월 28일 부인대회를 열고 축첩제 등 봉건적 풍습 폐지 등에 대한 토론을 진행했다. 이후 잇따라 여성대회와 토론회를 열어 여성 입장에서 새로운 사회가 갖춰 나가야 할 부분에 대한 요구사항을 발표했다. 첩을 가진 자와 첩이 되는 자는 모두 처벌해야 한다고 주장했고, 첩의 자녀 문제에 대한 해결방안을 제시하기도 했다. 6월 16일에는 평양시여성동맹이 부인대회를 개최하고 축첩제와 조혼, 매매혼 등의 인습을 폐지하라고 요구했다.[73] 이렇게 여성들의 개혁

1946년 7월 남녀평등법 시행 환영 군중대회에 참가한 여성들

요구는 확산되어 갔다.

이러한 여성들의 요구에 부응해 1946년 7월 22일 남녀평등권법 초안이 완성되어 공개되었다. 곧 도·시·군의 북조선민주여성동맹 대표를 비롯한 각계의 여성 1,500여 명이 평양에 모여 이 초안에 대한 지지를 결의했다.[74] 이런 과정을 거쳐 1946년 7월 30일 「북조선 남녀평등권에 대한 법령」이 시행되었다. 정치와 경제, 사회, 문화 등 모든 영역에서 남성

과 여성이 동등한 권리를 가지도록 했다. 중세적인 폐풍도 폐지되었다. 일부다처의 악습은 금지되고, 첩을 두는 것도 금지되었다. 공창과 사창, 기생도 모두 없앴다. 여성들의 강제결혼은 금지되고, 자유의사에 따라 결혼할 수 있도록 했다. 혼인 관계를 계속할 수 없을 때는 여성들도 이혼을 요구해서 할 수 있도록 했다. 이혼하는 경우 여성들이 재산분할을 요구할 수 있는 권리도 명시했다. 또 재산과 토지에 대한 상속의 권리도 여성과 남성이 똑같이 가지는 것으로 규정했다.

남녀평등법이 발효되었지만, 실생활에서 여성들의 어려움이 일거에 해소될 수는 없었다. 기존의 유교적 전통과 새로운 평등의 기류 속에서 여성들은 고민하고 있었다. 그런 고민의 일단을 1947년 9월 발행된 여성잡지 『조선여성』의 기사로 확인할 수 있다. 이 잡지는 "직장을 가진 주부의 생활설계"라는 제목의 기사를 싣고 있는데, 거기에 당시 직장 여성의 애환이 잘 소개되어 있다. 당시 직장 여성들은 네 가지 문제에 직면하고 있었다. 첫째는 가족들의 이해 문제였다. 해방 후 여성들의 사회진출은 장려되는 편이었지만, 실제 가정에서 특히 시부모들은 가정일에 집중해 주기를 바라는 경우가 많았다. 둘째는 아내로서의 문제였다. 일을 한다고 하지만 남편을 챙기는 일도 게을리하면 안 된다는 사회적 인식이 있었던 것이다. 셋째는 아이양육의 문제였다. 일을 하면서도 아이 키우기에 전념해야 하는 것 아닌가 하는 고민은 계속할 수밖에 없었던 것이다. 넷째는 가사였다. 식사 준비, 세탁, 청소 등 할 일은 끝이 없고 시간은 부족한 상황에서 대부분의 여성은 힘든 시간을 이어 가고 있었던 것이다.

이 잡지는 이러한 고민 속에서 직장생활을 계속하고 있는 한 주부의 하루생활을 소개하고 있다. 남편과 유치원생 아들, 2살배기 딸을 가진 여성이다.

05:00	기상
05:00 ~ 07:00	식사 준비. 청소. 식사
07:00 ~ 07:30	가내 정리. 아들 등원 준비. 출근 준비
07:30	출근. 직장 근무
12:00 ~ 14:00	점심. 딸 젖먹이기
14:00 ~ 17:00	직장 근무
17:00	퇴근
17:00 ~ 19:00	식사 준비. 식사. 빨래
19:00 ~ 21:00	아이들 돌보기. 의복 정리
21:00 ~ 22:30	본인 시간
22:30	취침[75]

매우 바쁘게 하루를 보낼 수밖에 없는 스케줄이다. 대부분의 직장 여성이 비슷한 생활을 유지하고 있었다는 것이 이 잡지의 설명이다.

1946년 12월에는 사회보험제도도 실시되었다. 근로자들이 일정한 보험료를 내고 국가가 보조해 사회보험을 운영하는 시스템이었다. 사회보험으로 출산에 따른 보조금, 유아보조금 등을 지불했고, 질병 치료와 휴양소 이용도 사회보험 체계 속에서 할 수 있도록 했다. 실제 운영 사례를 보면, 강원도 인제군 인제면 평지인민학교 교장 서종석의 경우, 부인 김정녀의 출산에 따라 1951년 3월 출산보조금 500원을 받았고, 유아보조금도 500원 수령했다. 당시 서종석의 월급이 1,300원이었으니까 적지 않은 액수를 받은 것이다. 그가 내는 보험료는 월급만 수령한 달의 경우 13원이었다.[76] 사회보험료로 매달 수령한 총액의 1%를 내고 있었던 것이다.

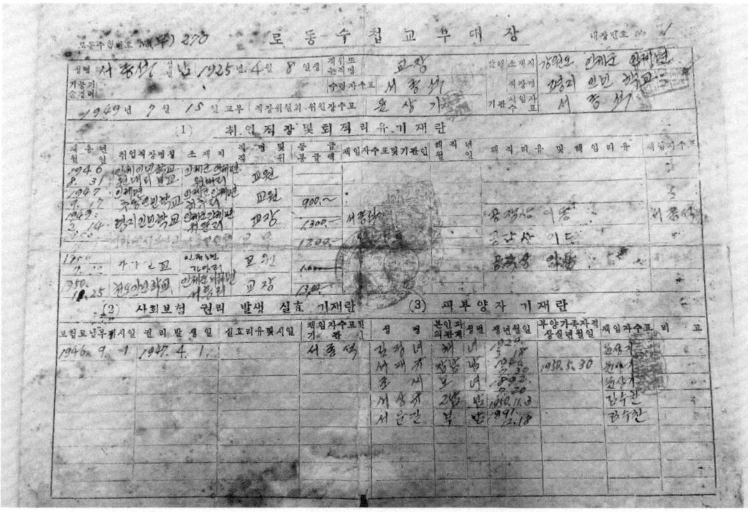
로동수첩교부대장
(1) 취업직장 및 퇴직리유 기재란
(2) 사회보험 권리 발생 실효 기재란
(3) 피부양자 기재란

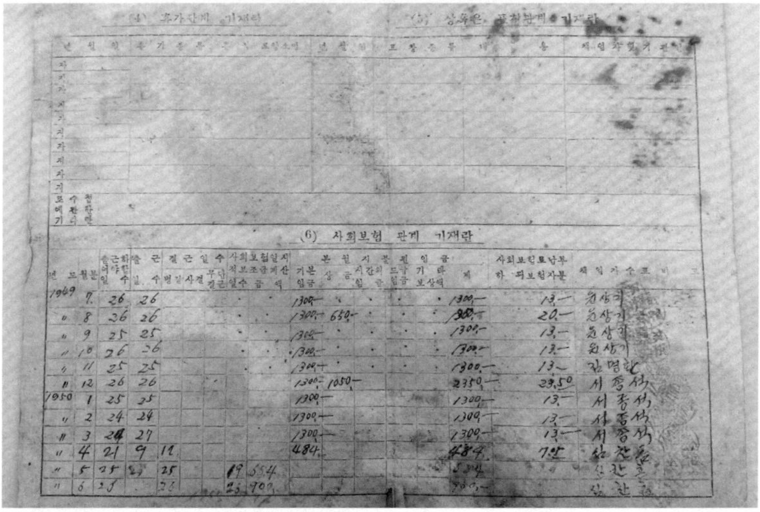
(6) 사회보험 관계 기재란

서종석의 노동수첩교부대장과 사회보조금 지불 증서
사회보험료 납부 사실과 출산보조금, 유아보조금을 수령한 내용을 알 수 있다.

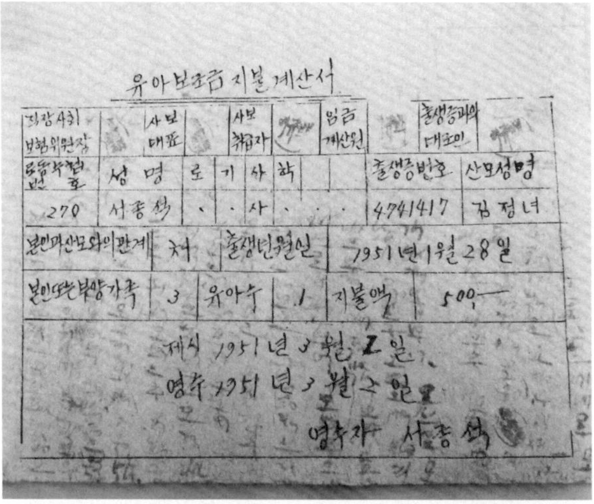

유아보조금 지불계산서

직장사회보험위원장	사보대표	사보취급자		임금계산원		출생증과의 대조인
로동수첩번호	성명	로	기	사	학	출생증번호	산모성명
270	서종식	·	·	사	·	4741417	김정녀

본인과산모와의관계	처	출생년월일	1951년 1월 28일
본인또는부양가족	3	유아수 1	지불액 500원

제시 1951년 3월 2일

영수 1951년 3월 2일

영수자 서종식

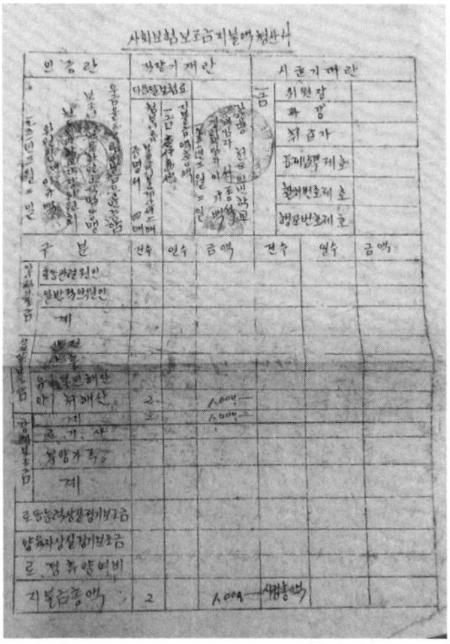

사회보험보조금지불액청산서

인증란	작장기재란	시군기재란
	다음과같이청산함	위원장
		과장
		취급자
		공제납부제 호
		출납번호제 호
		행문번호제 호

구분	건수	인수	금액	건수	일수	금액
로동관련원인						
일반적원인						
계						
해산						
유아 처해산	2		1,000원			
계	2		1,000원			
로, 기, 사						
부양가족						
계						
로동능력상실정기보조금						
부양자상실정기보조금						
로정휴양여비						
지불금총액	2		1,000원			

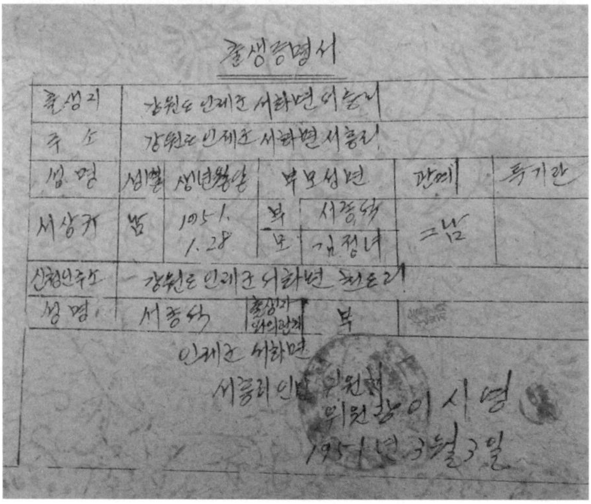

출생증명서

출생지	강원도 인제군 서화면 서흥리				
주소	강원도 인제군 서화면 서흥리				
성명	성별	생년월일	부모성명	관계	특기란
서상기	남	1951. 1. 28	부 서종식 / 모 김정녀	二남	
신청인주소	강원도 인제군 서화면 천도리				
성명	서종식	출생자와의관계	부		

인제군 서화면

서흥리 인민위원회

위원장 이시영

1951년 3월 3일

역전된 계급

노동자와 빈농이 우선

북한은 오랫동안 주민들의 출신성분을 분명하게 구분하고 그에 따라 사회활동에 일정한 제약을 주어 왔다. 노동자와 농민 등 '없는 자'가 중심이 되는 국가를 건설하고 운영하겠다는 취지였다. 한국전쟁 이후 계층 구분을 시행한 것으로 알려져 있지만, 북한의 문서들을 자세히 보면 1947년에 이미 성분을 구분해 놓고 있었음을 보여 주는 자료가 발견된다. 실제로는 1947년 이전부터 성분 구분을 해놓고 있었던 것이다. 출신성분은 자신이 속한 가정의 성분을 말하는 것이다. 이와 구분되는 개념으로 사회성분은 주민 자신의 성분을 이르는 것이다. 출신성분과 사회성분을 노동, 빈농, 중농, 부농, 지주, 사무원 등으로 구분해 놓고, 당국의 필요에 따라 이들에 대한 차별을 시행했다. 과거 지주나 자본가가 지배 계층이었다면 이제 계급관계는 역전되어 노동자, 빈농 출신이 오히려 우대받는 상황이 된 것이다.

1947년 9월 평안북도 선천군의 노하중학교 민청위원장이 작성한 현황자료를 보면, 이 학교 3학년 재학생 102명의 가정성분을 모두 기록해 놓고 있다. '노동' 3명, '빈농' 29명, '중농' 52명, '부농' 10명, '사무원' 2명,

'지주' 1명, 기타 5명이었다.[77]

이러한 구분에 따라 북한 사회에서 중요한 기능을 수행하는 기관의 구성원을 선발할 때 자격을 부여하거나 박탈하기도 했다. 여성 간부 선발을 위한 내무성의 협조 공문은 노동자와 빈농으로 자격을 제한하고 있다. 1948년 9월 20일 내무상 박일우가 북조선노동당 중앙본부 간부부장 진반수에게 보낸 공문인데, 내무성의 여성 간부를 선발하고자 하니 각 도의 당조직을 활용해 추천해 달라는 내용이다. 공문은 후보의 조건으로 다섯 가지를 제시하고 있다. 첫째, 북조선노동당원으로 20~25살의 독신이며 신체 건강할 것, 둘째, 가정 조건이 좋고 기본성분으로서 과거 경력에 의심할 바가 없을 것, 셋째, 소학교 졸업 이상으로 사회 상식과 일반 상식이 있고 신경이 예리할 것, 넷째, 용모가 아름답고 외부 교제가 좋을 것, 다섯째, 조직성과 집행력이 강할 것 등이다.[78] 기본성분은 노동자와 빈농을 말하는 것이다. 특이한 것은 용모가 아름다워야 한다고 외모를 직설적으로 거론하고 있는 점이다. 사회주의 국가 건설 과정이었지만, 여성에 대한 인식은 아직 세련되지 못한 상태였음을 보여 준다.

1949년 1월 11일 작성된 내무성 정치보위국 공작원 선발을 위한 공산당 내부의 공문도 성분 구분을 분명히 하고 있다. 북조선노동당 중앙본부 간부부장 진반수가 각 도당의 간부부장에게 보내는 공문인데, 여기에는 공작원 후보의 연령과 출신성분, 각 도별 배정인원 등이 명기되어 있다. 각 도당에서 적절한 자를 추천해 줄 것을 지시하면서 출신성분은 노동자와 빈농으로 제한하고 있다. 그러면서 군의 민청위원장 자격이 있는 정도의 고급인력을 추천해 줄 것을 명하고 있다. 나이는 18~30살 사이로 노동당원 또는 민청원이어야 한다는 조건도 붙이고 있다. 주요 직책을 선발하는 만큼 지역별 할당도 있었다. 평양을 포함한 평안남도가 남자 12명, 여자 3명으로 가장 많았고, 다음으로는 함경남도가 남자

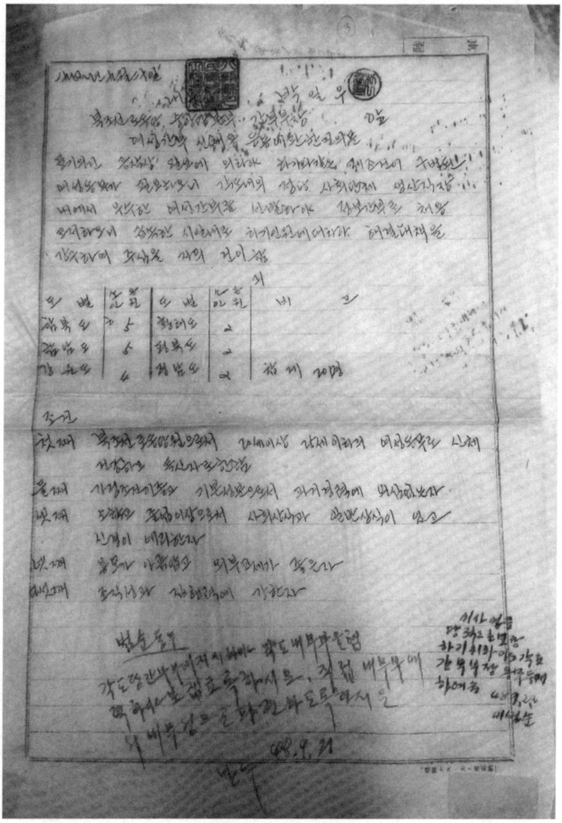

1948년 9월 20일 내무상 명의의 공문 「여성간부 신채용 등용에 관한 건의문」

6명, 여자 2명이었다. 함경북도에는 남자 4명, 여자 2명을 할당했고, 평안북도와 강원도는 남자 3명, 여자 1명, 황해도는 남자 2명, 여자 1명을 배당했다.[79] 여하튼 출신성분과 사회성분에 따라 주민들을 분류해 놓고 있으면서 주요 기관의 간부나 정치적 성격이 강한 직책을 선발할 때에는 기본성분에게만 응모자격을 주었고 지역별 안배도 고려했으며 높은 수준의 능력까지 요구했음을 이와 같은 문건을 통해 새삼 확인할 수 있다.

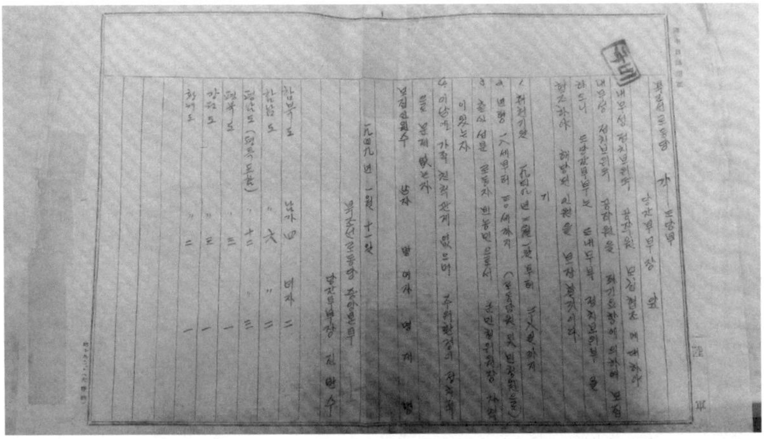
북조선로동당 각 도당부 당간부부장 앞

내무성 정치보위국 공작원 모집협조에 대하야

기

이었는자

一九四九년 一월 十一일

북조선로동당 중앙본부

함북도 남자 四 녀자 二

함남도

평남도 (평양 포함)

평북도

강원도

황해도

1949년 1월 11일 북조선노동당 중앙본부 간부부장 명의의 공문
「내무성 정치보위국 공작원 모집협조에 대하야」

농민에 대한 대출과 저축 등을 맡고 있던 농민은행의 간부도 농민 가운데에서 상당수 선발했다. 농민은행은 농민 가운데 '다수'를 추천받아 1947년 9월 20일부터 두 달 동안 부기이론 등 은행 업무를 교육한 뒤 간부로 활용했다. 추천은 각 도의 농민동맹이 했다.[80] 정확히 몇 명인지는 알 수 없지만 '다수'라고 하고 있는 것으로 보아 상당한 규모였던 것으로 보인다. 농민 출신에 대한 우대이기도 하고, 농민 대상 업무를 원활하게 하기 위한 조치이기도 했다.

실제로 노동자, 빈농 출신으로 해방 직후부터 국가건설 작업에 적극 참여해 고위직에 오른 사례는 헤아릴 수 없이 많다. 현무광은 일제강점기 빈한한 노동자 가정에서 태어나 머슴살이, 철도공사장 등을 전전했다. 강제징용에 동원되어 함경북도 성진시 성진제강소에서 일하다 해방을 맞았다. 일제가 떠난 뒤 공장에 적위대를 조직해 공장복구에 발 벗고 나섰다. 1946년 1월에는 성진제강소 당원회 위원장에 선출되었다. 1948년

1월에는 평양시 평천리에 있는 제25호 공장의 공장장이 되었다. 여기서 첫 기관단총을 생산해 냈다. 그 후 흥남시당위원장이 되었고, 1957년 함남도당위원장을 맡았다. 곧 함북도당 책임비서가 되었고, 1963년부터는 기계공업위원회 위원장, 부총리 겸 건설건재공업위원회 위원장 등을 역임했다. 1989년에는 당중앙위원회 검열위원장까지 올랐다.

김상호는 자강도 산골의 빈농 출신으로, 화전민 집안이었다. 해방이 되자 19살의 나이로 1945년 9월 경비대에 입대했다. 사병에서 간부가 되는 기회를 잡아 소대장이 되었고, 한국전쟁 당시에는 중대장, 대대장, 최고사령부 작전국 참모로 승진했다. 1956년에는 김일성군사종합대학 참모장이 되었고, 1985년 4월에는 인민군 상장으로 승진했다. 이후 당 중앙위원회 위원에 올랐다. 그 외에도 전병호, 서을현, 정일룡, 주병선, 허담, 조순백, 오재룡, 홍중업, 김관섭 등 노동자나 빈농 출신으로 당과 정권기관, 군 등에서 고위직에 오른 사람은 무수하다.[81] 오히려 기본성분 출신이라야 지도적 위치에 오를 가능성이 높은 사회가 되었다.

농민과 노동자가 지방정권기관의 주축

남북한을 통틀어 첫 번째 직접선거는 1946년 11월 3일 북한에서 있었다. 그보다 조금 앞선 10월 하순 남한에서 남조선과도입법의원 선거가 있었지만, 이는 주민들이 시·군의 대표를 뽑고, 그 대표들이 도의 대표로 입법의원을 선출하는 간접선거였다. 1946년 2월 8일 출범한 초기 형태의 중앙주권기관 북조선임시인민위원회는 11월 3일 첫 선거를 대대적으로 선전했다. 모든 사람이 나와서 선거를 하라는 것이었다. 선거를 하나의 축제로 만들어 보려 했다. 전체적으로 83만 명에 이르는 선전대를 대대적으로 동원해 동네마다 돌며 춤추고 노래를 불렀다. 선거 당일까지 그랬다. 북한의 민중들은 자기 손으로 누군가를 뽑는 것을 처음으로 경

1946년 11월 첫 선거를 경축하는 인민들

투표장 앞에 길게 줄을 선 사람들

험하는 만큼 긴장하기도 하고 설레기도 했다. 아침 일찍부터 투표장으로 나가 길게 줄을 섰다. 아들과 손자, 증손자까지 한 가족 30여 명이 한꺼번에 나온 경우도 있었다. 실제 투표권은 만 20세 이상인 사람에게만 있었지만, 모두 나왔다. 세숫대야와 비누, 수건을 들고 나오는 사람도 있었다. 투표하기 전에 손을 깨끗이 씻고 투표를 하기 위해서였다. 그렇게 북한의 일반 주민들은 새로운 시대를 실감하며 투표장에서 한 표를 찍었다.

이날 선거는 도와 시, 군을 대표하는 인민위원을 뽑는 선거였다. 임시인민위원회 시대를 청산하고 정식 인민위원회를 구성하기 위한 것이었다. 선거 결과 3,459명의 도·시·군 인민위원이 선출되었다. 이들이 6개 도와 12개 시, 90개 군의 인민위원회를 구성해 도·시·군을 운영하는 지방정권기관을 구성했다. 이 가운데 농민 출신이 1,256명으로 36.3%, 노동자 출신이 510명으로 14.7%를 차지했다. 농민과 노동자 출신이 전체 절반이 넘는 51%나 된 것이다.[82] 일제강점기 착취와 학대, 빈곤, 차별에 시달리던 민중들이 북한 지역 지방정권기관의 핵심 세력으로 등장한 것이다.

선출된 도·시·군 인민위원 중 3분의 1이 다시 선출되고, 여기에 7개 정당, 사회단체 대표 35명이 추가되어 1947년 2월 17일 북조선 도·시·군 인민위원회 대회를 열었다. 여기서 그동안 북조선임시인민위원회가 제정한 법령을 승인하고, 북조선임시인민위원회를 북조선인민위원회로 대치하는 안건도 통과시켰다. 이후 도·시·군 인민위원 가운데 5명에 1명 비율로 모두 237명을 선출해 북조선인민회의를 구성했다. 이렇게 구성된 제1차 북조선인민회의는 2월 21~22일 첫 회의를 열고 북조선인민위원회 설립을 결정했다. 그리고 위원장으로 김일성을 선출했다.

1947년 2월 25일에는 리(동) 인민위원 선거가, 3월 5일에는 면 인민위원 선거가 실시되었다. 면 인민위원 당선자는 13,444명이었다. 그중 농민은 7,795명(58%), 노동자는 1,121명(8.3%)이었다. 농민, 노동자가 66.3%를 차지했다.[83] 리(동) 인민위원 당선자는 53,314명이었다. 그중 농민이 46,245명(86.74%), 노동자가 2,508명(4.7%)이었다. 농민, 노동자가 90%를 넘었다.[84] 면, 리의 단위는 그야말로 기층 민중의 세상이 되었다고 할 수 있다. 이렇게 해서 주민들의 손을 통해 지방정권기관을 완전히 구성하는 형태를 갖추었다. 가장 작은 지방정권기구인 리 인민위원회는 위원장 1명, 부위원장 1명, 서기장 1명, 인민위원 2명으로 구성되었다. 그 아래 10명 정도의 반장을 두어 이들이 마을을 대표하도록 했다.[85]

북한 당국이 대대적으로 선전활동을 전개했음에도 생계 때문에 선거에 관심을 돌리기 어려운 사람들도 있었다. 황해도 재령군 하성면 대청

1947년 2월 리 인민위원 선거 모습

리에 사는 한 노파는 선거 설명회에도 나가지 않고, 한글을 가르치는 성인학교에도 나가지 않았다. 시장에서 콩나물과 두부를 팔아 생계를 꾸리고 있었는데, "벌어먹고 살기도 힘든데 웬 선거냐"는 반응이었다. 하는 수 없이 하성면 여성동맹이 나섰다. 맹원 정난춘이 집으로 직접 찾아가 두부 만들기를 도와주고 한글도 가르치고 선거에 대해 설명도 해주었다. 그러자 차차 생각이 달라지고 선거에도 관심을 갖게 되었다.[86]

하지만 당시 투표 형태는 우리가 생각하는 모습하고는 완전히 달랐다. 각 선거구마다 후보는 하나였다. 투표장에는 투표함이 2개 있었다. 흰색과 검은색이었다. 흰색에는 찬성표, 검은색에는 반대표를 넣게 되어 있었다. 반대투표를 할 수가 없었다. 그래서 99% 투표율에 96.4%의 찬성률을 보였다. 진정한 의미의 보통, 평등, 직접, 비밀 선거와는 거리가 있는 것이었다. 북한은 지금도 이러한 형태의 선거를 유지하고 있다. 북한의 변은 "인민들이 지지할 만한 훌륭한 후보를 내세우고 있다. 그러니 투표율과 찬성률이 높을 수밖에 없다"는 것이다.

하지만 첫 선거 당시 이러한 선거에 반대하는 세력이 존재했음도 분명하다. 북한의 자료가 이를 잘 보여 준다. 『조선전사』 24권은 이렇게 전한다.

> 당시 반동분자들은 "선거가 아무것도 아니다", "선거가 비민주주의적이다", "시기가 이르다"는 따위의 반동요인을 퍼뜨리면서 인민들을 기만하려고 하였으며 "공동후보는 필요 없다. 자유경쟁이라야 정말 민주주의 선거이다", "선거 결과는 모모 당이 독판치게 한다", "모모 당은 이번에 세력을 잡지 못하면 사멸이다"라고 떠벌이면서 여러 정당들 사이에 리간을 조성하여 민주주의민족통일전선을 마스고(부수고) 선거를 파탄시키려고 하였다.
>
> 한편 교활한 반동분자들은 이전 지주 놈들과 타락한 일부 종교인들까지 부추겨 선거사업을 파탄시켜 보려고 악랄하게 책동하였다. 지어(심지어) 놈들은 선거에는 참가하되 선거표를 검은 함에 넣어 반대투표하려는 '흑함운동'까지 벌리는(벌이는) 비렬한 책동도 서슴지 않았다.[87]

북한은 소위 반동분자들을 비난하기 위해 이러한 기록을 남기고 있지만, 다른 측면으로 보면 일방적인 선거에 반대하며 이를 무산시키려는 시도가 있었음을 보여 주는 것이다. 토지개혁 과정에서 땅을 잃은 많은 지주가 월남했다. 해방 직후부터 북한 정부가 수립되는 1948년 9월까지 80만 명 정도가 남으로 넘어왔다.[88] 하지만 지주들 가운데 일부는 이주 후 토지를 분배받아 살고 있었고, 기독교를 믿는 세력도 북한에 남아 있었다. 그런 세력들이 선거에 반대하는 움직임을 보였던 것이다. 하지만 그것이 큰 운동으로 확산되지는 못했고, 작은 몸부림에 그쳤던 것으로 보인다. 어쨌든 당시까지만 해도 김일성 세력이 공식적인 정부를 세운 것도 아니고 북한 사회 전반을 완전히 통제하고 있는 상황도 아니었기 때문에 그러한 움직임이 가능했던 것으로 보인다.

사상개조의 대상

토지개혁과 8시간 노동제 실시, 남녀평등법 시행 등으로 어느 정도 제도적 개혁을 이룬 북한은 1946년 11월 주민들에 대한 사상개조운동을 시작했다. '건국사상 총동원운동'이다. 일제 식민지를 벗어나 새로운 국가를 건설하기 위해서는 거국적인 의식개혁 운동이 필요하다며 북한 전 지역의 주민들을 상대로 펼친 대대적인 정신교육 캠페인이었다.

이 운동의 핵심은 전근대적 낡은 생각과 의식을 버리고 새로운 사상으로 무장하자는 것이었다. 해방이 되었지만 아직도 북한 사회에는 식민시대의 전근대적인 사상이 남아 있다는 문제의식에서 출발한 운동이었다. 인민들의 고용살이 근성, 낭비, 사치, 사기, 횡령, 나태 등이 청산 대상이었다. 배금주의적 퇴폐 문화와 개인주의 문화도 버려야 한다고 했다. 당과 정권기관의 종사자들에게는 관료주의와 영웅주의, 형식주의, 혈연주의, 안일과 해이 등을 버리고 인민을 위해 헌신해야 한다고 강조했다. 대신 절약을 생활화하면서 전 인민이 향유할 수 있는 민주주의 민족문화를 창달해야 한다고 역설했다.

건국사상 총동원운동의 또 하나 중요한 부분은 문맹퇴치운동이었다. 해방 직후 북한 지역 인구 가운데 문맹인 사람이 많았다. 특히 농촌 인구의 많은 부분은 글을 모르는 사람들이었다. 이를 극복하기 위해 문맹퇴치운동이 전개된 것이다. 사상교육과 함께 주로 농한기인 겨울에 진행되었다. 1948년 3월까지 계속된 이 운동의 영향으로 많은 사람이 문맹에서 벗어나게 되었다. 북한 지역의 민중 대부분이 한글을 모르는 상태는 벗어나게 된 것이다.

생산력 배가운동도 건국사상 총동원운동의 주요 내용이었다. 주민들이 성실하게 자신의 임무를 다하고 원가를 낮춰 생산성을 향상시키자는 운동을 함께 전개한 것이다. 실제적인 기술을 습득해 생산력을 높이자는 구호도 외쳐졌다. 농촌에서는 농업생산성증강운동, 탄광에서는 석탄증산운동, 공장에서는 상품증산운동이 대대적으로 진행되었다. 곳곳에서 집회와 토론회도 열려 운동을 독려했다. 시, 군 단위로 당과 사회단체가 '건국사상총동원공작대'를 구성해 강연회, 좌담회를 주최하고 선전사업을 진행하면서 생산력을 증진하기 위한 실질적인 활동을 전개해 나갔다.

건국사상 총동원운동이 진행되면서 보다 구체적인 형태로 나타난 캠페인이 애국미헌납운동이다. 황해도 재령군 대흥리에 김제원이라는 농민이 있었다. 일제강점기 소작농이었는데, 토지개혁으로 3,390평의 토지를 받게 되었다. 그는 1946년 첫 농사에 누구보다 열성을 발휘해 쌀 66가마니를 수확했다. 농업현물세도 누구보다 먼저 납부하고, 30가마니는 애국미로 내놓았다. 김제원의 애국미 납부와 관련해 조선민주여성동맹 기관지인 『조선녀성』이 전해 주는 일화가 있다. 김제원은 달구지에 벼를 싣고 평양까지 갔다. 북조선임시인민위원장 김일성에게 직접 전하기 위해서였다. 김일성의 부인 김정숙이 그를 따뜻하게 맞았다. 옷에 묻은 지푸라기도 털어 주고 세숫물까지 떠 주었다. 김제원은 김정숙을 알아보지 못하고 친절한 대접에 고마워했다. 그러면서 "평양에 온 김에 김정숙 동지를 만나 볼 수 없겠느냐"고 말했다. 그러자 김정숙이 "제가 처음부터 맞이하고 벼 가마니까지 맞들어 드렸는데 또 인사를 올려야 하겠습니다" 하고 웃으면서 말했다. 그제야 김제원은 실수를 깨닫고 용서를 빌었다. 그러고는 즐거운 마음으로 그 집을 나왔다.[89]

애국미헌납운동의 시초가 된 김제원 농민

북한은 김제원을 영웅으로 내세워 '김제원 본받기 운동'을 대대적으로 펼쳤다. 농민들이 많이 참여했다. 현물세를 내고 또 애국미를 냈다. 1946년 말까지 북한 전역에서 18,777명이 이 운동에 참여했다. 운동이 전개되는 과정에서 토론모임 등이 곳곳에서 열렸는데, 특히 빈농 출신들이 현장에서 쌀을 내놓는 등의 방법으로 적극 참여했다.[90] 김일성종합대학은 이때 농민들이 낸 애국미를 재원으로 설립되었다. 김제원은 그 공을 인정받아 1948년 9월 최고인민회의 대의원에 선출되었다.

애국미헌납운동과 비슷한 것이 '김회일 기관사 따라 배우기'였다. 정주기관구의 기관사 김회일을 따라 하자는 운동이었다. 김회일은 무사고 수송량이 다른 기관사들보다 월등히 앞서 새로운 기록들을 세웠다. 그래서 다른 공장이나 일터에서도 그의 모범적인 자세를 따라 배워야 한다는 것이었다. 김회일은 한국전쟁 후에는 내각의 철도상에 임명되었고, 1980년대에는 정무원 부총리까지 올랐다.

건국사상 총동원운동은 한국전쟁 당시까지 지속되었다. 이후 1950년 후반 시작된 천리마운동으로 연결되었다. 북한은 사상혁신운동, 애국운동, 증산운동, 절약운동의 성격을 망라하고 있는 대대적인 캠페인을 통해 주민들을 성실하고 충성스런 일꾼으로 교육하려 했다. 이는 보다 확실한 사회 장악력을 바탕으로 공식적인 정부를 출범시키려는 준비의 과정이었다고 하겠다. 건국사상 총동원운동은 북한 사회 전반에 걸쳐 진행된 대대적인 운동이지만, 민중의 자발적인 의사에 의한 것이라고 보기는 어렵다. 그럼에도 민중을 대상으로 하는 캠페인이었다. 체제 차원에서 주도된 것으로, 민중을 보다 근면하고 보다 체제에 충실한 존재로 순치하기 위한 운동이었다고 할 수 있다.

민간신앙의 생명력

건국사상 총동원운동의 첫 번째 목표가 전근대적 낡은 생각과 의식을 바꾸는 것이었는데, 그 일환으로 진행된 것이 미신타파이다. 무당이 굿으로 악귀를 쫓거나 복을 기원하는 민간신앙은 집중단속 대상이 되었다. 점이나 손금, 풍수, 민간요법 등도 미신행위로 간주되어 금지되었다. 특히 1946년 11월 25일부터 30일까지는 '미신타파돌격기간'으로 정해져 정당과 사회단체가 모두 나서 북한 전역에서 강연회와 토론회 등을 벌이면서 미신근절운동을 벌였다. 이에 따라 민중들은 생활의 깊숙한 곳에 들어와 있던 토속신앙과 민속적 행위를 더 이상 지속할 수 없게 되었다.

당시 북조선임시인민위원회가 미신타파 캠페인을 벌인 데에는 네 가지 목적이 있었던 것으로 보인다. 첫째, 과학적 근거가 없는 민간의 믿음들을 없애 현대적인 사회로 변화시키겠다는 것이었다. 둘째, 보건위생 점검을 강화해 질병을 예방하려 했다. 민간요법의 경우 위생의 관점에서는 문제점이 많았고, 이는 질병의 확산을 가져올 수 있었다. 그런 상황을 예방하려는 것도 미신타파운동의 목적이었다.

셋째, 개인주의를 약화시키려는 것이었다. 무당을 불러 굿을 하고 점을 치는 것은 대부분 개인적인 기복을 위한 것이었다. 손금과 풍수 등도 다를 바 없었다. 이러한 개인주의 경향은 공산주의라는 전체주의 사상의 착근에 장애가 되는 것이었다. 그래서 북한은 미신타파운동을 통해 이러한 관습을 일소하려 한 것이다.

넷째, 종교활동을 제한하려는 목적도 있었다. 토지개혁의 과정에서 종교단체의 재산은 대부분 몰수되었다. 「북조선토지개혁에 대한 법령」은 성당, 승원, 기타 종교단체의 소유지로 5정보가 넘는 토지도 몰수 대상으로 하고 있었다. 총 몰수토지 1,000,325정보 가운데 14,401정보가 이런 땅이었다. 이로 인해 종교단체들은 물적 기반을 상실했다. 이후 미신타파운동을 전개해 종교를 미신과 동일시하면서 종교활동을 제한하기 시작한 것이다. 1946년 11월 3일 실시된 첫 선거에서는 일부 기독교인들이 선거를 거부했는데, 종교활동 제한은 이에 대한 보복의 성격도 있었다. 찬송가를 부르는 것은 주민생활을 방해하는 행동이라며 교회를 옮기도록 하기도 했고, 공산당원을 교회에 투입해 설교 내용이 반동적이라며 문제 삼기도 했다. 주민들은 주술행위뿐만 아니라 종교활동까지도 적극적으로 제재를 받게 된 것이다.

북한 당국이 이렇게 1946년부터 민간신앙과 미신을 근절하려 했지만, 오랜 역사를 통해 민중생활 속에 깊이 자리 잡은 민속이 쉽게 일소될 수는 없었다. 1950년 초까지도 민간 속에서 이런 행위들이 발견되고 있었다. 『조선녀성』 1949년 10월호는 가족이 병들었을 때 무당을 불러 굿을 하는 경우, 길 가다가 봉사를 보면 재수 없다고 생각하는 경우 등 미신이 여전히 존재하고 있다고 밝히고 있다.[91] 또, 1950년 2월 강원도 인제군 내무서장(경찰서장)이 각 분주소(파출소)에 보낸 미신행위 단속에 대한 지시문건이 노획문서 가운데 존재한다. 문건은 인제군에 아직까지 미신행위를 하고 있는 사람이 20여 명에 달한다면서 단속을 철저히 하라고 지시하고 있다. 독경을 하는 맹인이나 드러나게 활동하는 무녀, 점쟁이, 관상쟁이 등은 대중에게 주는 악영향이 큰 것으로 보고 일정 시설에 수용하도록 하고 있다. 이러한 행위들을 하더라도 드러나지 않게 활동하는 이들은 훈계를 하도록 하고 있다. 또 이들이 사용하는 북이나 장구 등 도구는 자진해서 내놓도록 설득하라고 지시하고 있다.[92] 미신타파를 외친 지 3년이 지난 시점에도 미신행위가 민간 속에 일부 살아 있었음을 이 문건은 확인해 준다. 이런 것들이 언제 모두 사라졌는지 정확히 알기는 어렵지만, 이후 북한 당국의 단속은 계속되었을 것으로 보이고 그러면서 차츰 사라졌을 것으로 여겨진다.

앞서 기독교 얘기가 나왔으니 좀 더 자세히 볼 필요가 있겠는데, 북한 당국이 초기부터 기독교 활동을 제한한 데에는 보다 근본적인 이유 두 가지가 있었다. 첫째는 마르크스-레닌주의가 종교를 부정적으로 보고 있기 때문이었다. 과학적 사회주의를 추구한 마르크스-레닌주의는 물질적인 요소, 즉 경제가 인류 역사와 인간 사회에서 가장 중요한 역할을 하는 것으로 파악하고 있다. 그렇기 때문에 경제적 요소를 중심으로 사회를 관찰하고 분석하는 것이 옳다는 주장을 가지고 있다. 그런데 종교는 정신세계가 중요하다는 입장이다. 그래서 근본적으로 북한 당국은 종교에 부정적일 수밖에 없었다. 둘째는 당시 기독교세력이 우익적이었기 때문이다. 일제강점기 평안남북도에서는 선교사들의 활동으로 기독교가 상당히 확산되어 있었다. 지주들도 기독교도가 많았다. 해방이 되면서 이들은 공산주의에 반대하는 세력이 되었다. 조만식이 그 중심이었다. 1945년 말부터 시작된 찬탁, 반탁의 회오리 속에서도 이들은 남한의 우익세력과 함께 반탁을 주장했다. 이런 과정을 통해 북한 당국은 기독교세력에 적대적이 되었다.

기독교 활동을 제한하기 시작한 북한은 1947년 2월 북조선인민위원회가 출범하면서 교회와 성당에 대한 전면적 실태조사와 정비작업을 진행했다. 1947년 당시만 해도 기독교 신자들이 상당히 존재했고, 신자들은 이를 공개적으로 밝히는 데 주저하지 않았다. 1947년 9월 평안북도 선천의 노하중학교 민청위원장이 작성한 현황자료는 이 학교 3학년 재학생 102명 가운데 기독교 가정이 5명, 천도교가 20명이었음을 알려 준다.[93] 1946년 9월부터 1948년 3월까지 평안북도 선천의 선천사범전문학교에서 교사생활을 했던 안봉진의 기록에 따르면, 남학생보다는 여학생이 종교활동을 하는 경우가 훨씬 많았다고 한다.[94] 1947년 11월까지도 '평양 제15인민학교'는 기독교인이 관리하고 있었고, 교원들도 기독교인이 있었다. 이들은 점심시간을 이용해 기도 등 종교활동을 했다.[95] 이러한 상황에서 기독교에 대한 제재가 진행되는데, 신자가 적은 곳은 폐쇄하고, 일요일의 신앙활동을 제한하기 위해 일요일은 노동일, 월요일은 휴일로 정하기도 했다. 이러한 기독교 제한 방침은 1950년 한국전쟁 시작 시점까지 계속되었다. 그러한 결과로 1950년 하반기 즈음에는 기독교도가 상당 부분 자취를 감추게 되었다. 1950년 9월 16일 인민군 제249부대 제6대대 문화부대대장이 부대원 768명을 대상으로 종교생활을 조사했는데, 기독교, 불교, 천도교 신자 등이 전혀 없었다.[96]

남아 있는 교회에 대해서는 북한 당국의 검열이 실시되었다. 1951년 1월 당시 실제로 북한이 교회에 대해 검열을 하고 있었음을 보여 주는 문서들이 노획문서 가운데 발견된다. 1950년 1월 29일에 검열자 계익혁이 평안북도 신천군 신부면 백현교회에 대해 검열을 하고 작성해 놓은 검열서를 보면, 이 교회의 재적인원 37명을 남자 12명, 여자 25명으로 구분하고, 그들의 신상을 자세히 기록하고 있다. 이름과 나이, 부모 성명, 성분, 직업, 주소, 재학 중인 학교까지 상세히 적어 놓고 있는 것이다. 전도사, 장로, 집사 등 교회에서 지도자 역할을 하는 사람들의 명단도 따로 작성해 놓았으며, 어떤 교재로 어떤 내용의 예배를 하는지까지 상세히 보고하고 있다.[97] 다른 검열서를 보면, 검열자가 주일학교 수업에 참여해 교재로 『생명을 보전할 것』이라는 자료를 쓰고 있고, 참가인원은 19명이며, 찬송가는 "어린양 저를 품어 주소서……"를 불렀으며, 기도는 "위험과 위태로움이 많은 가운데서 하나님 구원하여 주시오. 여러 가지 원수와 여러 가지 많은 시험 가운데서 또 지금 곤란한 이때 구원하여 주시오"라는 내용으로 했다 등등을 세밀하게 적어 놓고 있다.[98] 검열자 계익혁 등은 신천군 인민위원회에서 파견한 사람인 것으로 보인다. 이러한 검열 작업은 백현교회뿐만 아니라 같은 신부면의 원동교회, 갈현교회, 간동교회, 그리고 군산면 고부리교회 등에서도 진행되었음을 노획문서를 통해 알 수 있다.

노획문서 가운데에는 주민들의 신앙생활의 변화상을 보여 주는 자료도 발견된다. 1950년 1월의 북조선민주청년동맹 선천제2인민학교 초급단체 위원회의 보고서가 그것이다. 보고서에서 이 학교의 민청위원장 박창봉은 직전 학기 동안 학생들의 종교 관련 변화 상황을 상세히 보고하고 있다. 학기 초에는 종교를 가진 학생이 296명이었는데, 학기 말에는 127명으로 줄었다며, 학년별 감소인원을 모두 밝혀 놓고 있다. 그러면서 비고란에 '69 퇴치'라고 적어 놓고 있다.[99] 계산을 해보면 169명이 '퇴치'된 것인데, 69명으로 잘못 계산해 놓고 있다. 여하튼 종교는 퇴치의 대상이었고 퇴치작업이 학교를 통해서도 진행되고 있었음을 이 보고서는 잘 보여 준다. 실제로 당시 학교 교사들의 중요한 역할 가운데 하나가 종교 학생을 '퇴치'하는 일이었다.[100] 이후 한국전쟁이 시작되면서 북한은 기독교인들을 '미제의 앞잡이'로 몰아 보다 철저히 탄압했다.

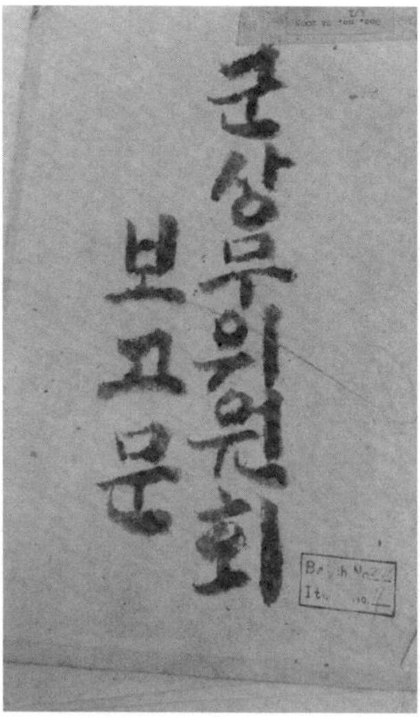

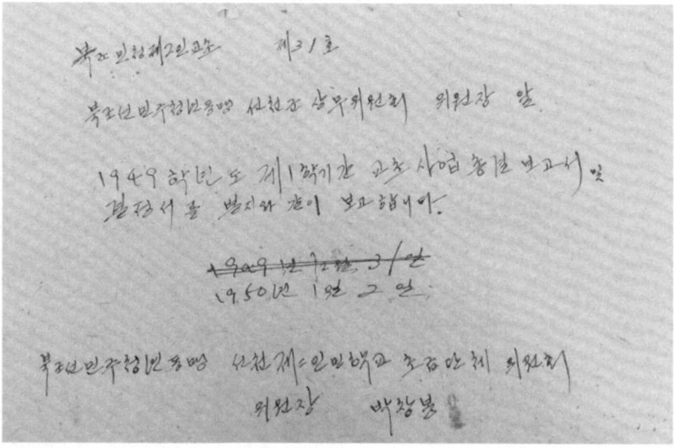

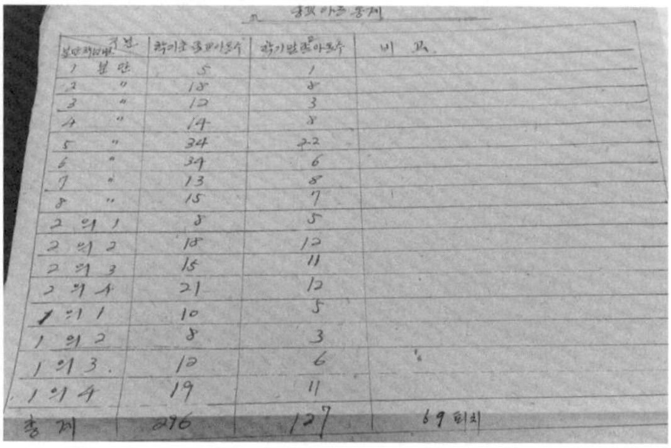

구분	학기초 종교아동수	학기말 종교아동수	비고
1 분단	5	1	
2 〃	18	8	
3 〃	12	3	
4 〃	14	8	
5 〃	34	22	
6 〃	34	6	
7 〃	13	8	
8 〃	15	7	
2의 1	8	5	
2의 2	18	12	
2의 3	15	11	
2의 4	21	12	
1의 1	10	5	
1의 2	8	3	
1의 3.	12	6	
1의 4	19	11	
총계	296	127	69 퇴치

1950년 1월 작성된 선천제2인민학교 학생들의 종교 변화 상황 보고 문서

전쟁 후 김일성유일사상체계가 확립되는 1960년대 말까지는 기독교를 포함한 모든 종교를 완전히 말살하려 했다. 스스로를 "지구상에서 종교·미신이 없어진 유일한 나라"라고 선전하기도 했다. 그러다가 1972년 헌법을 개정해 신앙의 자유를 인정했다. 동서 데탕트와 남북 대화의 분위기에 따라 유화적인 모습이 필요했다. 1989년에는 제13차 세계청년학생축전을 치르면서 교회를 세웠다. 1994년 7월 김일성이 사망하고 김정일 정권이 들어서면서 기독교를 일정 부분 활용하는 모습을 보였다. 형식적으로 종교의 자유를 인정하고 외부의 종교단체들로부터 식량

과 의약품 등의 지원을 받았다. 김정은 정권은 김정일 정권과 비슷한 양태를 띠면서도 외부 종교단체들의 지원에는 소극적인 입장을 보이고 있다. 북한의 기독교에 대한 입장 변화를 정리해 보면, 1940년대에는 미신으로 간주해 활동을 제한하고, 1950년대에는 탄압과 말살까지 추진하다가, 1970, 1980년대에는 형식적으로 복원시켰고, 1990년대 김정일 정권 이후로는 기회가 되면 외부세계와의 연결고리로 이용하려는 입장으로 변화해 왔다고 할 수 있겠다.

교육과 민중

‘아는 것이 힘, 무식은 멸망’

문맹에서 벗어나는 일은 민중에게 특별한 의미를 지니는 것이라 할 수 있다. 권력과 자본이 없는 상태로 통치를 받는 민중의 입장에서 교육의 기회를 가지게 되는 것은 다른 차원의 삶을 영위할 수 있는 계기가 될 수 있다. 그런 점에서 북한의 문맹퇴치운동은 좀 더 자세히 보아야 할 것 같다. 북한 당국은 일찍부터 문맹퇴치에 관심을 가지는데, 이는 문맹의 존재가 정권의 이념과 정책을 실현하는 데 장애가 되기 때문이었다. 북한 측은 “문맹을 퇴치하는 문제는 우리 인민을 정치생활에 적극 참가시키며 경제문화건설의 역군으로 키워 새 조국 건설의 벅찬 혁명과업을 수행하도록 함에 있어서 매우 절박하고도 중요한 문제였다”라고 직접 밝히고 있다.[101]

이런 이유로 북한 당국은 문맹퇴치를 빠르게 시행했다. 민중의 입장에서 보면 교육의 기회가 되는 문맹퇴치에 대한 북한 당국의 관심은 1946년 2월 북조선임시인민위원회가 설립된 직후 시작되었다. 이후 교육국 안에 성인교육 담당 부서를 설치하면서 문맹퇴치에 더욱 관심을 쏟기 시작했다. 초기에는 ‘농촌학교’, ‘야간학교’, ‘야학회’, ‘한글강습소’,

'성인학교' 등 다양한 이름으로 간이 교육시설이 마련되어 한글을 가르쳤다. 그러다가 1946년 5월 25일 '북조선임시인민위원회 교육국 지시 제65호'로 성인교육지도요강이 발표되면서 '성인학교'로 명칭이 통일되었다. 1946년 11월 '건국사상 총동원운동'이 시작되면서 문맹퇴치는 하나의 큰 캠페인이 되었다. 성인학교가 북한 전역에 설치되었다. 명색이 학교라고 하지만 그저 몇 명이 앉아서 교육할 수 있는 장소를 마련하는 것이었다. 각급 학교의 교실에, 또는 각 마을의 마을회관 역할을 하고 있던 민주선전실에, 또는 어떤 집의 방 한 칸을 빌려 글 배우는 장소로 설정해 놓은 것이었다. 이런 곳에서 한글교육이 대대적으로 전개되었다.

글을 모르는 만 12살부터 50살까지의 주민들이 매일 2시간씩 성인학교에서 교육을 받았다. 아주머니들은 아이를 안고 교육을 받기도 했다. 도와 시, 군, 면에 문맹퇴치지도위원회가, 리에는 문맹퇴치반이 구성되어 사업을 진행했다. 정당과 지방정권기관, 사회단체의 인사들이 참여해 구성한 기구였다. 여기서 한글을 가르칠 만한 사람들을 구해 성인학교에서 가르치도록 했다. 교사로는 김일성종합대학과 평양교원대학 등 대학에 다니는 학생이 많이 참여했다.

1946년 12월 초부터 1947년 3월 말까지는 농촌문맹퇴치운동 기간으로 정해 특히 농촌의 문맹퇴치가 북한 당국의 주요업무로 추진되었다. 이 기간에 전국적으로 1만 6,000여 개의 성인학교가 운영되었고 50만 명 정도가 문맹을 벗어날 수 있었다. 그 후에도 문맹퇴치운동은 계속되었다. 1947년 8월에는 김일성이 강원도 평강군의 이계산이라는 문맹 여성에게 글을 배워 석 달 후 직접 편지를 써 달라 하고 이후 이 여성의 편지를 공개하는 이벤트를 통해 문맹퇴치운동을 더욱 활성화했다. 이후로는 문맹퇴치운동이 '이계산운동'으로 불리었다. 1947년 12월 초부터 1948년 3월 말까지를 문맹퇴치 돌격기간으로 정해 겨울철을 이용한 문맹퇴치

성인학교에서 한글을 배우는 여성들

에 적극 나섰다. 1947년 12월 당시 강원도 인제군만 해도 문맹자가 3,680명에 이르는 등 농촌 지역에는 문맹자가 여전히 많았다.[102] 그래서 보다 적극적인 운동을 전개한 것이다. "아는 것이 힘이고 무식은 멸망이다"라는 구호 아래 농촌은 물론 공장과 광산, 어촌 등 전국 곳곳에서 캠페인이 전개되었다. 지방의 인민위원회는 해설대를 발족해 일일이 가정을 방문해 문맹자의 성인학교 참여를 유도했고, 문맹퇴치운동에 적극적으로 참여하는 교원과 모범 문맹자를 선발해 표창을 하기도 했다.[103]

문맹퇴치운동은 1948년 3월 말에 완료되었다. 북한 당국이 판단할 때 어느 정도 성과를 거두었기 때문이다. 북한이 밝히는 바로는 1945년 당시 북한 지역에 문맹이 230만 명에 이르렀는데, 문맹퇴치운동으로 200만 명 정도가 문자를 깨치게 되었다고 한다.[104] 북한의 공식 역사서가 이러한 실적을 말하고 있지만, 실제 그만한 문맹퇴치 실적을 냈는지는 의문이다. 1948년 12월 29일에 열린 북조선민주여성총동맹 인제군위원회 당조회의 내용을 기록한 회의록을 보면 문맹퇴치가 성공적으로 되지만은 않았음을 알 수 있다. 이 회의록은 1948년 말에도 인제군에 1,456명의 문맹자가 있었다고 밝히고, 1949년 3월까지는 이들이 문맹상태를 벗어날 수 있도록 각 리의 여맹위원장, 그 아래 반장들이 전력을 다해야 한다고 결의했음을 기록하고 있다.[105] 문맹퇴치운동 기간이 끝난 뒤에도 문맹자들이 많이 남아 있었던 것이다. 하지만 북한이 상당 기간 문맹퇴치운동을 대대적으로 전개한 만큼 문맹자 비율은 크게 줄었을 것으로 여겨진다. 정권의 필요에 의한 캠페인의 결과이긴 하지만, 민중들은 일제강점기 기본적인 교육의 권리마저 보장받지 못하던 단계에서 벗어나게 되었다. 최소한 글을 읽고 쓸 수 있는 존재가 되었고, 이후 더 높은 교양을 갖추고 교육을 받을 수 있는 조건을 확보하게 되었다.

어려운 한자를 계속 사용하게 되면 대중이 읽고 쓰는 데 어려움을 겪게 된다는 취지에서 한자를 폐지하는 정책도 추진했다. 단계적으로 폐지해 나갔다. 먼저 1945년 말 학교 교과서에서 한자를 뺐다. 한글만으로 교과서를 만든 것이다. 1946년 하반기에는 국가의 공문서에서 한자를 없앴다. 국가기관에서 발행하는 출판물도 한글만 쓰기 시작했다. 1946년 말에는 『로동신문』과 『근로자』 등 신문, 잡지들도 대부분 순 한글로 발행했다. 정부 기관지인 『민주조선』 등 일부 신문이 1948년 초까지 한자를 사용했지만 이후 크게 줄었다. 이러한 단계를 거쳐 1949년 3월에는 일반 출판물 모두에서 한자사용이 금지되었다. 한글전용이 전면 실시된 것이다. 한자문화권이면서 한자를 사용하지 않는 것은 장기적으로 문자생활의 깊이에 영향을 줄 수 있다는 측면에서 한자폐지를 전적으로 옳게만 보기는 어려울 것이다. 하지만 당시 북한의 주민들은 공문서와 신문, 잡지를 우선 쉽게 읽을 수 있다는 점에서 한자폐지를 환영했다.

교육기회 점차 확대

해방 전인 1942년 북한 지역에는 1,339개의 소학교가 있었고, 여기에 63만 명이 다니고 있었다. 중학교는 43개였고, 학생 수는 9,560명이었다. 대학은 없었다.[106] 해방이 되면서 학교교육은 차츰 개선되어 갔다. 하지만 속도는 더뎠다. 해방 직후 혼란 상황이었지만, 자치위원회나 인민위원회가 생겨나면서 지역별로 학교교육 정상화가 추진되었다. 황해도 평산군 고지면 세관리에 위치한 고지인민학교 세관리 분교의 경우도 해방과 함께 새로운 분위기로 교육에 나섰다. 하지만 당시 학교건물은 피폐한 상태였고, 학생은 겨우 43명에 불과했다. 차츰 학생이 늘어나 1946년 봄에는 1학년부터 4학년까지의 숫자가 118명이 되었다. 그렇지만 이때까지도 118명의 학생들이 모두 한 교실에 모여 교육을 받을 만큼 교실과 교사가 부족했다.[107] 평안남도 지역의 경우 1946년 9월 당시 중등 이상의 학교에 다니는 학생은 6,066명에 불과했다.[108]

1946년 12월 18일에는 인민교육제도가 선포되었고, 1947년 9월 1일 교육제도 정비 조치로 학교교육체계가 정리되었다. 유치반(1년, 만 6세) – 인민학교(5년) – 초급중학교/기술학교(3년) – 고급중학교(3년)/전문학교(3~4년) – 교원대학(2년)/대학(4~5년) – 연구원(2년)의 체계를 갖추고 있었다. 직장·성인교육체계도 함께 갖추어져 한글학교(4개월) – 성인학교(2년) – 성인중학교(3년) – 직장기술학교(3년) – 직장전문학교(3년) – 대학교의 체계로 운영되었다.[109]

학교와 학생 수도 늘어나 1947년 말에는 정규학교 3,774개에서 학생 158만 6,635명이 공부하고 있었다. 인민학교(초등학교) 3,008개(129만 8,500명), 중등교육기관(초급중학교, 기술학교) 622개(22만 5,500명), 고등교육기관(고급중학교, 전문학교, 대학, 혁명자유가족학원) 144개(6만 2,635명)가 정규교육을 맡고 있었다. 성인 교육과정으로는 5만 2,255개 학교에서 802만

1,400명이 교육을 받고 있었다.[110]

이렇게 개선되어 가긴 했지만, 북한 정부 수립 직전인 1948년 중반까지도 부족한 게 많았다. 1948년 6월 당시 강원도 인제군의 상황을 보면, 인민들에 대한 공교육 여건이 여전히 부족했음을 여실히 알 수 있다. 인민학교와 중학교 교사 31명이 부족했고, 학교 건물도 4동이 필요한 상황이었다. 책상 1,261개, 걸상 1,312개, 난로 65개, 교단 60개, 칠판 57개, 교탁 49개, 교사용 책상 52개가 부족했다.[111]

그래서 학교를 짓고 교사를 양성하는 작업이 우선적으로 진행되었다. 1944년 인민학교 수가 1,372개였는데, 1946년에는 2,482개로 증가했다. 1947년에는 3,008개로 늘었다.[112] 워낙 자원이 부족한 상황이어서 일제 강점기 초등교육 정도만 받은 사람이면 단기간의 교육을 거쳐 인민학교 교사로 임용될 수 있도록 했다. 평안남도의 경우, 1947년 2월 6개월 단기 양성소를 평양시와 남포시, 대동군, 평원군, 강서군 등 아홉 군데 개설했다. 한 곳에 60~100명씩 모두 580명이 교육을 받았다. 입학자격은 중학교 4학년 재학생이나 졸업생 또는 이와 동등한 실력이 있다고 인정되는 자였고, 수업료는 없었다.[113]

실제로 강원도 인제군 서화면 천도리 천도인민학교 교사 김수찬의 경우, 강원도 양구군에 설치된 '강원도 인민교원양성소'에서 1948년 6월 1일부터 8월 31일까지 3개월간 교육을 받고 9월 1일 인민학교 교사가 되었다. 같은 학교 교사 함일수는 1930년 3월에 태어나 9살부터 서당을 다녔다. 1941년 3월에는 강원도 양구군 남면에 있는 '용하국민학교'에 입학해 1945년 8월 해방과 함께 학교를 그만두었다. 이후 농사를 짓다가 1951년 1월 4일 강원도 인제군의 교원양성소에 들어가 1월 27일까지 교육을 받았다. 23일간의 교육에 불과했다. 그러고는 바로 2월 1일에 천도인민학교 교사가 되었다.[114] 함일수는 일제 때 서당교육과 초등교

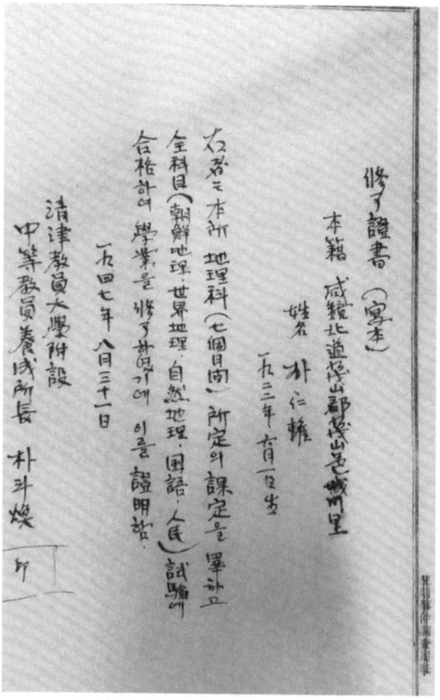
修了證書 (寫本)
本籍 咸鏡北道 [illegible]
姓名 朴仁[illegible]
一九二三年 [illegible] 一日生
右者는 本所 地理科(七個月間) 所定의 課程을 畢하고 全科目(朝鮮地理, 世界地理, 自然地理, 國語, 人民) 試驗에 合格하여 學業을 修了하였기에 이를 證明함.
一九四七年 八月 三十一日
淸津敎員大學附設
中等敎員養成所長 朴斗煥 印

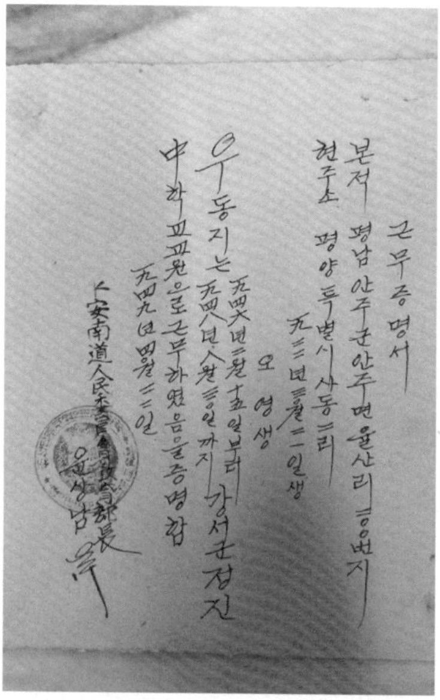
근무증명서
본적 평남 안주군 안주면 율산리 [illegible]번지
현주소 평양특별시 사동 [illegible]리
一九[illegible]년 [illegible]월 [illegible]일생
오 영생
우 동지는 一九四六년 [illegible]월 十五일부터 一九四八년 [illegible]월 [illegible]일까지 강서군 정진 中학교교원으로 근무하였음을 증명함
一九四九년 四월 [illegible]일
平安南道 人民委員會 敎育部長 윤상남

교원양성소 수료증
단기교육 후 위와 같은 수료증을 받고 일정한 시험에 합격하는 사람은 교사가 되었다.

교원근무증명서
교사들의 근무증명서는 각 도 인민위원회 교육부장이 써주었다.

육을 받은 것이 함께 인정되어 교육기간이 짧았던 것으로 추정된다. 물자, 사람, 모든 게 모자라는 상황에서 교사양성도 속성으로 이루어지고 있었던 것이다. 이런 식으로 교원을 늘려 1946년 18,505명이던 인민학교 교사는 1948년 24,600명으로 증가했다.[115]

당시 교사들이 어떤 생활을 했는지 자세히 보기 위해 1919년생 한국도의 자기소개서를 보자. 한국도는 평양여자사범전문학교 교사로 있다가 1948년 9월 당시에는 평양시 인민위원회 교육부 보통교육과 시학(장학사)으로 일하고 있었다. 당시 북한에서는 자기소개서 대신 자서전이라는 말을 쓰고 있었다.

자서전

본적: 평안북도 영변군 연산면 입석동 305번지

출생지: 평안북도 영변군 연산면 입석동 305번지

현주소: 평양시 남구역 동흥리 5번지

성명: 한국도

1919년 10월 21일생

1. 가정경제형편에 대하여

나는 1919년 10월 21일 평안북도 영변군 연산면 입석동 305번지에 사는 농가의 자식으로 났다. 그 당시 나의 가정은 조부모를 비롯하여 11명의 가족이 사랐으며(살았으며), 900평의 토지를 소작하였다. 토지가 좋지 못한 관계로 생활이 대단히 곤란하였다. 내가 5세 때에 나의 아버지는 조부 형의 양자로 들어갔다. 나의 조부 형의 소유토지는 6,000평이었다. 이때에 우리가족은 조부모, 부모와 나까지 합하여 5명이었고, 자작농이기 때문에 생활이 좀 나아지었다. 1945년 8월 15일 해방을 당할 때까지 가정의 경제상태는 별다른 변동이 없었다. 8·15 해방 당시 집의 가족은 부모, 처, 장녀, 2녀, 2남, 계 7명이었다.

1943년 9월부터 나는 부모와 별거하게 되었다. 그 리유는 그때부터 나는 약 40리 먼 못에 있는 영변여자중학교에 근무하게 되었기 때문이다. 8·15 해방 후 현재까지 나의 아버지와 어머니는 고향에서 여전히 농사를 하고 게시고(계시고), 현재 나의 동거가족은 처, 장녀, 장남, 2녀, 2남, 3녀, 계 7인이다.

2. 학력에 대하여

1928년부터 고향에 있는 독산보통학교에 입학하여 1934년에 졸업하고 영변농업학교에 입학하였다. 1938년 3월에 이 학교를 졸업하고 일본으로 갔다. 이때에 나의 아버지는 상당히 말리었다. 학비를 대줄 수 없다고. 그러나 나는 학비를 않이(아니) 대주면 고학이라도 하겠다고 결심하고 일본에 있는 기옥중학교 5학년에 입학하여 1939년 3월에 이 학교를 졸업하고 일본대학 법과에 입학하였다. 그 당시의 나의 집에서는 학비를 매달 20원씩 보내 주었다. 1942년 3월에 이 학교를 졸업하고 집에 돌아왔다.

3. 경력에 대하여

1942년 3월에 학교를 졸업하고 처음에는 취직을 할라고 하였으나 아버지가 집에서 농사를 하자고 강제로 권하고 또 일본에 가 있을 때에 일본놈의 천대를 보고 내 자신 취직을 하고 싶지 않았기 때문에 집에서 아버지와 같이 1943년 8월 말까지 농사를 하였다. 그러든(그러던) 중 일본놈의 징용보국대가 심한 관계로 당시 사립학교인 영변여자중학교에 교원으로 근무하였다. 1945년 8월 15일 이후 계속하여 근무하든(근무하던) 중 1947년 6월 27일부터 이 학교 교무주임으로 근무하게 되였고(되었고), 1947년 9월 20일에 교육국 소환에 의하여 평양 제4중학교에 배치되여(배치되어), 1948년 5월 26일까지 근무하였고, 평양시 교육부 소환에 의하여 1948년 5월 27일부터 평양사범전문학교에 근무하게 되였다(되었다). 1948년 8월 16일 교육부 소환에 의하여 새로 생기는 평양여자사범전문학교에 근무하게 되였다(되었다). 1948년 9월 9일에 교육부 소환에 의하여 평양시 인민위원회 교육부 시학으로 근무하게 되였으며(되었으며) 현재까지 이르고 있다.

4. 정당·사회단체 생활에 있어서

1946년 6월 15일에 신민당에 입당하였다. 입당하게 된 동기는 그 당시 영변여자중학교 교장의 소개로 또 나 자신 근로인민의 선두에서 근로인민의 이익을 위하여 투쟁하고, 조선민주주의인민공화국 건립을 위하여 투쟁하겠다는 의지 밑에서 입당하였다. 1946년 8월 공신양당(북조선공산당과 조선신민당) 합당이 되자 첫 세포총회에서 나는 영변여자중학교 세포위원장의 선거를 받아가지고 1947년 9월 24일까지 공작하다가 교육국 소환이 되자 평양 제4중학교 세포에서 공작하게 되였으며(되었으며), 1947년 11월 11일 세포위원회 건립 세포총회에서 세포위원회 부위원장으로 선거를 받아 1948년 5월 27일까지 공작을 하였다. 그 후 교육부 소환에 의하여 남자사범전문학교 세포에서 공작하다가 여사전 세포를 거쳐서 현재 교육부 세포에서 공작하고 있다. 남자 사범전문학교 세포에서 공작하든(공작하던) 중에 1948년 6월부터 8월까지 동구역당 야간당학교 강사로 있었다(조선경제지리). 그리고 나는 1945년 12월부터 민청에 가맹하여 맹원생활을 하다가 1949년 4월에 연령초과 관계로 필맹되였다(필맹되었다).

5. 사상변동에 있어서

8·15 해방 전까지 나는 개인본위주의 사상과 자유주의 경향이 농후하였고, 안일성과 무사태평주의가 농후하였고, 소불주아(소부르주아) 근성이 있었다. 이것은 나 자신 외독자로 태여나서(태어나서) 생활은 풍부하지 못했지만 많은 부모의 귀여움을 받았기 때문이다. 그러나 8·15 해방 후부터 나의 사상은 변동되기 시작하였다. 특히 1946년 4월 평안북도 교원 전체 강습회에서부터 급변하기 시작하였다. 이때에 나는 조선의 혁명로선과 민주개혁의 의의와 민주교육의 로선에 대하여 명확히 인식하게 되였다(되었다). 이때부터 혁명적 사상이 싹트기 시작하였다.

그 후 당생활을 하면서 여러 가지 학습회를 통하여 맑스레닌주의의 선진사상으로 무장하기 시작하였다. 더욱이 1946년 12월에 전개된 사상개변 돌격주간에 학습을 통하여 과거의 관료주의 사상과 형식주의와 개인본위주의 사상과

(사상의) 무자비한 비판을 통하여 혁명적인 사상으로 더욱 무장하기 시작하였다. 이때에 나는 김일성 장군의 인생관과 세계관을 잘 알게 되였다(되었다). 그 후 볼쉐비크 공산당사과(공산당사와) 맑스레닌주의 제 서적을 통하여 나의 혁명적 사상(맑스레닌주의)은 견고하여 지였다(지었다). 그러나 아직 나에게는 과거에서부터 오는 잔재 즉 소불주아지의(소부르주아지의) 근성이 아직 내포하고 있으며, 안일성과 무사태평주의가 아직 내포하고 있다. 나는 앞으로 이러한 사상적 근거를 퇴치(하)고, 혁명적인 리론으로 무장하고 부강한 조국창건을 위하여 히생적으로(희생적으로) 투쟁할 수 있는 민족간부가 되기 위하여 투쟁하겠다.

6. 나의 친척관계

나의 3촌 한진무, 한진현은 해방 후 토지분여를 받아가지고 고향에서 농사를 하고 있고, 사촌 한국재, 한국홍, 한국해, 한국호, 한국하 등도 역시 해방 전 소작농가로서 고통을 받아오다가 해방 후 토지분여를 받아가지고 로당당원으로 고향에서 열성적으로 사업하고 있다. 나의 외가는 현재 외삼촌 길중찬은 다리병신으로 강계에서 화전민 생활을 하다 현재 토지분여를 받아가지고 농사를 하고 있으며, 길중렵, 길중오는 황해도 곡상광산에서 로동을 하고 있다(로동당원). 나의 처가는 박천인데 처남은 해방 전 소작을 하다가 현재 박천내무서에 근무하고 있다(로동당원).[116]

교사생활과 사회단체, 정당 생활을 함께 하는 당시 북한 주민의 실생활, 그 속에서 겪는 사상적 변화의 과정을 잘 보여 준다. 한국도 한 사람의 자기소개서이지만, 해방 후 북한에서 정치적 격변기를 겪고 있던 인텔리 계층의 통상적인 모습이라고도 할 수 있겠다. 본인의 의사와 관계없이 사회주의 교육을 받게 되고, 그러면서도 내면 속에 남아 있는 소부르주아적 속성은 쉽게 버리지 못하는 모습이 한국도의 자기소개서를 통해 잘 나타난다.

학교가 늘고 교사가 증가하면서 취학하는 학생도 늘었다. 1944년 877,894명이던 초등교육 취학생은 1947년 1,341,018명으로 증가했다.[117] 하지만 이는 어디까지나 통계상의 증가이고 실제는 좀 달랐다. 취학한 학생들이 결석하는 경우가 많았던 것이다. 농촌에서 특히 결석이 많았던 것으로 보인다. 지방의 당조직이 대응책 마련에 나설 정도였다. 1947년 6월 6일 북조선노동당 강원도 인제군 북면 당위원회는 이 문제를 논의하기 위해 모였다. 북면 당위원장 이천수가 주재하고, 용대인민학교 교장 증정수, 용대분주소장 장진구도 출석했다. 학교 출석률 저조 현상을 지적하고 원인과 대응책을 논의했다. 출석률이 저조한 원인으로는 식량난을 겪는 가정이 많고 옷도 변변한 게 없는 학생이 많다는 점이 지적되었다. 또한 학부모들의 교육에 대한 약한 의식도 원인으로 거론되었다. 그래서 교사들이 가정방문을 통해 학부모 면담을 실시하기로 결정했다. 한편, 이 회의에서는 일부 남아 있는 서당이 인민교육을 방해하는 것으로 지적하고, 분주소장이 책임지고 6월 10일까지 서당을 없애도록 결론지었다.[118] 당국이 근대교육의 확장을 적극 추진하고 있었지만, 1947년 중반까지도 일부 지역에 서당이 남아 있었음을 알 수 있다.

초등의무교육을 위한 준비작업은 1949년부터 시작되었다. 학령아동들을 조사하고 학교를 짓고 교사를 양성하는 사업이 본격 시작된 것이다. 학교건설을 위한 애국미헌납운동도 전개되었다. 지주로부터 몰수한 집을 학교로 개조하기도 하면서 준비를 해나갔다. 그렇게 해서 1949년 9월에는 인민학교가 3,882개에 이르게 되었고, 학생 수는 147만 4,000명에 이르렀다. 만 7~8살 어린이 35만여 명 가운데 32만 6,000여 명이 인민학교에 다니게 된 것이다.[119] 이러한 준비과정을 거쳐 1949년 9월 10일 최고인민회의가 전반적 초등의무교육제 실시에 대한 법령을 제정, 발표했다. 1950년 9

학교 건축비로 쌀 90가마를 헌납하는 평안북도 안주군 입석면 동호리 김병전 농민

월 1일부터 초등의무교육제를 시행한다는 내용이었다. 만 7~15살 어린이는 의무적으로 교육을 받도록 하고 부모들은 의무적으로 취학을 시키도록 했다. 교과서와 학용품도 국가가 무상으로 지급하도록 규정했다. 이러한 계획에 따라 1950년 들어서도 학교와 교원 확대작업을 계속했는데, 한국전쟁이 발생하면서 초등의무교육제는 예정대로 실시되지 못하고, 1956년 8월이 되어서야 시행된다.

높은 교육열

1949년 당시 인민학교 운영 형태를 보면, 품행과 개별 학과를 중심으로 교육이 진행되었고, 유급제도와 졸업시험제도를 실시할 만큼 성적관리

학교(고급중학교) 건축 현장에서 일하는 함경남도 고원군 고원면 금수리 농민들
당시 이러한 노동은 '애국노동'으로 불렸다.

도 상당히 철저했다. 인민학교 1~4학년이 학년 말 시험에서 국어와 산수 두 과목이 모두 2계단(2급) 이하의 성적을 기록할 경우 유급을 해야 했다. 성적은 다섯 단계로 나누었는데, 최우등은 5계단, 우등은 4계단, 보통은 3계단, 불량은 2계단, 불가는 1계단으로 표시했다. 인민학교 졸업시험은 국어와 산수, 역사, 이과, 지리 등 다섯 과목으로 구성되어 있었다. 2계단 이하의 성적을 받는 과목에 대해서는 추가 시험을 치러야 했다.[120]

미군 노획문서 중 한계인민학교(강원도 인제군 북면 한계리 소재 인민학교로 추정됨) 이태호라는 학생의 졸업시험 상장이 있는데, 여기에 "이 학생은 품행이 바르고 우수한 성적으로 학교 졸업시험에 합격하였으므로 이

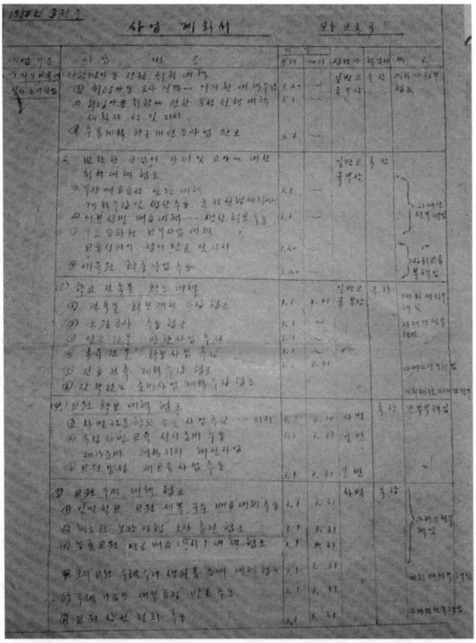
사업 계획서

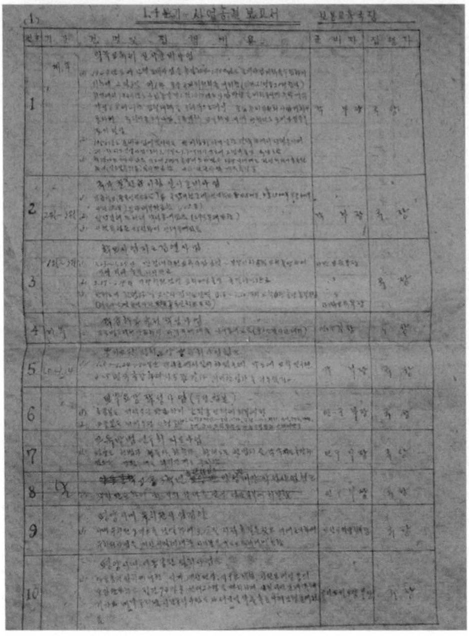

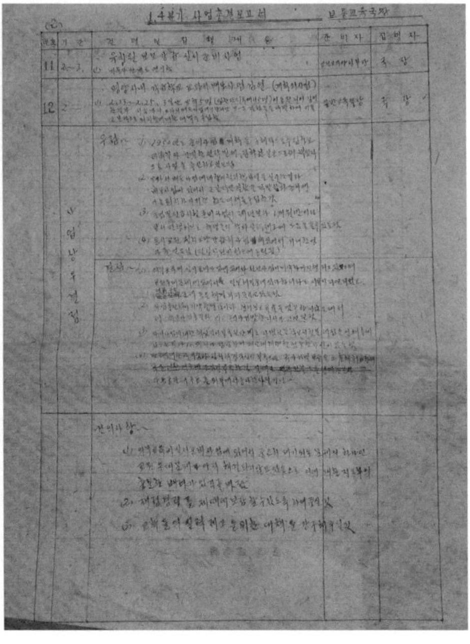

초등의무교육제 실시 계획서

북한은 1950년 9월부터 초등의무교육제를 실시하기 위해 준비했다. 실제로는 1956년 8월부터 시행되었다.

상장을 줌"이라고 적혀 있다. 특이한 것은 상장을 주는 사람이 인민위원장 어덕준으로 되어 있다는 것이다.[121] 당시 졸업시험은 졸업시험위원회가 주관했는데, 학교장이 위원장이었고, 교원 1명과 보조교원 1명, 시·군·구역 인민위원회 대표 1명, 정당·사회단체 대표 1명이 위원으로 참여했다.[122] 위원회에서 합격 여부를 결정하고 합격증은 시·군·구역 인민위원장이 수여하는 형식이었던 것으로 보인다.

졸업시험을 앞두고는 학생도 교사도 긴장한 가운데 집중적으로 시험준비를 했다. 평양제4인민학교 5학년 5반의 경우, 담임 교사 강갑신의 지도 아래 학생들은 시험준비를 위해 아침 7시 반까지 등교했다. 아침자습을 하고 수업에 임한 것이다. 방과 후에도 2~3시간씩 공부를 했다. 또 거주지별로 학생 6~7명씩 조를 편성해 성적이 우수하고 가정환경이 좋은 학생의 집에 모여 함께 공부를 했다.[123] 인민학교 졸업시험이 형식적인 통과의례가 아니었던 것이다.

졸업장에도 성적을 기재할 만큼 성과를 중시했음도 알 수 있다. 한계인민학교 이태호 학생의 졸업증서도 남아 있는데, 여기에는 "이 이는 인민학교의 과정을 마치고 품행 5계단과 다음 표의 성적으로써 졸업함"이라는 문구가 새겨져 있고, 그 아래

국어………(5)	산수………(5)
력사………(5)	지리………(5)
릿과………(5)	체육………(5)
습자………(5)	도화………(5)
음악………(5)	공작………(5)

이런 식으로 성적까지 기재되어 있다. 그 아래에는 교장과 교무주임, 담

임교원의 이름이 있고, 이름 옆에는 도장이 찍혀 있다. 그 밑에는 발행날짜가 적혀 있다. 앞에서도 언급했듯이 성적이 우수한 졸업생에게는 따로 상장을 주었다. 상장에는 "이 학생은 품행이 바르고 우수한 성적으로 학교 졸업시험에 합격하였으므로 이 상장을 줌"이라고 적혀 있다.

각 학년을 마칠 때에도 일정한 평가를 통해 성적을 내고 학년 말에 이를 통지해 주었다. '수업증서'라는 명칭의 증서를 나누어 주었다. 한계인민학교 3학년 학생의 수업증서를 보면, "이 학생은 제3학년에서 품행 5점과 다음표의 각과 성적으로 수업하였음을 증명함"이라는 문구와 함께 그 아래 산수, 체육, 문법, 작문, 화법 등 열 과목의 성적이 기재되어 있다. 그 밑에는 교장과 교무주임, 담임교원의 이름과 날인이 있다.[124] 전체적으로 1940년대 말 북한의 초등교육은 품행과 성적을 동시에 중시하면서도 성적에 비중을 좀 더 두고 있는 모습이었다.

초급중학교와 고급중학교의 성적 관리는 인민학교보다 철저해 학년 진급을 위해서는 진급시험을 통과해야 했다. 초급중학교 졸업을 위해서는 문장독본, 대수산수, 외국어, 헌법, 세계역사, 기하, 지리, 물리, 생물 등 아홉 과목에 대해 실시하는 졸업시험을 통과해야 했다.[125] 고급중학교를 졸업하기 위해서는 문학(작문, 국어), 수학(산수, 대수, 기하, 삼각), 물리, 화학, 역사, 지리, 외국어 등 일곱 과목으로 구성된 졸업시험에 통과해야 했다. 모든 과목 성적이 3계단 이상이어야 합격이었다.[126]

한편 1940년대 북한 학부모들의 교육열도 대단했던 것으로 보인다. 1949년 5월에 작성된 평안북도 선천군 동림중학교의 졸업생 현황자료를 보면, 3학년 4반의 경우 여학생 반임에도 졸업생 24명 가운데 1명을 제외한 23명 전원이 선천고급중학교, 선천사범전문학교 등으로 진학했음을 알 수 있다. 특히 6명은 빈농가정인데도 상급학교로 진학했다. 3학년 3반의 경우 역시 여학생 반이었는데, 전체 22명 가운데 5명을 빼고

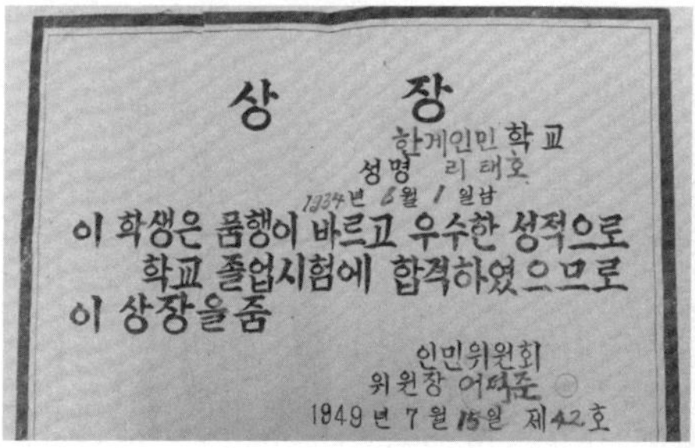

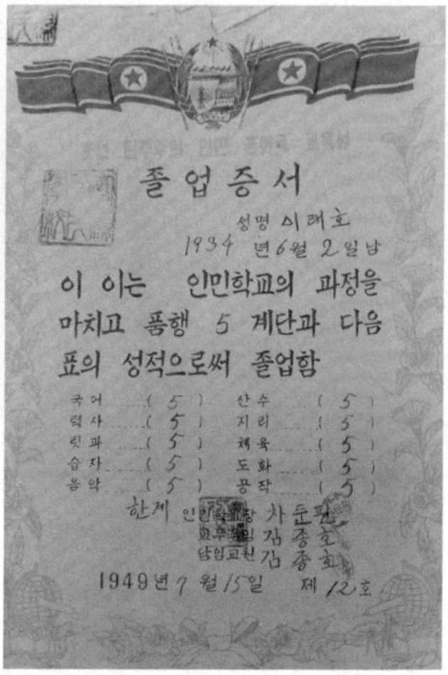

한계인민학교 이태호 학생의 졸업시험 상장과 졸업증서

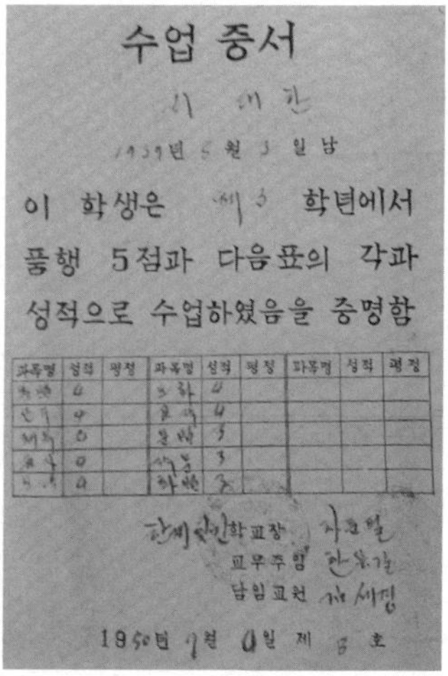

한계인민학교 이태한 학생의 수업증서

17명이 선천고급중학교, 선천사범전문학교, 신의주의학전문학교 등으로 진학했다. 이 반도 8명은 빈농가정 출신들인데도 상급학교에 진학했다.[127] 쉽지 않은 경제적 환경에서도 자녀들에 대한 교육은 포기하지 않는 민초가정의 전통적인 모습이 이런 자료들을 통해 새삼 확인된다. 1950년 5월 당시 선천고급중학교의 졸업생 통계를 보여 주는 자료도 발견되는데, 이에 따르면 졸업생 185명 가운데 38명이 김일성종합대학에 지원하고 있고, 38명은 평양공업대학(김책공업종합대학의 전신), 10명은 평양사범대학, 17명은 평양의학대학, 33명은 원산농업대학, 3명은 흥남공업대학에 지원하고 있다.[128] 당시 북한에서 내로라하는 대학에 많은 학생이 지원하고 있는 것이다. 그러니 선천고급중학교에 지원하는 중학생이 많은 것은 단순한 교육열을 넘어서 명문대 진학에 대한 강한 욕구를 보여 주는 것이라고도 할 수 있겠다.

수업료를 면제받는 사람이 많긴 했지만, 기본적으로는 인민학교부터 대학교까지 수업료를 내야 했다. 노동자, 빈농, 사무원, 고용자, 소수공업자의 자녀는 인민학교 5원, 초급중학교 · 초급기술학교 10원, 고급중학교 · 전문학교 15원, 대학교 20원의 수업료를 냈다. 그 밖의 자녀들은 10원, 20원, 30원, 40원의 수업료를 납부했다. 그렇지만 독립투사, 극빈자, 노동력 상실자의 자녀, 고아 등은 수업료를 면제해 주었다. 노동자, 빈농, 사무원, 고용자, 소수공업자는 자녀가 4명 이상인 경우, 그 밖의 경우는 5명 이상이면 모두 수업료가 면제되었다.[129] 또 대학생의 경우 정원의 80%는 장학금을 받았고, 대학연구생(대학원생)은 모두 수업료 면제에 월 1,500원의 생활비를 받았다.[130]

원서

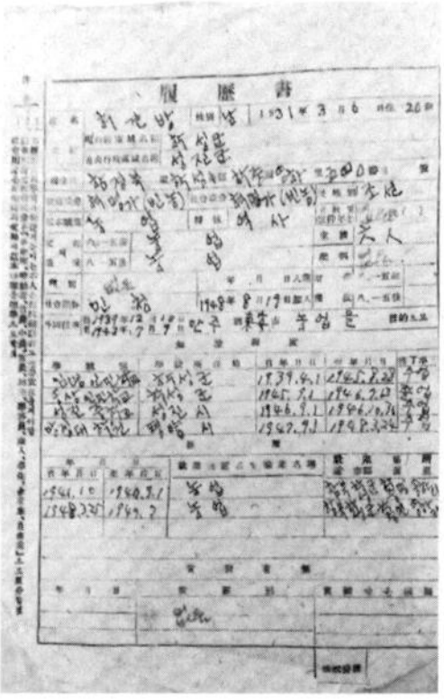

이력서(앞)

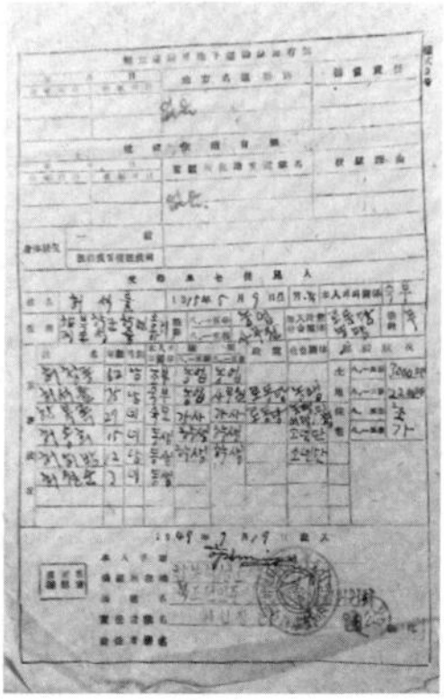

이력서(뒤)

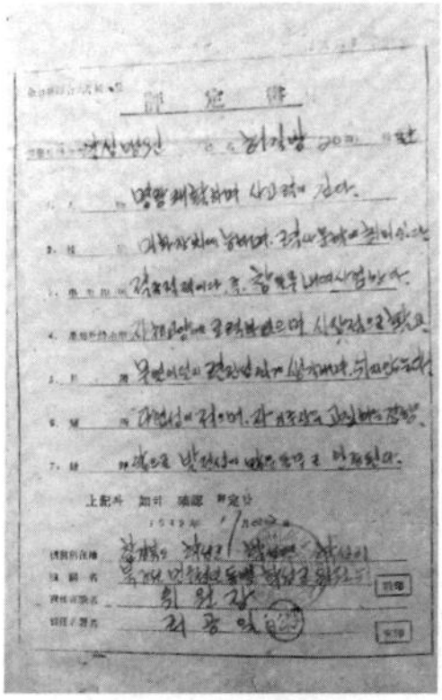

민청위원장 평정서

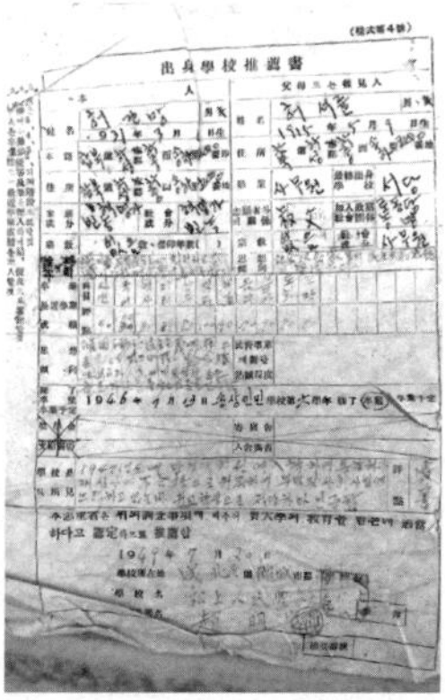

출신학교장 추천서

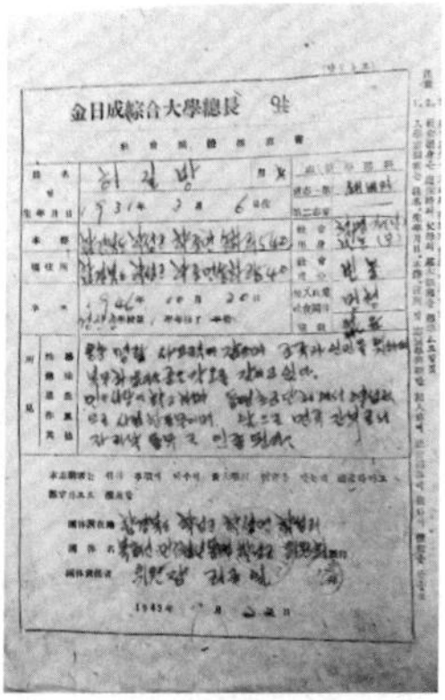

사회단체장 추천서

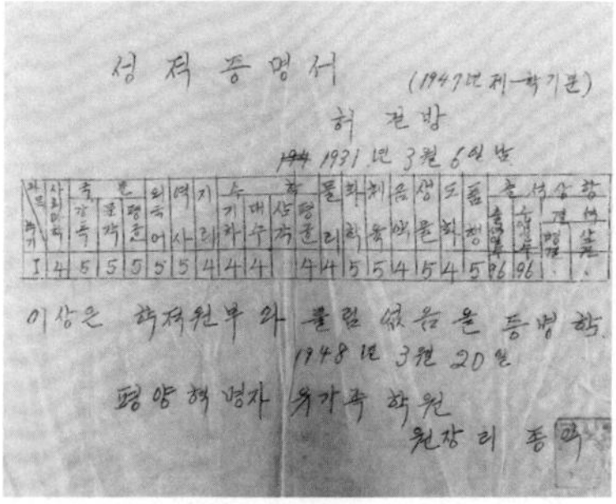

성적증명서

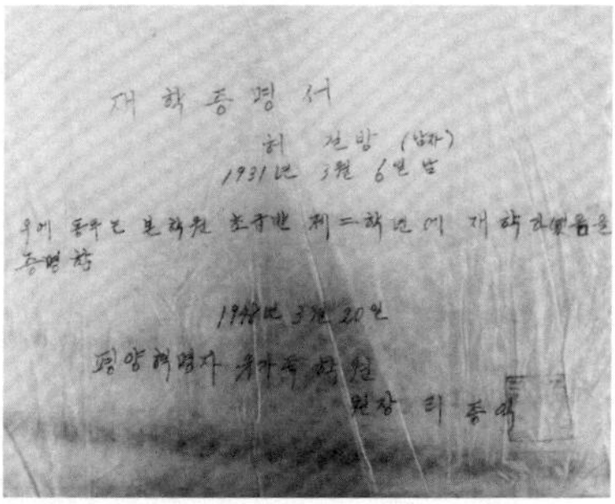

재학증명서

김일성종합대학 입학원서

김일성종합대학에 지원하기 위해서는 원서 외에도 이력서, 거주하는 군의 민청위원장 평정서, 학교장과 사회단체장의 추천서, 성적증명서와 재학증명서 등이 필요했다.

동원 그리고 감시

대규모 동원 시작: 보통강 개수공사

평양의 한가운데를 가로지르는 강이 대동강이다. 북쪽에서 흘러와 평양에서 대동강과 합류하는 강이 보통강이다. 일제강점기 일본은 보통강 유역에 대규모 군수공업단지를 만들어 강을 활용했다. 이용만 했지 관리는 안 했다. 그 바람에 강바닥은 높아지고 강줄기는 꾸불꾸불해졌다. 제방은 곳곳이 무너진 채로 방치되었다. 그 결과는 만성적인 범람과 그로 인한 평양 시내의 잦은 물난리였다. 1942년 큰비가 왔을 때는 평양 지역 보통강 변의 천여 가구가 유실되고 많은 인명피해가 났다. 경지 2천여 정보도 유실되었다. 일본이 보통강 유역에 군수 공장들을 짓고 전국에서 인력을 동원하는 바람에 보통강 변에는 대규모 빈민촌이 생겨났는데, 해방 이후에도 빈촌은 그대로 유지되고 있었다. 여름철 대규모 피해에 대한 우려 역시 계속되고 있었다.

북조선임시인민위원회는 평양에 대한 건설작업을 기획하면서 보통강 유역의 정비를 가장 우선적인 과제로 삼았다. 강바닥의 토사를 걷어내고 구부러진 강을 펴고 제방을 쌓아 비가 와도 피해가 없게 하는 작업이었다. 공사는 1946년 5월 21일 김일성의 첫 삽으로 시작되었다. 김일성은 당시 착공식에서 "우리에게는 공사에 필요한 인재, 식량, 물자의 부족으로 많은 곤난이(곤란이) 있을 수 있으나 그렇다고 하여 우리가 이 공사를 하지 않아서는 안 된다. …… 우리는 민주주의 독립국가건설을 위하여서는 허리띠를 졸라매고라도 이 공사로부터 먼저 완성하여야 한다"고 역설했다.[131]

김일성의 연설은 당시 북한의 열악한 사정을 적나라하게 보여 주었다. 무슨 일을 하려 해도 사람과 물자, 먹을 것이 부족했다. 특히 대형공사를 하자면 토목장비가 필수인데, 그런 것이 없었다. 사람이 하는 수밖에 없었다. 흙을 파서 날라 제방을 쌓고 강바닥을 파내는 일을 모두 사람이 했다. 21일부터 29일까지 매일 평균 6,456명이 참가했고, 6월 2일에는 9,447명이 동원되었다.[132]

평양과 평양 주변의 농민은 물론 공장의 노동자, 사무원, 학생들도 동원되었다. 비가 내려 쌓아 놓은 제방이 무너질 위기에 처했을 때에는 더 많은 사람이 동원되어 밤에도 작업을 해야 했다.

작업이 고되다 보니 "하지도 못할 일을 괜히 벌여 놓았다"고 불평하는 사람도 있었다. 사람을 사서 대신 보내는 경우도 발생했다. 공사장에서 실제로 말썽을 부리는 사람도 있었다.[133] 7월 31일이 되어 개수공사는 마무리되었는데, 그때까지 동원된 인원은 57만 9,000여 명에 이르렀다. 공사가 마무리되면서 보통강 변 빈민촌은 차츰 정비되었고, 1975년에는 '낙원거리'라는 새로운 이름의 현대적인 거리가 되었다. 보통강에서 시작된 관개수리 공사는 여러 지역에서 계속되어 관개수리 면적이 1946년에 비해 1947년에는 16.6%, 1948년에는 25% 증가했다.[134]

보통강 개수공사에서 시작된 주민동원은 용흥강 개수공사, 압록강 호안공사, 단천항 수축공사, 해주 축항공사, 삼신 운탄선공사 등으로 이어

김일성이 보통강 개수공사 착공 식에 참석해 첫 삽을 뜨는 모습

보통강 개수공사 작업 현장

개수공사 전후의 보통강 전경

보통강 개수공사에 참여한 학생들

졌다. 1949~1950년 기간에는 대중적 건설투쟁이 더욱 심화된다. 북조선인민위원회는 1949~1950년을 '2개년 인민경제계획' 기간으로 정하고 경제 활성화의 기반을 마련하는 작업을 시작했다. 핵심은 일본이 물러나면서 파괴하고 간 시설들을 완전히 복구하고 산업 각 부문에서 생산력을 증대해 인민생활 향상의 바탕을 마련하는 것이었다. 국영산업을 1948년에 비해 1949년에는 43.2%, 1950년에는 94.1% 성장시켜 전체 산업이 1950년 말에는 1944년의 생산 수준보다 33.2% 성장한 상태로 만든다는 계획이었다. 이러한 계획하에 무연탄은 1949년과 1950년에 각각 209만 8천 톤과 299만 9천 톤, 철광석은 40만 톤과 82만 톤, 화학비료는 37만 2,440톤과 41만 5,600톤 생산한다는 목표를 세웠다. 기술과 자본이 부족한 상황에서 이러한 작업을 추진하기 위해서는 주민을 동원하는 것밖에 별다른 도리가 없었다.

실제로 북한 당국은 이러한 목표를 달성하기 위해서는 노동생산성을 1948년에 비해 1949년에는 20.2%, 1950년에는 38.2% 높여야 하며, 원가는 9.3%, 18.3% 높여야 한다고 보고 있었다.[135] 이러한 계산된 목표 아래 주민들은 현장에서 좀 더 힘을 내고 좀 더 일할 것을 지속적으로 독려받았다. 광산에서는 석탄을 좀 더 많이 캐야 했고, 제철소에서는 부서진 용광로를 좀 더 빨리 복구하고, 나아가 용광로를 더 세워 철 생산을 증가시켜야 했다. 황해도 사리원의 국영 사리원방직공장 사례를 보면, 모직물은 1949년 1인당 평균 10.21m를 생산했는데, 1950년에는 47% 증가한 15m를 생산해야 한다는 목표를 설정해 놓고 있었다. 모포는 1인당 13.9m에서 44% 증가한 20m, 면방은 1인당 26.454kg에서 10% 늘어난 29.1kg을 생산하도록 하고 있었다. 이러한 목표 아래 2,025명의 근로자들이 일로매진해야 하는 상황이었다.[136] 더욱이 근로자들은 지속적인 생산성 향상을 위해 견습공 교육까지 담당해야 했고, 각 부서들은 목표 달성을 위해 필요한 부품을 확보하는 데 노력해야 했다. 다른 부서에 빌려준 부품도 되도록 빨리 돌려받으려 할 정도였다.[137]

김일성은 정치적 열성을 불러일으키도록 당의 간부들을 독촉했다. 경제건설사업을 보장하기 위해서는 정치적 조직사업을 잘해야 한다면서 당적지도를 강화할 것을 강조했다. 당의 간부들이 나서서 주민들의 정신교육을 계속 강화해 좀 더 많이 일할 수 있도록 하라는 것이었다. 1949년 12월 8일에는 내각의 결정으로 증산경쟁운동이 본격 시작되었다. 공장과 기업소들의 경쟁을 더욱 독려해 좋은 성과를 달성한 곳에는 내각순회 우승기, 산업성 우승기, 조선직업총동맹위원회 우승기 등을 수여했다.

이렇게 되자 각 공장에서 노동자들은 전체회의를 열어 증산결의를 다지기도 하고, 나름대로 방향을 정해 경쟁에 적극 참여했다. 평안남도 남포시의 강서전기공장의 경우, 노동자들이 경쟁에서 앞서기 위한 세부준칙 8개를 정해 스스로를 독려하기도 했다. 첫째, 자기 앞에 부과된 책임량을 100% 이상 달성할 것, 둘째, 자재를 절약하며 불량품을 내지 않고 생산을 질적으로 보장함으로써 원가를 저하할 것, 셋째, 기계와 공구는 자기 몸과 같이 귀중히 사용할 것, 넷째, 상부의 지시를 제때에 확실히 실천할 것, 다섯째, 지각, 조퇴, 외출, 무단결근을 금지하며 출근률(출근율)을 100% 제고할 것, 여섯째, 자기 작업장소와 기숙사 등을 깨끗이 청소할 것, 일곱째, 기능을 높이기 위하여 기술전습회에 100%로 참가하여 하루속히 국가가 요구하는 기능자, 기술자로 될 것, 여덟째, 정치 수준을 높이기 위하여 노력하며, 학습회, 독보회에 열성적으로 참가할 것 등이 그 내용이다. 기술을 연마하면서 일에 몰두하고 상부의 지시는 제대로 지켜 전체 목표를 달성하는 데에만 전력투구하자는 것이었다. 이러한 경쟁 분위기 속에서 노동자들은 "없는 것은 찾아내고 모자라는 것은 만들어내면서 낮에 밤을 이어가며" 일을 해야 했다.[138]

보통강 개수공사는 북한 지역에 공식 정부가 수립되기도 전에 시행된 최초의 대규모 군중동원 사례이다. 북한은 '2개년 인민경제계획'뿐만 아니라 어려울 때마다 '천리마운동', '3대혁명 붉은기쟁취운동' 등 대규모 노력동원을 전개하는데, 보통강 개수공사는 그러한 군중동원의 시발점이 되었다.

지방까지 감시망

정확히 언제부터 야간 통행금지제가 실시되었는지는 분명치 않지만 어느 시점부터 시작되었고, 북한 지역 전체적으로 밤 10시 이후에는 통행이 금지되었다. 음식점은 밤 9시까지만 했다. 그러다가 1947년 8월 1일부터는 1시간 연장되어 밤 11시가 통행금지 시간이 되었다. 음식점 영업 시간은 밤 10시 반까지로 연장되었다.[139]

현재 북한 당국이 인민보안성, 국가안전보위성, 당조직, 사회단체 등 다양한 채널을 통해 북한 주민들을 감시하고 있는 것으로 알려져 있지만, 북한의 감시 시스템은 1940년대부터 가동되어 왔음을 당시의 자료들은 보여 주고 있다. 1949년 6월에 작성된 강원도 인제군 북면 원통리 원통분주소의 '요주의인명부'에는 41명의 이름이 나온다. 면 인민위원회 양정계장에서부터 인민학교 서기, 소비조합상점 책임자, 농민 등 다양한 부류가 포함되어 있다. 분주소는 이들의 학력과 경력, 가족관계, 친척, 친구, 신체적 특징, 주변의 평가, 집 약도 등을 자세히 기록하고 있다.

원통인민학교 서기 김수암에 대해서는 나이, 가족관계 등을 상세히 적어 놓았을 뿐만 아니라 "비품, 소모품, 수업료, 직원봉급 지불 등의 권한이 있음"이라는 내용으로 직무와 권한에 대한 내용도 기록해 놓았다. "흰머리가 많고 일상적으로 안경을 쓰고 있다"라는 특징도 메모를 해놓았고, "과거 면서기가 또 직장에 나온다는 것은 잘못이다"라는 주변의 평도 기록해 두었다. 1938년 12월부터 북면 면사무소에서 서기를 했는데, 일제강점기 면서기를 했던 사람이 다시 학교서기를 하는 것에 대한 비판적 여론이 있다는 것이었다. 그리고 "봉급 600원으로 생활하기 곤란하다. 상부에서 일꾼들의 사정을 모른다"는 얘기를 하고 다녔다는 것도 기록되어 있다. 상부에 대한 이러한 불만 섞인 말들 때문에 요주의인물이 된 것으로 보인다.

서화인민학교 교장 이종해에 대해서는 "소갈비 한 짝을 사다가 검사를 교제한 사실", "각 음식점을 상대로 외상 술값을 조사한 결과 외상 먹고 아무 말도 없는 점의 여론화" 등의 내용을 적어 놓고 있다. 특정 인물에 대한 조사를 위해 음식점 외상값까지 살피고 있음을 알 수 있다.

북면 소비조합상점 책임자 김은준과 관련해서는, "돈 잘 쓰고 술 잘 먹는 데 유명하다고 한다"는 주변의 평을 기록해 놓았고, "1948년 8월 20일 음식점에서 음주하고 주정"한 사실까지 적어 놓았다. "몸이 뚱뚱하고 얼굴에 힘줄이 많다"는 신체적 특징도 메모해 두었다. 가진 재산은 없고 월수입은 1,000원 정도라고 재산 상태도 파악해 놓고 있었다. 이렇게 관찰 대상이 된 사람들에 대해서는 집의 약도까지 그려 놓아 쉽게 관찰할 수 있도록 해두었다.[140]

분주소뿐만 아니라 군 인민위원회 내무서(경찰서)에서도 감시를 했다. 양태는 분주소와 같았다. 1949년 7월에 강원도 철원군 인민위원회 내무서가 작성한 '요주의인 카드'가 남아 있다. 철원지방산업종합공장 기본건설과장으로 근무 중인 22살 김기명에 대한 감시기록을 보자. 1945년 이후 이력을 자세히 기록해 두었고, 가족관계, 친구관계 등도 적어 두었다. "눈이 조그마하고 온순한 편"이라는 인상도 기록되어 있다. 또 전에는 생활이 힘들다는 부인의 말이 있었는데, 최근에는 생활이 나아지고 부인의 얼굴빛도 좋아졌다는 내용까지도 파악하고 있었다. 물론 집 약도도 그려 놓았다.

이를 기록한 주체는 철원군 인민위원회 내무서 감찰계 기업감찰반으로 되어 있는데, 내무서 내에 감찰계가 따로 있었고, 감찰계는 분야별로 감찰반이 구성되어 있었음을 알 수 있다. 기업감찰반은 공장, 소비조합, 국영백화점, 수매소 등 경제활동을 하는 기관들에 대한 감찰을 맡고 있었다. 감찰계의 제11계는 주로 농업과 자유노동에 종사하는 사람들을 감시 대상으로 하고 있었다.

여러 분야의 감찰반이 구성되어 있었다는 것은 그만큼 사회 구석구석에 대한 감시가 철저히 진행되고 있었음을 말해 주는 것이라고 하겠다.

요주의인물이 직장을 옮기는 경우는 이를 서장에게 보고했고, 일정 기간 관찰한 결과 특이사항이 없는 경우에는 요주의인물 명단에서 삭제하기도 했다.[141] 감찰을 효과적으로 하기 위해 감찰 담당관들은 5~15명의 정보원을 두고 있었다. 지역별로 주로 노동당 당원들을 정보원으로 심어 감찰 대상자를 밀착 감시했던 것이다.[142]

내무서원이라고 해서 감시망 바깥에 존재한 것은 아니었다. 내무성은 내부에 대한 감시감독도 하고 있었다. 내무성 간부처 2부가 1949년 10월 14일 작성한 「성내 직속 처부 및 각도 내무부 문제되는 간부명단」이라는 문서는 그 내용을 상세히 보여 준다. 내무성 본부와 지방 내무부의 간부 가운데 관찰 대상이 될 만한 인물은 모두 기록해 관리하고 있었다. 문서에 의하면, 감시 대상은 본부 시설처에 9명, 평양시 내무부에 3명, 황해도 내무부에 14명, 강원도 내무부에 14명, 평안남도 내무부에 15명, 평안북도 내무부에 6명, 함경남도 내무부에 12명, 함경북도 내무부에 13명, 자강도 내무부에 7명 등 모두 93명에 달했다.

구체적인 예로 황해도 내무부에서 시설부 계획과장으로 근무하는 문창균에 대한 기록을 보자. "연령－34세, 출신－빈농, 성분－사무원, 지식 정도－중학, 입당연월일－1946년 8월 28일, 외국여행－없음, 8·15 전 간단한 경력－1933년부터 강원도 도청, 금화군청 기수(기사)로 있다가 해방, 8·15 후 경력－1947년 2월까지 철원군 인민위원회 토목기수(토목기사), 1947년 2월 현직에 이르럼(이름), 주이(의)환경－토지몰수 2,500평, 서울에 사촌, 6촌, 외삼촌, 처남, 외사촌 등이 있다." 이런 내용이 면밀하게 적혀 있다. 강원도 회양군 내무서 부서장 최제군에 대해서는 주의환경으로 "매부 청우당, 처남 2명 남조선에 거주함"을 기록해 놓았고, 평안북도 총무과장 김응연에 대해서는 "장인 천도교인, 토지몰수 19,000평"을 주의사항으로 표시해 놓았다. 주변인물 가운데 남한에 사는 사람

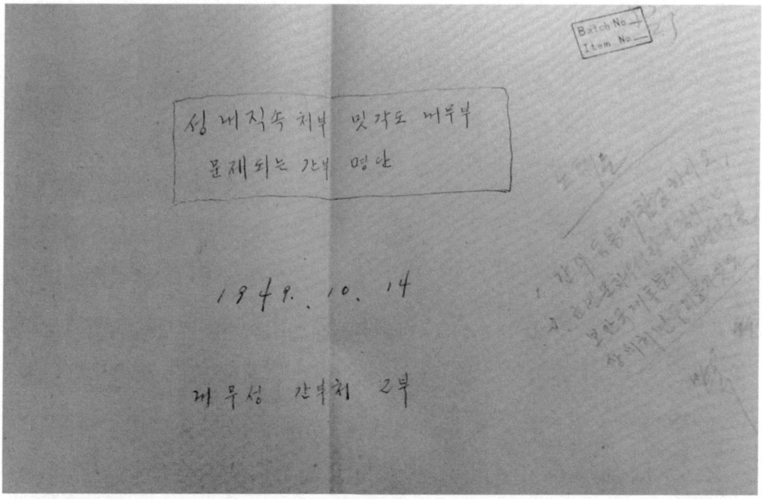

성 내 직속 처부 및 각도 내무부
문제되는 간부 명단

1949. 10. 14

내무성 간부처 2부

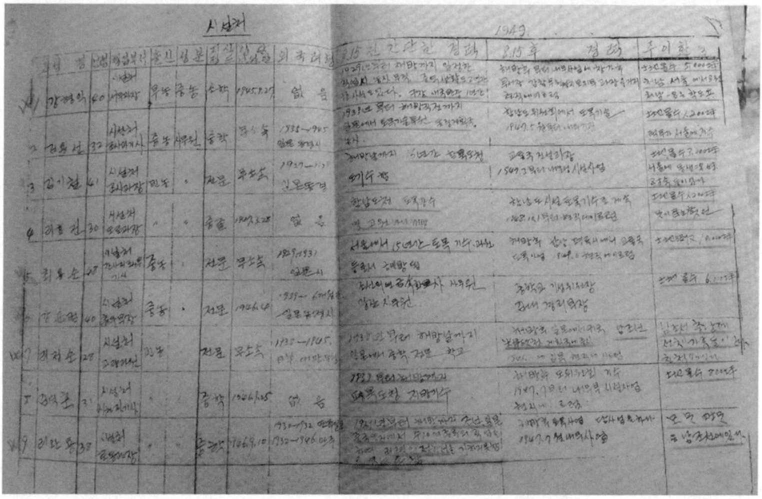

내무성 문제 간부 명단(1949년 10월)

이 있는지, 노동당 외에 다른 정당에 가입한 사실이 있는지, 토지개혁 당시에 토지를 몰수당한 사실이 있는지 등이 특이사항이었던 것이다. 이런 특이사항이 있는 사람에 대해서는 특별한 감시가 필요하다고 보고 관찰을 계속한 것이다. 특히 이 문서의 표지에는 "간부등용에 참고하시오", "금번 문화부서장 결정이 끝난 후 보안국게통(보안국계통) 문제 인원 명단을 좀 상세히 만들 피료가(필요가) 잇음(있음)"이라는 문구가 적혀 있다.[143] 당시 내무성 보안처장 정도의 간부가 문서를 보고 보완대책을 적어 놓은 것으로 보인다. 감시자료를 인사에 활용하고 있었고, 감시 대상은 더 확대되고 있었음을 잘 보여 준다.

이처럼 내부를 포함한 사회 전반을 감시하기 위해 내무성은 큰 조직을 꾸리고 있었다. 1950년 1월에 만들어진 내무성의 조직과 인원에 관한 현황자료를 보면, 내무성은 정치보위국과 경비국, 보안국, 문화국, 후방국 등 5개 국, 간부처와 교화처 등 2개 처, 기요부와 문서부, 통신부, 재정부, 제5부, 병기부, 의무부, 총무부 등 8개 부를 거느린 방대한 조직이었다. 국장급 교장을 둔 간부학교와 부장급을 대대장으로 하는 직속대대까지 갖추고 있었다. 평양의 본부 인원만 해도 상(장관) 1명, 부상(차관) 3명, 국장 3명, 부국장 9명, 처장급 6명, 부처장급 6명, 부장급 55명, 부부장급 106명, 주임·소장·단장·기사장급 24명, 지도원급 58명, 과장 57명, 부원 23명 등 총 351명이 근무하고 있었다.[144] 현황자료는 경비국과 정치보위국을 제외한 인원을 보여 주고 있는데, 보안을 위한 것으로 판단된다. 이를 포함하면 인원은 훨씬 많을 것이다.

게다가 내무성은 평양의 5개를 비롯해 지방에는 군 단위에 내무서를 두고 있었다. 평안남도에 15개, 평안북도에 14개, 황해도에 20개, 강원도에 15개, 함경남도에 16개, 함경북도에 15개, 자강도에 9개 등 전국에 109개의 내무서가 산재해 있었다. 그 아래 면 단위에는 분주소를 두고

1950년도 내무성 해임자 조사서

있었다.[145]

이렇게 큰 조직을 가지고 있다 보니 내부적인 사고도 많았는데, 1950년 한 해만 해도 해임자가 97명에 이르렀다. 해임 사유로는 "경력 및 주의환경 불순"이 52명으로 가장 많았는데, 어수선한 사회적 상황 속에서 경력을 허위로 쓰거나 주변 관리를 제대로 하지 못하는 경우가 많았던 것으로 보인다. "국가재산 약취"는 9명, "직무태만 및 비행"은 6명, "정치적 불신임" 6명이었고, 뇌물을 받은 경우도 1명 있었다.[146]

한편 비슷한 시기에 교도소에 해당하는 교화소는 평양과 신의주, 함흥, 해주, 청진, 원산, 남포, 서흥 등에 8개가 운영되고 있었고, 사상범을 수용하는 수용소는 아오지를 비롯해 안주, 성흥, 신창, 송림, 봉궁, 흥남, 하면, 궁심, 학포, 하성 등에 11개가 있었다.[147] 숫자가 곧 규모를 말해 주는 것은 아니지만, 사상범 수용소가 일반 교도소보다 많았다는 것은 당시 북한이 사상교육과 그에 따른 감시와 처벌에 많은 주의를 돌리고 있었음을 방증하는 것으로 볼 수도 있을 것이다.

인민생활과 당과 군

의료복지는 요원

해방 직후 북한 지역에는 국영병원이 9개에 불과했고, 개인병원 의사를 합쳐서 의사는 모두 2,000명 정도였다. 병상은 모두 1,118개이고, 인구 1만 명당 의사는 2명이었다. 이를 개선하기 위해 노력한 결과 1946년에는 국영병원이 58개로 늘었고, 병상도 두 배로 늘어났다. 1947년 1월 27일부터는 무상치료제를 실시해 일반 주민들도 의료혜택을 쉽게 받을 수 있게 되었다. 농촌과 공장, 기업소에 병원과 진료소 설립도 늘려 나갔다. 1949년에는 해방 직후에 비해 국가병원 수는 4.1배로, 병상 수는 5.1배로 증가했다.[148]

그런가 하면 보건의료 분야에 대한 사회주의화도 점차 진행시켜, 1945년 당시 개인 의료기관이 전체의 95%에 이르렀는데, 1949년에는 국가 의료기관이 85.5%를 차지하는 구조로 바꾸어 놓았다. 이후 국가 의료기관을 늘리면서 민간의사를 채용해 나갔고, 교양사업을 통해 의사들 스스로 개인의료를 포기하고 국영 의료기관을 택하도록 해나갔다. 한편으로는 국가가 지정한 지역에서만 의료영업을 할 수 있도록 하고, 의사와 약제사의 부정 의료행위에 대해서는 강력하게 단속하는 조치도 시행했다.[149] 의료 공급자들에 대한 설득과 제재를 통해 보건의료의 점진적 사회주의화를 진행한 것이다.

의료 소비자 측면을 보면, 1946년 12월 19일 북조선임시인민위원회에서 '노동자, 사무원 및 그 부양가족들에 대한 의료상 방조 실시와 산업의료시설 개편에 관한 결정서'를 채택해 노동자와 사무원 중심으로 치료비 보조를 실시하기 시작했다. 1948년에는 산모, 3세 미만의 유아, 혁명가 및 그 가족, 고아원·양로원 수용자, 정신병자, 2급 환자, 국가로부터 장학금을 받는 전문학교 학생과 대학생에 대해서는 무상치료제를 실시했다. 1953년 1월부터는 개인 상공업자와 개인 농민을 제외하고는 모두 무상치료를 받게 했고, 1960년 2월부터는 모든 사람을 대상으로 무상치료제가 실시되었다. 봉급에서 1% 정도의 사회보험료를 공제하고 있기 때문에 완전 무상치료제라고 하기는 어렵다는 비판이 있긴 하지만, 이러한 공동부담 외에 개인적으로 비용을 부담하는 것은 없기 때문에 무상치료제라고 하는 데 무리가 없을 것이다.

북한의 공식 역사서들은 위와 같이 의료체계의 발전사를 설명하고 있는데, 실제 1940년대 상황에서 북한의 민중들이 제대로 된 의료혜택을 받기는 쉽지 않았을 것으로 보인다. 우선 방역이 제대로 이루어지지 않아 1946년 함경북도에서는 콜레라에 감염되어 사망하는 일이 일어나기도 했다.[150] 질병에 걸린 이후 치료를 받을 수 있는 의료시설 자체도 부족했고, 의료 수준 또한 열악했다. 1948~1949년 당시 의료시설 상황을 잘 보여 주는 자료가 있다. 노획문서에 들어 있는 평양결핵요양소의 사업지도서이다. 1949년 5월 10일 자로 보건상 이병남이 평양결핵요양소를 중심으로 북한의 결핵요양소 운영 전반에 대해 지침을 내린 문서이다. 당시의 어려운 상황과 그 개선방향에 대해 설명하고 있다. 이 문서에 의하면, 1949년 당시 북한에는 결핵요양소가 5개 있었다. 평양과 해주, 나남(지금은 청진으로 통합), 문천, 내금강에 위치해 있었다. 결핵요양소는 결핵에 걸린 사람들이 수용되어 치료받는 곳이니 결핵병원이었다. 평양결핵요양소에는 병상이 250개 있었고, 해주에는 150개, 나남에는 100개, 문천에는 120개, 내금강에도 120개 병상이 갖추어져 있었다. 모두 합쳐 보아야 병상이 740개에 불과했다.

그런데 1948년 상황에 대한 평가항목을 보면, 1948년에는 병상에 맞게 침구들을 갖추고 있었지만, 침구의 솜이 대체로 너무 얇아 환자들을 따뜻하게 보호하는 데 문제가 있었다고 기록되어 있다. 특히 해주의 경우 명주로 만든 침구와 환자복을 사용해 쉽게 찢어지는 바람에 치료에 곤란을 주는 경우가 많았다. 또 해주요양소에서는 위생통과 절차가 제대로 실시되지 않았다고 지적하고 있는데, 출입자들에 대한 전염예방조치가 안 되었다는 얘기인 것으로 보인다. 그 외에도 해주요양소는 환자 탈의실이 없었고, 병력서 기재와 임상실험 등도 미흡한 점이 많았다.

이러한 상황에서 수용해야 하는 환자는 매우 많았다. 1949년 치료할 계획으로 잡고 있는 환자를 보면, 평양의 경우 1분기 19,000명, 2분기 19,000명, 3분기 21,000, 4분기에는 25,000명이었다. 1년 동안 84,000명을 치료한다는 계획이었다. 해주의 경우는 분기별로 8,000, 11,000, 11,000, 11,000명 치료를 목표하고 있어 1949년 한 해 41,000명을 치료할 예정이었다. 나남과 문천, 내금강의 경우 병상은 갖추어져 있다고 되어 있으나 1949년 치료예정 환자 수를 적지 않고 있는 것으로 보아 병원으로서의 기능을 아직은 못하고 있었던 것 같다. 평양과 해주 두 곳만 운영하다 보니 병원이 감당해야 하는 환자는 많아져 환자들은 단기치료만 받고 자리를 비켜 줘야 했을 것으로 보인다. 이러한 상황에서 근본적이고 완전한 치료는 어려웠을 것으로 여겨진다.

그래서 사업지도서는 1949년 역점사업으로 위생통과소를 제대로 지

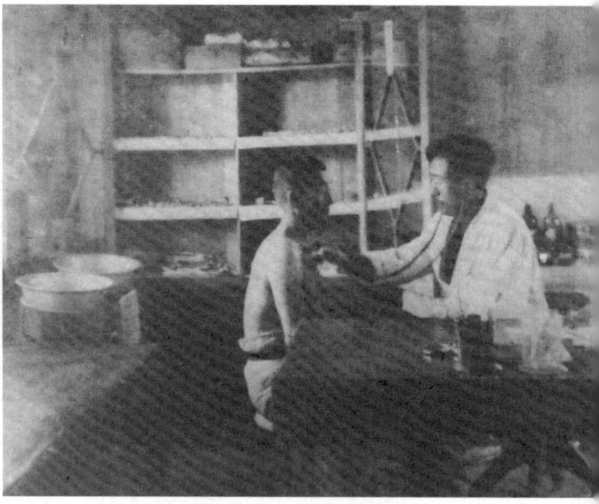

함경남도 북청군 속후면 용전리 진료소(좌)와 진료소 내부(우)

어 운영하고, 환자 입소 후 2일 이내에 병력서를 분명하게 기재하도록 하며, 3일 이내에 진단을 마치도록 하고, 병력서 기재는 국어로 하는 것 등을 정해 놓고 있다. 또 진단에는 반드시 합병증을 명기하고, 환자 입소, 퇴소 시에는 반드시 뢴트겐 사진 촬영과 객담검사를 실시하며, 약은 반드시 간호원이 직접 투약하도록 하고, 구급약, 상비약을 각 병동에 비치하는 것도 1949년에 중점적으로 실시할 과제로 지적하고 있다.[151] 이 자료는 결핵병원 하나의 사례이긴 하지만, 당시 북한의 의료사정이 매우 어려웠고, 그에 따라 일반 주민들의 질병치료가 쉽지 않은 상황이었음을 잘 보여 준다.

농촌에서는 마을 주민들이 직접 진료소를 건립했다. 함경남도 북청군 속후면 용전리 주민들도 1948년 5월 총회를 열고 진료소 건설을 결정했다. 980가구 농민들이 모두 동원되어 6월 28일 완성했다. 16평짜리 아담한 기와집이었다. 의사 1명, 약제사 1명, 서무 1명이 근무했다. 당시 사

1949년 평안북도 철산광산병원 모습. 외관(상), 구급차(중), 철산광산 지부인 기봉분광 진료소(하)

진이 노획문서에 그대로 남아 있는데, 외관은 그런대로 깨끗해 보인다. 하지만 진료 장면을 촬영한 사진을 보면, 청진기와 약품 몇 가지가 설비의 전부임을 알 수 있다.[152]

1949년 평안북도 철산군의 철산광산 시설을 촬영한 사진도 남아 있는데, 여기에도 의료시설이 보인다. 광산의 근로자들을 치료하는 병원이 가정집을 개조한 듯한 2층 시멘트 건물이다. 대문 옆에 자그맣게 '철산광산병원'이라는 간판이 붙어 있어서 병원임을 알 수 있을 뿐, 그냥 보면 병원으로 보기 어려울 정도이다. 구식 트럭에 적십자 마크를 단 것이 구급차였다.

철산광산의 지부인 기봉분광의 진료소는 초가집과 다를 바 없는 모양을 하고 있다. 집 기둥에 '기봉진료소'라는 간판이 걸려 있고, 목조책상과 의자 하나씩을 갖추고 있을 뿐이다.[153] 사진으로만 보아도 어렵지 않게 확인될 만큼 당시의 의료환경은 열악했다.

노동자 월급은 850원 정도

북한의 노동자들은 과연 어느 정도의 월급으로 생활했을까? 북한 당국이 밝힌 바에 따르면, 1946년 말 노동자들의 월 평균임금이 964.62원이었다고 한다. 일제강점기 27원이던 평균임금이 대폭 상승했다고 밝히고 있다. 또한 전면적 도급제를 실시한 이후인 1947년 6월에는 노동자 평균임금이 1,200원으로 증가했다고 한다.[154] 하지만 실제로는 이보다 낮은 임금으로 생활하는 노동자들이 많았던 것으로 보인다.

1947년 10월 강원도 인제군 상황을 보자. 북로당 인제군당위원회 노동부가 작성한 통계가 있는데, 여기에는 지역공장들의 노동자 임금도 나와 있다. 주로 목탄을 만드는 작은 공장들이다. 민영인 조장제탄소에는 28명이 근무했는데, 평균 830원의 월급을 받았다. 최고는 1,200원, 최저는 600원이었다. 창암제탄소도 민영이었는데, 27명이 일했고, 평균월급은 840원이었다. 최고는 1,200원, 최저월급은 600원이었다. 역시 민영인 포곡제탄소의 노동자도 27명이었는데, 평균 860원, 최고 1,200원, 최저 630원의 월급을 받고 있었다. 국영인 용대작업장은 원목을 생산했는데, 직원은 46명이었다. 평균월급은 890원, 최고는 1,400원, 최저는 730원이었다.[155] 민영보다는 국영공장에 다니는 노동자들이 좀 나은 월급을 받았음을 알 수 있다.

1948년 12월 27일에는 내각결정 제196호로 '로동자임금표'가 공표되었다. 노동자들의 임금을 표준화한 것이다. 노동을 경노동과 중노동, 지하·유해노동으로 3분했다. 방직공이나 수위, 식모 등은 경노동, 자동차 운전, 선반 조작 등은 중노동에 속했고, 광산의 지하노동, 위험 화학물 취급 노동은 지하·유해노동에 해당했다. 경노동과 중노동, 지하·유해노동 범위 내에서 다시 1~8급까지 등급을 정해서 임금을 차별화했다. 노동 종류별, 등급별 월임금을 정리해 보면 다음과 같다.

노동자임금(1948년)

(단위: 원)

구분	1급	2급	3급	4급	5급	6급	7급	8급
경노동	500	550	600	710	850	1,010	1,200	1,430
중노동	520	570	650	770	920	1,100	1,300	1,550
지하 · 유해노동	540	590	710	840	1,000	1,190	1,400	1,670

* 출처: 로동성, 『로동자임금표』, 1948(NARA, RG 242, Entry 299D, Container 267, SA 2006, Box 15, Item 26), p.5.

실제 각 직장에서는 직장 책임자와 직업동맹 책임자가 협의해 노동자의 일자리를 정하면 그에 맞는 임금을 받는 구조였다. 연필공장에 들어가 연필 제조공으로 인정되면 경노동 4급에 해당되어 710원을 받았고,

조선민주주의인민공화국
내각결정제186호
(1948년12월27일)

로동자임금표

SHIPPING ADVICE NO 2006
BOX 5 Box 15
ITEM 26

로동성

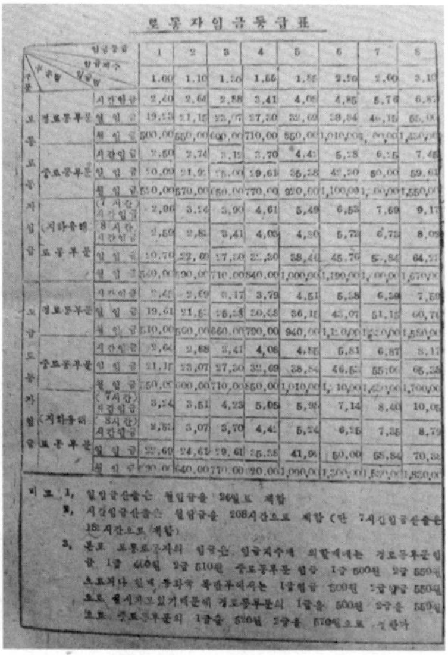

로동자임금등급표

구분	부문별	임금별	1	2	3	4	5	6	7	8
		임금계수	1.00	1.10	1.20	1.55	1.85	2.20	2.60	3.10
로동자임금	경로동부문	시간임금	2,40	2,64	2,88	3,41	4,08	4,85	5,76	6,8[illegible]
		일임금	19,23	21,15	23,07	27,30	32,69	38,84	46,15	55,0[illegible]
		월임금	500,00	550,00	600,00	710,00	850,00	1,010,00	[illegible]	1,450,00
	중로동부문	시간임금	2,50	2,74	3,12	3,70	4,42	5,28	6,25	7,45
		일임금	20,00	21,92	25,00	29,61	35,38	42,30	50,00	59,61
		월임금	520,00	570,00	650,00	770,00	920,00	1,100,00	[illegible]	1,550,00
	지하유해로동부문	(7시간)시간임금	2,86	3,14	3,90	4,61	5,49	6,53	7,69	9,17
		(8시간)시간임금	2,59	2,8[illegible]	3,41	4,05	4,80	5,72	6,72	8,0[illegible]
		일임금	20,76	22,69	27,30	32,30	38,46	45,76	5[illegible],84	64,[illegible]
		월임금	540,00	590,00	710,00	840,00	1,000,00	1,190,00	[illegible]	1,670,00
[illegible]	경로동부문	시간임금	2,45	2,69	3,17	3,79	4,51	5,38	6,36	7,59
		일임금	19,61	21,5[illegible]	25,38	30,38	36,15	43,07	51,15	60,76
		월임금	510,00	560,00	660,00	790,00	940,00	1,120,00	[illegible]	1,580,00
	중로동부문	시간임금	2,64	2,88	3,41	4,08	4,8[illegible]	5,81	6,87	8,17
		일임금	21,15	23,07	27,30	32,69	38,84	46,5[illegible]	55,0[illegible]	65,38
		월임금	550,00	600,00	710,00	850,00	1,010,00	[illegible]	[illegible]	1,700,00
	지하유해로동부문	(7시간)시간임금	3,24	3,51	4,23	5,05	5,9[illegible]	7,14	8,40	10,0[illegible]
		(8시간)시간임금	2,83	3,07	3,70	4,42	5,24	6,25	7,35	8,79
		일임금	[illegible]	24,61	29,61	35,38	41,9[illegible]	50,00	58,84	70,3[illegible]
		월임금	[illegible]	640,00	770,00	920,00	1,090,00	1,300,00	[illegible]	1,830,00

비고 1, 일임금산출은 월임금을 26일로 제함
2, 시간임금산출은 월임금을 208시간으로 제함 (단 7시간임금산출은 18[illegible]시간으로 제함)
3, [illegible]

1948년 12월 27일 공표된 '로동자임금표'

철도 부문에 종사하면서 역무원으로 인정되면 중노동 4급으로 770원을 받았다. 출판 부문에 종사하면서 연판공으로 인정되면 지하·유해노동 5급에 해당되어 1,000원을 받게 되었다. 전체적으로 중간쯤인 4~5급이 많았을 것으로 보이는데, 그렇게 보면 노동자들은 850원 정도의 임금을 받았다고 할 수 있다. 경노동이면 850원 조금 못 미치는, 중노동이면 850원을 조금 상회하는 임금을 받은 것이다.

실제 노동한 날을 감안해 노동자들의 하루 임금을 따져 보면, 1947년에는 46원이었다. 평안남도 지역의 임금이 42원으로 가장 낮았고, 함경북도가 63원으로 가장 높았다. 1948년에는 하루 평균임금이 53원으로 높아졌다. 강원도가 45원으로 제일 낮았고, 함경북도는 82원에 달했다. 그러다가 1949년에는 48.2원으로 노동자 평균임금이 조금 낮아졌다. 함

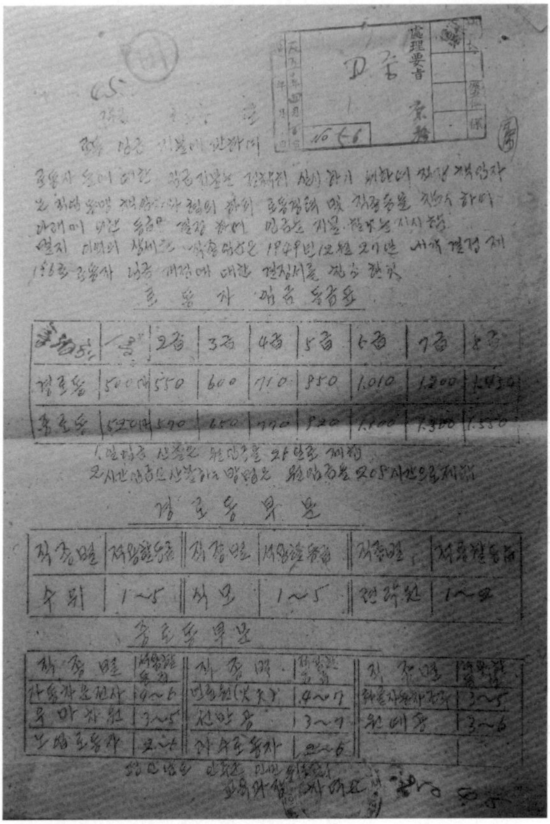

로동자 임금 등급표

등급	1급	2급	3급	4급	5급	6급	7급	8급
경로동	500	550	600	710	850	1,010	1,200	1,430
중로동	520	570	650	770	920	1,100	1,300	1,550

직종별 노동임금 지불 관련 문서

경남도가 42.75원으로 가장 낮았고, 함경북도는 57.51원으로 역시 가장 높았다.[156] 함경북도는 탄광이 많아 중노동과 지하·유해 노동자의 비율이 높아 노동자 평균임금이 높았던 것으로 여겨진다.

여하튼 해방이 되면서 북한의 노동자와 기술자, 사무원 등 월급으로 사는 사람들의 생활은 훨씬 개선되었다. 일제강점기인 1935년 당시에는 성인 남자의 평균월급은 27원이었다. 그것도 하루 평균 10시간 20분

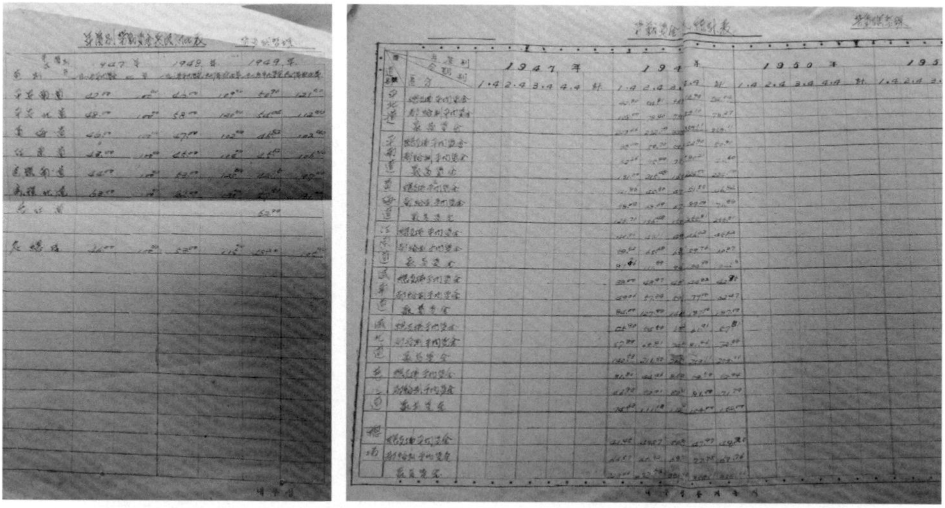

각 지역의 연도별 평균임금

을 노동을 해야 했다. 일본인 노동자 월급의 49%에 불과했다.[157] 이에 비하면 해방 후 북한 지역 근로자들의 임금과 생활조건은 크게 향상된 것이다.

그렇다면 물가는 어느 정도였을까? 당시 북한 당국이 평양의 물가를 조사해 놓은 자료가 있다. '평특시 시장물가 조사표'라는 것인데, 1948년 1월 1일의 물가 조사에 따르면, 쌀 소두(다섯 되)의 값이 385원이었다. 돼지고기 한 근은 140원, 계란 10개는 82원이었다.[158] 1949년 물가는 3월 1일부터 시행된 북한의 '국정가격·운임 및 요금표'로 알 수 있는데, 당시 고추장 1kg이 28.52원이었다. 사이다 1리터는 25.49원, 초등학생들이 쓰는 책상 하나는 508.31원에 이르렀다.[159] 당시 물가 수준에 비추어 보면, 노동자들의 임금은 결코 높은 것이라고 말할 수 있는 정도는 아니었다.

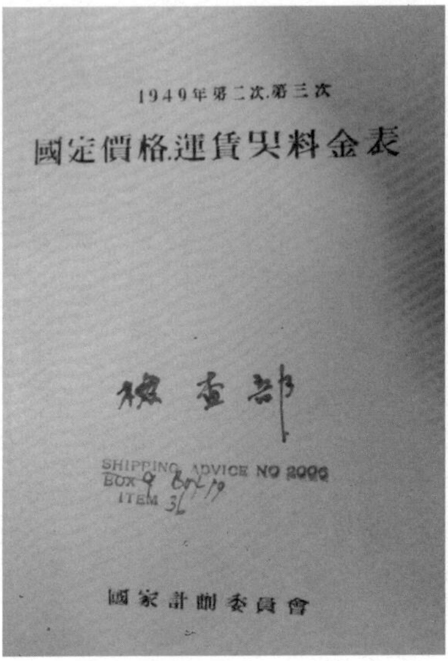

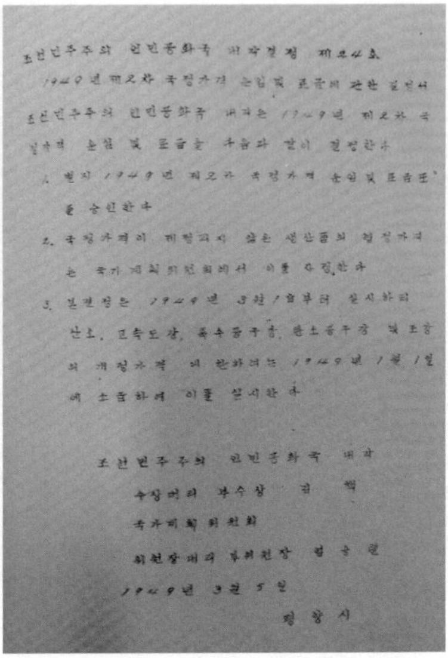

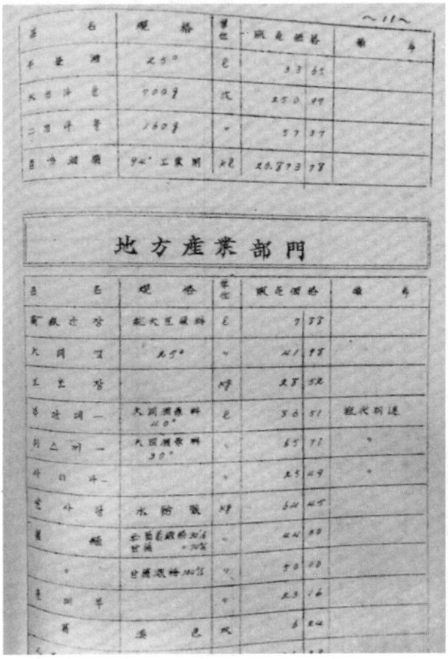

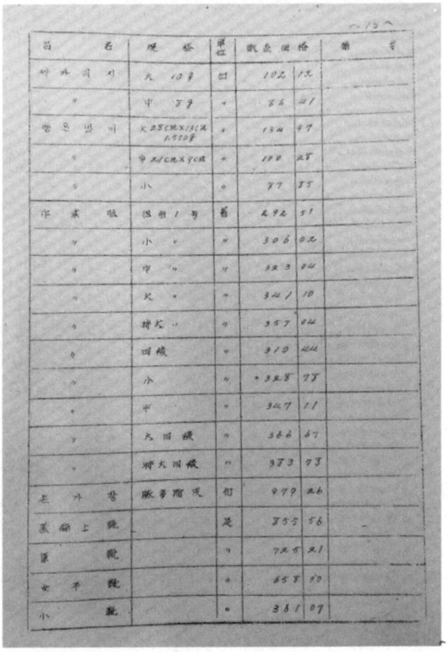

1949년 국정가격·운임 및 요금표

그리고 공장에 따라 보통(단일) 또는 누진식 도급임금제를 실시하는 곳이 많았다. 도급제는 생산 책임량을 달성하고 원가를 절감시켰을 때에는 그 이익금을 나누어 주는 제도로 1947년 7월부터 실시되었다. 탄광과 광산 등에서는 누진도급제가, 기타 공장과 기업소에서는 보통도급제가 시행되었다.[160] 1949년 상황을 보면, 보통도급제에 참여한 노동자가 책임량의 111~130%를 달성했을 때에는 하루 100g의 식량을 더 받았고, 131~150%를 달성했을 때에는 175g, 151% 이상 달성했을 때에는 250g의 식량을 더 배급받았다. 누진도급제에 참여한 노동자의 경우는 책임량의 101~120% 달성 시에는 하루 150g, 121~140% 달성 시에는 250g, 141% 이상 달성 시에는 350g의 식량을 추가로 배급받았다.[161] 생산속도를 높이고 생산원가를 절감하기 위한 것이었다. 노동자들이 능력에 따라 다른 임금을 받고 있었던 것이다.

1948년 11월 1일부터는 배급식량도 늘었다. 탄광이나 광산, 철도기관차 승무원 등에게는 하루 900g, 그 밖의 중노동자에게는 800g, 경노동자에게는 700g이 배급되었다. 대학생들도 700g을 받았고, 사무원은 600g을 배급받았다. 도시의 초급중학교 이상의 학생에게는 500g, 인민학교 학생에게는 400g이 배급되었다. 학생을 제외한 부양가족에게는 300g이 주어졌다. 배급을 시작한 1946년 3월에 비하면 하루 배급이 200~300g 증가한 양이었다.[162] 인민들의 먹는 문제가 상당히 개선된 것이다.

한편 먹을거리와 관련해서, 육류는 흔하지 않은 것이어서 내각 양정국의 규칙(제3호)으로 자세히 절차를 규정해 관리했다. 농지 경작면적에 따라 농가에서 소나 돼지 등 가축도 수매할 수 있는 최대 양을 정해 그 범위까지 수매할 수 있도록 했다. 그렇게 당국이 사들인 가축을 도축해 인민군과 내무성 경비대·보안대, 군 이상의 국가 기관에 근무하는 정무원, 대학의 교수(조교수, 부교수, 교수), 철도기관차 승무원, 그리고 내각 양정국장이 지정하는 국가 지정 병원의 입원환자에게 공급했다. 인민군과 경비대, 보안대에는 무상으로 공급했고, 그 밖의 공급 대상자들은 일정한 대금을 내고 사는 형태였다.[163]

한편 전화는 1940년대 북한에서 보급이 매우 느렸다. 1947년 8월 7일 현재 함경북도 길주군 상황을 보면, 군 전체적으로 106대의 전화가 보급되어 있었다. 길주탄광 등 기업체도 포함한 것이니까 일반인이 전화를 가지는 것은 매우 드문 일이었다. 그나마 해방 당시 74대이던 것이 조금 증가한 상태였다. 일본인들은 해방 직후 길주우편국에 있던 전화기 40대를 우물에 처넣고 쓸 만한 자재를 모두 파괴하고 달아났는데, 이후 2년 동안 복구 노력을 기울인 결과 그 정도를 가설할 수 있었다.[164]

당원배가에 매진

북한은 초기부터 당 중심의 체제를 형성하고 있었다. 소련과 중국의 사회주의 시스템을 좇아 '당-국가체제party-state system'를 세워 나갔기 때문이다. 지금도 북한체제를 지배하고 있는 조선노동당은 1945년 10월 10일 결성된 조선공산당 북조선분국에 기원을 두고 있다. 조선공산당 북조선분국은 1946년 4월 북조선공산당으로 이름을 바꾼 뒤, 같은 해 8월에 조선신민당과 합당해 북조선노동당을 만들었다. 이후 1949년 6월에 남한의 남조선노동당과 합당해 지금의 조선노동당이 창당되었다.

1945년 12월 4,530명이던 공산당원은 1946년 4월 26,000명으로 증가했고, 8월에는 366,000명으로 확대되었다.[165] 1946년 3월 실시된 토지개혁에 대한 대중의 지지 속에 당원이 급속하게 늘어난 것이다. 1946년 8월 북조선노동당이 창당되면서 당세는 더 확장되어 1947년 말 당원이 약 75만 명에 이르렀다.[166] 1948년 즈음에도 북조선노동당은 당세 확장을 위해 진력하고 있었다. 강화된 당을 통해 북한 사회를 보다 분명하게 지배할 수 있고, 남조선노동당과의 합당에 대비해서도 당세를 확대할 필요가 있었다. 그래야 남조선노동당과의 관계에서 보다 유리한 위치에 설 수 있었다. 그 당시 실제로 당의 하부조직에서도 주변의 인물들을 상대로 당원을 늘리는 일에 매진하고 있었다. 당의 가장 기본적인 조직을 북한에서는 '당세포'라고 부르는데, 몸을 구성하는 기본요소인 세포가 몸 전체의 기능을 결정하는 데 중요한 역할을 하는 것처럼 당에서도 가장 작은 조직이 중요하다는 의미로 붙여진 이름이다.

당세포 조직이 어떻게 구성되어 있었고 어떤 일을 했는지를 알 수 있는, 당시 세포조직의 회의록이 노획문서 가운데 보존되어 있다. 그중 하나를 자세히 보자. 강원도 금화군 서면 당세포의 1948년 제2차 총회 회의록이 보존 상태가 좋다. 1948년 첫 총회가 3월 15일 열린 뒤 5월 31일에 제2차 총회가 열렸다. 겉장에는 '1948년도 면당위원회 회의록철: 북조선로동당 금화군 서면 당부'라고 되어 있고, 회의록이 회차별로 묶여 있다. 그중 제2차 총회의 회의록 전문은 이렇다.

회의록 제2호

북조선로동당 강원도 금화군 서면 면당 308호 세포

북조선 로동당 강원도 금화군 서면 당세포 총회

1948년 5월 31일 오후 5시부터 오후 6시까지

금화군 서면 당부

출석자 5명 (3명 결석)

의장 배태준

회의순서

1. 당 장성을(성장을) 위한 남면 어운리 세포 사업에 대하야(대하여)

당 장성을(성장을) 위한 임남면 어운리 세포 사업에 대하야(대하여) 배태준, 서종석, 허욱, 장수천, 남춘애, 배태준 동무에(동무의) 보고 요지.

우리 면 당세포에서는 임남면 어운리 세포 사업에 대한 결정서을(결정서를) 통과하면서 1948년 3월 15일 제1차 세포총회에서 취급한 당 장성(성장) 문제에 대하야(대하여) 결정한 사업실정을 면 민청위원장 서종석 동무와 소비조합 책임자 허욱 동무들에게 보고가 있어야 하겠습니다.

△ 서종석 동무에(동무의) 토론 요지

우리 면 민청에서는 지도원 한의동 동무와 나하고 두리서(둘이서) 야간을 리용하야(이용하여) 조재진 민청원들을 수시로 교양을 주며 국내외 형세에 대한 선전과 당원 흡수공작을 하얐습니다(하였습니다). 민청원 이운수 동무와 김경식 동무 두 동무를 흡수하얐으나(흡수하였으나) 이운수 동무에(동무의) 리력서는 접수하고 김경식 동무에(동무의) 리력서는 접수 못하얐습니다(못하였습니다).

△ 허욱 동무에(동무의) 토론 요지

나는 제1차 세포총회에서 과업을 받았으나 지금까지 선전사업도 못하고 흡수공작한 사실도 없서(없어) 대단히 사업에 지장이 있습니다. 그러나 앞으로는 더 일층 경각성을 높여 소재지 부락 무소속들을 우리 당에 흡수할 공작을 실행할 것을 이 자리에서 맹세합니다.

△ 장수천 동무에(동무의) 토론 요지

허욱 동무는 우리 당에(당의) 결정과 지시 또는 법령을 어떻게 생각하는지 몰으겠소(모르겠소). 전 세포총회에서 과업 준 당 장성문제에(성장문제에) 대한 사업을 등한이하기(등한시하기) 때문에 허욱 동무에 대하야서는(대하여서는) 책임진 사업을 실천할 때(데) 대하야(대하여) 강력히 주장하면서 앞으로 실천하지 않으면 문제 보겠습니다(삼겠습니다).

△ 남춘애 동무에(동무의) 토론 요지

우리 면 내 소재지 부락에는 당원을 많이 흡수하여야 하겠음니다(하겠습니다). 더욱히(더욱이) 소재지 부락에 우당원들이 많다 하는대(하는데) 이 농번기에 신장노(신작로) 복판으로 바지춤에다 손을 누쿠(넣고) 단이는(다니는) 분자가 있음니다(있습니다). 그럼으로(그러므로) 소재지 부락은 당 장성(성장) 문제에 대하야(대하여) 더 일층 강화시키는 사업을 전개하며 모범을 보이도록 가진(갖은) 역할을 해야 하겠음니다(하겠습니다). 더욱히(더욱이) 허욱 동무에(동무가) 자비나(자아비판이나) 질문에 있어서도 아무런 답변이 없다는 것은 우리 당에 모범적 역활(역할) 할 당원이라 층할(칭할) 수 없으며, 구체적인 자비와 구체적인 사업에 대한 모슴을(모습을) 솔직히 말 아니 하았음니다(하였습니다).

결정서

본 세포총회는 임남면 어운리 세포 당 장성에 대한 군당 상무위원회 결정서를 접수하고 1948년 3월 15일 제1차 세포총회에서 취급하야(취급하여) 결정한 서종석 동무와 허욱 동무에(동무의) 흡수공작에 대한 보고를 청취하고 다음과 같이 지적한다.

1. 공작 단임만은(담임 맡은) 동무들이 책임적인 공작이 부족하고 특히 허욱 동무는 아직까지 실천할 생각까지 안니(아니) 하고 있다.

2. 2개월이 지내도록 한 동무도 흡수 못 되였다는(되었다는) 것을 지적하면서 다음과 같은 과업을 지시한다.

첫재(첫째), 현재 공작 중인 이운수, 김경식 동무을(동무를) 6월 10일까지 당 강령규약을 교양 주어 6월 15일까지 청양(금화군 서면 청양리) 제1세포에 받도록 할 것을 서종석 동무에 책임 지운다.

둘재(둘째), 허욱 동무는 금월 5일까지 2명 담당하야(담당하여) 공작할 것이며, 6월 7일까지 누구누구 공작한다는 것을 세포위원장에게 보고할 것을 허욱 동무에게 책임 지운다.

셋재(셋째), 여맹원 열성맹원을 5명 이상 특별 교양을 주도록 할 것을 남춘애 동무에게 책임 지운다.

이상 결정사항에(결정사항의) 실행정형을 수시로 보고할 것을 세포위원장 동무에게 책임 지운다.

의장 배태준

서기 박청용[167]

회의록에 분명히 나오는 것처럼 총회의 주제는 당원 확대였다. 어떻게 하면 주변의 괜찮은 인물을 당원으로 포섭할 것인지가 핵심 주제였다. 그에 따라 잘못한 사람에 대해서는 가차 없이 비판이 가해졌다. 그에 따라 분명한 책임도 주어졌다. 세포총회는 이렇게 긴장된 분위기에서 진행되었다. 당시 북한 사회의 깊은 부분까지를 이 회의록이 잘 보여주고 있는데, 이 세포의 구성원은 8명이었다. 그 가운데 3명이 결석하고

5명이 참석해 적나라한 비판을 해가면서 회의를 진행했다. 1948년 제1차 세포총회가 3월 15일 열렸으니까 제2차 총회는 두 달 반 만에 열리는 것이었다. 이후 회의록까지 검토해 보면, 총회는 당시 규칙적 날짜를 정해 놓고 한 것은 아니고 한 달 내지 두 달 만에 한 번씩 열렸다. 회의내용은 당원확대, 당비납부, 당규율 준수 등 대부분 기층당 조직의 운영과 확장에 관한 것들이었다.

계속되는 군대증원

북한은 일찌감치 정규군 체계를 갖추는 작업을 시작했다. 1946년 8월 15일 보안간부훈련소라는 이름의 사실상의 정규군 조직을 출범시켰다. 이후 모병을 계속해 군을 강화했다. 지원자는 많았고, 지원했다 불합격하는 경우도 많았다. 하지만 엄격한 체계가 갖추어지지 않은 시기였던 만큼 불합격자가 강한 의욕을 보이면 다시 입대시켜 주는 경우도 있었다. 1948년 정초, 함경남도 단천에 사는 17살 심재복은 군에 지원했지만 떨어졌다. 나이가 어린 데다가 키가 작았기 때문이다. 하지만 그는 입대하고 싶은 마음에 어느 부대의 대오를 그냥 따라다녔다. 두 달 정도 그렇게 하니 부대에서 입대를 허가했다.[168]

1948년 2월 8일 조선인민군이 공식 창설된 이후 북한군은 더욱 강화되었다. 1949년에는 군을 강화하는 핵심적 조치 두 가지가 실시되었다. 모두 민초들의 삶에 직접 영향을 미치는 것이었다. 하나는 대대적인 모병사업, 다른 하나는 문화부중대장 제도이다. 모병사업은 1949년 여러 차례에 걸쳐 이루어졌다.

군 증강과 관련해 징병제가 1949년에 시행되었다는 주장이 있다. 美국무부의 연구단State Department Research Mission이 1950년 10월 28일부터 3개월간 한국에 파견되어 조사한 후 작성한 보고서 『North Korea: A

Case Study in the Techniques of Takeover』가 그런 내용을 담고 있다. 1951년 5월 정부 내 보고서로 만들었는데, 1961년 국무부가 비밀을 해제해 대외에 공개되었다. 이 보고서의 설명에 따르면, 1949년 이전까지 북한은 모병제를 했다. 원하는 사람이 지원하게 하고, 인민위원장과 당 비서, 사회단체 대표로 구성된 징병위원회draft board에서 심사를 해 군대로 보냈다. 1949년에는 '느슨한 징병제open conscription'를 실시했다. 징병위원회는 경찰력을 동원해 사람을 모으는 강제기관으로 전환되었다. 징병위원회가 신통치 않거나 할당 인원을 채우지 못하는 경우에는 군 인민위원회가 직접 나섰다. 징집연령은 점점 높아져 17~30세 남자는 군 징집 대상이 되었고, 31~50세 남자는 산업체나 군의 부수적 업무에 동원되었다. 1949년 말에는 '엄격한 징병제heavy military conscription'가 실시되었다.[169] 이 보고서는 이런 내용을 설명하면서 분명한 근거는 밝히지 않고 있다. 다만 서문에서 북한에서 넘어온 많은 관료, 농민 등과의 면담, 평양 지역에 대한 조사, 북한과 소련의 문서 등을 근거로 보고서를 작성했다고 밝히고 있다. 스칼라피노와 이정식도 『한국공산주의 운동사』 2에서 1949년 병력수요가 급증해 지원병제가 징병제로 개편되었다고 주장한다. 근거는 위의 美국무부 보고서이다.[170] 박명림도 『한국전쟁의 발발과 기원 II: 기원과 원인』에서 이 보고서를 인용해 1949년 초 징병제가 실시되었다고 말하고 있다.[171] '느슨한 징병제'가 1949년에 실시되었다는 이 보고서의 설명을 근거로 '1949년 초'라고 얘기하는 것으로 보인다.

하지만 노획문서에 남아 있는 인민군 모병자료를 정밀 분석해 보면, 1949년 말까지 대대적으로 모병작업을 했고, 전쟁이 시작된 직후 군사동원령을 내려 18세에서 36세까지 모든 남자를 동원했음을 알 수 있다. 전쟁 전에 징병제가 구체적으로 어느 시점에 실시되었다는 사실을 말해

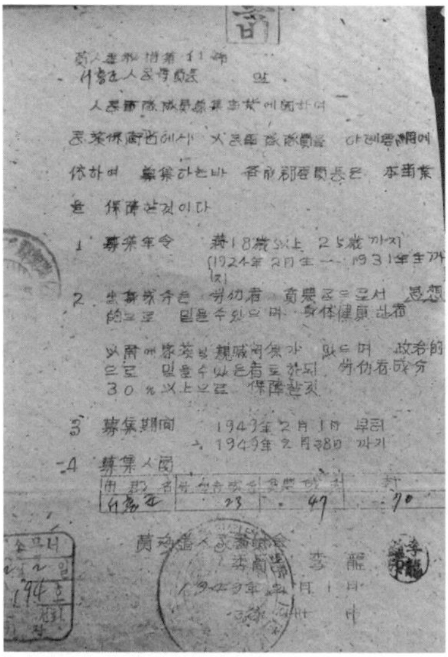

2월 1일 황해도 인민위원장 명의의 공문
「인민군대 대원 모집사업에 관하여」

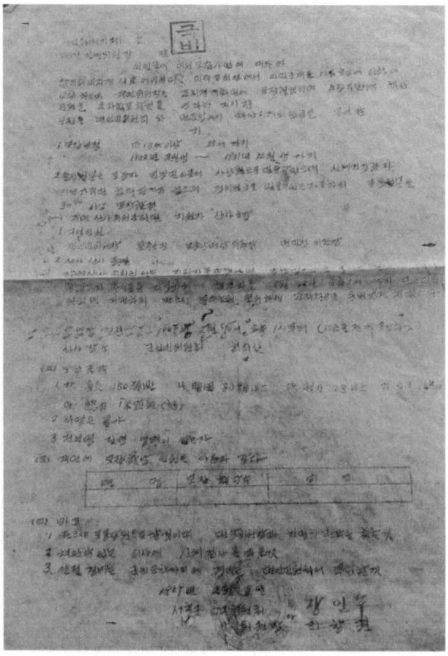

2월 9일 황해도 서흥군 인민위원장 명의의 공문
「인먼군대 대원 모집사업에 관하여」

[illegible]	志願者	[illegible]	[illegible]	[illegible]	[illegible]	備考
신막면	86	8	78	2	6	
서흥면	20	9	11	3	6	
매양면	23	14	9	6	8	
[illegible]	43	25	18	6	19	
[illegible]	34	19	15	6	13	
목감면	51	7	44	4	3	
소사면	28	8	20	3	5	
[illegible]	27	18	9	4	14	
도면	9	5	4	1	4	
[illegible]	38	13	25	2	11	
[illegible]	41	14	27	4	10	
計	400	140	260	41	99	

4월 4일 작성된 서흥군 인민군대 합격자 통계표

1949년 2월 인민군 모병 관련 문서(황해도 서흥군)

주는 상세한 자료는 발견되지 않고 있다.

노획문서로 확인되는 것만 해도 북한은 1949년 들어 2월과 5월, 8월, 9월, 10월, 11월, 12월 등 일곱 차례에 걸쳐 대대적인 모병사업을 진행했다. 적어도 1949년에는 징병제를 실시하지 않은 것이다. 2월 모병은 2월 1일 자 황해도 인민위원장 명의의 「인민군대 대원 모집사업에 관하여」라는 공문이 확인해 준다. 황해도 서흥군 인민위원장에게 보내는 공문인데, "민족보위성에서 인민군대 대원을 아레(아래) 요강에 의하여 모집하는바 각 시군위원장은 본 사업을 보장할 것이다"면서 자세한 요강을 밝히고 있다. 만 18살에서 25살까지, 노동자나 빈농 성분, 이남에 가족이나 친척이 없는 사람 가운데에서 지원하도록 하라는 것이다. 모집기간이 2월 1일부터 28일까지이며, 서흥군에 할당된 인원은 70명이라는 내용도 포함하고 있다. 특히 노동자 출신 23명, 빈농 출신 47명으로 사회성분별 인원까지 정해 놓고 있다.[172] 이 공문에 따라 서흥군 인민위원회는 각 면 인민위원회의 협조를 받아 지원자를 모집했다. 신막면, 서흥면 등 11개 면에서 모두 400명이 지원했다. 이들을 상대로 2월 14일 심사를 실시해 140명의 합격자를 가렸다. 심사위원은 노동당 면당위원장과 면 인민위원장, 분주소장, 면 민청위원장이었다. 이후 도 인민위원회에서 그들 가운데 41명의 합격자를 선정했다. 그 작업을 끝낸 것이 4월 4일이다.[173] 지원자는 많았지만 이들 가운데 많은 사람이 불합격했다. 불합격 사유는 대부분 눈병, 시력미달, 소화불량, 폐불량, 피부병 등 신체적 문제였다.[174]

징병제가 실시되고 경찰력을 동원해 강제로 지원하게 하는 상황이라면, 서흥군에 70명만 할당할 필요가 없었을 것이다. 징병제라면 웬만하면 모든 사람을 군으로 보내고 특별히 문제 있는 사람만 탈락시켰을 것이다. 더욱이 1949년 후반으로 갈수록 할당 인원은 더 줄어든다. 소화불량, 시력미달 등도 탈락한 것을 보면 필요한 인원을 골라 쓰는 모병제였다고 보는 것이 옳을 것이다.

5월 모병공문은 발견되지 않지만, 5월에 작성된 황해도 서흥군 용평면과 도면의 인민군 지원자 관련 문건이 있다. 지원자들이 직접 작성한 이력서(지원서)와 신장, 몸무게, 시력 등을 검사한 신체검사표, 심사위원들이 '합격', '불합격'을 판정해 놓은 심사표 등을 일목요연하게 정리해 놓은 문건이다. 지원서에도 날짜가 5월 5일, 9일 등으로 기재되어 있어, 5월에도 모병을 했음을 분명히 알게 해준다.[175]

1949년 5월에는 유사시에 대비해 사람과 군사적으로 유용한 장비를 모두 등록하도록 하는 조치도 시행되었다. 내각결정 제52호 '군사 및 운수 등록제 실시에 관한 결정'이 채택된 것이다. 이에 따라 만 18~50살까지의 모든 주민이 군사적령자로 등록해야 했다. 이를 위해 군사등록부라는 새로운 부서가 내무성과 각 도의 인민위원회에 생겼다. 각 시·군의 내무서에는 군사등록계가 설치되었다. 사람뿐만 아니라 유사시 군에서 필요로 하는 차량, 선박, 우마차, 말 등도 모두 등록하도록 했다.[176] 유사시 동원을 효과적으로 하기 위한 것이었다. 이에 따라 '적령자 명단'이라는 것이 작성되었는데, 여기에는 만 18~50살까지 주민의 이름과 생년월일, 직업, 출신성분, 사회성분, 주소, 세대주와의 관계, 소속 당, 부양가족 수 등이 기록되어 있고, 맨 마지막 칸에는 건강상태가 A, B, C, D 가운데 하나로 표시되어 있다.[177]

이 조치의 연장선상에서 1949년 8월에는 18살이 된 청소년들에 대해 공민증 교부사업이 진행되었다. 1946년 9월 1일 북조선임시인민위원회가 처음으로 공민증을 교부하기 시작함으로써 북한 주민에 대한 등록사업이 시작되었는데, 1949년 8월까지만 해도 18살까지는 출생증, 19살부터는 공민증을 주었던 것으로 보인다. 8월 16일 자 황해도 내무부장 주

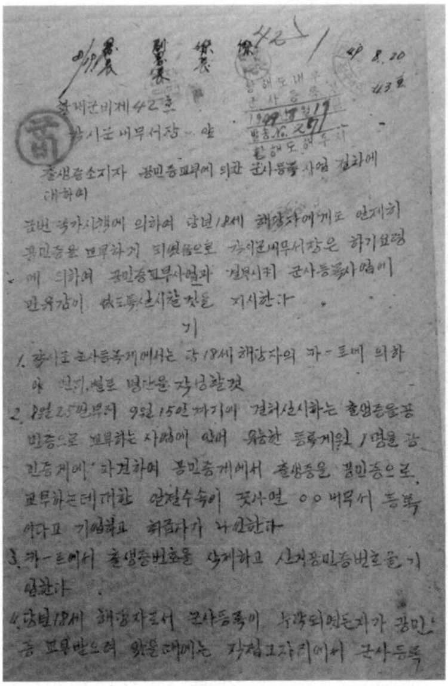
황내군비제42호

각시군 내무서장 앞

출생증소지자 공민증교부에 의한 군사등록사업 절차에 대하여

금번 국가시책에 의하여 당년18세 해당자에게도 일제히 공민증을 교부하게 되였음으로 각시군내무서장은 하기요령에 의하여 공민증교부사업과 결부시켜 군사등록사업에 만유감이 없도록 실시할 것을 지시한다

기

1. 각시군 군사등록계에서는 당18세 해당자의 카-드에 의하야 명단을 작성할것
2. 8월25일부터 9월15일까지에 걸쳐실시하는 출생증을 공민증으로 교부하는 사업에 있어 유능한 등록계원 1명을 공민증계에 파견하여 공민증계에서 출생증을 공민증으로 교부하는데 대한 완결수속이 끝나면 ○○내무서 등록이라고 기입하고 취급자가 날인한다
3. 카-드에서 출생증번호를 삭제하고 신공민증번호를 기입한다
4. 당년18세 해당자로서 군사등록이 누락되였든자가 공민증 교부받으려 왔을때에는 직접그자리에서 군사등록

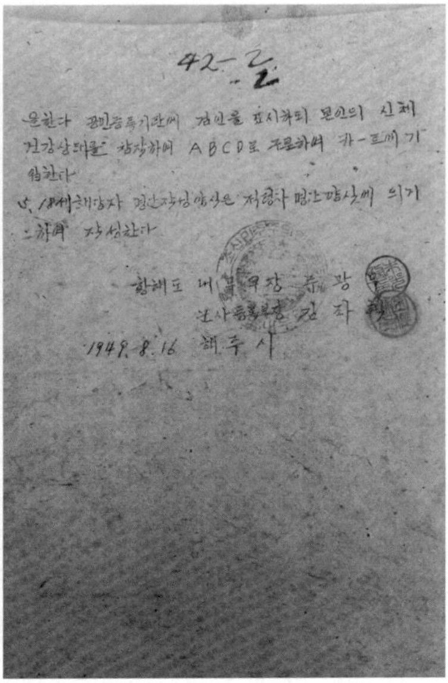
42-2

을한다 공민증특기란에 검인을 표시하되 본인의 신체건강상태를 참작하여 ABCD로 구분하여 카-드에 기입한다

5. 18세해당자 명단작성양식은 ... 의거하여 작성한다

황해도 내무부장 ... 광

군사등록부장 김좌혁

1949. 8. 16 해주시

군사등록 관련 '출생증 소지자 공민증 교부에 의한 군사등록사업 절차' 지시 공문

광무, 군사등록부장 김좌혁 명의로 작성된 「출생증 소지자 공민증 교부에 의한 군사등록사업 절차에 대하여」라는 공문이 이를 말해 준다. 공문은 "금번 국가시책에 의하여 당년 18세 해당자에게도 일제히 공민증을 교부하게 되었음으로(되었으므로) 각 시군 내무서장은 하기 요령에 의하여 공민증 교부사업과 결부시켜 군사등록사업에 만유감이 없도록 실시할 것을 지시한다"라고 되어 있다. 이전까지는 18살 청년에게는 공민증을 교부하지 않았는데, 교부하게 되었다는 말이다. 구체적 내용으로 "당년 18세 해당자로서 군사등록이 누락되였든(누락되었던) 자가 공민증을 교부받으러 왔을 때에는 직접 그 자리에서 군사등록을 한다. 공민증 특기란에 검인을 표시하되 본인의 신체건강상태를 참작하여 A, B, C, D로 구분하여 카-트에(카드에) 기입한다"라고 지시하고 있다.[178] 이것이 이 사

업의 실제 목적이었던 것으로 보인다. 18살 청년들에게도 공민증을 교부하면서, 1949년 5월부터 실시해 온 군사등록 사업에서 누락된 사람을 빠짐없이 등록시키려 했던 것이다.

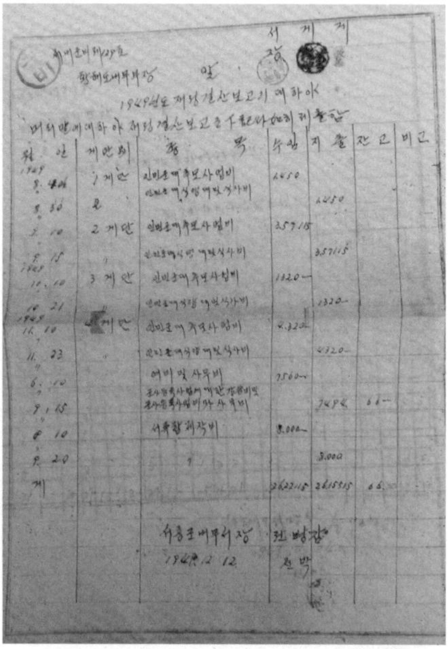

황해도 서흥군 내무서장 전병갑이 작성한 공문
「1949년도 재정결산보고에 대하야」

8월과 9월, 10월, 11월 모병은 황해도 서흥군 내무서장 전병갑이 황해도 내무부장 주광무에게 보내는 보고서를 통해 확인된다. 「1949년도 재정결산보고에 대하야」라는 보고서인데, 전병갑은 8월 30일, 9월 15일, 10월 21일, 11월 23일에 인민군 지원자들을 위해 식사비를 사용했다고 보고하고 있다.[179] 지원자들은 일정 시간에 모여 면 심사, 군 심사, 도 심사까지 거쳐 합격하면 군에 입대했다. 6월 20일 자 김일성의 지시(「조선인민군대 전사응모사업에 관하야」)에 따라 이 기간이 9일을 초과하지 못하게 되어 있었다. 그 기간에는 지원자들에게 숙소와 식사가 제공되었다. 식사는 한 끼에 10원짜리였다.[180] 전병갑은 군 단계 모집과정에서 사용비용에 대해 자세히 보고하고 있는 것이다.

10월 모병 내용은 황해도의 내무부장과 군사등록부장이 각 시·군의 내무서장 앞으로 보내는 공문 「군인초모사업에 관한 지시」에 보다 자세히 나온다. "내무상 명령에 의하여 다음 요령과 같이 군인초모사업을 실

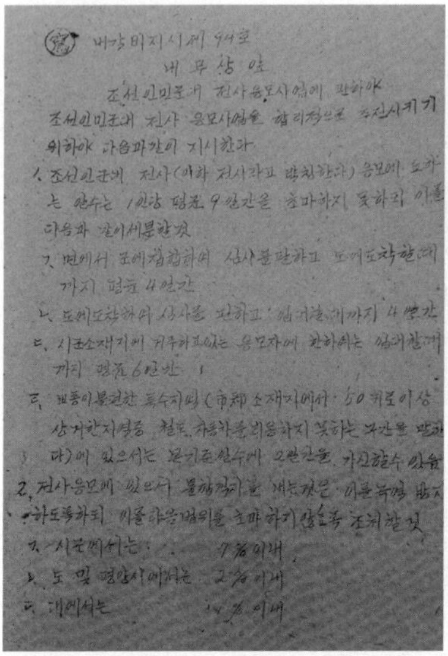

내각비지시 제94호

내무상 앞

조선인민군대 전사응모사업에 관하야

조선인민군대 전사 응모사업을 합리적으로 추진시키기 위하야 다음과 같이 지시한다

1. 조선인민군에 전사(이하 전사라고 략칭한다) 응모에 요하는 일수는 1인당 평균 9일간을 초과하지 못하며 이를 다음과 같이 세분할 것

ㄱ. 면에서 군에 집합하여 심사를 필하고 도에 도착할 때까지 평균 4일간

ㄴ. 도에 도착하여 심사를 필하고 입대할 때까지 4일간

ㄷ. 시군소재지에 거주하고 있는 응모자에 한하여는 입대할 때까지 평균 6일간

ㄹ. 교통이 불편한 특수지역(市郡 소재지에서 50키로 이상 상거한 지역중 철도, 자동차를 리용하지 못하는 구간을 말한다)에 있어서는 본 기준 일수에 2일간을 가산할 수 있음

2. 전사응모에 있어서 불합격자를 내는 것은 이를 극력 방지하도록 하되 이를 다음 범위를 초과하지 않도록 조치할 것

ㄱ. 시군에서는 7% 이내

ㄴ. 도 및 평양시에서는 2% 이내

ㄷ. 대에서는 1% 이내

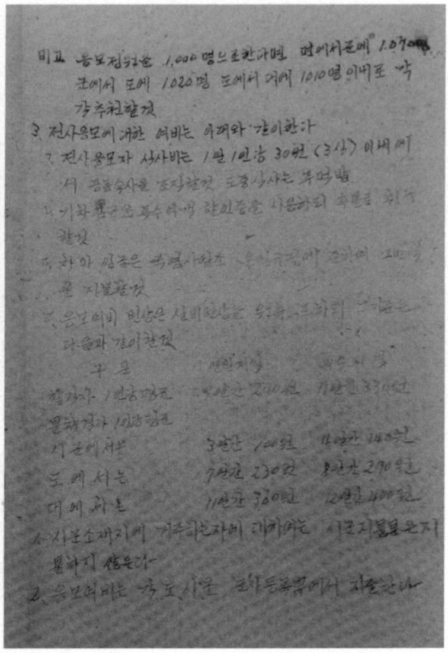

비고 응모정원을 1,000명으로 한다면 면에서 군에 1,070명 군에서 도에 1,020명 도에서 대에 1010명 이내로 각각 추천할 것

3. 전사응모에 관한 여비는 아래와 같이 한다

ㄱ. 전사응모자 식사비는 1일 1인당 30원(3식) 이내에서 공동숙사를 조직할 것 도중 식사는 부여 [illegible]

ㄴ. 기차 [illegible] 할인증을 사용하되 [illegible]

ㄷ. 차마 임금은 [illegible] 로 지불할 것

ㄹ. 응모여비 [illegible] 다음과 같이 할 것

구 분	[illegible]	[illegible]
철차가 1인당 [illegible]	[illegible]	[illegible]
불채(?)가 1인당 [illegible]		
시군에서는	3인간 100원	[illegible] 240원
도에서는	7인간 230원	8인간 270원
대에서는	11인간 360원	12인간 400원

ㅁ. 시군소재지에 거주하는 자에 대하여는 [illegible] 지불하지 않는다

2. 응모여비는 각 도 시군 [illegible] 에서 지출한다

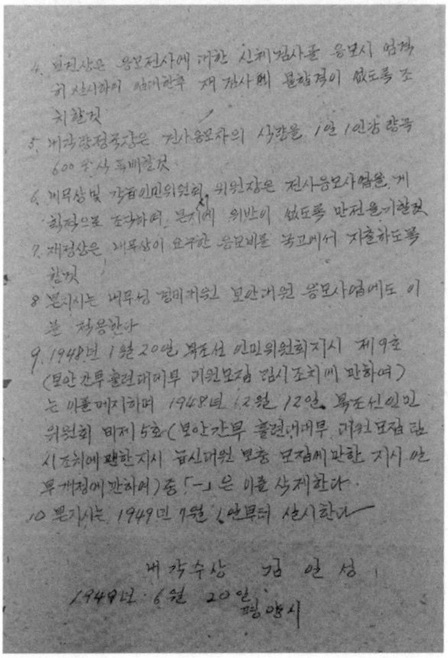

4. 보건상은 응모전사에 대한 신체검사를 응모시 엄격히 실시하여 입대한 후 재검사에 불합격이 없도록 조치할 것

5. 내각량정국장은 전사응모자의 식량을 1일 1인당 각각 600g식 특배할 것

6. 내무상 및 각급 인민위원회 위원장은 전사응모사업을 계획적으로 조직하여 본 지시에 위반이 없도록 만전을 기할 것

7. 재정상은 내무상이 요구한 응모비를 국고에서 지출하도록 할 것

8. 본 지시는 내무성 경비대 및 보안대원 응모사업에도 이를 적용한다

9. 1948년 1월 20일 북조선 인민위원회 지시 제9호 (보안간부훈련대대부 대원모집 임시조치에 관하여)는 이를 폐지하며 1948년 12월 12일 북조선인민위원회 비제5호(보안간부훈련대대부 대원모집 림시조치에 관한 지시 및 신대원 보충 모집에 관한 지시 일부 개정에 관하여) 중「一」은 이를 삭제한다

10. 본 지시는 1949년 7월 1일부터 실시한다

내각수상 김일성

1949년 6월 20일

평양시

1949년 6월 20일 김일성 명의의 공문「조선인민군대 전사응모사업에 관하야」

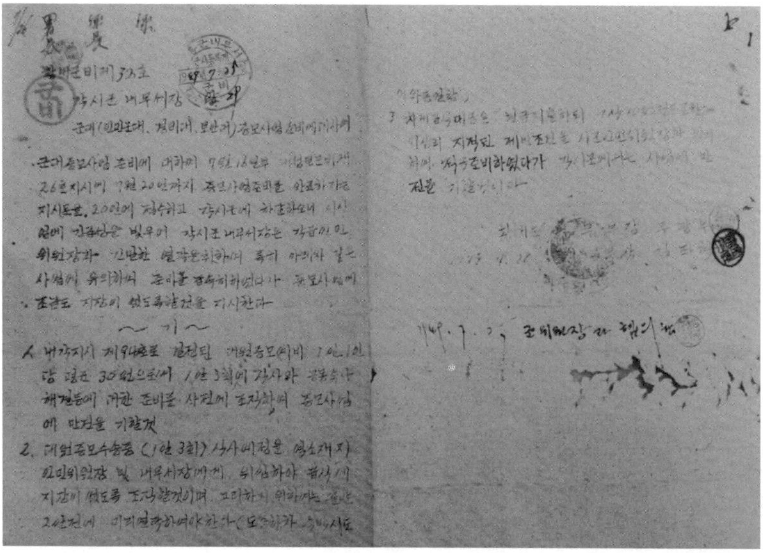

1949년 7월 20일 황해도 내무부장과 군사등록부장 명의의 공문
「군대(인민군대, 경비대, 보안대) 증모사업 준비에 대하여」

시케 되엿으니(되었으니) 각 시 · 군 내무서장은 자기서에 배당된 책임인원을 소정한 기일 내에 초모 완료하여 내무부까지 파견할 것을 엄격히 지시함"이라고 되어 있다. 민족보위성이 아니라 내무성에서 모집하고 있음을 분명히 한 것으로 보아 이는 내무성의 지휘를 받는 보안대 군인 모집사업일 것이다. 1948년 10월에도 황해도 서흥군에서 모병을 했는데, 당시 자료에는 인민군대 지원자와 보안대 지원자를 따로 구분해 기록해 놓고 있다.[181]

또 1949년 7월 20일 황해도 내무부장 주광무와 군사등록부장 김좌혁 명의의 공문 제목이 「군대(인민군대, 경비대, 보안대) 증모사업 준비에 대하여」이다. 이 공문은 군대증모사업에 각 시 · 군 내무서장이 인민위원장들과 협의해 적극 협력하라는 내용이다.[182] 보안대는 내무성 산하 군대였고, 경비대는 38선 주변을 담당하는 군대로 역시 내무성 휘하에 있었다. 경비대와 보안대를 인민군대와 구분해 놓고 있는 것으로 미루어 이에 대한 충원은 지속적으로 따로 했던 것으로 보이고, 1949년 10월 군인초모사업은 그 일환이었던 것으로 보인다.

1949년 10월 군인초모사업에서 모집 대상은 만 18~24살이었다. 2월 모집에서는 만 18~25살 사이의 청년을 대상으로 했는데, 이보다는 상한 연령이 한 살 적다. 성분은 기본성분이어야 하고, 과거 경력과 가정환경도 좋아야 하며, 대남관계가 없고, 일제 때 지원병, 특무, 경찰에 종사한 경력이 없어야 한다는 조건을 제시하고 있다. 각 군에 인원을 할당해 놓고 있었는데, 서흥군의 경우는 10명이었다. 이에 따라 서흥군은 10명 이상의 후보자를 골라 10월 11일까지 황해도 내무부로 보내야 했다. 최종

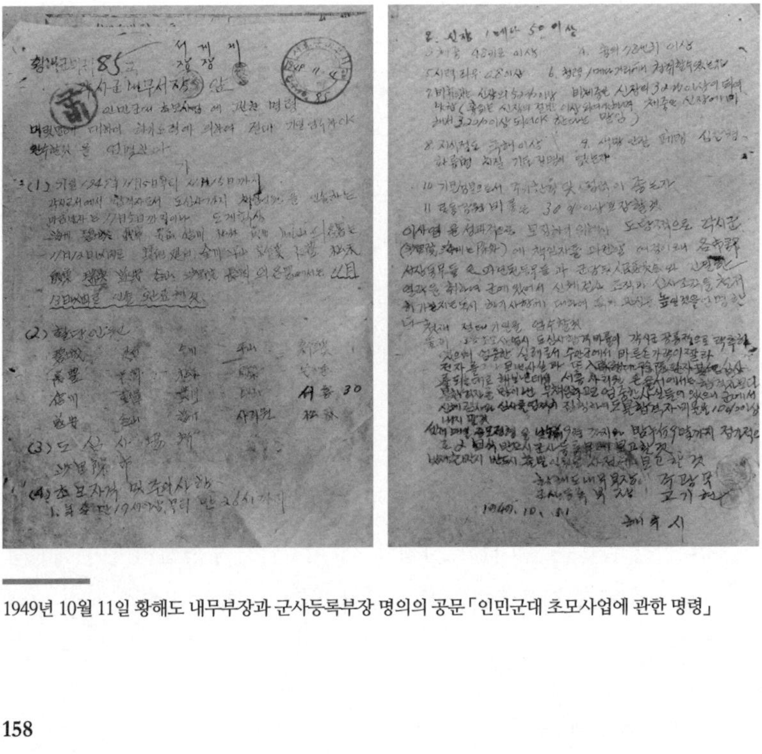

1949년 10월 11일 황해도 내무부장과 군사등록부장 명의의 공문 「인민군대 초모사업에 관한 명령」

합격자는 10월 17일 선발할 예정이었다.[183]

1949년 11월 모병은 1949년 10월 11일 자 황해도 내무부장 주광무와 군사등록부장 고기현 명의의 공문 「인민군대 초모사업에 관한 명령」으로 그 내용을 알 수 있다. 모집기간은 11월 5~15일이며, 서흥군 할당인원은 30명이었다. 특징적인 것은 모집 대상이 만 17~26살로 확장되었다는 것이다.[184] 보다 많은 인원을 모으기 위한 조치로 보인다. 12월 중순에는 각 시·군 내무서가 만 17세인 주민들에 대한 명단작성 작업도 실시하는데,[185] 역시 군인으로 활용 가능한 인원을 확장하는 차원이었을 것이다.

12월 모병은 1949년 12월 19일 자로 황해도 인민위원회 군사등록부가 서흥군 내무서장에게 보낸 공문 「군인초모사업에 대하야」로 확인된다. 이 공문은 만 17~26살까지를 대상으로 하며, 응모기간은 12월 30일까지이고, 서흥군 배당 인원은 7명임을 밝히고 있다. 군당 위원장에게도 알려서 차질이 없도록 하라고 지시하고 있다. 그 밖의 내용에 대해서는 이전의 모집요강에 준한다고 밝히고 있다.[186] 이 시점에서는 모병사업이 이미 익숙한 일이 되었음을 말해 주는 내용이라고 하겠다.

군인들의 자기소개서를 통해서도 1949년 북한이 징병이 아니라 대대적인 모병을 했음을 확인할 수 있다. 인민군 제17포병연대 도서관 주임 손동혁 하사가 1950년 2월 5일 쓴 자기소개서는 자신이 1949년 7월 20일 자진 입대했음을 보여 준다. 손동혁은 자강도 후창군 후창면 후창남자중학교 교사로 근무하다가 "공화국 청년으로서의 맡겨진 의무와 임무를 어떻게 하면 수행할 수 있는가 생각하여 볼 때, 우선 조국의 정치 정세의 김박히(긴박히) 첨예화된 조건하에서 직접 무기를 손에 (들고) 조국보위사업에 참가함이 가장 영예로운 길임을 느낄 때 후방보다 전방이!"라는 인식으로 군에 지원했다고 쓰고 있다.[187] 강제동원은 아니고 지원

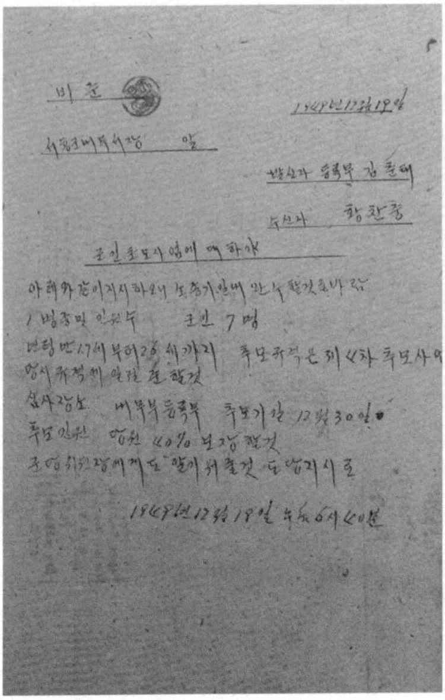

1949년 12월 19일 황해도 인민위원회 군사등록부 명의의 공문 「군인초모사업에 대하야」

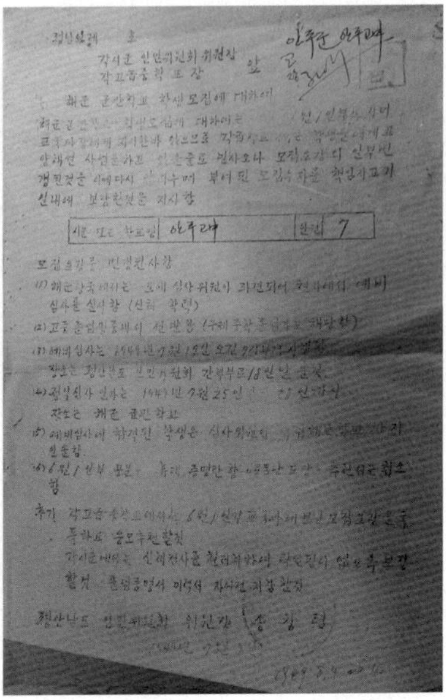

군관학교 선발과정을 보여 주는 '해군 군관학교 학생모집' 관련 문서

에 의한 것이었음을 나타내는 것이다. 물론 청년들이 이러한 인식을 갖도록 대대적인 선전활동을 했음은 물론이다.

이런 과정을 통해 만 17~26살 사이의 주민 가운데 상당 부분이 군인이 되었다. 대다수는 출신성분과 사회성분이 이른바 기본성분인 사람들, 즉 빈농이나 노동자와 같은 프롤레타리아들이었다. 황해도 서흥군의 1950년 1월 4일 통계를 보면, 입대자 110명의 사회성분이 104명은 농민, 6명은 노동자임을 확인할 수 있다. 출신성분별로 보면, 100명은 빈농, 4명은 중농, 6명은 노동자였다.[188] 이는 물론 북한 당국이 모병사업을 전개하면서 기본성분 출신 위주로 입대자를 선발했기 때문이다. 북한은 기본성분 비율을 높게 하여 '혁명정신'으로 무장한 군대를 유지하려 했다고 할 수 있다.

사병은 이렇게 모병사업을 통해 증대되었고, 장교는 고급중학교-군관학교 과정을 통해 육성되었다. 군관학교와 각 도의 인민위원회가 협의를 해서 주요 고급중학교에 추천인원을 할당해 주었다. 각 고급중학교에서 해당 인원을 선발해 도 인민위원회 간부부로 보내면 군관학교에서 심사위원을 파견해 예비심사를 진행했다. 예비심사는 신체능력과 학력을 시험하는 것이었다. 여기서 통과하면 군관학교에 직접 가서 정식 심사를 받게 되어 있었다. 이런 과정을 통해 선발된 군관학교 학생들이 일정한 교육을 거쳐 북한군의 장교가 되었다.[189]

문화부중대장 제도는 1949년 5월 내각결정 제60호로 실시되었다. 문화부중대장 제도는 중대마다 정치사상 교육, 즉 정신 교육을 담당하는 부중대장을 두는 제도다. 이전까지는 대대 단위까지 문화부를 두고 문화부대대장이 당의 정책을 전달하도록 했다. 그런데 이를 중대까지 확대한 것이다. 병사들은 이에 따라 '정치상학政治上學'이라는 이름의 정신 교육을 많은 시간 더 철저히 받아야 했다. 이때의 병사교육 시스템이 한국전쟁 당시까지 계속되었을 것으로 보이는데, 1951년 4월 당시 인민군 제317부대 제3중대 제1소대(소대장 백용운)의 일주일 훈련계획을 보면, 1주일에 4시간 정신교육을 받게 되어 있었다. 월요일 오전 8~10시까지, 그리고 수요일 오전 8~10시까지 중대의 정치부(1950년 10월 문화부가 정치부로 전환)가 알아서 교육을 시키도록 되어 있다. 훈련일정을 전체적으로 보면, 월요일에는 8~10시 정치부 교육, 10~12시 전술, 13~15시 사격, 15~17시 규율 이런 식으로 계획이 짜여 있었다. 화요일은 8~10시 전술, 10~12시 사격, 13~16시 규율, 16~17시 지형 등의 일정으로, 수요일은 8~10시 정치부 교육, 10~12시 사격, 13~14시 사격, 14~16시 규율, 10~17시 지형 등의 일정으로 훈련이 진행되었다. 목요일은 예비

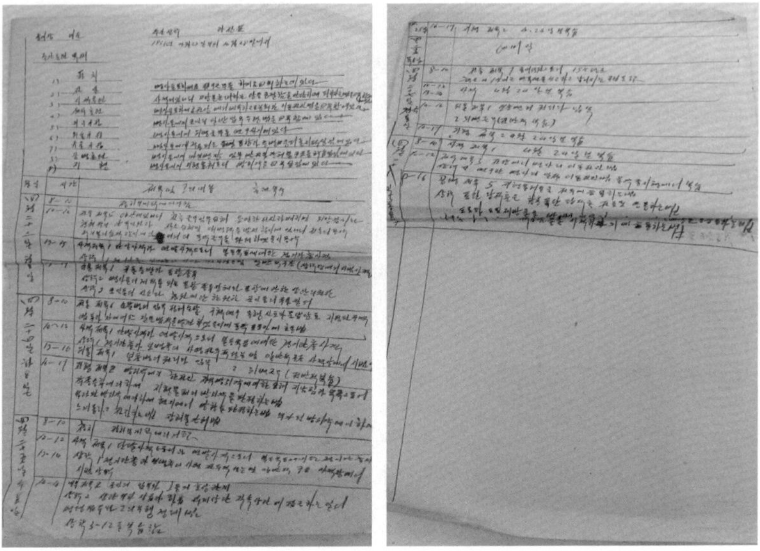

1951년 4월 인민군 제317부대 제3중대 제1소대 일주일 훈련계획

일로 비워 두어 그때그때 필요한 부분을 교육했다. 금요일에는 8~10시 전술, 10~12시 사격, 13~14시 사격, 14~16시 규율, 16~17시 지형 등에 대한 교육이 실시되었다. 토요일에는 8~10시 사격, 10~12시 제식, 13~16시 공병 등의 훈련이 이어졌다.[190]

또 각 소대에는 '문화일꾼'이라는 이름의 정신교육 담당병을 두어 정신교육에 따른 실무적인 일을 수행하도록 했다. 1950년 9월 4일 인민군 제18부대 제6대대 통신소대 소대장 이창선이 소속 중대의 문화부중대장에게 보고한 내용을 보면, 이 소대에는 문화일꾼이 4명이었다. 벽보원 김준국, 전투소보원 박상흡, 선전원 김인식, 독보선전원 최석규 등이다.[191] 벽보원은 벽보를 만들어 붙이고, 전투소보원은 소대의 작은 신문을 만들고, 선전원은 정치선전을 전달하는 역할을 하고, 독보선전원은

신문이나 기타 선전자료를 소리 내 읽어 주는 임무를 수행했다.

문화부중대장 제도 실시와 함께 조선민주청년동맹 조직도 부대 전반에 확대했다. 종전 일부 상급부대에만 구성되어 있던 조선민주청년동맹 조직을 하급부대에도 만들었다. 역시 군인들의 정신무장을 더욱 강화하려는 이유에서였다. 문화부중대장 제도는 1950년 10월 정치부중대장 제도로 바뀐다. 조선인민군 문화훈련국이 총정치국으로 바뀌면서 정치부중대장으로 명칭이 바뀐 것이다. 그러면서 각급 부대에 당조직도 설치되었다. 중대에 당세포, 대대에 대대당위원회, 연대에 연대당위원회 등이 조직된 것이다. 이러한 과정을 통해 병사들에 대한 사상통제와 정치교육, 정신교육은 더욱 강화되어 갔다.

군지원 사업도 본격화

북한이 군대를 강화하고 전쟁 준비를 시작하면서 후방의 군에 대한 지원도 본격화했다. 김일성의 지시로 1949년 7월 15일 조국보위후원회가 결성되었다. 인민군을 원호하기 위해 만든 조직이다. 8월 말이 되자 북한 전역에 2만 5,000여 개의 하부조직이 결성되고, 회원이 269만여 명에 이르렀다.[192] 초고속으로 거대조직이 만들어진 것이다. 이 단체의 일은 크게 세 가지였다. 하나는 후방에서 청년들을 상대로 정신교육과 군사훈련을 시키는 것이었다. 다른 하나는 주민들의 군지원 사업을 전개하는 것이었다. 또 하나는 군인의 가족을 돕는 것이었다.

청년들을 상대로 한 교육은 주로 집체훈련을 통해 이루어졌다. 조국보위후원회는 청년들을 모아 단기야영을 시키면서 정치사상 교육도 하고 군사훈련과 체력단련, 군사기술 지식에 대한 지도도 했다. 여기에 청년들이 참여해야 했다. 이러한 과정을 통해 청년들이 질서 있는 생활을 하도록 하면서 청년들에게 군에 대한 인식을 보다 분명하게 심어 주고,

평양시 이암리 김원섭 전사 가족의 고구마 재배를 돕는 농민들

주민들 속에 군이 자연스럽게 자리 잡도록 하려 했다.

군에 대한 지원사업을 위해서 조국보위후원회는 우선 인민들에게 인민군의 성격과 사명, 지원사업의 필요성 등에 대한 강연을 전개했다. 그러고는 모금과 애국미헌납운동을 펼쳤다. 군이 현대화되기 위해서는 인민들의 적극적인 지원이 필요하다는 것이었다. 조국보위후원회 회원에 가입하고 회비를 내는 방식의 모금이 대대적으로 전개되었고, 비행기 기금, 땅크(탱크) 기금, 함선 기금 등의 이름으로 모금도 진행되었다. 전국의 노동자들이 모금에 참여했다. 함경남도의 흥남비료공장 노동자들은 235만 원, 평안북도의 철산광산 노동자들은 100만 원을 모금했다. 생산계획 초과 등으로 받은 상금은 대부분 모금에 내놓았다. 함경북도 청진제철공장의 직원들은 봉급에서 400~500원씩 공제하는 방식으로 모금에 참여했다.[193] 참고로 당시 북한 당국이 설정해 놓은 결핵요양소 직원들의 하루 식사비 한도가 45원, 중앙고급지도간부학교의 교육생들은 30원, 기타 각종 간부양성소는 20원이었다. 병원의 직원이 통상 1,000원, 과장은 1,500원, 부원장이 2,800원의 월급을 받았다.[194] 그러니 당시 400~500원은 적은 돈이 아니었다. 농민들은 농사지은 벼를 기부했다. 황해도 신천군의 한 농민은 벼 200가마를, 재령군의 한 농민은 벼 130가마를 헌납했다. 1949년 12월 말까지 전체적으로 현금 2억 8,107만 3,000원과 벼 4만 8,464가마, 귀금속 300여 점이 걷혔다.

군인의 가족을 돕는 일은 주로 하사관과 병사들의 가족을 돌봐 주는 것이었다. 당시 하사관과 병사들의 부양가족들은 매월 200~400원의 국가보조금을 받고 있었다. 농사짓다 입대한 군인의 가족들은 농업현물세를 15~30% 감면받았다. 그것으로 충분하지 못해 조국보위후원회가 나서서 모금된 돈이 군인의 가족들에게 일부 전달되도록 하고 농민들은 군인 부양가족들의 농사를 도와주도록 했다. 또 여성연맹과 협력해 군인 아내들이 생활 속에서 겪는 불편을 해결해 주는 노력을 전개했다. 1949년 당시는 '2개년 인민경제계획'이 진행 중이어서 주민들은 이 경제계획의 목표를 달성하기 위한 증산운동에 적극 참여해야 했다. 그러면서 동시에 군인을 돕는 모금에도 참여하고, 군인 가족들을 돕는 일에도 손을 보태야 했다.

1 「자서전」[조선인민군 항공기 수리병 김종상의 자기소개서. National Archives and Records Administration(NARA), Record Group(RG) 242, Records Seized by U.S. Military Forces During the Korean War, 1950-1954, Entry 299AF, Container 1140, Shipping Advice(SA) 2012, Box 4, Item 32].

2 「자서전」(황해도 송화군 수교여자중학교 교원 김병일의 자기소개서. NARA, RG 242, Entry 299D, Container 210, SA 2006, Box 12, Item 14.2).

3 류문화, 『해방 후 4년간의 국내외 중요일지』, 민주조선사, 1949, p.7.; 오영진, 『소련군정하의 북한-하나의 증언』, 국민사상지도원, 1952, pp.35-36., 김광운, 『북한 정치사 연구 I: 건당·건국·건군의 역사』, 선인, 2003, pp.84-85. 재인용.

4 이선민, "소련군에게 무기 넘겨받은 공산주의자들, 라디오 방송국과 지역신문 빼앗고 있다… 반대세력 학살 위협하고 대낮에 총살", 『조선일보』, 2017. 8. 16.

5 전국인민위원회 대표자대회 서기부, 『전국인민위원회 대표자대회 의사록: 1945. 11. 20. ~ 1945. 11. 25.』, 조선정판사, 1946, pp.68-69., 김광운, 『북한 정치사 연구 I: 건당·건국·건군의 역사』, p.82. 재인용.

6 「자서전」(평양중등교원양성소 경리주임 김일규의 자기소개서. NARA, RG 242, Entry 299D, Container 209, SA 2006, Box 12, Item 4.2).

7 이선민, "소련군에게 무기 넘겨받은 공산주의자들, 라디오 방송국과 지역신문 빼앗고 있다… 반대세력 학살 위협하고 대낮에 총살".

8 전국인민위원회 대표자대회 서기부, 『전국인민위원회 대표자대회 의사록: 1945. 11. 20. ~ 1945. 11. 25.』, p.108., 김광운, 『북한 정치사 연구 I: 건당·건국·건군의 역사』, p.83. 재인용.

9 「자서전」(함남 연포비행장 비행학생 문택용의 자기소개서. NARA, RG 242, Entry 299I, Container 716, SA 2009, Box 4, Item 111.5).

10 「자서전」(평양공업대학 교수 박영관의 자기소개서. NARA, RG 242, Entry 299F, Container 538, SA 2008, Box 3, Item 18).

11 「자서전」(홍남공업대학 교수 양인선의 자기소개서. NARA, RG 242, Entry 299F, Container 538, SA 2008, Box 3, Item 18.1).

12 허선옥(평안남도 강동군 출신. 1936년생) 인터뷰, 2018. 7. 31. 미국 매사추세츠주 메드퍼드시 허선옥 자택. 허선옥은 한국전쟁 당시인 1950년 11월 월남한 뒤 1981년 미국으로 이민했다.

13 황장엽, 『황장엽 회고록』, 시대정신, 2006, p.89.

14 김일성, "인민생활과 경제사업에서 당면하게 제기되는 몇 가지 과업에 대하여"(1976. 11. 30., 12. 6.), 『김일성 전집』 60, 조선로동당출판사, 2005, p.364.

15 정용욱, "정용욱의 편지로 읽는 현대사 14: 토지개혁(하)", 『한겨레』, 2019. 7. 6., 18쪽.

16 위의 글, 18쪽.

17 「특별시교화장 실지조사표」(NARA, RG 242, Entry 299C, Container 115, SA 2005, Box 6, Item 1.2).

18 이일선, "국가재산을 침범하는 자들과 견결히 싸우자", 『조선여성』, 1947년 9월호(NARA, RG 242, Entry 299F, Container 620, SA 2008, Box 9, Item 19), pp.6-7. 소비조합은 농민들이 중심이 되고 노동자, 사무원, 교원, 의사 등이 돈을 모아 만든 유통협동조합이었다. 각 지역의 인민위원회는 개인 상점들을 대체하기 위해 소비조합 구성과 설치를 도왔다. 소비조합은 소금과 성냥, 담배, 실, 치약, 칫솔 등 생활용품을 팔기도 하고, 주민들이 생산한 농산물, 산에서 채취한 약초, 산나물, 그리고 바다, 강에서 잡은 물고기 등을 수매하기도 했다. 이익금 가운데 일부는 당국에 납부하고, 또 일부는 공동 재산으로 남겨 두었으며, 나머지는 조합원들에게 나누어 주었다. 김일성, "말가슈 민주주의공화국 대통령과 한 대화"(1976. 6. 4 ~ 7, 10.), 『김일성 전집』 59, 조선로동당출판사, 2005, p.265.

19 황장엽, 『황장엽 회고록』, p.85.

20 이선민, "소련군에게 무기 넘겨받은 공산주의자, 라디오 방송국과 지역신문 빼앗고 있다… 반대세력 학살 위협하고 대낮에 총살".

21 이광수, "나의 고백", 『이광수전집』 별권, 삼중당, 1971, pp.178-179.

22 김광운, 『북한 정치사 연구 I: 건당·건국·건군의 역사』, p.72.

23 위의 책, p.72.

24 황장엽, 『황장엽 회고록』, p.92.

25 손종준, "잊지 못할 그날의 가르치심", 『인민들 속에서』 48, 조선로동당출판사, 1991, p.92, 95.

26 김일성, "공산당원들의 역할을 높이자"(1945. 11. 27.), 『김일성 전집』 2, 조선로동당출판사, 1992, p.354.

27 김효석, "새 조선의 주인으로 살라고 하시며", 『인민들 속에서』 99, 조선로동당출판사, 2012, pp.183-186.

28 중앙일보특별취재반, 『비록 조선민주주의 인민공화국』, 중앙일보사, 1992, pp.169-170.

29 사회과학원 역사연구소, 『조선전사』 23, 과학·백과사전출판사, 1981, pp.129-130.

30 김선옥, "토지개혁 전야에 있었던 이야기", 『인민들 속에서』 70, 조선로동당출판사, 2007, p.35.

31 김용근, "평양시에 꾸려주신 첫 남새생산기지", 『인민들 속에서』 69, 조선로동당출판사, 2007, p.15.

32 문태화, "함남인민위원회 업적", 『각도인민위원회 2년간 사업개관』, 북조선인민위원회 선전부, 1947, p.59., 김광운, 『북한 정치사 연구 I: 건당·건국·건군의 역사』, p.283. 재인용.

33 김선옥, "토지개혁 전야에 있었던 이야기", pp.35-36.

34 『주북한 소련민정국 3개년 사업총결보고: 1945년 8월 ~ 1948년 11월』, 제2부 경제편, II-1 농업, 김광운, 『북한 정치사 연구 I: 건당·건국·건군의 역사』, p.283. 재인용.

35 김현, "토지개혁 실시의 그 당시를 회고하며", 『새조선』, 제2권 제3호(1949), p.21.

36 위의 글, p.21.

37 위의 글, p.21.

38 「평정서」(1948년 9월 평양공업대학 전기강좌장이던 이문환에 대한 이 대학 학장의 평가서. NARA, RG 242, Entry 299F, Container 538, SA 2008, Box 3, Item 18.1).

39 김용근, "평양시에 꾸려주신 첫 남새생산기지", p.16.
40 김창억, "지주의 본성을 잊지 말아야 한다", 『인민들 속에서』 56, 조선로동당출판사, 1998, p.120.
41 사회과학원 역사연구소, 『조선전사』 23, p.159, 166.
42 김일성, "농촌 금융사업의 몇 가지 경험에 대하여"(1976. 7. 7.), 『김일성 전집』 59, 조선로동당출판사, 2005, pp.465-471.
43 임휘증, "해방 후 4년 동안에 북반부 농촌경리는 이렇게 발전하였다", 『농민』, 1949년 8월호, pp.28-29.
44 태영호, 『3층 서기실의 암호: 태영호 증언』, 기파랑, 2018, pp.453-454.
45 "소정 이외의 잡세 절대 부과치 말라", 『로동신문』, 1947. 3. 23.
46 김일성, "사회주의 농촌건설에서 이룩한 위대한 성과를 더욱 공고 발전시키자"(1974. 1. 10), 『김일성 저작집』 29, 조선로동당출판사, 1985, p.17.
47 "사설: 농업현물세 납입을 속히 완수하자!", 『로동신문』, 1946. 10. 18.
48 "현물세 완납에 적극 투쟁 평양시와 평남북 우량", 『로동신문』, 1946. 11. 21.
49 "농업현물세 징수 대책 완납하기 전에는 방매 금지", 『로동신문』, 1946. 11. 20.
50 "추기 수확물에 관한 농업현물세 징수상황 보고: 농림국장 이순근", 『로동신문』, 1946. 11. 28.
51 "수매양곡의 청산 신속 공평히 하라", 『로동신문』, 1947. 2. 11.
52 김창억, "지주의 본성을 잊지 말아야 한다", p.126.
53 김일성, "'토지개혁' 사업의 총결과 금후의 과업", 『김일성 장군 중요 논문집』, 북조선로동당출판사, 1948.
54 「토지개혁 검열공작에 대한 결정서」(NARA, RG 242, Entry 299E, Container 414A, SA 2007, Box 6, Item 9).
55 「토지개혁 실시 검열공작 보고의 건」(NARA, RG 242, Entry 299E, Container 414A, SA 2007, Box 6, Item 9).
56 「부정몰수에 대하야」(NARA, RG 242, Entry 299E, Container 414A, SA 2007, Box 6, Item 9).
57 『당열성자들에게 주는 주간보』, 제1호(1950. 8. 13.)(NARA, RG 242, Entry 299F, Container 645, SA 2008, Box 10, Item 미상), p.33.
58 「토지매매에 대한 조사에(의) 건」(NARA, RG 242, Entry 299E, Container 414, SA 2007, Box 6, Item 10).
59 「부동(부정)토지 조사보고」(NARA, RG 242, Entry 299E, Container 414, SA 2007, Box 6, Item 10).
60 「개인토지 매매에 대한 조사에 대하야」(NARA, RG 242, Entry 299E, Container 414, SA 2007, Box 6, Item 10).
61 「토지매매에 대한 조사에(의) 건」(NARA, RG 242, Entry 299E, Container 414, SA 2007, Box 6, Item 10).
62 「1948년도 식량부족량 상항(상황) 보고의 건」(NARA, RG 242, Entry 299E, Container 414, SA 2007, Box 6, Item 10).
63 「빈농민 조사보고의 건」(NARA, RG 242, Entry 299E, Container 414, SA 2007, Box 6, Item 10).

64 김집, "악질 불경지주를 처단 산업 확충과 조림 강화", 『로동신문』, 1947. 3. 18.

65 「농업현물세 개정에 관한 결정서에 대한 세칙」(농림국 규칙 제8호. 1947. 6. 1.), 『북조선법령집』, 1947, p.95.

66 「1948년 3월 11일 제23호 당조 회의록: 린제군 인민위원회 당조」(NARA, RG 242, Entry 299E, Container 406, SA 2007, Box 6, Item 1.1).

67 사회과학원 역사연구소, 『조선전사』 24, 과학·백과사전출판사, 1984, p.264.

68 「자서전」(조선인민군 병사 정두화의 자기소개서. NARA, RG 242, Entry 299AF, Container 1140, SA 2012, Box 4, Item 32).

69 「자서전」(조선인민군 항공기 수리병 김종상의 자기소개서. NARA, RG 242, Entry 299AF, Container 1140, SA 2012, Box 4, Item 32).

70 사회과학원 역사연구소, 『조선전사』 23, p.201.

71 Anna Louise Strong, In North Korea: First Eye-Witness Report, Soviet Russia Today, 1949. https://www.marxists.org/reference/archive/strong-anna-louise/1949/in-north-korea/index.htm

72 이용철, "현지보고 국영 평양견직공장에서", 『농민』, 1949년 7월호, p.51.

73 손전후, 『사회생활과 민주화경험』, 사회과학출판사, 1986, p.26.

74 김동순, "녀성들의 사회적 해방의 력사적 사변을 안아오신 위대한 어버이", 『조선녀성』, 2016년 7월호, p.11.

75 주정순, "직장을 가진 주부의 생활설계", 『조선여성』, 1947년 9월호, pp.30-32.

76 「로동수첩교부대장」, 「사회보험보조금지불액청산서」, 「유아보조금지불계산서」(NARA, RG 242, Entry 299AL, Container 1227, SA 2013, Box 1, Item 89).

77 「3학년 재적생 통계표(통계표)」(NARA, RG 242, Entry 299C, Container 84, SA 2005, Box 4, Item 7).

78 「여성간부 신채용 등용에 관한 건의문」(NARA, RG 242, Entry 299D, Container 280, SA 2006, Box 16, Item 46).

79 「내무성 정치보위국 공작원 모집협조에 대하야」(NARA, RG 242, Entry 299D, Container 280, SA 2006, Box 16, Item 46).

80 "농촌 출신으로 농민은행 간부 양성", 『로동신문』, 1947. 9. 23.

81 김광운, 『북한 정치사 연구 I: 건당·건국·건군의 역사』, pp.463-468.

82 김광운, 『북한 정치사 연구 I: 건당·건국·건군의 역사』, p.410.

83 중앙선거위원회, 『북조선 면 및 리(동) 인민위원회 위원선거에 관한 총결』, 1947(NARA, RG 242, Entry 299C, Container 101, SA 2005, Box 5, Item 43), p.197.

84 위의 문서, p.195.

85 「간부명단: 동흥리인민위원회, 1949년」(NARA, RG 242, Entry 299Q, Container 862, SA 2010, Box 2, Item 97).

86 정원암, "친절한 해설로 완고 노파 설복", 『로동신문』, 1947. 2. 12., 3쪽.

87 사회과학원 역사연구소, 『조선전사』 24, p.24.

88 같은 기간 남에서 북으로 넘어간 사람은 25,000명 정도로 알려져 있다. 스칼라피노·이정식 저, 한홍구 역, 『한국공산주의운동사』 2, 돌베개, 1986, p.484.

89 "김제원 농민의 '실수'", 『조선녀성』, 2012년 10월호, p.20.

90 “빈농가 솔선하여 애국미 2입 헌납”, 『로동신문』, 1947. 1. 1.
91 이유남, “미신에서 과학으로”, 『조선녀성』, 1949년 10월호, pp.38-41.
92 「미신행위 단속 사업에 대하야」(NARA, RG 242, Entry 299AJ, Container 1198, SA 2012, Box 7, Item 66).
93 「3학년 재적생 통게표(통계표)」(NARA, RG 242, Entry 299C, Container 84, SA 2005, Box 4, Item 7).
94 「자서전」(평양공업대학 교수 안봉진의 자기소개서. NARA, RG 242, Entry 299F, Container 538, SA 2008, Box 3, Item 18.4).
95 「자서전」(강계고급중학교 교원 김석빈의 자기소개서. NARA, RG 242, Entry 299D, Container 210, SA 2006, Box 12, Item 9).
96 「대원성분구성표」(인민군 제249군부대 제6대대 대원 성분 통계. NARA, RG 242, Entry 299M, Container 788, SA 2009, Box 8, Item 30).
97 「신부면 백현교회 검열서: 계익혁」(NARA, RG 242, Entry 299C, Container 93, SA 2005, Box 4, Item 41).
98 「신부면 원동교회: 김광현」(NARA, RG 242, Entry 299C, Container 93, SA 2005, Box 4, Item 41).
99 「군상무위원회 보고문」(NARA, RG 242, Entry 299C, Container 83, SA 2005, Box 4, Item 1).
100 「자서전」(황해도 장연군 대구면 대구중학교 교원 이상춘의 자기소개서. NARA, RG 242, Entry 299D, Container 210, SA 2006, Box 12, Item 14.2).
101 사회과학원 역사연구소, 『조선전사』 24, p.358.
102 「1947년 12월 1일 제7차 당조 회의록: 북조선 민주여성총동맹 린제군 당조」(NARA, RG 242, Entry 299E, Container 410, SA 2007, Box 6, Item 1.53).
103 「1948년 1월 15일 제20호 당조 회의록: 린제군 인민위원회 당조」(NARA, RG 242, Entry 299E, Container 406, SA 2007, Box 6, Item 1.1).
104 사회과학원 역사연구소, 『조선전사』 24, p.364.
105 「회의록 24호: 북조선민주여성총동맹 강원도 린제군위원회 당조 회의록」(NARA, RG 242, Entry 299E, Container 410, SA 2007, Box 6, Item 1.52).
106 김광운, 『북한 정치사 연구 I: 건당·건국·건군의 역사』, p.321.
107 「자서전」(황해도 평산군 금암면 금암중학교 교사 황상엽의 자기소개서. NARA, RG 242, Entry 299D, Container 221, SA 2006, Box 12, Item 30.2).
108 김광운, 『북한 정치사 연구 I: 건당·건국·건군의 역사』, p.322.
109 북조선통신사, 『순간북조선통신』, 1947년 12월 하순호(No.16), 김광운, 『북한 정치사 연구 I: 건당·건국·건군의 역사』, p.320. 재인용.
110 북조선통신사, 『순간북조선통신』, 1947년 12월 하순호(No.16), 김광운, 『북한 정치사 연구 I: 건당·건국·건군의 역사』, p.321. 재인용.
111 「회의록 제14호: 북조선로동당 강원도 린제군당 상무위원회 회의록」(NARA, RG 242, Entry 299E, Container 412, SA 2007, Box 6, Item 1.66).
112 조선중앙통신사, 『조선중앙년감 1949』, 조선중앙통신사, 1949, p.130.
113 “교원 단기양성소 2월 1일에 개소”, 『로동신문』, 1947. 1. 4.

114 「1951년 사업계획서: 북교문(북조선 교원문화인 직업동맹) 천도인교직장단체」(NARA, RG 242, Entry 299AL, Container 1227, SA 2013, Box 1, Item 89).
115 조선중앙통신사, 『조선중앙년감 1949』, p.130.
116 「자서전」(평양시 인민위원회 시학(장학사) 한국도의 자기소개서. NARA, RG 242, Entry 299C, Container 151, SA 2005, Box 8, Item 35).
117 조선중앙통신사, 『조선중앙년감 1949』, p.130.
118 「1947년 6월 6일 북조선로동당 강원도 린제군 북면당부 제27차위원회 회의록」(NARA, RG 242, Entry 299E, Container 408, SA 2007, Box 6, Item 1.42).
119 사회과학원 역사연구소, 『조선전사』 24, pp.345-346.
120 「교육성령 제5호 인민학교·초급중학교·고급중학교 진급시험 및 인민학교·초급중학교 졸업시험에 관한 규정」, 『조선민주주의인민공화국 내각공보』, 1949년 제5호(1949. 4. 22.), pp.183-184.
121 「졸업증서」(NARA, RG 242, Entry 299AG, Container 1159, SA 2012, Box 5, Item 123).
122 「교육성령 제5호 인민학교·초급중학교·고급중학교 진급시험 및 인민학교·초급중학교 졸업시험에 관한 규정」, 『조선민주주의인민공화국 내각공보』, 1949년 제5호(1949. 4. 22.), p.185.
123 신기관, "졸업시험 앞두고 학생 성적 제고 위해 투쟁", 『로동신문』, 1948. 6. 2.
124 「상장」, 「수업증서」(NARA, RG 242, Entry 299AG, Container 1159, SA 2012, Box 5, Item 123).
125 「교육성령 제5호 인민학교·초급중학교·고급중학교 진급시험 및 인민학교·초급중학교 졸업시험에 관한 규정」, 『조선민주주의인민공화국 내각공보』, 1949년 제5호(1949. 4. 22.), p.185.
126 「교육성령 제6호 고급중학교 졸업시험에 관한 규정」, 『조선민주주의인민공화국 내각공보』, 1949년 제5호(1949. 4. 22.), pp.189-190.
127 「3의 4반 졸업생 명단(1949. 5. 13.)」, 「3의 3반 졸업생 명단(1949. 5. 13.)」(NARA, RG 242, Entry 299C, Container 88, SA 2005, Box 4, Item 24).
128 「졸업생통계표: 북조선민주청년동맹 선천고급중학교위원회, 1950년 5월 8일」((NARA, RG 242, Entry 299C, Container 90, SA 2005, Box 4, Item 32, Part 1).
129 「재정성규칙 제1호 교육성규칙 제1호 각급학교 수업료에 관한 규정」, 『조선민주주의인민공화국 내각공보』, 1949년 제2호(1949. 2. 20), p.47.
130 「조선민주주의인민공화국 내각결정 제9호 대학생 장학금 급여범위 확장에 관한 규정」, 『조선민주주의인민공화국 내각공보』, 1949년 제2호(1949. 2. 20), p.40.
131 우석도, "평남관개건설을 위한 수령님의 원대한 구상", 『인민들 속에서』 10, 조선로동당출판사, 1971, p.94.
132 사회과학원 역사연구소, 『조선전사』 23, p.325.
133 위의 책, p.325.
134 「해방후 북조선 농민들의 증산도표」(NARA, RG 242, Entry 299AK, Container 1212, SA 2012, Box 8, Item 34).
135 사회과학원 역사연구소, 『조선전사』 24, p.209.
136 「로동생산능률을 제고할 데 대한 목표」(NARA, RG 242, Entry 299D, Container 207, SA

2006, Box 11, Item 117.1).

137 「정방기의 운전률을 95%로 제고하기 위하여」(NARA, RG 242, Entry 299D, Container 207, SA 2006, Box 11, Item 117.2).

138 사회과학원 역사연구소, 『조선전사』 24, p.219, 221.

139 "야간통행시간 11시까지로", 『로동신문』, 1947. 8. 3.

140 「요주의인명부」(NARA, RG 242, Entry 299AH, Container 1184, SA 2012, Box 6, Item 132), pp.5-7, 47-49, 51-53.

141 「요감시인관계서류철」(NARA, RG 242, Entry 299AK, Container 1209, SA 2012, Box 8, Item 16).

142 「정보원명단」(NARA, RG 242, Entry 299AK, Container 1210, SA 2012, Box 8, Item 23).

143 「성내 직속 처부 및 각도 내무부 문제되는 간부명단」(NARA, RG 242, Entry 299C, Container 79, SA 2005, Box 3, Item 5).

144 「성내(국부처) 직위 믿(및) 직급별 정원통게(정원통계)」(NARA, RG 242, Entry 299C, Container 79, SA 2005, Box 3, Item 5).

145 「각도 내무서 산하 직위 및 직급별 통게표(통계표)」(NARA, RG 242, Entry 299C, Container 79, SA 2005, Box 3, Item 5).

146 「1950년도 해임자 조사서」(NARA, RG 242, Entry 299C, Container 79, SA 2005, Box 3, Item 5).

147 「각 교화소 수용소 및 직위 직급 통게표(통계표)」(NARA, RG 242, Entry 299C, Container 79, SA 2005, Box 3, Item 5).

148 사회과학원 역사연구소, 『조선전사』 24, pp.482-490.

149 위의 책, pp.494-495.

150 「함경북도 인민위원회 사업총결보고: 1947년 11월 3일」(NARA, RG 242, Entry 299L, Container 763, SA 2009, Box 7, Item 25).

151 평양결핵요양소, 『사업지도서(1949년)』(NARA, RG 242, Entry 299AG, Container 1163, SA 2012, Box 5, Item 149), pp.1-4.

152 북조선농민동맹중앙위원회, 『제6회 농촌이동사진합본』(NARA, RG 242, Entry 299AC, Container 133, SA 2005, Box 7, Item 15), pp.36-37.

153 「철산광산: 1949년」(NARA, RG 242, Entry 299C, Container 123A, SA 2005, Box 6, Item 40).

154 「함경북도 인민위원회 사업총결보고: 1947년 11월 3일」(NARA, RG 242, Entry 299L, Container 763, SA 2009, Box 7, Item 25). 실제로 도급제가 전면적으로 실시된 것은 1946년 7월부터인데, 이 보고서는 6월부터 전면적 도급제가 실시된 것으로 표현하고 있다. 착오가 있었던 것으로 보인다. 이 보고서의 뒷부분에는 1946년 7월부터 도급제가 실시되었다고 기술하고 있다.

155 「임금조사표」(NARA, RG 242, Entry 299E, Container 413, SA 2007, Box 6, Item 3).

156 「연도별 노동임금장성 대비표」(NARA, RG 242, Entry 299D, Container 293, SA 2006, Box 17, Item 38).

157 김광운, 『북한 정치사 연구 I: 건당·건국·건군의 역사』, p.453.

158 「평특시 시장물가 조사표」(NARA, RG 242, Entry UD 300C, Container 47, Item 201254-

201256).

159 국가계획위원회, 『1949년 제2차 · 제3차 국정가격 · 운임 및 요금표』, 1949(NARA, RG 242, Entry 299D, Container 320, SA 2006, Box 19, Item 36), pp.11-12.

160 「함경북도 인민위원회 사업총결보고: 1947년 11월 3일」(NARA, RG 242, Entry 299L, Container 763, SA 2009, Box 7, Item 25).

161 조선중앙통신사, 『조선중앙년감 1950』, 조선중앙통신사, 1950, p.330.

162 「조선민주주의인민공화국 내각결정 제27호 노동자 사무원들의 생활향상대책에 대한 결정서」, 『조선민주주의인민공화국 내각공보』, 1948년 제1호(1948. 12. 10.), p.17.

163 「내각양정국규칙 제3호 1949년 육류수매 및 공급에 관한 규정」, 『조선민주주의인민공화국 내각공보』, 1949년 제3호(1949. 3. 10.), pp.107-115.

164 박태화, "길주군 전화 가설 상황", 『로동신문』, 1947. 9. 6.

165 김광운, 『북한 정치사 연구 I: 건당 · 건국 · 건군의 역사』, p.301.

166 허가이, 『유일당증수여에 관하여』, 노획문서, 문서번호 불명, 김광운, 『북한 정치사 연구 I: 건당 · 건국 · 건군의 역사』, p.386. 재인용.

167 북조선로동당 금화군 서면 당부, 『1948년도 면당위원회 회의록철』(NARA, RG 242, Entry 299AG, Container 1163, SA 2012, Box 5, Item 150), pp.4-10.

168 심재복, "잊을 수 없는 군사복무의 첫 시절", 『인민들 속에서』 94, 조선로동당출판사, 2011, pp.110-112.

169 U.S. Department of State, *North Korea: A Case Study in the Techniques of Takeover*, U.S. Government Printing Office, 1961, p.69,

170 스칼라피노 · 이정식 저, 한홍구 역, 『한국 공산주의 운동사』 2, p.496.

171 박명림, 『한국전쟁의 발발과 기원 II: 기원과 원인』, 나남, 1996, p.755.

172 「인민군대 대원 모집사업에 관하여」(NARA, RG 242, Entry 299C, Container 102, SA 2005, Box 5, Item 44).

173 「서흥군 인민군대 합격자 통계표」(NARA, RG 242, Entry 299C, Container 102, SA 2005, Box 5, Item 44).

174 「신체검사」(NARA, RG 242, Entry 299C, Container 102, SA 2005, Box 5, Item 44).

175 「인민군대 지원서」(NARA, RG 242, Entry 299C, Container 118, SA 2005, Box 6, Item 17, Part 1).

176 「군사등록에 관한 규정 밑(및) 세칙: 내무성」(NARA, RG 242, Entry 299C, Container 117, SA 2005, Box 6, Item 14), pp.1-2.

177 「적령자명단: 구포」(NARA, RG 242, Entry 299C, Container 118, SA 2005, Box 6, Item 18, Part 1).

178 「출생증 소지자 공민증 교부에 의한 군사등록사업 절차에 대하여」(NARA, RG 242, Entry 299C, Container 118, SA 2005, Box 6, Item 16).

179 「1949년도 재정결산보고에 대하야」(NARA, RG 242, Entry 299C, Container 118, SA 2005, Box 6, Item 16).

180 「조선인민군대 전사응모사업에 관하야」(NARA, RG 242, Entry 299C, Container 119, SA 2005, Box 6, Item 21).

181 서흥군 인민위원회 기요계, 『1948년도 인민군대지원자관계서류』(NARA, RG 242, Entry

299C, Container 118, SA 2005, Box 6, Item 15), p.1, 9.

182 「군대(인민군대, 경비대, 보안대) 증모사업 준비에 대하여」(NARA, RG 242, Entry 299C, Container 119, SA 2005, Box 6, Item 21).

183 「군인초모사업에 관한 지시」(NARA, RG 242, Entry 299C, Container 115, SA 2005, Box 6, Item 1.2).

184 「인민군대 초모사업에 관한 명령」(NARA, RG 242, Entry 299C, Container 118, SA 2005, Box 6, Item 16).

185 「전입전출자 및 17세 해당자 명단 작성에 대하여」(NARA, RG 242, Entry 299C, Container 118, SA 2005, Box 6, Item 16).

186 「군인초모사업에 대하야」(NARA, RG 242, Entry 299C, Container 118, SA 2005, Box 6, Item 16).

187 「자서전」(인민군 제17포병연대 하사 손동혁의 자기소개서. NARA, RG 242, Entry 299O, Container 817, SA 2009, Box 10, Item 21.7).

188 「출신성분별 통게표(통계표)」(NARA, RG 242, Entry 299C, Container 118, SA 2005, Box 6, Item 16).

189 「해군 군관학교 학생모집에 대하여」(NARA, RG 242, Entry 299C, Container 88, SA 2005, Box 4, Item 21).

190 「주간상학 과정표: 1951년 4월 23일부터 4월 28일까지」(NARA, RG 242, Entry 299AG, Container 1155, SA 2012, Box 5, Item 59).

191 「문화일꾼 명단보고서」(NARA, RG 242, Entry 299AF, Container 1140, SA 2012, Box 4, Item 33).

192 사회과학원 역사연구소, 『조선전사』 24, p.281.

193 「상급당 결정서: 조직부」(NARA, RG 242, Entry 299AG, Container 1167, SA 2012, Box 5, Item 192).

194 『1950년도 경비한도표』(NARA, RG 242, Entry 299AG, Container 1169, SA 2012, Box 5, Item 212), pp.18-19.

※ 이 장에서 사용한 사진은 美국립문서기록보관청에서 사전 승인을 받고 촬영한 것이다.

1950~

제2장

전쟁도 전후 상처도 민중 몫

전쟁 전 민중의 삶

여전히 빈농이 대다수

1950년이 되어 김일성은 4월에 소련을, 5월에는 중국을 방문한다. 스탈린과 마오쩌둥에게서 남한 공격에 대한 승인을 받기 위해서였다. 만주파, 소련파, 연안파, 남로당파 등 파벌 사이의 권력투쟁도 계속되고 있었다. 이러한 권력 상층부의 상위정치와는 별개로 민중들의 생활은 여전히 녹록지가 않았다.

1950년 1월 황해도 서흥군 내무서가 작성한 당시 군민들의 출신성분과 사회성분에 대한 통계를 보면, 빈농이 대다수를 차지하고 있음을 알 수 있다. 만 18~50세까지 군민 14,031명을 사회성분별로 보면, 빈농이 9,865명으로 가장 많았다. 노동자가 1,452명, 중농이 1,356명이었다. 다음으로 사무원이 696명, 상인이 232명, 수공업자가 46명, 자유업은 63명, 기업가는 8명이었다. 나머지는 대부분 학생이었다. 빈농이 전체의 70%를 차지하고 있었던 것이다. 북한의 농촌은 여전히 가난하고 힘겨운 상태였다고 하겠다. 특이한 것은 지주가 3명, 부농도 40명이었다는 것이다.[1] 부농은 토지개혁 당시 가족이 많아 농지를 많이 분배받았고 이를 잘 관리해서 가능하다고 하겠지만, 지주가 남아 있었다는 것은 당시의 북

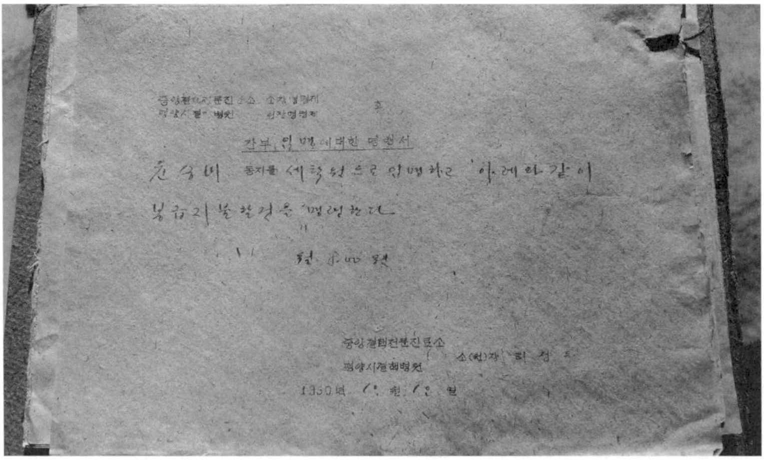

간부 임명에 대한 명령서

윤승녀 동지를 세탁원으로 임명하고 아래와 같이

봉급지불할것을 명령한다

월 800원

중앙결핵전문진료소

평양시결핵병원

1950년

1950년 10월 평양시결핵병원의 간부 임명에 대한 명령서

세탁원 윤승녀의 월급이 명시되어 있다.

한 상황에 비추어 매우 특이한 일이다. 토지거래가 부분적으로 허용되면서 토지를 사 모은 뒤 소작을 주는 지주가 생겨났을 가능성도 없진 않겠지만, 이런 부분에 대해 군 인민위원회에서 철저하게 통제하고 있었기 때문에 그 가능성은 매우 낮다. 출신성분과 사회성분을 혼동해 통계가 잘못 작성된 것이 아닌가 생각된다.

노동자들의 임금 수준은 1940년대 말과 별반 다르지 않았다. 평양시결핵병원의 세탁원으로 취직한 35살 윤승녀의 경우 1950년 10월 당시 월급 800원을 받았다. 이 병원의 사무원 월급은 900원이었다.[2]

민중들이 실생활에서 겪는 어려움도 여전했다. 교통 부문을 보면, 교통수단이 부족해 화물차를 타고 다니는 경우가 많았다. 좌석도 없이 사람이 타고 다니면서 사고가 나는 경우도 적지 않았다. 그래서 북한 당국은 화물차를 승용차로 사용하는 경우에는 일정한 설비를 갖추도록 규정을 만들고 이를 철저히 시행하도록 지시했다. 1950년 1월 25일 인제군 내무서장이 산하 분주소장에게 지시하는 내용의 문서가 미군 노획문서 가운데 남아 있는데, 이를 보면 통근차처럼 사람을 상시 운반하는 화물차는 눈비 방지장치를 하고 좌석을 만들도록 하고 있다. 가끔 사람을 태우는 화물차도 좌석은 반드시 만들도록 하고 있다. 그러면서 좌석을 만드는 방법, 규격 등을 자세히 제시하고 있다. 이를 어기는 차는 강력히 단속한다는 내용까지 포함하고 있다.[3] 이러한 지시는 화물차가 그만큼 교통수단으로 많이 사용되고 있었고 안전사고 문제도 제기되고 있었음을 말해 준다. 자동차 자체가 귀한 상황에서 화물차는 물건도 실어 나르고 사람도 일상적으로 태우는 역할을 한 것이다.

어려운 가운데에서도 노력동원은 계속되었다. '2개년 인민경제계획'에 따라 1949년에 이어 1950년에도 주민들은 여러 가지 현장에 동원되었다. 내무성은 시설의 신설과 확장에 나서 평안북도 위원군에 위원교형장 등을 새로 짓고 있었는데, 무상 동원된 주민들이 공사를 주로 담당했다. 동원령에 따라 주민의 90% 이상이 출석했다. 하지만 공사는 더디게 진척되었다. 억지로 동원된 만큼 능률이 오르지 않았다. 위원교형장 건설사업의 경우 1950년 상반기 공사 진척률은 예정의 75%에 그치고 있었다. 자기 일처럼 열심히 하는 모습도 아니었다. 작은 일에 여러 사람이 매달려 있는 경우가 많았고, 채취한 자갈 속에는 흙이 들어 있는 경우도 있었다.[4]

그래서 일부 지방인민위원회 내무부와 시설부에서는 명확한 도급제 실시와 노동자들의 처우 개선을 건의하고 있는 형편이었다. 함경남도 인민위원회 내무부와 시설부가 작성한 시설사업 총결보고서가 이를 잘 보여 준다. 지방시설공사 진행과정의 문제점을 기록한 이 보고서는 "로동자들이 저절로 들어오리라는 것과 건국동원을 얼마든지 쓸 수 있다는 낡은 관념을 버리고 정학한(정확한) 도급제를 실시하며 주택생활조건을 개선하여 생활필수품과 로동보호물자 등에 우선적으로 학보수급하며(확보수급하며) 현장에 대한 로동보호 안전시설을 학충강화함으로서(확충강화함으로써) 로동력이 사업소에 유입될 수 있는 조건들을 만드러 노으며(만들어 놓으며) 임이(이미) 들어온 로동자들을 류동하지 않도록 보장하는 사업과 아울러 로력을 절약하고 함리적으로(합리적으로) 리용할 수 있게 작업을 기게화하는(기계화하는) 방향에 영구와(연구와) 로력을 경주하여야 할 것이다"라고 지적하고 있다.[5]

시설공사 과정에서 중간 책임자급의 비리도 왕왕 발생했다. 평안북도 희천의 도로공사 현장에서는 전문선이라는 현장 책임자가 자재를 팔아 16만 4천여 원을 챙기기도 했다. 그 밖에도 공사현장에서 쓰이는 우마차 등을 팔아 사익을 채우는 등 다양한 비리가 여기저기서 발생했다.[6] 계속된 노력동원, 주민들의 어려운 경제여건 등이 어울려 이러한 현상이 일어나고 있었던 것이다.

교육 현장 아직 열악

1950년 9월 1일부터 초등의무교육을 실시한다는 목표로 학교를 증설하고 교원을 늘리고 있었지만, 계획처럼 잘 되지는 않았다. 교원확보를 위해 교원에 대한 처우를 개선하려 했지만, 예정대로 되지는 않고 있었다. 교육성은 1950년 3월 인민학교 교원들에게 제복과 구두를 제공하고, 농촌의 인민학교 교원들에게는 연료비를 전액 지원하며, 도시의 인민학교 교원들에게는 주택수리비를 제공하고 생필품을 추가로 지급하는 작업을 추진했다. 주택기금에서 대출을 해주고, 교원을 위한 상점설치도 함께 추진했다.[7] 농촌 지역에 근무하는 교원들에게는 채소밭도 제공했다. 세대주이면서 동거가족이 있는 교사가 농촌에서 근무하는 경우 50평 정도의 채소밭 경작권을 준 것이다.[8]

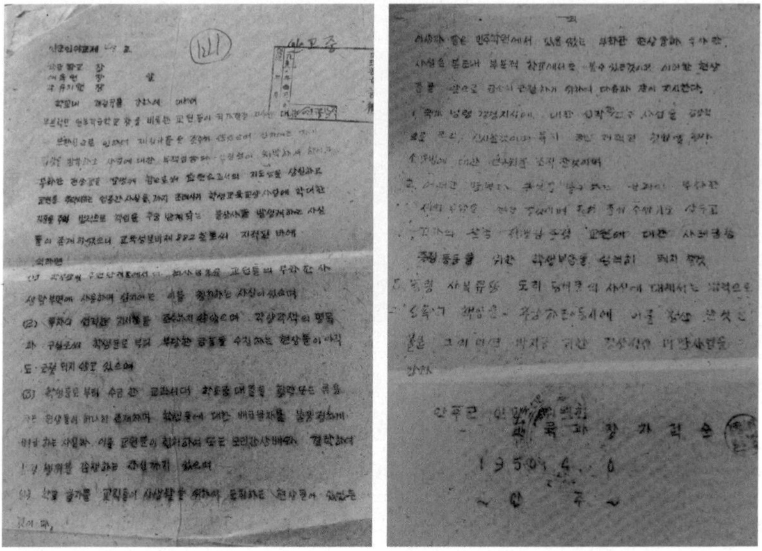

1950년 4월 평안남도 안주군 인민위원회 교육과장이 각급 학교에 보낸 학교 내 재정규율 강화 관련 공문

하지만 제복과 구두를 제공하는 사업은 실시되지 못했다. 다른 문제들도 해결에 시간이 많이 걸리는 등 원만한 모습이 아니었다. 서둘러 일을 추진하다 보니 중대한 결함이 발생하기도 했다. 교사를 양성하는 사범전문학교의 시험문제가 잘못 출제되어 인쇄 후 16페이지나 수정하는 사태가 벌어진 것이다. 국가기밀에 해당하는 기관의 기구표가 인쇄되어 외부에 유출되는 사고도 발생했다.[9]

교육제도가 정비되어 가는 중이었지만, 여전히 각급 학교에서는 교사나 교장이 학부형들로부터 금품을 받는 현상이 지속되고 있었다. 1950년 4월 6일 평안남도 안주군 인민위원회 교육과장 차덕순이 각급 학교에 보낸 공문을 보면, "학부형 및 후원 단체들에서의 희사금품을 교원들의 부화한 사생활 부면에(부분에) 사용하며 심지어는 이를 횡취하는 사

실이 있으며……"라며 교육계의 맑지 못한 면을 지적하고 있다. 공문은 또 여러 가지 명목으로 학생들로부터 금품을 모으거나 교과서 대금 등을 횡령, 유용하는 사례도 허다하게 존재한다고 밝히고 있다. 그러면서 학생들로부터 일체 사례금품 등을 받지 말 것을 지시하고, 학교별로 형법과 형사소송법에 대한 연구회를 조직할 것까지 명하고 있다.[10] 법적으로 처벌받을 수 있으니 각별히 유의하라는 의미였을 것이다. 공문으로 지시할 정도였으니 당시 학부모들이 학교에 금품을 내고 학교와 관계를 형성함에 있어서 상당한 부담을 지니고 있었을 것으로 짐작할 수 있겠다.

1950년 9월 실시 예정이던 초등의무교육은 한국전쟁으로 연기되다가 1956년에 시행되었다. 1958년에는 중등교육도 의무화되었다. 인민학교 4년과 초급중학교 3년, 모두 7년간의 교육을 의무화한 것이다. 1967년부터는 9년제 기술의무교육이 실시되었다. 인민학교 4년과 고등중학교 5년(중학교 과정)을 의무화하고, 그 과정에서 전기와 기계 등에 관한 기술을 한 가지 이상 습득하도록 교육했다. 1972년에는 11년제 의무교육이 실시되었다. 유치원 1년, 인민학교 4년, 고등중학교 6년의 교육을 의무화한 것이다. 2012년에는 의무교육이 1년 늘어나 12년제 의무교육제도가 시행되었다. 유치원 1년, 소학교(2002년 인민학교를 소학교로, 고등중학교를 중학교로 개칭) 5년, 초급중학교 3년, 고급중학교 3년, 모두 12년 동안의 교육을 의무화한 것이다. 이에 따라 학생들은 김일성, 김정일 활동에 대한 교육과 영어교육을 더 받게 되었다. 그동안 외국어라고 하던 영어는 '영어'라고 명시하고 수업시간도 늘어났다. 북한 나름의 '주체교육'과 세계화 시대에 부응하는 교육을 조화시키기 위한 노력으로 볼 수 있을 것이다.

민영업소는 차츰 사라져

북한의 사회주의화는 점진적으로 진행되었다. 농업 부문을 보면, 우선 1946년 3월 토지개혁으로 개인 소유의 평등화를 추진했다. 1947년 소겨리반(소 몇 마리를 보유하고 필요 농가에 쟁기질을 해주는 조직), 1950년 국영농기계임경소(농기계를 구비하고 논밭을 갈아 주는 기관)를 설치해 공동노동을 확대해 나갔다. 한국전쟁 당시에는 농촌 곳곳에 '전선공동작업대'를 구성해 토지를 통합해 운영하고, 가축과 농기구를 공동으로 소유하며, 생산물을 노동의 질과 양에 따라 분배하도록 했다. 이를 바탕으로 전후 1953년 8월 농업협동화가 공식 결정되고 이듬해 1월부터 본격 추진되었다. 1958년 8월에는 농업협동화가 완성되었다. 토지와 가축, 농기구 등 생산수단을 모두 합쳐 운영하고, 생산물의 분배는 노동량에 따라 하게 된 것이다.

상공업 부문은, 1946년 8월 공장과 광산, 탄광, 발전소, 철도, 은행, 체신기관 등 주요산업을 국유화하는 조치를 취하면서 사회주의화의 기반을 갖추었다. 이 조치로 개인이 경영하는 작은 규모의 제조업과 상업만 민영으로 남게 되었다. 1947년 산업 총생산 가운데 민영산업이 차지하는 비중은 16.8%에 불과했고, 83.2%는 국영산업이 차지했다. 광산은 100% 국영이었다. 1948년에는 국영산업의 비중이 더 늘어나 87.5%가 되었다. 남아 있던 작은 규모의 개인 제조업과 상업도 점차 협동화되었다. 몇 개의 업체를 하나로 모아 생산협동조합을 만드는 식이었다. 강원도 원산에서 철공소를 하던 김광주는 원산시 인민위원회를 찾아가 철공소를 협동조합에 내놓겠다고 말했다. 원산시 인민위원회는 그런 철공소 몇 개를 모아 원산주물생산협동조합을 만들었다. 김광주는 여기서 주물공으로 일하면서 조합경영에 참여했다.[11] 상공업 협동화는 이런 식으로 진행되었다.

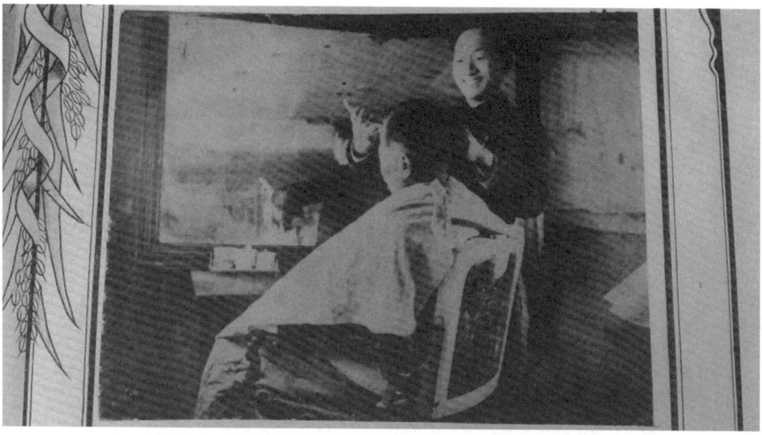

함경남도 북청군 북청면 무우대리 이발소

1948년 6월 국영으로 설치된 이발소이다. 이와 같은 국영 이발소가 설치되면서 민영 이발소는 점차 줄어 갔다.

1950년 6월 19일 상황을 보면, 당시까지만 해도 민영업소들이 남아 있었다. 강원도 인제군 북면의 분주소가 인제군 내무서장 앞으로 보낸 관내 위생업소 통계에 따르면, 북면 관할 지역의 위생 관련 업소는 모두 27곳이었다. 음식점 8개, 여관 13개, 이발소 1개, 약국 1개, 기타 4개였다. 그런데 음식점과 여관, 이발소는 모두 민영이었고, 기타 가운데 2개 또한 민영이었다. 국영은 약국 1개와 기타 가운데 2개뿐이었다.[12] 음식점과 숙박업소 등 소규모 업체들이 민영으로 운영되고 있었던 것이다.

한국전쟁을 겪으면서 국가의 통제가 강화되고 그러면서 개인 상공업은 크게 축소되었다. 1949년 개인 상공업이 북한 총생산액에서 차지하는 비중은 8.2%였는데, 1953년에는 2.9%로 줄어들었다. 1953년 개인 기업가의 숫자도 전체 인구의 0.1%에 그치는 정도로 감소되었다. 개인 상인도 전체 인구의 1.1%에 불과하게 되었다.[13] 한국전쟁 이후 개인 소유의 기업으로 남아 있는 것은 식품가공업, 정미소, 대장간 정도였고, 상업 분야에서는 작은 소매업 정도만 존재하게 되었다.

이러한 상태에서 1954년부터는 개인 상공업에 대한 협동화도 적극 추진되었다. 우선은 작은 수공업이 대상이었다. 업체를 합쳐 공동으로 운영하고 노동에 의해 분배받는 쪽으로 협동화가 추진되었다. 영세한 규모인데다 전쟁 중 타격을 많이 받아 수공업 분야의 협동화는 속도감 있게 진행되어 1956년에는 마무리되었다. 이후 어느 정도 규모를 갖춘 기업과 상업 부문에 대한 협동화가 진행되었다. 1957년 평안북도 피현군 인민위원회 상업부에서는 개인적으로 식당을 하던 사람들을 모아 피현읍에 합동식당을 차렸다. 군 소비조합에 지시를 내려 30여 종의 물품을 그 상점에 외상으로 대주게 했다.[14]

이런 식으로 당국이 나서서 상공업 부문의 사회주의적 개조 작업을 진행했다. 개인 상인들은 숫자가 얼마 되지 않는 데다 농업과 수공업의 협동화로 원료와 자재를 공급받기가 점점 어렵게 되었다. 협동조합 네트워크에 참여하지 않으면 운영 자체가 어렵게 된 것이다. 이런 과정을 통해 결국 개인 상공업도 1958년에는 협동화가 완료된다. 1950년대 초반까지만 해도 시골 읍내에 보이던 개인 식당, 이발소, 여관 등이 사라진 것이다.

그런가 하면 1950년 초 농민들이 생산한 농산물을 팔 수 있는 농민시장이 개설되었다. 1950년 3월 북한 당국은 농민시장을 개설해 농민들이 생산물을 팔고 필요한 생필품을 구입할 수 있는 공간을 확대하려 했다. 당시 내각의 결정서도 "로동자 농민 대중의 물질생활을 부단히 향상시키며 도시와 농촌의 경제적 연계를 더욱 튼튼히 할 목적"을 가지고 있었다고 밝히고 있다. 평양에 둘, 흥남에 하나, 각 도 소재지에 하나를 개설했다. 시장 내에 생필품을 파는 국영상점도 설치하고, 식당, 창고 등도 마련해 놓았다.[15] 북한이 사회주의화의 지향점을 가지고 있었지만, 실생활

속의 주민들은 삶의 방편으로 시장을 필요로 하고 있었다. 그런 현실을 반영해 북한 당국은 농민시장을 개설한 것이다.

전쟁하는 군졸들

목숨 내놓은 병영생활

한국전쟁은 남북한의 민중을 송두리째 고통의 질곡으로 몰아넣었다. 전쟁을 시작하는 것은 상위의 정치세력들이지만, 전쟁으로 인한 살상과 파괴, 폭력의 피해는 오롯이 민중의 몫이다. 동서고금을 막론하고 그래 왔다. 한국전쟁도 예외가 아니었다. 남북한 가릴 것 없이 청년들은 전선에서, 나머지는 후방에서 온몸으로 난관에 맞서야 했다.

북한의 청년들은 전쟁이 시작되면서 모두 군에 동원되었다. 북한은 1950년 7월 14일 「군사동원에 관한 규정」(군사위원회 결정 제14호)을 마련하고 인력과 자원 동원체계를 갖췄다. 규정에 의하면 18세에서 36세까지(1932년생부터 1914년생까지) 모든 남자는 의무적으로 군에 가야 했다. 자동차나 기계를 운용할 수 있는 기술, 기계수리 능력, 통신기술 등을 가진 기술자와 의사, 간호원, 기타 군사상 필요한 기술을 가진 사람들은 나이에 관계없이 동원대상이었다. 동원명령을 받은 사람은 명령을 완수할 때까지 주야를 불문하고 의무를 수행해야 했다.[16]

이러한 동원체계에 따라 청년들을 동원했지만 북한 당국은 자원입대

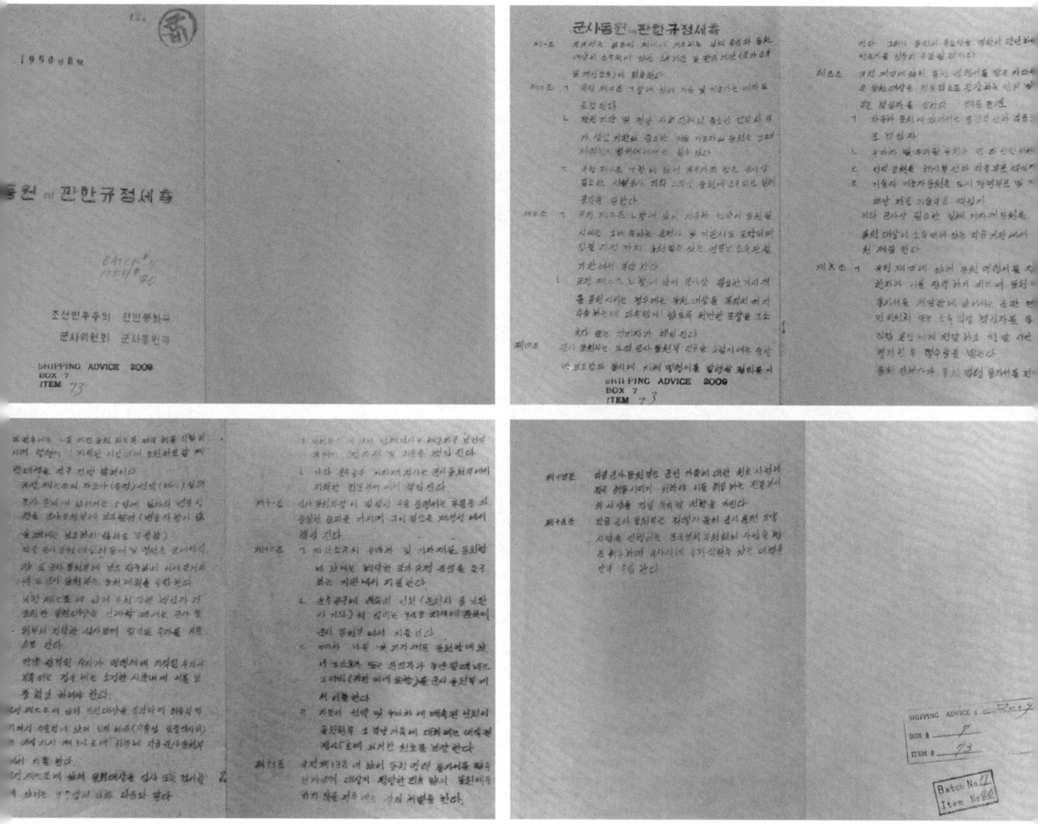
1950년8월

동원에 관한규정세측

조선민주주의 인민공화국
군사위원회 군사동원국

SHIPPING ADVICE 2009
BOX 7
ITEM 73

군사동원에 관한규정세측

SHIPPING ADVICE 2009
BOX 7
ITEM 73

1950년 7월 발효된 「군사동원에 관한 규정 세측」

형식을 갖추었다. 원해서 군에 들어가는 모양새를 만든 것이다. 청년들을 상대로 선전을 강화해 '조선인민군 입대청원서'를 쓰게 했다. 한 장짜리 청원서에는 '조선인민군 입대청원서'라는 제목 아래 본적과 현주소, 성명, 생년월일, 정당, 소속기관 및 직위, 기술 및 기능을 쓰도록 되어 있었다. 그 아래 "나는 조국의 통일독립과 자유를 위한 투쟁에서 헌신분투하기 위하여 인민군대에 입대시켜 줄 것을 청원함"이라는 문구가 붙어

군에 가기 전에 아내, 아기와 사진을 찍는 군인
사진을 찍은 날이 공교롭게도 1950년 6월 25일이었다.

있었다. 이러한 청원서를 통해 청년들의 자원으로 군대가 구성되는 형식을 갖췄고, 이러한 과정에서 군인들의 사기를 높이려 했다.

동원의 대상은 남자였지만, 여성들도 입대청원서를 쓰고 입대하는 경우가 많았다. 평안북도 선천군 군산면 인민위원회에서 1950년 7월 22일 입대청원서를 받은 결과를 보면, 모두 63명이 지원했는데, 그 가운데 35명이 여성, 28명이 남성이었다.[17] 노획문서에 남아 있는 수백 장의 입대청원서를 살펴보면, 선천군의 선천면, 동면, 심천면 등 다른 지역에서도 이와 같은 입대청원자 여초현상을 확인할 수 있는데, 남자는 이미 군에 입대해 있는 경우가 많았기 때문일 것이다. 또 북한 당국이 대대적인 입대청원을 선전한 것도 이유가 될 것이다. 7월 30일부터 8월 10일까지는 18세에서 36세까지의 모든 남자에 대해 군사증을 교부했다. "일체 군인 적령자들에게 군사증을 교부함으로서(교부함으로써) 적령자에 대한 정확한 등록과 군인 동원사업의 원활을 기하기 위하여" 한 작업이었다.[18]

전쟁의 와중이었으니 징집된 군인들이 가장 힘들 수밖에 없었다. 전투를 직접 치르면서 목숨을 걸어야 했다. 3년의 전쟁 동안 북한군인 약 55만 명이 목숨을 잃거나 실종되었다. 전투 중 사망하는 경우가 많았지

1950년대 북한 군인들의 모습

만, 전투를 준비하고 행군을 하는 과정에서 사고로 사망하는 경우도 많았다.

당시 부대 내부의 힘든 상황, 피해 현황 등을 기록해 놓은 문서들이 노획문서에 남아 있다. 인민군 제206부대 76mm포대대 참모부가 기록한 「작전종합보고」도 그중 하나이다. 1950년 6월 28일 것부터 9월 26일 것까지 보존되어 있다. 이 부대는 전쟁 시작과 함께 경기도 포천-의정부 쪽으로 내려왔다. 보고서에 따르면, 6월 28일부터 7월 14일까지는 사망자가 없었다. 그러나 7월 15일부터는 사망자가 나오기 시작한다. 7월 15일 1명이 사망하고 3명이 부상을 입었다. 7월 29일에는 5명이 전사하고 4명이 중상을 입었으며 1명이 경상을 당했다. 충청북도 영동군의 황간과 추풍령 인근에서 방어하는 남한군과 치열한 전투를 벌이다 여럿이

대구로 향하는 인민군 부대

사망한 것이다. 8월 3일에는 경상북도 김천 인근을 지나던 중 공습을 받아 장교 1명과 하사 2명, 병사 2명이 사망하고, 하사 3명, 병사 3명이 부상을 당했다. 8월 5일에도 2명, 6일에도 2명이 전사했다. 이후 8월 11일 1명, 14일 1명, 19일 1명, 21일 1명이 사망했고, 9월 들어서는 4일 2명, 6일 2명이 전사했으며, 10일에는 9명이 행방불명되었고, 24일에는 1명이 또 사망했다. 이 부대는 의정부를 거처 천안 – 김천 – 대구를 지나 왜관까지 내려갔다가, 9월 15일 인천상륙작전 이후 퇴각하기 시작해 9월 26일 경기도 수원까지 물러나 남한군, 미군과 대적하고 있었다.[19] 3개월 동안 사망자, 행방불명자가 33명에 이르렀다. 이 부대는 이후에도 퇴각을 계속해야 했기 때문에 그사이 희생자가 더 나왔을 가능성이 높다.

역시 노획문서에 있는 인민군 제7사단 제2연대 제2대대의 보고서도 당시의 상황을 잘 전해 준다. 이 대대의 정치보위부 책임군관 심태룡이 작성한 보고서이다. 7월 28일 부대는 충청남도 공주 지역을 지나고 있었는데, 트럭 한 대가 뒤집히면서 조직지도원 정국경이 사망했다. 이후에도 남쪽으로 행군을 계속했는데, 고난의 연속이었다. 8월에는 남해안 인근에서 작전을 계속했다. 21일 24시에는 경상남도 삼천포를 출발해 행군을 시작했다. 밤새 걸어 아침 7시에 목화리라는 목적지에 도착했다. 거기서 휴식을 취한 뒤 다시 밤이 되자 걷기 시작해 23일 아침 7시에 봉부리에 이르렀다. 산 속에 흩어져 미군의 공습을 피하면서 휴식을 취했다. 공습이 계속되어 점심은 먹을 수 없었고, 저녁 7시가 되어 겨우 식사를 할 수 있었다. 이날 24시에 다시 출발해 24일 새벽 4시쯤 우곡리에 도착했다. 여기서 주둔하다가 24시에 다시 행군을 시작했다. 도중에 강을 건너야 했는데, 다리가 끊겨 직접 건너야 했다. 25일 새벽 4시 심신리에 도착했다. 이날은 아침 일찍부터 미군 정찰기와 폭격기가 상공을 도는 바람에 아침과 점심 식사를 모두 하지 못하고 저녁 7시에 겨우 한 끼 식사를 할 수 있었다. 인근 지역에서는 포 소리가 계속 들렸다.[20]

병사들은 먹는 것, 입는 것 등 생활용품 전반이 모자랐다. 1950년 10월 15일에 쓴 한 군인의 편지를 보자. 평양의 내무성 제2대대 통신소대에 소속되어 있는 김준주라는 군인이 평안남도 용강군 용강면 방어리 하후동에 사는 아버지 김춘복에게 보내는 편지이다. 미군 노획문서에 포함되어 있는 것이다.

입대한 지가 어언간 3개월이 지나는 오늘까지 가내 제절의 신체 건강이 길이 보존돼여(보존되어) 있습니까? 저는 입대한 그날부터 공화국의 군인답게 조국보위초소에서 용감성과 대담성을 발휘하고 있으니 안심하시요.

만고역적 이승만이가 친히 양성한 국방군 폐잠병과(패잔병과) 자본주의 국가로써 손곱아지는(손꼽아지는) 미군들에게 결정적 타격을 주는 첨예화한 국제 국내 정세를 안은 한 개의 군인으로써(군인으로서) 군사규정에 입각하여 반동 격멸에 전력량을(전 역량을) 기우리고(기울이고) 있습니다.

일전에 뜻박에(뜻밖에) 어머니가 면회 와서 반가히 동리소식과 가내의 소식을 주고받았습니다. 사업상 관계로 간단히 송별하였는데 무고히 도착하였는지여?

저는 이때까지 남에게 지지 않는 사업을 하여온 결과로 1950년 10월 13일 연대장 동무로부터 새로운 직급을 수여받았습니다. 그 직급은 특무상사(특무장特務長)의 직급을 수여받았는데, 아직 군대생활에 익숙지 못한 몸으로 자기의 책임을 완수하는 데 매우 어려우나 새로운 부하들의 외래조건들을 해결하여 줄 때마다 새로운 각오가 북돚아집니다(북돋아집니다).

수백 명의 대원들이 나의 손에 위하여(의하여) 먹고 입고 전투하는 중대한 사업입니다. 그러나 조국과 인민이 지워준 과업들을 제때에 올케(옳게) 실천 못하는 사실은 씩씩하지 못하다는 것을 자신의 뼈 속에 깁이(깊이) 무쳐스니(묻었으니) 염려 마십시오. 그리고 성금, 대희, 봉훈이는 분대장급을 수여받았으며 10여 명의 분대원을 오리(옳이) 장악하고 남에게 지지안는(지지 않는) 분대원을 만들려는 씩씩한 모습들이 만이(많이) 보입니다. 그리고 대희, 성금, 봉훈이와 같이 매일매일의 사업에 종사하니 그리 전하여 주시요(주시오).

그리고 저는 한 대의 통신원(무전수)으로써 국가적 심경만위(신경망의) 역할을 하고 있습니다. 보병부대에 있다 무전수로 임명받으면서 특무장(정丁)이라는 직급을 임명받았습니다. 한 개의 대대 인원 중에서 4명이라는 무전수 가운데 일인으로 임명된 것은 자기 자신의 영예를 길이 자랑하는 바입니다. 직급이 높으면 높을수록 그의 책임이 증대하며(중대하며) 과오들이 만이(많이) 발생할 줄 아나 이렇한(이러한) 수치감들을 퇴치하기 위하여 자기사업에 부단한 연구성을 가하고 있습니다.

상부는 군관동무들의 지시를 받아 수만은(수많은) 하부를 영도할 때에는 나 자신 한 개의 떳떳한 지휘관이라고 생각되는 우슴도(웃음도) 납니다. 이러한 나의 소감을 주며 수치감을 무릅쓰고 다음과 같은 몇 가지를 부탁하려고 합니다.

발싸게(발싸개) 2, 3척尺	양말 5, 6꺼리(켤레)
춘추용 도리닝구(트레이닝복) 2매	난닝구(러닝셔츠) 2, 3매
상하이(상하의) 내복 1불(벌)	사루마다(팬티) 2, 3매
명자용 흰 천 반 척	겐장용(견장용) 황천 20cm
장갑 한 꺼리(켤레)	약간의 금전
반소데 샷쯔(반소매 셔츠) 1매	엽서 20매

등을 사서(만들어서) 속히 가지고 와주시면 감사하겠습니다. 수다한 사람들을 취급함으로(취급하므로) 부족될 때에는 내해로(내 것으로) 쓰기가 골난합니다(곤란합니다). 아주 춥기 전에 한 번도(한 번 더) 면회하고는 다음 기회를 따뜻한 때에 보려 합니다. 면회는 일전에 왔든(왔던) 그곳에서 100m 뒤에 중학교에 와 주시요. 그렇면 내가 가 있게스니까(있겠으니까) 맞날(만날) 수 있을 것입니다.

할 말은 만으나(많으나) 점심식사를 식히어야(시켜야) 하기 때문에 순서업이(순서없이) 만이(많이) 요구합니다. 만이(많이) 냥해하시고(양해하시고) 시급이(시급히) 와주시면 감사하겠습니다.

1950년 10월 15일

2대대 통신소대 김준주[21]

김준주가 아버지 김춘복에게 보낸 편지

김준주는 생활에 바로 쓰이는 물자들이 모자라고 돈도 필요했음을 밝히고 있다. 전쟁 중임에도 가족들의 면회가 허용되고 있었다. 한 동네에서 입대한 사람들은 같은 부대에서 근무하고 있었다. 그리고 일반병사로 입대했는데도 3개월 만에 특무상사로 승진했음도 알 수 있다. 전시인 만큼 사람은 부족했고 그래서 쓸 만한 인재는 빠르게 승진을 시켰던 것으로 보인다. 또 특무상사인데도 돈이 모자라 아버지에게 돈을 가져와 달라고 부탁하고 있는데, 병사들의 봉급이 적었음을 짐작할 수 있게 하는 대목이다.

미군 노획문서 가운데에는 1950년 1월 당시 군인들의 봉급을 자세히 적어 놓은 장부도 발견되는데, '봉급명단철'이라는 표지가 붙어 있는 조선인민군 제242부대의 부대원 전원에 대한 봉급장부이다. 작성은 1950년 1월 28일에 했고, 작성자는 재정관리장 라삼룡으로 되어 있다. 이 부대는 연대급으로 부대장은 최레운이다. 그의 봉급이 가장 많아서 4,850원이다. 기본봉급 3,500원에 복무수당 350원, 특별보조 1,000원을 합친 액수이다. 후방부연대장 장연학의 봉급은 3,190원인데, 기본봉급이 2,900원이고, 여기에 복무수당 290원이 보태졌다. 작전참모 이응수는 2,625원을 받았는데, 기본봉급이 2,500원, 복무수당이 125원이다. 중대장 이용하의 봉급은 4,098원으로, 기본봉급 3,903원, 수당 195원이다. 소대장 김태식은 1,400원을 받았는데, 수당 없이 기본봉급만 수령했다. 우리의 상사나 원사에 해당하는 특무장 이재명은 300원, 지도원 이동엽은 236원, 부소대장 주재화는 200원, 분대장 서방춘은 150원을 받았다. 그런데 우리의 이등병에 해당하는 전사 계급인 강인달의 봉급은 50원이다. 위생병 박명순도 50원을 받았다.[22] 물론 징병되어 온 병사들이긴 하지만, 그들에 대한 지원이 매우 열악했음을 잘 보여 준다.

위와 같은 군인들의 월급은 1949년 7월 1일부터 시행된 「조선인민군 군무자 봉급에 관한 규정」에 따른 것이다. 이 규정에 나와 있는 군인들의 봉급을 일목요연하게 표로 정리해 보면 다음과 같다. 아래의 기본봉급에 수당을 합쳐 실제로 군인들에게 월급이 지급되고 있었다.

북한군 사병, 하사관 봉급

(단위: 원)

직무명	봉급
병사	50
상등병	75
부분대장	100
분대장	150
부소대장	200
특무장	300

* 출처: 「조선인민군 군무자 봉급에 관한 규정」(NARA, RG 242, Entry 299C, Container 98, SA 2005, Box 5, Item 2).

북한군 장교 봉급(육군)

(단위: 원)

급수	직무명	사무원 · 재판소 · 검찰소 도서 · 대렬간부	후방 · 재정 · 수의	보병	포병 · 무전	전차	군의
3	소대장	1,200	1,300	1,400	1,500	1,600	1,600
4	부중대장	1,300	1,400	1,500	1,600	1,700	1,800
5	중대장	1,500	1,600	1,700	1,800	1,900	2,000
6	부대대장	1,700	1,800	1,900	2,000	2,100	2,600
7	대대장	2,300	2,400	2,500	2,600	2,700	2,800
8	부연대장	2,800	2,900	3,000	3,100	3,200	3,100
9	연대장	3,300	3,400	3,500	3,500	3,600	3,500
10	부사단장	3,500	3,600	3,700	3,700	3,700	3,700
11	사단장	4,000	4,000	4,000	4,000	4,000	4,000

* 출처: 「조선인민군 군무자 봉급에 관한 규정」(NARA, RG 242, Entry 299C, Container 98, SA 2005, Box 5, Item 2).

북한군 장교 봉급(해군)

(단위: 원)

급수	직무명	금액
3	소대장	1,500
4	부중대장	1,600
5	중대장	1,800
6	부대대장	2,000
7	대대장	2,600
8	부연대장	3,100
9	연대장	3,500
10	부사단장	3,700
11	사단장	4,000

* 출처: 「조선인민군 군무자 봉급에 관한 규정」(NARA, RG 242, Entry 299C, Container 98, SA 2005, Box 5, Item 2).

북한군 장교 봉급(항공대)

(단위: 원)

급수	직무명	금액
3	소대장	1,700
4	부중대장	1,800
5	중대장	2,000
6	부대대장	2,200
7	대대장	2,800
8	부연대장	3,300
9	연대장	3,600
10	부사단장	3,700
11	사단장	4,000

* 출처: 「조선인민군 군무자 봉급에 관한 규정」(NARA, RG 242, Entry 299C, Container 98, SA 2005, Box 5, Item 2).

조선민주주의 인민공화국
민족보위성
조선인민군
군무자봉급규정

1950년 8월

조선인민군 군무자
봉급 규정

그러다가 한국전쟁이 시작된 이후 병사들의 월급이 올랐다. 1950년 9월 인민군 제505군부대 자동총중대의 월급 지급내역을 보면, 79명의 전사가 400원의 월급을 받았다. 또 다른 79명의 전사는 600원의 월급을 받았고, 중대 특무장도 600원을 받았다.[23] 일반 병사들의 월급이 50원에서 400원 또는 600원으로 크게 올랐음을 알 수 있다. 직위는 같은 병사라 하더라고 직무에 따라 월급이 달랐던 것으로 보인다. 특무장 월급은 300원에서 600원으로 올랐으니까 병사들에 비해서는 인상률이 낮았다. 전쟁이 시작되면서 장교나 하사관보다는 병사들의 월급을 대폭 인상해 이들

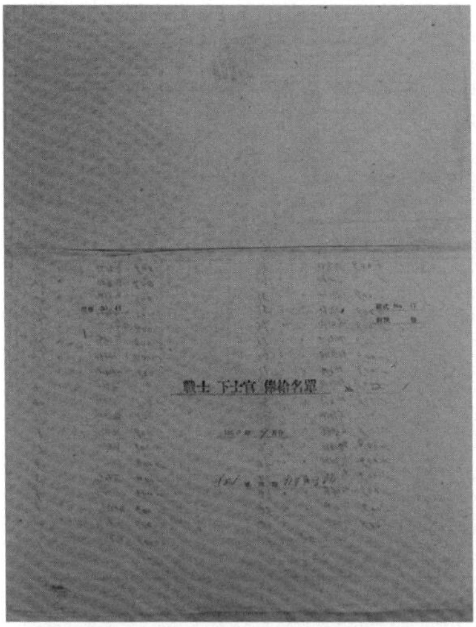

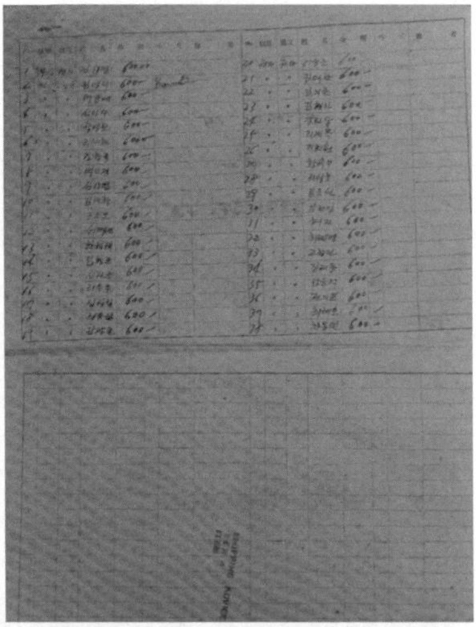

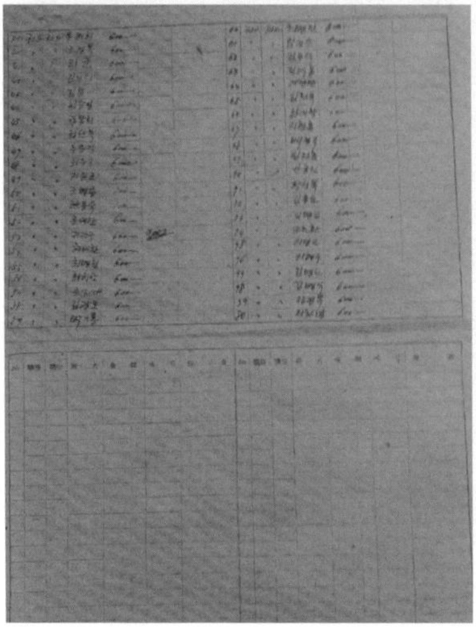

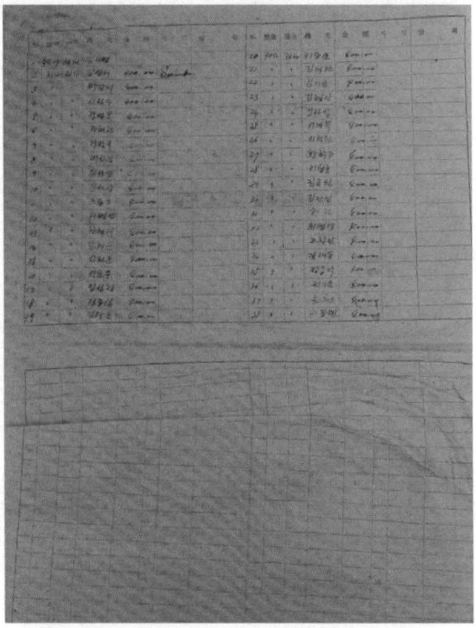

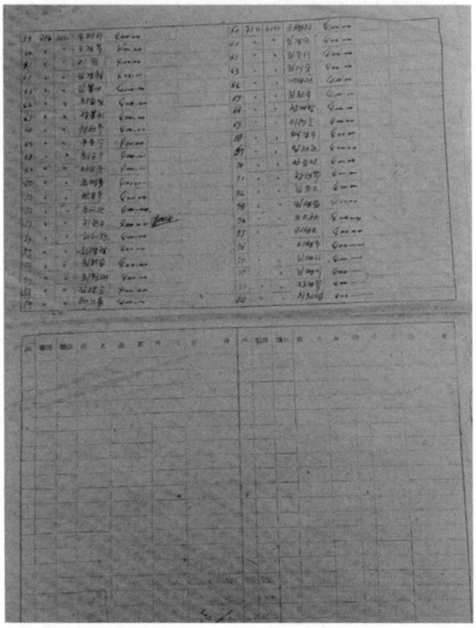

전사 하사관 봉급 명단

(인민군 제505군부대 자동총중대)

의 사기를 높이기 위한 정책이었던 것으로 여겨진다.

장교들은 많지 않은 월급으로 저금도 해야 했다. 민족보위성이 저금을 적극 권장했다. 인민군 제861부대 습격연대의 상황을 보면, 1950년 2월 장교 총원 130명 가운데 101명이 저금을 했다. 총액은 55,400원으로 한 사람당 평균 550원을 한 것이다. 14명은 가족이 많아서, 8명은 집에 송금을 하느라 저금을 못했다. 6명은 입원, 출장 등으로 저금에 참여하지 못했다(자료에는 28명에 대한 설명만 나온다.).[24] 전쟁이 시작된 이후에도 이런 사업이 계속되었는지는 확실하지 않지만, 전쟁 상황에서 군인들의 내핍에 대한 요구는 더욱 강화되었을 것으로 여겨진다.

폭격에 떨고 군기는 빠지고

인천상륙작전이 이루어진 1950년 9월 15일 이후 북한군은 대대적인 후퇴작전에 들어갔다. 이후 북한군이 겪는 어려움이 이전보다 훨씬 심해졌다. 시시각각 닥치는 죽음의 고비를 넘어야 했다. 그 가운데서도 미군의 폭격은 상하를 막론하고 모든 북한 군인의 공포의 대상이었다. 인민군 제249부대 제5대대의 문화부대대장 홍성현이 1950년 10월 8일 작성한 보고서를 보면 당시의 공포를 어느 정도 실감할 수 있다. 당시 이 부대는 함경남도 홍남 지역을 지나고 있었다.

> 1950년 10월 8일 이날은 일기가 대단히 흐리며 하루 종일 야수와 같은 미제의 폭격기 및 전투기가 폭격 및 기총사격을 감행하였다.
>
> 오후 5시 30분경 미국 경폭격기(2발기)가 2대 편대로 서호 작도리 지구에 나타나 기총사격 및 500k 폭탄을 수발 투하하였다. 이로써 500k 폭탄 1발은 제2중대 제2소대 식당 후면 20m처에 투하되여(투하되어) 폭풍 및 파편으로 식당(시민 초가집)이 무너졌다. 대원들의 식사는 이미 끝나고 식당근무자 및 다른

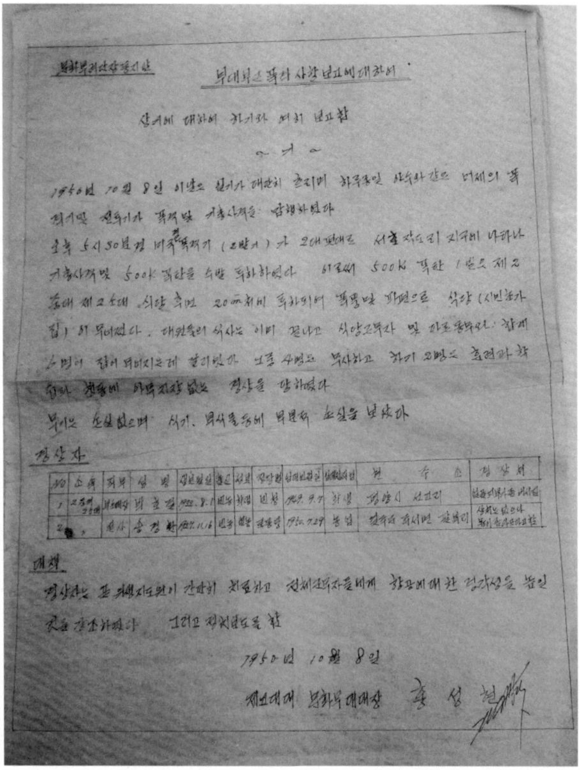

문화부대대장동지 앞

부대부근 폭격 사항 보고에 대하여

상기에 대하여 하기와 여히 보고함

~ 기 ~

1950년 10월 8일 이날도 [illegible]

[illegible] 폭격 및 기총사격을 [illegible]

오후 5시 30분경 미국 폭격기 (2발기)가 2대 편대로 서울 [illegible] 지구에 나타나 기총사격 및 500K 폭탄을 수발 투하하였다 이로써 500K 폭탄 1발은 제2중대 제2소대 식당 후면 20m 처에 투하되어 폭풍 및 파편으로 식당 (시민 [illegible] 집)이 무너졌다. 대원들의 식사는 이미 끝나고 식당근무자 및 [illegible] 합계 6명이 집이 무너지는데 깔리였다 그중 4명은 무사하고 하기 2명은 훈련과 학습과 행동에 아무 지장 없는 경상을 당하였다

무기는 손실 없으며 식기, 부식물 등에 부분적 손실을 보았다

경상자

No	소속	직무	성명	생년월일	출신	성분	[illegible]	입대년월일	[illegible]	본주소	경상처
1	2중대 2소대	[illegible]	박 [illegible]	[illegible]. 8. 1	빈농	학생	민청	1949. 9. 7	학생	평양시 선교리	[illegible]
2	〃	전사	송 정 [illegible]	[illegible]. 11. 16	빈농	[illegible]	로동당	1950. 7. 29	농업	[illegible]	[illegible]

대책

경상자는 [illegible] 치료하고 전체 전투자들에게 항공에 대한 경각성을 높일 것을 강조하였다 그리고 [illegible]

1950년 10월 8일

제5대대 문화부대대장 홍 성 철

제249부대 제5대대 문화부대대장이 작성한 부대 부근 폭격 사항 보고서

동무와 합계 6명이 집이 무너지는 데 깔리였다(깔리었다). 그중 4명은 무사하고 하기 2명은 훈련과 학습과 행동에 아무 지장 없는 경상을 당하였다.[25]

그러면서 보고서 아랫부분에는 경상자 2명의 인적사항을 자세히 기록해 놓고 있다. 이날은 그나마 사망자가 없는 날이었지만, 사망자가 발생한 날도 부지기수였을 것이다. 이렇게 병사들은 공포와 배고픔, 피로를 견디면서 밤을 낮 삼아 행군해야 했고, 적을 만나면 전투를 해야 했다.

1951년 초 인민군 제8보병사단 포병부대의 상황을 보자. 후퇴한 인민군은 중국의 참전으로 1951년 1월 초 남진했다가 1월 말부터는 다시 공격에 나선 남한군과 유엔군의 공격을 받게 된다. 인민군 제8보병사단은 1951년 1월 25일부터 2월 17일까지 서울을 두고 미군 제25사단, 남한군 제1사단 등과 치열한 전투를 벌였다. 포병부대의 기록에 의하면, 3주간의 전투로 포병부대 병력 2,500여 명 가운데 64명이 사망하고, 152명이 실종되었으며, 85명이 부상을 당하고, 2명은 도주했다. 실종자 대부분은 사망 가능성이 높은 만큼 사망자가 216명에 이르렀다고 보아야 할 것이다. 사망, 실종자 가운데 장교는 15명, 하사관은 88명이었고, 나머지 113명은 병사들이었다.[26] 수시로 치러지는 이러한 전투로 병사들은 그야말로 언제 죽을지 전혀 알지 못하는 상황에 내몰려 있었다.

한국전쟁 당시 북한군은 '군인선서' 아래 복무하고 있었다. 정확히 어느 시점부터 군인선서가 만들어지고 병사들이 이 선서를 하도록 했는지는 알기 어렵지만, 노획문서에서 발견되는 인민군 제599부대 문화부기지장 이두진 명의의 지령 '군인선서에 관하여'가 하달된 1950년 1월 31일 시점에는 분명히 시행되고 있었다. 이 지령은 군인선서를 하지 못한 사람은 당일 오후 3시에 기지본부 구락부실에서 실시하니 분대 책임자가 이들을 인솔해 오라는 내용이었다.[27] 전쟁 전부터 시행되고 있었던 것이다. 일정한 곳에 단체로 모여 군인선서를 하고 부대생활을 시작한 것으로 보인다. 내용은 이렇다.

나는 조선민주주의인민공화국 공민으로서 조국 앞에 신성한 의무를 리행하여 조선인민군에 입대하면서 나의 조국과 인민과 민주주의 인민정부에 나의 생명의 마지막 순간까지 충실할 것을 영예롭고 위대한 선조들의 이름으로 엄숙히 맹서한다.

나는 인민의 뜻으로 창건된 민주제도를 헌신적으로 충실히 수호하며 나의 힘과 생명을 아끼지 않고 모든 적들을 반대하여 손에 무기를 잡고 나의 조국과 민족과 자유와 독립을 방위하기 위하여 항상 준비되어 있을 것을 맹서한다.

나는 정직하고 용감하고 규률(규율) 있는 군인이 되며 군사비밀과 국가비밀을 엄수하며 모든 군사규정과 지휘원과 장관들의 명령을 절대적으로 수행하며 군사학을 성실히 연구하며 인민의 재산과 군대재산을 백방으로 애호보위할 것을 맹서한다.

만일 나의 이 엄숙한 맹서를 고의로 위반하는 때에는 나는 인민의 증오와 저주를 받을 것이며 공정한 재판의 엄격하고도 무자비한 처벌을 받을 것이다.[28]

조국과 인민정부를 위해 목숨 바칠 각오로 항상 준비된 자세로 복무하며 지휘관의 명령에 복종하고 규율도 엄격하게 지킬 것을 선서하고 있었지만, 실제로는 기강의 해이 문제가 심각했던 것으로 보인다. 전쟁은 인간의 생활을 온갖 방면에서 피폐하게 만들 수밖에 없다. 내 생명의 내일을 알지 못하는 상황에서 인간이 온전한 이성을 유지하기는 어려운 일이다. 북한군도 이러한 상황에서 군기를 오롯이 유지하기는 어려웠던 것이다. 일선의 중대장이 이런 문제를 지적하며 군기확립을 엄중 명령한 자료가 발견된다. 1951년 6월 5일 인민군 제317부대 제3중대 중대장 정심섭은 중대 병사들의 군기가 해이해졌음을 지적한다.

조국과 인민을 위한 사상 제고에 대하여 강한 교육이 있음에도 불구하고 아직 일부 구분대와 직속에서는 상부에서 주는 지시을(지시를) 집행하지 않은 결과로 허다한 규률(규율) 위반자를 볼 수 있다. 그의 실예을(실례를) 덜면(들면) 하사관과 전사들 사의에(사이에) 하등에(하등의) 예절이 없고 마치 자기 하부을(부하를) 찾드시(찾듯이) 이름을 부르고 있으며 규률이라고는(규율이라고는)

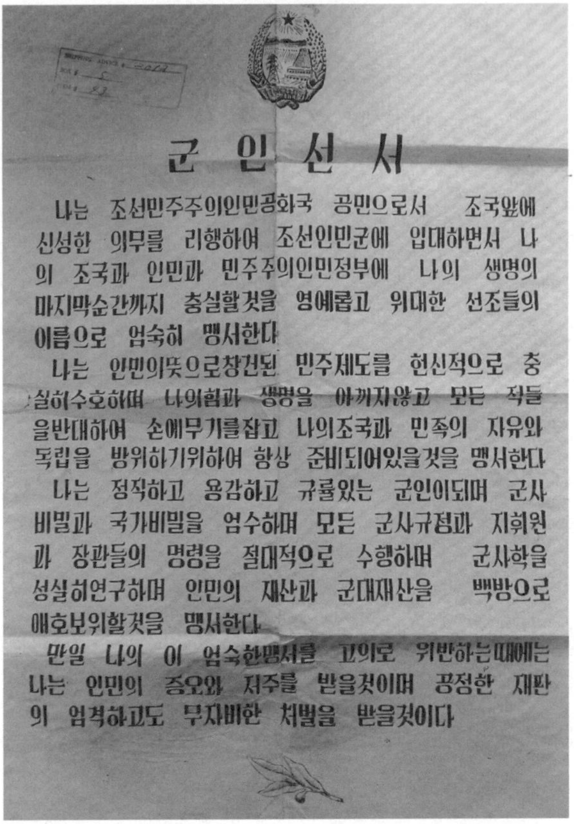

군 인 선 서

나는 조선민주주의인민공화국 공민으로서 조국앞에 신성한 의무를 리행하여 조선인민군에 입대하면서 나의 조국과 인민과 민주주의인민정부에 나의 생명의 마지막순간까지 충실할것을 영예롭고 위대한 선조들의 이름으로 엄숙히 맹서한다

나는 인민의뜻으로창건된 민주제도를 헌신적으로 충실히수호하며 나의힘과 생명을 아끼지않고 모든 적들을반대하여 손에무기를잡고 나의조국과 민족의 자유와 독립을 방위하기위하여 항상 준비되어있을것을 맹서한다

나는 정직하고 용감하고 규률있는 군인이되며 군사비밀과 국가비밀을 엄수하며 모든 군사규정과 지휘원과 장관들의 명령을 절대적으로 수행하며 군사학을 성실히연구하며 인민의 재산과 군대재산을 백방으로 애호보위할것을 맹서한다

만일 나의 이 엄숙한맹서를 고의로 위반하는때에는 나는 인민의 증오와 저주를 받을것이며 공정한 재판의 엄격하고도 무자비한 처벌을 받을것이다

군인선서

구경도 하지 못하고 조금도 배우지 못한 사람처럼 ○○○○○○ 지내는 현상은 그 어디 누구라고 지적하기 곤란하게금(곤란하게끔) 허다히 존재하고 있음을 볼 수 있다.[29]

이렇게 강하게 지적한 뒤 상부의 명령을 법으로 정확히 지키도록 하고 규율도 철저히 지켜야 한다고 강조하고 있다. 1951년 6월 시점은 북

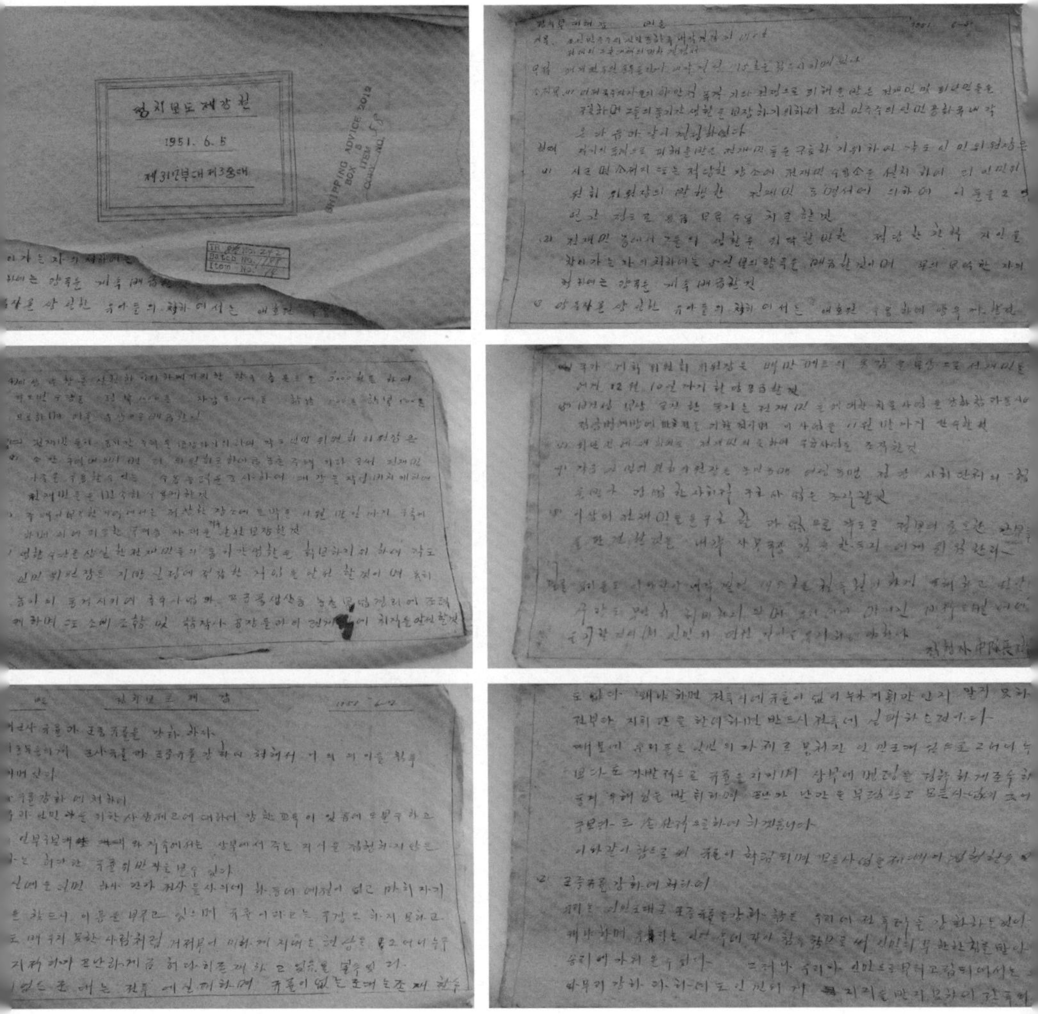

군기확립을 명령하고 있는 정치보도 제강철(제317부대 제3중대)

한군이 남진했다가 후퇴한 뒤 다시 중국군과 함께 남진했다가 또다시 후퇴한 시점이다. 전쟁의 중요한 변곡점을 넘긴 상황이어서 군인들의 군기가 상당히 풀려 있었던 것으로 보인다.

실제의 생활에서 먹을 것, 입을 것이 절대 부족한 환경에서 인간이 합리적으로 행동하기를 기대하는 것 또한 무리이다. 한국전쟁 당시 북한의 상황도 예외일 수 없다. 사람들은 살아남아야 했고, 그래서 범죄를 저지르는 군인도 많았다. 1951년 당시 북한의 한 분주소의 기록이 이를 잘 보여 준다. 황해도 장연군 후남면 분주소의 기록이다. 제목은 '1951년 범인수사해제'라고 되어 있다.

20살의 장동하는 황해도 재령군 시설중대 대원인데, 남의 집 소를 잡아다 판 뒤 1951년 7월 28일 새벽 3시에 중대를 이탈해 도주했다. 21살의 김봉관은 남의 닭을 잡아먹은 혐의로 수사를 하려 하자 1951년 8월 4일 도망했다. 29살의 왕봉석은 다른 사람과 함께 길가에 서 있는 송아지를 도살해 팔려다 도살할 곳이 마땅치 않자 재령군 재령면의 한 농민에게 4,000원에 팔았다가 1951년 8월 적발되었다.[30]

그런가 하면, 전쟁의 와중이고 병사들의 사기진작이 필요했던 만큼 병사들에게 노동당 당원이 될 기회는 많이 열려 있었다. 전쟁터에서 입당하는 것은 '화선입당火線入黨'이라고 해서 영광스러운 것으로 여겨졌다. 그래서 병사들이 입당청원을 하는 경우가 많았다. 인민군 제30보병연대 제2대대 제6중대 분대장 김진룡도 1951년 1월 10일 입당청원서를 썼다. 한 장으로 된 입당청원서는 윗부분에 본인의 성명과 소속, 직위, 생년월일, 출신가정, 사회성분, 입당청원 이유 등을 쓰게 되어 있었다. 김진룡은 1916년 5월 19일 생, 출신가정은 빈농, 사회성분은 노동계급이었다. 입당청원 이유로는 "조국이(조국의) 통일독립과 무산계급이(무산계급의) 완전 해방을 위하여 선진적인 로동당에 입당을 청원한다"라고 썼다. 그 아래에는 중대와 대대, 연대의 정치책임 당원의 이름과 서명이 있다. 이들의 비준을 받아야 했던 것이다.

그리고 그 아래로는 입당보증서란이 2개 있다. 당원 2명의 보증을 받아야 했다. 김진룡은 박수창과 정상훈이란 사람의 보증을 받았다. 박수창은 보증이유를 "공작에 적극적이고 전투에 용감하고 단결이 좋고 책임이 강하며 명령 지시 복종이 우수함으로(우수하므로) 입당시킬 것을 보증함"이라고 적고 있다. 정상훈도 똑같이 적어 놓았다. 입당청원서는 또 별지에 간단한 이력을 기입해 청원서 뒷면에 풀로 붙일 것을 요구하고 있는데, 김진룡은 "8~10세 서당에서 학습, 11~16세 농업에 종사, 17~19세 로동, 20~28세 상점 점원, 29~30세까지 로동(목재소), 31~32세 개인 소매업, 32세 10월 8일 참군", 이렇게 이력을 적고 있다.[31] 당시 대부분의 인민군 병사들이 김진룡과 별반 다르지 않은 이력을 가지고 있었을 것으로 보이고, 이들에게는 군복무 중에 당원이 되는 것이 당시 매우 중요한 목표였을 것이다.

탈영, 병역기피도 많아

군사 동원을 기피하고 도망하는 사람도 상당했던 것으로 보인다. 전쟁 초기의 문서가 이를 여실히 보여 준다. 전쟁이 시작된 지 한 달 정도 지난 1950년 7월 30일 강원도 내무부장(강원 경찰청장)이 각 시·군 내무서장(경찰서장)에게 보낸 지시문을 보면, "일부 불순분자들과 낙후분자들은 조선공민의 최대의 영예이며 의무적인 조국보위를 위한 군무소집을 고의적으로 기피하며, 국가적 의무동원을 기피하는 등 사실에 대하야 아래와 같은 구별에 의하야 처단할 것이다"라면서 의무동원 기피, 현역군무소집 기피 등을 구분해 각각 형법의 조항에 따라 처벌하도록 하고 있다. 지시 내용을 자세히 보면, 자기 신체를 손상시키거나 가병假病을 앓거나 문서를 위조하거나 해당 공무원을 매수하는 등의 방법으로 의무를 기피하는 경우를 잘 살피도록 명하고 있다.[32] 목숨을 내놓아야 하는 전장, 끝없는 노동의 시간이 기다리는 전시노동의 현장을 되도록 피해 보기 위해 북한의 주민들이 다양한 수법을 동원하고 있었음을 이러한 문건이 방증해 준다.

1951년 1월에도 병역기피, 탈영병에 대한 지시가 있었다. 북한군은 초기에 남진했다 후퇴한 뒤 1951년 1월 초 다시 남진했다가 2월 초에는 다시 퇴각하기 시작했다. 이렇게 진퇴가 반복되는 상황에서 병역기피와 탈영이 많아져 새삼 지시를 내린 것이 아닌가 여겨진다. 3월 14일에는 북한군이 서울을 내주고, 24일에는 38선을 넘어 북으로 갔다. 이후에는 남측과 북측이 일진일퇴를 거듭하는 상황이 된다. 이렇게 전쟁이 길어지면서 군기해이, 탈영, 병역기피 등이 더 많아졌을 것으로 보인다.

실제 사례를 보면, 인민군 제10보병사단 소속 전사 김재명은 전쟁이 터지자 고향집에 은신하며 징병을 피했다. 1950년 10월 인민군이 후퇴하자 은신하던 방을 나왔다가 리 인민위원회 간부들에게 발각되었다. 어쩔 수 없이 인민위원회에서 일하다가 1951년 4월 군에 동원되어 제10보병사단 포병연대 제3대대 제9중대 제2소대에 배속되어 포수로 복무했다. 하지만 그는 전쟁이 무서웠다. 전투가 벌어지면 죽게 될 것이라는 생각에 사로잡혔다. 그래서 생각한 것이 자해였다. 1951년 8월 23일 보초근무를 서던 그는 자신의 왼손 등을 스치게 총을 쏘았다. 이 총알은 다리에도 부상을 입혔다. 적이 나타나 사격을 가하다 다쳤다고 거짓말을 했다. 하지만 조사 결과 거짓이 드러났다. 군사재판에 회부되어 징역 12년을 받았다.[33]

같은 제10보병사단 전사 김성구는 1952년 8월 제25연대 제2대대 제4중대 제3소대 제1분대에 소속되어 있었다. 그는 규율이 강한 군대에 적응하지 못했다. 탈영을 계획하고 기회를 엿보았다. 공장이나 광산에 숨어들어 살겠다는 생각이었다. 8월 4일 새벽 4시쯤 소대원들이 잠들어 있는 사이 탈영했다. 외투 한 벌과 쌀 이틀분을 가지고 나왔다. 하지만 이튿날 체포되었다. 영창에 갇힌 그는 8월 18일 영창벽을 뜯고 또다시 탈영했다. 그런데 이튿날 다시 체포되었다. 김성구는 군사재판에 회부되어 징역 7년을 선고받았다.[34]

북한 당국은 이들 탈영자, 병역기피자 등에 대한 대응책을 마련하는 데 고심하지 않을 수 없었다. 노획문서 중에 북한 내무성의 직원이 자신의 직무와 관련한 내용을 적어 놓은 노트가 있는데, 이 자료가 이런 모습을 어느 정도 확인해 준다. 겉장 위쪽에는 '학습장'이라고 적어 놓고, 그 아래 '1951년도', 그보다 조금 아래 자신의 이름 '정명옥'을 써 놓았다. 몇 페이지를 넘기면 '내무상 지시'라는 제목으로 지시내용을 자세히 적어 놓은 것을 발견할 수 있다. 날짜는 1951년 1월 25일로, 군사 및 노력 동원 기피자, 대열 이탈자, 적의 패잔병, 반동, 경찰, 치안대 등의 사람들에 대한 대처방안에 대해 내무상이 특별히 지시한 내용이다. 치안대는 유엔군이 북한 지역을 점령했을 때 점령 지역의 치안을 유지하기 위해 만든 조직이다.

내무상은 이들에 대해 관대하게 처리할 것을 지시한다. 우선 자수하도록 권장하도록 하고 이를 위해 포고문을 잘 써서 배포할 것을 명한다. 이들을 상대로 국가정책을 설명할 때에는 국가가 포용력을 가지고 수용하는 자세를 유지하고 있음을 잘 전해야 한다고 말하고 있다. "공화국에서는 당신들이 공개적으로나 의식적으로 한 것이 않이라(아니라), 일시적인 실수로 인정하며, 당신들이 가지고 있는 무기를 버리고 도라와(돌아와) 국가에 유리한 사업을 하시오", 이런 식으로 설득해야 한다고 지시한다. 특히 동원 회피자에 대해서는 인민군이 많이 동원되어 있기 때문에 자수해도 바로 동원하지는 않을 것임도 밝히고 있다.

이 사람들을 대하는 데 있어서도 인도적으로 대우하고, 그들의 물건에 손대지 말 것이며, 제대로 된 접대소를 만들어 식사와 신발, 이발 문제, 환자의 경우 약을 처방해 주는 문제까지 신경을 쓰도록 하고 있다. 민주주의적으로 대하고, 무리한 행동을 취하지 말 것도 당부하고 있다.[35] 사회적으로 적지 않은 이러한 사람들이 북한 사회에서 이질적인 존재로 남는 경우를 대비한 조치였을 것이다.

전쟁 속 인민

일반인들도 힘겨운 삶의 연속

전쟁은 후방의 일반인들에게도 견디기 힘든 시간의 연속이었다. 시도 때도 없이 계속되는 미군의 공습을 피해야 하는 것은 군인들과 다를 바 없었다. 공습을 피하면서 목숨을 부지하려면 먹을 것을 확보해야 했다. 이 또한 쉬운 문제가 아니었다. 장독대의 장독들도 성한 것이 없어 찬을 마련하기도 어려운 형편이었다. 간장을 만들려면 소금이 필요했는데, 그것도 부족했다.[36] 주요기관에 있는 인물도 첫 번째 문제는 식량을 확보하는 것이었다. 평양의 소련대사관에 근무하는 사람도 예외가 아니었다. 평양시 도산리에 있는 소련대사관에 근무하는 이상연이라는 사람이 1950년 10월 17일에 삼촌에게 쓴 편지가 있다. 삼촌 이상선은 평안남도 평원군 청산면 보방리에서 농사를 짓고 있었다. 편지 내용은 식량이 없으니 좀 보내 달라는 것이었다. "금전이 필요하오면 곳(곧) 드러오시오(들어오시오). 금전은 잇스니(있으니) 그리 아시요(아시오)"라고 적고 있어, 돈이 있어도 식량을 구할 수 없는 사정이었음을 잘 말해 주고 있다.[37]

공장의 노동자들은 일도 일이지만 미군의 폭격으로 부서진 공장과 기

폭격으로 폐허가 된 북한의 후방 지역

계를 수리하는 것이 큰일이었다. 함경북도 청진의 청진제철소 해탄직장의 경우도 1950년 9월 공습을 받아 가스탱크가 폭발할 위험에 직면했다. 노동자들은 목숨을 걸고 가스를 뽑아 내 겨우 폭발을 막고 설비를 지켜냈다. 함경남도 흥남비료공장에서는 공격을 받아 설비들이 위험에 처하자 노동자들이 압축기 스위치 전원 끊기에 나섰다가 목숨을 잃기도 했다.[38] 일하던 공장이 공습으로 파괴되어 다른 곳으로 옮겨야 하는 경우도 많았다. 북한 당국은 그런 경우 기업소 책임자가 노동자들을 다른 곳으로 이동시키도록 하는 규정까지 마련했다.[39]

농촌의 농민들도 청장년은 모두 징병된 가운데 무너진 논밭과 관개시설들을 복구하면서 농사일에 배전의 노력을 기울여야 했다. 논밭이라는 노출된 지역이 작업장이다 보니 곳곳에 미군의 공습에 대비해 대피호를 파놓고 일을 해야 했다. 함경남도와 평안남도, 강원도, 황해도 일대의 농촌에 만들어진 대피호만 해도 28만 개가 넘었다.[40] 부족한 노동력 문제를 해결하기 위해 마을마다 '전선청년돌격대', '전시공동노력대' 등의 조직을 만들어 농지복구, 김매기 등을 함께하는 식으로 대처해 나갔다. 1952년에는 이 조직들이 '전선공동작업대'로 정리되어 농업집단화의 기초가 되었다.

주민들 사이 불만이 없을 수 없었다. 1951년 5월 황해도 장연군 해안면 순계리(지금은 황해남도 용연군 순계리) 주민들을 대상으로 실시한 여론조사 자료가 미군 노획문서에 포함되어 있다. 여기에 그 불만들이 적나라하게 드러나 있다. "전쟁은 언제 끝나는 것이냐", "군에 간 사람들에게선 왜 편지가 오지 않느냐" 하는 불만들이 존재하고 있었다고 여론조사 보고서는 전하고 있다.[41] 같은 면의 신안리(지금은 황해남도 용연군 몽금포리) 주민 가운데는 "적의 폭격기는 매일 폭격을 하는데, 우리 비행기는 왜 적의 비행기를 맞히지 않는 것이냐"면서 항의의 의견을 내는 사람도 있었다.[42]

모든 게 어려운 실정이다 보니 생존투쟁 모습도 갖가지 형태로 나타났다. 전시범죄에 대한 철저한 대처를 지시하는 1950년 7월 당시의 북한 문건은 미군의 공습이나 공습에 대한 경보를 이용해 다른 사람의 재산을 훔치는 경우를 철저히 처벌할 것을 명령하고 있다. 이러한 특별지시 문건이 만들어진 것으로 보아 그런 행위가 실제로 이루어지고 있었던 것으로 여겨진다. 심지어는 공습이 언제 이루어질 것이라는 소문을 퍼뜨리고는 사람들이 피난 간 사이 재물을 훔치는 경우도 있었던 것으로 보인다. 그런가 하면, 생필품이 절대 부족한 상황을 이용해 일정한 물품을 매점하거나 사기로 판매하는 경우도 있었던 것으로 여겨진다. 그래서 이러한 부분에 대해서도 처벌하도록 문건은 지시하고 있다.[43]

전쟁 당시 민중들의 삶의 모습을 자세히 보기 위해 한 여성의 편지를 읽어 보자. 1950년 10월 8일 박춘순이라는 여성이 남편에게 쓴 편지이다. 남편은 평안남도 양덕군의 조국보위후원회 선전지도원으로 일하는 장익수라는 사람이다. 박춘순은 당시 평안남도 평원군 숙천면 백노리에 있는 사법성 사법간부양성소에서 교육받기로 되어 있어 집을 떠나 양성소로 갔다. 시어머니가 고기와 순대를 싸줬는데, 가지고 있다가 인민군 장교들에게 주고 자신은 국수를 사먹었다. 대신 장교들의 차를 얻어 탔다. 그런데 곧 방귀가 나오려고 해 고생을 했다. 도중에 남한으로 갔다 다시 넘어온 군인 3명을 발견하여 장교들이 차를 세우고 추적한 끝에 하나는 놓치고 둘은 잡아 분주소에 넘겼다. 새벽 4시 반에 평양에 도착했다. 이후에는 다른 여성 2명과 함께 걸었다. 미군 전투기가 숱하게 공격해 이를 피하면서 130리를 걸어서 숙천면에 도착했다. 그런데 그곳에 있던 사법간부양성소는 미군의 폭격을 맞아 사라져 버린 상태였다.

숙천에서 잠을 자고 양성소가 옮겨 간 백노리로 걸어갔다. 사법간부양성소라고 하지만 농가에 불과했다. 학생은 모두 85명이었다. 잠잘 곳도 마땅치 않아 3리 정도 떨어진 곳의 농가를 얻어 여성 18명이 함께 생활했다. 쌀쌀했지만 불을 땔 수 없었다. 식량도 모자라 늘 배가 고팠다. 미군 공습은 계속되었다. 화장실 가기도 무서울 정도였고, 폭탄 터지는 소리에 밤에 잠을 이루기도 어려웠다.

방이 너무 차가워서 정착금으로 받은 80원으로 따로 방을 구해 볼까도 생각했지만, 가족들이 생각나 하지 못했다. 집에 두고 온 아들 걱정을 계속 하는 바람에 아들이 죽는 꿈까지 꾸며 마음고생도 많이 했다. 남편에게는 군대에 될 수 있으면 가지 말고 후방에 남아 있으라고 당부도 한다.

1950년 10월 12일에 쓴 편지는 급하게 간단히 쓴 것인데, 상부 지시로 공부를 폐지하고 모두 군에 가게 되었다는 것이다. 10월 1일 남한군이 38선을 넘고, 10월 7일에는 미군도 38선을 넘어 평양으로 진격하고 있었다. 그렇게 되자 교육은 중지하고 모두 군으로 소집된 것이다. 박춘순은 남편을 언제 만날지 모르겠다는 생각이 들어 가지고 있던 사진을 편지 속에 동봉했다.[44]

남편을 군에 보낸 아내의 편지는 간절한 기도로 읽힌다. 평안남도 양덕군 온천면 상국리에 사는 김순화가 남편 서윤진에게 보낸 편지가 그렇다. 1952년 12월에 쓴 것이다. 아들 이름이 서금돌이다. 서김돌이라고 부르기도 했던 것 같다.

서금돌 아버지 회답

세워른(세월은) 유수와 갖이(같이) 빠름니다(빠릅니다). 어느든(어느덧) 가르처른(가을철은) 다 지나가고 오곡오곡(듬뿍) 부러오는(불어오는) 바람과 배설가튼(백설 같은) 힌 누과(흰 눈과) 합동하여 가지고 여가니(여간) 춥지 안습니다(않습니다). 이러케(이렇게) 추운 동삼에(삼동에) 신체 건강하신지요. 우리에(우

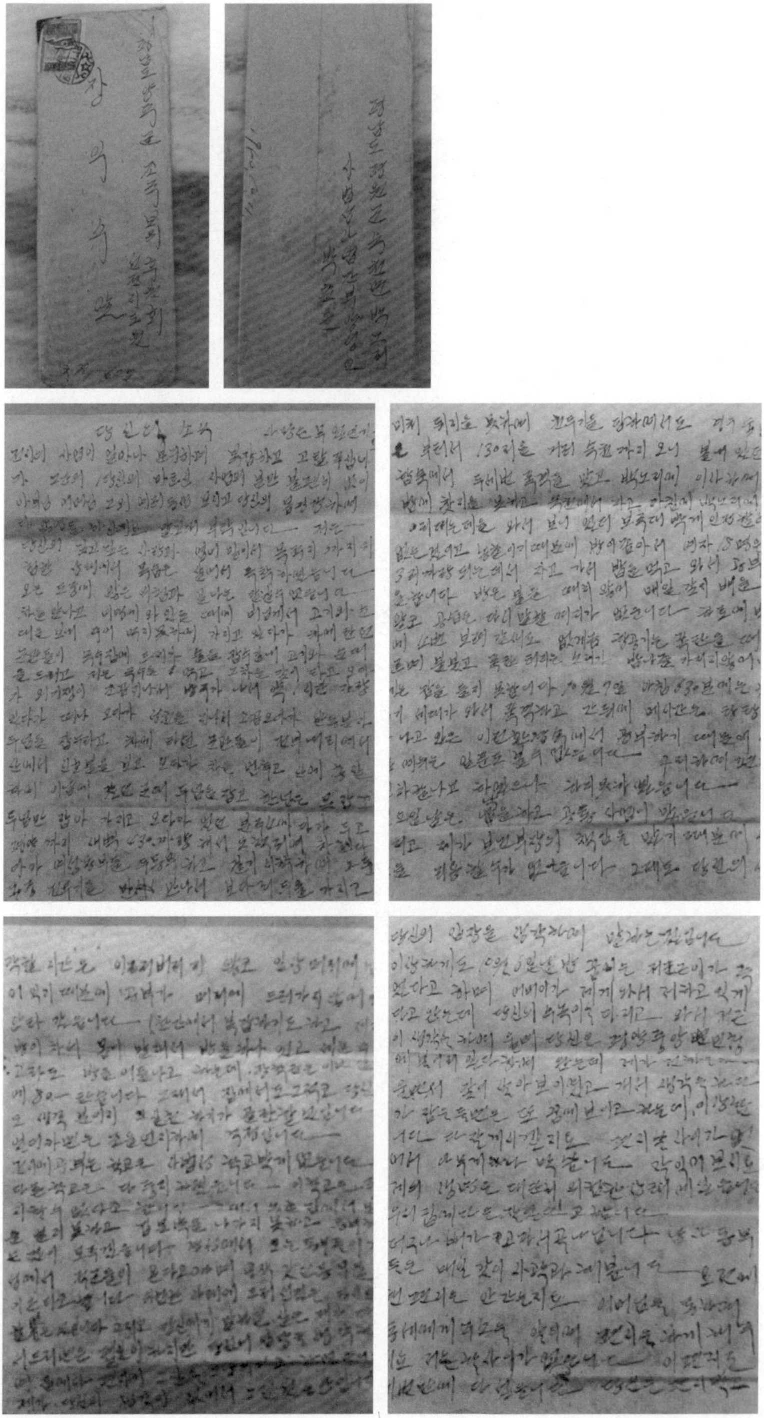

박춘순이 1950년 10월 8일 남편 장익수에게 보낸 편지

사진은 1950년 10월 12일 작성한 편지에 동봉한 것이다.

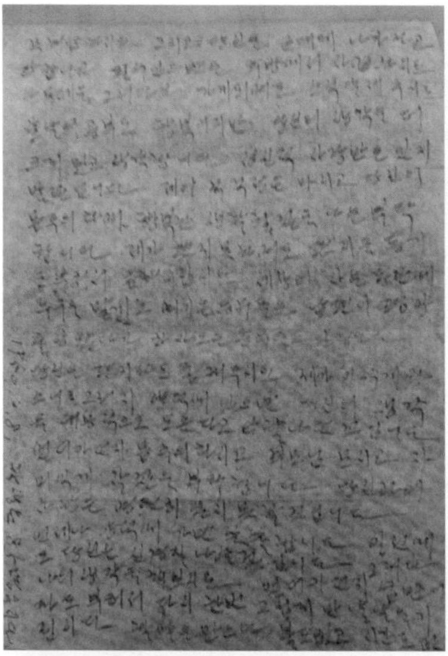

리의) 김돌 자식은 잘 놉니다(놉니다).

김돌아버지게서(김돌아버지께서) 금전을 보내는 걸 잘 바다 써습니다(받아 썼습니다). 도는(돈은) 5천 2배(2백) 50원을 차자습니다(찾았습니다). 그리 아르시요(알으시요). 김돌아버지 사진 보내따고(보냈다고) 하여도 오기는 와슨나(왔으나) 얼구를(얼굴은) 업습니다(없습니다). 그리 알고 다시금 사지늘(사진을) 찌거(찍어) 보내시요. 우리에(우리의) 식구는 다 잘 있습니다. 그리 알고 안심하시요.

김돌아버지 김돌리가(김돌이가) 돌시(돌이) 지나도 한 본(번) 오지 못하나요. 그러나 김돌아버지도 김돌자식이 보구푼(보고픈) 생각근(생각은) 간저리(간절히) 날깁니다. 그러나 조국과 인민을 위해서 나간는데(나갔는데) 끗가지(끝까지) 싸워 달나는(달라는) 걸 말합니다. 김돌 사진사가 업써서(없어서) 사지늘(사진을) 못 찌거(찍어) 보냅니다. 한 본(번) 와서 보구 가면 조케습니다(좋겠습니다). 그리 알고 한 본(번) 꼭 왓다가시요(왔다가시요).

김돌아버지과(김돌아버지와) 갗이(같이) 게시는(계시는) 동무도 다 신체 건강하신지요. 나는 집에 김돌자식을 대를구(데리고) 신체 건강을 측복하고(축복하고) 있습니다. 김돌아버지 조국통이리(조국통일이) 언제나 되는가요. 매일매일 기다리고 있습니다. 김돌아 너는 언제나 아버지과(아버지와) 한데 살며 아버지 아버지 하면(하며) 따라 댕기간(따라다닐까) 생각하면 생각할수록 슬슬하여(쓸쓸하여) 갑니다. 김돌아버지 골낭과(곤란과) 난과들(난관들) 다 극복하여도 추워오는 이때 화목이(땔나무가) 제일 골난합니다(곤란합니다). 슬 마른(쓸 말은) 태산같으나 이만 끋침니다(그칩니다).

서김돌 아버지게(아버지께) 드립니다.

달게 바드시오(받으시오).[45]

추운 겨울 땔나무가 없어 고생하면서, 또 커가는 어린 자식을 보며 남편을 그리워하는 아내의 심정을 고스란히 담은 편지가 아닐 수 없다. 당시 북한의 많은 가정이 이와 비슷한 모습이었을 것이다.

그런가 하면 전쟁이라는 극한 상황에서도 일상적인 삶은 이루어지고 있었다. 평안남도 강서군에 사는 26살 현의숙은 평양이 위험해지는 상황이었지만, 생계를 이어 가기 위해 북조선농민은행 평남총지점에 지원서를 낸다. '자서전'이라는 제목의 자기소개서에는 1925년 9월 27일 출생 이후의 이력을 자세히 기록했다. 일제강점기에 부친이 성태면사무소에 근무하다가 정미소를 경영하기 위해 평양으로 들어갔다. 평양 명륜여자보통학교를 졸업하고, 이후 평안남도 평원군 순안의 의명학교를 나왔다. 1943년 1월 결혼을 했는데, 이듬해 남편이 병으로 사망했다. 친정으로 돌아가 생활하던 중 해방을 맞았고, 이후 1949년 2월부터는 체신성물자생산관리처에서 일하다 그해 12월 몸이 안 좋아져 사직했다. 이후 전쟁이 일어나 강서군 함종면에 피난을 와 있었다.

이러한 이력을 가진 현의숙은 1950년 10월 1일 북조선농민은행 평남총지점 지배인 앞으로 지원서를 내고, 같은 은행 함종지점 지배인 박동하와 함종면 인민위원장의 추천서도 받아 제출한다.[46] 전쟁 중에도 민중들은 삶의 수단을 스스로 강구해야 했고, 그래서 한편으로는 폭탄을 피하면서 다른 한편으로는 직업을 찾고 있었다.

역시 평안남도 강서군에 사는 윤중환은 1950년 10월 11일 고려보험주식회사에 보험금을 청구한다. 10월 11일이면 남한군과 미군이 38선을 이미 넘어서 평양 쪽으로 상당히 진출해 있을 때였다. 10월 7일 윤중환이 키우던 소가 폐사했다. 이에 대비해 윤중환은 3월 31일 보험료 90원을 내고 가축보험을 들어 놓았었다. 1년 내에 소가 죽으면 7,500원을 받는 보험이었다. 소가 폐사하자 윤중환은 바로 보험금을 청구했다. 곧

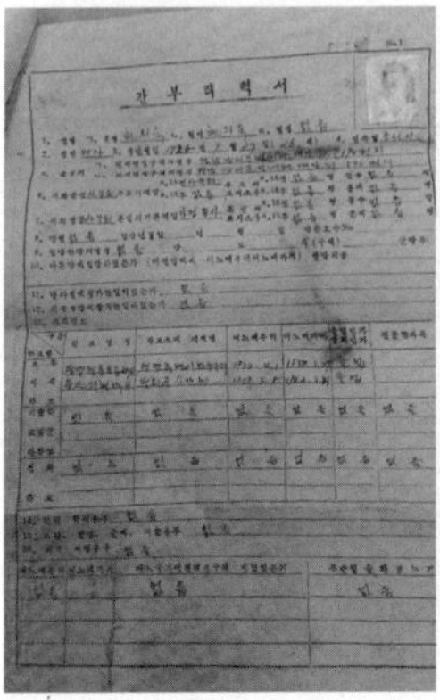

이력서 1

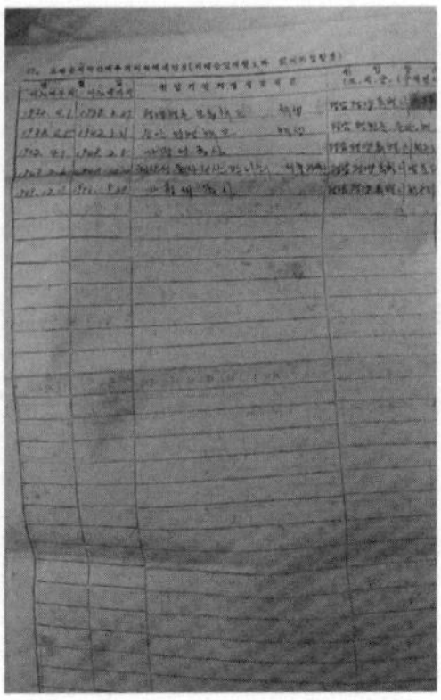

이력서 2

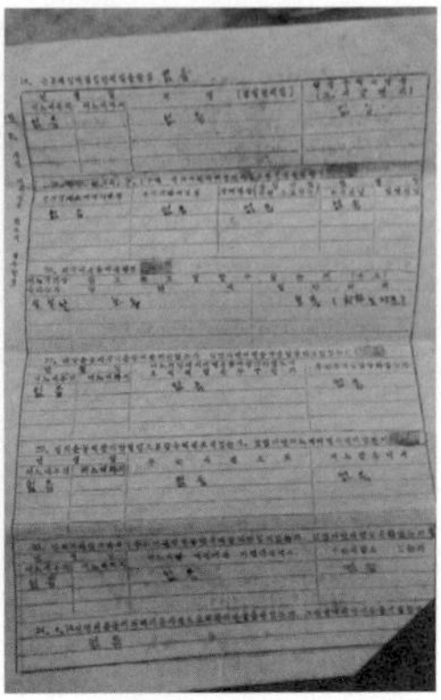

이력서 3

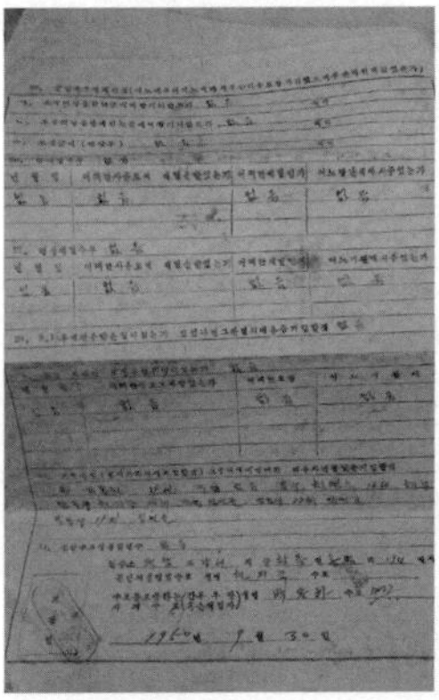

이력서 4

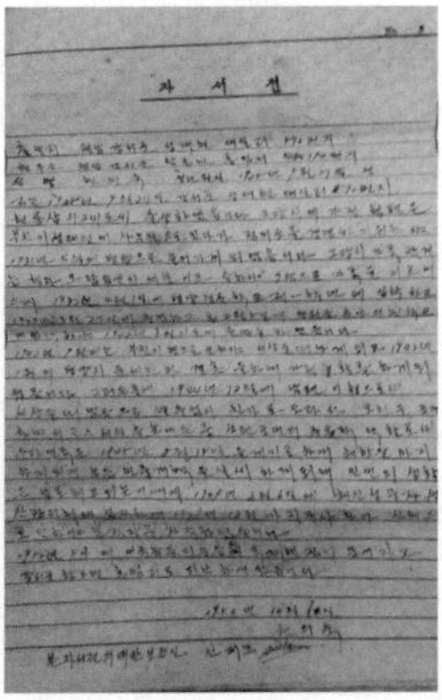

자서전

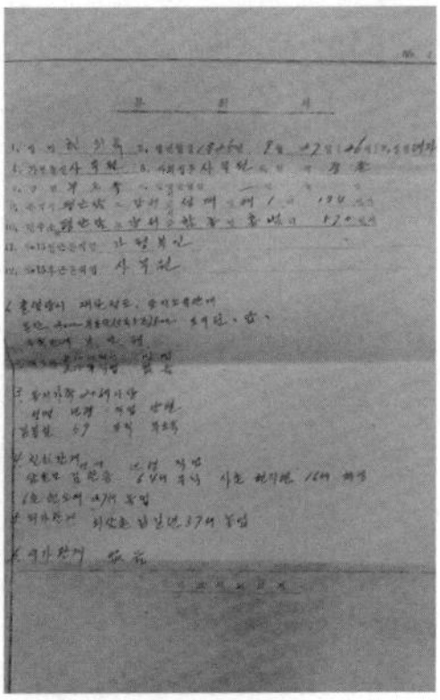

문의서

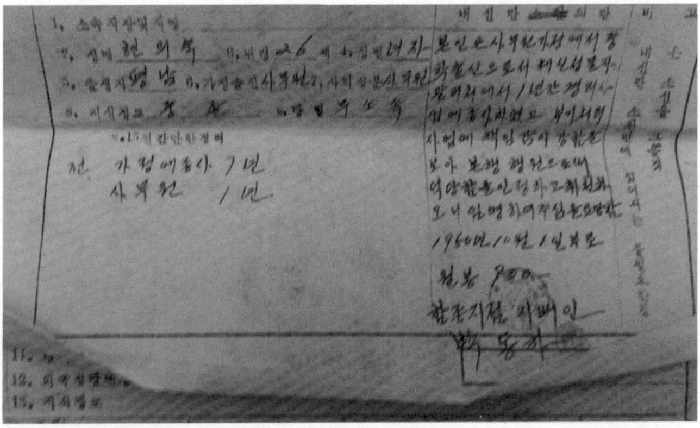

북조선농민은행 함종지점 지배인 박동하 추천서

현의숙이 북조선농민은행 평남총지점에 지원하면서 낸 서류들

7,500원의 보험금을 받았다.[47] 이렇게 전쟁이라는 급박한 상황에서도 일반 사람들의 일상적인 삶은 또 돌아가고 있기도 했다.

전방 지원에 죽을 맛

후방은 스스로의 삶을 꾸려 가면서도 전방을 지원해야 하는 이중의 부담을 안고 있었다. 그런데 이게 여간 어려운 것이 아니었다. 우선 생업에 매진하기가 어려웠다. 농촌에서는 파종도 제대로 하지 못하는 경우가 많았다. 이는 1950년 7월 30일부로 나온 김일성의 지시에서 잘 나타난다. '조선민주주의 인민공화국 군사위원회 위원장 김일성'의 제38호 명령은 당시 북한 농촌의 실태와 농업현물세 세수 부족 현상을 여실히 고백하고 있다. "자강도에서는 작년도 7월 21일 현재의 파종면적이 86.8%이였다면(이었다면) 금년도 공기 실적은 74.4%로서(로써) 12.4% 저하된 락후상태에 있으며 황해도 역시 7월 10일 현재 파종실적은 1949년 동기에 비하여 6.5% 더 적게 파종하였다"라고 적시하고 있다.[48] 같은 명령서에서 김일성은 평안남도 중화군에서도 제대로 파종을 안 했다고 지적하고, 함경남도 단천군의 인민위원장과 농산과장은 보리수확량을 정확히 파악하지 못해 농업현물세를 제대로 걷지 못했다고 적시하고 있다. 일반 주민들뿐만 아니라 지방행정기구의 간부들도 정돈된 상태에서 일하는 분위기가 아니었음을 보여 준다. 이에 김일성은 학생들까지 동원해서 농업현물세를 철저히 징수할 것을 명령하고 있다.

1950년 가을이 되자 농민들은 퇴비증산에 나서야 했다. 행정기관에서 할당량을 주었다. 하지만 여기에 적극 나서는 사람은 많지 않았다. 1950년 9월 13일 강원도 양구군 양구면 한전리에서 열린 군중대회를 기록한 회의록에 그런 모습이 잘 나타난다. 양구군은 1945년 해방과 더불어 남면의 하수내리를 제외한 전 지역이 공산 치하로 들어갔다가 1953년 남한군

1950년대 퇴비사 모습

의 진격으로 남측 땅이 된 지역이다. 그러니까 1950년 9월 당시에는 북한 땅이었다. 군중대회에서는 전시이고 '2개년 인민경제계획'이 진행 중인데, 증산투쟁이 제대로 되지 않고 있음이 집중 지적되었다. 1반은 퇴비사※를 10개 설치할 계획을 세워 놓고는 5개만 완성했다. 2반은 9개가 계획이었는데, 1개를 만들었다. 3반은 7개 계획에 1개만, 4반은 15개 계획에 2개만, 5반은 9개 계획에 3개만 완성했다. 이런 상황이 지적되고, 구체적으로 개인의 문제가 적시되기도 했다. 염기학이라는 사람은 상부 지시인 퇴비사 짓기에는 관심을 두지 않고 나무장사에만 신경을 썼다면서

※ 가축의 분뇨와 짚, 톱밥, 풀, 낙엽 등을 쌓아 퇴비를 만들어 내기 위해 만든 헛간

비판받았다.

몇 사람이 반성의 발언을 한 뒤 전체적으로 심기일전하기로 결의를 다진 다음 몇 가지 결정을 내렸다. 퇴비사 짓는 일을 각 인민반장들과 각 반의 노력 책임자가 책임지고 완수할 것, 가을철 농사를 위해 준비를 철저히 할 것, 가마니나 새끼를 만들어 내는 것도 만전을 기할 것, 탈곡도 제때에 마칠 것 등이었다. 여하튼 이러한 자료는 전시의 혼란스러운 상황에서, 특히 양구와 같은 접경 지역에서는 농사일마저도 계획이나 지시대로 되지 않고 있었음을 여실히 확인해 준다.[49]

그런 가운데서도 후방에서 학교교육은 진행되고 있었다. 물론 사정은 열악했다. 1950년 10월에 강원도 연천군 미산면 석장리 석장인민학교 세포위원장 신성철이 미산면 당위원장 앞으로 보낸 지원요청서에서 그런 모습을 볼 수 있다.※※ 신성철은 우선 회의가 열려도 리세포위원에게만 통보되고 학교세포위원장에게는 통보가 제대로 안 되어 일하는 데 지장이 많다면서 철저히 통보해 줄 것을 요구한다. 또 학교 공사를 하려 하는데 목수, 인부 등에 대한 동원이 안 되어 진행을 못하고 있다고 호소한다. 교원 당원을 동원해 보아도 불가능하다면서 이를 조속 추진하기 위해서는 당적 보장이 있어야 한다고 말하고 있다.[50] 물자와 인력을 동원하기 위해 당에서 힘을 써달라는 요구였다. 전시 물자부족으로 학교도 큰 곤란을 겪고 있었음을 잘 보여 준다. 동시에 어려운 일은 당 채널을 통해 해결하려는 경향이 있었음도 알 수 있게 해준다.

후방의 주민들은 전방의 군인들에 대한 지원도 계속해야 했다. 미군 노획문서 가운데 광산직업동맹위원회의 보고서들이 발견되는데, 이에

※※ 연천군의 미산면, 관인면, 중면, 삭녕면, 서남면, 왕징면, 군남면 전부와 백학면, 전곡면의 일부는 한국전쟁 이전 북한에 속해 있었다. 전쟁 이후 이 지역들은 남한 땅이 되었다.

따르면 광산직업동맹은 산하 광산으로부터 지속적으로 원호품을 모아 군에 전달했다. 여기에 포함된 물품은 비누, 수건, 양말, 장갑, 담배, 성냥 등 생활에 필요한 모든 것이었고, 캐러멜 같은 먹을 것도 포함되어 있었다. 물론 현금도 있었다. 은수저와 은잔, 동제품, 주석으로 만든 국자 등은 따로 모아 별도의 목록으로 보고했다.[51]

황해도 재령군 인민위원장이 각 면의 인민위원장들을 독려하는 문건도 있는데, 그 내용을 보면 전쟁 당시 북한의 농민들이 지원 물자를 내도록 얼마나 독촉을 당했는지 잘 알 수 있다. 문서를 그대로 옮겨 보면 이렇다.

재인위 제264호

각 면 인민위원장 앞

인민군대 원호사업과 인민군대에게 보내는 선물수집사업 강화에 대하여

황군정지시 제184호에 건거하여(근거하여) 다음과 갖이(같이) 지시하오니 각 면 각각들에서 집행할 것을 강력히 지시한다.

인민군대의 영용한 무력에 의하여 미국침약자을(미국침략자를) 결정적으로 소탕하는 중요한 시기에 있서서(있어서) 현재 각 면에서 진행되고 있는 군대원호 가족 사업과 전선에 보내는 선물수집사업이 아직도 부족한 현상에 있다. 앞으로는 다음과 갖이(같이) 집행할 것.

1. 인민군대 원호사업은 각 국가기관 및 정당, 사회단체와 긴밀한 연락 밑에 계속적으로 추진시킬 것이다.

2. 선물 중 엄식물은(음식물은) 뷔페치 안는(부패치 않는) 건조물 등을 수집하여 간편히 식용할 수 익고(있고) 영량갖이가(영양가가) 충분한 것을 선택하여야 한다.

3. 선물중 소, 도야지, 닭 등은 가급적 육류수매을(육류수매를) 완수치 못한 인민들로 하여금 육유수매사업에(육류수매사업에) 리용토록 각 면에서는 조직할 것. 특히 위안편지 등을 조직할 것. 이미 지시된 전체 수집정형을 각 면에서는 일상적으로 정학히(정확히) 장악하며 5일 중으로 전화보고할 것.

재령군인민위원회

위원장 오학모

1950.8.4.

---- 재령 --- 52

왼쪽 상단의 '재인위'는 재령군 인민위원회를 의미하고, '황군정지시'는 황해도 군정부 지시를 뜻하는 것으로 보인다. 북한은 전쟁 직후인 6월 26일 최고인민회의 상임위원회 정령을 통해 '군사위원회 조직에 관하여'를 발표하고 군사위원회를 구성했다. 전시 행정의 핵심 기구였다. 김일성과 박헌영, 홍명희, 김책, 최용건, 박일우, 정준택 등 7명이 군사위원이었고, 김일성이 위원장이었다. 그다음 날 지방주권기관의 일체 업무는 군사위원회의 지시를 받는 지방 군정부에 이관되었다. 지방 군정부는 도 인민위원장을 위원장으로 하고 군 대표와 내부기관 대표 등으로 구성되었다. 이 문서에 나오는 '황군정'은 이렇게 구성된 황해도 군정부를 의미하는 것으로 여겨진다. 가축은 수매를 통해 내고, 영양이 될 만한 것은

군을 위해 내놓도록 지시하고 있다. 더욱이 목숨 자체를 연명하기 어려운 가운데에서도 군인들에게 위문편지까지 쓰도록 독려하고 있다.

위문편지는 전쟁 중에는 물론이고, 전쟁이 시작되기 전부터 군인들에게 보내졌다. 물론 군인들의 사기를 돋우기 위함이었을 것이다. 미군 노획문서에는 병사가 받은 위문편지와 병사의 답장도 있다. 인민군 창립 2주년 즈음, 즉 1950년 2월 8일쯤 한 여중생이 병사 이관실에게 보낸 위문편지를 보자.

친애하는 인민군대 오빠들이여

오늘 민주학원에서 인민군대 2주년 기념을(기념의) 새해를 맞이합니다. 원수들과 투쟁하는 인민군의 오빠들에게 감상을(감사를) 들리는(드리는) 바입니다. 오빠 여러분, 우리들 영도자 김일성 장군의 올바를(올바른) 지도로서(지도로써) 많음놓고(마음 놓고) 공부할 수 있는 조건 과하였습니다(조건을 부여받았습니다). 그리고 해방 이후 2년을 맞이하면서 공화국 북방부에서는(북반부에서는) 모든 민주개혁을 실시하여스며(실시하였으며) 이는 쏘련의 결정적인 원조가 이서기(있었기) 때문에 경제토대를 더욱 한층 높아지였습니다(높아지었습니다).

미국의 주두한(미국이 주둔한) 남반부에 공화국 북반부와 전(정) 반대로 조선을 또다시 새신민지화하려고(새식민지화하려고) 날뒤고(날뛰고) 있는 리승만 도배들은 미국에 충실한 죽으로서(적으로서) 남반부의 전체 근로인민들 검거트억과(검거투옥과) 학살정책을 하고 있습니다. ○○○ 구멍으로 쓰러넣기에(쓸어넣기에) 남반부 학생들과 동포들은 놈들의 정책을 반대 배격하면서 ○○○○○○.

오빠 여러분, 우리들은 이러한 환경에서 자유롭고 행복스러게(행복스럽게)

인민군대 2년 기념을 맞이하였습다(맞이하였습니다). 새해를 맞이면서(맞으면서) 원수들에 ○○○○ 리승만 괴뢰정부를 도하는(타도하는) 투쟁에서 일층 높은 경각심과 우리학생들도 굳은 결과로서(결의로서) 새해를 맞이하였습니다. 맞이막으로(마지막으로) 오빠들의 신체건강을 축복하면서 이만두겠습니다(이만 줄이겠습니다).

태여중 제1 학년 김가옥[53]

태천여자중학교를 줄여서 태여중이라고 표현하고 있다. 평안북도 태천군에 있는 여중학교인 것으로 보인다. 우리가 과거 쓰던 국군 위문편지처럼 상투적이다. 겉봉에는 '조선인민군 창립 2주년을 맞는 인민군대 동무들에게'라고 되어 있다. 위문편지를 받은 병사 이관실은 답장을 쓰려 했다. 한쪽 면에는 '사랑하는'이라고만 쓰여 있다. '사랑하는 김가옥 학생에게' 정도로 쓰려고 하다가 어색하다는 생각을 했던 것 같다. 반대면에 '김가옥 학생동무 앞'이라는 제목 아래 다시 쓰기 시작했다. "친외하는(친애하는) 누이동생의 편지는 참으로 ○○○○○○ 속에서 동무의 편지를 바다(받아) 보았습니다. 동무들의 편지에도 자세히 기록된 바 동무들은 자유스러운 민주학원에서 열심히 공부하고 있따니(있다니) 우리들은"이라고 쓰고 멈췄다.[54] 이관실이 편지지가 들어 있는 '학습장'이라는 이름의 수첩을 전쟁 중 잃어버렸거나 전쟁 중 사망하면서 학습장이 어딘가에 남게 된 것이다. 이를 미군이 수거해 美문서기록보관청에 보존하고 있는 것이다. 어쨌든 북한 당국은 이러한 위문편지를 전쟁 전부터 쓰도록 했고, 전쟁 당시에는 행정채널을 통해 더욱 독려했다.

소년, 소녀들은 소년단을 중심으로 위문편지뿐만 아니라 과외시간을 이용해 약초 캐기, 고철 모으기, 산나물 채취 등의 방법으로 모은 성금을 비행기, 탱크, 함선을 마련하는 데 보탰다. 사회단체들도 원호사업에 적극 나서야 했다. 1951년 8월 1일 조선민주여성동맹(여맹) 황해도 옹진군 위원회 부위원장 황섭진이 옹진군 동남면 여성동맹 위원장 앞으로 보낸 지시문을 보자.

동남면 녀맹 위원장 동무 앞

인민군대 원호사업에 대하여

머리말에 대하여 아래와 같이 지시함.

상급동맹 지시에 의하여 인민군대원호사업에 그 어느 때보다도 급속히 발동되어야겠습니다. 귀 면에서는 수건 300장과 인민들의 성의대로 떡을 만들어 중간연락소(군녀맹)으로 5일까지는 어떻한(어떠한) 일이 있드라도(있더라도) 꼭 보내시요.

1951년 8월 1일
조선민주녀성동맹
황해도 옹진군 위원회
부위원장 황섭진[55]

수건 300장은 의무적으로 마련하고, 떡도 사정이 되는 대로 만들어 보내라는 것이었다. 시한도 정해 놓고 '어떤 일이 있어도 보내라'는 명령조이다. 이러한 명령을 받은 동남면 여맹위원장은 지역의 여맹원들을 동원해 수건과 떡을 조달하지 않을 수 없었을 것이다.

이러한 지원사업에 대해 불평을 하는 사람도 많았던 것으로 보인다. 특히 전장에서 가족을 잃은 사람들은 불만을 노골적으로 표현하기도 했다. 1951년 5월 황해도 장연군 해안면 순계리 주민들을 대상으로 한 여론조사에 그런 불만들이 잘 나타나 있다. 남편을 잃은 부인은 "우리는 돈도 없고 남자들도 없는 관계로 못하겠다"면서 군을 지원하기 위한 헌납운동에 반대의사를 표현하고 있다.[56] 남편을 잃은 절망감에 따른 불만이었을 것이다. 신안리 사람은 "우리 부락은 사실상 다른 부락보다 돈이 없는 부락이다"라며 헌납운동에 대해 볼멘소리를 하기도 했다.[57] 물론 이러한 목소리는 대대적인 저항과는 거리가 있는 것이었지만, 반항의 여론은 분명하게 존재하고 있었다. 전쟁에 대한 피로감, 전쟁으로 인한 피해 등에 기인한 불만과 불평이었을 것이다.

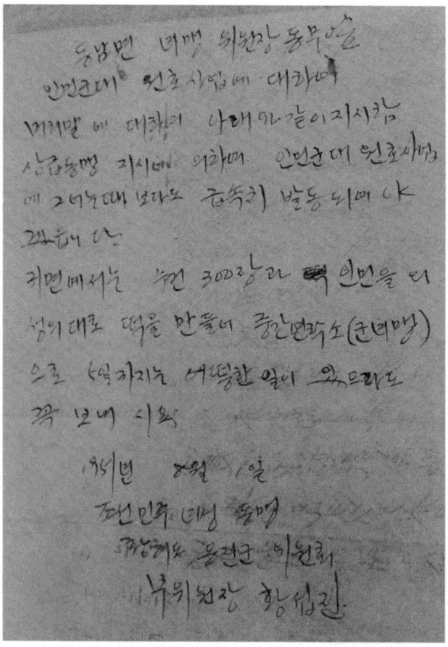
동남면 여맹 위원장 동무 앞
인민군대 원호사업에 대하여
[illegible] 에 대하여 아래와 같이 지시함
[illegible] 지시에 의하여 인민군대 원호사업에 그러는 때 보다도 급속히 발동되여 [illegible]
[illegible]
귀면에서는 [illegible] 300장과 [illegible] 인민을 [illegible] 성의대로 떡을 만들어 중간연락소(군녀맹)으로 [illegible] 어떠한 일이 있드라도 꼭 보내시요
1951년 8월 1일
조선민주녀성동맹
황해도 옹진군 위원회
부위원장 황[illegible]

여맹 황해도 옹진군 위원회 부위원장이 보낸
인민군대 원호사업 협조문

3개월 교육 후 판사

북한은 남한군과 유엔군에 쫓겨 1950년 10월 19일 평양을 내주고 북으로 계속 후퇴했다. 그러자 중국군이 같은 날 압록강을 건너 참전했다. 중국군은 남진을 계속해 11월 말 청천강 지역을 점령하고, 12월 6일 평양을 다시 차지했다. 1951년 1월 4일에는 북한군이 서울을 다시 점령했다. 그러자 북한은 좀 여유를 갖게 되었다. 어느 정도 정상적인 정부운영의

모습을 갖추려 했다. 판사 양성계획에 따라 1월 30일에는 사법간부 교육 프로그램을 제시하고 지원자를 모집했다.

「사법간부양성소 제9기생 추천에 대하여」라는 문건이 미군 노획문서 가운데 보존되어 있다. 당시 사법부상(법무부 차관) 이종갑의 이름으로 나온 공문인데, 각 도의 재판소장, 평양특별시재판소장, 서울시재판소장 앞으로 보낸 것이다. 좋은 사람을 판사 후보로 추천해 달라는 것이었다. 3개월 교육시켜서 판사로 임용하겠다는 내용을 담고 있었다. 3개월 교육받고 판사가 되는 것이니 일반인들에겐 매우 좋은 기회가 되는 것이었다. 전쟁 전에는 사법성의 사법원양성소에서 1년씩 교육을 받아야 판사가 될 수 있었는데,[58] 전시여서 속성으로 판사를 양성하려 했다. 북한의 판사는 당의 지휘 아래 보안부서에서 만든 사건기록에 따라 판결하는 일을 하기 때문에 큰 권위나 인기가 있는 직업은 아니다. 하지만 사법부의 간부로서 비교적 안정된 생활을 할 수 있는 직업이다.

당시 공문을 자세히 보면, 지원할 수 있는 사람은 각 재판소의 직원, 공증인, 공증소 서기, 각급 정권기관 일꾼, 각 사회단체와 공장, 광산, 농촌의 열성자 등이었다. 학력은 "소졸 정도 이상"으로 되어 있다. 소학교 졸업 이상을 의미하는 것이다. 그러니까 사무원이나 노동자 등 웬만한 사람이면 지원할 수 있었다. 나이는 24살에서 40살까지 지원이 가능했다. 물론 "주위환경과 본인경력에서 의심되는 점이 없으며 정치적으로 믿을 수 있는 자, 특히 후퇴사업과정에서 모범적인 행동을 한 자"를 찾고 있어서 당의 간부나 주변 사람들의 평가가 중요하게 작용했을 것으로 보인다. 이력서, 자서전, 문의서, 평정서, 건강진단서 등 다섯 가지 서류를 내야 했는데, 이 가운데 소속기관 간부의 평가가 담긴 평정서가 중요한 것이 아니었나 생각된다. 전체적으로 지원자의 범주를 넓게 해놓고 있었지만, 최종적으로 뽑는 인원은 10명이었으니 아주 쉬운 것만은 아니었다.

주목할 것은 출신성분별 비율을 미리 설정해 놓고 있었다는 것이다. 노동 성분 50%, 빈농 성분 30%, 사무원 성분 20%로 정해 놓고, 그 비율에 따라 모집을 계획하고 있었다. 전체적으로 여성 비율 20%로 정하고 있었다. 당시 여성할당제를 시행했다는 사실도 주목할 만한 부분이 아닐 수 없다. 선발된 사람은 필기도구와 왕복 여비를 지참하고 소집장소에 모이라고 공고하고 있어 당시 북한 정부의 형편이 얼마나 열악했는지 잘 보여 준다.[59] 요컨대, 1951년 1월 당시 북한은 사법질서를 세우는 일까지 챙기고 있었고, 판사 임용은 학력보다는 성분이나 주변의 평가를 바탕으로 시행하려 했다.

남북 사이에서 이용되고 처벌받고

전쟁이 진행되면서 의당 함께 전개되는 것이 상대에 대한 비밀공작이다. 북한군 남한군 모두 비밀공작은 진행했다. 그 와중에 희생되는 사람도 많았을 것임은 어렵지 않게 짐작할 수 있다. 변택용이라는 사람도 그런 사람 가운데 하나이다. 21살의 변택용은 전쟁 초기 평양에 살고 있었다. 하루는 길성국이라는 사람이 찾아왔다. 3살 위인 길성국은 과거에 친하게 지내던 사이였다. 길성국은 남한의 육군 정보국에서 해달라는 일이 있는데, 이를 해주면 10만 원을 주겠다는 제안을 했다. 북한군 연대장의 월급이 5천 원이 못 되던 때이니 10만 원이면 큰돈이었다. 돈에 욕심이 난 변택용은 이 제안을 수용했다. 해야 할 일은 군의 움직임을 파악하는 것이었다.

변택용은 아는 비행사를 통해 평양비행장에 비행기 100대가 숨겨져 있음을 알아냈다. 또 2만여 병력이 평양 대동강 다리 서쪽 1km 지점에서 훈련을 하고 있고, 모란봉의 피복창고에 6만 벌의 옷이 숨겨져 있으며, 인민군이 300대의 전차를 모란봉극장 방공호에 보유하고 있는 것 등을 파악해 길성국에게 알려 줬다. 정보의 대가로 변택용은 북조선중앙은행권 40만 원을 받았다. 당초 약속보다 많은 돈이었다. 변택용은 그 돈으로 우선 2만 원짜리 양복을 샀다. 평소에 입어 보고 싶던 것이었다. 돈을 주자 주인이 "위조지폐 같은데……" 했다. 그런데 그 순간 내무성의 직원이 지나가다 이 말을 들었다. 변택용은 그 내무원에게 붙잡혀 신문을 당했고, 결국 간첩죄로 처벌받을 수순에 들어가지 않을 수 없었다.

변택용에게 접근했던 길성국은 원래 자강도 전천군 사람이다. 1948년 북한에서 강계고급중학교를 졸업한 뒤 3개월 만에 남한으로 넘어왔다. 서울 신당동에서 막노동을 하면서 구직활동을 하던 중 육군 정보국의 제안을 받고 간첩이 되어 북한에 들어갔다. 처음에는 군사정보 수집활동을 했던 것으로 보인다. 그 과정에서 접촉한 사람이 변택용이다. 이후 길성국은 자강도의 내무부장을 암살하라는 지시를 받는다. 성공하면 육군 소위를 시켜 주겠다는 조건이 붙어 있었다. 길성국은 북한 돈 3만 원과 위조 공민증, 수류탄 2개를 소지하고 북으로 넘어갔다. 도 내무부가 있는 강계 시내로 들어갔다. 허길수라는 동창생 집으로 거처를 정했다. 그러고는 내무부장의 동선 파악에 나섰다. 그런데 이틀 후 허길수가 수류탄을 발견하고 내무서에 신고했다. 길성국은 곧 체포되었고, 남강원도 정치보위부에 넘겨졌다. 이후 남강원도 정치보위부 교화장에 구류된 상태로 사법처리 절차에 들어갔다.[60]

남강원도 검찰소 검사의 입회하에 신문을 받고 재판을 받게 된다. 재판 결과까지 노획문서에 나와 있지는 않다. 하지만 군사정보를 수집하고 고위인사를 암살하려 한 중범죄였던 만큼 살아남기는 어려웠을 것으로 생각된다. 대립하고 전쟁을 하는 것은 고위 정치세력들의 일이지만, 그 와중에 변택용, 길성국 등과 같은 모습으로 희생된 민중들은 셀 수 없이 많았을 것이다.

간첩이 많은 만큼 간첩을 체포하려는 노력 또한 계속되었다. 1950년 9

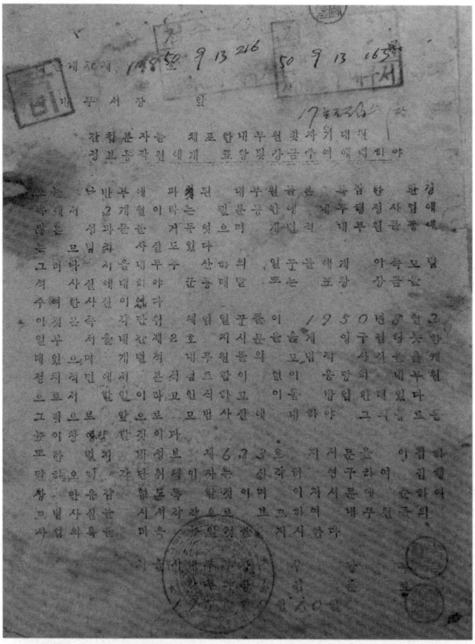

간첩분자를 체포한내무원및자위대원
정보공작원에게 표창및상금수여에대하야

간첩분자 체포자 관련 지시문

위 1950년 9월 13일 지시문은 아래 1950년 9월 1일 내무상 박일우의 지시문을 이첩하여 지시하고 있다.

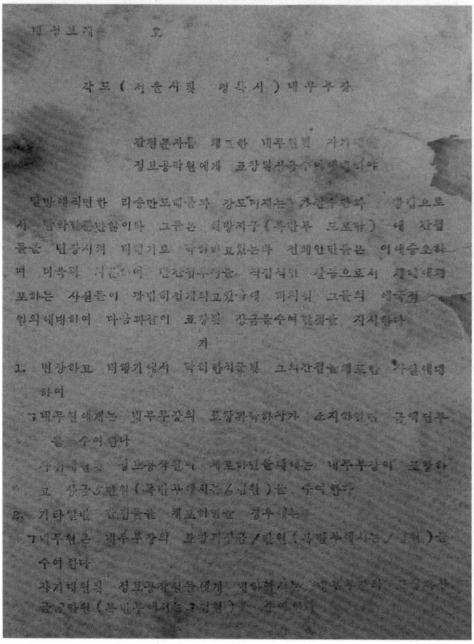

각도(서울시및 평양시)내무부장

간첩분자를 체포한 내무원및 자기대원
정보공작원에게 표창및상금수여에대하야

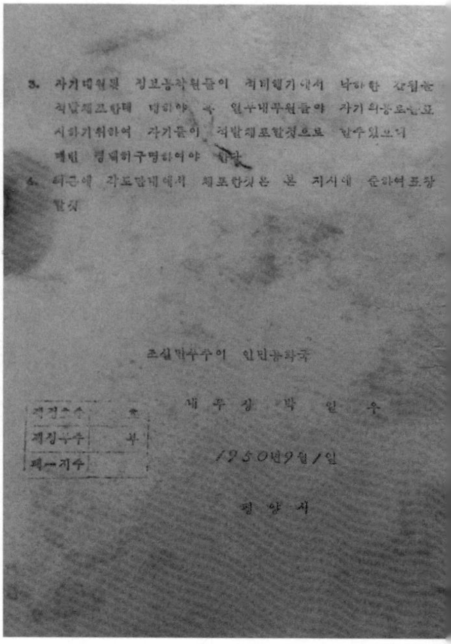

조선민주주의 인민공화국

내 무 상 박 일 우

1950년9월1일

평 양 시

월 1일 자 내무상 박일우의 지시문이 이를 잘 말해 준다. 지시문은 북한 점령 지역에 남한군과 유엔군이 비행기로 간첩을 낙하시키는 경우가 많다며 이들을 체포하는 경우 표창하겠다는 내용을 담고 있다. 내무원, 즉 경찰이 체포하는 경우 체포된 간첩이 가지고 있던 돈을 모두 주도록 하고 있다. 자위대원(자기대원), 정보공작원이 체포하는 경우, 체포 장소가 북반부이면 상금 6천 원, 남반부이면 상금 5만 원을 주도록 했다. 한편 비행기로 투하된 간첩이 아니라 일반간첩을 체포하는 경우, 내무원에게는 북반부에서는 1천 원, 남반부에서는 1만 원의 상금을, 자위대원, 정보공작원에게는 북반부에서는 2천 원, 남반부에서는 3만 원의 상금을 수여하게 했다. 비행기 낙하간첩 체포에 있어서 자위대원이나 정보공작원이 체포한 간첩을 내무원들이 자기들의 공으로 신고할 수 있으니 매번 분명하게 확인해야 한다고 지시문은 명하고 있다.[61] 북측 점령 지역에 투하되거나 다른 방법으로 침투하는 간첩이 많았고, 간첩 체포를 위해 북한이 많은 상금을 내걸고 있었으며, 상금을 타기 위해 허위로 신고하는 경우도 상당히 많았음을 이 지시문은 방증해 준다.

자위대는 정부기관과 공장, 광산, 현물세창고 등을 지키기 위해 각 마을 또는 직장 단위로 구성된 조직이었다. 각 리마다 그리고 직장마다 자위대장이 임명되어 있었고, 그 아래 대원들이 있었다. 1950년 1월 12일 평안남도 안주군 동면의 각 리 자위대장들이 첫 회의를 열었던 것으로 보아 이 무렵 생긴 것으로 보인다.[62] 정보공작원은 내무원들이 확보하고 있는 민간보조원들을 이르는 것이었다.

가족 잃고 집도 잃고

전쟁에 으레 따르는 현상이지만, 혼란 중에 가족과 소식이 끊겨 애를 태우는 경우도 많았다. 아버지, 어머니를 잃은 사람, 자식의 생사를 알 수 없는 사람, 남편, 아내를 잃은 사람이 부지기수였다. 병사들은 전선에서 직접 전쟁을 수행하면서 또 한편으로는 후방의 가족과 연락이 안 되어 속을 끓여야 했다. 강원도 철원군 인목면에서 중학교 교사를 하다 입대한 송병도의 애타는 편지에 그런 상황이 잘 나타나 있다. 1951년 3월 26일에 인목면 인민위원장에게 잃어버린 아내를 찾아 달라고 보낸 편지이다.

면 인민위원장 앞

조국통일을 위한 사업에서 얼마나 다망하십니까. 다름 아니라 소생은 후퇴하기 전 인목중학교 교원으로 근무하고 있었습니다. 승양리(하오게)에서 건너다보이는 '승촌'이라는 마을에 당시 리 인민위원장 조동무의 집 거는방에서(건넌방에서) 저의 처와 같이 생활하였습니다. 1950년 10월 9일 오후 갑자기 후퇴하게 되자 교장선생을 비롯하여 교직원 일동이 후퇴하는 도중에서 대열을 잊어버리고 신의주까지 후퇴하였다가 인민군대에 입대하여 지금 복무 중입니다. 위원장 동무에게 부탁드릴 것은 저의 처(박용주)가 어떻게 생활하고 있는지 알고자 합니다.

후퇴 당시 임신 중에 있는 몸이였고(몸이었고) 아무 칙척도(친척도) 없는 곳에서 아직까지 살고 있는지 어데로(어디로) 갓는지(갔는지) 알리워주셨스면(알려주셨으면) 저의 소원이 달망될(달성될) 것입니다. 제가 후퇴 당시 주소는 갈현리 '송촌' 리 당위원장 조 동무의 집에서 살고 있었고, 처의 이름은 '박용주'입니다. 여러 사업에 바뿌신데(바쁘신데) 이러한 부탁드리어 죄송합니다. 끝으로 위원장 동무의 건투를 바랍니다. 이곳 주소는 조선인민군 6군단 제454부대 2대대.

1951. 3. 26.

송병도[63]

폭격당한 집터에서 잃어버린 아들을 찾는 어머니

임신한 상태로 헤어진 아내를 찾는 병사의 절절한 심정이 전해지는 편지이다. 아내 이름을 두 번 반복하면서 찾아봐 줄 것을 당부하고 있다. 이러한 상황을 맞은 사람이 비단 송병도뿐만이 아니었을 것임은 두말할 나위 없을 것이다.

집과 재산을 모두 잃은 사람도 많았다. 북한 당국은 전쟁 중 물자가 모자라고 돈이 모자랐지만 이들 전재민에 대한 대책을 세우지 않을 수 없었다. 전재민을 소홀하게 대하는 것은 군과 인민의 사기에 매우 큰 영향을 줄 수밖에 없기 때문이다. 미국이 대규모 전담부대를 두어 지금도 한국전쟁이나 베트남전쟁 당시 실종된 군인들의 유해를 찾는 것도 군과 국민의 사기 때문이다. 국가를 위해 목숨 바친 이들에게 국가가 끝까지 책임지는 모습을 보일 때 국민들은 국가에 대한 봉사에 마음을 둘 수 있

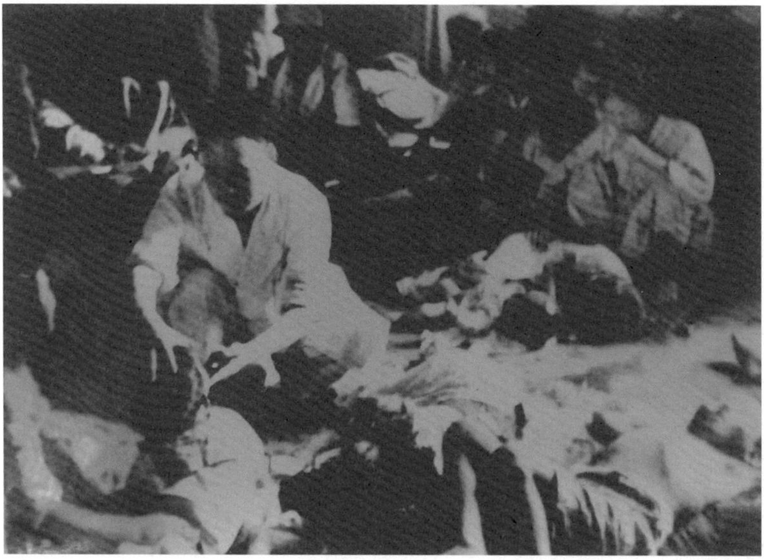

전쟁피해 구호사업의 일환으로 전재민을 대상으로 무료로 치료를 해주고 있는 모습

으나, 그렇지 않을 경우 나와 국가를 철저하게 분리된 존재로 여긴다. 그런 점에서 미국의 전몰유해 찾기는 인간의 이기심에 호소하는 극히 합리적인 정책이라고 할 수 있다.

여하튼 북한도 한국전쟁 당시 전재민 대책에 크게 신경을 썼다. 1951년 6월에 나온 「내각결정 제175호 전재민 구호대책에 관한 결정서」에서 그 내용을 상세히 확인할 수 있다. 이 결정서는 각 도 인민위원장들에게 시·군·면 소재지 또는 적당한 장소에 전재민 수용소를 설치하고 전재민에게 무료로 응급치료를 해줄 것을 지시하고 있다. 의탁할 만한 친척이나 지인이 있는 경우 5일분의 양곡을 주도록 하고, 무의탁인 경우는 수용소에 보호하도록 하고 있다. 또 부모를 잃은 고아들은 애호원이라는 수용시설에서 맡도록 하고 있다. 이러한 조치를 실행하기 위해 평안북도에 1,000톤, 자강도에 1,000톤, 함경남도에 500톤, 함경북도에 500톤 등 모두 3,000톤의 양곡도 지원하도록 하고 있다.

전재민의 주택문제 해결을 위한 조치도 지시하고 있다. 각 도 인민위원장이 면·리 인민위원회와 협의해 농촌주택을 조사해 전재민을 신속하게 수용하고, 그게 여의치 않은 지역에서는 토막을 짓도록 하고 있다. 혹독한 추위에 대비해 11월 말까지는 이러한 작업을 끝낼 것도 함께 지시하고 있다. 이와 함께 전재민들에게 옷감을 지급하고 전염병 예방을 위한 조치도 하도록 하고 있다. 장기적인 대책으로는 농촌이나 도시의 소비조합 등에의 취직을 알선해 전재민들이 스스로 생계를 해결할 수 있도록 하라고 밝히고 있다.[64]

북한 정부는 이러한 사업을 각지의 농민동맹, 여성동맹, 정당, 사회단체와 함께 하도록 하고 있는데, 이는 사회 전체가 전재민 구호에 나서야 효과가 배가되고 사회적인 결속을 기할 수 있다고 보았기 때문일 것이다. 특히 이러한 사업의 진행을 각 군부대의 정치부 조직을 통해 군인들에게 적극 알리도록 하고 있는데, 이러한 조치로 군인들의 사기를 진작하는 데 직접적 효과를 보려는 의도였을 것이다.

'두문'의 형벌

전쟁이 밀고 밀리는 상황이 되면서 민중들의 삶에 고난의 무게는 더해졌다. 남한군이 북진했을 때 주민들은 협력하지 않을 수 없었다. 소극적으로 협조한 사람이 있고, 적극적으로 도운 사람이 있었다. 주민들이 공산당원들을 살해하는 경우는 극단적인 예였지만, 상당수의 청년들은 유엔군이 치안을 위해 구성한 치안대에 가담해 소극적으로 활동했다. 자경단自警團과 같은 조직을 주민들이 자발적으로 구성하기도 했다. 남한군이나 유엔군에 식량이나 필요한 물품, 정보 등을 제공하는 경우도 많

있다.[65]

남한군과 연락을 주고받으면서 주요인물들을 피난 가지 못하게 붙들어 두는 사람들도 있었다. 황해도 서흥군 송월리에 살던 박용녀의 경우, 일부 사람들의 말을 듣고 피난하지 않고 있다가 남편을 잃었다. 남편은 면 민청위원장을 하고 있었다. 피난하려 했지만 면 인민위원회 간부가 찾아와 "곧 인민군이 다시 오니까 마을을 지키자"고 하는 바람에 남아 있다가 남편을 잃은 것이다. 이후 후퇴했던 인민군이 다시 황해도로 들어갔을 때 면 인민위원회 간부는 인민군에게 붙들렸다.[66] 목숨을 부지하기 위해 어쩔 수 없이 협조하는 경우가 있었던가 하면 적극적으로 협력하는 경우도 있었던 것이다.

적극 협력한 사람들은 처벌을 면치 못했다. 그들을 처벌하기 위해 북한은 1951년 2월 '군중심판'이라는 독특한 재판절차를 마련했다. 남한측에 적극적으로 협력한 사람에 대해 누군가 고발을 하면, 고발을 받은 인민위원회가 중심이 되어 군중들이 모인 가운데 진행하는 심판이었다. 군중심판의 결과 유죄가 결정되면, 근신과 두문, 재판회부 등 세 가지 가운데 하나의 벌이 주어졌다. 북한은 이를 '사회적 제재'로 이름 붙였다. 엄밀한 법적 처벌에 의한 형사적 처벌은 아니고 주변 인물들에 의한 사회적 처벌이라는 의미였다.

군중심판이라는 이름에서 풍기는 인상에 의하면 군중들의 목소리에 따라 분위기로 심판을 했을 것 같지만, 반드시 그런 것만은 아닌 것으로 보인다. 미군 노획문서 가운데 1951년 당시 군중심판 운영지침을 담은 문서가 있는데, 이를 자세히 보면 북한 당국이 군중심판을 나름 엄격하게 운영하려 했음을 알 수 있다.

우선 군중심판은 고발자가 남한의 기관이나 반공단체에 협력한 사람을 시·군·리 인민위원회에 고발하면, 심판장과 참심원 2명을 선출함으로써 절차가 시작된다. 심판장은 인민총회에서 투표로 선출하고, 참심원은 해당 지역 사회단체의 추천과 인민위원회의 승인절차를 거쳐 뽑는다. 심판장과 2명의 참심원은 유무죄를 최종 판단하는 역할을 한다. 운영지침은 인민위원장으로 하여금 한꺼번에 여러 명을 심판하지 못하도록 하고 있다. 1회에 1~3명으로 제한해 심판을 진행하도록 하여 충분한 준비와 집중적 심리가 이루어지도록 한 것이다. 운영지침은 또 심판장에게 반드시 증인을 출석시켜 증언을 듣도록 하고 있다. 심판날짜를 정할 때에도 증인이 출석할 수 있는 날로 정할 것을 요구하고 있다. 또 군중심판 제기서와 관련 자료를 심판장과 참심원이 충분히 검토할 수 있도록 해야 한다는 지시도 하고 있다.

심판이 시작되면 심판을 제기한 사람이 먼저 보고를 하고, 그다음에 참석한 군중 가운데 추가로 더 범죄사실을 아는 사람이 있으면 말하도록 하고 있다. 발언은 심판장의 허가를 얻어서 하도록 하고, 장내 질서를 문란하게 하는 사람은 심판장이 퇴장시킬 수 있도록 하고 있다. 그 후에는 심판받는 사람의 말을 들어 보도록 정해 놓고 있다. 다음 절차로는 심판 제기자가 직접 심문할 수 있는 기회를 주고, 군중 가운데서도 원하는 사람은 심문할 수 있게 했다. 참심원과 심판장도 차례로 심문할 수 있도록 했다. 심문이 끝나면 토론이었다. 누구나 심판장의 허가를 얻어 토론석으로 나가 발언할 수 있도록 했다. "죄가 있다", "죄가 없다", "인민재판에 보내야 한다", "아니다. 근신으로 끝내야 한다" 등등의 의견을 말할 수 있었다.

토론이 끝나면 심판 제기자가 최종발언을 하고 어느 정도의 처벌을 원하는지도 말하도록 했다. 그러고는 심판받는 사람이 소명과 최후진술을 하도록 했다. 특히 최후진술에 대해서는 "반동적 폭언을 하지 않는 한 제한하거나 중지시켜서는 안 된다"라고 명시하고 있다. 억울하게 피해를 당하는 일을 최대한 방지하기 위한 조치였다. 이러한 절차가 끝나면 심판장과 참심원이 별실에 들어가 논의를 한 뒤 유무죄를 최종 판단하도록 했다. 통상은 근신, 두문, 인민재판 회부 가운데 하나의 벌을 주었고, 죄가 전혀 없다고 여겨지면 무죄방면 했다. 근신은 언행을 각별히 조심하라는 일종의 경고였고, 두문은 금족령이었다. 두문 처분을 받은 사람은 상의上衣와 집 대문에 '두문'이라고 써놓아야 했고, 외출을 할 수 없었다. 주민들과의 접촉도 금지되었다. 처벌기간은 1~6개월이었다. 고대 마케도니아왕국에서는 전쟁에서 적을 1명도 못 죽인 사람에게는 허리띠 대신 멜빵을 하도록 했는데, 인간이 가진 명예욕에 치명상을 가하는 벌이 아닐 수 없다. 두문은 이와 유사한 벌이라고 하겠다. 재판에 회부하기로 한 경우에는 48시간 내로 관련 서류를 분주소로 보내 재판절차가 시작되도록 했다.[67]

사회적 제재라는 이름이 붙어 있었지만 두문 처분을 받은 사람들은 형사 처벌 못지않은 고통을 겪어야 했다. 주변의 따가운 시선뿐만 아니라 사회적 성분에 따른 차별도 감수해야 했다. 강대국과 위정자들이 만들어 낸 분단과 전쟁의 소용돌이 속에서, 힘을 갖지 못한 채 지배당하는 민중들이 겪어야 했던 고통의 또 하나의 양태였다.

한편 전쟁이 끝난 이후에도 군중심판은 1950년대 말까지도 이른바 '반혁명분자' 색출에 활용되다가, 1960년대에는 일부 지역에서만 이루어졌고, 1970년대 이후에는 더 이상 시행되지 않았다. 군중심판은 인민재판과는 다른 개념이다. 인민재판은 북한의 공식용어로는 '현지공개재판'이다. 현재의 북한 '형사소송법' 제285조에도 관련 내용이 있다. "재판소는 군중을 각성시키고 범죄를 미리 막기 위하여 현지에서 재판심리를 조직할 수 있다. 이 경우 기관, 기업소, 단체의 대표가 범죄자의 행위를 폭로규탄하게 할 수 있다"라고 규정되어 있다. 현장에서 관련자들의 의견을 듣고 교훈도 주기 위한 재판이라고 할 수 있다. 재판장과 인민참심원이 판결을 하는 것은 다른 재판과 다를 바가 없다. 군중심판의 경우, 심판장과 참심원이 유무죄와 죄의 종류에 대해 결정을 내린 다음 참석한 군중들로부터 인준을 받아야 했다. 하지만 현지공개재판은 재판부가 최종결정을 내리는 형태이다. 이러한 현지공개재판과는 달리 법률 규정의 바깥에서 진행되는 마녀사냥식의 재판이 '인민재판'이라는 이름으로 북한에서 행해지고 있는 것으로 일부 탈북자들이 전하고 있는데, 정확한 현황과 실상은 제대로 알려지지 않고 있다.

북한은 1951년 문제가 있는 사람들에 대해 처벌을 하면서 주민들에 대한 사상교육도 강화한다. 특히 농촌 지역에 대한 정치사상교육이 강화된다. 여성과 노인, 어린이들이 주로 농촌에 남아 있으면서 식량과 인력 부족을 어느 분야보다 심하게 겪고 있었다. 그리고 전쟁을 계속 수행하기 위해서는 후방기지 가운데서도 식량을 생산하는 농촌에 주목하지 않을 수 없었다.[68] 게다가 남측에 점령당했을 때 농촌 지역은 마을별로 고립된 상태였기 때문에 반공교육의 영향을 많이 받았을 것으로 북한 당국에서 파악한 것 같다. 마르크스는 노동자와 비교해 농민의 계급의식이 약한 것으로 분석했는데, 이러한 공산주의의 전통적 사상도 영향을 미쳤던 것으로 보인다. 그래서 농촌에 대한 '진지강화', 즉 정신교육 강화에 나선 것이다.

그에 따라 1951년 3월 내각결정 제244호로 신설되는 직책이 민주선전실장이다. 리 인민위원장 아래 간부직책으로 서기장과 생산지도원, 세금지도원, 재정지도원이 있었는데, 여기에 민주선전실장이 추가된 것이다. 민주선전실장은 당의 정책을 설명하고 정치사상교육을 하는 것이 주요 임무였다. 정신교육의 첨병역할을 맡은 것이다. 북한은 농촌에 5,000여 명의 민주선전실장을 배치해 농민들에 대한 사상교육을 이전보다 훨씬 강화했다.

평안남도 안주군 동면 평률리에서 민주선전실장을 했던 김진계의 기록이 실제로 농촌사상교육의 모습을 잘 보여 준다. 김진계는 선동원 20여 명을 데리고 현장에서 당의 정책을 농민들에게 알리고 안내하는 일을 했다. 당의 정책을 효과적으로 선전하기 위해 음악이나 무용 서클을 조직해 운영하기도 했다. 마을 도서관도 운영했다. 마르크스, 레닌의 저작이 많았고, 농업서적과 소설, 시집 등도 갖추고 있었다.[69] 이런 것들을 갖추고 농민에 대한 정치사상교육을 충분히 한 것이다. 남한군과 유엔군이 내려간 뒤 북한의 민중들은 이렇게 한편으로 처벌받고 한편으로 더 강화된 사상교육을 받아야만 했다.

공동경작의 어려움

전시식량 부족 문제를 해결하기 위해 북한은 경작자가 없는 토지에 대해 농민들을 동원해 공동경작을 하도록 했다. 국가가 종자를 주고 식량도 배급해 주어 파종을 하도록 했다. 하지만 주인 없는 땅을 노력동원으로 공동경작하는 것이 얼마나 비능률적인 것인지 금방 드러났다. 1951년 5월 22일 내각 수상 김일성 명의로 나온 내각지시 제691호 「경작자 없는 토지를 공동경작함에 관하여」가 이를 잘 보여 준다. 이 문건은 공동경작 결과 그동안 나타난 비능률의 모습을 이렇게 묘사하고 있다.

> 동원 파종한 농민들에게 일정한 책임 담당 경지를 설정하여 주지 않고 그들이 파종으로부터 중경,※※※ 제초, 추수에 이르기까지 일체 영농작업을 자기들의 경작지와 같이 우수하게 수행하도록 하는 조직이 없으며 적지적작 원칙도

※※※ 중경中耕은 작물이 자라는 도중 김을 매어 두둑 사이의 골이나 그 사이의 흙을 부드럽게 하는 것을 말한다.

고려되지 않고 다만 일시적 깜빠니야식으로 작업을 실시한 결과 공동경작에 참가한 노력 수에 비하여 작업능률은 제고되지 못하고 파종은 질적으로 보장되지 못하였으며 시비를 하지 않고 파종한 실례들이 많다.[70]

쉽게 말하면, 자기 일처럼 하지 않고 그저 건성건성 했다는 것이다. 김일성은 이처럼 지적하면서 농산물 증산을 위해 경작자 없는 토지를 경작 희망자에게 분양해 줄 것을 명한다. 이미 파종을 한 농지라도 분양해 주고 종자와 파종에 들어간 비용은 가을 수확물로 보상하게 하라고 지시한다. 그러고도 남는 토지는 공동경작을 계속하되 지방인민위원회가 지도를 더욱 철저히 할 것을 명령하고 있다. 리 또는 마을 단위 담당 경지를 정해 공동경영에 참가하는 농민들이 이를 관리 운영하게 하고 리 인민위원회가 지도하도록 한 것이다.

종자와 비료, 농기구 등에 소요되는 비용은 참가 농민들이 공동 부담하도록 하고, 종자는 국가에서 빌려 사용할 수 있도록 했다. 공동경작지에서 생산한 농산물은 참가한 농민들이 소유하도록 했다. 수확물 분배는 참가 농민의 노동의 질과 양에 의한 노력 수에 따라 하도록 했다.

김일성과 북한 당국이 당시 주인의식 없이 농사를 짓는 것의 비효율성을 알고 있었고, 이를 적극 개선하려 했음을 알 수 있다. 이런 경험에도 불구하고 전쟁 이후 북한은 농업협동화 과정을 적극 추진한다. 1953년 8월 당중앙위원회 제6차 전원회의는 '중공업 우선, 경공업·농업 동시 발전' 정책을 결정하면서 그 내용으로 농업협동화도 함께 추진하기로 정리한다. 이후 1954년 1월부터는 농업협동화 작업이 본격적으로 진행된다. 능률과 효율, 성장보다는 농업의 협동화를 통해 사회주의 체제를 완성하는 문제에 훨씬 큰 가치를 두었기 때문이다. 김일성이 1951년 당시 경험에서 공동경작의 비능률성을 보다 철저하게 느꼈더라면, 그에 따라 농업협동화에 회의감을 가졌더라면, 북한의 역사는 좀 다른 방향으로 진행되지 않았을까?

자연재해에 관료부패까지

1951년 하반기에서 1952년 상반기 사이가 전쟁 중 북한 민중들에게는 더할 나위 없이 어려운 시기였다. 특히 농민들이 이중 삼중고를 겪어야 했다. 군인을 돕자며 이것저것 내라는 것은 많았고, 청년들도 없는 가운데 농사일을 해야 했다. 1951년 여름에는 큰 홍수가 발생해 많은 농작물이 물에 잠기는 피해를 입었다. 가족이 7명인 어느 농가는 3,000평의 논과 밭이 모두 물에 잠겨 수확을 거의 못하고 식량난을 겪어야 했다. 국가에서 매달 두 번 주는 배급과 소련에서 지원한 밀가루 63kg으로 1952년 가을까지 버텨야 했다.[71] 소련이 1952년 초 밀가루 5만 톤을 지원했는데, 그 가운데 일부가 농민들에게 분배된 것이다.

이렇게 무거워진 농민들의 어깨에 다시 돌을 얹는 부류들이 있었다. 당과 행정기관의 간부들이었다. 홍수로 인해 피해를 당한 농민들을 위해 북한 당국은 양곡대여사업을 실시했다. 내각정령 제40호로 식량이 부족한 농민들에게 국가작물을 대여하도록 한 것이다. 그런데 일부 간부들이 쉽게 움직이지 않았다. 농민들은 쌀 한 톨이 아쉬운 상황인데도 이들은 크게 관심을 기울이지 않았다.[72] 간부들의 대응이 늦어져 식량이 필요한 농민들의 어려움을 해결하는 일이 지연될 수밖에 없었다. 문제가 얼마나 심각했는지 노동당 기관지 『로동신문』이 사설을 통해 이를 직접 지적하고 있다.

농산물 생산량을 산정하는 과정에서도 문제가 많았다. 가을철이 되면 리 인민위원회는 생산고 판정위원회를 구성하고 각 농민의 생산량을 판정했다. 그에 따라 농업현물세를 내는 것이었다. 그러니 생산량 판정은 농민들에게는 매우 중요한 일이었다. 그런데 인민위원장이 정실에 따라 판정위원을 지명하는 경우가 있었다. 그러다 보니 농사경험이 전혀 없는 사람이 판정위원이 되는 경우도 있었다. 뇌물을 받고 생산량을 낮게 책정해 주는 판정위원도 있었다. 심지어는 실수확고를 50%나 낮게 평가해 주는 경우까지 발생했다.[73]

농업현물세를 징수하는 과정에서도 농민들의 사정은 무시한 채 권위적인 태도로 관료들의 편의대로 징수하는 경우가 발생했다. 세금납부를 지나치게 압박해 곡식이 완전히 익기도 전에 수확하도록 하는 경우도 있었고, 수해로 세금을 전혀 낼 수 없는 상황인데도 쌀을 사서라도 납부하도록 독촉하는 사례도 발생했다. 김일성이 상황을 파악하고 직접 이러한 문제들을 하나하나 지적할 지경이었다.[74] 이처럼 신뢰할 수 없는 농정이 진행되자 일부 농민들은 수확물을 감추거나 농업현물세를 피하려는 경향을 보였다. 아예 모내기를 하지 않는 농민들도 있었다. 전쟁이라는 대재난 속에서 자연재해는 물론 관료의 부패까지도 북한의 농민들을 괴롭히고 있었다.

이런 사정들이 겹쳐 1952년 가을 수확기가 되었는데도 식량이 부족한 사람들이 있었다. 특히 가장이 군에 간 후방의 농민, 미군의 공습피해를 입은 농민, 토지가 부족하거나 척박한 농민 등은 사정이 어려웠다. 이런 사람들은 먹을 식량도 부족한 실정이었다. 북한 당국은 이런 사람들에 대해 1952년 농업현물세를 면제해 주었다. 대여받고 못 갚은 곡물을 갚지 않아도 되었고, 이듬해 농사를 위한 종자도 무상으로 받게 되었다.[75]

전쟁의 상흔 온통 민중 몫

상처뿐인 인민들

1953년 7월 27일 정전협정에 따라 전쟁은 중단되지만, 전쟁이 남긴 상흔은 크고 깊었다. 그 상흔을 온몸으로 떠안은 것은 또한 민중이었다. 북한의 피해는 심대했다. 3년의 전쟁 동안 북한 군인 약 55만 명, 민간인 약 110만 명이 사망하거나 실종되었다. 남한의 피해(군인 약 16만 2,000명, 민간인 약 99만 명 사망, 실종)보다 훨씬 규모가 컸다. 월남자도 300만 명 정도로 추정되고 있다. 가옥 약 60만 호가 파괴되었고, 공장 약 8,700개, 학교 약 5,000개, 병원·진료소 약 1,000개가 사라졌다. 특히 평양은 그야말로 폐허가 되어 버렸다.[76] 표에서 보는 것처럼 국민소득은 1949년을 100으로 잡았을 때 1953년에는 70으로 하락했다. 공업생산 총가치는 64, 생산수단생산량은 42, 소비재생산량은 99로 떨어졌다.

반면에 물가는 1949년을 100으로 보았을 때 1953년에는 265에 이르렀고, 임금은 105에 머물러 있었다.[77] 정전 당시 북한 대부분의 지역은 잿더미 속이었고, 북한의 민중 대부분은 의식주가 절대 부족한 상황에서 판잣집이나 오두막, 합숙소 등에서 생활하고 있었다. 박헌영이 1953

주요 경제지표변동(1949~1953)

구분	1949년	1951년	1953년
국민소득	100	–	70
공업생산 총가치	100	47	64
생산수단생산	100	33	42
소비재생산	100	65	99

* 출처: 스칼라피노·이정식 저, 한홍구 역, 『한국공산주의운동사』 2, 돌베개, 1986, p.524.

년 7월에 간첩혐의로 체포되었는데, 이에 대해 북한의 지식인들은 막대한 인명피해를 막기 위해 전쟁을 끝내야겠다는 생각으로 미국에 군사기밀을 누설한 것으로 믿고 있었다고 한다.[78] 북한 전체가 겪고 있는 상상하기 어려운 상황이 그러한 소문을 낳았던 것으로 보인다.

근로자들의 생활

전쟁이 끝난 후 북한은 이전 상태를 회복하는 데 주력했다. 사회 전체가 복구와 재건에 관심을 집중했다. 그러면서 조금씩 개선되어 갔다. 민중의 삶도 차츰 나아졌다. 황해북도 송림시에 위치한 황해제철소의 조괴공 최세권은 용광로의 쇳물을 거푸집에 부어 강철 덩어리로 만들어 내는 힘든 일을 하고 있었다. 하지만 1956년 가을 새로운 집을 배정받아 힘든 줄을 몰랐다. 전쟁 중에는 국가에서 대출을 받아 토굴집을 지어 생활했다. 전쟁 직후에는 임시주택에서 살았다. 그런데 다시 임시주택을 벗어나 버젓한 집으로 이사하게 된 것이다. 남향집인데, 현관이 따로 있고, 방이 2개였다. 방에는 벽장이 있고, 부엌 문 앞에는 수도가 있었다. 석탄을 들이는 문도 따로 있었다. 최세권 부부가 큰방을 쓰고, 작은방은 아들 둘이 함께 쓰도록 했다. 최세권은 이러한 수수한 집에 만족했다. 예전의 고생을 생각하면, 이 정도로 나아진 생활이 더없이 감사하게 여겨졌던

것이다.[79]

이렇게 조금씩 생활이 나아지긴 했지만, 근로자들의 실생활 구석구석에 어려운 점들이 상존하고 있었다. 생산현장의 노동자들은 열악한 가운데서도 열심히 일해야 했다. 1956년 8월 당 중앙위전원회의에서 반김일성 세력이 김일성을 비판하고 나섰는데, 이때 상업상 윤공흠이 지적한 문제 가운데에는 김일성이 중공업 우선 정책을 추진하는 바람에 인민생활이 어려워졌다는 것도 들어 있었다. 특히 인민군 장교는 높은 봉급을 받고 있는 반면에 노동자에게 지불하는 임금은 너무 낮고 농민에 대한 대우는 너무 가혹하다고 윤공흠이 비판했다고 한다.[80] '8월 종파사건'으로 불리는 이 사건은 북한 역사에 유일하게 공식화되어 있는 반김일성운동이다. 당시 반김일성 연대를 형성한 연안파와 소련파의 비판에는 김일성의 일인독재, 부당한 인사 등도 포함되어 있었지만, 중공업 우선의 경제정책과 그에 따른 노동자, 농민의 어려움이 중요한 내용이었던 것이다.

당시 노동자들의 실상은 그 시기 발행된 북한의 잡지를 통해서도 곳곳에서 드러난다. 시멘트공장에는 흡진장치가 제대로 마련되어 있지 않아 노동자들은 시멘트가루 먼지에 그대로 노출되었다.[81] 탄광 노동자들의 여건은 점차 개선되어 갔다. 다른 부문의 노동자들보다 임금이 많았고 육류배급도 우선적으로 받았다. 하지만 근로, 생활 여건이 아직은 어려운 곳이 많았다. 1954년 어느 광산의 경우, 광원들이 공동화장실이나 우물 등도 변변하지 못한 주거환경에서 살고 있었다. 이 광산에는 목욕시설도 부족했고, 이발소도 유리창이 깨지고 천장이 떨어져 나간 상태였다.[82] 직장 내 상점에 식료품이 제대로 갖춰져 있지 않아 장날을 기다려 몇 킬로미터씩 걸어서 장을 보는 경우도 있었다. 영화관이 있긴 했지만 추워서 겨울엔 이용하기 어려운 곳도 있었다.[83]

1957년 5월 함경북도 무산군 무산광산의 상황을 좀 자세히 보자. 여기서 일하는 강태석은 남한 출신이었다. 한국전쟁 당시 인민군 의용군에 합류했다가 전쟁이 끝나면서 무산광산에 배치받았다. 선광장의 열관리공이었다. 교대제로 일을 했는데, 밤 근무인 경우에는 밤새 일하고 새벽에 귀가했다. 신혼인 강태석은 집을 하나 배정받았는데, 그다지 좋은 것은 아니었다. 연료는 석탄이었다. 석탄창고가 공간을 많이 차지해 부엌은 좁았다. 집의 벽체가 떨어져 나가고 창문도 금이 간 곳이 많았다. 직장일이 만만치 않아 제대로 수리를 하지 못하고 지냈다.

같은 마을의 다른 집도 사정은 비슷했다. 장판이 많이 떨어진 집도 있었고, 창호지가 터진 집도 많았다. 광산주택부 작업반장의 집도 미닫이문이 덜거덕거릴 정도였다.[84] 광산의 일이 우선이었고, 주거환경은 최소한만을 갖추고 있으면 된다는 생각들이었던 것으로 보인다. 북한 당국이 전후 재건과 발전을 위한 선전활동을 대대적으로 진행하고 있었기 때문에 민중들은 삶의 구체적인 부분을 스스로 돌볼 여유가 없었던 것이다.

광산촌에 있는 학교들도 시설이 열악했다. 황해북도 신평군에 있는 신평제1중학교(지금은 수두고급중학교)는 인근 광산이 나서서 1956년에 새로 지은 학교였다. 1957년 6월 당시 형편을 보면, 여러 가지가 미흡하고 부족한 상황이었다. 교실문은 도색이 안 되어 있었다. 칠판은 시멘트와 무연탄 가루를 섞어 벽에 미장을 해서 만들어 썼다. 교탁은 널빤지조각들을 모아서 만든 것이었다. 시설도 시설이지만, 자격을 가진 교사들이 거의 없었다. 이 학교 교사 30명 가운데 정식 교사자격증을 가진 사람은 한 사람뿐이었다. 풍금을 칠 수 있는 사람은 한 명도 없었다. 당시까지도 북한은 교원양성 시스템을 제대로 갖추지 못해 고급중학교 등을 졸업한 뒤 아직 교사자격증을 받지 못한 사람들도 교사로 쓰고 있었다. 당시 신평제1중학교 교사 가운데서도 김현복 같은 경우는 신평고급중학교를 갓 졸업한 18살의 미혼 여성이었다. 학교들이 교사도 시설도 온전하게 갖추지 못한 채 운영되고 있었던 것이다.[85]

공장에는 합숙(기숙사)이 갖추어져 있는 곳들도 있었는데, 시설이나 식사가 만족할 만한 수준이 아닌 경우가 많았던 것으로 보인다. 평양방직공장 기숙사에는 2,000명이 살고 있었다. 그런데 목욕시설이 제대로 갖춰져 있지 않았다. 침구는 3개월 동안 빨거나 일광소독을 하지 않는 경우가 많았다. 아스피린 같은 비상약도 제대로 갖춰져 있지 않았다.[86] 평양제1콩크리트브록크공장 기숙사는 난방은 잘되었다. 겨울에도 따뜻했다. 하지만 다른 것들은 미비했다. 침구와 빗자루, 옷걸이 등이 부족했다. 식사도 계획적으로 공급되지 않았다. 겨울철에는 채소 공급이 안되었을 뿐만 아니라 부식물은 무로 만든 것이 대부분이었다.[87]

물론 기숙사가 잘 운영되는 곳도 있었다. 평양연초공장의 경우는 방과 이불, 베개 등이 항상 깨끗하게 유지되었고, 목욕탕과 휴게실도 정비가 잘 되어 있었다. 양계장과 양어장도 직접 운영해 노동자들에게 좋은 음식을 제공했다. 이렇게 공장마다 차이가 나는 것은 관련 직원들과 공장에 구성된 조선직업총동맹(직맹)의 구성원들이 일을 하는 모양새가 달랐기 때문이다. 평양연초공장의 경우에는 기숙사 총회의 의견에 따라 운영을 개선해 나갔다. 부지런히 여론을 들어 잘못된 점은 고치고 발전적인 의견은 채택해 실행한 것이다.[88] 북한 사회가 기본적으로 계획에 의해 움직이는 형태였지만, 그 속에서 사람이 어떻게 하느냐에 따라 실제 인민들의 생활은 크게 달라지고 있었던 것이다.

한편 여성 근로자들의 가사노동을 줄여 주기 위한 밥공장이 평양에 세워졌다. 평양시 상업관리국 산하로 보통문에 있는 '독립채산 종합상점'이 경영하는 밥공장이 지어진 것이다. 여기서 하루 수십 가마니의 밥을 지어 근로자들의 주문에 따라 배달해 주었다. 근로자들이 이용하는 식당에 밥을 공급해 주기도 했다. 소채가공공장도 생겨 김치와 양념 등을 만들어 팔았다. 또 평양시 편의시설 관리부는 세탁부를 설치해 싼값에 세탁을 대신 해주었다. 세탁부는 7마력 세탁기 2대, 대형 탱크 5개를 갖추고 하루 500kg 정도의 세탁을 했으며, 다림질까지 해주었다.[89] 하지만 이러한 시설들은 북한의 신문이나 잡지에 간헐적으로 소개되는 정도였고, 전국적으로 확대되지는 않았던 것으로 보인다. 따라서 가사노동의 사회화가 높은 단계로 진전했다고 보기는 어렵다.

원하는 가정은 가족들이 모두 식당에서 끼니를 사먹을 수 있도록 가족식당도 설치되었다. 한 사람이 한 끼를 먹는 데 6~10전을 내면 되었다. 처음엔 밥과 국(고깃국 또는 된장국), 그리고 김치 한 가지를 반찬으로 하는 식사가 일률적으로 차려졌다. 그러다가 사람들의 요구에 따라 자반, 생선찌개, 고기볶음 등 반찬을 준비해 놓고 3~5전을 더 내면 내주는 식으로 운영했다. 시민들은 여기서 한 사람씩, 또는 가족 단위로 식사를 했다. 아침부터 밤 12시까지 문을 열어 늦게 퇴근하는 사람도 밥을 먹을 수 있도록 했다.[90] 이러한 가족식당은 밥공장과 함께 여성들을 가사노동에서 벗어나게 하려는 노력의 일환이었다.

1959년 1월 1일부터는 노동자와 기술자, 사무원들의 월급이 40% 올랐다. 북한은 임금인상 조치가 "인민의 리익과 행복의 진정한 옹호자인 우리당과 공화국 정부가 인민생활 향상을 위하여 돌리고 있는 크나큰 배려의 또 하나의 표현으로서 천리마를 탄 기세로 달리는 우리 근로자들의 투쟁을 더욱더 고무하여 준다"고 선전했다.[91] 물론 그런 면이 없지는 않았을 것이다. 그런데 북한은 전후 재건과 복구에 대대적인 투자를 진행하고 사회주의권 국가들의 원조도 들어옴에 따라 1954~1960년 사이 연평균 공업성장률이 30~40%에 달하는 큰 성장을 이루었다.[92] 이와 같은 높은 성장률은 물가인상을 동반했을 것으로 보인다. 임금인상은 물가인상에 부응하는 조치였을 것으로 여겨진다.

1946년 12월 도입된 사회보험제도는 근로자들이 월급의 1%를 보험료로 내고 보조금과 의료혜택을 받는 것이었다. 도입 당시와 마찬가지로 1950년대에도 아이를 낳으면 출산보조금 500원, 유아보조금 500원을 지급하는 등의 형태로 운영되고 있었다. 하지만 실제 현장에서 근로자들이 혜택을 받는 과정에서는 상당한 문제점이 노출되고 있었다. 우선 근로자들이 이러한 제도가 있는지 모르고 신청하지 않아 혜택을 받지 못하는 경우가 많았다. 어느 공장에서는 1953년 1월부터 9월까지 근로자들이 청구하지 않아 못 받은 보조금이 수만 원에 이르렀고, 증명문건 불비로 받지 못하는 경우도 있었다. 공장 진료소에 의약품이 없어서 공급받지 못하는 경우, 필요할 때 왕진을 거부당하는 경우도 있었다. 근로경력이 2년만 되면 노동자와 기술자, 사무원들은 일정 기간 편안하게 쉴 수 있는 휴양소에 입소할 수 있는 권한이 있었는데, 입소자 결정과정이 무질서하고 무계획적으로 운영되는 사례가 있었다.[93] 북한 당국이 말하는 것처럼 모든 게 근로자 위주로 원활하게 운영된 것만은 아니며, 자기 것을 적극적으로 찾지 않는 민초들에게 저절로 혜택이 돌아가지는 않고 있었던 것이다.

그런가 하면 공장의 운영에 있어서도 아직은 표준화되지 않은 면이 나타났다. 함경북도 김책시 성진제강소의 경우, 열관리원은 온도계를 보고, 용해공은 경험으로 출강出鋼 시점을 정하려 했다. 그래서 말다툼이 일어나곤 했다. 이 때문에 오작품이 나오기도 했다. 국가가 정해 준 생산량을 달성하기 위해 신입직원들에 대한 기술교육을 미루는 경우도 많았다.[94] 북한의 대표적인 철강공장 성진제강소도 1950년대까지는 운영체계가 조직적으로 정리되어 있지는 않은 모습이었다.

「화살」(1959년)에 실린 불량비누 풍자화

품질 낮은 생활용품들

공장에서 생산되는 상품들은 아직 질 낮은 것들이 많았다. "비누에서 거품이 안 난다", "비누가 너무 물렁물렁하다", "구두가 잘 터진다", "구두에 광택이 없다" 등등 주민들은 불만의 목소리를 낼 수밖에 없었다.[95] 평양의 국영 제1백화점에 나와 있는 제품들도 결함 있는 것들이 많았다. 칫솔의 경우 손잡이가 부러지고 솔이 빠져서 며칠밖에 쓸 수 없는 것들이 있었다. 양말은 몇 시간 만에 뒤축이 나가는 것들이 있었고, 속옷은 너무 얇아서 금방 해지는 것들이 있었다. 이런 것들을 구입한 사람들은 물건을 갖고 백화점에 찾아가 물러 달라고 요구했다.[96] 평양 중구역에 있는 제지공장에서 만든 장판도 너무 얇아서 만지기만 해도 찢어질 지경이었다.[97]

북한 당국도 이를 인식하고 품질향상을 위해 나름의 노력을 했다. 1958년 4월에는 「생활필수품 품종 확대 및 품질 제고에 대한 상금제 규정」(노동성령 제48호)을 통해 '질 제고 상금제'도 마련했다. 계획된 양을 초과해 생산한 노동자뿐만 아니라 품질향상에 기여한 노동자에게도 상금을 줄 수 있도록 한 것이다. 그에 따라 공장들이 나름의 기준을 마련해 품질개선에 공이 있는 노동자에게 상금을 주는 제도를 실시했다.[98] 새로운 기술도 보급하려 했고, 기능공으로 일하고 있는 인력에 대한 재교육도 강화했다. 평양방직공장의 경우는 우수한 기능공을 선발해 견습공을 30명 단위로 편성해 기술교육을 실시했다. 이러한 노력을 통해 1958년 산업 부문 기업소 노동자 가운데 고급기능공 비중이 전년에 비해 11% 증가했고, 그에 따라 노동생산능률도 급격히 제고되었다고 한다.[99]

하지만 북한 당국의 이러한 조치들에도 불구하고, 실제 제품의 품질 제고는 쉽게 이루어지지 않았고, 이후에도 이 문제는 해결하기 어려운 과제로 계속 남아 있었다. 북한의 역사를 살피는 과정에서 관찰되는 것 중 하나가 당이나 정부 기관지들이 주장하는 내용과 북한의 실정에는 상당한 차이가 있다는 것인데, 상품의 질 향상 문제도 마찬가지였다. 기관지들은 이런저런 조치를 취했고 성과도 많았다고 주장했지만, 현실은 이에 미치지 못하고 있었다.

생활에 필요한 물품들이 상점에서 동이 나 주민들이 불편을 겪는 경우도 많았다. 황해남도 해주시의 국영상점에서는 간장과 된장 등 주민 생활에 꼭 필요한 식료품이 떨어지는 경우가 많았다. 주민들의 신소가 없을 수 없었다. 황해남도 인민위원회 상업관리국에서 해주시 인민위원회 상업부에 전화를 하곤 했다. 그때마다 상업부 직원이 자전거를 타고 국영상점에 나갔다. 그럴 땐 상점에서 물건들을 진열하고 청소까지 깨끗하게 해놓았다. 직원은 '문제 없음'을 확인할 뿐이었다. 해주시 상업부에 직원이 17명 있었지만, 7개의 국영상점에 대한 관리를 제대로 하지 못했다. 그러니 주민들의 불편은 쉽게 해소되지 않았다.[100] 황해남도 재령광산의 직장상점에서는 식료품이라고 해야 두부와 콩나물 정도를 팔았는데, 그것도 품절이 되는 경우가 많았다.[101]

평양을 비롯한 주요 도시에는 버스가 다녔다. 소련에서 보내 준 버스가 운행된 것이다. 하지만 운행시간은 들쭉날쭉했다. 평양의 경우 20분

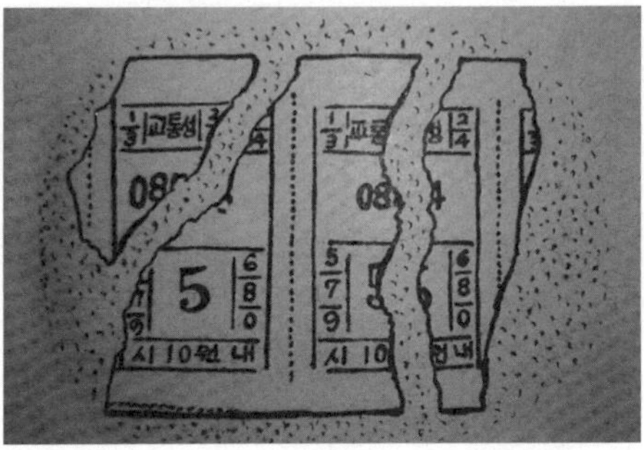

「활살」(1957년)에 실린 찢어진 버스표 풍자화

정도 기다리는 것은 보통 있는 일이었다. 심지어 운전사가 식사하는 동안 50명의 승객들이 40분이나 기다리는 경우도 있었다. 그래서 시민들이 줄을 지어 선 채 이맛살을 찌푸리고 있는 경우가 많았다. 시민들 사이에서는 "빼스를 좀 탑시다" 하는 불만의 목소리가 돌고 있었다. 버스에는 운전사 외에 승차권을 받고 승객들 승하차를 돕는 차장이 있었다. 그런데 차장이 승객들로부터 받은 승차권을 승차권 판매원에게 다시 팔아 몇백 원의 이익을 챙기는 경우도 있었다.[102] 승차권 1장을 2~3장으로 찢어서 파는 경우도 있었다. 1장을 2장으로 팔면 1장 값은 차장이 챙기는 것이었다. 차장은 번호가 붙은 완장을 차고 있었는데, 이런 부정행위를 할 때는 번호가 보이지 않게 접어 놓고 있었다.[103]

전후 농민들의 생활

전쟁 후 집과 논, 밭, 공장 등 북한의 많은 부분은 폐허로 남았고, 그 가운데 민중생활은 난관의 연속이었다. 밥을 굶는 사람, 잠잘 곳을 마련하지 못한 사람이 수두룩했다. 이는 김일성의 말을 통해서도 확인된다. 1954년 12월 개성으로 현지지도를 나가는 길에 김일성은 점심시간을 맞았다. 수행원들이 준비한 점심을 내놓았다. 염장무를 넣은 쉐기밥(주먹밥), 맨밥, 삶은 달걀 1개, 고등어 2토막, 그리고 콩나물이었다. 김일성은 쉐기밥만을 먹었다. 그러면서 한 말이 "전쟁을 겪고 난 우리 인민들은 어렵게 생활하고 있습니다. 어떤 사람들은 점심식사도 못하고 아침저녁 죽으로 끼니를 에우고 있습니다"이었다.[104] 실제로 먹고사는 문제를 해결하지 못하고 있는 사람들이 많았음을 직설적으로 얘기한 것이다.

그러다 보니 농촌에서 고등교육을 받는 사람은 드물었다. 함경북도 명천군의 경우, 1954년 당시 '평양중앙대학'(평양에 있는 대학의 통칭)에 다니는 사람은 평양건설건재대학 재학생 한 사람뿐이었다. 이 학생이 방학 때 기차역에서 내려 대학모를 쓰고 지나가면 모든 사람이 선망의 눈으로 쳐다보았다. 저녁이 되면 마을 사람들이 달걀이나 산나물 꾸러미, 또는 쌀 한 바가지를 들고 대학생의 집으로 찾아왔다. 어른 아이 할 것 없이 밤새 쑥불로 모기를 쫓아 가며 대학생 주변에 둘러앉아 평양 이야기를 듣곤 했다.[105]

전쟁 후 북한은 피해 복구에 총력을 기울였다. 1954~1956년의 3개년 계획기간의 목표도 전쟁 전 수준의 경제를 회복하는 것이었다. 농촌에서도 파괴된 논, 밭, 저수지 등을 복구하면서 정상을 회복하는 데 노력을 기울였다. 북한은 특히 3개년계획기간 동안 관개시설을 복구하고 증대하는 데 관심을 쏟았는데, 3년간 전체적으로 관개면적을 9만 정보 늘렸다. 평안남도에서만도 139곳에서 관개하천공사가 진행되어 관개면적을 4만 정보 확대했다. 전후 물자와 장비가 부족한 상황에서 이러한 공사들은 물론 인민들의 피와 땀으로 진행될 수밖에 없었다. 농민들은 자신의 땅을 복구하면서 대규모 공사에도 동원되어 노동을 해야 했다.

한편 전쟁 중에 갖고 있던 역축들이 미군의 폭격을 맞아 죽은 사례가 많았다. 죽지 않더라도 폭격에 놀란 가축들이 달아나는 경우도 많았다.

1956년 완료된 평남관개공사 현장에서 애국 동원된 농민들이 작업하고 있는 모습

함경남도 함남평야 지역에 사는 홍인룡의 경우도 전쟁 중에 황소를 잃었다. 미군의 폭격에 황소가 죽은 것이다. 그래서 전쟁 직후인 1953년 10월 논에서 볏단을 실어 나르기 위해 이웃집 소를 빌려야 했다. 빌린 소로 달구지를 끌게 해 볏단 수송작업을 했다. 소를 하루 빌리는 데에는 벼 한 말을 줘야 했다.[106]

전반적으로는 농촌은 빠른 속도로 협동화의 길을 가고 있었다. 농민들이 각자 자기 땅을 가지고 농사를 짓는 체제에서 토지와 가축, 농기구 등을 함께 운영하고 생산물을 나누어 가지는 체제로 전환하고 있었다. 물론 일사천리로 진행된 것은 아니다. 협동조합에 들어가지 않겠다는 농민도 있었고, 들어갔다가 나가겠다는 사람도 있었다. 하지만 당조직을 통한 체계적 선전과 설득 작업을 통해 협동화를 추진했다. 북조선농민은행의 대출이자를 농업협동조합에는 6%(개인농은 9.2%)로 싸게 해주는 등 다양한 방법을 통해 개인농들이 협동조합에 참여하도록 했다.[107] 그런 과정을 통해 1958년 8월에는 협동화 작업이 모두 마무리되었다. 함께 일하고 연말 분배는 매일매일 일한 만큼 노력공수의 합에 따라 하는 시스템이 되었다. 국가에 납부하는 농업현물세, 관개사용료, 비료값 등을 내고, 공동축적금(자동차, 농기구 구입비용 등), 사회문화비용(전사자 유가족을 돕는 비용 등) 등의 공동비용을 남겨 놓은 다음, 나머지를 분배하는 것이었다.

농업협동조합에서 농민들은 작업반별로 함께 일을 했다. 어떤 조합은 공동식당을 설치해 식사도 함께했다. 그래서 작업반장의 역할이 중요했다. 잘되는 작업반은 반장의 철저한 계획과 반 전체의 토론에 의해 작업 준비와 분공이 진행되었다. 일과 후 평가회의를 통해 노력평가도 양과 질에 따라 공평하게 했다. 반원들은 서로 경쟁하면서 더 많은 일을 하기 위해 노력했다. 국가로부터 종곡도 대여받고 농기계를 이용해 공동작업도 효율적으로 진행해 이런 농장들은 수확이 많아졌다. 농장원들은 많은 알곡을 분배받았다.

안되는 반은 계획과 토의가 없었다. 작업 분공을 주먹치기로 했다. 반원들은 일을 대충대충 했다. 농기구를 밭머리에 내버려 두고 집으로 가는 경우도 있었다. 예를 들면, 조합 방목지를 만드는 일을 맡은 사람이 풀을 듬성듬성 베고 가시나무나 나뭇등걸도 드문드문 잘라냈다. 그러고는 다했다고 작업반장에게 보고했다. 하지만 얼마 안 되어 풀과 가시나무가 다시 자라났다. 누군가 다시 같은 일을 해야 했다. 노력평가도 매일매일 정밀하게 하지 않고 한꺼번에 하면서 불공평하게 하는 경우가 있었다. 이에 따라 불만을 가지는 사람도 많았다.[108] 아리스토텔레스가 갈파한 것처럼 사람들은 자신의 것에 최대한의 주의를 기울이고 공동의 것에는 관심을 덜 쏟는다. 최대한의 사람들이 공유하고 있는 것은 늘 최소한의 돌봄을 받게 되어 있는 것이다.[109] 북한의 농업협동조합이 그런 모습을 여실히 보여 주고 있었다.

함경북도 경성군 연분농업협동조합은 작업계획 없이 농사일을 했고, 노력평가도 4~5개월씩 미루다가 한꺼번에 했다. 노력평가에 문제가 있다는 조합원들의 의견이 있었지만 관리위원장이 이를 무시했다. 그러다 요구가 거세지자 위원장은 하는 수 없이 총회를 소집했다. 하지만 작업계획이나 노력평가 등 중요한 의제는 다루지도 않고 바쁘다는 핑계로 회의를 빨리 끝내 버렸다. 군 소재지에서 멀리 떨어져 있다 보니 군 간부들이 지도를 잘 나가지도 않았다. 그러는 사이 체계 없이 농장이 운영되고 있었던 것이다. 그 결과 생산목표도 달성하지 못하고 조합원의 수입도 적었다.[110]

1958년 가을 강원도 통천군 화로농업협동조합은 아예 분배를 하지 않고 공동식당에서 모두 식사를 해결하도록 했다. 식당에서 필요로 하는 양의 식량을 제외하고 나머지는 공동축적분으로 남겨 두었다. 노력

「화살」(1959년)에 실린 노력과 분배의 차이 풍자화

「화살」(1959년)에 실린 평균주의 풍자화

점수에 따라 분배를 하고 농번기에만 공동식당을 운영하자는 의견도 있었지만, 관리위원장이 '이기주의적 발상'이라며 무시했다. 그러자 1959년이 되어서는 조합원들이 일을 열심히 하지 않게 되었다.[111]

농장에서 생산한 농산물과 부업으로 번 현금으로 우선은 현물세, 관개사용료, 트랙터·우마 사용료 등 국가 납부분을 냈다. 다음으론 종자 등 국가에서 빌린 현물을 갚았다. 그다음으론 국가와 사전에 계약한 양만큼 국가에서 수매했다. 그러곤 내년 농사를 위한 종자, 사료, 농기구 등의 마련을 위해 필요한 만큼 떼어 놓았다. 또, 인민군 후방가족, 애국열사 유가족, 노력 상실자 등을 돕기 위한 식량도 떼어 놓았다. 이런 것들을 공제한 뒤 나머지를 가지고 조합원들이 노력평가에 따라 분배했다. 그런데 노력평가가 공평하게 되지 않는 부분이 있었던 것이다.

게다가 농업현물세가 공정하게 판정되지 않는 경우가 여전히 많았다. 농장이 얼마나 파종을 했고 그에 따라 수확이 얼마인지를 정확히 계산한 뒤 농업현물세를 부과해야 하는데, 우선 판정위원회 구성이 부실했다. 리 인민위원장과 리 인민위원회 간부, 농민 등으로 구성되었는데, 엄밀하게 작황을 평가하기엔 부족한 경우가 많았다. 그래서 작물별 파종 면적과 수확고가 정확히 계산되지 않았다.[112] 농민들의 분배 몫에 직접 영향을 주는 중요한 부분이었지만, 1940년대부터 존재했던 문제점이 고쳐지지 않고 남아 있었던 것이다.

협동화가 된 이후에도 텃밭은 허용되었는데, 규모는 농장마다 달랐다. 함경북도 유선군 영수리 단고농업협동조합의 경우는 79가구 전체가 500평 이상의 텃밭을 가지고 있었다. 한 작업반장은 1,500평을 갖고 있었다. 함경북도 온성군 풍리농업협동조합의 한 조합원은 텃밭 1,200평에 역축까지 보유하고 있었다. 함경북도 경원군 융문리농업협동조합에서도 조합관리위원장이 700평을 가지고 있는 것을 비롯해 선전실장,

상점점장, 인민학교교장 등이 500~600평의 텃밭을 갖고 있었다. 위원장은 자신의 텃밭일을 조합원들에게 시키는 경우도 있었다. 문제는 텃밭을 보유하고 있는 사람들은 텃밭 가꾸기를 더 열심히 한다는 것이었다. 제초나 비료주기 등 모든 일에서 텃밭이 우선이었다. 조합일은 형식적으로만 했다.[113] 조합의 재산은 자신의 것이 아니기 때문에 신경을 쓰지 않는 경향도 여전했다. 평안남도 은산군 제현리 제현농업협동조합의 조합원 오경옥은 조합의 물건이 길가에 떨어져 눈비를 맞고 있었는데도 건사하지 않아 당의 기관잡지를 통해 공개적으로 비판을 받기도 했다.[114] 그러니 조합의 생산성이 높아지기 어려웠다. 이런 현상이 협동화 이후 여기저기서 나타났다.

농민들은 분배받은 농산물과 텃밭에서 기른 작물을 농민시장에서 팔 수 있었지만, 시장이 그렇게 활성화되지는 못했다. 팔려는 농민들은 많았지만, 노동자와 사무원 등 수요자와 잘 연결되지 않았다. 그래서 개인 투기업자들이 생겨났다. 팔리지 않는 농산물을 싼값에 사 소매상에게 넘기는 중개상인들이 활동하게 된 것이다. 허용된 활동이 아니었지만 당국의 단속은 제대로 이루어지지 않았다.[115] 그런 가운데 농민들은 싼값에 생산품을 넘기고, 노동자, 사무원들은 비싸게 필요한 농산물을 사고 있었다.

기계화가 진행되고 있었지만, 현장에서 직접 농사를 짓는 농민들은 불편한 것이 많았다. 탈곡기는 공급되었지만, 고장이 잦았고, 특히 탈곡기에 달린 선풍기가 망가지는 경우가 많았다. 그런데 선풍기를 따로 만들어 팔지는 않았다. 그러니 탈곡기 자체를 쓸 수가 없었다. 결국 발로 밟아서 돌리는 족답기로 탈곡을 하는 경우가 많았다.[116] 1958년 10월에는 트랙터도 생산되기 시작하는데, 보급이 되는 데에는 시간이 많이 필요했다. 1963년까지 농촌 전체에 1만 3,000대가 보급되는 정도였다.[117]

농산물을 많이 생산하는 농장이라야 트랙터를 배정받을 수 있었다. 많은 것은 아니었지만 트랙터를 사용할 때는 이용료도 내야 했다. 1정보(3천 평)당 벼 60kg의 사용료가 책정되어 있었다.[118] 그러니 1950년대 북한의 농촌에서는 대부분의 작업을 손으로 해야 했다. 추수, 탈곡, 객토, 퇴비 운반 등을 농민들이 손으로, 등으로, 발로 하는 경우가 많았다. 땔감을 마련하는 일도 어려운 일이었다. 황해도 금성천 연안에 있는 한 농업협동조합 농민들은 땔나무를 구하기 위해 20km 이상을 가야 했다. 농장에 자동차가 없어 거기서 나무를 해서 이거나 져서 옮겨야 했다. 주로 여성들이 이 일을 했다. 1958년 9월에야 자동차가 한 대 배정되어 나무를 실어 나를 수 있게 되었다.[119] 농업협동조합마다 가축들을 많이 키웠기 때문에 도 인민위원회가 나서서 가축병원을 지었다. 평안북도 태천군에도 가축병원이 세워졌다. 그런데 수의사가 부족했다. 송아지가 병에 걸려 네 번이나 왕진을 요청했는데도 수의사가 오지 않는 경우도 있었고, 심지어는 병에 걸린 돼지를 지고 오라고 하는 경우도 있었다. 그러다가 결국 치료를 못 받고 가축이 죽는 경우가 많았다.[120]

1958년 농업의 협동화가 마무리된 이후에도 식량과 주택 문제는 해결되지 않았다. 농촌 문화주택이 지어지기 시작하고, 기존 주택도 조금씩 개량되어 갔다. 하지만 시원시원하게 되지는 못했다. 시멘트가 모자라 수리를 하다 중단한 경우도 있었고, 장판이 제대로 깔리지 않은 경우도 많았다. 그래서 대부분 집들은 방바닥에 두꺼운 종이를 바르고 콩물을 먹여 윤기를 냈다. 콩물을 너무 심하게 먹이면 바닥이 가맣게 되었다. 그렇게 까만 상태로 지내는 집들도 적지 않았다. 농촌문화주택에 사는 사람들 가운데에는 흙을 털지도 않고 방으로 들어가는 경우도 있었고, 방 안에 담배꽁초를 너저분하게 버려두는 경우도 있었다.[121]

곡식의 낭비를 막기 위해 개인적으로 술을 빚는 것을 금지하고 있었

밀주가 있는 마을에서
—그 술은 어데서 사오니?
—영희네 집에서요 그런테 누가 물으면
상점에서 사온다고 하라 했어요……

『활살』(1957년)에 실린 밀주 제조 풍자화

지만, 밀주를 만들어 먹거나 파는 경우도 있었다.

그런가 하면 식량이 떨어져 먹는 문제로 곤란을 겪는 농가들도 적지 않았다. 1959년 6월 김일성이 강원도 안변군 천삼리를 찾았다. 천삼농업협동조합의 이곳저곳을 살피던 김일성은 "식량이 떨어진 집들은 없는가?" 물었다. 조합의 한 간부가 "없습니다" 했다. 김일성은 다시 "금년에 정보당 퇴비는 얼마나 냈는가?" 질문했다. 그 간부는 "50톤씩 냈습니다" 답했다. 김일성은 사정을 좀 더 정확하게 알고 싶었다. 오경봉이라는 노인을 따로 불러 물었다. 노인은 솔직히 말했다. 식량이 떨어진 집이 더러 있고, 정보당 퇴비도 10톤 정도밖에 내지 못했다고 있는 대로 말한 것이다.[122]

어떤 농장들은 생산한 곡식과 채소를 자체의 직매점이나 여러 농장이 참여하는 연합직매점에서 팔았다. 국영상점에서도 채소를 팔았지만, 농장들이 따로 직매점을 낸 것이다. 도시 주민들이 이런 직매점을 이용했다. 선내농업협동조합은 평양 남구역에 채소 직매점을 두었다. 거기서 오이, 딸기, 토마토, 수박 등 생산물을 팔았다. 그런데 어떤 때는 채소가 너무 많아 처리를 다 못했고, 어떤 때에는 모자라 원하는 사람들이 사지 못했다. 수요에 따라 생산, 공급이 결정되는 구조가 아니었기 때문이다. 농장들은 생산물을 직매점에 전해 주는 것으로 책임을 다하는 것이었다. 판매는 직매점의 문제였다. 직매점들이 도시에 적절하게 분배되어 있지 않은 것도 문제였다. 이러한 문제점을 해결하기 위해 차츰 주문판매, 이동판매의 방법도 도입했다.[123] 1959년 평안남도 문덕군 신리농업협동조합 상점 판매원 조옥화는 4월이 되자 농민들이 필요로 할 만한 물건들을 광주리에 담아 논밭으로 찾아다녔다. 현장에서 주문을 받아 그 다음 날 가져다주기도 했다.[124] 이동판매원이 리 소재지에 있는 진료소에 주문한 약을 받아다 주는 등 농민들의 요긴한 심부름꾼 역할을 하기도 했다.[125] 하지만 이동판매와 주문판매의 활성화 여부는 판매원들의 '봉사성' 정도에 달려 있었다. 이러한 방안으로 수요와 공급의 차이에서 오는 문제를 근본적으로 해결하기는 어려웠다. 이는 사회주의 경제체제, 계획에 의한 생산 시스템의 본질적인 문제였기 때문이다.

관료주의와 부패

농촌에서 식량이 모자라는 가정에 대해 잘 보고하지 않는 경우가 발생하는 것은 상부의 구미에 맞는 행위만을 하려는 경향에서 오는 것이었다. 일종의 관료주의 현상이었다. 북한 정권의 권위주의 특성에 근본원인이 있는 것으로 볼 수 있는데, 최고 지도자가 모든 권한을 쥐고 모든 것을 결정하는 상황에서, 당과 행정기관의 관료들은 아래보다는 위를

『활살』(1954년)에 실린 관료주의 풍자화

보면서 상부의 희망대로 보고하는 경향이 있었던 것이다. 농장뿐만 아니라 공장이나 광산, 수산업 현장, 서비스업 현장에서도 비슷한 현상이 나타났다.

위에서 언급한 천삼농업협동조합에 매점이 있었는데, 매점의 상황을 보면 유통업 현장에서의 관료주의도 바로 확인할 수 있다. 김일성이 오경봉 노인에게 상점에 물품들은 제대로 공급되는지 물었다. 노인은 다른 상품은 모르겠지만 광목천 같은 수수하고 든든한 천이 모자란다고 대답했다. 당시 북한의 정책 당국은 농민들의 생활이 향상되었기 때문에 고급비단의 수요가 늘고 있다고 판단하고 있었다. 그래서 광목천 공급을 줄이고 고급천의 공급을 늘렸다. 그런데 실제 농촌에서는 광목천이 더 필요했던 것이다.[126] 보고 중시, 성과 지상주의를 특징으로 하는 관료주의를 여기서도 확인할 수 있는 것이다.

김일성이 1976년 11월 한 수산사업소에 들러 여성들이 찬 바람을 맞으면서 바깥에서 명태손질을 하는 것을 보고 사업소 간부들을 나무라면서 관료주의를 지적한 적이 있다. "추운 겨울에 녀성들이 밖에서 명태 밸을(배를) 따는 것을 보면 우리 간부들이 로동계급 출신이기는 하지만 확실히 당성, 로동계급성, 인민성이 없는 것 같습니다. 로동계급이 자본가의 압박과 착취를 받을 때에는 그를 반대하여 투쟁하지만 일단 정권을 쥔 다음에는 잘못하면 관료화되기 쉽습니다"라고 지적한 것이다.[127] 김일성의 이 지적은 1976년의 일이지만, 이러한 현상은 이미 1950년대부터 존재해 왔다고 하겠다. 관료주의의 원인을 김일성은 간부들의 계급의식 부족 때문으로 보고 있었지만, 실제로는 개인의 의식보다는 북한의 심한 권위주의체제 특성에 더 근본적 원인이 있다고 할 수 있을 것이다.

1950년대 말까지 농촌에는 고리대금업이 존재하고 있었다. 개성시 만월동에 허원철이라는 개인 상공업자가 살고 있었다. 허원철은 농민 이운복에게 현금 675,000원을 고리대로 빌려 주었다. 정확히 어느 정도의 이자를 받았는지는 말하고 있지 않지만, 내각 농업성 기관잡지 『농업협동조합원』은 이와 같은 고리대금업의 사례를 지적하고 있다. 또한 양강도 부전군 속신리의 농업협동조합 간부와 일부 조합원들은 1957년 12월까지 17마리의 소를 다른 조합원에게 빌려주고 그에 대한 보수를 받았는데 송아지까지 받기도 했다.[128] 농촌에 부패현상이 근절되지 않고 남아 있었던 것이다.

쉽지 않은 어촌생활

전쟁이 끝난 지 4년이 가까워지는 1957년 초 북한의 어민들은 조금씩 생활이 나아졌다. 좀 규모가 큰 저인망 어선들 가운데 잡은 고기를 하역할 수 있는 컨베이어를 설치한 것도 있었다. 겨울철 동해에서는 명태가 잘 잡혀 한 척에 50~60톤씩 만선을 이루는 경우가 많았다. 하역된 명태는 여성들이 손질했다. 통째로 또는 소금에 절이거나 말려서 각 지역으로 보냈다. 알은 명란으로 가공했고, 간은 기름으로 만들어 약품으로 활용했다. 1957년 5월에는 전후 소련의 원조금 10억 루블 가운데 일부로 함경남도 신포군에 통조림 공장이 완공될 예정이었는데, 이후 여러 가지 생선을 통조림으로 가공해 공급한 것으로 보인다.[129]

하지만 어민들의 생활 속으로 깊이 들어가 보면, 그 삶 또한 만만치 않았음을 확인할 수 있다. 1957년 6월 북한 어민의 생활을 관찰해 보자. 평안남도 남포시의 한 포구에 사는 최근호의 실제 사는 모습을 『인민들 속에서』라는 책자를 통해서 들여다볼 수 있다. 최근호는 고깃배를 타고 직접 고기를 잡는 일을 하고 있었다. 한 번 나가면 두 달 동안 돌아오지 않는 경우도 있었다. 잡는 고기는 주로 조기였다. 당시 서해안에서는 팔뚝만 한 조기가 많이 잡혔고 품질도 좋았다.

그럼에도 배를 몰고 나가 고기를 잡는 생활은 여전히 힘들었다. 선실은 작았고, 물을 제대로 공급받지 못해 바다로 나가면 몸을 씻기가 어려웠다. 배급을 받는 솜외투는 한 벌밖에 안 되어 갈아입을 옷이 부족했다. 500발이나 되는 긴 그물도 순전히 사람의 힘만으로 하루 두 번씩 바다에 넣었다가 걷어 올려야 했다.

최근호는 워낙 부지런하고 열성적인 어부여서 이런 것은 견딜 수 있었다. 더 힘든 것은 전체적인 작업과정이 체계적으로 돌아가지 않는 것이었다. 고기를 잡아 가지고 와도 실어 가는 작업이 늦어져 며칠씩 포구에 머무는 경우가 많았다. 하선인력들이 제대로 움직여 주지 않는 데다 소금이 부족해 고기를 한꺼번에 많이 실어 가지 못했다. 소금에 절여야 생선이 썩지 않는데, 소금이 부족했다. 냉동창고도 변변한 것이 없었다. 그러니 서둘러 생선을 실어 가지 않았다.[130] 이런 일은 곳곳에서 벌어졌다. 1954년 4월의 일이지만, 시사만화잡지 『활살』에 실린 내용을 보자. 4월 2일 수산성 수매부 직원이 기차에 생선을 싣고 저녁 7시에 평양역에 도착했다. 하지만 상업성 식료품부에서는 곧 생선을 인수하지 않고 다음 날에야 사람을 내보냈다. 생선은 조금씩 물이 가고 있었다. "왜 늦게 나왔느냐", "왜 고기를 상하지 않게 포장을 하지 않았느냐" 옥신각신했다. 그래서 결국 생선이 상점에 배달된 것은 3일 7시쯤이었다. 물론 신선도는 더 떨어져 있었다.[131]

수산사업소 직원들의 임금은 수산사업소별로 실적이 평가되어 그에 따라 지급되었다. 최근호가 소속되어 있는 남포수산사업소는 실적이 좋지 않았다. 고기를 잡고 실어 나르고 절여서 출하하는 작업이 유기적으로 연계되어 원활하게 돌아가야 실적이 좋은데 그게 안 되었던 것이다. 이런 것이 최근호를 답답하게 했다.

그러던 중 1957년 6월 11일 내각 수상 김일성이 남포수산사업소를 방문했다. 어부들의 생활, 사업의 진행상황 등을 자세히 물었다. 고칠 것은 그 자리에서 지시해 고치도록 했다. 그 바람에 어부들은 부족한 의복문제도 해결할 수 있었고, 고기를 많이 잡는 어부들은 월급도 더 받게 되었다.[132] 최근호가 일하는 남포수산사업소의 경우 우연한 기회에 다급한 문제가 해결되었지만, 전쟁이 끝난 지 4년이 되었지만 여전히 어민들의 생활은 쉽지 않았음이 이러한 자료를 통해 확인된다.

어촌의 형태는 두 가지였다. 하나는 '수산사업소' 형태, 다른 하나는 '수산협동조합' 형태였다. 수산사업소, 예컨대 청진수산사업소 같은 곳은 국영이었다. 여기에 소속된 어민들은 여기서 일하고 일정한 월급을 받는 것이었다. 수산협동조합, 예를 들어 청진수산협동조합은 어민들의 협동소유 형태였다. 개인적으로 어업을 하던 사람들이 어선과 어구를 협동조합에 내고 여기서 일하면서 한 해 결산에 따라 일정 부분은 국가에 납부하고 나머지는 어민 조합원이 분배하는 것이었다. 농업협동조합과 같은 것이었다. 수산협동조합들은 대부분 직매점을 가지고 있어 잡은 고기를 그곳에서 판매했다. 일부는 국영 수산물종합상점에 넘겨 거기서 판매했다.

고래를 잡는 어촌의 모습도 별반 다르지 않았다. 1950년대 북한은 고래잡이에 대대적으로 나섰다. 기름은 공업용 또는 화장품 생산용으로 쓰고, 고기는 통조림을 만들어 인민들에게 공급했다. 하지만 포경업 환경은 좋지 않았다. 우선 포경업을 제대로 아는 사람이 거의 없었다. 일제 강점기 당시 일본은 조선인들을 포경선에 태우면서도 포경기술을 가르쳐 주지 않았다. 갑판을 닦는 허드렛일 정도만 시켰다. 그런 상황에서도 어깨너머로 고래잡이를 배운 사람들이 1950년대까지도 북한의 포경선을 타고 있었다. 포경선 구조는 선장과 포수 사이 통신이 어려울 만큼 불합리하게 되어 있었다. 고래잡이에 직접 쓰는 장비도 열악했다. 포경선에서 가장 중요한 장비가 고래를 쏘는 고래포인데, 이게 낡고 성능이 떨어졌다. 조준경이 없고, 줄도 낡은 것이 많았다. 잡은 고래를 처리하는 능력도 부족했다. 1950년대 말부터는 이런 부분에 대한 개선작업이 조금씩 진행되어 1960년대에는 연간 1,500톤 정도의 고래를 잡게 되었다.[133]

여하튼 1950년대 북한의 어민들은 작업에 필요한 의복도 부족할 만큼 생활이 녹록지 않았고, 소금과 같은 기초 생활용품도 부족했다. 어촌의 일선 사업소들은 관료주의 특성을 크게 벗어나지 못하고 있었다. 어업을 위한 장비들도 여전히 부족하고 현대적이지 못한 상태였다.

군의 변화와 예비군

한국전쟁 당시 북한군을 지원하기 위해 북한에 들어간 중국군은 1958년 10월 모두 철수했다. 북한군은 이제 스스로 강해져야 했다.

먼저 군에서 영창제도를 없앴다. 1958년 3월 당중앙위 전원회의에서 영창제도를 폐지한 것이다.[134] 벌보다는 '혁명적 동지애'를 발양시키는 방식의 포지티브 전략을 선택한 것이었다. 이는 김일성의 경험에 의한 것이었다. 김일성은 1960년 8월 인민군 제109부대 대원들 앞에서 한 연설에서 항일빨치산 활동을 하면서도 영창에 한 사람도 가두지 않았다고 강조했다. "교육을 잘 하면 영창이 없어도 규율을 세울 수 있다"고 영창제도를 없앤 이유를 설명했다.[135]

예비군도 창설했다. 전력보강을 위해 1959년 1월에 노동적위대를 창설한 것이다. 노동자와 농민, 제대 군인, 학생 등 약 50만 명으로 구성되었다. 여기에 편성된 주민들은 평소 일을 하거나 공부하면서 일정 시간 훈련을 받고 지역방위 등의 임무를 수행해야 했다. 치안업무와 함께 직장과 주요시설의 경계, 지역방위, 대공방어 등을 주요 임무로 했다. 유사시에는 정규군을 보충하고 군수품 수송 등도 담당하며, 특수 적위군은 정규군과 함께 게릴라활동에도 참여하도록 했다.

1962년에는 전 인민의 무장화 방침에 따라 18~45세의 남자와 18~35세의 미혼 여성을 모두 노동적위대에 편입시켰다. 1971년에는 상한 연령이 50세로 확대되었고, 다시 17~60세의 남자와 미혼 여성 가운데 인민군과 교도대에 편입되지 않은 모든 주민을 편성대상으로 했다. 군과 비슷한 체제로 구성되어 노동당 지휘하에 노동적위대 총사령부가 있고, 각급 당 위원장과 중견간부, 행정기관의 군사부·군사동원부 간부와 사회주의청년동맹 간부가 노동적위대 지휘책임자 역할을 맡았다. 도·직할시 노동적위대(군단급), 시(구역) 노동적위대(연대급), 리(동) 노동적위대

주석단 앞을 지나 군중들의 열렬한 환영을 받으며 인민군
거리를 행진하는 평양시 로농 적위대들의 위용

1962년 4월 25일 항일유격대 창건 30주년 기념 군중대회장에서 노농적위대가 행군하는 모습

1967년 5·1절 기념행사에서 여성 노농적위대가 행군하는 모습

(대대급), 부락·직장 노농적위대(중대 또는 소대급) 등 행정단위 및 직장별 부대로 편성되었다.

노농적위대원들은 연간 160여 시간 동원되어 제식훈련은 물론, 사격, 무기 분해결합, 습격, 유격 등의 훈련을 받았다. 주말을 이용해 야외훈련도 실시하고, 연말에는 조선정규군과의 합동훈련에도 참여했다. 1966년 5월부터는 군복을 입고 훈련에 임했다. 군사적인 훈련은 물론이고 사상학습도 받았다. 2010년 10월 노농적위대는 노농적위군으로 명칭이 바뀌었고, 지금은 구성원이 570여만 명으로 늘었다.

노농적위대 창설 이후에도 북한은 지속적으로 예비군을 강화한다. 1962년 12월에는 교도대를 새롭게 조직했다. 17~50세의 남자, 17~30세의 미혼 여성들로 구성되었다. 1970년 9월에는 중학교 4~6학년(남한의 고등학생)인 남녀 학생들로 붉은청년근위대를 만들었다.

1 「출신성분별 통계표(통계표)」(NARA, RG 242, Entry 299C, Container 118, SA 2005, Box 6, Item 16).

2 「간부 임명에 대한 명령서」(NARA, RG 242, Entry 299D, Container 280, SA 2006, Box 16, Item 51).

3 「화물자동차 제한의 승차 증명서 취급에 대한 긴급지시」(NARA, RG 242, Entry 299AJ, Container 1198, SA 2012, Box 7, Item 66).

4 「1950년도 상반기 시설사업 총결보고서」(NARA, RG 242, Entry 299D, Container 305, SA 2006, Box 18, Item 31.1).

5 『1949년도 함남도 시설사업 총결보고서」(NARA, RG 242, Entry 299D, Container 321, SA 2006, Box 19, Item 42).

6 「1950년도 상반기 시설사업 총결보고서」(NARA, RG 242, Entry 299D, Container 305, SA 2006, Box 18, Item 31.1).

7 「1950년 3월 중 사업계획서」, 『월별사업계획서 및 보고서철』(교육성 보통교육국, 1950. NARA, RG 242, Entry 299D, Container 209, SA 2006, Box 12, Item 1).

8 「교육성규칙 제1호 농림성규칙 제4호 농촌지대교원에 대한 채소원 급여에 관한 규정」, 『조선민주주의인민공화국 내각공보』, 1950년 제4호(1950. 2. 28.), p.112.

9 「1·4분기 사업총결보고서」, 『월별사업계획서 및 보고서철』(교육성 보통교육국, 1950, NARA, RG 242, Entry 299D, Container 209, SA 2006, Box 12, Item 1).

10 「학교내 재정규률(재정규율) 강화에 대하여」(NARA, RG 242, Entry 299C, Container 88, SA 2005, Box 4, Item 21).

11 조광열, "한 기업가가 걸어온 길", 『금수강산』, 1993년 1월호, p.27.

12 「위생사업대상 통계표」(NARA, RG 242, Entry 299AJ, Container 1198, SA 2012, Box 7, Item 66).

13 김성보, 『북한의 역사』 1, 역사비평사, 2011, p.192.

14 김상애, "피현군 상업부장의 솜씨", 『활살』, 제84호(1957), p.11.

15 「조선민주주의인민공화국 내각결정 제9호 농민시장 개설에 관한 결정서」, 『조선민주주의인민공화국 내각공보』, 1950년 제1호(1950. 1. 26.), pp.15-16.

16 「군사동원에 관한 규정(군사위원회 결정 제14호)」(NARA, RG 242, Entry 299AL, Container 1229, SA 2013, Box 1, Item 106).

17 「인민군 입대청원자 통계(통계)」(NARA, RG 242, Entry 299C, Container 86, SA 2005, Box 4, Item 17, part 5).

18 「조선민주주의인민공화국 군사위원회명령 제35호 군인 적령자에 대한 군사증 교부에 관하여」, 『조선민주주의인민공화국 내각공보』, 1950년 제14호(1950. 8. 31.), p.565.

19 「작전종합보고」(NARA, RG 242, Entry 299K, Container 745, SA 2009, Box 6, Item

28.1).

20 「제2련대 대렬정치보위부장 앞」(NARA, RG 242, Entry 299AL, Container 1229, SA 2013, Box 1, Item 112).

21 「평안남도 룡강군 룡강면 방어리 하후동 김춘복 앞」(NARA, RG 242, Entry 299AF, Container 1138, SA 2012, Box 4, Item 31).

22 「봉급명단철」(NARA, RG 242, Entry 299AB, Container 1079, SA 2011, Box 9, Item 27.5), pp.1-2.

23 「전사 하사관 봉급명단: 1950년 9월분, 505군부대 자동총중대」(NARA, RG 242, Entry 299I, Container 708, SA 2009, Box 4, Item 31).

24 「습격련대 근무자들의 저금장려에 대한 사업진행정형 보고」(NARA, RG 242, Entry 299P, Container 837, SA 2010, Box 1, Item 74).

25 「부대부근 폭격 사항 보고에 대하여」(NARA, RG 242, Entry 299M, Container 788, SA 2009, Box 8, Item 30).

26 「전투총결: 1951, 포병참모부」(NARA, RG 242, Entry 299AL, Container 1225, SA 2013, Box 1, Item 52).

27 「군인선서에 관하여」(NARA, RG 242, Entry 299AJ, Container 1208, SA 2012, Box 7, Item 132).

28 「군인선서」(NARA, RG 242, Entry 299AG, Container 1154, SA 2012, Box 5, Item 43).

29 「정치보도 제강철(1951. 6. 5, 제317부대 제3중대)」(NARA, RG 242, Entry 299AG, Container 1154, SA 2012, Box 5, Item 58), p.6.

30 「1951년 범인수사해제: 후남분주소」(NARA, RG 242, Entry 299AB, Container 1085, SA 2011, Box 9, Item 53.5), pp.1-3.

31 「입당청원서」(NARA, RG 242, Entry 299AF, Container 1159, SA 2012, Box 5, Item 127).

32 「전시에 있어서의 특수범죄와의 투쟁에 대하야」(NARA, RG 242, Entry 299AJ, Container 1198, SA 2012, Box 7, Item 66).

33 「인민군 군사재판기록」(NARA, RG 242, Entry UD 300C, Container 177, Item 206807).

34 위의 문서.

35 『학습장: 1951년도, 정명옥』(NARA, RG 242, Entry 299AG, Container 1160A, SA 2012, Box 5, Item 140), pp.4-5.

36 사회과학원 역사연구소, 『조선전사』 25, 과학·백과사전출판사, 1981, p.298. 전쟁 당시에는 더 어려워졌지만, 북한 주민들은 그전부터 소금 부족으로 어려움을 겪고 있었다. 소금이 부족해 간장, 된장 등을 담그는 데 큰 애로를 겪고 있었던 것이다. 1946년 2월 설립된 북조선임시인민위원회의 첫 협의회에서 처음으로 논의된 안건도 소금 문제 해결 방안이었다. 곧 중국 뤼순旅順항에 소금이 많다는 정보가 입수되어 김일성이 뤼순 주둔 소련군 사령관에게 전화를 걸어 소금을 조달했다. 김일성, "인민생활과 경제사업에서 당면하게 제기되는 몇 가지 과업에 대하여"(1976. 11. 30., 12. 6.), 『김일성 전집』 60, 조선로동당출판사, 2005, p.369.

37 「삼춘전상서」(NARA, RG 242, Entry UD 300C, Container 20, Item 200782).

38 사회과학원 역사연구소, 『조선전사』 25, p.214.

39 「조선민주주의인민공화국 내각결정 제170호 전시 로동임금 지불에 관한 결정서」, 『조선민주주의인민공화국 내각공보』, 1950년 제15호(1950. 9. 30.), p.587.

40 사회과학원 역사연구소, 『조선전사』 25, p.297.
41 「순계리(순계리) 인민들의 여론」(NARA, RG 242, Entry UD 300C, Container 115, Item 203554).
42 「신안리 인민들의 여론」(NARA, RG 242, Entry UD 300C, Container 115, Item 203554).
43 「전시에 있어서의 특수범죄와의 투쟁에 대하야」(NARA, RG 242, Entry 299AJ, Container 1198, SA 2012, Box 7, Item 66).
44 「당신의 소식」(NARA, RG 242, Entry 299AF, Container 1139, SA 2012, Box 4, Item 31).
45 「서금돌 아버지 회답」(NARA, RG 242, Entry UD 300C, Container 179, Item 206883).
46 「북농은 평남총지점 지배인 앞」(NARA, RG 242, Entry 299AH, Container 1185, SA 2012, Box 6, Item 35).
47 「가축보험금 청구서」(NARA, RG 242, Entry 299AH, Container 1185, SA 2012, Box 6, Item 35).
48 「조선민주주의인민공화국 군사위원회 명령 제38호 농업증산 및 농업현물세 징수에 관하여」(NARA, RG242, Entry 299AB, Container 1084, SA 2011, Box 9, Item 46).
49 「1950년도 군중대회: 한전리 위원회」(NARA, RG 242, Entry 299AG, Container 1153, SA 2012, Box 5, Item 29).
50 「1950년 10월 세포지도 복명서철: 조직부」(NARA, RG 242, Entry 299AG, Container 1167, SA 2012, Box 5, Item 190).
51 「보고서」(NARA, RG 242, Entry 299AH, Container 1181, SA 2012, Box 6, Item 108).
52 「인민군대 원호사업과 인민군대에게 보내는 선물수집사업 강화에 대하여」(NARA, RG 242, Entry 299AB, Container 1084, SA 2011, Box 9, Item 46).
53 「친애하는 인민군대 오빠들이여」(NARA, RG 242, Entry 299AB, Container 1087, SA 2011, Box 9, Item 73.1).
54 「학습장」(NARA, RG 242, Entry 299AB, Container 1087, SA 2011, Box 9, Item 73.1).
55 「동남면 녀맹 위원장 동무 앞」(NARA, RG 242, Entry 299AK, Container 1220, SA 2012, Box 8, Item 135).
56 「순계리(순계리) 인민들의 여론」(NARA, RG 242, Entry UD 300C, Container 115, Item 203554).
57 「신안리 인민들의 여론」(NARA, RG 242, Entry UD 300C, Container 115, Item 203554).
58 박경석, "민주 사법간부들 속속 양성 배출", 『로동신문』, 1949. 9. 14.
59 「사법간부양성소 제9기생 추천에 대하여」(NARA, RG 242, Entry 299AG, Container 1152, SA 2012, Box 5, Item 6).
60 「진술서」(간첩용의자 변택용의 진술서. NARA, RG 242, Entry 299AH, Container 1183, SA 2012, Box 6, Item 123).
61 「간첩분자를 체포한 내무원 및 자기(자위)대원, 정보공작원에게 표창 및 상금수여에 대하야」(NARA, RG 242, Entry 299AL, Container 1237, SA 2013, Box 1, Item 195).
62 「제1차 자위대장 회의록: 동면 분주소」(NARA, RG 242, Entry 299C, Container 91, SA 2005, Box 4, Item 36).
63 「면 인민위원장 앞」(NARA, RG 242, Entry UD 300C, Container 155, Item 205475).
64 「정치보도 제강철(1951. 6. 5., 제317부대 제3중대)」(NARA, RG 242, Entry 299AG,

Container 1154, SA 2012, Box 5 Item 58), pp.1-6.
65 스칼라피노 · 이정식 저, 한홍구 역, 『한국공산주의운동사』 2, 돌베개, 1986, p.518.
66 박용녀, "아버지가 섰던 초소에 오늘은 딸이 서있습니다", 『인민들 속에서』 16, 조선로동당출판사, 1978, pp.239-254.
67 「군중심판에 관한 규정(규정)시행 요강」(NARA, RG 242, Entry 299AH, Container 1189, SA 2012, Box 6, Item 179).
68 사회과학원 역사연구소, 『조선전사』 25, p.274.
69 김진계 구술 · 기록, 김응교 보고문학, 『조국: 어느 '북조선 인민'의 수기』(상), 현장문학사, 1990, pp.191-209.
70 「조선민주주의인민공화국 내각지시 제691호 '경작자 없는 토지를 공동경작함에 관하여'」(NARA, RG 242, Entry 299AL, Container 1225, SA 2013, Box 1, Item 41).
71 "밀가루 한 포대를 받은 기쁨", 『로동신문』, 1952. 5. 15.
72 "국가양곡 대여사업을 신속 · 정확히 집행하라", 『로동신문』, 1952. 4. 30.
73 "현물세를 적게 납부하려는 일부 경향과 강력히 투쟁하라", 『로동신문』, 1952. 9. 25.
74 이에 관한 김일성의 연설이 『로동신문』 1952년 2월 19일 자 1~3면에 "현 단계에 있어서 지방 정권기관들의 임무와 역할"이라는 제목으로 게재되어 있다.
75 「조선민주주의인민공화국 내각결정 제161호 식량이 부족한 빈농민에게 1952년도 농업현물세와 국가 대여곡 등을 면제할 데 대하여」, 『조선민주주의인민공화국 내각공보』, 1950년 제16호(발행일 미상), pp.401-402.
76 스칼라피노 · 이정식 저, 한홍구 역, 『한국공산주의운동사』 2, pp.521-522, 525.
77 위의 책, p.524.
78 위의 책, p.567.
79 최세권, "새 주택을 받고", 『로동자』, 1956년 10월호, pp.26-27.
80 김창순, 『북한 15년사』, 지문각, 1961, pp.156-157.
81 김상애, "날아가는 세멘트", 『화살』, 제105호(1959), p.5.
82 "로동자들의 생활문제에 관심을 돌리라", 『활살』, 제44호(1954), p.7.
83 김상애, "문화적인 배려에 대하여", 『활살』, 제76호(1957), p.12.
84 강태석, "로동계급은 가장 문명한 계급이므로 생활도 문화적으로 꾸려야 합니다", 『인민들 속에서』 97, 조선로동당출판사, 2011, pp.126-132.
85 김현복, "수두고급중학교는 길이 전하리", 『인민들 속에서』 103, 조선로동당출판사, 2014, pp.105-113.
86 장필순, "터문이 없는 간소화", 『활살』, 제42호(1954), p.11.
87 김상애, "합숙원들의 목소리", 『화살』, 제100호(1959), p.7.
88 최석화, "두 공장 합숙의 두 현상", 『로동자』, 1959년 3월호, pp.32-33.
89 "여성들을 위하여", 『조선녀성』, 1958년 11월호, p.29.
90 오복성, "가족식당 운영 경험", 『상업』, 1959년 3월호, pp.22-23.
91 "40% 임금 인상", 『조선녀성』, 1958년 11월호, p.13.
92 양문수, "분단 이후 남북한 경제의 궤적", 『현대사광장』, 제5권(2015), 대한민국역사박물관, p.50.
93 박종태, "직장 사회보험사업 개선 강화를 위한 몇 가지 문제", 『로동자』, 1954년 3월호,

pp.54-57.
94 이운봉, "성진제강소에서", 『화살』, 제100호(1959), p.9.
95 이운봉, "둘러대기 선수들", 『화살』, 제101호(1959), p.5.; 이운봉, "특제품과 막구두", 『화살』, 제101호(1959), p.6.
96 김상애, "류통부문을 통해서 듣는 손님들의 목소리", 『화살』, 제102호(1959), p.5.
97 김창선, "망신하기 좋겠어요", 『화살』, 제109호(1959), p.7.
98 "생활 필수품 품종 확대 및 품질 제고에 대한 상금제를 정확히 실시하자", 『로동』, 1958년 6월호, p.43.; 변용남, "제품의 질 제고를 위한 상금 조직", 『로동』, 1959년 7월호, p.27.
99 이인규, "제품의 질 제고와 로동 생산능률 장성에서 기능양성 일군들의 당면 과제", 『로동』, 1959년 1월호, pp.12-13.
100 이운봉, "분주한 사람들", 『화살』, 제104호(1959), p.4.
101 김상애, "황남도 류통사업에서", 『활살』, 제83호(1957), pp.8-9.
102 원철, "빠스를 좀 탑시다", 『활살』, 제41호(1954), p.11.
103 "빠스표", 『활살』, 제84호(1957), p.14.
104 김리운, "위대한 수령님을 생각할 때면", 『인민들 속에서』 60, 조선로동당출판사, 2000, p.166.
105 태영호, 『3층 서기실의 암호: 태영호 증언』, 기파랑, 2018, pp.459-460.
106 홍인룡, "오늘의 이야기를 옛말로 할 때가 옵니다", 『인민들 속에서』 19, 조선로동당출판사, 1980, pp.200-201.
107 김일성, "농촌 금융사업의 몇 가지 경험에 대하여"(1976. 7. 7.), 『김일성 전집』 59, 조선로동당출판사, 2005, pp.471-474. 농업협동화가 완료된 후 북조선농민은행은 없어지고, 농촌금융사업은 중앙은행이 담당했다. 1964년에는 산업은행이 따로 설립되어 중앙은행의 대부사업 부문을 맡게 되었다.
108 "천리마 작업반", 『농촌여성』, 1959년 7월호, pp.28-29.; "이런 조합원은 없습니까?", 『농촌여성』, 1959년 7월호, pp.28-29.; 유향림, "새집들이", 『화살』, 제98호(1959), p.4.
109 아리스토텔레스 저, 라종일 역, 『정치학』, 올재, 2011, p.54.
110 류달, "값 비싼 노루메기", 『활살』, 제62호(1956), p.14.
111 이운봉, "탐조등", 『화살』, 제109호(1959), p.3.
112 최병직, "농업현물세 징수사업의 정확한 집행을 위하여", 『인민』, 1955년 9월호, pp.115-116.
113 김상애, "리기주의 잔재들", 『활살』, 제95호(1958), p.7.
114 "개인 리기주의와의 투쟁을 강화하자", 『당 간부들에게 주는 참고자료』, 1959년 2월호, p.54.
115 도재현, "농민시장에 대한 지도 사업을 개선하자", 『상업』, 1958년 6월호, pp.8-9.
116 김상애, "구름에 떠서", 『활살』, 제84호(1957), p.13.
117 백영수, "기계가 농사일을 대신한다", 『등대』, 1964년 5월호, p.10.
118 「조선민주주의인민공화국 내각결정 제93호 뜨락똘임경료 제정에 관한 결정서」, 『조선민주주의인민공화국 내각공보』, 1950년 제8호(1950. 4. 30.), p.292.
119 이경희, "부자가 된 다음에 오겠소", 『인민들 속에서』 2, 조선로동당출판사, 1962, pp.59-61.
120 김상애, "언제나 바쁘신 수의사", 『활살』, 제81호(1957), p.14.
121 박창석, "우리 농장을 사회주의 문화농촌으로 꾸려주시려", 『인민들 속에서』 91, 조선로동

당출판사, 2010, p.75.; 유향림, "새집들이", 『화살』, 제98호(1959), p.4.
122 원순히, "실농군과 무릎을 마주하시고", 『인민들 속에서』 34, 조선로동당출판사, 1984, pp.225-229.
123 주진달, "이른 아침에 남새상점에 오시여", 『인민들 속에서』 16, 조선로동당출판사, 1978, pp.227-238.
124 "봉사성 높은 판매원", 『농촌여성』, 1959년 4월호, p.19.
125 원도명, "노래의 주인공", 『천리마』, 제46호(1962), p.27.
126 원순히, "실농군과 무릎을 마주하시고", p.232.
127 최도현, "양화수산사업소를 큰 원양수산기지로 잘 꾸려야 하겠습니다", 『인민들 속에서』 36, 조선로동당출판사, 1985, p.189.
128 "조합원들은 사회주의 사상으로 더욱 튼튼히 무장하자", 『농업협동조합원』, 제4호(1958), p.3.
129 "신포 바다의 명태잡이", 『조선녀성』, 1957년 1월호, pp.36-37.
130 최근호, "배 머리에 오신 수상님", 『인민들 속에서』 1, 조선로동당출판사, 1962, pp.63-78.
131 장필순, "피장파장", 『활살』, 제41호(1954), p.10.
132 최근호, "배 머리에 오신 수상님", pp.63-78.; 김정옥, "우리 직매점에 찾아오신 첫 손님", 『인민들 속에서』 80, 조선로동당출판사, 2009, pp.170-180.
133 신상준, "그 이께서 열어주신 고래잡이의 길", 『인민들 속에서』 5, 조선로동당출판사, 1964, pp.216-228.
134 김일성, "천리마시대에 맞는 문화예술을 창조하자"(1960. 11. 27.), 『김일성 전집』 26, 조선로동당출판사, 1999, p.288.
135 김일성, "인민군대는 공산주의 학교이다"(1960. 8. 25.), 『김일성 전집』 25, 조선로동당출판사, 1999, p.456.

※ 이 장에서 사용한 사진은 美국립문서기록보관청, 美의회도서관에서 사전 승인을 받고 촬영한 것이다.

1960~

제 3 장

천리마 시대

대대적 캠페인 그리고 변화

천리마운동과 절약운동

1960년대 북한 민중의 생활은 물론 이전보다 조금 나아지긴 했다. 하지만 의식주 생활이 크게 개선되지는 않았다. 식량이 여전히 모자랐다. 특히 1964부터 1966년까지 3년 동안에는 농사가 잘되지 않아 어려웠다. 비료가 모자라고 논의 배수로가 제대로 확보되어 있지 않은 것이 흉작으로 연결되었다.[1] 의복, 주택 문제도 여전히 해결과제로 남아 있었다. 의약품도 외국에서 수입을 하는데도 수요의 30% 정도밖에 충족시키지 못하고 있었다.[2]

지역에 따른 편차도 있었다. 평양을 비롯한 대도시는 좀 나았지만 산간지방의 생활은 여전히 쉽지 않았다. 김일성도 1961년 평양시 승호구역 이현리 당 총회에 참석해 연설하면서 "우리의 경공업은 아직까지 인민들의 수요를 다 만족시키지 못하고 있습니다. 지금 당은 2~3년 안에 경공업에서 획기적인 발전을 이룩할 과업을 내세우고 있습니다. 이 과정을 실현하려면 농사도 잘하고 축산도 잘해서 소가죽, 돼지가죽을 많이 내야 하며 토끼털도 많이 내야 합니다. 그래야 가죽신도 만들고 외투도 만들어 남자들의 털모자, 여자들의 갖저고리와 가죽과 털로 만든 다른 일용품들을 많이 만들 수 있습니다"라고 강조했다.[3] 인민생활에 필요한 물건들이 부족함을 인정하면서 역시 인민들의 고군분투를 독려한 것이다.

어려움을 극복하기 위해 다시 군중노선이 제시되었다. 1960년대 노력동원의 핵심을 이룬 천리마운동이 시작된 것이다. 하루 천 리를 달리는 말처럼 열심히 일하자는 것이었다. 시작은 1959년 3월이었다. 당시 강선제강소 근로자들이 천리마작업반운동을 전개할 것을 제안하면서부터 캠페인이 시작되어 1960년대 전체를 장식했다. 공장뿐만 아니라 농업, 건설, 운수, 상업, 교육 등 사회 전반으로 확대되었다. 잘하는 조직에는 '천리마작업반'이라는 칭호를 부여해 대대적으로 선전하는 식으로 운동을 전개해 사람들의 근로의욕을 북돋우려 했다.

전 사회가 노동하는 풍토를 조성하기 위해 대학생도 1년에 20일은 노동을 하도록 했다. 이른바 '사회적 노력동원'에 20일 동안 참여해야 했다. 거기에다 실습노동 20일도 해야 했다. 그러니 1년에 40일은 노동 현장에 있어야 했다.[4]

1961년부터는 제1차 7개년계획에 들어갔다(계획성과 미흡으로 3년 연장되어 1970년 끝났다). 1960년 12월에 열린 당 중앙위원회 전원회의에서 7개년계획을 결정하면서 기술혁신을 통한 최대한의 증산과 절약을 위한 투쟁을 전 인민적 운동으로 전개할 것도 함께 결의했다. 7개년계획은 증산을 위해 산업 각 분야별로 계획 완료 후 달성해야 할 목표를 정해 놓고 있었다. 양곡 660만 톤, 수산물 120만 톤, 농촌문화주택 60만 동, 발전량 170억kWh, 강철 230만 톤, 화학비료 170만 톤, 선철·입철 230만 톤 등이었다. 그러면서 7년 후에는 가스로 밥을 짓고, 기차는 전보다 2배 빠르며, 병들어도 걱정 없는 세상이 된다고 선전했다.[5]

산업 각 분야에서 일하는 민중들은 정해진 목표를 달성하기 위해 배

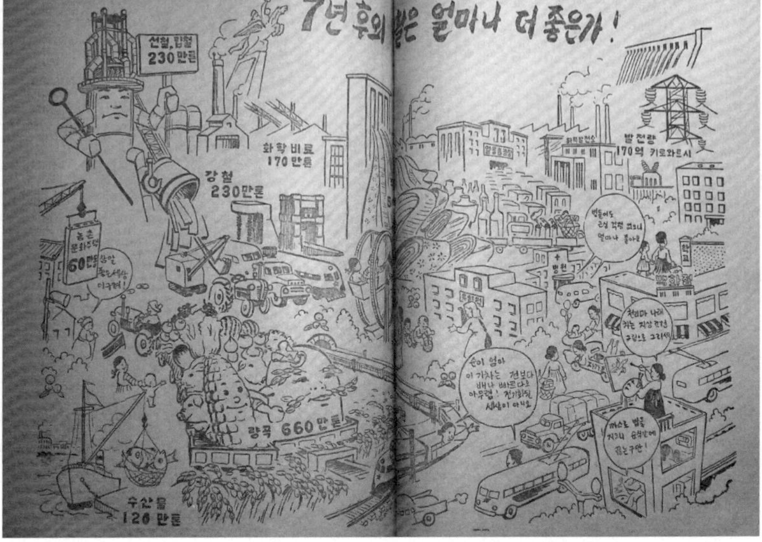

『조선녀성』(1961년)에 실린 삽화 '7년 후의 생활은 얼마나 더 좋은가!'

전의 노력을 해야 했다. 뿐만 아니라 생활 전반에 걸쳐 보다 철저히 절약을 해야 했다. 절약운동의 구체적 내용을 보면, 석탄절약을 위해 부엌의 아궁이는 작게 만들고, 다 타지 않은 석탄은 다시 활용하도록 했다. 전기절약을 위해서는 어둡기 전에 또는 아침 늦게까지 전기를 켜는 일, 불을 켜놓고 잠드는 일, 필요 이상의 전등을 다는 일 등을 하지 말도록 했다.

자재의 부스러기는 철저하게 재활용하도록 했다. 고철, 누더기, 파지, 파고무, 파유리 등을 수집하는 운동을 대대적으로 펼쳤다. 선전물들은 "전력 1% 절약하면 면직물 16만 8천 미터를 짠다", "고철 10kg씩 수집하면 자동차 3만 5천 대 생산할 수 있다", "담배갑 50%만 회수하면 목재 25만 입방미터 절약한다" 등등의 구호를 내세우고 있었다.[6] 특히 절약운동은 조선민주여성동맹(여맹)을 통해 북한 전역에 확산되었다.

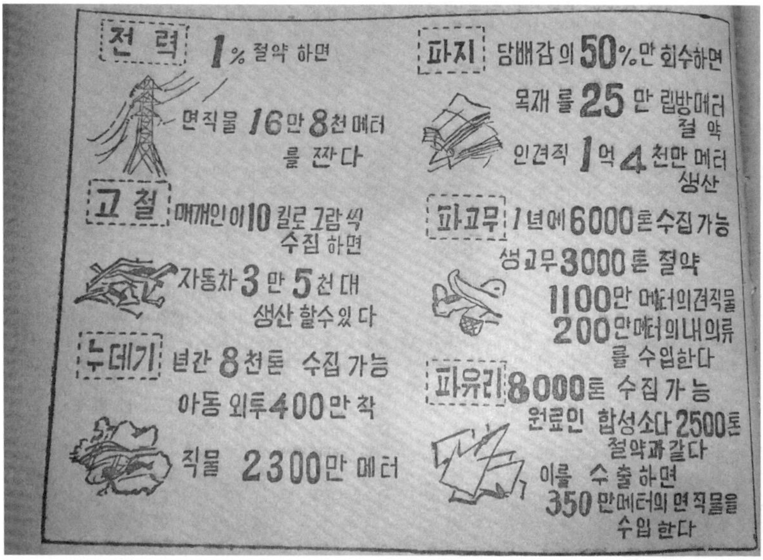

『조선녀성』(1961년)에 실린 절약 구호들

주민들은 대대적인 절약운동에 참여했다. 평안북도 신의주시 관문동에 사는 주부 박옥숙은 아래는 좁고 위는 넓은 나팔식 가마뚜(부뚜막)을 창안해 석탄절약에 크게 기여했다.[7] 북한 당국은 이 나팔식 가마뚜을 널리 보급해 석탄절약에 나섰다. 『조선녀성』 1962년 2월호에는 "석탄은 검은 금이다"는 구호와 함께 나팔식 가마뚜으로 개조하면 전국적으로 1년 동안 125만 톤의 석탄이 절약된다는 내용의 삽화가 한 페이지에 걸쳐 실려 있다.

평양의 열차 승무원들이 열차에서 파지 163kg, 빈 병 76개, 담배꽁초 16말 등을 수집하기도 하고, 평양 동흥동에 사는 한 할머니는 집안 여기저기에 있는 파지 36kg, 누더기 6kg을 모아 내기도 했다.[8]

김일성과 북한 당국은 전쟁이 끝난 지 꽤 시간이 지났고, 중공업 우선

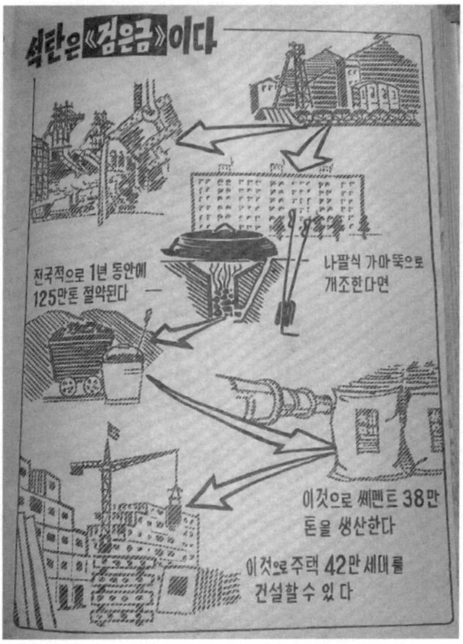

『조선녀성』(1962년)에 실린 나팔식 가마뚝으로 개조할 것을 권하는 삽화

이긴 했지만 경공업과 농업 발전에도 상당한 노력을 기울였는데도, 1960년대에도 인민생활이 쉽게 나아지지 않자, 그 원인에 대한 다각적인 분석을 했던 것으로 보인다. 김일성은 1965년 국가계획위원회 당 총회에 참석해 연설하면서 인민들의 생활 수준이 아직 낮은 이유에 대해 세 가지로 설명했다. 첫째는 경공업 발전에 투자를 해왔지만 전쟁으로 폐허가 된 상태에서 다시 발전을 추진했기 때문에 시간이 걸린다는 것이었다. 둘째는 국방비 부담이 많기 때문이라는 것이었다. 셋째는 당과 정부의 간부들이 인민경제에 대한 지도를 제대로 하지 못했기 때문이라는 것이었다.

김일성은 이 가운데 특히 간부들의 잘못을 집중 지적했다. 무엇보다 계획 부문의 잘못을 질타했다. 사회주의 경제의 핵심은 계획인데, 계획을 담당하는 관료들이 현장을 모른 채 책상머리에서만 일을 하고 있기 때문에 인민경제가 제대로 살아나질 않고 있다는 지적이었다. 축적과 소비, 공업과 농업, 채취공업과 가공공업 등이 전반적으로 균형을 이루어 가야 하는데, 계획을 잘못 짜고 있기 때문에 균형이 맞지 않고, 그래서 인민들의 삶이 아직 개선되지 않고 있다는 것이었다.[9] 김일성이 간부들의 잘못으로 지적했지만, 실제로는 계획 자체가 어려운 것이었다. 정부가 모든 부분에 대해 계획을 세워 경제 전체를 운영한다는 것이 어려운 것이다. 김일성의 지적은 결과적으로 사회주의 시스템 자체의 문제를 짚는 것이었고, 북한 인민생활의 어려움의 근본원인은 거기에 있었다.

간부의 역할을 중시한 만큼, 간부 선발에 대해서는 많은 주의를 기울였다. 기본적인 방향은 출신성분과 사회성분이 노동자, 농민인 사람들을 중심으로 간부를 선발한다는 것이었다. 출신성분으로는 노동자, 고농, 빈농, 전사자나 피살자의 가족을, 본인의 사회성분으로는 노동자, 농민, 제대군인, 영예군인(상이군인)을 우대한 것이다. 고생을 해본 사람이 난관을 이겨 내며 혁명적 위업을 위해 몸 바쳐 일할 수 있다는 논리였다. 그러면서도 식자층(인텔리) 가운데 당 창건, 토지개혁, 전쟁의 과정에서 분명한 투쟁의식을 보여 준 사람들은 간부로 적극 등용한다는 방침을 가지고 있었다.[10] 1940년대에 수립한 기본성분 출신 중심의 사회운영 정책을 지속적으로 유지하고 있었던 것이다.

그런가 하면 한국전쟁으로 인한 이산가족은 남북 사이에만 존재하는 것이 아니라 북한 내에도 있었고, 1960년대까지도 부모나 형제를 찾지 못한 사람도 많았다. 함경남도 함흥의 본궁화학공장에 근무하는 박승하는 전쟁 당시 부모를 잃고 4남매도 모두 흩어져 어디 있는지를 알 수 없게 되었다. 그 상태로 1960년대 초반까지 지냈다. 생활에 흥이 날 리 없었다. 말도 없고, 일도 열심히 하지 않고, 규율도 잘 안 지켰다. 직장의 동료들이 사정을 알게 된 후 형제 찾기에 나서 주었다. 각처에 수십 통의 편지를 보냈다. 4개월에 걸친 동료들의 노력 끝에 형은 군대에 근무 중이고 여동생 하나가 원산에 살고 있음을 알게 되었다. 박승하와 동료들은 여러 차례 원산에 내려가 173개의 인민반을 훑고 동사무실을 찾아가 거주대장과 선거인명단을 뒤져 여동생을 찾아냈다. 결국 9년 만에 남매가 만나게 되었다. 이후 박승하는 활력을 찾을 수 있게 되었다.[11] 당시까지만 해도 박승하와 같은 사례는 많았을 것으로 보인다. 찾고 싶어도 찾을 수 없는 상태로 지내는 경우도 많았을 것이다. 전쟁의 상흔은 남에서나 북에서나 오랫동안 민중들의 생활 곳곳에 남아 사라지지 않고 있었다.

근로자생활

공장에서 일하는 노동자나 사무직으로 근무하는 사무원들은 여전히 쌀을 배급받아 생활했다. 상점이나 도서관 등에서 일하는 남성은 하루 700g을 배급받았고, 그 부양가족도 400g을 받았다. 여성 노동자는 하루 700g, 그 부양가족은 400~500g이 배급되었다.[12] 완전히 무상은 아니었다. 킬로그램당 8전씩은 수송비로 부담해야 했다.[13] 배급이 여전히 충분한 상태는 아니었다.

게다가 부식물이 부족했다. 생산되는 육류의 양이 부족해 주로 군인들에게 공급되었고,[14] 일반 주민들에게는 많이 공급되지 않았다. 고기가 공급되어 상점에 풀리는 경우에는 킬로그램당 2원 50전에 살 수 있었다. 적지 않은 돈이었다. 그래도 명절 때는 배급을 통해 육류를 맛볼 수 있었다. 생선, 달걀, 우유, 과일 등도 인민들이 맛보기는 쉽지가 않았다.[15] 생선의 경우 전체 주민 한 사람당 하루 100g이 돌아갈 수 있도록 공급하는 것이 1968년의 목표였다.[16] 실제로 100g씩 공급이 안 되고 있었다.

평양 시민의 경우 식구 5명당 하루 평균 세 모 정도의 두부가 공급되었다. 콩기름을 짜고 남은 콩으로 만든 두부였다. 콩기름이나 옥수수기름 등 식용기름은 한 달에 한 사람당 300g 정도 공급되었다. 겨울철에 채소를 먹긴 어려웠다. 온실재배가 일부 이루어지고 있기는 했지만, 평양에 주재하는 다른 나라 외교관들에게 공급하고 있었다.[17] 김치는 물론 이 당시에도 중요한 부식이었다. 1962년 9월 당시 평양에 20만 세대가 살고 있었는데, 대부분의 가구가 김칫독을 하나 정도씩 묻어 놓고 있었다. 아파트에 사는 사람들도 주변에 김칫독을 묻고 있었다.[18] 1960년대 후반에는 아파트 지하에 김치움을 만들어 김치를 보관하도록 했다.[19] 하지만 땅에 묻는 것을 선호하는 주민들도 많아 김칫독 묻기는 계속되었다.

일반 근로자들이 부식비로 쓰는 돈은 한 달에 50원 정도였다. 고깃값으로 가장 많은 18원(7.2kg×2원 50전)이 들었고, 1kg에 10전인 채소, 그리고 달걀과 기름, 장류, 당과류 들을 사는 데 20원 정도가 소요되고 있었다.

직종마다 임금과 배급받는 식량의 양이 달랐는데, 탄광의 근로자들은 다른 직종에 비해 높은 임금과 많은 배급을 받았다. 월 임금이 150~160원이었다.[20] 1959년 2월 화폐개혁 당시 100 대 1로 구화폐를 신화폐로 교환했기 때문에 화폐 단위가 작아졌다. 강철을 만드는 제강소의 작업반장이 90원, 목장에서 일하는 노동자가 50원 정도 받았으니까 이에 비하면 탄광 근로자의 임금은 아주 높은 것이었다.[21]

주택 사정도 만만치가 않았다. 평양에도 한 집에 두 가족이 사는 경우가 많았다. '동거세대'라고 불렀다.[22] 집이 모자랄 뿐만 아니라 부실한 경우도 많았다. 방수재가 없어 집을 지을 때 지붕 방수공사를 제대로 하지 못했다. 그러다 보니 비가 새는 경우가 많았다. 불이 잘 들지 않는 경우도 적지 않았다. 수돗물이 잘 안 나오는 경우, 유리창이 깨진 채 지내는 경우도 많았다. 주택관리는 평양시 인민위원회 도시경영총국에서 맡아서 했는데, 보수비를 다른 용도로 돌려쓰는 경우가 많았다. 보수보다는 새로

집이나 건물을 짓는 데 우선 돈을 쓴 것이다.[23] 그래야 성과로 보고하기가 쉬웠기 때문이다. 1962년 3월 당시 도시경영총국 산하 평양중구역건물관리소에 직원 180명이 일하고 있었으니까 사람이 모자라는 것은 아니었다.[24] 하지만 보수비가 모자라다 보니 보수에 필요한 물품조달이 어려워 주택관리가 제대로 되지 않고 있었던 것이다. 개인적으로 건재상에서 재료를 사다가 보수를 할 수도 있었다. 하지만 문제는 건재상에서 재료를 구하기가 어렵다는 것이었다. 전체적으로 재료가 모자라다 보니 큰 기관들이 재료를 모두 사가 일반 주민들은 구경하기조차 어려웠다. 예컨대 건재상들에 시멘트 10톤을 풀면 기관들이 곧 이를 모두 구입해가버리는 것이었다.[25]

북한 지역은 겨울 추위가 매서워 입는 문제 해결도 북한 당국이 중요하게 생각하는 과업이었다. 하지만 이 역시 여전히 '해결과정'에 있었다. 추운 지역에는 겨울철에 솜옷을 공급했다. 기준온도를 정해 놓고 그 이하 지역에 솜옷을 공급하는 식이었다. 김책제철소는 청진※에 위치하고 있었다. 청진은 해안지방이어서 내륙에 비하면 겨울 추위가 좀 덜한 편이었다. 12월 평균기온이 영하 2~3도였다. 그런데 이는 솜옷 지급 기준온도에 미치지 못했다. 그래서 김책제철소 노동자들은 솜옷을 받지 못했다. 1962년 9월 김일성이 제철소를 방문했을 때 이 문제를 제기해 해결했다.[26] 북한은 사회 구석구석의 문제를 최고 지도자가 현지 지도하면서 현장에서 직접 지시로 해결하는 모습을 보여 왔다. 김일성 시대 그런 관행이 만들어졌고, 이는 김정일, 김정은으로 이어져 왔다. 시스템에 의한 통치보다는 사람에 의한 통치가 이루어지고 있음을 보여 주는 대표

※ 청진은 1960년부터 1967년까지 직할시였다. 이후 함경북도 청진시로 행정구역이 변경되었다가 1977년 다시 직할시가 된 후 1985년까지 직할시였다. 이후 함경북도 청진시로 다시 변경되었다.

적인 현상이라고 하겠다.

탄광의 노동자들은 임금은 좀 높게 받았지만, 군대식 조직생활을 해야 했다. 1960년대 초반 북한에서는 탄광의 조직을 군대식으로 바꾸었다. 강한 규율로 사고를 줄이고 생산성을 증가시키기 위해서였다. 조직을 소대, 중대, 대대 등 군대와 똑같은 형식으로 꾸리고, 갱내에서는 지휘관의 명령에 무조건 복종하도록 했다.[27] 그만큼 탄부들은 지휘관의 명령에 무조건 따르면서 더 열성을 발휘해 일을 해야 했다.

광산에서는 여성들만으로 구성된 소대도 등장했다. 1962년 6월 평안북도 대유동광산에 최성준을 소대장으로 하는 여성채광소대가 만들어진 것이다. "여성들이 갱 안의 일을 해내겠나" 하는 회의적인 시선도 있었다. 하지만 이들은 채광은 물론, 착암, 운반 등 모든 일을 잘해 냈다. 매월 계획의 120% 이상의 성과를 냈다. 어려운 작업인 올림굴(위로 올라가는 굴)을 뚫는 일도 스스로 했다. 뿐만 아니라 새로운 아이디어를 내 광산 운영을 효율화하는 데에도 기여했다. 채취한 광석을 운반하는 광차는 당초 2명이 밀었다. 여성 소대원들은 섬세한 관찰력으로 레일을 좀 평평하게 하면 1명이 밀어도 될 것이라는 의견을 제시했다. 레일을 다시 까는 작업을 진행했다. 그러자 실제로 1명만 밀어도 운반이 가능하게 되었다. 여성들의 꼼꼼한 일솜씨로 광석을 실을 때에는 광석과 잡돌을 구분해서 실어 선광작업을 수월하게 해주었다. 당초 우려와는 달리 여성소대는 이렇게 효율적이면서도 깔끔하게 일을 해냈다.[28]

평안남도 은산군 신창지구종합탄광 송남광의 현명자는 1962년 10월 17명으로 여성소대를 꾸린 뒤 지속적으로 목표를 초과 달성해 이듬해 6월에는 중대장으로 고속 승진했다. 물론 승진은 당조직에서 결정했다. 송남광 초급당위원회의 추천을 받아 신창지구종합탄광의 당위원회가 현명자를 140명이 소속된 중대의 중대장으로 승진시킨 것이다.[29] 여성들도 힘든 노동의 현장에서 남성들 못지않은 능력을 발휘하면서 일한 것이다.

여성들의 근로와 관련해서는 전통적인 의식과 여성도 남성과 동등하게 일하는 사회주의 풍토가 공존하고 있었다. 1960년대 초 북한에서도 대학을 나온 여성들이 꽤 있었다. 하지만 이들 가운데 사회활동을 하지 않는 사람들이 많았다. 이를 두고 김일성이 "지금 우리나라에는 대학을 나오고도 일은 안 하고 집에서 놀고 있는 녀성들이 천 수백 명이나 있습니다. 원래 대학을 졸업하면 5년 이상 직장에 복무하는 것이 법적인 의무로 되여(되어)있습니다. 집에서 아이나 보고 밥이나 짓는 사람을 기르자고 국가가 대학공부를 시킨 것이 아닙니다. 녀성들이 대학을 나오고도 직장에 나가지 않기 때문에 간부양성기관들에서는 녀자들을 학생으로 받는 것을 꺼리게까지 되였(되었)습니다"라고 개탄했다.[30] 규정을 어기면서까지 가정에 머물고 있는 여성들이 상당히 많았던 것이다. 그래서 김일성과 북한 당국은 여성들의 사회참여를 적극 독려했다. 일도 하고, 공부도 계속하고, 여맹을 통해 탁아소, 세탁소, 공동식당 등을 만드는 일에도 적극 참여할 것을 촉구한 것이다.

황해북도에 사는 김금녀는 시아버지를 모시고 남편 그리고 네 아이와 함께 살았다. 남편은 황해북도 인민위원회 행정지도국 부국장으로 경제사정은 그다지 어렵지는 않았다. 그런데도 그녀는 식당 주방에 일을 하러 나갔다. 주변 아주머니들이 이런저런 소리를 하기도 했다. "남편 체면도 생각해야지……", "많은 직장 중에 왜 하필 식당이야" 등등. 하지만 김금녀는 "여성들도 집안일만 할 게 아니라 직장에 나가는 것이 좋다"는 생각으로 식당일을 성실하게 했다. 그러면서 틈틈이 공부해 1급요리사 자격도 받았다. 1964년 3월 전국사회급양일군열성자회의 때에는 김일성표창을 받기도 했다.[31] 이렇게 사회 일부에는 여성들이 일하는 것에 대해 부정적인 시각이 남아 있기도 했지만, 직업에는 귀천이 없음을 강조하면서 여성의 근로를 권장하는 당국의 독려에 따라, 북한은 남녀 구분 없이 누구나 일하는 사회적 분위기로 가고 있었다.

그런데 실제로 일을 하는 여성들의 생활은 바쁠 수밖에 없었다. 평양원예생산협동조합 완구작업반에서 일하는 김영애는 새벽 5시에 일어났다. 6시 30분에 남편, 아이들과 함께 식사를 했다. 남편이 출근한 후에는 아이들 챙기고 빨래를 한 뒤 자신도 출근을 했다. 퇴근 후에는 식사와 집안일을 하고 9시까지는 아이들 공부를 도왔다. 틈틈이 『항일빨치산 참가자들의 회상기』를 읽었다. 북한은 1960년대 들어서면서 김일성의 항일유격대 투쟁을 삶의 전범으로 제시하며 이를 따라 배우는 운동을 대대적으로 전개했다. 인민들의 혁명정신을 고양하기 위한 정책이었다. 회상기 학습도 그 일환이었다. 봉급날은 당시 북한에서도 활기를 띠는 날이었다. 김영애의 봉급날은 8일이었다. 봉급 가운데 5원은 떼어 남편 봉급 중 10원과 함께 매달 저금을 했다. 그 돈을 모아 설날 아이들 옷을 한 벌씩 해 입혔다. 내의와 양말, 신발, 이불 등도 샀다.[32]

소금을 만드는 제염소는 농업협동조합과 유사하게 운영되었다. 제염소 내 몇 개의 생산단위가 있었는데, 이를 직장이라 불렀다. 여느 공장과 마찬가지였다. 이 직장별로 독립채산제를 실시했다. 연간 소금생산계획이 직장별로 주어졌다. 연말에 계획량만큼은 국가에 납부하고, 나머지는 직장의 노동자들이 나눠 가지도록 했다. 직장의 노동자들이 모두 같은 몫을 가져가는 것은 아니었고, 직장 아래 작업반이 있는데, 이 작업반별로 평가를 해 다르게 배분을 했다.[33] 실제 노동자들이 가져가는 것은 소금을 팔아서 생긴 현금이었다. 열심히 해서 생산성을 높인 작업반원들이 임금을 더 받도록 한 것이다.

1946년 12월 실시된 사회보험제도에 따라 마련된 휴양소는 여전히 근로자들에게 좋은 안식처 역할을 했다. 2년 이상 일한 근로자들이 연 2주까지 이용할 수 있었다. 수요가 많았기 때문에 모범 근로자에게 우선적으로 배정되었다. 휴양소는 전국에 여러 곳 운영되었는데, 그 가운데 우산장 휴양소를 찾아가 보자. 평안남도 용강군 우산리에 위치한 휴양소였다. 일제강점기 이곳은 이승호라는 지주가 소유한 별장이었다. 이승호가 관리들을 불러 기생파티를 하던 곳이다. 그러던 곳이 토지개혁 당시 몰수되어 근로자들의 휴양소로 바뀐 것이다. 2개의 연못에는 칠색송어가 헤엄치고 주변에는 느티나무와 백양나무, 오동나무가 숲을 이루고 있었다. 근로자들은 여기에서 휴식하면서 장기도 두고 산책도 하고 농구장, 배구장에서 운동도 하고 무도장에서 춤도 배우며 즐거운 한때를 가지곤 했다.[34]

남자는 60세, 여자는 55세가 되면 퇴직하고 연금을 받을 수 있었다. 원하면 계속 일을 할 수도 있었다. 다만 노동연한이 12년 이상 되어야 연금을 받을 수 있었다. 연금은 퇴직 전 임금의 50%였다. 연금 생활자도 식량은 정기적으로 배급받았다. 평양 선교구역 선교동에 사는 전경호는 평양의 사동탄광에서 탄부로 일하다 1957년 퇴직한 뒤 연금으로 생활하고 있었다. 더 일을 하고 싶었지만 주위의 권유로 연금 생활자가 되었다. 주변의 노인들과 장기, 바둑을 두기도 하고, 대동강에서 숭어, 붕어 등을 낚기도 하고, 손자들에게 줄 장난감을 만들기도 하면서 지냈다. 가끔은 해주에 있는 아들 집에 다녀오기도 했다. 선교동진료소에서 일주일에 한 번씩 담당의사가 찾아와 건강을 체크해 주었다.[35] 의료 수준이 높은 것은 아니었지만, 담당의사가 주민들을 맡아 관리하면서 질병의 발생을 막는 예방의학 시스템을 보건체계의 기본적인 틀로 하고 있었다.

천업 없는 사회

평양시 대성구역 임흥동에 사는 김윤광은 대성벽돌공장의 이발사였다. 해방 전부터 이발사였는데, 해방 이후에도 17년 동안 같은 일을 계속했다. 오랜 경험과 시험을 거쳐 고급 이발사가 되었다. 고급 이발사 시험은 위생학과 생물학 등이 포함되어 있어 여간 어렵지가 않았다. 김윤광은 그런 시험을 통과해 고급 이발사가 된 것이다. 해방 전과 달라진 점은 천대가 없어졌다는 것이다. 물론 당시에도 이발사나 식당 종업원 등의 직업을 천시하는 인식이 완전히 없어진 것은 아니었다. 하지만 공식적으로는 엄연한 노동자로 다른 직업과 다름없이 대접을 받았다. 이발학교까지 생겨 일정한 교육을 거쳐 이발사로 일하도록 했다.

일제강점기에 고역과 천대를 경험한 김윤광은 해방 이후 생활에 만족하며 사람들을 젊게 해주는 가치 있는 노동을 하고 있다는 생각에 즐거운 마음으로 성실하게 머리를 다듬는 일을 계속했다. 그 바람에 아들과 딸도 이발사가 되었다. 아들 성규는 이발학교를 거쳐 고급 이발사가 된 뒤 평양 중구역 경림이발소 책임자로 일했다. 딸 신자도 이발학교를 졸업한 뒤 평양방직공장에서 일하고 있었다. 게다가 며느리 될 사람도 이발사였다. 한 집안의 4명이 이발사인 셈이었다.

김윤광은 가끔 아들과 딸에게 자신의 머리를 깎게 한 뒤 평가를 해주곤 했다. 자녀들이 자신의 일을 소홀히 하는 일이 없도록 하기 위해서였다. 그리고 아들딸의 직장에 들러 보기도 했다. 거기선 늘 신소책(불만, 건의 사항을 적어 놓은 공책)을 먼저 보았다.[36] 불만이 있으면 이발소에 마련된 공책에 적어 고치도록 하는 제도가 있었던 것이다. 그러니 자녀들이 허투루 할 수가 없었다. 자신의 직업에 만족하면서 자녀들까지도 같은 직업세계 안에 두어 지속적으로 교육하고 관리하는 노동자의 모습을 김윤광은 보여 주고 있었다.

평양 천리마선교이발관의 책임자 박봉선도 비슷한 사람이었다. 일제강점기 중국 선양瀋陽의 일본인 이발소에서 온갖 심부름과 고된 노동을 하면서 이발을 배운 박봉선은 해방 후에는 훨씬 즐거운 마음으로 일할 수 있었다. 당국에서 위생복을 해마다 3~4벌 제공해 위생적 환경에서 일할 수 있는 것도 만족감을 높여 줬다. 그도 일하면서 야간 중학교를 졸업한 뒤 시험을 거쳐 고급 이발사 자격을 갖게 되었다. 이후에도 박봉선은 강습, 기술학습회 등을 찾아다니며 계속 기술증진을 위해 노력하고 있었다.[37]

함경북도 회령의 회령청년이발소에 근무하는 박해구는 이발뿐만 아니라 이발소에 필요한 옷장을 스스로 만들고 바닥의 타일공사도 스스로 하는 등 능동적으로 일을 찾아서 했다. 그의 태도는 이발소의 근무 분위기를 바꾸었다. 그래서 이 이발소는 30리 떨어진 저수지 공사장의 노동자들을 위해 이동이발까지 하게 되었다.[38]

북한이 노동자, 농민이 주인인 나라를 지향한 만큼 어떤 종류의 노동이든 차별 없이 대우하는 환경은 분명 이루어졌다고 할 수 있다. 이발을 하든, 청소를 하든, 탄광에서 노동을 하든 차별을 받지 않는다는 데 노동자들은 대체로 만족하고 있었다고 하겠다. 더욱이 힘든 노동에 대해서는 더 많은 보상이 주어져 사농공상士農工商의 전통적 사고는 북한 사회에서 자리를 잃었다고 하겠다.

농촌생활

북한은 중공업을 발전시키면서 경공업과 농업도 함께 발전시키겠다는 전략을 계속 추진하고 있었다. 그래서 1960년대의 산업구조는 중공업 중심이었다. 1960년 사회총생산액을 보면, 중공업이 31.4%를 차지하고 있었고, 경공업은 25.7%, 농업은 23.6%, 상품유통업은 6%이었다. 1964

년 상황도 비슷했다. 중공업 32.5%, 경공업 29.8%, 농업 19.3%, 상품유통업은 3.8%였다.[39] 중공업 중심 경제였던 만큼 농업에 대한 투자는 우선순위에서 밀려 있었다고 보아야 할 것이다.

토지개혁과 협동화를 거치면서 북한의 농촌은 많은 변화를 겪었다. 그런 가운데 농민들의 삶은 전반적으로 이전보다 개선되었다. 북한 당국도 농민의 생활 수준을 향상시키기 위한 대책들을 추진했다. 1960년 9월에는 농업협동조합들에 못 내고 있던 국가대부금과 현물세를 면제해 주었다. 관개수리공사, 농기계 구입, 발전시설 건설, 학교 건설 등을 위해 조합들이 국가에서 빌려 간 돈 가운데 갚지 못하고 있던 것들을 면제해 준 것이다. 또 밀린 대여양곡, 농기구 작업료 체납분 등도 함께 면제해 주었다.[40] 농민들의 부담이 상당 부분 줄어들게 되었음은 물론이다.

협동조합 분배량도 아래의 표처럼 해가 갈수록 늘어났다.

농업협동조합 가구당 분배량

구분	1956년	1958년	1960년	1961년
알곡(kg)	1,616	1,826	2,100	2,700
저류(kg. 감자, 고구마)	357	501	540	700
현금(원)	95	203	300	400

* 출처: 조선중앙통신사, 『조선중앙년감 1962』, 조선중앙통신사, 1962, p.263.

특히 운영이 잘되는 농업협동조합의 경우 소속 농민들의 형편이 훨씬 나아졌다. 평안남도 순안군 재경농업협동조합은 1960년 11월 20일 결산분배를 실시했다. 이날 농장의 가구들은 평균 알곡 3톤 410kg, 현금 430원을 분배받았다. 조합원 정태선의 경우는 알곡 190가마와 1,028원의 현금을 받았다. 이날은 조합의 잔칫날이 되었다. 춤판이 벌어지고 노래가 어우러졌다.[41] 부지런한 사람들은 집 주변의 텃밭까지 가꾸어 배추

와 무, 파, 고추, 마늘, 오이, 감자 등을 심어 이전보다 풍부한 식생활을 할 수 있었다.[42]

쌀과 콩, 옥수수 등 알곡의 분배분 가운데 식량으로 쓸 만큼만 남기고 나머지는 국가에 수매를 할 수 있었다. 현금으로는 옷이나 신발 등 필요한 생활용품을 사서 썼다. 집을 고치거나 돼지우리나 두엄간을 만드는 데 쓰기도 했다. 현금 624원을 분배받은 한 가정은 이렇게 썼다. 시어머니 옷감(치마, 버선용) 56원, 며느리 옷감(치마용) 60원, 시동생들 신발과 학용품 95원, 이불 100원과 찬장과 부엌도구 30원. 그러고도 283원이 남았다.[43]

농업현물세도 낮아졌다. 당초 25%였던 것이 한국전쟁 직후 20.1%로 낮아졌고, 1959년부터는 8.4%로 낮아졌다. 농민들의 부담은 그만큼 줄었다. 하지만 줄인 만큼 효과가 있었던 것은 아니었다. 예상한 수확고의 8.4%를 현물세로 내는 것이었는데, 예상수확고를 정하는 것은 행정관료들이었다. 그런데 관료들이 이를 높게 잡아 농민들의 부담을 증가시키는 경우가 있었다.[44] 개인농 당시 현물세를 내지 않고 사라진 사람들이 있었는데, 이러한 현물세를 마을 협동농장에서 대신 물어내는 경우도 있었다. 군 인민위원회마다 현물세 징수에 열을 내는 상황에서 이러한 무리한 행정이 발생해 인민생활을 어렵게 한 것이다.[45] 1960년대 초반 사정이 어려운 농장부터 현물세를 면제하기 시작해 1966년 폐지되었다.

주택 사정도 조금씩 개선되어 갔다. 초가집과 귀틀집을 허물고 새로운 집들을 지어 나갔다. 1950년대 후반 시작된 농촌문화주택 건설사업이 조금씩 확대되어 가고 있었다. 통상 방 2개와 부엌, 창고, 화장실이 있는 구조였다. 1~3층으로 지었다. 중앙난방으로 난방문제를 해결하고, 취사는 석유곤로로 하는 것이었다. 현대적이라고 하기는 어렵지만 농민들이 땔감을 마련해야 하는 수고는 덜어 주는 형태였다. 재원이 많이 드는 만큼 모든 농촌에 문화주택을 지을 수 있는 것은 아니었고, 모범 농장

1960년대 개조된 농촌주택(평안남도 문덕군 입석협동농장)

들만 이런 혜택을 입었다. 되도록 많이 짓겠다는 것이 북한 당국의 계획이었지만, 쉬운 일이 아니었다. 1961년 11월에 열린 당중앙위원회 제4기 제2차 전원회의에서 김일성은 그런 어려움을 토로하기도 했다. "제일 근심되는 것은 농촌 주택건설입니다. 1년에 10만 동의 농촌문화주택을 건설한다는 것은 쉬운 일이 아닙니다. 지금까지 1년에 1만 동을 짓기도 힘들던 형편에서 해마다 10만 동을 짓는다는 것은 대단히 어려운 일입니다"라고 어려운 현실을 말한 것이다.[46] 1년에 10만 동을 지어야 한다고 역설했지만, 현실적인 어려움을 덮어 놓고 무조건 일을 추진하기도 힘든 형편이었던 것이다. 평안남도 온천군 금성리 같은 경우는 오랫동안 기다린 끝에 1969년 3월 문화주택 100가구를 짓기 시작했다.[47] 그나마 늦게라도 혜택을 입은 경우이다.

농촌 마을을 돌면서 영화를 상영해 주는 이동영사대가 구성되어 농민들도 영화를 볼 수 있게 되었다. 군 인민위원회 선전부는 보통 읍내에 군 영화관을 운영했는데, 군 영화관에서 극장 상영뿐만 아니라 이동영사대도 운영했다. 이동영사대 대장으로 불리는 선전원 한 사람이 소 달구지 또는 트럭에 영사기를 싣고 마을을 다니면서 영화를 보여 주었다. 어떤 경우에는 소달구지가 물탕에 빠져 상영 계획이 엉망이 되기도 했다.[48]

1962년 광덕협동농장(1962년 10월부터는 농업협동조합이 협동농장으로 개칭되었다)의 영화상영 광경을 보자. 평양 삼석구역과 함경남도 함흥시 회상구역, 양강도 풍산군에 광덕리가 있었는데, 그중 어디인지는 이 소식을 전하는 북한 잡지의 기사로 파악할 수는 없다. 영화는 일과가 끝나고 저녁 8시 반부터 시작되었다. 장소는 농장관리위원회 마당이었다. 장비를 실은 트럭이 오고 농민들이 하나둘씩 모여들었다. 8시 반이 되자 마당에 사람이 가득해졌다. 불이 꺼지고 영화 '새봄' 상영이 시작되었다. 주인공 철삼이 농촌기술혁명을 위해 불철주야 노력해 많은 일을 해낸다는 내용

1965년 1월 치러진 평안북도 염주군 용산협동농장 농민의 결혼식

이었다. 영화가 끝나고 감상모임이 시작되었다. 선전원 이한익 주도로 영화를 본 느낌을 얘기하는 자리였다. 이한익은 차량의 운전사이면서 영화기사이기도 하고 선전원이기도 했다. 영화의 주인공 철삼의 행동에서 많은 것을 배워 다음 해 영농준비에 보다 철저히 대비하자는 내용들로 토론이 이루어졌다.[49] 농촌계몽을 위한 것이긴 했지만, 농민들에게 그나마 영화를 볼 수 있는 기회가 제공되고 있었던 것이다.

목욕탕은 리 소재지에 하나씩 있었다. 농민들은 일이 바쁘기도 하고 거리가 멀어 많이 이용하지는 못했다. 주로 농업협동조합의 관리들이 이용했다.[50] 농민시장도 여전히 열리고 있었다. 농민들이 텃밭에서 생산한 농산물을 팔기도 하고 시장 내 설치된 국영상점에서 필요한 것을 사기도 했다. 당국에서 수매원을 배치해 농민들이 팔다 남은 것을 수매하기도 했다.[51] 농민시장은 농민들이 쉬는 매달 10일과 20일, 30일에 운영되었다.

전통적인 농촌의 풍습은 그대로 남아 있었다. 추석이면 가족들이 모여 햇곡으로 떡을 해먹고 산소를 찾아 벌초와 성묘를 했다. 단옷날에도 이웃들끼리 모여 즐겁게 놀았다. 하지만 추석과 단옷날에 쉬는 대신 바로 다음 일요일에는 일을 했다.[52] 결혼식 날에는 타지에 나가 있는 가족들, 마을 사람들이 모여 잔치를 벌였다. 남자는 검은 옷을 입고, 여자는 흰 옷에 면사포를 쓰고 하는 경우가 많았다.[53]

트랙터가 보급되면서 트랙터 운전사는 인기 직종이 되었다. 몸으로 작업을 하는 것보다는 수월한 데다 노력공수도 많이 쳐주었다. 통상 남성 한 사람이 1년에 400공수 정도 했는데, 트랙터 운전사는 1,000공수 정도를 할 수 있었다. 평안남도 순안군 중석화협동농장에서는 세포비서를 하고 있는 아주머니와 아들, 며느리 3인이 1년간 번 노력공수가 1,000공수였는데, 이 농장의 트랙터 운전사는 혼자서 1,000공수를 벌었다. 게다가 트랙터 운전사들은 국가에서 매달 20원씩 추가로 받고 있었다. 밭갈이와 써레질 등을 제대로 해야 농사가 잘되고 그래야 식량문제를 근본적으로 해결할 수 있다는 북한 당국의 생각에서 나온 조치였다. 그렇게 되자 트랙터 운전사의 아내들은 농장에 나가지 않는 경우가 많아졌다.[54] 당시 북한은 쌀을 수입하는 데 많은 외화를 쓰고 있었다.

하지만 여전히 어려운 농촌 마을들도 많았다. 대부분 고원지대인 양강도가 특히 어려웠다. 김일성이 직접 이를 말하기도 했다. "오늘 량강도의 농촌이 어떠한 형편에 놓여있습니까? 혁명전적지요, 후방지대요 하고 자랑은 많이 하면서도 농사를 쓰게(제대로) 짓지 못하다보니 인민들의 생활은 그리 높지 못합니다. 시장에 나가보아도 부식물이 많지 못하고 추리(자두)나 복숭아, 살구 같은 과실도 없습니다. 다른 도 사람들은 다 자체로 과수원을 만들어서 여러 가지 과실을 먹고 있는데 어째서 량강도 사람들만 과실을 제대로 못먹습니까?"라며 노동당 양강도 위원회 간부들을 나무랐다.[55] 당 간부들이 농업지도를 잘못했다고 꾸짖으면서 양강도 사람들의 어려운 형편을 시인한 것이다.

산간지방 사람들은 무엇보다 쌀을 구하는 데 어려움을 겪고 있었다. 그래서 북한은 강냉이로 쌀을 만드는 작업을 1950년대 말 시작해 1960년대 초 성공했다. 강냉이 껍질을 벗기고 쌀 크기로 잘라 쌀처럼 만든 것이다. 이를 '옥쌀'이라고 불렀다. 특히 쌀이 부족하고 군수공장이 많은 자강도에 먼저 옥쌀공장을 세워 주민들에게 공급했다.[56] 1961년 9월 노동당 제4차 당대회 당시 김일성은 식량문제는 기본적으로 해결되었다고 밝혔다. 자립적인 현대적 공업의 기초도 수립되어 몇 년 안에 인민생활의 수준이 극적으로 향상될 것이라고도 했다. 하지만 먹고 자고 입는 문제는 1960년대 당시에도 여전히 북한의 주요문제로 남아 있었다.

주택 사정도 하루아침에 해결되는 것이 아니었다. 앞에서 말한 평안남도 온천군 금성리의 경우, 주민 가운데 절반 정도는 1969년까지 남의 집 곁방살이를 하거나 단칸집에서 가족들이 함께 생활했다.[57] 벼 탈곡도 재래식으로 하다가 1962년에 탈곡기가 개발되어 자동으로 탈곡할 수 있게 되었다. 하지만 기계의 덩치가 커 벼를 모두 탈곡기 있는 곳으로 모아 탈곡해야 했다. 그나마 벼를 말끔하게 탈곡할 수 있을 만큼 성능이 높지도 못했다.[58] 그런 가운데서도 군 인민위원회가 추진하는 길 닦기 등 각종 공사, 민주청년동맹에서 주최하는 각종 체육행사 등에도 동원되어야 했다.

전반적으로 도시 근로자에 비해 농민들이 힘든 생활을 하는 것도 사실이었다. 현금 분배량이 좀 늘긴 했지만, 근로자 임금에 미치지는 못했다. 근로자는 하루 8시간 일했지만, 농민들은 12시간 일하는 경우가 많았다. 농한기에도 새끼 꼬기, 퇴비 준비, 노력동원 참가 등으로 제대로 쉬질 못했다. 그래서 젊은 여성들은 농촌에 머물러 있거나 농촌 총각과 결혼하는 것을 꺼렸다. 평안남도 강서군 청산리의 경우에도 1960년대 초 처녀 수십 명이 도시로 시집을 갔다.[59] 이런 모습이 당시 농촌의 어려움을 단적으로 보여 준다.

어려움은 불합리한 운영 때문

농업협동조합을 운영함에 있어서 북한 당국의 근본적인 고민은 협동적 운영형태를 유지하면서도 생산성을 어떻게 확보하느냐 하는 것이었다. 농장에 나와 일한 날짜만으로 연말에 분배를 해주는 제도를 가지고는 생산성을 향상시킬 수 없었다. 그래서 도입한 제도가 작업반우대제이다. 1960년 2월부터 도입되기 시작했다. 국가가 작업반별로 정해 준 목표를 초과해서 달성하면 그 작업반원에게 추가로 분배를 해주는 제도이다. 반면에 목표에 미달한 반원에게는 분배를 덜 해주었다. 사회주의적 생산체제를 유지하면서도 동시에 생산성을 확보하기 위한 조치였다.

하지만 농업협동조합을 기반으로 하는 북한의 농업운영 과정에서 다양한 형태의 비합리적인 모습이 나타났고, 이런 것들이 농민생활의 어려움으로 연결되었다. 농기계를 고쳐 주는 농기계작업소는 농기계를 수리하거나 빌려 줘 농사가 잘되도록 하는 것이 본업인데도 작업 실적을 채우는 데에만 신경을 쓰는 경우가 많았다. 짐을 실어 준다든지 하는 것도 모두 작업시간에 포함시켜 실적으로 보고하고 있었다. 관개관리소 역시 한 해 동안 대주는 물의 총량만을 채우는 식으로 일을 했다. 실제 농촌의 실정에 따라 필요할 때 물을 대는 데에는 크게 관심을 두지 않은 것이다. 영농 자재도 체계적으로 공급되지 않았다. 비료는 수매사업소가, 작은 농기구와 농약은 군 건재상점이 공급하고 있었다.[60]

이런 식이다 보니 농업협동조합의 운영도 체계적으로 이루어지지 않았다. 다음 해의 생산목표는 합리적인 근거 없이 상부에서 일방적으로 내려 주었다. 평안남도 강서군 청산리 청산농업협동조합의 1959년 정보당 평균 곡물생산량이 3.8톤이었다. 그런데 1960년의 목표는 6톤으로 정해졌다. 군 인민위원회에서 일방적으로 정해 준 목표였다. 또, 군 인민위원회에서 어떤 작물을 심으라고 지도해 놓고는 가을에 수확물을 수매하지 않아 농민들이 곤란을 겪기도 했다. 평안남도 대동군의 경우, 군 인민위원회에서 사탕무를 심으라고 지도해 이를 따른 조합이 많았다. 그러다 보니 사탕무 생산량이 너무 많아졌고, 인민위원회는 이를 제대로 수매하지 않았다. 결국 농민들은 생산한 사탕무를 소 먹이로 써서 소진해야 했다.[61]

수확 후 분배의 기준이 되는 노력공수 책정도 불합리하게 되어 있었다. 농기구만을 가지고 농사일을 하는 사람들은 트랙터 운전사와 같은 기계화작업반, 물고기를 기르는 양어작업반, 기름을 짜는 작업반에 비해 적은 노력공수를 받게 되어 있었다.[62] 농사일 경험이 없는 관료들의 탁상행정의 결과들이었다. 게다가 농업협동조합 초기부터 나타났던 잘못도 계속되고 있었다. 노력공수를 정확하게 평가하지 않고 친척이나 친구에게 많이 주는 경우가 여전히 있었다. 강원도 고성군의 일부 농업협동조합에서는 노력공수에 관계없이 식구 수에 따라 나누는 경우도 있었다.[63]

자강도 동신군 서양농업협동조합 제14 작업반장은 자신의 노력점수를 하루 7.5점까지 주기도 했다. 밭갈이나 거름내기 등 어려운 작업을 해

『화살』(1959년)에 실린 건달꾼 풍자화

야 하루 1.5점을 주는 것이 통상적인 것이었는데, 터무니없이 평가를 한 것이다. 땔감 솔가지를 모으는 일은 하루 25단을 하면 1.5점을 주었다. 그런데 이 작업반장은 다른 반원들을 먼 곳으로 보내 놓고, 자신은 가까운 곳에 가서 솔가지 80단을 했다. 물론 단의 크기도 매우 작게 했다. 그렇게 해서 5점을, 그리고 다른 작업까지 한 것으로 해서 하루 7.5점을 계산한 것이다. 그러면서 다른 조합원에 대한 평가는 들쭉날쭉했다. 같은 밭갈이를 해도 어떤 날은 1.25점을, 어떤 날은 1.75점을 주었다. 또 기분에 따라 어떤 사람에게는 갈기 쉬운 밭을, 어떤 사람에게는 돌밭을 배정해 주었다. 어떤 농장들은 정확한 평가를 위해 노력일평가그룹을 구성

『화살』(1960년)에 실린 풍자화 '나의것과 우리것'

하는 경우도 있었는데, 이 농장은 그런 것도 하지 않았다.[64] 이런 식의 농장에서는 놀고먹는 건달들이 없을 수 없었다. 이러한 문제는 농업협동조합 초기부터 있었던 것인데, 여전히 해결되지 않고 있었다.

군 인민위원회들은 농업협동조합의 사정을 고려하지 않고 농민들을 학교건설 현장이나 도로공사 현장에 동원하는 경우가 많았다. 농사철에 동원하는 경우도 있었는데, 그렇다고 해서 노동력을 따로 보충해 주는 대책을 세워 주는 것도 아니었다.[65] 그러다 보니 농민들이 인민위원회나 농업협동조합을 믿고 따르기보다는 개인 텃밭이나 가축을 관리하는 일에 더 정성을 쏟는 현상은 쉽게 사라지지 않았다.

이러한 문제를 해결하기 위해 김일성을 비롯한 북한의 고위 관료들이 1960년 2월 청산리에 15일간 머무르며 토론해 만든 것이 '청산리 방법'이다. 상급기관이 하급기관을 도와주어야 하며, 윗사람이 아랫사람을 도와주어야 하고, 항상 현장을 깊이 살펴보고 문제해결 방안을 세워야 한다는 것이었다. 1961년에는 군 인민위원회의 농촌 업무를 따로 떼어 맡는 군 농업협동조합경영위원회가, 1962년에는 도 협동농장경영위원회가 설치되었다. 전문 인력들이 협동농장을 좀 더 체계적으로 지도하기 위한 방안이었다.

하지만 이것으로 문제가 모두 해결되지는 않았다. 어려움을 겪는 협동농장은 여전히 많았다. 모든 농장이 일사불란하게 움직일 수는 없었다. 리당 위원장이나 협동농장관리위원장의 리더십에 따라 농장의 상황이 달라졌다. 어떤 농장에서는 간부들이 공동재산을 함부로 써버리는 경우가 여전히 있었다. 수확물 가운데 일부를 '후방 가족 원호 폰드'(군인 가족 지원을 위한 기금), '피살자 가족 원호 폰드'(한국전쟁 당시 피살당한 사람의 가족을 지원하기 위한 기금) 등의 이름으로 창고에 보관하고 있었는데, 농장의 간부들이 이것으로 술을 마셔 버리는 사례까지 있었다. 이런 경우 농민들은 일할 의욕을 잃어버릴 수밖에 없었다.[66]

운이 좋으면 당국의 특별한 관심과 지원을 받아 상황이 개선되었다. 1963년 11월 평안남도 대동군 덕촌리 덕촌협동농장의 상황을 보자.

대동군은 평야가 많지만 덕촌리는 산간지역으로 전체 면적의 70%가 산으로 되어 있어 주민들은 골짜기를 따라 다락형식으로 밭을 일구어 살고 있었다. 다른 지역보다 농사 여건이 좋지 않았다. 농장에서 일한 만큼 연말에 식량을 분배받으니까 먹는 문제는 해결되고 있었지만, 다른 부수입이 없어 생활이 넉넉지 못했다. 겨울에 들어서고 있었지만 외투를 입지 못한 아이들이 많았다. 당시 북한은 농가들에 1년에 알곡 3톤,

현금 1,000원 이상은 수입을 올릴 수 있도록 독려하고 있었다. 하지만 덕촌리는 여기에 미치지 못했다. 전기도 없고, 라디오를 들을 수도 없었다.

이러한 상황이 당 지도부에 알려지면서 북한 당국은 덕촌리에 대해 특별히 관심을 가지게 되었고, 밭에 거름주기, 돼지방목, 누에치기, 가축기르기 등을 적극 권장했다. 덕분에 밭에서 곡식이 좀 더 생산되고, 현금 수입도 늘어났다.[67] 이 마을은 당국이 특별 관리를 하면서 상황이 개선된 경우이다. 북한 당국이 모든 마을을 특별 관리하기는 어려웠던 만큼 녹록지 않은 삶을 영위하고 있던 농촌 마을들은 적지 않았다고 해야 할 것이다.

과일농장들의 사정은 좀 더 열악했다. 경제 수준이 높지 않았던 만큼 북한 당국이 과일생산에 많은 관심과 노력을 기울이지 않았다. 먹는 문제를 해결해 주는 곡식생산이 우선이고, 식생활의 고급화는 그다음의 문제였다. 1960년대 초반까지는 과일농사 기술도 발달하지 않은 상태였다. 변변한 기술지도서 하나 없었다. 그러다가 야산을 개간하는 방식으로 과수원을 늘려 나갔다. 사과, 배, 살구, 복숭아, 감, 대추, 추리(자두) 등의 생산을 확대해 나간 것이다. 1970년대 초반에는 과수농장이 7,000정보에 이르게 되었다.[68]

전체적으로 보면, 1960년대 농업은 공업에 비해 발달이 느렸다. 농민들의 생활도 일부 개선되고 있었지만, 어려운 부분이 많았다. 그래서 북한 당국은 농업발전을 위한 중점 정책방향을 발표해 지속 추진했다. 1964년 2월 노동당 중앙위원회 제4기 제8차 전원회의에서 채택한 '사회주의 농촌문제에 관한 테제'가 그것이다. 내용은 세 가지였다. 첫째, 농촌에서 기술혁명과 문화혁명, 사상혁명을 철저히 수행한다. 둘째, 농민에 대한 노동계급의 지도와 농업에 대한 공업의 지원, 농촌에 대한 도시의 지원을 백방으로 강화한다. 셋째, 농업에 대한 지도와 관리를 공업의 선진적 기업관리 수준에 끊임없이 접근시키며, 협동적 소유(협동농장처럼 구성원들이 공동 소유하는 형태)를 전 인민적 소유(국유)에 부단히 접근시킨다. 이러한 방향을 설정하고 북한은 1960년대 내내 농민들의 생활 수준 향상에 관심을 기울였다. 그럼에도 불구하고 농민생활의 향상이 그렇게 속도감 있게 진행되진 않은 것이다.

분조관리제와 농촌의 변화

농업협동화 이후 생산성이 떨어지는 농장이 많았다. 공동으로 작업을 하다 보니 내 일처럼 전심전력으로 하지 않는 현상이 발생한 것이다. 협동농장 시스템은 각 농장에 여러 개의 작업반이 있고, 작업반 아래 몇 개의 분조가 편성되어 있는 것이다. 강원도 회양군 포천협동농장의 경우, 작업반이 4개였고, 각 작업반은 6개의 분조를 가지고 있었다. 한 분조에 25명이 일을 했다. 분조당 농민이 25명이다 보니 관리가 힘들었다. 작업 능률이 떨어지고 생산량이 줄어갔다. 특히 포천협동농장은 산출이 현저하게 적었다. 그래서 북한 당국은 1965년 5월 포천협동농장에 새로운 시스템을 도입했다. 바로 '분조관리제'였다. 분조인원을 12~13명으로 줄였다. 종전 분조 하나를 둘로 나눈 것이다. 작아진 분조에 농사지을 땅을 정해 주고, 농기구와 부림소도 배정해 주었다. 분조에 당원이 3명씩 배치되도록 했다. 그러고는 각 분조에서 수확기에 국가에 납부해야 할 알곡의 양을 정해 주었다. 이 기준을 초과하는 분조의 조원들에 대해서는 노력일을 재평가해 분배를 더 해주었다.

이 제도는 1966년 북한 전역에 확대 실시되었다. 시행 초기 효과를 거뒀다. 생산량이 늘어난 것이다.[69] 1967년의 알곡 생산량은 1966년에 비해 16%나 늘어났다.[70] 하지만 이 제도도 효과는 점점 줄어갔다. 분조의 생산목표량이 합리적으로 설정되지 않았기 때문이다. 국가가 정해 주는 목표량이 지나치게 높아 농민들이 의욕을 갖고 일할 수 있는 상황을 만들어 주지 못한 것이다. 이후 분조관리제는 분조의 인원을 줄이고 국가가 생산목표량 설정을 좀 더 합리적으로 해나가는 방향으로 변화되어 간다. 1996년에 개선조치를 실시하고, 2012년에도 6·28조치를 통해 분조의 규모를 가족 단위 정도로 대폭 축소했다.

북한은 이렇게 협동농장운영제도를 지속적으로 변화시켜 왔다. 방향은 농민들이 좀 더 일을 열심히 하게 해서 농촌을 발전시키겠다는 것이었다. 그 기저에는 "농촌이 못사는 것은 일을 열심히 하지 않기 때문"이라는 인식이 있었다. 김일성이 직접 그런 얘기를 한 적이 있다. 1960년 8월 인민군 제109부대 대원들 앞에서 연설을 하면서 많은 얘기를 했는데, 우선 "우리 농촌에는 부분적으로 잘못 사는 농민들도 있을 수 있습니다"라면서 농촌의 낙후를 인정했다. 그러고는 "우리 제도하에서 못사는 사람은 일을 잘하지 않았기 때문입니다. 우리 사회주의 제도하에서 일을 잘했다면 왜 잘못 살겠습니까?"라면서 낙후의 원인을 농민들의 잘못 또는 나태로 돌리고 있었다.[71] 이러한 인식하에 농민의 근로를 독려하기 위한 방안들을 강구하고 있었던 것이다. 하지만 더 근본적인 원인은 사회주의 제도 자체에 있었다. 생산한 것이 온전히 내 것이 되지 않고 공동 노동해서 많은 부분을 국가에 내고 일부만을 나누어 갖는 시스템이 농민들의 생산의욕을 북돋우지 못한 것이다. 생산목표 설정, 농기구와 비료의 공급 등이 관료들을 통해 이루어지는데, 농민들의 관료들에 대한 신뢰가 낮아 농업의 생산성은 쉽게 향상되지 않고 있었다.

어민생활

1960년대 중반까지도 어민생활은 쉽지 않았다. 1950년대에 비하면 배의 침실, 침구 등은 많이 개선되어 갔다. 하지만 한 번 바다에 나가면 몇 달씩 배에서 생활해야 했기 때문에 물이 모자라 제대로 씻으면서 밥까지 지어 먹으며 지내기가 여간 어렵지 않았다. 특히 밥을 지으려면 연료가 필요했는데, 그때까지도 배에서 석탄을 썼다. 석탄을 많이 실어야 하니 물을 충분히 실을 수가 없었다.[72]

어민들이 바다에 나가 오랫동안 있는 경우에는 아내들이 음식을 날라다 주었다. 민주여성동맹의 주도로 아내들은 돼지, 닭 등의 가축을 기르고 집 주변의 땅을 일궈 배추, 무, 마늘, 파, 고추 등을 심어 부식물을 만들었다. 그렇게 마련한 음식을 남편들에게 전해 주었다.[73]

1960년대 초까지도 어로환경은 낙후상태를 벗어나지 못했다. 많은 어선이 발동기가 없는 돛단배였다. 이런 어선들은 어장까지 나가는 데 18시간 정도 걸렸다. 그러니 오가는 데 시간을 다 쓰고 고기잡이할 시간이 모자랐다. 발동기가 있는 경우에도 대부분 75마력짜리 소형이었다. 100마력이 넘는 것은 드물었다. 먼 바다까지 나가 고기잡이를 하기 어려운 상황이었다. 어군탐지기도 없이 어민들의 경험에 의한 육감으로 어군을 찾는 경우가 대부분이었다.[74] 대부분 방향 탐지기도 갖추어져 있지 않아 어선을 운행하는 데에도 어려움을 겪었다. 고기를 잡다가 다른 나라로 갈 뻔한 경우도 있었다.[75]

그래서 북한 당국은 세소어업細小漁業(작은 규모의 어업)을 잘하도록 독려했다. 작은 규모의 수산업협동조합이 작은 배와 어구를 가지고 알뜰하게 어로를 하면 효과를 많이 낼 수 있다는 것이었다. 청진수산업협동조합에서 5명의 조합원이 작은 배와 주낙으로 석 달 동안 명태 27톤을 잡은 것을 소개하면서 효율적인 세소어업을 촉구하기도 했다.[76] 수산사업소와 수산업협동조합뿐만 아니라 협동농장이나 공장, 기업소들도 여건이 되는 대로 세소어업에 나서 구성원들의 부식 문제를 스스로 해결하도록 장려했다.[77]

생선의 가공도 수공업적 방법에 의존했다. 건조시설이 따로 없어 나무로 덕대를 만들어 거기에 명태를 걸고 말렸다. 함경남도 함흥시 서호수산사업소의 경우는 낙지를 말리는 건조로를 갖추고 있었는데, 낙지 손질은 일일이 사람이 하고, 손질한 낙지를 실은 밀차를 5명이 밀어서 건조로에 집어넣는 식이었다.[78] 말하자면 반수동식이었다. 냉동창고도 여전히 모자랐다. 고기를 많이 잡아도 보관이 어려웠다. 그래서 명태 철에는 아침저녁으로 계속 명태만 먹다가 철이 지나면 구경하기도 어려웠다.[79] 소금이 모자라 잡은 생선을 썩히는 경우가 여전히 많았다. 통조림으로 만들기도 했는데, 통을 만드는 데 필요한 백철판을 수입해서 썼기 때문에 가격이 높아질 수밖에 없었다. 병조림도 생산했지만, 병을 많이 만들지 못했고 운반도 어려워 역시 많이 만들어 내질 못했다.[80]

그런 가운데에서 어민들은 되도록 많이 출어해 고기를 많이 잡아야 했다. 1961년 5·1절 즈음에 노동당 중앙위원회는 근로자들에게 보내는 호소문을 냈는데, 어민들에 대해서는 "사철 바다를 비우지 말고 집단적으로 잡고 분산적으로 잡고 큰 배로도 잡고 작은 배로도 잡아 천리마기수들에게 더 많은 물고기를 공급하라! 당신들의 일터는 바다이다. 300일 출어투쟁을 계속 강화하라! 서해 수산부문 전체일군들이여! 지금은 조기의 성어기이다. 무리지어 밀려드는 조기떼를 놓치지 말고 모조리 잡으라!"라고 촉구했다.[81] 1961년 어획목표가 80만 톤이었는데, 이를 달성하기 위해 배전의 노력을 계속하라는 것이었다.[82]

어민은 임금을 수산사업소별로 받았다. 사업소가 고기를 많이 잡으면 그 사업소 소속 어민들의 임금이 올라가는 것이었다. 일하지 않는 사람도 같은 임금을 받는 경우가 많았다. 그래서 1960년대 들어서는 작업반 단위로 상금제를 실시했다. 같은 사업소에서도 많은 어획고를 올린 작업반에는 상금을 준 것이다. 물론 생산성을 높이기 위한 것이었다. 이 제도는 좀 더 나아가 어선별로 상금을 주는 제도로 변화해 갔다. 일한 만큼 가져간다는 사회주의 분배원칙을 철저히 관철하기 위해서라는 명분이었다.[83]

1960년대 후반부터는 어로환경이 좀 좋아졌다. 우선 배에 전기밥솥이 공급되기 시작했다. 석탄을 많이 실을 필요가 없어져 물을 많이 실을 수 있었다.[84] 어선들에는 어군탐지기가 설치되었다. 어민들은 어군탐지기에 나타나는 어군의 회유상태를 확인하면서 어로를 할 수 있게 되었다.[85]

군인, 예비군 그리고 운동선수

농사짓는 군인들

군인들의 생활환경도 개선되어 갔다. 내무반에 온돌을 놓았고, 더운물도 쓸 수 있게 된 곳이 많았다. 먹는 것도 좀 나아져 생선, 순두부 등이 반찬으로 제공되었다.[86] 하지만 여전히 충분치는 못했다. 한 사람에 하루 800g의 쌀이 지급되었지만, 훈련을 계속하는 군인들의 식량으로 충분한 양은 아니었다. 부식도 다양하진 못했다.[87]

군인들은 먹는 문제를 스스로 해결하기 위해 농사를 지었다. 부대마다 가지고 있는 논과 밭에 농작물을 길렀으며, 닭, 돼지 등도 길렀다. 1967년 9월 한 기계화연대의 상황을 보자. 이 연대는 주둔지의 산골짜기와 산기슭을 일구어 밭을 만들었다. 강냉이를 심은 밭만 해도 20정보(6만평)였다. 강냉이 사이에는 콩도 심었다. 대를 세우고 줄당콩(동부)도 심었다. 산에는 밤나무도 심어 길렀다. 밤나무는 대대별로 구역을 나눠 관리했다. 부연대장이 책임을 지고 연대의 농사를 운영했다. 비료는 주로 석탄재와 거름을 섞어 만들어 썼다. 동원된 젊은 군인들을 활용하는 만큼 민간인들이 짓는 것보다 작황은 좋은 편이었다.[88]

휴가는 기본적으로 3년 이상 근무한 병사들만 갈 수 있었다. 자격이 되는 병사들은 1년에 보름씩 정기휴가를 받았다. 3년이 안 된 병사라도 모범병사로 표창을 받는 경우에는 휴가를 갈 수 있었다.[89]

여가시간에는 노래도 부르고 춤도 추면서 지냈다. 주로 이용되는 악기는 손풍금이었다. 하지만 손풍금이 충분한 것은 아니었다. 1960년까지는 손풍금이 없는 중대가 많았다.[90]

영창제도는 1958년 폐지되었는데, 북한은 이후 군의 규율이 제대로 설지에 대해 걱정이 많았던 것 같다. 1960년 말쯤 김일성은 이에 대해 군부대를 찾아 직접 확인해 본다. 한 부대의 특무장(선임하사)에게 영창제도 폐지 이후 규율위반 사건이 얼마나 되느냐고 물었다. 특무장의 답은 2년 동안 한 건도 없다는 것이었다. 다만 어느 병사가 회의 때마다 졸았는데, 이것도 충분한 수면시간 보장으로 해결했다고 보고했다. 동해안의 한 여단을 방문해서도 같은 것을 물었다. 여기서는 위반사건이 하나 있었다는 보고였다. 병사가 밤에 몰래 나가 애인을 만나고 돌아온 일이 있다는 것이었다. 이러한 사례들을 보고받으면서 당시 북한은 영창제도 폐지는 대체로 긍정적이라는 판단을 하고 있었다.[91]

1959년 창설된 노농적위대는 노동자와 농민, 제대 군인, 학생 등을 모두 포함하는 조직이었다. 북한은 1962년 12월 그 가운데 제대 군인과 대학생을 중심으로 교도대를 창설했다. 정규군에 못지않은 강한 예비군을 가지기 위한 조치였다. 여기에 편성된 사람들은 노농적위대보다 많은 군사훈련을 받아야 했다. 일반교도대는 연간 30일 훈련을 받아야 했고, 대학생교도대는 연간 190여 일 교내훈련을 받아야 했다. 훈련은 야외전술과 종합훈련, 병과별 훈련, 정규군과의 합동훈련 등 현역에 준하는 강도 높은 것이었다.

'조선의 번개' 신금단과 운동선수들의 생활

신금단이라는 육상선수가 있었다. 1962년 7월 모스크바에서 열린 즈나멘스키 국제육상경기대회에서 400미터와 800미터 경기에서 우승해 세계 육상계를 놀라게 했다. 이듬해 9월에는 인도네시아 자카르타에서 열린 제1회 가네포대회에서 400미터와 800미터 모두 세계신기록을 세워 육상계의 세계적 스타가 되었다. '조선의 번개'라는 별명도 얻었다.

1964년 도쿄올림픽에서도 강력한 우승후보였다. 도쿄까지 갔다. 하지만 국제올림픽위원회가 가네포대회를 올림픽 유사대회로 규정하고 여기에 참가했던 선수들의 올림픽 출전자격을 박탈하면서 출전을 못하는 불운을 겪었다. 도쿄올림픽 당시 신금단은 남한에 있던 아버지를 만났다. 7분 동안의 만남이었다. 헤어질 때 신금단이 "아바이……" 하며 울부짖었다고 해서 많은 사람의 심금을 울렸다.

그 신금단의 일상이 『천리마』 1962년 7월호에 자세히 실려 있다. 즈나멘스키대회 직후의 모습이다. 당시 신금단은 북한의 체육단합숙소에서 생활하고 있었다. 새벽 6시에 일어나 10km를 달렸다. 400m 거리를 65초 넘지 않게 달리는 연습도 하루 20여 회 했다. 67kg짜리 쇳덩이를 들어올리는 체력훈련도 함께했다. 그렇게 오전 4~5시간, 오후 4~5시간을 훈련에 집중했다.

즈나멘스키대회 직전 모스크바에서도 그렇게 강훈련을 계속했다고 한다. 이를 알게 된 소련의 기자들이 입을 딱 벌렸다고 한다. 즈나멘스키대회 이후에도 지도원(코치)의 지도로 신금단은 성격, 취미, 습성, 체질, 개성이 고려된 맞춤훈련을 하고 있었다고 『천리마』는 전하고 있다. 가네포대회가 열린 인도네시아에서는 더위 때문에 낮운동이 어렵게 되자 조금 서늘해지는 오후시간에 운동을 시작해 밤늦게까지 훈련을 거듭했다. 운동 외에도 하루 2시간씩은 『항일빨치산 참가자들의 회상기』를 학습했

'조선의 번개' 신금단 선수. 아래는 동료들과 대화하는 모습

다. 체육단은 양돈장도 운영하고 있었다. 40여 마리의 돼지를 기르고 있었는데, 선수들 체력보강을 위한 식재료 확보용이었을 것이다. 신금단은 돼지를 돌보는 일도 열심이었다.

신금단의 방에는 유난히 책이 많았다. 정치, 경제, 지리, 문학, 예술 등 다양한 방면의 서적들이 있었다. 신금단은 이런 책들을 계획을 세워 읽었다. 그래서 그는 동료들 사이에서 이야기꾼으로 통했다. 박식한 데다 이야기도 재미있게 하는 재주가 있었다. 손짓 몸짓까지 섞어 가며 이야기하는 솜씨가 대단했다. 손풍금 연주도 수준급이었다. 그래서 그의 주변은 늘 유쾌했다.

신금단은 20살이던 1958년까지만 해도 선반공이었다. 희천공작기계 공장에서 일했다. 당시에도 그는 항상 목표량을 상회하는 성과를 냈고, 다른 사람의 일까지 대신 해주는 태도로 주변의 인정을 받고 있었다. 틈나면 독서하고, 직장의 '벽신문'(벽보) 주필도 맡고 있었다. 그러던 어느 날 60kg이나 되는 변속기를 번쩍 드는 모습을 본 직공장이 운동선수가 되기를 권했다. 이후 그는 직장 대표선수로 활동하기 시작했고, 결국 세계적인 선수가 되었다.

신금단은 공장을 나와 전문적인 선수가 된 이후에도 공장시절 동료들과 자주 연락을 했다. 주요대회에 참가하거나 하면 공장으로 편지를 보내곤 했다. 노동당 당원이 되었을 때에도 공장에 연락을 했다. 공장에서는 제2의 신금단을 꿈꾸며 직장 체육선수로 열심히 몸을 단련하는 사람도 나오게 되었다. 1962년 당시 신금단은 1964년 도쿄올림픽에 남북단일팀이 꾸려져 함께 출전하는 것을 염원하고 있었다. 그래서 훈련도 더 열심히 했다.[92] 하지만 그의 단일팀 기대는 무산되었다. 1962년 말 처음으로 남북이 단일팀 구성을 위해 회담을 열고 이후에도 두 번이나 더 만났지만 성사되지 못했다. 신금단은 지금도 세계가 인정하는 육상스타지만, 올림픽 남북단일팀 출전과 올림픽 금메달이라는 그의 더 높은 꿈은 종내 이루지 못하고 말았다.

여자 스피드스케이팅 선수 한필화도 비슷한 시기에 활동한 세계적 선수다. 1964년 2월 오스트리아 인스부르크 동계올림픽에 출전해 3,000m에서 은메달을 따는 등 많은 국제대회에서 빛나는 성과를 거뒀다. 한필화도 훈련 여건은 열악했다. 초기에는 "어느 공장 공무직장 같은 데서 두들겨 만들다싶이(만들다시피) 한 투박한 스케트"를 신고 연습했다. 국제대회 출전 직전 그럴듯한 스케이트를 받고 눈물을 흘리기도 했다. 그는 당시 상황을 "윤기 나는 가죽구두에 번쩍번쩍한 스케트날, 보기만 해도 씽씽 달릴 것만 같은 사랑의 스케트를 받아 안고 저희들은 너무 기뻐 눈물을 흘리였습니다(흘리었습니다)"라고 기록하고 있다. 변변한 연습장도 없었다. 그러다가 생긴 것이 부전호반 빙상훈련장이었다. 얼음이 어는 겨울철만 이용 가능한 훈련장이었다. 봄에 얼음이 풀리면 그때부터는 땅에서 동작연습과 체력훈련만 계속해야 했다. 당국의 특별 배려로 해외전지훈련을 나갔는데, 훈련장을 빌려 주지 않고 불친절해 제대로 훈련을 못하는 경험을 하기도 했다.[93] 평양에 빙상훈련관이 만들어진 것은 1984년 2월이다. 그때부터 비로소 계절에 관계없이 빙상훈련을 할 수 있었다.[94] 여하튼 1960년대 당시 북한의 운동선수들은 훌륭한 시설과 풍부한 지원을 기대하긴 어려웠고, 이른바 당성, 혁명정신으로 훈련하고 좋은 성적도 거둬야 하는 상황이었다.

무궤도전차 도입

북한에서 대중교통 수단으로 중요하게 활용되고 있는 것 중 하나가 무궤도전차이다. 지붕 위 전기선을 따라 운행되는 무궤도전차는 건설비용이 비교적 적게 들고 공해가 적어 평양뿐만 아니라 함흥, 원산, 청진 등에서도 대중교통 시설로 활용되고 있다. 북한은 1960년 무궤도전차 개발에 착수해 1961년 생산을 시작했다. 10월 10일 시험운전을 했는데, 출발기어를 넣어도 계전기에서 불꽃이 튀기만 하고 전진을 못하다가 몇 차례 시도 끝에 성공했다.[95]

1962년에는 평양에서 무궤도전차 운행을 시작했다. 4월 30일 평양역－공업농업전람관 구간이 처음 개통된 것이다. 이후 평양역－연못동, 평양역－서평양역 구간 등이 개통되어 지금은 10여 개 노선이 운행되고 있다. 평양에 지하철이 개통되는 것이 1973년이니까 그때까지는 버스와 함께 무궤도전차가 중요한 교통수단으로 기능했다고 할 수 있다. 1990년대에는 궤도 위를 달리는 궤도전차도 도입되어, 지하철과 무궤도전차, 궤도전차, 그리고 버스가 평양의 대중교통 수단으로 활용되고 있다.

무궤도전차에는 운전사와 함께 차장이 1명씩 있었다. 여성이었다. 차

평양역 앞 무궤도전차(1966년 2월)

표도 팔고 손님을 차례로 태우고 내리게 하는 역할을 했다. 1965년 7월 평양의 제619호 무궤도전차 차장 윤숙자의 일하는 모습을 통해 당시의 상황을 보자. 윤숙자는 무궤도전차가 운행을 시작하는 새벽 6시부터 일을 했다. 노인이나 어린아이가 타는 경우 이들을 돕는 것이 윤숙자의 가장 중요한 일이다. 길을 모르는 사람이 전차를 타는 경우 길안내를 해주는 것도 그의 일이다. 평양의 문화유적과 주요 건축물들에 대해서는 소상히 소개하는 일도 했다. 뿐만 아니라 당의 주요정책을 선전하는 역할까지 했다. 손님을 돕는 일과 당의 선전원 역할을 동시에 한 것이다.

서평양 지역을 다니는 무궤도전차(1968년 8월)

오후 2시에는 일이 끝났다. 간단한 정리회의를 마치고 점심을 직장 동료들과 함께 먹었다. 점심 후에도 윤숙자는 곧바로 퇴근하지 않고 직장에 머물렀다. 문화오락, 체육 시설을 활용하기 위해서였다. 신문을 보거나 운동을 하거나 악기 반주에 맞춰 노래를 부르거나 했다. 그러다가 저녁 즈음에 퇴근했다.[96]

평양의 외곽이나 지방에는 소달구지(우차)가 여전히 운송의 주요한 부분을 차지하고 있었다. 소달구지를 모는 우차꾼을 '우차공'이라고 불렀다. 군郡의 소비조합이나 도매소 등에는 우차공들이 있었다. 1962년 무렵 김성익은 함경북도 김책지구에 있는 한 도매소에서 우차공을 하고 있었다. 당시까지 8년 동안 우차공으로 일하고 있었다. 우차공인 만큼 그에게는 소가 무엇보다 소중한 존재였다. 부드러운 풀과 짚으로 정성 들여 여물을 만들어 먹였다. 때로는 개구리나 고양이를 잡아 탕을 끓여 먹이기도 했다. 건강해진 소는 다른 소에 비해 많은 짐을 실을 수 있었다.[97] 김성익과 같은 우차공들은 그렇게 1960년대 북한 사회의 수송 부분에 기여하고 있었다.

나무를 베어 내고 산을 관리하는 임산사업소에서도 소는 소중한 존재였다. 양강도 삼지연군 이명수임산사업소 소백산작업소에서도 소달구지가 유일한 운송수단이었다. 소를 맡아 관리하던 심재봉에게 가장 중요한 일은 소를 튼튼하게 유지하는 것이었다. 그래서 그는 가을이면 더덕, 모싯대 등을 캐다가 말렸다가 겨울에 달여 소에게 먹였다. 봄에는 개구리알도 건져다가 먹였다. 물고기뼈를 갈아서 소죽에 섞어 주기도 했다.[98] 1960년대만 해도 자동차가 태부족한 상황에서 북한의 민중들은 그런 식으로 어려움을 헤쳐 나가고 있었다.

구공탄 때기 시작하는 평양

1960년대 평양에 아파트가 많이 지어졌다. 살 집을 지어 놓는 게 우선이어서 입주는 했는데도 침대와 책상, 걸상 같은 가구들이 공급이 안 되는 경우도 많았다. 온돌식은 아니어서 마루가 차가웠다. 침대가 안 들어온 경우에는 차가운 마루에서 생활해야 했다.[99] 아파트의 높은 층은 수돗물이 안 나오는 집도 적지 않았다. 수도관이 터져 도중에 손실되는 물이 많기 때문이었다. 더운물 공급도 안 되어 겨울에는 씻는 문제로 시민들이 곤란을 겪었다.[100]

평양의 아파트는 통상 방 2개, 화장실 1개였다. 땔감은 가루탄이었다.

1966년 8월의 평양

석탄가루를 공급받아 진흙과 섞어 땔감으로 쓰고 있었다. 석탄가루를 쓰다 보니 부엌은 먼지투성이였고, 재도 많이 나왔다. 여성들의 부엌일이 많아질 수밖에 없었다. 그나마 충분한 양이 공급되지 못했다. 한 달분으로 공급받은 석탄이 보름 만에 떨어지는 경우도 있었다.[101]

1960년대 중반이 되면서 구멍탄을 쓰기 시작했다. 가정마다 구멍탄을 만드는 기계를 들여 놓고 스스로 구멍탄을 만들어 썼다. 여의치 않은 집은 인민반이 갖고 있는 구멍탄 기계를 빌려서 구멍탄을 만들었다. 가루탄을 쓸 때보다는 먼지와 재가 덜 생겨 보다 청결한 부엌을 유지하게 되었고, 여성들의 일이 줄었다. 그래서 여성들은 이를 '해방탄'이라고 불렀다. 구멍탄을 스스로 만들어야 했기 때문에 남성들이 할 일이 많아졌다. 일과 후 또는 쉬는 날 가장들은 구멍탄 만드는 일에 매달려야 했다.

북한 당국은 이런 문제를 해결하기 위해 구멍탄 공장 설립에 나섰다. 1960년대 중반에 평양 시내에 구멍탄 공장이 세워졌다. 하지만 이는 평양 수요의 10% 정도밖에 충족시키지 못했다. 이후 차츰 공장이 늘었다. 큰 공장보다는 지역별로 작은 공장들을 세워 나갔다. 운송거리를 줄이고 지역의 수요에 따라 생산량을 조절하기 위해서였다. 평양 남신동공장의 경우 두 칸짜리 작은 건물에 구멍탄 기계를 들여놓고 여성 7명이 운영했다. 하루 2,000개의 구멍탄을 생산했다. 이는 남신동 인근의 가정에 공급되었다.

구멍탄 기계의 성능을 개선하고 공장들을 더 설립하면서 땔감 문제를 해결해 나가고 있었다. 1960년대 후반에는 평양에 대규모 화학발전소를 건설하면서 전기생산도 늘려 중앙난방 형태도 조금씩 늘려 나갔다.[102] 평양시 중구역 신암동 남유경의 집도 중앙난방식으로 바뀌었다. 밥은 석유곤로로 지었다. 창문은 이중창이었다. 뜨거운 물은 일요일에만 나왔다. 화장실에 욕조는 없었다. 목욕은 큰 거리 건너편에 있는 공중목욕탕에서 했다.[103]

하여튼 이런 과정을 통해 가정에서 땔감 때문에 추가로 노동하는 경우도 줄어 갔다. 그런데 이러한 땔감개선 시책은 평양 위주였고, 다른 지역 사정은 여전히 여의치 못했다. 1965년 1월의 상황을 보면, 황해북도 송림시의 황해제철소에 근무하는 노동자의 집에 석탄공급이 제대로 안 되는 사례도 있었다. 그래서 엄동설한에 냉방에서 지내던 임산부가 집을 비우고 친정으로 가기도 했다.[104] 북한 전체적으로 보면, 1960년대까지도 각 가정에 필요한 연료가 충분히 공급되지는 못하는 형편이었다.

1967년 8월에는 평양에 엄청난 폭우가 쏟아져 물난리를 겪었다.

800mm 정도의 비가 집중적으로 오는 바람에 대동강의 지류인 합장강과 순화강의 제방이 무너져 평양 시내가 물바다가 된 것이다. 비가 한꺼번에 많이 내린 탓이기도 했지만, 대동강의 바닥에 토사가 많이 쌓여 있었고 강의 제방이 약했던 것도 주요 원인이었다. 수해 이후 강바닥 준설공사와 제방강화작업이 대대적으로 진행되었다.[105] 전국의 공장과 기업소, 협동농장에서 당원과 사회주의노동청년동맹 맹원들을 중심으로 몇 만 명이 선발되어 공사에 참여했다.[106]

1968년 말에는 평양에 밥공장이 또 생겨 공장 주변 시민들은 여기서 밥을 공급받을 수 있게 되었다. 중구역 중성동에 중성밥공장이 완성된 것인데, 밥과 떡, 국수, 빵 등을 만들 수 있는 설비를 갖추었다. 밥을 지어 놓고 주민들이 쌀을 가져가면 밥과 바꿔 주는 시스템이었다. 쌀 1kg을 가져가면 그걸로 지을 수 있는 만큼 밥을 주었고, 주민들은 가공비로 7전을 내야 했다. 떡으로 바꿀 때는 20전의 가공비를 냈다. 밀가루 1kg은 가공비 8전을 내고 국수로 바꿀 수 있었다.

여성들의 가사부담을 줄여 주기 위한 조치였다. 그래서 밥공장은 아파트 근처에 '밥공급초소'를 갖추어 놓고 바쁜 아침시간에는 거기에서 밥을 공급했다. 하지만 초기에는 이용하는 주민들이 그렇게 많지는 않았다. 밥으로 바꾸어 가는 사람은 많지 않았고, 품이 많이 드는 떡이나 국수로 바꿔 가는 사람들은 꽤 많았다.[107] 그러다 차츰 이용자가 많아졌고 밥공장도 늘어 평양의 경우 각 구역에 4~5개의 밥공장이 지어지게 되었다.

1960년대 후반 평양을 중심으로 고기소비도 늘었다. 평양시 육류도매소에서는 1년에 3만 톤의 고기를 유통시켰다. 불고기가 맛있기로 유명했던 대동문국숫집은 하루 평균 600kg의 고기를 불고기로 만들어 팔았다. 평양 시내 여러 곳에 육고(정육점)가 설치되어 시민들에게 고기를 팔

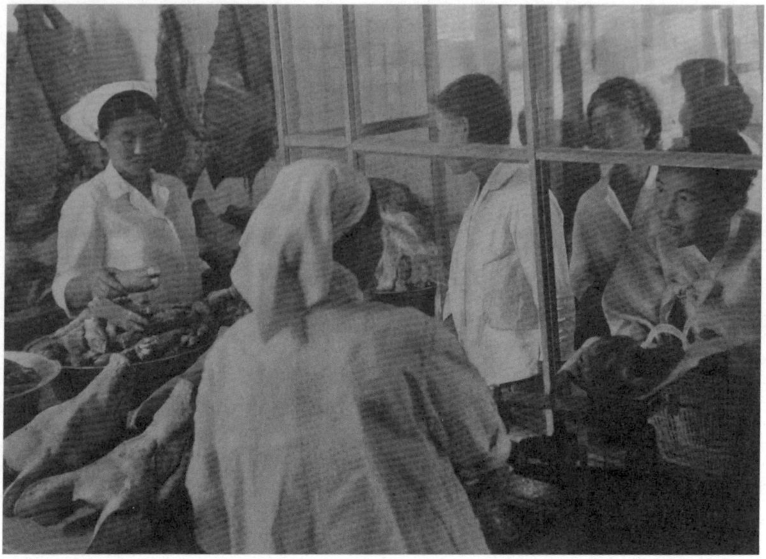

1965년 10월 평양의 한 육고(정육점)

왔다. 원하면 집까지 고기를 배달해 주기도 했다. '육류송달함'이라고 쓰인 통에 고기를 넣고 자전거로 배달했다.

1968년 무렵에는 TV 방송도 시작되어 시민들이 TV를 시청할 수 있게 되었고,[108] 비슷한 시기 냉장고도 생산, 보급되기 시작했다.[109]

한편 1960년대까지만 해도 평양은 문을 잠그지 않아도 도둑 걱정을 할 필요 없고 이웃끼리 서로 돕는 온정적 사회였다. 부모의 퇴근이 늦어져 아이들만 남아 있는 집에는 이웃집 할머니가 찾아가 연탄불을 갈아주고 밥도 해서 아이들에게 먹였다. 시골에 어린아이를 내려 보내고 싶을 때는 평양역에 나가 같은 방향으로 가는 사람을 찾아 아이를 맡겨서 보내기도 했다. 남자들은 양동이로 파는 생맥주를 사들고 들어와 동네 사람들과 나눠 마시면서 이야기꽃을 피우곤 했다. 평양이라고 해서 지

자전거로 고기를 배달하는 모습(1965년 10월 평양)

방과 별로 차이 나지도 않았고, 대부분 넉넉하지는 않았지만 이웃들과 웃으며 지냈다.[110]

그래도 아직은

석탄 연기 가득한 터널들

한국전쟁 이후 경제재건에 나선 북한은 서서히 폐허를 딛고 일어서 1960년대 들어 전반적으로 상황이 나아지고 있었다. 하지만 여전히 경제 상황이 활력을 띠지는 못하고 있었다. 1960년대 초 북한의 철도역들은 그다지 분주한 편은 아니었다. 물동량이나 이동인구가 그렇게 많지는 않았기 때문이다. 특히 시골역은 한산했다. 물개역은 평양에서 개성으로 가는 길인 멸악산 줄기에 위치해 있다. 1963년 2월의 모습을 보면, 기다림칸(대합실)에는 손님들이 간헐적으로 드는 정도였다. 아직은 추운 겨울이어서 온돌로 된 기다림칸에는 불을 때 놓았다. 벽에는 기차시간표와 차비표(운임표)가 붙어 있었다. 흰 바탕에 푸른색과 붉은색으로 쓰여 있었다. 시간표는 가로쓰기가 되어 있었다. 그런데 차비표는 세로쓰기였다. 인민학교는 이미 가로쓰기 교육을 하고 있었지만 실제 생활에서는 그렇지가 못했다. 게다가 차비는 한자로 쓰여 있었다. 1949년 한자를 폐지하고 한글전용을 실시했지만, 역시 인민생활 곳곳에는 한자가 여전히 남아 있었다. 깨알 같은 한자로 세로쓰기를 해놓은 차비표는 사람들이 읽기 어려웠다.

당시 물개역 역장 박찬혁은 경기도 파주 출신으로, 한국전쟁 당시 인민군 의용군에 지원했다가 북한에 남게 되었다. 월급 외에 정복과 모자, 신발, 외투, 비옷 등은 따로 정부에서 공급받았다. 그런데 세로쓰기가 되어 있던 물개역의 차비표는 이 무렵 역을 찾은 김일성의 지시로 가로쓰기로 바뀌게 되었다. 이를 계기로 북한 모든 역의 차비표와 시간표가 가로쓰기로 바뀌었다.[111]

1960년대 북한의 기차는 발전의 단계에 있었지만 미흡한 점이 많았다. 대부분 석탄을 때는 열차여서 연기가 많이 발생했다. 터널들에는 연기가 차 있는 경우가 많았다. 북한은 1948년 9월 정부 수립 직후 협궤철도의 광궤화와 철도 전기화를 적극 추진했다. 경제발전을 위한 필수요건 가운데 하나가 빠른 물류라고 파악하고 있었기 때문이다. 하지만 자금과 자재의 부족으로 일부 구간만 먼저 전기화할 수밖에 없었다. 평양과 북부 내륙을 연결하는 만포선의 개고－고인 구간, 서부와 동부를 연결하는 평원선의 양덕－천성 구간이 전기화 대상으로 우선 선정되었다. 이 두 구간은 곡선과 터널이 특히 많은 곳이었다. 서부의 식량과 소금, 동부와 북부의 원료, 연료를 원활하게 실어 나르기 위해서는 두 구간의 전기화가 필요한 상황이었다.

1948년 10월부터 두 구간의 전기화 작업이 시작되었다. 당시 돈 1억 5천만 원이 투입된 대규모 사업이었다. 북한 당국의 역점사업으로 자금이 많이 투입되었지만, 없는 자재를 구입하는 것은 여전히 어려운 일이었다. 당시 교통성 자재국장 김석모는 모자라는 목재를 확보하기 위해 다른 곳으로 가는 통나무를 철도역에서 막무가내로 실어 가 김일성이 참여한 내각협의회에서 임업국장과 말다툼을 벌이기도 했다. 그렇게 해서 1949년 1월 20일 두 구간의 전기철도가 개통했다.[112] 1958년 1월에는 고원－천성 구간도 운행을 시작했다. 이후 북한은 철도 전기화 작업을

1958년 1월 22일 개통 직후 고원-천성 구간을 운행 중인 전기기관차

지속 추진했다. 1961년 8월에는 전기기관차 생산도 시작했다.[113] 하지만 전기화가 빠르게 진행되기에는 제반 여건이 미비했다. 1960년대 당시에는 석탄을 때는 증기기관차가 여전히 많았다.

김일성이 타는 특별열차도 터널의 연기는 피해 갈 수 없었다. 1965년 8월 중순 특별열차가 평안남도와 함경남도 사이에 있는 거차령을 넘을 때였다. 고개를 지나 터널로 들어섰는데, 객차 복도로 매캐한 석탄연기가 밀려들었다. 문과 창문을 모두 닫았지만 연기를 막을 수는 없었다. 일반열차는 이보다 형편이 더 좋지 않았다. 여름철 냉방은 물론 되지 않았다. 손님들은 연신 부채질에 분주했다. 승무원들도 친절한 편이 못 되었다. 객차가 복잡해도 정리할 생각을 하지 않는 경우가 많았고, 손님들에게 짜증을 내는 경우도 적지 않았다. 열차 내 청소도 잘 안 되어 있는 경우가 많았고, 과자나 시원한 음료수를 충분히 파는 것도 아니었다. 물 한 모금 마시기도 어려웠다. 사과의 고장 함경남도 북청군 부근에서는 사과를 팔 만도 했고, 밤으로 유명한 평안남도 성천군 인근에서는 밤을 팔 수 있었을 것 같은데, 그렇질 않았다.[114] 철도 전기화도 진행되고 기차의 시설도 조금씩 개선되어 가고 있었지만, 일반 사람들이 이용하기에 여전히 불편한 점이 많은 것이 현실이었다.

상품의 질은 아직 미흡

주민들의 생활용품을 파는 국영상점의 운영 형태는 점장이나 판매원들이 일하기에 따라 많이 달랐다. 어떤 곳은 공장이나 협동농장에서 공급해 주는 상품을 그냥 팔기만 했다. 그런가 하면 주민들이 필요로 하는 것들을 주문이나 직접 생산을 통해 적극 조달해 주는 곳도 있었다. 함경남도 함흥에 있는 3·1종합상점 식료분점은 능동적으로 운영하는 사례에 해당했다. 이곳은 두부나 기타 식료품을 이동 판매하는 것은 물론, 주민들에게 필요한 것을 만들어 팔기도 했다. 어느 날은 할머니 한 분이 삶은 무김치를 찾았다. 없었다. 하지만 그것으로 그치지 않았다. 점장과 판매원들은 그날 저녁 회의를 열고 삶은 무김치를 만들기로 했다. 무를 삶아 말려서 김치를 담갔다. 다음 날 기다렸지만 할머니는 오지 않았다. 그래서 판매원들은 함흥시 회상동에 있는 할머니 댁을 찾아 김치를 직접 배달해 주었다.

이후 이 상점은 식료품을 짠 것, 매운 것, 싱거운 것, 단 것 등으로 구분해 보다 다양하게 만들어 팔았다. 무 한 가지를 가지고도 깍두기, 통김치, 절임, 볶음, 생채 등 여러 가지로 만들어 냈다. 당초 우엉은 팔지 않았었다. 하지만 한 주부가 우엉을 찾았다. 함주, 홍남을 뒤져 보았지만 우엉을 찾을 수 없었다. 퇴조까지 가서 우엉을 구해서 공급해 주었다. 이후 우엉

작업 현장을 찾아가 판매하는 이동판매

씨를 구해 주변 협동농장에 주고 재배하도록 해 판매했다.[115]

그럼에도 불구하고 1960년대 초 북한의 국영상점에서 팔리는 상품들은 품질이 아직 높지 못한 것이 많았다. 주민들로부터 불만이 많았지만 문제점이 크게 개선되지는 않았다. 1961년 10월 김일성이 강원도 원산시에 있는 원산백화점에 들러 과자와 과일, 고기, 약품, 도자기 등 판매 상품들을 둘러보았다. 당시만 해도 과자는 무게를 달아 팔았다. 손님이 50전어치를 달라고 하면 판매원이 어림짐작으로 과자를 집어 저울에 올려놓고 50전에 해당하는 양을 맞춰 파는 식이었다. 그런데 퇴근시간엔 손님이 많아 이런 식으로 하다 보니 기다리는 시간이 길어졌다. 그래서 1962년 가을 즈음부터는 많은 상점에서 미리 봉지에 담아 가격을 붙여 놓고 팔기 시작했다.

원산백화점에 진열된 상품 가운데 토끼고기 통조림도 있었다. 팔기 시작한 지 얼마 되지 않았지만 찾는 사람이 많았다. 그런데 자세히 보면 통조림 속의 고기가 물에 풀려 있었다. 신선한 상태가 아니었던 것이다. 밥그릇과 국그릇, 접시 등 도자기로 된 그릇도 40여 종 진열되어 있었다. 문천도자기공장에서 만든 것이었다. 그런데 이 그릇들도 자세히 보면 한쪽으로 약간 찌그러져 있었다. 밥그릇 가운데에는 뚜껑이 잘 맞지 않는 것도 있었다. 열처리 과정에서 잘못이 있었던 것이다.

가구와 가방도 색깔이 아직은 촌스러운 모습을 벗어나지 못하고 있었다. 구두도 가죽 가공기술이 발달하지 못해 거칠었다. 질 낮은 상품들이 들어오고 있었지만, 원산백화점은 생산공장에 질 향상을 주문하지 않았다. 진열하고 판매하면 그만이라는 생각이었다. 다만 모자라거나 남는 상품이 많아지면 곤란하기 때문에 판매량은 체크하면서 적절한 양을 주문하는 데 신경을 쓰는 정도였다.[116]

한편 북한에서 평양, 함흥, 청진, 남포 다음으로 큰 규모였던 원산의

1960년대에 생산된 선풍기

1960년대 전반적인 형편은 그다지 좋은 편이 아니었다. 시내에 시궁창, 석탄더미, 오물통, 닭우리, 토끼우리, 김칫독 등이 무질서하게 여기저기 있었다. 게다가 시내 한가운데로 철길이 지나가고 있어 사람들이 평온하게 지내기 어려운 상황이었다.[117]

1965년 7월에는 김일성이 평안북도 창성군 약수상점을 방문했는데, 여기에 진열된 상품들도 질이 낮았다. 여성용 비닐샌들은 모양, 품질 모두 좋지 않았고, 운동화는 뒤축에 고무 너스래미가 붙어 있기도 했다. 신발의 경우, 품질이 좋은 것은 수출하고 흠이 있는 것들을 주로 국내 판매로 돌리고 있었기 때문이다. 칫솔의 솔은 짧고 더운물에 닿으면 구부러지는 경우도 있었다. 수요가 많은 과자류는 품절이 되기도 했다. 설탕 부족으로 많은 양을 만들지 못하고 있었기 때문이다. 농립모나 중절모 같은 모자 종류는 품질은 괜찮았으나 값이 비쌌다.[118] 전반적으로 인민들에게 공급되는 상품들은 질이 낮거나 질이 괜찮으면 값이 비싸거나 양이 달리는 형편이었다.

김일성도 과거에 비하면 많이 개선되었다고 강조하면서도, 아직 질이 높지 못한 점은 인정하지 않을 수 없었다. "경공업제품의 질이 낮기 때문에 마련된 경제토대에 비하여 인민들의 생활이 그리 윤택하지 못합니다. 천만 놓고 보더라도 천의 질이 높지 못하고 품종이 많지 못한 탓으로 입는 문제에 대한 인민들의 요구를 원만히 충족시키지 못하고 있습니다. 인민들의 옷문제를 원만히 풀지 못하다보니 우리의 거리들도 겨울철에는 물론, 여름철에도 아직 화려하지 못합니다"라며 특히 입는 문제를 제대로 해결하지 못한 것을 안타깝게 생각했다.[119] 특유의 가부장적 국가운영 방식에 따라 화려한 옷을 많이 만들어 인민들에게 입히고 이를 보며 흐뭇함을 느끼고 싶었던 것으로 보인다. 하지만 아직은 그런 단계에 이르지 못하고 있었다.

1960년대 말에도 상황은 크게 달라지지 않았다. 1967년 평양백화점에서 파는 학습장은 질이 낮았다. 여성용 신발은 모양이 단조롭고 양이 부족했다. 약품의 양도 충분치 않았다. 한편 당시 평양백화점에서 탁상시계는 개당 33원에 팔리고 있었다.[120]

물품의 품질도 품질이려니와 부품이 따로 생산되지 않아 이용자들이 어려움을 겪었다. 시계를 생산하고 있었지만, 태엽과 같은 부품이 생산, 유통되지는 않았다. 시계수리점이 있었지만, 손으로 고칠 수 있는 부분까지만 수리해 줄 수밖에 없었다. 재봉틀과 자전거 등도 마찬가지였다. 신발창과 못이 모자라 신발수리소에서 신발을 고치기도 쉽지 않았고, 세탁소들도 필요한 화학약품을 조달하기가 어려웠다.[121] 이런 것들은 물론 주민생활의 편의와 직접 연결되는 것들이었다.

생활에 필요한 상품이 모자라는 형편은 되거리장사를 생겨나게 했다. 1960년대 후반 평안남도 용강군 대안노동자구에 닭알공장(달걀농장)이 건설되었다. 그 주변에 달걀공급이 늘어나 하나에 22전에 팔렸다. 그런데 고개 너머 남포시 기양동에서는 40~50전였다. 그러다 보니 대안에서 달걀을 사서 기양동에서 파는 사람들이 있었다. 40전씩 팔아도 100개면 18원, 300개를 팔면 54원을 남길 수 있었다. 54원이면 웬만한 노동자의 한 달 월급이었다.[122] 물론 되거리장사는 금지되었다. 하지만 단속을 무릅쓰고 하는 사람들이 있었다. 어떤 상점에서는 판매원이 팔다 남은 자투리천을 계속 훔쳐 가 한 상자나 집에 보관하고 있다가 들통나기도 했다.[123] 사회주의 체제 속에서 북한 당국은 지속적으로 혁명사상을 강조하고 집단주의를 역설하고 있었지만, 자신의 것을 확보하려는 인민들의 기본적인 경제적 욕구는 억누를 수 없었던 것이다.

교과서 부족한 학교

1956년 4년(인민학교 4년) 의무교육제에 이어 1958년 7년(인민학교 4년, 중학교 3년) 의무교육제가 실시되면서 북한 사람들은 초·중학교 교육을 무료로 받게 되었다. 중학교를 마치고 가는 전문학교나 대학에서도 거의 모든 학생이 장학금을 받으면서 생활했다.[124] 학교시설은 점점 좋아지고 있었다. 학교마다 교실도 웬만큼은 충분히 확보하고 있었다. 교실에는 온돌을 놓아 겨울에도 춥지 않게 한 학교가 많았다. 학용품 공급도 상황이 좋아지고 있었다.

하지만 아직 많은 학교가 물품부족을 겪고 있었다. 학교들이 스스로 필요한 물품을 조달해 쓰고, 고칠 부분이 있으면 스스로 고쳐야 했다. 1960년 9월 자강도 중강군 중강중학교 교장이 된 정충달은 그렇지 않아도 유리 구하기가 힘든데 종종 창문의 유리가 떨어져 깨지는 것을 보고 걱정이 이만저만이 아니었다. 그렇다고 물자가 부족한 것을 뻔히 알면서 번번이 상부에 유리를 요구하기도 어려웠다. 가만히 창문을 살펴보니 창살이 약했다. 그래서 유리가 떨어지는 것이었다.

정충달은 직접 창살을 고치기로 했다. 찬장을 짜려고 집에 마련해 두었던 널빤지를 제재소로 가져가 살대를 만들었다. 망치와 못, 살대를 들고 다니면서 창살을 하나하나 갈았다. 이를 지켜보던 교사들도 교장을 따라서 창문을 고쳤다. 여교사들도 함께했다. 이후 교사들은 망치와 못 등이 담긴 도구함을 하나씩 가지고 있으면서 고장 나는 곳이 있으면 스스로 고쳤다.[125]

산골학교들은 교과서를 충분히 받지 못하고 있었다. 평안북도 영변군 동남중학교의 경우도 1969년 당시 교과서가 많이 모자랐다. 몇 명이 하나의 교과서를 가지고 공부해야 했다. 공급된 교과서도 겉표지가 두껍지 못했다. 장난이 심한 학생들의 경우 한 달도 못 되어 교과서 표지가 날아가 버렸다.[126] 종이가 모자라고 질이 낮은 때문이었다. 적지 않은 학생들은 선배들이 쓰던 교과서를 물려받아 공부하고 있었다.[127]

교사도 아직은 부족한 편이었다. 평양 창전중학교의 경우 1969년 12월 당시 전체 학생이 1,300명이었는데, 교사는 43명이었다. 허름한 신발을 신은 학생들이 많았고, 옷도 맞지 않는 것을 입는 경우가 많았다. 방학이면 학생들은 수학여행을 갔는데, 본인들이 여행비 일부를 부담했다. 여행지는 주로 혁명사적지나 황해제철소, 김책제철소 등의 산업시설이었다.[128]

1 김일성, "우리의 인테리들은 당과 로동계급과 인민에게 충실한 혁명가가 되여(되어)야 한다"(1967. 6. 19.), 『김일성 전집』 39, 조선로동당출판사, 2001, pp.94-95.
2 김일성, "제약공업과 의료기구공업을 발전시킬 데 대하여"(1967. 6. 6.), 『김일성 전집』 39, 조선로동당출판사, 2001, p.1.
3 김일성, "당사업에서 주되는 것은 모든 사람을 교양하고 개조하며 단결시키는 것이다"(1961. 1. 23.), 『김일성 저작선집』 3, 조선로동당출판사, 1968, p.14.
4 김일성, "기술인재 양성사업을 개선 강화하며 과학과 기술을 빨리 발전시킬 데 대하여"(1961. 6. 13.), 『김일성 전집』 27, 조선로동당출판사, 1999, p.266.
5 "7년 후의 생활은 얼마나 더 좋은가!", 『조선녀성』, 1961년 10월호, p.20.
6 "더 많이 생산하고 아껴 쓰자", 『조선녀성』, 1961년 2월호, p.10.
7 백창덕, "석탄 절약에서 앞장섰다", 『조선녀성』, 1962년 3월호, p.32.
8 "모두 다 쓸 수 있는 것이지요", 『조선녀성』, 1961년 2월호, p.34.
9 김일성, "인민경제 계획의 일원화, 세부화의 위대한 생활력을 남김없이 발휘하기 위하여"(1965. 9. 23.), 『김일성 저작선집』 4, 조선로동당출판사, 1968, pp.241-247.
10 김일성, "당원들에 대한 당생활지도를 강화하며 우리당 간부정책을 옳게 관철할 데 대하여"(1968. 5. 27.), 『김일성 전집』 40, 조선로동당출판사, 2001, pp.468-472.
11 이종옥, "중공업부문에 청산리교시 실행총화와 1961년도 과업에 대하여"(1961. 2. 11.), 김준엽·김창순·이일선 공편, 『북한연구자료집』 〈제V집〉, 고려대학교출판부, 1980, pp.29-30.
12 김일성, "농촌에 대한 로력지원사업을 전인민적 운동으로 벌리며 건설에 대한 지도체계를 고칠 데 대하여"(1963. 1. 7.), 『김일성 전집』 30, 조선로동당출판사, 2000, p.193.; 김일성, "농촌로력을 증가시키며 로동행정사업을 강화할 데 대한 당중앙위원회와 내각 공동결정 집행을 위한 지도사업 진행정형에 대하여"(1963. 2. 15.), 『김일성 전집』 30, 조선로동당출판사, 2000, p.305.
13 김일성, "인민군대는 공산주의 학교이다"(1960. 8. 25.), 『김일성 전집』 25, 조선로동당출판사, 1999, p.451.
14 김일성, "농장원들의 생활을 향상시키는 데서 나서는 몇 가지 문제에 대하여"(1966. 8. 24.), 『김일성 전집』 37, 조선로동당출판사, 2001, p.126.
15 김일성, "농촌경리를 더욱 발전시키기 위한 당면한 몇 가지 과업"(1962. 10. 5.), 『김일성 전집』 29, 조선로동당출판사, 2000, pp.454-455.
16 김일성, "물고기를 많이 잡아 인민들에게 정상적으로 공급하자"(1968. 1. 28.), 『김일성 전집』 38, 조선로동당출판사, 2001, p.183.
17 김일성, "인민반장들의 역할을 높여야 한다"(1962. 3. 4.), 『김일성 전집』 29, 조선로동당출판사, 2000, pp.85-86.
18 김일성, "도시경영사업을 개선강화할 데 대하여"(1962. 9. 5.), 『김일성 전집』 29, 조선로동당

출판사, 2000, p.327.

19 김일성, "다음해 평양시 건설에서 일대 전변을 일으킬 데 대하여"(1969. 11. 14, 25.), 『김일성 전집』 44, 조선로동당출판사, 2002, p.84.

20 김일성, "알곡생산을 높이며 문화주택을 아담하게 건설하자"(1960. 11. 30.), 『김일성 전집』 26, 조선로동당출판사, 1999, p.296.

21 김일성, "평양시민들에게 공급할 고기를 더 많이 생산할 데 대하여"(1960. 10. 21.), 『김일성 전집』 26, 조선로동당출판사, 1999, p.272.; 김일성, "채취공업을 더욱 발전시킬 데 대하여"(1962. 9. 24.), 『김일성 전집』 29, 조선로동당출판사, 2000, p.439.

22 김일성, "인민반장들의 역할을 높여야 한다"(1962. 3. 4.), 『김일성 전집』 29, 조선로동당출판사, 2000, p.89.

23 김일성, "도시경영사업을 개선강화할 데 대하여"(1962. 9. 5.), 『김일성 전집』 29, 조선로동당출판사, 2000, pp.322-323.

24 김일성, "인민반장들의 역할을 높여야 한다"(1962. 3. 4.), 『김일성 전집』 29, 조선로동당출판사, 2000, p.90.

25 김일성, "국가재산을 애호절약하며 수산업을 더욱 발전시킬 데 대하여"(1968. 6. 30.), 『김일성 전집』 43, 조선로동당출판사, 2002, p.152.

26 김일성, "강철생산을 늘이(늘리)기 위한 대책을 세울 데 대하여"(1962. 9. 10.), 『김일성 전집』 29, 조선로동당출판사, 2000, p.361.

27 김일성, "석탄공업을 빨리 발전시키기 위하여"(1961. 12. 23.), 『김일성 저작선집』 3, 조선로동당출판사, 1968, p.247.

28 현룡균, "땅 속의 별들", 『조선녀성』, 1964년 7월호, pp.7-9.

29 하정하·김준호, "로동당의 딸 영웅 탄부", 『천리마시대 사람들』(9), 선동원사, 1964, pp.76-85.

30 김일성, "자녀교양에서 어머니들의 임무"(1961. 11. 16.), 『김일성 저작선집』 3, 조선로동당출판사, 1968, p.227.

31 "나는 일급료리사", 『조선녀성』, 1964년 9월호, p.15.

32 김동춘, "살림 잘 하는 김영애 동무", 『조선녀성』, 1961년 2월호, p.37.

33 김일성, "철도전기화를 적극 추진하며 제염공업을 급속히 확대 발전시킬 데 대하여"(1963. 11. 1.), 『김일성 전집』 32, 조선로동당출판사, 2000, p.117.

34 "우산장 휴양소를 찾아서", 『로동자』, 1963년 7월호, pp.22-23.

35 "년금 수령자", 『등대』, 1964년 7월호, pp.33-35.

36 허병섭, "리발사 가정", 『상업』, 1963년 1월호, pp.33-34.

37 안월숙, "한 리발사의 경우", 『상업』, 1963년 8월호, pp.29-31.

38 안월숙, "성실한 리발사", 『상업』, 1964년 9월호, pp.19-21.

39 김태운·이강복, "북한의 산업구조 변화 추이와 향후 전망", 『아시아연구』, 제11권 제2호(2008), p.114.

40 「농업협동조합들의 국가대부금과 미납곡을 면제할 데 대하여」, 『북한연구자료집』 〈제4집〉, 김준엽·김창순·이일선 공편, 고려대학교출판부, 1979, pp.579-580.

41 김룡익, "좋구나 오늘은 분배의 날", 『조선녀성』, 1960년 12월호, p.16.

42 김영숙, "살림을 계획적으로", 『조선녀성』, 1960년 6월호, p.11.

43 “가계표를 짜면서부터”, 『조선녀성』, 1961년 4월호, p.33.
44 김일성, “강서군당 사업지도에서 얻은 교훈에 대하여”(1960. 2. 23.), 『김일성저작선집』 2, 조선로동당출판사, 1968, p.539.
45 김일성, “새 환경에 맞게 군당단체의 사업방법을 개선할 데 대하여”(1960. 2. 28.), 『김일성저작선집』 2, 조선로동당출판사, 1968, p.485.
46 최선호, “분계연선마을에 문화주택을”, 『인민들 속에서』 53, 조선로동당출판사, 1994, p.223.
47 김광선, “금성땅에 새겨진 위대한 자욱”, 『인민들 속에서』 80, 조선로동당출판사, 2009, p.124.
48 이택기 · 문창렬, “우리 시대의 이동 영사대 대장”, 『천리마시대 사람들』 (2), 조선로동당출판사 · 직업동맹출판사, 1961, pp.195-197.
49 김수현, “1인3역에 대한 이야기”, 『화살』, 제161호(1962), p.6.
50 김일성, “함주군 조양농업협동조합 관리일군 및 조합원들과 한 담화”(1960. 8. 31.), 『김일성전집』 25, 조선로동당출판사, 1999, p.483.
51 김일성, “당사업을 강화하며 나라의 살림살이를 알뜰하게 꾸릴 데 대하여”(1965. 11. 15~17.), 『김일성 전집』 36, 조선로동당출판사, 2001, p.157.
52 김일성, “당사업을 강화하며 나라의 살림살이를 알뜰하게 꾸릴 데 대하여”(1965. 11. 15~17.), 『김일성 전집』 36, 조선로동당출판사, 2001, p.63.
53 김일성, “당사업을 강화하며 나라의 살림살이를 알뜰하게 꾸릴 데 대하여”(1965. 11. 15~17.), 『김일성 전집』 36, 조선로동당출판사, 2001, p.195.
54 김일성, “농촌경리를 기업적 방법으로 지도하는 데서 나서는 몇 가지 과업에 대하여”(1967. 1. 13.), 『김일성 전집』 38, 조선로동당출판사, 2001, pp.103-104.
55 김일성, “량강도 당조직들 앞에 나서는 과업”(1963. 8. 16.), 『김일성 저작선집』 3, 조선로동당출판사, 1968, p.555.
56 박석용, “강냉이 가공품에 깃든 다심한 은정”, 『인민들 속에서』 96, 조선로동당출판사, 2011, p.54.
57 김광선, “금성땅에 새겨진 위대한 자욱”, p.114
58 노명주, “농민들의 수고를 덜어주시려고”, 『인민들 속에서』 45, 조선로동당출판사, 1990, p.114.
59 김일성, “농촌로력을 증가시키며 로동행정 사업을 강화할 데 대한 당중앙위원회와 내각 공동결정 집행을 위한 지도사업 진행정형에 대하여”(1963. 2. 15.), 『김일성 전집』 30, 조선로동당출판사, 2000, pp.314-315.
60 유관철, “농업도 기업적 방법으로 지도할 때가 되었소”, 『인민들 속에서』 8, 조선로동당출판사, 1969, pp.149-187.
61 김일성, “강서군당 사업지도에서 얻은 교훈에 대하여”(1960. 2. 23.), 『김일성저작선집』 2, 조선로동당출판사, 1968, pp.540-541.
62 문성술, “청산리정신, 청산리방법이 창조되던 나날에”, 『인민들 속에서』 48, 조선로동당출판사, 1991, p.16.
63 “사회주의 분배원칙을 철저히 관철시키자!”, 『조선녀성』, 1960년 10월호, p.27.
64 이운봉, “어지러운 채점법”, 『화살』, 제125호(1960), p.11.
65 김일성, “새 환경에 맞게 군당단체의 사업방법을 개선할 데 대하여”(1960. 2. 28.), 『김일성저작선집』 2, 조선로동당출판사, 1968, p.486.

66 김일성, "강원도당 단체들 앞에 나서는 몇 가지 과업에 대하여"(1965. 5. 13.), 『김일성 전집』 35, 조선로동당출판사, 2001, p.262.
67 장용태, "한 농장의 살림살이를 살피시고", 『인민들 속에서』 6, 조선로동당출판사, 1967, pp.128-138.
68 김영철, "우리는 이 과수농장을 공산주의 과수농장으로 만들어야 하겠습니다", 『인민들 속에서』 9, 조선로동당출판사, 1971, pp.332-353.
69 홍도학, "몸소 내오신 분조관리제", 『인민들 속에서』 64, 조선로동당출판사, 2004, pp.180-191.
70 김일성, "분조관리제를 정확히 실시하며 농업생산에서 새로운 앙양을 일으킬 데 대하여"(1968. 2. 14.), 『김일성 전집』 40, 조선로동당출판사, 2001, p.70.
71 김일성, "인민군대는 공산주의 학교이다"(1960. 8. 25.), 『김일성 전집』 25, 조선로동당출판사, 1999, pp.461-462.
72 임창걸, "어버이 사랑은 먼 바다 어로공들의 생활에도", 『인민들 속에서』 97, 조선로동당출판사, 2011, pp.119-121.
73 "어로공의 안해들", 『조선녀성』, 1963년 1월호, p.16.
74 김일성, "함경남도 앞에 나서는 몇 가지 과업에 대하여"(1960. 9. 2.), 『김일성 전집』 26, 조선로동당출판사, 1999, p.24, 26.
75 김일성, "기본건설사업과 수산물 가공사업을 개선할 데 대하여"(1966. 6. 30~7. 1.), 『김일성 전집』 37, 조선로동당출판사, 2001, p.67.
76 김일성, "세소어업을 발전시켜 물고기 생산을 늘일(늘릴) 데 대하여"(1961. 5. 12.), 『김일성 전집』 27, 조선로동당출판사, 1999, p.154.
77 김일성, "당의 정책과 지시를 제때에 정확히 집행할 데 대하여"(1968. 5. 21.), 『김일성 전집』 40, 조선로동당출판사, 2001, pp.444-445.
78 김일성, "함경남도 앞에 나서는 몇 가지 과업에 대하여"(1960. 9. 2.), 『김일성 전집』 26, 조선로동당출판사, 1999, p.25.
79 김일성, "경공업을 발전시키며 기본건설을 힘있게 밀고나갈 데 대하여"(1961. 3. 22.), 『김일성 전집』 26, 조선로동당출판사, 1999, p.480.
80 김일성, "기본건설사업과 수산물 가공사업을 개선할 데 대하여"(1966. 6. 30~7. 1.), 『김일성 전집』 37, 조선로동당출판사, 2001, p.59.
81 「5·1절에 제하여 전체 근로자들에게 보내는 조선노동당 중앙위원회 호소문」(1961. 4. 20.), 김준엽·김창순·이일선 공편, 『북한연구자료집』 〈제V집〉, 1980, p.219.
82 1961년의 목표가 80만 톤이었는데, 1969년도의 목표도 80만 톤이었다. 어업기술의 성장이 그만큼 더디었음을 보여 주는 것이라 하겠다. 김일성, "물고기를 많이 잡아 인민들에게 정상적으로 공급하자"(1967. 1. 28.), 『김일성 전집』 38, 조선로동당출판사, 2001, pp.183-184.
83 김일성, "당사업과 경제사업에서 나서는 몇 가지 문제에 대하여"(1960. 10. 19.), 『김일성 전집』 26, 조선로동당출판사, 1999, p.217.
84 임창걸, "어버이 사랑은 먼 바다 어로공들의 생활에도", pp.119-121.
85 "겨울의 바다", 『신생활』, 제55호(1962), p.19.
86 김일성, "모든 군인들을 일당백으로 튼튼히 준비시킬 데 대하여"(1963. 2. 6.), 『김일성 전집』 30, 조선로동당출판사, 2000, pp.226-227.

87 김일성, "군인들의 생활에 깊은 관심을 돌릴 데 대하여"(1960. 8. 29.), 『김일성 전집』 25, 조선로동당출판사, 1999, pp.467-469.
88 권학철, "우리 부대 부업포전에 찾아 오시여", 『인민들 속에서』 92, 조선로동당출판사, 2011, pp.138-142.
89 김일성, "인민군대 내에서 정치사업을 강화할 데 대하여"(1960. 9. 8.), 『김일성 전집』 26, 조선로동당출판사, 1999, p.66.
90 김일성, "군인들의 생활에 깊은 관심을 돌릴 데 대하여"(1960. 8. 29.), 『김일성 전집』 25, 조선로동당출판사, 1999, p.471.
91 김일성, "천리마시대에 맞는 문화예술을 창조하자"(1960. 11. 27.), 『김일성 전집』 26, 조선로동당출판사, 1999, p.289.
92 하석태, "신금단 선수를 찾아서", 『천리마』, 제46호(1962), p.41; 이병근, "그는 선반공이였다", 『천리마』, 제46호(1962), pp.42-43.; 신금단, "당에 감사를 드립니다", 『조선녀성』, 1961년 8월호, p.30.; "조국의 영예를 빛내고저", 『조선녀성』, 1964년 1월호, p.33.
93 한필화, "세계적인 선수로 내세워주시며", 『인민들 속에서』 48, 조선로동당출판사, 1991, pp.119-126.
94 유범, "(방문기) 해빛(햇빛)은 여기 은반 우에도", 『로동신문』, 1986. 2. 24.
95 진승구, "수도의 무궤도전차화를 실현하시는 길에서", 『인민들 속에서』 25, 조선로동당출판사, 1981, p.243.
96 "환희와 랑만에 찬 생활", 『삼천리』, 제12호(1965), p.82.
97 "우차공의 붉은 마음", 『상업』, 1962년 7월호, pp.36-39.
98 조선희, "침봉마을의 살림꾼", 『천리마시대 사람들』 (14), 조선로동당출판사, 1966, p.68.
99 김일성, "경공업을 발전시키며 기본건설을 힘있게 밀고나갈 데 대하여"(1961. 3. 22.), 『김일성 전집』 26, 조선로동당출판사, 1999, p.481.
100 김일성, "평양시당사업과 경제사업에서 나서는 몇 가지 문제에 대하여"(1968. 1. 8.), 『김일성 전집』 40, 조선로동당출판사, 2001, p.19.
101 김룡수, "공산주의 아주머니", 『천리마시대 사람들』 (9), 선동원사, 1964, p.178.
102 강희원, "구멍탄에 깃든 이야기", 『인민들 속에서』 40, 조선로동당출판사, 1987, pp.78-87.
103 남유경, "소문없이 우리집에 찾아오시여", 『인민들 속에서』 80, 조선로동당출판사, 2009, pp.181-186.
104 김춘길, "황철 땅에 새겨진 사랑의 전설", 『인민들 속에서』 63, 조선로동당출판사, 2003, p.51.
105 김일성, "평양시의 수해복구와 수해방지 대책에 대하여"(1967. 9. 2.), 『김일성 전집』 39, 조선로동당출판사, 2001, pp.256-261.
106 김일성, "평양시당사업과 경제사업에서 나서는 몇 가지 문제에 대하여"(1968. 1. 8.), 『김일성 전집』 40, 조선로동당출판사, 2001, pp.16-17.
107 강용길, "중성밥공장에 찾아오시여", 『인민들 속에서』 87, 조선로동당출판사, 2010, pp.84-91.
108 안재승, "우리 수령님 기뻐하시는 가을", 『인민들 속에서』 84, 조선로동당출판사, 2009, p.133.
109 김영채, "가정용 랭동기에 깃든 이야기", 『인민들 속에서』 85, 조선로동당출판사, 2010, p.85.

110 태영호, 『3층 서기실의 암호: 태영호 증언』, 기파랑, 2018, pp.510-511.

111 박찬혁, "산간역의 차비표에도", 『인민들 속에서』 24, 조선로동당출판사, 1981, pp.261-269.

112 김석모, "우리나라에서 첫 전기철도는 이렇게 건설되였(되었)다", 『인민들 속에서』 54, 조선로동당출판사, 1996, pp.149-161.

113 김주교, "자력갱생이 제일입니다", 『인민들 속에서』 44, 조선로동당출판사, 1989, p.10.

114 정인순, "잊을 수 없는 렬차승무의 나날을 돌이켜보며", 『인민들 속에서』 39, 조선로동당출판사, 1986, pp.190-194.; 김일성, "교통운수의 긴장성을 풀 데 대하여"(1968. 11. 16.), 『김일성 저작선집』 5, 조선로동당출판사, 1972, p.266.

115 전영, "붉은 상업 전사들", 『조선녀성』, 1960년 9월호, pp.13-16.

116 한수일, "인민소비품에 대한 그이의 기준", 『인민들 속에서』 92, 조선로동당출판사, 2011, pp.131-136.; 하병섭, "과자들을 미리 봉지에 넣어 달아 둔다면", 『상업』, 1962년 9월호, pp.24-26.

117 김일성, "중량화차 생산과 기관차 수리를 더 힘 있게 밀고나가자"(1965. 5. 9.), 『김일성 전집』 35, 조선로동당출판사, 2001, p.211.

118 이성영, "산골마을 상점에 찾아 오시여", 『인민들 속에서』 96, 조선로동당출판사, 2011, pp.44-49.

119 김일성, "경공업부문에서 경제지도와 기업관리사업을 개선하며 제품의 질을 높일 데 대하여 "(1962. 1. 8.), 『김일성 전집』 28, 조선로동당출판사, 1999, p.458.

120 김일성, "평양백화점을 돌아보면서 일군들과 한 담화"(1967. 4. 8.), 『김일성 전집』 38, 조선로동당출판사, 2001, p.383.

121 김일성, "평양시당사업과 경제사업에서 나서는 몇 가지 문제에 대하여"(1968. 1. 8), 『김일성 전집』 40, 조선로동당출판사, 2001, pp.28-29.

122 김일성, "국가재산을 애호절약하며 수산업을 더욱 발전시킬 데 대하여"(1968. 6. 30.), 『김일성 전집』 43, 조선로동당출판사, 2002, p.106.

123 김일성, "국가재산을 애호절약하며 수산업을 더욱 발전시킬 데 대하여"(1968. 6. 30.), 『김일성 전집』 43, 조선로동당출판사, 2002, p.115.

124 김일성, "조선로동당 제4차대회에서 한 중앙위원회 사업총화 보고"(1961. 9. 11.), 『김일성 저작선집』 3, 조선로동당출판사, 1968, p.91.

125 현규섭, "지칠 줄 모르고 달려온 20년", 『천리마시대 사람들』 (13), 조선로동당출판사, 1966, pp.134-141.

126 손익천, "온 나라 학생들의 학부형이 되시여", 『인민들 속에서』 79, 조선로동당출판사, 2009 pp.121-123.

127 김일성, "새학년도 준비사업을 다그치며 내화물공업을 발전시킬 데 대하여"(1969. 6. 9.), 『김일성 전집』 43, 조선로동당출판사, 2002, p.87.

128 김일성, "평양 창전중학교 교원들과 한 담화"(1969. 12. 21.), 『김일성 전집』 44, 조선로동당출판사, 2002, pp.195-196.

※ 이 장에서 사용한 사진은 美의회도서관에서 사전 승인을 받고 촬영한 것이다.

1970~

제4장

생활은 개선, 집단주의는 강화

식량 사정 좀 호전

식량문제 완전 해결?

김일성은 1970년 11월 조선노동당 제5차 당대회 보고를 통해 식량문제가 완전히 해결되었다고 밝혔다. 1961년 9월 조선노동당 제4차 당대회 당시 식량문제가 기본적으로 해결되었다고 말한 데에서 한발 더 나아가 "이제는 식량문제가 완전히 풀렸으며 농촌경리의 다른 모든 부문들을 더욱 빨리 발전시킬 수 있는 튼튼한 알곡생산토대가 닦아졌습니다"라고 역설한 것이다.[1]

이러한 자신감 속에서 북한은 인민들의 편의를 위한 서비스 부문의 확장도 추진했다. 전국적으로 음식점을 늘려 나갔다. 만둣국집, 생선국집 등 식당을 인구 5,000명당 하나(150석 정도의 규모)는 될 수 있도록 한다는 목표로 증설해 나갔다. 통상 식당에 가면 양권(식권)을 제시하고 음식을 사먹어야 했는데, 1974년부터는 양권 없이 돈으로 사먹을 수 있는 식당을 확대해 나갔다. 식당의 설치와 운영은 정무원의 인민봉사위원회가 맡아서 했다. 식당을 운영해 얻은 수입은 학생들에게 먹을 것과 입을 것을 제공하는 데 주로 쓰였다.[2]

하지만 실제로는 식량 사정이 여의치 못했다. 김일성이 직접 이를 인정하는 발언을 하기도 했다. 1970년 제5차 당대회 보고에서 식량문제 완전 해결을 말하면서도 한편으로는 인민생활의 어려움도 얘기했다. "만약 국방에 돌려진 부담의 한 부분이라도 덜어 그것을 경제건설에 돌렸더라면 우리의 인민경제는 보다 빨리 발전하였을 것이며 우리 인민들의 생활은 훨씬 더 높아졌을 것입니다"라면서 국방과 중공업에 치우친 나머지 실제 주민들의 삶이 어려운 것을 인정한 것이다.[3]

1973년 1월 평양시와 황해남도, 평안남도, 평안북도 농업 관련 간부들을 모아 놓고 한 연설에서 김일성은 1969년부터 지속적으로 식량생산이 부족함을 인정하고 간부들의 분발을 독려했다. 그러면서 김일성은 식량생산 부진의 첫 번째 원인으로 간부들의 농민들에 대한 사상교양 사업 부실을 꼽았다. 예를 들어 협동농장관리위원장은 한 해 80일 이상 생산노동에 참여하도록 되어 있고, 당과 근로단체 간부들도 직접 노동을 하도록 되어 있는데, 그렇게 하지 않고 있으며, 농민들에 대한 교육도 효율적으로 하지 못하고 있다는 것이었다. 국가에서 트랙터와 비료 등 필요한 물품을 제때에 대주지 못하고 있는 것도 농업생산 부족의 원인으로 지적했다.[4]

1970년대 중반에도 사정은 그다지 좋아지지 않았다. 연간 벼 생산량은 400만 톤 정도였다. 북한 주민 전체적으로 1명이 1년간 공급받는 식량은 300kg 정도였다.[5] 하루 820g인 셈이었다. 쌀과 옥수수를 합친 것이었다. 충분하다고 보긴 어려운 정도였다.

1977년에는 정무원의 지시에 따라 노동자와 사무원들이 목표량을 미달할 경우 식량배급을 줄이는 제도를 실시했다. 농촌의 경우도 황해북도 등 일부 지역에서는 농민에게 분배되어야 할 식량을 농장 창고에 넣어 두고 월별로 지급하면서 일을 하지 않은 날짜분을 공제하고 지급했다. 식량 사정이 넉넉지 못하기 때문에 나온 조치였다. 하지만 노동자와 사무원들이 목표량을 달성하지 못하는 경우는 대부분 원료와 자재, 전기 공급이 제대로 안 되었기 때문이었다. 이런 점에 대한 인식을 바탕으로 이 조치는 곧 폐지되었다. 노동자와 사무원들에게 보름에 한 번씩 식량을 지급하고, 목표량 달성과 관계없이 출퇴근 상황만 식량지급에 반영하도록 했다. 결근 날짜만큼만 공제하고 지급하도록 한 것이다. 부양가족의 경우는 보름치를 모두 지급하게 했다. 농촌의 경우는 월별공급제를 폐지하고 원래대로 1년치를 한꺼번에 분배하도록 했다.[6] 1977년 가을은 북한 정부 수립 이래 식량 수확이 가장 많았고, 이후 몇 년 동안 농사가 잘되어 이런 조치가 가능했던 것으로 보인다.[7]

비누, 신발 등 생활에 필요한 물품들의 생산도 원활하지 않았다. TV와 라디오도 생산되고는 있었지만, 수요에 비해 공급은 부족했다. 자재가 부족한 것이 가장 큰 문제였다. TV나 라디오, 재봉틀 등을 고쳐 주는 수리소도 제대로 서비스를 못하고 있었는데, 역시 문제는 수리에 필요한 부품이 제대로 공급되지 못하고 있었기 때문이었다. 이러한 더딘 산업발전에서 벗어나기 위해 북한은 1976년 12월 각 도의 당위원회에 경제비서를 따로 설치했다. 김일성은 "최근 몇 해 동안 경제사업이 잘 되지 않고 있습니다"라며 답답한 심정을 토로한 뒤, 경제비서가 도 인민위원회 경제위원회의 제1부위원장을 겸임하면서 경제정책을 집행하고 도내의 공장, 기업소를 장악, 지도하도록 했다.[8] 김일성이 토로한 대로 북한경제는 1970년대 중반을 정점으로 활력이 떨어지기 시작해 계속 내리막길을 걷게 된다. 그런 상황에서 도당의 책임비서와는 달리 경제에만 집중하는 책임자를 임명해 경제를 살려 보려 한 것이다. 1977년에는 주요 시·군에도 경제비서를 두었다. 공업의 비중이 높은 시·군들이었다. 평안남도의 남포시·강서군·안주군·순천군·덕천군·북창군·개천군, 평안북도의 신의주시·구성시·삭주군·의주군, 황해북도의 시·군 가운데

에서는 사리원시, 함경북도에서는 청진시·김책시·라진시에 경제비서 자리를 새롭게 만들었다.[9]

세금제도 폐지

교육과 관련해서 북한은 1972년 9월부터 '전반적 11년제 의무교육'을 시작했다. 도시부터 시작해 1976년부터는 전체적으로 11년 의무교육이 실시되었다. 만 5살부터 16살까지 교육을 의무화한 것인데, 유치원 1년, 인민학교 4년, 고등중학교 6년으로 의무교육 기간이 정해졌다. 1956년에 초등의무교육(인민학교 4년), 1958년에 중등의무교육(인민학교 4년+중학교 3년), 1967년에 9년제 기술의무교육(인민학교 4년+중학교 5년)을 실시한 이후, 11년제 의무교육제도를 실시한 것이다.

유치원은 마을마다 있었지만, 인민학교는 그렇지가 못했다. 농촌의 경우 10리를 걸어가야 하는 경우도 있었다. 인민학교 입학을 만 7살에서 6살로 낮추다 보니 어린아이들이 먼 길을 걸어서 통학해야 하는 경우가 생겼다. 북한 당국은 이에 대한 조치로 학교가 너무 먼 인민학교 1학년 학생들은 인근 유치원에서 인민학교 1학년 과정을 배우도록 했다. 그러다 보니 유치원 교사들에 대한 교육을 강화해야 했다. 그러면서 점차 외딴 농가들은 마을로 불러들여 학생들이 함께 통학하도록 했다.[10] 종이 생산이 많지 않은 상황에서 학생들이 증가하다 보니 교과서와 학습장이 모자랐다. 생산되는 종이를 우선적으로 학교용품을 생산하는 데 돌리고 있었지만, 필요한 만큼 충분히 만들어 내지는 못하고 있었다.[11] 기본적으로는 무상교육이었지만, 잡부금을 내는 경우가 많았다.[12]

1974년 4월 1일부터는 세금제도가 폐지되었다. 세금을 낡은 사회의 유물로 규정하고 없앤 것이다. 1966년 농업현물세가 없어진 이후 소득세와 지방자치세가 남아 있었는데, 이것마저 폐지해 세금이라는 이름으로 국가에서 인민들에게 걷는 것은 없어졌다. 그러면서 세계에서 처음으로 세금 없는 나라가 되었다고 강조했다. 하지만 농민들은 여전히 국가가 제시하는 목표량을 납부해야 했다. 국영기업 등도 국가기업 이익금을 내야 했다. 노동자와 사무원이 직접 세금을 내지는 않았지만 그들이 소속된 기업이 세금 성격의 준조세를 낸 것이다. 생산수단을 국가나 협동단체가 소유하고 공동 노동과 분배를 바탕으로 한 체제에서 세금은 큰 의미를 지닌 것은 아니었다. 어쨌든 명목상으로 존재하던 세금제도가 폐지됨으로써 사람들이 세금이라는 이름으로 국가에 내는 것은 사라졌다.

생활총화로 통제 강화

체제에 순응하는 존재로

북한은 사회주의 체제를 유지하면서 내부체제 단속을 지속적으로 실시했는데, 1960년대 후반 유일사상체계 확립에 본격적으로 나서면서 이는 더욱 강화되었다. 1970년대 들어서는 생활총화가 시작되었다. 생활 속에서 잘못한 점을 점검하고 반성하는 것이었다. 1970년대 초에는 매일 아침 생활총화가 있었다. 자기 잘못, 또는 다른 사람의 잘못을 고치는 비판회의였다. 사소한 잘못에서 큰 잘못까지 뭐든 얘기해야 했다. 주민들은 총화거리가 없어 애를 먹었다. 단순하면서 크게 문제가 되지 않을 만한 것을 찾기 위해 애를 써야 했다. "나는 어제 선서시간에 지각을 했습니다. 출근하려는데 집 자물쇠를 찾지 못해서 늦었습니다. 앞으로는 이런 일이 없도록 자물쇠를 일정한 장소에 잘 비치하겠습니다" 이런 식의 거리를 마련해야 했다.[13]

그러다가 일일 생활총화가 주간 생활총화로 바뀌었다. 매주 한 번씩 하는 것을 기본으로 하고, 월간, 분기, 연간 총화도 따로 했다. 대학의 경우, 주간, 월간 총화는 학과별로 진행하고, 분기 총화는 2~3개 학과가 모여서, 연간 총화는 한 대학의 전체 교수가 모여서 했다. 연간 총화에는 중앙당의 간부가 참석했다. 여기서 집중비판을 받는 교수는 농촌이나 탄광으로 쫓겨 가는 경우가 많았다. 당시 북한에서 생활총화는 '사상단련의 용광로'라고 불렸다. 불순물이 섞인 철광석이 용광로를 통해 순수한 철로 태어나는 것처럼, 생활총화를 통해 사람도 수령에 대한 충성심으로 무장된 새 인간이 되어야 한다는 의미였다. 다른 사람을 비판하지 않으면 "무풍지대를 만드는 무맥無脈한 당원"이라고 비판을 받았기 때문에 자아비판뿐만 아니라 상호비판에도 적극 참여해야 했다.[14] 이러한 상황은 지금도 별반 차이가 없다. 생활총화는 자신이 소속된 단체에서 했는데, 북한 주민들은 만 7살부터는 누구나 조선노동당이나 사회단체에 소속되어 정기적 학습과 단체활동을 해야 했다. 만 7살부터 만 13살까지는 조선소년단(소년단), 만 14살부터 만 29살까지는 사회주의노동청년동맹(사로청)에 가입했다. 만 30살이 되면 노동자는 조선직업총동맹(직맹), 농민은 조선농업근로자동맹(농근맹)에 가입하여 활동했다. 여성들은 만 30살이 되면서 직맹 또는 민주여성동맹(여맹)에 가입했다. 공장이나 기업소의 노동자로 생산에 종사하는 여성들은 직맹에, 편의봉사 부문(유치원, 탁아소, 식당, 옷수선소 등)에 근무하는 여성들은 여맹에 들었다. 같은 공장에 다녀도 일의 성격에 따라 생산 직종은 직맹, 서비스 직종은 여맹에 가입해 활동했다.[15] 집단주의의 강화였다.

여기에 더해 당원들은 별도의 통제를 받았다. 1972년 말 당원증 교환작업이 대대적으로 실시되었다. 북한 사회 전반에 포진하고 있던 조선노동당 당원들이 당성과 충성심에 대한 평가를 받았다. 당원들은 다시 당원증을 받기 위해 사상투쟁과 교양사업에 적극 참여해야 했다. 당원증을 못 받은 사람도 있었고, 후보당원증을 받은 사람도 있었다. 후보당원은 2년 후 다시 평가를 받아야 했다.[16] 1956~1957년에도 당원증 교환사업을 한 적이 있었다. 1956년 '8월 종파사건' 이후 사회 분위기를 정리하기 위한 사업이었다. 그런 작업을 1972년에 또 실시한 것인데, 김일성 유일체계를 보다 분명히 하고 1974년 2월 후계자로 확정되는 김정일의 승계도 원활하게 하려는 조치였다. 이러한 과정을 통해 당원과 북한 인민들은 체제에 보다 순응하는 존재가 되어 갔다.

개선 그러나 여전히 부족

근로자 월급 70원

1970년대 초반 노동자와 사무원들의 평균 월급은 70원이었다. 당시 달걀 하나는 17전, 밤은 1kg에 40전이었다. 멸치젓은 1kg에 50전, 새우젓은 70전, 곤쟁이젓은 1원 10전이었다(1978년 당시에는 닭고기 1kg에 4원 80전, 생선은 35전이었다[17]). 부식물이 풍부하지 않은 상황에서 젓갈류는 북한 민중들에게 인기 있는 반찬이었다. 월급에 비해 값도 싼 편이었다. 그런데 구하기가 쉽지 않았다. 값이 낮게 책정되어 있다 보니 수산사업소나 수산업협동조합에서 생산을 많이 하지 않은 것이다. 품은 많이 들고 값은 많이 나가지 않으니 만들어 내기를 꺼릴 수밖에 없었다.[18]

가격 일원화 방침에 따라 물건값이 국가에 의해 일방적으로 정해지다 보니 그런 현상이 발생했다. 1970년 8월 평양시의 풋배춧값이 1kg에 2전으로 정해졌다. 가을에 나오는 통배추보다 품질이 떨어지니 낮은 가격이 매겨져야 한다는 생각에서였다. 가격제정위원회의 젊은 지도원이 사무실에 앉아 값을 정하고 이를 상부에 올려 보내면 가격제정위원회 위원장이 "가을 통배추 1kg이 10전이니 여름 풋배추는 2전이면 적절하다" 생각하고 그대로 승인하는 식으로 물건값이 정해졌다. 그러다 보니 농민들이 배추를 내놓지를 않았다. 배추밭에서 풋배추를 솎아 내는 것만도 큰일인데, 배춧값은 터무니없이 낮게 책정되어 있었기 때문에, 아예 출하를 하지 않은 것이다. 그래서 상점들에서 배추 구경하기가 어려울 정도였다.

북한 당국은 차츰 가격정책에 융통성을 주었다. 큰 틀에서는 일원화 정책을 유지하되 일정 정도 신축성을 가미한 것이다. 젓갈과 같은 기호품은 가격을 정해 주지 않고 어민들이 알아서 값을 정해 팔도록 했다. 소규모로 거래되는 물건이기 때문에 파는 사람이 값을 높이 매기면 사는 사람이 금방 구매를 멈출 수 있다는 생각이었다. 생선도 국영수산사업소에서 대량으로 잡는 것은 가격을 정해 주었다. 가공시설, 냉동고 등을 갖추고 있어서 바로 팔리지 않아도 큰 문제가 없었기 때문이다. 하지만 소규모인 수산협동조합에서 잡는 생선에 대해서는 표준가격만 정해 주고 이를 기준으로 협동조합이 값을 조절할 수 있도록 했다. 가공시설과 냉동고가 없는 협동조합들은 많이 잡았을 때는 싸게 팔아서 조기에 소진해야 했기 때문이다.[19]

그런가 하면, 지역 간의 음식문화 차이가 품귀현상의 원인이 되기도 했다. 젓갈류는 평안도 사람들이 즐기는 음식이었다. 그래서 전통적으로 평안도에서 많이 생산되었다. 당시 당이나 행정 · 경제 기관의 간부들은 지역을 옮겨 다니면서 근무했기 때문에 함경도 사람들이 평안도에 많이 내려와 있었다. 그런데 함경도 사람들은 젓갈류를 즐기지 않았다. 그래서 젓갈생산에 그다지 신경을 쓰지 않고 있었다.[20] 한편 평안도 사람들은 참깨를 많이 길러 참기름을 먹었다. 그런데 참깨는 들깨보다 소출이 적었다. 평안도에서 일하는 함경도 출신 간부들은 들깨를 심도록 했다. 그 바람에 들기름에 익숙하지 않은 평안도 사람들은 큰 곤란을 겪었다.[21]

북한 내에서도 지역에 따라 음식문화는 이렇게 차이가 많았다. 그리고 전통문화와 효율성 사이의 충돌은 이러한 미시적인 부분에서도 나타나고 있었다.

노동자들에게 고기를 공급하는 문제는 북한 당국의 지속적인 고민거리였는데, 1977년 말에 나온 대책은 전국의 시·군을 중노동자의 비율에 따라 1~3급으로 나누어 고기를 차등 배분하는 것이었다. 중노동자가 많은 1급군에는 중노동자뿐만 아니라 다른 노동자와 부양가족들에게도 고기를 정상적으로 공급하도록 했다. 중노동자는 하루 100g, 중노동과 경노동 사이는 70g, 경노동자는 50g, 부양가족은 20g을 공급하도록 한 것이다. 2급군에는 노동자들에게 정상적으로 고기가 공급될 수 있도록 했고, 3급군에는 식당, 여관, 병원, 유치원, 탁아소 같은 곳만 정상적으로 공급되도록 했다.

1급군은 평양특별시와 청진직할시, 평안남도 개천군·덕천군·순천군·강서군·문덕군, 그리고 평안북도 구장군·삭주군 등이었다. 황해북도 송림시, 강원도 문천군·천내군, 함경남도 단천군·고원군, 함경북도 김책시, 그리고 자강도 강계시도 1급군이었다. 2급군은 개성직할시(소재지만), 평안남도 평성시·남포시·안주군·강동군·성천군·북창군·회창군, 평안북도 신의주시·구성시·의주군·피현군·대관군·용천군 등이었다. 황해남도 해주시·은률군·옹진군, 황해북도 사리원시·봉산군·은파군, 강원도 원산시, 함경남도 함흥시·금야군·허천군·신흥군, 함경북도 나진시·길주군·명간군·명천군·회령군·온성군·은덕군·새별군, 양강도 갑산군·삼지연군·보천군·혜산시, 자강도 만포시·희천시·전천군·성간군 등도 2급군이었다. 나머지는 3급군에 해당했다.[22]

연료공급도 원활하지 않은 경우가 많았다. 1970년대 중반 안주탄광이 있는 평안남도 안주군의 군소재지에는 새로운 살림집들이 들어섰다. 노동자들의 생활을 향상시키려는 조치였다. 문제는 연료공급이 제대로 되지 않는 것이었다. 석탄 공급이 원활하지 않아 겨울에도 주민들이 떨면서 지내는 경우가 있었다. 학교에도 석탄이 잘 공급되지 않아 학생들이 공부하기 어려운 상황이 되곤 했다.

비누도 모자라 주민들이 생활에 불편을 느끼고 있었고, 신발공급도 원활하지 못했다. 신발을 생산하는 데 있어서 어떤 공장은 겉감은 많은데 안감이 모자라고, 어떤 공장은 반대로 안감은 많은데 겉감이 모자라 신발을 많이 만들질 못했다.[23] 계획생산의 차질, 그리고 관료주의적인 공장운영이 생산을 더디게 하고 있었고, 그에 따라 주민들이 직접적인 피해를 보고 있었다.

각 기관이나 기업소 등에 근무하는 노동자와 사무원들은 아침에 출근하자마자 30분간 독보모임을 가졌다. 주로 『로동신문』의 사설이나 주요 기사를 읽는 것이었다. 이 모임은 책임자가 그 날의 할 일을 정리해 전해주는 자리가 되기도 했다.[24]

1974년 4월 세금제도가 폐지되었지만, 민중들의 부담이 없어진 것은 아니었다. 자신이 소속된 공장이나 기업소, 협동단체가 부가가치세와 같은 거래수입금, 소득세와 유사한 협동단체이익금 등 준조세를 내기 때문에 결국은 개인들도 부담을 지고 있는 것이라고 하겠다. 주요 국책사업을 진행할 때에는 모자라는 재원을 보충하기 위해 주민들이 모래와 자갈, 잔디, 손장갑 등 사업에 필요한 물품을 내야 했다. 현물을 못 내면 돈을 내야 했다. 부정기적인 것이긴 하지만 세금과 크게 다를 바 없었던 것이다.

1974년 10월 21일부터 70일 동안 '70일 전투'라는 증산투쟁이 벌어져 특히 노동자들이 배전의 노력을 해야 했다. '70일 전투'는 6개년계획(1971~1976년)이 제대로 진행되지 않자 김정일이 직접 나서 진두지휘한 대대적인 증산투쟁이다. 1974년 2월 당중앙위원회 제5기 제8차 전원회의에서 김일성의 후계자로 결정된 김정일은 경제적인 성과를 통해 정권의 안정적 기반을 다지려 했다. 그 바람에 탄광과 광산 등의 채굴공업, 수송 분야, 그리고 수출업에 종사하는 근로자들이 특히 성과를 독촉당했다. 그중에서도 광부들은 낡은 착암기를 들고 이전보다 훨씬 많은 성과를 내야 했다.[25]

그런가 하면 근로자들의 휴식을 위해 묘향산과 고방산 등 각지의 경치 좋은 곳에 마련된 휴양소 외에도 큰 공장에는 '야간휴양소'라는 자체 휴양소들이 세워졌다. 공장의 노동자들은 하루 일과가 끝나면 야간휴양소에 들러 예술공연을 관람하거나 독서를 하거나 탁구 등 운동을 했다. 함경남도 흥남의 흥남제련소에도 야간휴양소가 만들어졌다. 공장 종업원들이 너나없이 이용할 수 있었다. 종업원들은 여기서 휴식을 취하기도 하고, 동료들과 격의 없이 대화하기도 했다. 때로는 가벼운 분위기에서 생산성을 배가하기 위한 토론이 벌어지기도 하고 생산의욕을 새롭게 다지기도 했다.[26]

여성들은 여전히 이중 부담

모든 인간의 평등과 남녀평등이 강조되는 사회주의 이념에 따라 북한은 여성들의 사회참여를 지속 독려했다. 하지만 가사를 여성들이 부담하는 경우가 여전히 많았다. 직장에서 일하고, 집에서는 밥 짓고 아이 챙기고 옷을 손질하는 일들을 맡아서 한 것이다. 김일성은 이런 현상을 보고 "남자들보다 육체적으로 약한 녀성들이 2중적인 로동의 부담을 감당한다는 것은 매우 힘겨운 일입니다"라고 말하기도 했다.[27] 1946년 7월 '남녀평등법' 시행 이후 남성과 똑같은 존재로서의 여성이 강조되어 왔지만, 실제의 생활에서는 전통 사회의 모습이 온존하고 있었으며, 그에 따라 여성들의 어깨에 걸린 짐은 덜어지지 않고 있었던 것이다.

그런 가운데에서 서로 돕는, 특히 여성들 사이 서로 돕는 기풍은 널리 형성되어 있었다. 북한은 전쟁 중에 부상당한 군인을 영예군인으로 부르며 그들의 생활을 보장하기 위해 노력했다. 영예군인들이 일할 수 있는 공장을 따로 세우기도 하고, 일반 공장도 이들이 일할 수 있도록 배려하고 있었다. 평양담배공장에서도 영예군인들이 일하고 있었다. 그 가운데 한 여성은 두 다리를 모두 부상당해 걷지를 못했다. 결혼해 아이를 낳았는데 기르기가 어려웠다. 그러자 공장 탁아소의 보육원들이 나섰다. 아침에 아이를 직접 데려다 돌보고 저녁에 데려다주었다. 그렇게 아이가 유치원을 거쳐 인민학교를 다니는 동안에도 보살펴 주었다.[28]

김정일 처 성혜림의 언니인 성혜랑은 평양에 있을 당시 출판사에서 일하기도 하고 작가 생활을 하기도 했다(1996년 탈북해 지금은 유럽의 한 국가에 은신 중이다). 출장을 가는 경우도 가끔 있었는데, 그러면 나머지 가족들이 식사, 빨래, 청소 등을 해야 했다. 그런데 그럴 때마다 동네 아주머니들이 배급을 타다 주기도 하고 채소를 사다 주기도 하는 등 가족을 돌봐주었다.[29] 필요할 때 서로 돕는 풍속이 여전히 남아 있었던 것이다.

성혜랑은 작가 생활을 잠깐 하다 그만두었는데, 작가들은 남포에서 20리쯤 거리에 있는 우산장이라는 창작기지('조선문학창작사' 소속 '우산장 창작실')에서 숙식을 제공받으면서 작품을 쓸 수 있었다. 집에서 출퇴근을 하고 싶은 사람들은 평양 시내 대동문 앞에 있는 창작실을 이용했다. 집안을 돌봐야 하는 여성 작가들은 주로 이곳을 이용했다. 국사봉 기슭의 경치 좋은 곳에 자리 잡은 우산장은 휴양소 같은 곳이었다. 비교적 시설이 좋았다. 수도와 샤워 시설이 있는 독방을 쓸 수 있었고, 고기와 생선이 있는 식사도 제공되었다. 하지만 작가들끼리 서로 대화할 수 있는 공간은 마련되어 있지 않았다. 영화나 음악을 감상할 수 있는 것도 아니었다.

대신 한 장짜리 신문이 제공되었는데, 그나마 이를 통해 북한의 국제대회 참가 소식, 외국의 정변 소식 등을 접할 수 있었다.[30] 1970년대 초까지만 해도 작가들은 독서계획을 당국에 제출해야 했다.[31] 얼마 동안 어떤 책을 읽겠다는 계획서를 제출하는 것이었다. 1971년 10월 이에 대해 노동당 선전선동부 부부장 김정일이 지적했기 때문에 곧 방침이 바뀌었을 것으로 생각되는데, 어쨌든 김정일의 지적이 있을 때까지 작가들은 독서조차도 통제를 받아야 하는 상황이었다.

여성들 사이 화장품에 대한 관심과 수요가 늘어나는 현상도 나타났다. 황해남도 삼천군에서는 여성들의 화장품 수요가 늘어나자 치약과 비누 등을 생산하던 삼천영예군인공장이 추가로 화장품까지 생산하기로 했다. 어떤 설비를 어떻게 갖추어야 하는지도 몰랐고, 설비를 갖출 여력도 없었다. 작업반장 가운데 변동립이라는 사람이 있었는데, 솔선해서 나섰다. 인근의 은천, 재령, 송화, 신천 등지에 있는 다른 공장의 화장품 생산설비들을 둘러보고 설계도를 그렸다. 필요한 설비도 다른 공장들을 다니면서 조달했다. 철판을 잘라 크림교반기까지 직접 만들어 화장품 생산시설을 갖추었다. 그렇게 해서 목란크림과 향분 등의 화장품을 생산하게 되었다. 전기를 절약하기 위해 산 중턱에 우물을 파고 그 물을 흘려 공업용수로 사용했다.[32] 모든 것이 풍족하지 않은 가운데서도 여성들의 미적 욕구는 발현되고 있었고, 그 욕구를 충족시키기 위해 나름의 방안들이 강구되고 있었던 것이다.

1970년대 북한의 열차간 풍경은 우리와는 아주 달랐다. 열차 승무원은 '열차원'으로 불렸고, 대부분 여성이었다. 차표를 검사하는 일이 주요 업무였지만, 승객을 도와주는 안내원 겸 북한 당국의 최일선 선전원이었다.

1978년 4월 9일 『로동신문』에 강원도 평강에서 평양으로 가는 기차의 내부 모습이 자세히 소개되어 있다. 장순희라는 열차원의 활동을 중점적으로 묘사하고 있다. 기사 내용을 자세히 보면, 장순희의 기본적인 일은 기차를 깨끗하게 유지하는 것이다. 부지런히 돌아다니며 휴지나 담배꽁초를 줍는다. 작은 수첩에 승객들의 하차역을 적어 놓고 내릴 역이 다가오면 안내해 주는 것도 그의 일이다. 유명한 곳, 김일성이 다녀간 곳 등을 지날 때는 마이크를 들고 설명을 해준다. "바로 여기가 위대한 수령님께서 다녀가신 영광의 땅 삼화벌입니다"라고 안내해 주는 식이다. 과거 항일유격대원들이 쓴 회상기를 읽고 자신이 느낀 점을 말해 주기도 한다. '수령님 밤이 퍽 깊었습니다'와 같은 노래를 직접 부르면서 승객들에게 가르쳐 주기도 한다. 더 중요한 일은 승객들을 상대로 정책 선전활동을 하는 것이다. 당에서 새롭게 내세우는 구호들에 대해 자세히 설명해 주는 방식으로 당과 정부의 정책을 알리는 것이다.[33] 청소원부터 정부정책 선전원의 역할까지 일인 다역을 분주하게 하고 있었다.

농촌 현대화 박차

북한은 1964년 '사회주의 농촌문제에 관한 테제'를 제시하면서 도시와 농촌의 차이를 줄이기 위해 한층 더 노력을 기울이고 있었다. 그 바람에 농민생활도 차츰 나아졌다. 평양시 사동구역에 있는 장천협동농장의 경우 1972년 가을 농가들이 알곡 3톤 260kg, 현금 1,530원씩을 분배받았다. 수도화사업도 끝나 여성들이 더 이상 물동이를 이고 다니지 않아도 되었다.[34] 북한은 1968년에 풍년을 맞은 뒤 1969년부터 1972년까지는 계속 흉년이었다.[35] 그런데도 이 농장의 경우 이 정도 분배를 받을 수 있었다. 이 농장의 관리위원장이 미혼 여성이었는데, 벼를 정보당 6톤 수확하기 전에는 결혼하지 않겠다면서 생산성 향상에 많은 노력을 기울이고 있었다. 그래서 당국에서는 관개시설도 해주고, 트랙터와 비료도 많이 배정해 주었다.[36] 1972년의 수확고를 따져 보면 벼를 정보당 4.2톤 생산한 것이었다. 다락밭(계단밭)이 많은데도 그 정도의 수확을 올린 것이다. 먹고사는 데는 크게 어려움이 없었고, 상수도까지 들어와 있었으니 생활의 불편도 크게 줄어 있었다.

강을 끼고 있는 마을들은 강에 민물고기를 길러 영양을 보충했다. 북한의 강들은 물이 차가워 찬물을 좋아하는 칠색송어를 많이 길렀다. 압록강의 지류 샘소강을 끼고 있는 평안북도 초산군의 구평마을 사람들도 칠색송어를 길렀다. 처음에는 양어장을 만들어 길렀지만 번식이 안 되고 죽는 경우가 많아 강에 놓아길렀다. 알을 낳기 좋게 돌을 쌓아 주고 새끼줄을 띠워 새들이 알을 먹는 것을 막아 주었다. 칠색송어가 청벌레를 좋아한다는 사실을 알아내곤 청벌레를 넣어 주었다. 그러자 칠색송어는 헤아리기 어려울 만큼 늘어났다. 이후 구평마을 사람들은 칠색송어를 마음껏 먹을 수 있게 되었다.[37] 강에서 먼 마을에서는 양어장을 설치해 민물고기를 길렀다. 칠색송어를 양식하는 곳도 있었고, 붕어나 잉어, 초어 등을 기르는 양어장도 있었다.

북한 당국은 부족한 육류를 보충하기 위해 토끼 기르기를 대대적으로 장려했는데, 농민들은 농사 외에 토끼를 기르는 데에도 많은 노력을 기울여야 했다. 토끼는 먹이를 많이 먹지 않는 데다 번식을 잘하고 고기뿐만 아니라 털과 가죽을 활용할 수 있어 1970년대 북한 당국이 적극 사육을 권장했다. 특히 자강도와 같이 산과 풀이 많은 곳에서는 농가마다 5~6마리씩 기르도록 독려했다. 협동농장에서는 토끼를 기르기 위한 작업반이나 분조를 따로 조직하기도 했고, 토끼를 잘 기르기는 농장으로 선정되면 새끼를 다른 농장에 나눠 주기도 했다.[38] 토끼 기르기에는 학교도 동원되었다. 토끼 기르기에 모범적인 학교에는 TV나 악기, 교구비품 등을 상으로 주면서 토끼 기르기에 적극 나서도록 했다. 토끼 기르기 모범학생들에게는 공책과 만년필 등을 선물로 주기도 했다. 닭 기르기 운동도 전국적으로 전개되었다. 특히 쌀겨와 풀씨 등이 흩어져 있는 정미소, 탈곡장, 양곡창고에서는 반드시 많은 닭을 기르도록 했다.[39]

그렇지만 전체적으로 보면 농민생활이 크게 좋아졌다고 말하기 어려울 정도였다. 1970년대 초 농촌의 한 사람당 1년 식량이 200kg이었다. 이 정도에 해당하는 양만 남겨 놓고 나머지는 정부에 수매를 하도록 했다. 따져 보면 농민들의 식량이 하루 550g 정도였으니 적은 것이었다. 그러던 것이 1973년에 260kg으로 증가되었다. 평안북도 어느 협동농장의 여성 관리위원장이 김일성이 현지지도 왔을 때 식량이 부족하다고 말해 늘어나게 되었다.[40]

농산물 수매과정도 농민들에게는 큰 어려움이었다. 군행정위원회 수매양정부 소속의 수매원들은 필요 이상으로 까다롭게 굴면서 되도록 등급을 낮추려 했다. 밤을 수매함에 있어서도 1등급짜리를 그보다 낮은 등급으로 매겨 낮은 수매가를 주기 일쑤였다.[41] 누에고치의 경우, 농민에게는 3등품 값을 주고 상부에는 1등품으로 보고하는 식으로 서류를 꾸며 수매원이 차액을 챙기기도 했다.[42] 양곡을 수매하면서 양곡에 함유된 수분을 공제한다는 구실로 2%의 양곡을 더 받는 경우도 있었다.[43] 수매가는 1970년 12월 기준 무말랭이의 경우가 확인되는데, 1kg에 1원 60전이었다.[44]

1970년대 중반을 지나면서 상황이 조금씩 개선되었다. 벼와 옥수수 수매의 경우, 1976년까지는 1등급에서 5등급까지 등위를 매겨 수매가를 차등 지급했다. 그러던 것을 1977년부터는 1, 2등급은 상급으로 1등급 값을, 3, 4등급은 중급으로 3등급 값을, 5등급은 하급으로 종전 5등급 값을 주도록 했다. 콩은 등급 구분도 없이 모두 수매했다. 물론 그렇다고 해서 돌과 흙이 섞여 있는 것까지 받는 것은 아니었다.[45] 이렇게 해서 농민들에게 좀 더 혜택이 돌아가도록 했다.

1978년부터는 수매하는 부서도 전문화했다. 양곡수매는 인민봉사위원회 수매양정총국이 맡아서 했다. 경공업부 수매국은 과일, 담배와 가죽, 양털 등 경공업 원료로 쓰이는 것들을 수매했다. 도행정위원회 지방산업총국 수매국(각 군의 담당 부서는 군행정위원회 수매양정부)은 파지, 파유리, 파고무, 파비닐, 빈병, 빈 크림통, 그리고 지방 공장들이 원료로 사용하는 과일, 도토리 등의 수매를 담당했다.[46]

수매 사정은 좀 개선되었지만, 1970년대의 전반적인 추이는 쌀 생산량이 줄어드는 것이었다. 1965년 190만 톤이 생산되던 것이 1970년에는 233만 톤으로, 1975년에는 281만 톤으로 늘었다. 그렇지만 그 후로는 줄어 1980년 생산량은 265만 톤에 불과했다.[47] 이에 대한 대책으로 북한 당국은 1979년 10월 새땅찾기 운동을 시작했다. 간석지, 진펄, 산기슭, 하천부지, 풀밭, 잡관목지대 등 쓰지 않던 땅을 정리해 경작지로 만드는 작업이었다. 황해북도 봉산군에서 시작해 북한 전역으로 확대되어, 황해남도는 600여 정보, 함경북도는 1,000여 정보 등 12월 상순까지 전국적으로 1만여 정보의 경작지를 새로 확보할 수 있게 되었다.

새땅찾기 운동과 함께 다락밭 건설사업도 전개되었는데, 비탈진 산을 계단식 밭으로 만드는 것이었다. 이 사업도 평양시 승호구역, 황해북도 평산군 등 전국에서 2개월 남짓 대대적으로 전개되었다. 그 결과 평양시는 200여 정보, 황해북도는 115정보, 함경남도는 220여 정보의 계단밭을 얻게 되었다.[48] 물론 그 과정에 트랙터와 불도저 등 토목장비뿐만 아니라 근로자와 사무원들이 대거 동원되었다. 새로운 기술을 개발해 밭을 늘리는 효과를 노리기도 했다. 한편 북한은 지속적으로 먹는 기름 확보에 애를 먹었는데, 1970년대 초 강냉이에서 눈을 분리해 기름을 짜내는 기술을 개발했다. 평안남도 남포에 있는 남포량곡가공공장은 특히 이 기술 개발에 힘써 1970년대 초 해마다 150여 톤의 기름을 생산했다. 2천 500여 정보의 콩밭을 새롭게 얻은 것과 같은 효과를 보고 있었다.[49]

1970년대까지도 리 단위 농촌에는 버스가 들어가지 않는 곳이 많았다. 그런 곳은 대부분 버스가 들어갈 만한 길 자체가 없었다. 그러니 도시와의 원활한 접근을 통해 농촌의 낙후성을 탈피시키는 데 어려움이 많았다. 북한은 리 단위까지 버스가 운행되도록 하는 사업을 '농촌뻐스화'라고 부르며 적극 추진했다. 1973년까지는 농촌의 리 가운데 76%에 버스가 들어갔고, 1974년에는 85%로 비율이 높아졌다. 이런 과정을 거쳐 1975년 8월에는 모든 리에 버스가 운행되었다고 한다.[50] 리 단위까지는 버스가 운행되게 되었지만, 농촌 내 교통수단으로는 소달구지가 여전히 많이 이용되고 있었다. 트랙터와 자동차가 생산, 보급되고 있었지만, 충분한 양은 되지 못했다. 그래서 북한 당국은 1970년대 말까지 각 도에서 달구지를 더 만들도록 독려했으며, 달구지 바퀴를 만드는 데 필요한 강재를 황해남도에만도 한 해 1,000톤 공급해 주기도 했다.[51]

수돗물 사정도 좋지 않았다. 리 단위는 물론 군 단위도 수도가 가설되지 않은 곳이 많았다. 물을 긷는 것은 여성들의 몫이었다. 하루 일을 마친 여성들은 물동이를 이고 우물로 향해야 했다.[52] 이런 형편을 개선하기 위해 1970년 조선노동당 제5차 당대회에서 1976년까지는 군 단위는 물론 농촌마을에까지 수돗물을 공급하기로 결정하고 이를 지속 추진했다. 1974년 60%가 완료되었고, 1975년 8월에는 87%, 1976년 말에는 모든 농촌세대가 수돗물을 공급받게 되었다.[53]

농촌에는 전기가 들어가지 않는 곳도 많아 모든 농가에 전기를 공급한다는 목표로 농촌 전기화 사업도 전개했다. 외딴 집은 이사를 시키거나 소형 석유발전기를 설치해 주기도 했다. 이 사업도 군중동원식으로 진행되었는데, 각급 당위원회가 나서서 공장의 노동자들을 독려해 변압기와 비닐선, 나사못, 애자 등을 추가로 생산해 농촌에 보내 주어 전기화가 속도를 내도록 했다. 이러한 캠페인으로 1970년 말 황해북도 모든 농가에 전기가 들어가게 되는 등 농촌 전기화는 상당한 성과를 냈다.[54] 대부분의 농촌에서 농민들이 전기의 혜택을 누리게 된 것이다.

그런 가운데서도 농장의 상점들은 여전히 농민들에게 필요한 물품들을 충분히 갖춰 놓질 못하고 있었다. 신발, 솜옷, 모포, 털모자, 밥상, 이불장 등이 농민들이 필요로 하는 것들이었는데, 이런 것들이 부족했다. 돈을 갖고 있어도 살 수 없는 경우가 많았다.[55] 그동안 국방건설에 자원을 우선 돌리고 경공업에 투자를 충분히 하지 못했기 때문이었다. 특히 시·군 단위에 있는 지방산업공장들은 자재와 석탄을 제대로 공급받지 못해 필요한 경공업 제품들을 많이 생산하지 못하고 있었다. 남는 지역과 모자라는 지역을 신속히 파악하는 시스템, 물건을 운송하는 체계도 제대로 갖추어져 있지 않았다. 이런 원인들이 복합적으로 작용해 농민들은 생필품 부족 상황에서 벗어나지 못하고 있었다.

1960년대부터 농촌에 문화주택을 짓기 시작했지만, 1970년대가 되어서도 혜택을 받지 못하는 곳이 많았다. 군데군데 초가집이 남아 있는 것이 농촌의 풍경이었고, 기와 대신 돌로 지붕을 이은 집도 적지 않았다.[56] 새로 지어진 문화주택에 입주를 하고도 중앙난방식이 아니어서 땔감을 구해야 하는 경우도 많았다. 평안남도 온천군에도 그런 집들이 있었다. 온천군은 평야지대이다 보니 나무를 구하기 어려워 볏짚이나 새를 땔감으로 사용했다. 여름 농사철 바쁜 가운데서도 농민들은 짬을 내서 들에 나가 새를 베어 말려야 했다. 또 도배지 공급이 잘 안 되어 벽에 초지만 발라 놓은 집도 있었다.[57]

고정식 탈곡기를 사용하던 북한 농민들은 1970년대 이르러 이동식 탈곡기를 쓸 수 있게 되었다. 1973년 8월 이동식 탈곡기가 개발되면서부터이다. 그동안에는 큰 탈곡기가 자리를 잡고 있고, 벼를 탈곡기 근처로 모아 탈곡하는 형태였다. 지게로 벼를 날라야 했던 것이다. 하지만 이동식 탈곡기가 개발되면서 벼가 있는 곳으로 탈곡기를 옮겨 탈곡할 수 있게 되었다. 동력은 이동식 발전기 또는 트랙터를 활용했다. 이동식 탈곡기가 차차 보급되면서 농민들의 노동량은 차츰 줄어들게 되었다.

1974년에는 이앙기도 개발되었다.[58] 이렇게 1970년대 중반부터는 논농사의 가장 힘든 부분인 모심기와 탈곡이 상당 부분 기계화되었다. 하지만 기계화가 전반적으로 빠르게 진행되었다고 보기는 어렵다. 초기 이앙기는 모를 부러뜨리기도 하고 결주도 많이 생기게 했다. 그래서 농민들이 사용을 꺼렸다.[59] 1976년 6월 김일성이 황해남도 청단군 청단읍 협동농장을 방문했을 때의 일이다. 한 농장원에게 "일하고 있는 분조에서 기계로 모를 낸 것이 얼마나 되느냐"고 물었다. 농장원은 "17정보를 기계로 했다"고 답했다. 미심쩍은 김일성이 나이가 지긋한 농장원을 만나 다시 물었다. 그의 답은 "5정보만 기계로 했다"는 것이었다. 실제로 1976년 황해남도 전체적으로 이앙기를 사용한 모내기 면적은 전체 논 면적의 17%에 불과했다.[60] 농촌의 기계화를 진행하고 있었지만, 여전히 많은 농민은 손과 발로 농사를 짓고 있었던 것이다.

그런가 하면 농촌 기계화 방침에 따라 보급되는 기계의 성능에도 문제가 있어 농민들을 어렵게 했다. 트랙터 보급이 늘었지만, 시동이 걸리지 않는 경우가 적지 않았다. 특히 겨울철에는 시동이 안 걸리는 경우가 많아 트랙터 운전사들이 애를 먹었다. 그래서 세워 둘 때에도 웬만하면 시동을 끄지 않았다.[61] 수리에 필요한 부품을 구하기도 어려워 고장 나면 오랫동안 이용할 수 없었고, 트럭이 없는 농장에서는 비료나 소석회, 목재 등을 운반하는 수단으로 트랙터를 사용했기 때문에 논밭갈이에 활용할 시간을 많이 뺏기기도 했다. 제대 군인 출신의 한 트랙터 운전사는 이런 점을 시정해 달라고 군당위원회까지 찾아가서 얘기했지만 별 소용은 없었다.[62] 트랙터와 부품, 트럭 등이 근본적으로 부족해서 생기는 현상이어서 군당위원회 차원에서 쉽게 해결할 수 있는 문제가 아니었던 것이다. 자구책 마련을 위해서는 백방으로 노력하는 수밖에 없었다. 평안남도 문덕군의 협동농장경영위원장은 구성공작기계공장을 찾아갔다. 트랙터 부속품을 스스로 만들기 위해 선반 1대가 필요하다며 이를 만들어 달라고 부탁했다. 간절한 호소에 구성공작기계공장 노동자들이 3대의 선반을 만들어 주었다. 그걸 가지고 문덕군에서는 부품을 스스로 만들어 트랙터를 수리해서 썼다.[63] 트랙터 보급은 1976년 11월 당시 경지면적 100정보당 3~4대로 여전히 충분한 편은 되지 못했다.[64]

한편 1970년대까지도 과거 지주였던 사람이 그대로 자기 집에서 사는 경우가 있었다. 개성에서 그런 사례가 몇 건 발견되었다.[65] 1946년 3월 토지개혁 당시 토지를 몰수당한 지주는 다른 지방으로 이주시키도록 되어 있었다. 그런데 그런 조치를 취하지 않은 채 30년 가까이 지낸 것이다. 그토록 여러 채널로 통제를 하는 북한 사회였지만, 농촌의 경우 일정한 틈이 존재하고 있었음을 보여 주는 것이라 하겠다.

농촌의 관료주의

청단읍협동농장에서 당초 농장원이 "17정보를 기계로 했다"고 답한 것은 기계화 캠페인 때문에 농장 간부들이 거짓말을 하도록 시킨 때문이었다. 간부들의 관료주의, 형식주의가 여전했음을 보여 주는 단면이 아닐 수 없다. 김일성은 황해남도 시찰 후 당 중앙위원회 정치위원회 확대회의를 열고 이런 문제를 지적했다. "지금 우리 일군들이 허풍을 치는 데는 두 가지 원인이 있습니다. 하나는 공명주의에서 나오는 것이고, 다른 하나는 책벌을 받지나 않을가(않을까) 하는 공포심에서 나오는 것입니다. 공명주의와 공포심은 다 우리 혁명에 해독을 줍니다"라고 질책한 것이다.[66] 이런 일이 있은 연후에도 관료주의 경향은 지속적으로 나타났다. 1978년 강원도에서는 농업을 지도하는 관료들이 상부의 지시를 받아 각 농장들에 벼냉상모(보온 못자리)를 하도록 지시하는 바람에 협동농장들이 실정에 상관없이 벼냉상모를 해야 했다. 심지어는 물이 없는 비탈밭에 벼냉상모판을 만든 농장도 있었다. 또 각 농장의 사정을 무시하고 모든 농장에 강냉이 영양단지(모를 기르는 데 필요한 영양물질이 많이 섞인 흙덩이)를 만들라는 지시를 내리기도 했다.[67] 상부의 지시를 별 생각 없이 그대로 다시 아래에 내려 보낸 결과들이었다.

김일성은 관료주의의 원인으로 공명주의와 공포심 두 가지를 지적했지만, 실제로는 공명주의보다 공포심이 더 중요한 원인이라고 해야 할 것이다. 전제정권하에서 관료들은 내실보다는 최고 지도자의 지시를 이행하는 데 관심을 두게 되어 있고, 이를 위해서는 거짓보고와 통계조작 등이 발생할 가능성이 높다. 북한에서도 그런 현상이 일어나고 있음을 이러한 사례를 통해 확인할 수 있다. 김일성이 지적한 공포심을 다른 측면에서 보면, 보신주의, 면책주의라고 할 수 있겠다. 공포는 결국 자신의 지위를 잃거나 심한 책벌을 받는 데 대한 공포라고 할 수 있겠는데, 이를 피하면서 자신의 지위를 유지해 나가기 위해 관료주의, 형식주의의 모습을 보이는 것이라고 할 수 있다.

관료들의 면책주의 경향은 작은 일까지도 최고 지도자의 검토와 지도를 받으려는 현상과 연결되어 있었다. 조선노동당 평양시당 책임비서 강현수는 1974년 삼석구역 장수원협동농장에 농촌문화주택을 시범 건설하는 사업을 시작했다. 집을 짓기 전에 김일성을 초치해 일일이 지침을 받으려 했다. 하지만 추위 때문에 여의치 않아 일단 건설사업을 진행했다. 2층 4세대의 한 동이 완성되자 김일성을 초대했다. 김일성은 방, 부엌, 화장실 등을 다니며 온돌, 창문 등의 상태를 자세히 살폈다. 그러고는 안방에 창문이 하나밖에 없어 어둡다고 지적했다. 2층의 방도 더 넓히는 게 좋겠다고 충고했다. 강현수는 김일성의 지적에 따라 나흘 만에 다시 한 동을 지었다. 그러고는 다시 김일성을 초치해 검토를 받았다. 김일성이 만족하자 문화주택을 확대해 지어 나갔다.[68] 관료주의, 형식주의는 사소한 것까지 최고 지도자의 지침에 기대는 의존주의와도 깊이 연결되어 있었던 것이다.

관료주의와는 다른 성격의 부정도 농촌에서 상당히 퍼져 있었던 것으로 보인다. 1974년 김일성이 리 당비서들을 모아 놓고 연설을 했는데, 여기서 부정부패를 저지르지 말 것을 촉구했다. "협동농장의 재정관리사업을 지도해야 할 주인인 리 당비서가 협동농장의 돈을 마음대로 쓰거나 돈관계에서 흐리멍텅한 일을 하여서는 안 됩니다. 경제생활이 청백하지 못한 사람은 공산주의자로 될 수 없습니다. 리 당비서들은 협동농장의 돈을 꿔쓰거나 국가와 사회의 공동재산을 사취하지 말아야 합니다. 만일 리 당비서들이 협동농장의 돈을 꿔쓰거나 공동재산을 사취한다면 다른 사람들도 그 본을 따서 그렇게 할 수 있습니다. 그렇게 되면 협동농장을 제대로 운영해나갈 수 없습니다"라고 질책한 것이다.[69] 하급 관료들의 비리가 상당히 존재했음을 시사하는 부분이 아닐 수 없다. 리 당비서나 협동농장관리위원장이 농촌상점에 나오는 좋은 물건을 먼저 사가 버리는 등의 행위도 적지 않았다고 한다.[70] 이래저래 피해는 농촌의 민중들이 떠안고 있었던 것이다.

연 270일 출어

어민들의 생활도 조금씩 나아졌다. 오랫동안 바다에 머물러야 하는 경우가 많았지만, 그런 경우에는 대형 모선에서 필요한 것을 공급받을 수 있었다. 야채도 모선에서 받았다. 선원들은 일정한 기일이 되면 모선에 올라 휴식을 취할 수 있게 되었다. 모선에는 이동영사기도 갖춰져 있어 영화도 볼 수 있게 되었다.[71]

어민들의 노력으로 어획고도 많이 올라갔다. 명태가 잘 잡히는 철에는 하루 1만 6,000천 톤의 어획고를 기록하기도 했다. 그런데 이를 각지에 운송, 공급하는 수송체계와 냉동 보관하는 시설은 제대로 갖추어지지 못했다. 그래서 썩어 나가는 물고기가 많았다.[72] 계속해서 문제점으로 지적되고 있었지만, 도로나 철도, 차량을 늘리고 대형 냉동창고를 짓는 일은 대규모 투자가 필요한 것이어서 쉽게 개선되지 않았다.

어업 당국은 어민들에게 1년에 300일은 출어를 해야 한다고 독려하고 있었다. 50일(한 달에 4일 정도)은 쉬고, 15일은 배를 수리하는 데 필요한 날짜로 보고 있었다. 하지만 배를 수리하는 데 15일이 훨씬 더 걸렸다. 그래서 당국은 1972년부터는 목표를 낮추어 270일 출어를 국가정량으로 정했다. 그러고는 이를 초과하는 경우 상금을 주는 방식으로 되도록 많이 출어할 것을 촉구했다.[73]

1960년대부터 장려되었던 세소어업은 1970년대에도 여전히 중시되었다. 대형 어선이나 첨단 어업장비를 공급하기 어려운 만큼 북한 당국은 어민들이 작은 어구들을 가지고 할 수 있는 세소어업을 적극 독려했다. 낚시나 호망, 자망, 연승, 후리, 홀치기 등 간단한 도구를 활용한 작은 어업을 활성화하려 한 것이다. 실제로 1974년 여름 함경북도 웅기군 서수라수산사업소에서는 낚시를 이용해 어민 한 사람당 하루에 문어 500kg 정도씩을 잡아 올리는 성과를 내기도 했다.[74]

물자부족으로 부정도 발생

과자는 한 달에 두 번

평양 사람들은 농산물도 공산품도 모두 상점에서 구입해서 생활해야 했다. 물론 싼 가격으로 공급되는 것들이었다. 1973년 10월 평양 대동문식료품상점의 운영상황을 통해 평양 시민들의 생활을 살펴보자. 평양시 중구역 대동문동에 위치한 종합상점이다. 과자와 달걀, 닭고기, 오리고기, 식초 등 온갖 종류의 식품을 파는 곳이었다. 과자를 판매하는 방법을 구체적으로 보면, 세대별로 할당된 횟수만 판매하고 있었다. 4인 가구까지는 한 달에 두 번, 5인 이상인 가구는 세 번 살 수 있게 한 것이다. 주민들은 공급수첩을 가지고 있으면서 살 때마다 상점에서 체크를 받고 정해진 횟수까지만 살 수 있었다. 수요는 많은데 공급이 달리는 상황에서 나온 방안이었다. 이 상점은 아침 8시부터 밤 10시까지 열었다. 주민들이 일을 하러 가기 전이나 일과를 마친 이후에도 이용할 수 있도록 일찍부터 늦게까지 문을 열고 있었던 것이다.[75]

어린이들에게 특히 인기가 높던 아이스크림도 시설이 모자라 많이 생산하지 못하고 있었다.[76] 경공업 제품과 식품, 특히 어린이 식료품이 모자라는 현상은 북한의 계속된 문제였지만, 쉽게 개선되지 않았다. 원료가 부족한 경우가 많았고, 공장 설비를 운영하고 생산 시스템을 관리하는 전문인력이 모자라 공장이 제대로 돌아가지 않는 사례도 많았다.[77]

이렇게 기본적으로 필요한 것들이 모자라다 보니 이를 기회로 돈벌이를 하는 사람들도 있었다. 평안북도 삭주군에 사는 어떤 할머니는 딸이 평양에 살고 있었다. 가끔 딸을 보러 갔다. 평양에 갔다 돌아갈 때는 달걀을 사가지고 갔다. 다른 지역에 비해 평양에는 달걀이 많이 공급되어 비교적 쉽게 살 수 있었다. 이를 가지고 삭주에 가 비싸게 팔았다. 삭주군에는 탄광과 공장의 노동자들이 많았는데, 달걀은 많이 공급되지 않아 구하기 어려웠다. 그래서 좀 비싸게 주고도 사 먹었다. 이 할머니는 그런 식으로 되거리장사(되넘기장사)를 해서 한 달에 400원을 벌기도 했다. 평안남도 순천군의 농민시장에서도 평양시에서 흘러나온 달걀이 많이 거래되고 있었다. 돼지고기와 닭고기도 그런 식으로 거래되고 있었다.[78]

농민시장에서도 물건이 귀해질 때에는 값이 매우 높아지기도 했다. 1977년 초 황해북도 사리원 지역 농민시장에서 닭이 아주 높은 값으로 거래되었다. 이를 지켜보던 황해북도 인민위원회는 대책을 세우지 않을 수 없었다. 그래서 나온 방법이 사리원시에서 운영하는 정미공장(정미소)에서 기른 닭을 농민시장에 내다 파는 것이었다. 한 번에 50마리씩 내다 팔았다. 그러자 값이 조금 내려 주민들이 좋아했다.[79] 북한식 물가조절 방식이었다. 생산량, 가격 등을 국가가 모두 정하는 방식의 사회주의식 경제운영 방식에서는 벗어나는 것이었다. 농민시장이 어느 정도 커졌고 인민생활에서 차지하는 비중이 높아졌음을 의미하는 조치였다. 농민시장이 약간의 농산물이 거래되는 작은 공간을 넘어 북한 당국도 물가의 동향을 살펴야 하는 꽤 큰 경제활동 영역이 되었음을 의미하는 것이기도 했다.

물자부족은 부정의 원인이 되기도 했다. 어느 공작기계 공장의 간부는 공장에서 만든 기계를 가지고 나가서 시멘트와 바꿨다. 개인적으로 시멘트가 필요했는데, 사기가 어려워 부정을 저지른 것이다. 당시 주민들이 집을 고치려 해도 시멘트나 석회, 못, 장판지, 창호지 등을 구하기가 어려웠다.[80] 건재상점에 이런 물건들이 잘 공급되지 않고 있었던 것이다. 그러다 보니 불미스러운 일이 생기곤 했다.

1977년에 이르러 북한 당국은 일상생활에서 없어서는 안 되는 일용잡화 206가지를 정하고, 이를 생산하기 위한 자재는 우선적으로 조달하고자 했다.[81] 생활에 직접적으로 필요한 것은 공급이 달리지 않게 직접 관리해 주민생활의 불편을 덜어 보려는 정책이었다.

양이 모자라기도 했지만 생활용품들의 질이 떨어지는 것도 문제였다. 잘 늘어지거나 염색이 불완전한 옷감이 많았고, 신발의 품질도 높지 못했던 것이다. 종류도 많지 않았다. 역시 군수산업에 자원을 우선적으로 배분하고 경공업에는 많은 투자를 하지 않은 탓이었다. 김일성도 산업전사들 앞에서 "지난 몇 해 동안 우리가 국방공업에 많은 힘을 돌린 것이 경공업 발전에 일정한 영향을 준 것은 사실입니다"라며, 경공업보다는 군수산업에 치중함으로써 경공업 수준이 발전하지 못했음을 인정하기도 했다.[82] 중공업, 군수공업이 우선이고 민중의 삶은 그보다 뒤의 일로 간주되고 있었던 것이다.

공책 부족한 학생들

1970년대 초까지도 초등학교나 중학교 학생들이 공책을 제대로 공급받지 못했다. 평안북도 영변군 동남중학교의 경우도 공책이 부족해 모든 학생에게 나누어 주질 못했다. 제지공장이나 장판지공장 인근에 있는 학교들은 공책을 원활하게 공급받았지만, 영변군에는 그런 공장들이 없었다. 학교에 TV도 공급되지 않은 경우가 많았다. 1968년 무렵 TV 방송이 시작된 이후 1970년대 들어 각 가정에 TV 공급이 늘고 학교에도 늘어가고 있었지만, TV가 없는 학교도 많았다. 동남중학교도 1970년대 초까지는 갖지 못했다.[83]

1970년 2월 당시 북한 전체에 연필을 만드는 공장은 하나뿐이었다. 강계연필공장이다. 연필이 부족할 수밖에 없었다. 그러다가 공장을 늘려 1972년 7월까지는 각 도에 연필공장이 하나씩 건설되었다. 그래도 연필은 여전히 모자랐다.[84]

1970년대 초 교사들이 받는 월급은 75원이었다. 1976년부터는 11년 의무교육이 전반적으로 실시되어 유치원 1년이 의무교육에 포함되었지만, 그 전에도 직장에 나가는 여성은 아이를 유치원에 맡길 수 있었다. 유치원생들에게는 점심값과 간식비로 하루 15전이 책정되어 있었다.[85]

탁아소들도 운영되고 있었는데, 부식물 등을 스스로 조달해야 하는 경우가 많았다. 황해남도 안악군에 있는 안악읍탁아소의 경우, 아이들에게 육류를 먹이기 위해 돼지를 직접 길렀다. 기르는 돼지가 점점 늘어 한 해에 수백 마리의 새끼가 생겨 주변의 협동농장과 공장에 제공하기도 했다. 닭을 길러 달걀을 얻기도 하고, 소를 길러 우유를 생산하기도 했다. 그런 식으로 부식문제를 해결한 것이다. 보모들이 미용기술을 익혀 아이들 머리를 깎아 주었고, 경리원으로 일하는 사람이 의료기술을 배워 간단한 치료를 해주고 주사를 놓아 주기도 했다.[86]

귀하신 몸 감기약과 소화제

의료 수준과 보건환경도 조금씩 개선되어 나갔다. 군 단위에는 인민병원이 들어서 치료와 필요한 약품 등을 제공하고 있었다. 하지만 리 단위에 있는 농촌진료소의 경우 의료인력, 의약품, 장비 등 모든 것이 부족한 상황이었다. 1971년 5월 당시 개성직할시 판문군에 있는 한 농촌진료소를 보면, 의사와 간호사, 약품, 의료기구 등이 모두 모자랐다. 진료소 건물도 변변하지 못했다. 그래서 분만시기가 된 여성들은 진료소에 오지 않고 대부분 집에서 해산을 했다. 진료소의 의료진에 대한 신뢰가 부족했고 시설도 미흡했기 때문이다.[87] 김일성도 "아직 의사가 많지 못하고 의약품과 의료시설들이 충분히 갖추어지지 못하여 인민들에게 의료상 방조를 원만히 주지 못하는 부족점들은 더러 있습니다"라며 불충분한 점을 인정했다.[88]

어린이들을 위한 비타민과 칼슘제를 구비하고 있는 진료소도 있었지만, 정작 감기약, 소화제 같은 대중적인 약품이 모자랐다. 군 단위에 마련된 인민병원은 사정이 좀 나았지만, 약품부족 현상은 비슷했다. 평안남도 안주군의 안주군인민병원은 1976년 무렵 완성되어 남흥청년화학연합기업소 근로자 등 군민들이 이용하고 있었다. 군인민병원 가운데서도 안주군인민병원은 좀 큰 편이었다. 의료장비도 비교적 최신이었고, 방사선촬영실과 외과수술실도 갖추고 있었다. 치료에 필요한 약품들도 상당 수준 구비하고 있었다. 문제는 실제로 많이 쓰이는 약들이 부족하다는 것이었다. 기침약, 소화제, 소독약과 같은 외용약外用藥이 부족했다. 이런 약들은 값이 싸 제약공장들이 생산을 많이 하지 않기 때문이었다. 제약공장들은 대신 값이 비싼 약들을 생산해 매출목표액을 달성하려 했다.[89] 이런 이유 때문에 인민들이 가장 많이 찾는 약들이 부족한 현상이 발생하고 있었다.

약품뿐만 아니라 의료장비로 제대로 보급이 되지 않았고, 그나마 보급되어 있는 장비들도 제대로 활용되지 못하는 경우가 많았다. 의사나 간호원들의 성의와 정성이 부족했던 것이다. 의사, 간호원들이 자기 볼일을 보면서 치료를 게을리하는 경우도 있었고, 규율을 잘 안 지키는 경우도 많았다. 약을 되는 대로 마구 내줘 낭비하는 경우도 있었다.[90] 병원 운영이 효율적으로 되지 않고 있었고, 그로 인해 치료를 받아야 하는 사람들이 피해를 보고 있었던 것이다.

군인 '담력 키우기'

청년들은 만 17살이 되면 군에 가야 했다. 어떤 학생들은 고등중학교 4학년 재학 중에 입대하는 경우도 있었다. 의무교육이 단절되는 현상이 생긴 것이다. 이를 시정하기 위해 1975년부터는 만 17살이 되었더라도 고등중학교에 다니고 있는 학생들은 학교를 마치고 입대하도록 했다. 고등중학교 졸업생이 모두 군에 징병되는 것은 아니었다. 체육·예술 전문학교, 외국어학교를 졸업한 학생들은 학업을 계속할 수 있었다. 이들 특기생들은 인민학교를 마치고 관련 학교로 진학해 교육받는 체계였는데, 특기교육이 제대로 되기 위해서는 바로 대학과정까지 이어져야 했기 때문에 예외로 한 것이다.[91] 수학과 물리, 화학 등 기초과학 특기생들도 1978년부터는 바로 대학으로 갈 수 있었다. 이런 분야는 공백기가 있으면 공부가 힘들어지고 발전이 늦다는 인식에서 바로 진학할 수 있도록 한 것이다. 이런 학생들은 대학 졸업 직후 3대혁명소조※에 편입되어 공장이나 기업소, 농촌 현장에 나가 활동하는 이른바 '혁명화', '노동계급화'의 단계를 거쳐야 했다.[92]

고등중학교 졸업생 가운데 일부는 탄광이나 광산, 기계공장으로 배치되었다. 탄광의 일 가운데 권양기(밧줄로 무거운 것을 들어 올리는 기계) 운전공, 전차 운전공과 같은 비교적 힘이 많이 안 드는 일을 고등중학교 졸업생들이 맡아서 했다.[93] 군에서 10년 복무하면 제대하고 대학으로 가거나 직장, 농장 등으로 배치되었다. 고등중학교 졸업생 가운데 대학으로 바로 가는 비율이 30%, 군대나 산업현장으로 가는 비율이 70% 정도 되었다.[94] 직장배치는 군 행정위원회 노동과에서 해주었다. 일이 비교적 수월한 국영상점, 먹을 것이 비교적 풍부한 식료품공장 등이 1970년대 인기 있는 직장이었다. 함경도에 있는 대학으로는 청진의학대학, 함흥의학대학, 청진사범대학, 청진교원대학 등이 인기가 높았다.[95] 일단 대학으로 가면 원칙적으로는 군에 갈 수 없었다. 그래서 대학을 다니다가 기술교육을 하는 전문학교로 옮긴 뒤 군으로 가는 경우도 있었다. 군에서 인정받으면 장교도 될 수 있었고, 노동당 입당도 빨리 할 수 있었다. 대학을 나온 사람보다 빨리 출세할 수도 있었기 때문에 그런 길을 가는 청년들도 있었다.

1958년 영창제도를 없앤 이후 군대의 규율이 무너질 것이라고 걱정하는 사람도 많았다. 하지만 1970년대까지 영창 없이 군을 운영해 본 결과 군의 규율과 전투력이 더 강화되었다는 것이 북한의 평가였다.[96]

대규모 군대를 먹여 살리는 것은 북한의 지속적인 고민거리였다. 1970년대에도 북한은 군에 고기와 생선, 채소, 간장, 된장 등 먹을거리를 충분히 공급하지 못하고 있었다. 그나마 쌀, 강냉이 등 식량은 1인당 하루 800g씩 공급해 크게 부족하다고 할 수 없었지만(노동자, 사무원에게는

※ 3대혁명소조는 대학 졸업생이나 과학자, 기술자들이 수십 명 단위로 편성되어 공장이나 농촌에 파견되는 소조직을 말한다. 이들은 사상과 기술, 문화의 혁명을 일으킨다는 목표로 현장의 혁신을 추진했다. 이러한 캠페인은 3대혁명소조운동으로 불렸고, 1973년 2월 시작된 이후, 곧 생산현장뿐만 아니라 교육, 문화 등 북한 사회 전반으로 확산되었다.

700g이 공급되었다), 부식은 여전히 모자랐다. 그래서 부식사업에 더욱 분발해 줄 것을 인민군 후방 부문 간부들에게 지속 촉구했다. 특히 오리와 돼지를 되도록 많이 길러 고기를 스스로 조달하도록 독려했다.[97] 1975년 입대한 허영식의 경우도 동절기와 하절기 강도 높은 훈련은 물론, 수백 마리의 토끼를 기르는 일을 함께 해야 했다.[98]

먹을 것이 풍부하지 않은 데다 군인들에 대해서는 북한 사회가 관대한 측면이 있어 군인들이 민간인의 재물을 훔치는 경우도 적지 않았다. 평양에서 고등중학교를 나온 이성우는 1978년 만 17살의 나이로 군에 입대했다. 6개월의 신병훈련을 마치고 자대배치를 받았다. 얼마 후 잠을 자고 있는데 새벽에 누군가가 깨웠다. 부분대장이었다. 비몽사몽간 그가 이끄는 대로 달구지에 마대자루를 싣고 인근 마을의 과수원으로 갔다. 사과나무 사이에 고구마가 있었다. 농민들이 캐놓고 아직 창고에 들여 놓지 않은 것들이었다. 부분대장은 고구마를 마대자루에 담았다. 이성우도 따라서 했다. 여덟 자루를 담아 달구지에 싣고 부대로 돌아왔다. 이 고구마들은 곧 중대의 장교들에게 분배되었다. 당시 북한 군대에서는 이러한 행위가 '담력 키우기'라는 명분으로 비일비재하게 행해지고 있었다.[99]

군에서 제대하는 사람들은 여러 산업 현장에 분산 배치되었다. 광산이나 공장으로 가는 사람도 있었고, 농촌으로 가는 사람도 많았다. 이들을 위해 새로운 농장이 만들어지기도 했다. '3월3일농장'도 그런 곳 가운데 하나이다. 1973년 평안남도 온천군의 간석지에 건설되었다. 여기에는 5백 명의 갓 제대한 군인들이 배치되어 농장을 운영했다. 문제는 이렇게 많은 수의 사람이 한꺼번에 배치되는 바람에 주택을 마련하기가 힘들었다는 것이다. 그래서 이들은 합숙생활을 할 수밖에 없었다. 그 가운데에는 결혼한 사람들도 있었다. 이들의 합숙생활은 3년이나 계속되었다.[100]

북한 당국은 1950년대부터 제대 군인들에 대해서는 관심을 가지고 직장과 주택을 마련해 주려 했다. 주택과 침구, 기타 필요한 물자를 마련해 정착에 불편을 느끼지 않도록 해야 한다는 방침을 가지고 있었다.[101] 하지만 그런 것을 보장해 줄 만큼 여유가 있질 않았다.

중학생도 입영훈련

북한의 예비군 조직은 1959년 창설된 노농적위대, 1962년 구성된 교도대가 있다. 1970년 9월 북한은 여기에 붉은청년근위대를 추가했다. 중학교 4~6학년(남한의 고등학교) 남녀학생들이 대상이었다. 총 100만 명 정도가 새로운 예비군으로 추가 편성된 것이다. 여기에 편성된 학생들은 매주 토요일 4시간씩 연간 90시간의 교내훈련을 받아야 했다. 중학교 5학년 학생들의 경우 여름방학에는 7일 동안 입영훈련에 참여해야 했다.

평양의 보통강중학교 5학년 남정화 학생도 1976년 8월 입영훈련에 참여했다. 당시는 판문점에서 미군이 북한군에 의해 살해되는 사건이 발생해 북한군 전체에 전투태세가 시달된 상태여서 훈련은 더 엄격하게 실시되었다. 제식훈련을 오랫동안 했고, 고사기관총 사격 등 실전훈련도 받았다. 하지만 군화와 같은 물자는 부족해 운동화를 신고 훈련했고, 양말과 행전도 제대로 공급받지 못하는 상태였다.[102]

대학생들은 교도대에 소속되어 있었다. 함경북도 무산 출신의 유난옥은 1978년 무산여중을 졸업하고 청진에 있는 청진의학대학에 진학했다. 당시 의대는 7년제였다. 유난옥은 2학년 때 평양에 있는 포병부대로 입영집체훈련을 갔다. 태어나서 평양에 처음 가보는 것이었다. 2개월 동안 그 부대에서 군사훈련을 하고, 포탄을 닦고, 포 쏘는 법을 배웠다.[103] 대학생들은 교도대에 소속되어 연 10일(5일씩 두 번)의 입영훈련을 받았고, 재학 중 한 번은 두 달짜리 입영집체훈련을 받아야 했다. 중학생도 대학생도 훈련을 피할 수 없는, 사회 전체가 예비 전력화되어 있는 상황이었다.

평양 시민의 생활

평양 우선주의

북한의 지속적인 정책 가운데 하나가 평양 시민들의 생활을 우선적으로 향상시킨다는 것이었다. 의식주 모든 부문에서 평양 시민들에 대한 투자는 지속적으로 이어졌다. 김일성은 "평양은 혁명의 수도입니다. 그러므로 평양시 상점들에 고기를 비롯한 부식물과 당과류가 떨어져서는 안 됩니다. …… 평양 시민들에게 고기를 비롯한 부식물과 당과류를 정상적으로 공급하려면 평양시에서 자체로 공급기지를 튼튼히 꾸리는 것과 함께 전국이 달라붙어 평양시를 도와주어야 합니다"라며 평양 우선주의를 공공연하게 역설했다.[104]

그럼에도 불구하고 1970년대 평양 시민들의 의식주 생활이 풍요로운 것은 아니었다. 1970년 상황을 보면, 육류는 하루 한 사람당 100g 공급을 목표로 하고 있었는데, 이에 미치지 못했다. 채소의 경우 800g이 목표였지만, 역시 목표에 미달하고 있었다. 겨울옷, 겨울신발 등도 모자랐다. 살림집도 매년 짓고 있었지만, 더 지어야 하는 상황이었다. 초가집이 평양시 주변에만도 1만 5,000세대 정도 남아 있었다.[105]

아파트의 김치보관 문제는 층마다 김칫독을 보관할 수 있는 칸을 만

1970년대 평양의 상가 건물(사진=연합뉴스)

드는 방법으로 해결해 가고 있었다. 예를 들어 한 층에 10가구가 살면 김치보관 장소 2개를 만들어 다섯 가구가 하나를 사용하도록 하는 것이었다.[106]

1972년 8월 당시 평양에는 영화관이 여러 개 운영되고 있었고, 소련영화 '검과 방패'가 들어와 있었다. 외국영화가 흔하지는 않았지만 소련과 동구권의 영화가 가끔 상영되었다.[107]

1970년대 초반까지도 평양시 관내 농촌 마을 가운데 버스가 들어가지 않는 곳이 있었다. 승호구역과 상원군, 중화군의 일부 리 단위 농촌에 버스가 운행되지 않고 있었던 것이다.[108] 시내버스도 충분치 않아 줄 서서 기다리기 일쑤였고, 정원초과가 많았다. 그래서 기관별로 출퇴근 시간을 달리하기도 했다. 버스가 모자랐던 것은, 기본적으로 보유대수가

1970년대에 개통한 평양의 지하철역(사진은 1990년 3월 영광역의 모습)

적기도 했지만, 타이어 생산이 원활하지 못해 운행을 못하는 버스가 많은 데에도 원인이 있었다.[109]

그런 가운데서도 평양 중심가에는 지하철이 개통되었다. 1973년 9월이었다. 1960년대 착공해 오랜 기간 공사 끝에 1호선인 천리마선이 운행을 시작한 것이다. 공사는 주로 군인들이 했다. 군인들은 싸리나무로 엮어서 만든 안전모를 쓰고 공사를 해야 했다. 평양 지역의 지층에는 바위가 많고 물도 많이 나와 어려움이 컸다. 붕괴사고도 많았다.[110] 평양의 지하철은 그런 역경 속에서 완성되었다. 2호선 혁신선은 1975년에 개통되었다. 총길이는 34km이다. 지하 110m에 건설되어 세계에서 가장 깊은 곳에 위치한 지하철로 알려져 있다. 유사시에 방공호 역할도 할 수 있도록 지은 것이다. 너무 깊어 에스컬레이터로만 승강장까지 내려갈 있게 되어 있다. 북한은 평양지하철을 단순한 교통수단을 넘어 평양을 상징하는 건축물, 예술품으로 여겨 많은 공을 들였다. 역의 기둥, 아치 등에도 조각을 새겼고 천장에는 화려한 샹들리에를 달았다. 벽은 벽화와 미술 작품으로 장식했다.

1974년 당시에도 의식주 문제는 지속적으로 해결해 가야 하는 문제로 남아 있었다. 평양에 매일 공급되는 달걀은 50만 개 정도였다. 외곽 농촌을 제외한 평양 시내 인구가 100만 정도 되었는데, 하루 판매량이 그 정도였으니 두 사람에 1개 정도 공급된 것이다. 여름에는 상점들이 아이스크림도 만들어 팔았는데, 하루 생산량이 4만 4,000그릇 정도였다. 아이스크림은 인기가 높아 상점에 줄을 서는 경우도 많았다. 더 만들어 내야 했지만, 기계를 더 만들기가 어려웠다.

살림집을 공급한 이후 침대와 찬장, 밥상, 책상, 걸상 등 가구를 대주지 못하는 경우도 많았다. 나무가 모자랐기 때문이다. 강관이 부족해 더운 물을 공급하는 체계를 갖추기도 어려웠다. 화학빨래집(드라이클리닝 세탁소)도 모자랐다.

1976~1977년이 되어서도 부족한 게 많았다. 8~10층의 고층 아파트도 많이 들어섰지만, 이런 고층 아파트에도 대부분 엘리베이터가 없었다.[111] 난방은 여전히 잘되지 않았다. 중앙난방을 할 수 있도록 시설을 갖춘 아파트들도 있었지만, 대부분 가열기를 마련하지 못해 뜨거운 물을 공급하지 못하고 있었다.[112] 먹는 물도 모자라 시간제로 물을 공급했다. '시간물'로 표현했다. 각 가정에서는 부엌에 독을 두고 물을 받아 두어야 했다.[113]

그래도 다른 지역에 비하면 평양은 좀 나은 상황이었다. 전통적으로 평양, 함흥에 이어 북한의 세 번째 도시였던 청진의 경우만 보아도, 1978년 당시 시내를 다니는 버스는 아주 낡은 것이었다. 무궤도전차도 운행되고 있었지만, 낡은 것 몇 대에 불과했다. 식당이나 상점들도 부실했다. 심지어 김일성의 시찰에 대비해 눈가림으로 '온반집', '국수집' 등의 간판만 걸어 놓기도 했고, 없었던 상품들을 임시변통해 상점에 갖다 놓기도 했다. 그러다 들통나 김일성에게 심한 질책을 받았다. 물, 기름, 간장 등 인민생활에 꼭 필요한 것들도 많이 부족했다.[114] 이런 지방도시에 비하면 평양은 사정이 그나마 좀 나은 편이었다.

1 "조선로동당 제5차대회에서 한 중앙위원회 사업총화 보고", 『로동신문』, 1970. 11. 3.
2 김일성, "평안남도 공업부문 3대혁명소조 앞에 나서는 당면한 몇 가지 과업"(1974. 2. 19~20.), 『김일성 전집』 53, 조선로동당출판사, 2004, pp.494~496.
3 "조선로동당 제5차대회에서 한 중앙위원회 사업총화 보고", 『로동신문』, 1970. 11. 3.
4 김일성, "농업생산에서 일대 전환을 일으키기 위하여"(1973. 1. 17, 22~24.), 『김일성 저작집』 28, 조선로동당출판사, 1984, pp.10-18.
5 김일성, "말가슈 민주주의공화국 대통령과 한 담화"(1976. 6. 4~7, 10.), 『김일성 전집』 59, 조선로동당출판사, 2005, pp.268-269.
6 김일성, "당중앙위원회 정치위원회, 중앙인민위원회 련합회의에서 한 결론"(1977. 6. 21.), 『김일성 전집』 63, 조선로동당출판사, 2006, pp.103-105.
7 김일성, "빠나마 인적자원 육성 및 리용협회 위원장과 한 담화"(1979. 9. 20.), 『김일성 저작집』 34, 조선로동당출판사, 1987, p.354.
8 김일성, "도당경제비서의 임무와 역할에 대하여"(1976. 12. 15.), 『김일성 전집』 60, 조선로동당출판사, 2005, pp.415-421. TV의 경우 1977년 말 각 도에 생산공장이 하나씩 마련되어 있었지만, 자재가 부족해 생산을 제대로 하지 못하고 있었다. 김일성, "식료품 일용품 생산을 늘이(늘리)는 데서 나서는 몇 가지 문제에 대하여"(1977. 12. 2.), 『김일성 전집』 65, 조선로동당출판사, 2006, p.301.
9 김일성, "식료혁명을 일으켜 인민들의 식생활을 개선하자"(1977. 7. 1.), 『김일성 전집』 63, 조선로동당출판사, 2006, pp.194-195.
10 김일성, "전반적 10년제 고중 의무교육을 실시하기 위하여 나서는 몇 가지 과업"(1972. 7. 6.), 『김일성 전집』 49, 조선로동당출판사, 2003, p.215.
11 김일성, "전반적 10년제 고중 의무교육을 성과적으로 실시하기 위하여 나서는 몇 가지 문제에 대하여"(1972. 9. 1.), 『김일성 전집』 49, 조선로동당출판사, 2003, pp.310-311.
12 남북회담수행기자단, 『분단의 장벽을 뚫고: 기자들이 본 북한』, 대한공론사, 1977, p.198.
13 성혜랑, 『등나무집』, 지식나라, 2000, pp.339-340.
14 김현식, 『나는 21세기 이념의 유목민』, 김영사, 2007, pp.111-112.
15 김일성, "근로단체 사업을 개선 강화하기 위한 몇 가지 대책에 대하여"(1974. 1. 3.), 『김일성 전집』 53, 조선로동당출판사, 2004, pp.376~382.
16 김일성, "조선로동당 중앙위원회 제5기 제5차 전원회의에서 한 결론"(1972. 10. 23~26.), 『김일성 전집』 49, 조선로동당출판사, 2003, pp.484-486.
17 김일성, "수산업을 발전시켜 물고기를 더 많이 잡자"(1978. 2. 14.), 『김일성 저작집』 33, 조선로동당출판사, 1987, p.90.
18 김일성, "조선로동당 중앙위원회 제5기 제5차 전원회의에서 한 결론"(1972. 10. 23~26.), 『김일성 전집』 49, 조선로동당출판사, 2003, pp.466-468. 1977년 11월 당시에도 달걀 1개

는 17전이었다. 몇 년 동안 가격의 변동이 없었던 것이다. 메추리알 하나는 5전, 메추리고기 1kg은 6원 50전이었다. 김일성, "메추리알과 고기를 많이 생산하자"(1977. 11. 15.), 『김일성 전집』 65, 조선로동당출판사, 2006, p.170.

19 김일성, "가격의 일원화 방침을 관철하는 데서 나서는 몇 가지 문제에 대하여"(1971. 3. 26.), 『김일성 저작집』 26, 조선로동당출판사, 1984, pp.124-127.; 김일성, "조선로동당 중앙위원회 제5기 제2차전원회의 확대회의에서 한 결론"(1971. 4. 19~26.), 『김일성 저작집』 26, 조선로동당출판사, 1984, p.167.

20 김일성, "조선로동당 중앙위원회 제5기 제5차 전원회의에서 한 결론"(1972. 10. 23~26.), 『김일성 전집』 49, 조선로동당출판사, 2003, p.469.

21 김일성, "조선로동당 중앙위원회 제5기 제5차 전원회의에서 한 결론"(1972. 10. 23~26.), 『김일성 전집』 49, 조선로동당출판사, pp.468-469.

22 김일성, "인민들에게 고기와 기름을 공급하는 사업을 더 잘 할 데 대하여"(1977. 12. 1.), 『김일성 전집』 49, 조선로동당출판사, 2006, pp.251-254.

23 김일성, "인민생활과 경제사업에서 당면하게 제기되는 몇 가지 과업에 대하여"(1976. 11. 30., 12. 6.), 『김일성 저작선집』 60, 조선로동당출판사, 2005, pp.365-367.

24 김일성, "정무원사업을 개선하며 중앙인민위원회 경제위원회의 기능과 역할을 높일 데 대하여"(1977. 6. 22.), 『김일성 전집』 63, 조선로동당출판사, 2006, p.128.

25 김정일, "전당이 동원되여(되어) 70일전투를 힘있게 벌리(벌이)자"(1974. 10. 9.), 『김정일 선집』 7, 조선로동당출판사, 2011, pp.15-23.

26 고형창, "(방문기) 은혜로운 해빛(햇빛) 아래 누리는 끝없는 행복", 『로동신문』, 1976. 12. 6.

27 김일성, "우리나라의 정세와 재일본 조선청년동맹의 과업에 대하여"(1974. 9. 24.), 『김일성 저작선집』 7, 조선로동당출판사, 1978, p.106.

28 나능걸, "(방문기) 복받은 우리의 꽃봉오리들", 『로동신문』, 1976. 6. 14.

29 성혜랑, 『등나무집』, p.352.

30 위의 책, pp.344-345.

31 김정일, "예술작품은 창작가의 열정과 탐구의 열매이다"(1971. 10. 16.), 『김정일 선집』 4, 조선로동당출판사, 2010, p.178.

32 이용운, "화선 천리길을 헤쳐 싸운 그 투지로", 『로동신문』, 1978. 2. 7.

33 특파기자, "(동승기) 우리 렬차원, 우리 선동원", 『로동신문』, 1978. 4. 9.

34 김일성, "평양시 사동구역 장천협동농장 일군들과 한 담화"(1973. 1. 12.), 『김일성 전집』 50, 조선로동당출판사, 2003, pp.352, 360.

35 김일성, "농업생산에서 일대 전환을 일으키기 위하여"(1973. 1. 17, 22~24.), 『김일성 전집』 50, 조선로동당출판사, 2003, pp.365~366. 1973년과 1974년에는 다시 풍년이 들었다. 김일성, "근로단체 사업을 개선 강화하기 위한 몇 가지 대책에 대하여"(1974. 1. 3.), 『김일성 전집』 53, 조선로동당출판사, 2004, p.372.; 김일성, "한랭전선의 영향을 이겨내기 위한 연구사업을 강화하여야 한다"(1975. 1. 8.), 『김일성 전집』 56, 조선로동당출판사, 2004, p.148.

36 김일성, "농업생산에서 일대 전환을 일으키기 위하여"(1973. 1. 17, 22~24.), 『김일성 전집』 50, 조선로동당출판사, 2003, p.397.

37 김광식, "샘소강에 민물고기 욱실거린다", 『로동신문』, 1972. 10. 31.

38 김일성, "자강도 인민들의 후방공급사업을 개선하기 위한 몇 가지 과업에 대하여"(1971. 2.

28.), 『김일성 저작집』 26, 조선로동당출판사, 1984, pp.84-85.
39 김일성, "가금업을 더욱 발전시킬 데 대하여"(1970. 3. 31.), 『김일성 저작집』 25, 조선로동당출판사, 1983, pp.87-88.
40 김일성, "축산업을 발전시키는 데서 나서는 몇 가지 과업에 대하여"(1985. 5. 20.), 『김일성 전집』 81, 조선로동당출판사, 2009, p.367.; 김일성, "당중앙위원회 정치위원회, 중앙인민위원회 련합회의에서 한 결론"(1977. 6. 21.), 『김일성 전집』 63, 조선로동당출판사, 2006, pp.102-103.
41 김일성, "인민생활을 높이는 데서 나서는 몇 가지 문제에 대하여"(1971. 10. 1.), 『김일성 저작집』 26, 조선로동당출판사, 1984, pp.361-362.
42 김일성, "농업생산에서 일대 전환을 일으키기 위하여"(1973. 1. 17, 22~24.), 『김일성 저작집』 28, 조선로동당출판사, 1984, p.64.
43 김일성, "평양시, 평안남도 농촌경리부문 앞에 나서는 당면한 몇 가지 과업에 대하여"(1975. 3. 31.), 『김일성 저작집』 30, 조선로동당출판사, 1985, p.202.
44 김일성, "알곡생산을 늘이(늘리)기 위하여 나서는 몇 가지 문제에 대하여"(1970. 12. 19.), 『김일성 저작집』 25, 조선로동당출판사, 1983, p.453.
45 김일성, "농업위원회의 역할을 높이며 평양시 공급사업을 잘 할 데 대하여"(1977. 11. 5.), 『김일성 전집』 65, 조선로동당출판사, 2006, p.57.
46 김일성, "수매사업을 개선 강화할 데 대하여"(1978. 2. 7.), 『김일성 저작집』 33, 조선로동당출판사, 1987, p.70.
47 양운철 외, 『통계로 보는 남북한 변화상 연구: 북한연구자료집』, 세종연구소, 2011, p.117.
48 사회과학원, 『조선전사』 33, 과학·백과사전출판사, 1982, pp.67-70.
49 김영재, "먹는 기름 문제 해결에서 큰 성과", 『로동신문』, 1972. 10. 7.
50 사회과학원, 『조선전사』 32, 과학·백과사전출판사, 1981, p.383.
51 김일성, "중앙인민위원회, 정무원 련합회의에서 한 결론"(1978. 1. 16.), 『김일성 전집』 66, 조선로동당출판사, 2006, p.50.
52 김일성, "조선로동당 제5차대회에서 한 중앙위원회 사업총화 보고"(1970. 11. 2.), 『김일성 저작선집』 5, 조선로동당출판사, 1972, p.477.
53 사회과학원, 『조선전사』 32, p.384.
54 이규정, "수령의 교시를 심장으로 받들고 농촌전기화에서 이룩된 커다란 혁신", 『로동신문』, 1970. 1. 26.
55 김일성, "농촌경리를 더욱 강화 발전시킬 데 대하여"(1973. 1. 8~9.), 『김일성 전집』 50, 조선로동당출판사, 2003, p.322.
56 남북회담수행기자단, 『분단의 장벽을 뚫고: 기자들이 본 북한』, p.53.
57 오순애, "정말 꿈만 같았습니다", 『인민들 속에서』 83, 조선로동당출판사, 2009, pp.162-163.
58 노명주, "농민들의 수고를 덜어주시려고", 『인민들 속에서』 45, 조선로동당출판사, 1990, pp.112-117.
59 최금선, "손잡아 이끌어주신 따뜻한 사랑", 『인민들 속에서』 50, 조선로동당출판사, 1992, p.282.
60 이봉원, "농업생산에서 허풍과 요령주의를 극복하도록", 『인민들 속에서』 49, 조선로동당출

판사, 1991, pp.12-13.
61 김일성, “《전진호》 뜨락또르를 더 많이 생산하자”(1972. 10. 10.), 『김일성 전집』 49, 조선로동당출판사, 2003, p.420.
62 김일성, “농촌경리를 더욱 강화 발전시킬 데 대하여”(1973. 1. 8~9.), 『김일성 전집』 50, 조선로동당출판사, 2003, p.299.
63 김일성, “올해 농사경험을 살려 더 많은 알곡을 생산하자”(1973. 11. 5.), 『김일성 전집』 53, 조선로동당출판사, 2004, p.201.
64 김일성, “우리당의 수산정책을 철저히 관철하자”(1976. 11. 14~15.), 『김일성 전집』 60, 조선로동당출판사, 2005, p.309.
65 김일성, “개성시 당사업과 경제사업에서 풀어야 할 몇 가지 문제에 대하여”(1971. 1. 11.), 『김일성 전집』 46, 조선로동당출판사, 2002, p.17.
66 이봉원, “농업생산에서 허풍과 요령주의를 극복하도록”, 『인민들 속에서』 49, 조선로동당출판사, 1991, p.19.
67 변창복, “당의 농업정책이 옳게 실현되도록”, 『인민들 속에서』 65, 조선로동당출판사, 2005, p.46.
68 강현수, “더 좋은 농촌문화주택을 지어주시려고”, 『인민들 속에서』 50, 조선로동당출판사, 1992, pp.139-149.
69 김일성, “리당비서들의 임무에 대하여”(1974. 1. 14.), 『김일성 저작선집』 7, 조선로동당출판사, 1978, p.36.
70 김일성, “리당비서들의 임무에 대하여”(1974. 1. 14.), 『김일성 저작선집』 7, 조선로동당출판사, 1978, p.31.
71 임창걸, “어버이 사랑은 먼 바다 어로공들의 생활에도”, 『인민들 속에서』 97, 조선로동당출판사, 2011, pp.121-122.
72 김일성, “교육사업에서 사회주의 교육학의 원리를 철저히”(1971. 12. 27.), 『김일성 저작선집』 6, 조선로동당출판사, 1974, p.215.
73 김일성, “물고기를 많이 잡아 인민들에게 정상적으로 공급하기 위한 몇 가지 대책에 대하여”(1972. 3. 18.), 『김일성 전집』 48, 조선로동당출판사, 2003, pp.224-225.
74 방갑철, “세소어업을 적극 벌려 많은 문어를 잡아낸다”, 『로동신문』, 1974. 6. 17.
75 강용길, “우리 상점에 남기신 사랑의 자욱”, 『인민들 속에서』 84, 조선로동당출판사, 2009, pp.168-173.
76 김일성, “조선로동당 중앙위원회 제5기 제5차 전원회의에서 한 결론”(1972. 10. 23~26.), 『김일성 전집』 49, 조선로동당출판사, 2003, p.470.
77 김일성, “경공업 부문에서 사상혁명, 기술혁명, 문화혁명을 힘 있게 벌리(별이)기 위하여”(1973. 1. 31.), 『김일성 저작집』 28, 조선로동당출판사, 1984, pp.94-95.
78 김일성, “야금공업의 자립성을 강화하며 농업생산을 늘릴 데 대하여”(1976. 8. 13~14, 16.), 『김일성 전집』 60, 조선로동당출판사, 2005, pp.51-52.
79 김일성, “물고기 공급체계를 바로세우며 평양시의 닭알 생산을 추켜세울 데 대하여”(1977. 4. 1.), 『김일성 전집』 62, 조선로동당출판사, 2006, pp.11-12.
80 김일성, “인민생활을 책임지고 돌볼 데 대하여”(1977. 3. 8.), 『김일성 전집』 61, 조선로동당출판사, 2005, p.422.

81 김일성, "새로 임명된 정무원 부총리와 한 담화"(1977. 7. 1.), 『김일성 전집』 63, 조선로동당출판사, 2006, pp.198-199.

82 김일성, "지방공업을 발전시켜 인민소비품 생산에서 새로운 전환을 일으키자"(1970. 2. 27.), 『김일성 저작집』 25, 조선로동당출판사, 1983, pp.42-44.

83 손익천, "온 나라 학생들의 학부형이 되시여", 『인민들 속에서』 79, 조선로동당출판사, 2009 pp.126-128.

84 김일성, "지방공업을 발전시켜 인민소비품 생산에서 새로운 전환을 일으키자"(1970. 2. 27.), 『김일성 저작집』 25, 조선로동당출판사, 1983, p.53.; 김일성, "전반적 10년제 고중의무교육을 실시하기 위하여 나서는 몇 가지 과업"(1972. 7. 6.), 『김일성 저작집』 27, 조선로동당출판사, 1984, p.363.

85 김일성, "전반적 10년제 고중의무교육을 실시하기 위하여 나서는 몇 가지 과업"(1972. 7. 6.), 『김일성 저작집』 27, 조선로동당출판사, 1984, pp.366-367.

86 김창해, "안악의 공산주의자 붉은 보육원들", 『로동신문』, 1970. 1. 24.

87 김애영, "고마운 보건제도를 생각할 때면", 『인민들 속에서』 95, 조선로동당출판사, 2011, pp.115-117.

88 김일성, "교육사업에서 사회주의 교육학의 원리를 철저히"(1971. 12. 27.), 『김일성 저작선집』 6, 조선로동당출판사, 1974, p.207.

89 홍건의, "인민들의 건강을 위한 일에서는 작은 일이 따로 없소", 『인민들 속에서』 40, 조선로동당출판사, 1987, pp.255-260.

90 김정일, "병원관리운영사업을 개선 강화할 데 대하여"(1976. 5. 1.), 『김정일 선집』 7, 조선로동당출판사, 2011, pp.440-446.

91 김일성, "당원들과 근로자들 속에서 조국보위에 대한 의무감을 더욱 높이며 인민군대의 전투대렬(대열)을 튼튼히 꾸릴 데 대하여"(1977. 7. 29.), 『김일성 전집』 63, 조선로동당출판사, 2006, p.299.; 김일성, "기능공 양성과 학교교육사업에서 제기되는 몇 가지 문제"(1977. 12. 28.), 『김일성 전집』 65, 조선로동당출판사, 2006, p.547.

92 김일성, "교육부문 일군협의회에서 한 연설"(1977. 10. 1.), 『김일성 전집』 64, 조선로동당출판사, 2006, p.301.

93 김일성, "제2차 7개년계획 초안 수정보충 방향에 대하여"(1977. 8. 10~11.), 『김일성 전집』 63, 조선로동당출판사, 2006, p.406.

94 김일성, "교육부문 일군협의회에서 한 연설"(1977. 10. 1.), 『김일성 전집』 64, 조선로동당출판사, 2006, p.302.

95 유난옥(함경북도 무산 출신. 1961년생) 인터뷰, 2019년 1월 17일, 전주.

96 김일성, "혁명적 동지애에 기초한 단결은 인민군대의 불패의 힘의 원천이다"(1973. 2. 8.), 『김일성 저작선집』 6, 조선로동당출판사, 1974, p.414.

97 김일성, "인민군대의 후방사업을 개선하기 위한 몇 가지 문제에 대하여"(1976. 7. 6.), 『김일성 전집』 59, 조선로동당출판사, 2005, pp.434-438.; 김일성, "사회주의 경제건설에 대한 당적 지도를 더욱 강화할 데 대하여"(1979. 2. 6.), 『김일성 전집』 69, 조선로동당출판사, 2007, p.148.; 김일성, "동의학을 발전시킬 데 대하여"(1979. 2. 27.), 『김일성 전집』 69, 조선로동당출판사, 2007, p.179.

98 허영식, "나는 왜 조선노동당을 깨끗이 버렸나", 2006년 2월 3일, 탈북자동지회 홈페이지

(http://nkd.or.kr) '탈북자수기' 코너.

99 이성우, "나의 탈북동기는 도둑질", 2012년 11월 25일, 탈북자동지회 홈페이지(http://nkd.or.kr) '탈북자수기' 코너.

100 한왕규, "간석지벌에 생겨난 국영 3월3일농장", 『인민들 속에서』 54, 조선로동당출판사, 1996, pp.129-136.

101 "제대 군인 취업 보장 사업을 정확히 집행하기 위하여", 『로동』, 1958년 4월호, p.42.

102 남정화, "붉은청년근위대 시절을 생각할 때마다", 『인민들 속에서』 77, 조선로동당출판사, 2008, pp.186-191.

103 유난옥(함경북도 무산 출신. 1961년생) 인터뷰, 2019년 1월 17일, 전주.

104 김일성, "조선로동당 중앙위원회 정치위원회에서 한 결론"(1971. 3. 15~16.), 『김일성 전집』 46, 조선로동당출판사, 2002, p.228.

105 김일성, "평양시민들의 생활을 높이기 위한 몇 가지 과업에 대하여"(1970. 12. 3.), 『김일성 전집』 45, 조선로동당출판사, 2002, pp.339, 344, 364.

106 김일성, "평양시민들의 생활을 높이기 위한 몇 가지 과업에 대하여"(1970. 12. 3.), 『김일성 전집』 45, 조선로동당출판사, 2002, p.341.

107 남북회담수행기자단, 『분단의 장벽을 뚫고: 기자들이 본 북한』, p.47.

108 김일성, "평양시민들의 생활을 높이기 위한 몇 가지 과업에 대하여"(1970. 12. 3.), 『김일성 전집』 45, 조선로동당출판사, 2002, pp.378-379.

109 김일성, "평양시가 정치, 경제, 문화의 모든 면에서 전국의 모범이 될 데 대하여"(1974. 5. 20.), 『김일성 전집』 54, 조선로동당출판사, 2004, pp.211-221.

110 김정일, "평양지하철도를 현대적으로 훌륭히 건설할 데 대하여"(1965. 9. 6.), 『김정일 선집』 2, 조선로동당출판사, 2009, pp.121-122.

111 김일성, "청진시 건설에서 나서는 몇 가지 문제에 대하여"(1976. 4. 7.), 『김일성 전집』 59, 조선로동당출판사, 2005, p.40.

112 김일성, "정무원사업을 개선하며 중앙인민위원회 경제위원회의 기능과 역할을 높일 데 대하여"(1977. 6. 22.), 『김일성 전집』 63, 조선로동당출판사, 2006, p.121.

113 김일성, "새로 임명된 정무원 부총리와 한 담화"(1977. 7. 1.), 『김일성 전집』 63, 조선로동당출판사, 2006, p.200.

114 김일성, "농업생산에서 결정적 전환을 이룩하며 철강재 생산을 정상화할 데 대하여"(1978. 6. 26.), 『김일성 전집』 67, 조선로동당출판사, 2006, pp.319-320.

※ 392쪽 사진은 美하버드대 옌칭도서관에서 사전 승인을 받고 촬영한 것이다.

1980~

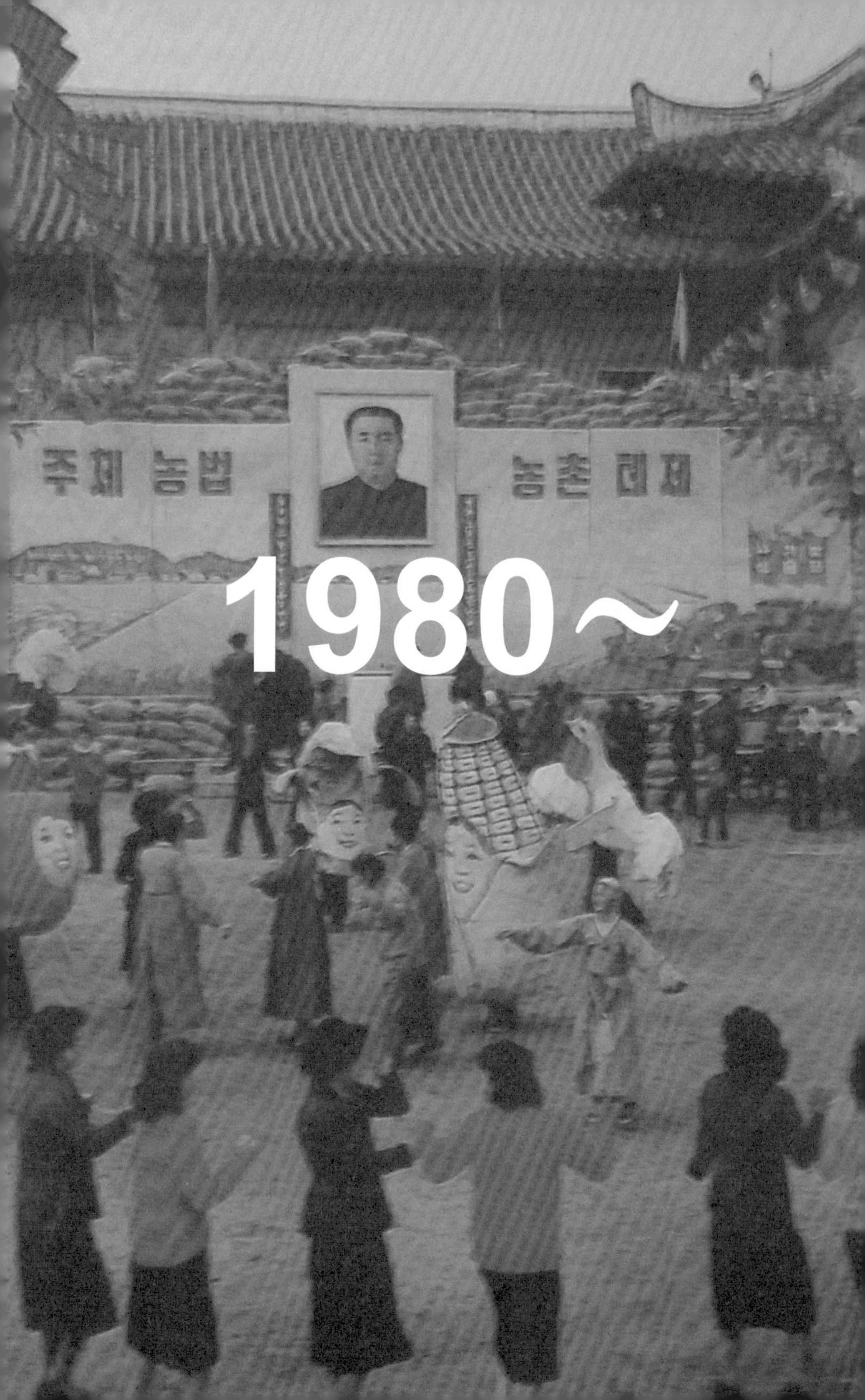

제5장

모자라는 생필품, 재활용의 경제

부업장려와 자투리 활용 운동

'스스로 생활 개선' 장려

1980년 당시 북한 주민들의 평균수명은 73살이었다. 남자는 70살, 여자는 76살이었다[1](1982년에는 평균수명이 74살이 되었다[2]).

1980년대 중반쯤에는 각 도에 맥주공장이 하나씩 건설되어 보리를 원료로 하는 다양한 맥주를 생산했다.[3] 인민생활의 향상을 지향한 조치라고 할 수 있겠다.

하지만 1980년대 전반의 경제상황은 좋지 못했다. 특히 곡물생산량이 줄었다. 1981년 김일성도 이를 직접 언급하면서 "일시적인 난관"이라고 설명하기도 했다.[4] 그래서 북한은 인민생활을 좀 더 향상시키기 위한 조치로 1981년 1월 인민생활지도위원회를 설치했다. 인민생활 향상 사업을 정무원에 맡겼는데 잘 안되고 있다는 김일성의 판단에 따른 조치였다. 생활수준을 높이는 작업이 그만큼 성과가 없었던 것이다. 위원장은 김일 부주석이 맡았고, 그 아래 부위원장에는 정무원 총리와 당 제2경제사업 담당 비서가 임명되었다. 그 아래에는 상무조 성원으로, 국가계획위원장과 경공업 담당 부총리, 수산업 담당 부총리, 농업 담당 부총리가 임명되었다. 그다음으로 위원에는 정무원의 화학공업부장과 방직공업부장, 식료일용공업부장, 지방공업부장, 농업위원장, 수산위원장, 인민봉사위원장, 도시경영부장, 무역부장, 그리고 당 농업사업부장이 임명되었다. 이 위원회는 1982년 말까지 인민생활을 눈에 띄게 발전시키는 것을 목표로 하고 있었다. 대규모 조직으로 농업과 수산업, 경공업을 획기적으로 증진시켜 인민들의 먹고 입는 문제를 해결하려 한 것이다.[5]

하지만 인민생활은 쉽사리 향상되지 않았다. 부식물 공급도 잘되지 않아 북한의 많은 민중은 여전히 불편한 생활을 하고 있었다.[6]

그런 가운데서도 아프리카의 탄자니아에 옥수수를 원조하기도 했다.[7] 1970년대 시작된 아프리카 원조를 1980년대에도 계속하고 있었던 것이다. 식량원조뿐만 아니라 탄자니아, 기니, 모잠비크 등 아프리카 여러 나라에 쟁기와 가래 등 농기구 사용법, 소 활용법 등 농업기술을 전해 주고 의료인력도 파견하며 아프리카 국가들과의 관계를 강화하고 있었다. 이러한 활동을 통해 제3세계에서 김일성의 지도력을 확보하고 남한과의 경쟁에서 우위를 차지하려 한 것이다.

1984년에는 상황이 조금 더 나빠졌다. 김일성은 1984년 1월 정무원에서 연설을 하면서 "최근년간에 알곡생산이 많이 늘어나지 못하고 있습니다"라며 식량생산에 문제가 있음을 인정했다.[8] 어려운데도 외부적으로는 계속해서 발전하고 있다고 호언해 온 전례에 비추어 보면, 이 정도로 어려움을 호소하는 것은 매우 상황이 좋지 않았음을 의미한다.

어려움을 타개하는 방안의 하나로 북한 당국은 개인부업을 장려했다. 농민들에게 돼지, 닭 등 집짐승을 길러 농민시장에서 팔도록 했다. 어민들에게도 새우나 털게 등을 날 것으로, 또는 굽거나 삶아서 팔게 했다. 또 구두를 고치는 기술이 있는 사람은 구둣방을 차려 놓고 부업을 하도록 했다.[9] 각자가 할 수 있는 일을 적극적으로 해서 생활을 스스로 개선하도록 장려한 것이다. 자본주의가 되살아난다고 우려하는 의견도 있었지만,

그런 목소리보다는 개인부업을 해서라도 생활을 할 수 있도록 해야 한다는 주장에 힘이 더 실렸다.

보건환경과 관련해 1983년 말 현재 북한 인구 1만 명당 의사의 수는 24명이었다. 병원 침대 수는 1만 명당 130개였다.[10] 당시 남한은 1만 명당 의사 수가 5명이었다. 24명은 오스트리아와 같은 수준이었다. 의사 수에 있어서는 선진국에 버금가는 수준을 유지하고 있었던 것이다.[11]

8·3운동

북한의 공업은 중공업 중심, 군수 중심으로 운영되어 왔다. 2015년의 산업구조를 보면, 제조업 20.4%(중공업 13.4%, 경공업 7%), 농림어업 21.6%, 서비스업 32.2%이었다. 1992년 상황을 보면, 제조업 24.6%(중공업 18.3%, 경공업 6.3%), 농림어업 28.5%, 서비스업 23.5%의 비중이었다. 그 이전의 상황도 제조업 가운데 중공업이 차지하는 비중이 높은 것은 마찬가지였다. 인민들의 생활필수품을 생산하는 경공업이 미진한 만큼 인민들이 생활필수품을 구하는 데 어려움을 겪지 않을 수 없었다. 이런 점을 인식한 북한 당국은 1984년에 새로운 조치를 시행한다. 김정일 국방위원장이 1984년 8월 3일 평양시 경공업 제품 전시장을 둘러보면서, 그 자리에서 폐자재, 부산물을 이용한 생활필수품 생산운동을 군중 차원으로 벌이라고 지시했다. 이후 폐자재와 부산물을 이용한 경공업제품 생산증대와 이렇게 만들어진 제품의 품질향상을 위한 대대적인 운동이 벌어진다. 이른바 '8·3 인민소비품 생산운동'이다. 줄여서 '8·3운동'이라고도 한다.

이 운동에 따라 기존의 경공업 공장들은 자투리를 이용한 생산시스템을 체계화했다. 피복공장에서 옷을 만들고 남은 천으로는 러닝셔츠나 어린이 옷을 만들고, 교구제품 가공공장에서 목재 자투리를 모아 붙여서 작은 책상이나 의자를 만들어 내는 식이 된 것이다. 대부분의 생산 현장에 '8·3작업반'이라는 생산라인이 따로 생겨 생필품 생산에 힘을 기울였다. 모든 시·군에(평양에는 구역마다) '8·3 인민소비품 직매점'을 만들어 생산된 생필품이 제대로 공급되도록 관심을 쏟았다. 평양시 인민위원회에는 8·3운동을 관장하는 '8·3국'이 신설되었고, '8월3일 인민소비품 생산 모범군 칭호'도 제정해 시상하기도 했다.

평양의 낙랑구역에도 직매점이 생겼는데, 2층 규모였다. 1층에서는 가정용품과 화장품, 학용품, 일용잡화, 식료품 등이, 2층에서는 섬유제품, 장식품, 꽃 등이 판매되었다. 직매점에는 초급당비서와 지배인, 구입지도원, 부기지도원, 부기원, 계산원, 판매원 등이 근무했다. 직원들은 물건을 판매할 뿐만 아니라 낙랑영예군인공장 등 생산공장에 직접 나가 품질향상을 위한 방안을 조언하기도 했다.[12]

하지만 경공업 발전은 구호와 노력동원 위주로 추진하는 경향이었고, 중공업, 군수공업 위주의 산업발전 전략을 근본적으로 변화시키지는 않았다. 전력난은 지속되었고, 석탄을 이용해 경공업을 활성화시키려는 전략으로 인해 에너지 효율성 높은 경공업 공장들을 건설하는 데 실패했다. 내부자원을 동원하는 데에도 한계가 있었다. 경공업 발전을 위해서는 지속적인 원자재공업의 발전도 함께 이루어져야 하는데, 그런 부분도 이루어지지 않았다. 그 바람에 북한은 여전히 경공업 낙후 상태를 벗어나지 못하고 있었다. 민중들의 실생활은 그만큼 불편할 수밖에 없었다.

농촌보다는 도시 선호

근로자들 기능 수준에 따라 다른 월급

쉽지 않은 조건 속에서도 근로자들의 생활은 일정 정도 개선되고 있었다. 남포에 있는 대안중기계종합공장은 전동기와 변압기 등을 만들어 내는 북한의 대표적 전기기계공장이다. 1981년 당시 약 8,000명의 노동자가 8시간씩 2교대로 근무하고 있었고, 그중 40%는 여성이었다. 노동자들의 월급이 모두 같지는 않았다. 초임은 70원(35달러)이었고, 고급 기술자와 최고 관리자는 130원(65달러)을 받았다. 최하급과 최고위층의 월급이 크게 차이 나는 것은 아니었지만, 차별급료제도가 채택되고 있었다. 당시 중국의 대표적인 공장에서는 80위안(47달러)에서 150위안(88달러)까지의 월급이 지급되고 있었는데, 이와 비슷한 차별급료제가 북한에서도 시행되고 있었던 것이다. 당시 김일성종합대학 교수들의 월급은 초임강사의 경우 100원, 정교수는 150원이었다. 평양의 고급병원에 근무하는 의사는 초급은 120원, 상급은 250원의 월급을 받았다. 정부관리의 경우는 하급은 90원, 장관급은 300원이었다.[13]

소설이나 시를 쓰는 작가들의 경우 150원 정도의 월급을 받았다. 작품

하나를 탈고하면 원고료를 따로 받았다. 수만 원이 되는 경우도 있었다. 이런 경우에는 건설사업장 노동자의 간식비 등으로 대부분 원고료를 내놓았다. 인세는 따로 받지 않았다. 1970년대에 인세를 국가에 반납하는 운동이 일어난 이후 받지 않는 것으로 되었다.[14]

미숙련공과 숙련공 사이, 근로자와 인텔리 사이 월급 차이가 아주 크다고 할 정도는 아니었다. 하지만 월급 이외의 다른 혜택을 고려하면 근로자와 인텔리 사이의 차이는 꽤 컸다. 교수와 관료, 예술인 등은 월급 외의 다른 혜택이 근로자에 비해 많았다. 김일성종합대학의 박사 교수들은 대학의 차를 이용할 수 있었고, 고위관료들에게도 벤츠 등 고급차가 지급되었다. 예술인도 인민배우 등의 칭호를 받게 되면 승용차가 주어졌다.[15] 중견 이상의 작가들에게는 혼자 쓰는 창작실이 제공되었고, 신인급들은 둘이서 창작실 하나를 사용했다. 평양 인근 대동저수지, 서해 바닷가를 비롯해 각 지방에 창작기지가 마련되어 있었다. 중견 이상의 작가들에게는 개인당 또는 두 사람당 한 대의 승용차가 배당되었다.[16]

많은 월급이나 큰 혜택을 받지는 못했지만, 일반 노동자와 사무원들의 생활이 그다지 어려운 형편은 아니었다. 여전히 싼값에 쌀을 배급받고 있었다. 1kg에 8전을 냈다. 1960년대와 같은 가격이었다. 수송비로 8전을 내는 것이었다. 국가에서 농민들로부터 수매할 때에는 킬로그램당 60전이었다.[17] 북한 정부는 60전에 사서 8전에 파는 것이었다. 쌀을 배급받아 밥을 해서 먹는 사람들도 있었고, 밥공장에서 밥을 사서 먹는 사람들도 있었다. 국과 반찬도 식료품상점에 많이 의존했다. 평양 서쪽 서성구역에 있는 서산식료상점의 경우도 아침 일찍 따뜻한 국을 만들어 반찬과 함께 팔았고, 근로자들이 이른 아침부터 사러 왔다. 아침에 반찬을 주문해 놓았다가 퇴근길에 찾아가는 근로자들도 많았다. 필요한 것을 집으로 배달시킬 수도 있었다. 이를 '송달판매'라고 했다. 적극적인 상점

들은 결혼과 같은 경사가 있는 집을 미리 파악해 필요한 물품을 배달해 주기도 했다.[18]

맥주 한 병에 1원, 소주 한 병은 2원 50전이었다. 담배는 금강산이 1원, 황별이 1원 20전이었다. 닭고기는 1kg에 4원 55전, 쇠고기와 돼지고기는 7원 50전으로 비쌌다. 겨울내의는 한 벌에 35원, 손목시계는 120원, 자전거는 160원, 라디오는 250원, 흑백 TV는 500원이었다.[19] 생활에 꼭 필요한 물품들은 싼 편이었지만, 삶의 질을 한 단계 높이는 데 필요한 것들에는 아주 높은 값이 매겨져 있었다.

1989년 당시 평안남도 순천의 순천비날론연합기업소 근로자들의 생활을 보면, 미혼자들은 기숙사를 이용했는데 한 방에 이층침대 2개를 놓고 4명이 생활했다. 기숙사는 무료였다. 근무는 하루 8시간이었고, 일과 후 공장 내에 설립되어 있는 대학, 즉 공장대학으로 가서 공부하는 사람들이 많았다. 학교수업은 밤 9~10시까지 계속되었다. 강의가 없는 날은 보통 문예서클 활동에 참가했다. 토요일은 오전까지만 일하고 오후에는 사회주의노동청년동맹 활동에 참가했다.[20]

공장의 노동자들은 사회주의 건설의 전사로 사력을 다할 것을 계속 독려받고 있었다. 평안남도 강서군에 있는 강서제강소의 현장 모습을 보면, 작업장에는 하루 생산량을 표시하는 자동표지판이 설치되어 있었다. 생산량의 변화에 따라 숫자가 계속 변하는 시스템이었다. 공장의 게시판에는 '전투속보'라는 이름으로 작업성과가 계속 나붙었다. "최고기록 돌파! 선재1교대 전투원들 하루계획보다 20톤 더 생산", "숨은 노력가 조종공 홍순국 동무, 로라운전공 도와 두 몫 수행" 등의 속보가 게시되는 것이다. 현장에 설치된 스피커를 통해서는 방송원들의 열띤 목소리가 계속 울려 퍼졌다. "대고조의 봉화를 높이 추켜든 우리 압연공들이 충성심을 발휘할 때가 왔다. 더 많이 증산하고 더 많이 절약하여 강철

고지를 앞당겨 점령하자" 등의 내용이 작업 현장에 계속 전해지고 있었다.[21] "노력 또 노력, 증산 또 증산"의 분위기 속에서 노동자들은 계속 분투노력을 다해야 하는 상황이었다.

일과 후엔 한잔

낮에는 증산운동에 적극 참여하고, 퇴근 후에는 집으로 가는 사람도 있지만, 가까운 동료들끼리 한잔하는 경우도 있는데, 이는 남한과 크게 다르지 않았다. 평양의 밤거리를 걷다 보면 팔짱을 끼고 걷는 연인들도 볼 수 있지만, 하루의 노고를 술로 달래는 취객들도 만날 수 있었다. 1988년 12월 평양을 방문한 재미교포 기자의 눈에 띈 두 남자는 술에 취한 채 골목길 담벽에 함께 방뇨를 하고 직장에서 있었던 일로 울분을 토하기도 했다. 또 다른 취객은 지하도를 내려가다 주저앉아 토하고 있었는데, 동료가 등을 두드려 주고 있었다. 이를 발견한 안전원(경찰관)은 "술은 안 취할 만큼 마셔야제. 무슨 짓들이야. 빨리 일어나 집으로 가라우"라고 나무란 뒤 귀가하도록 했다.[22]

소설이나 시를 쓰는 작가들도 탈고를 하거나 책이 발간되면 남한의 경우와 비슷하게 동료들끼리 어울려 술을 마시고 마음이 맞으면 2차 3차까지 했다고 하는데,[23] 노동자들도 술로 시름을 달래는 경우가 많았던 것이다. 사람이 사는 모습은 북이나 남이나 그다지 다르지 않았던 것이다.

백화점에서 산 구두가 마음에 들지 않은 어떤 여성은 교환을 요구하기도 했고, 입으로 바람을 내 앞머리를 날리게 하는 여성들도 있었다. 1980년대 말 남자들에게는 장발이 유행이었다.[24] 일터에서 나름 일하고, 그 속에서 부대끼다가 울분이 생기기도 하고, 그런저런 것을 술로 풀기도 하고, 그러다 보면 거리에 쓰러지기도 하고, 여성들은 예쁘게 남성들은 멋있게 보이고 싶어 하는 평범한 인간의 모습들은 통제 속에서만 굴러가는 듯이 보이는 북한에서도 쉽게 관찰할 수 있었던 것이다. 또 북한 당국은 그런 인간사 깊숙한 곳까지 일일이 간섭하진 않고 있었던 것이다.

근로자들의 생활향상은 북한 정권이 지속적으로 지대한 관심을 두는 부분이다. 특히 북한의 상징 평양에서 생활하는 근로자들은 외국 방문객에게는 북한의 표준으로 여겨지기 때문에 관심을 두지 않을 수 없다. 1989년에는 세계청년학생축전이 평양에서 열려 외국 방문객이 많았다. 그래서 북한은 청년학생축전을 위해 능라도5.1경기장, 평양국제영화회관, 동평양대극장, 평양교예극장, 양각도축구경기장, 만경대소년학생궁전 등 대규모 경기장과 공연장 등을 만들면서 광복거리 등에 대규모 현대식 주택단지도 건설했다. 이러한 새로운 주택단지에 근로자들이 살도록 했다.

사무기관에서 오래 일하다 정년퇴직한 한병희라는 사람은 연로보장(연금)으로 생활하고 있었다. 첫째 아들은 김종태전기기관차연합기업소의 지도원이었고, 둘째 아들은 평양피아노합영회사 노동자였다. 셋째 아들은 군인이었고, 넷째 아들은 평양중구종합주택건설사업소 노동자였다. 두 딸도 노동자로 일하고 있는 노동자 가족이었다. 한병희도 1989년 10월 광복거리에 주택을 하나 배정받았다. 배정받은 집은 가구도 모두 새것이었다. 창문, 장판, 부엌의 개수대 등도 새것이었다. 한병희의 아내는 "부엌에 들어서면 떠나고 싶질 않다니까요"라고 말할 정도였다.[25]

그런가 하면 평양 시내에 새로 지은 아파트 가운데는 난방이 안되고 온수가 안 나오는 경우도 적지 않았다. 18평 정도로 3~4인 가족이 사는 아파트가 그런 경우가 많았다. 그래서 겨울철에도 이불을 개지 못하고 펴놓고 살다시피 하는 집들이 있었다.[26] 이렇게 좋아지는 측면도 부족한 측면도 동시에 존재하는 것이 1980년대 북한 근로자들의 생활상이었다.

유원지도 가고 영화도 보고

퇴근 후나 쉬는 날에는 공원이나 유원지, 동물원 등을 찾아 휴식을 취하는 근로자들이 많았다. 강이나 호수에 나가 낚시질을 하는 경우도 많았다. 평양의 보통강에도 낚시꾼들이 많았다. 장기와 주패놀이(트럼프) 등의 오락을 즐기기도 했다. 그네뛰기, 활쏘기, 윷놀이 등 민속놀이도 휴일을 보내는 오락으로 애용되었다.[27] 영화관도 많이 생겨 1980년에 제작된 '춘향전', 1985년에 만들어진 '불가사리' 등이 인기리에 상영되었다. 평안북도 삭주군 판막구에 살던 최광애도 신장염으로 입원했을 당시 몰래 나가 영화관에서 영화를 봤던 기억을 가지고 있다. 당시 판막구에 있던 영화관에서는 한 달에 한 번 정도 영화를 상영했는데, 그때마다 장사진을 이뤘다고 한다. 영화표 한 장은 10전이었다. 최광애의 기억에 남아있는 또 하나의 인상적인 장면은 수산물상점에 동태가 들어오는 경우였다. 명태가 잡히는 겨울철에만 있는 풍경인데, 내륙지방에 어쩌다 한 번씩 동태가 들어오면 이걸 사기 위해 사람들이 긴 줄을 섰다고 한다.[28]

규모가 큰 공장이나 주요 공업지구에는 공장대학이 있어서 근로자들이 대학교육을 받을 수 있었다. 1960년대부터 본격적으로 생기기 시작한 공장대학은 근로자들이 업무와 연관 지어 공부할 수 있도록 기계공학과, 금속공학과, 공업경영학과 등을 설치해 놓고 있었는데, 졸업하면 일반대학과 같이 해당 부문의 기사자격증을 주었다. 농촌에는 농장대학, 어촌에는 어장대학이 설치되어 농민이나 어민들도 고등교육을 받을 수 있도록 하고 있었다.

그런 가운데에서도 근로자들의 옷차림이 산뜻하지 못하고 촌티가 나는 것은 여전했다. 김정일이 직접 '촌티'라는 표현을 쓰면서 다양하지 못한 여성들의 옷차림을 지적하기도 했다. 흰 저고리에 검정 치마 차림이 대부분인 당시의 여성 옷차림에 대해 김정일 스스로도 만족스럽지 못하게 생각하고 있었던 것이다. 남자들은 좀 더 촌스러워 다리지도 않은 양복이나 와이셔츠를 쭈글쭈글한 상태로 입고 다니는 경우도 많았고, 작업복 차림으로 평양 시내를 다니는 사람도 많았다.[29]

평양에 비해 지방 근로자의 생활은 여전히 부족한 게 더 많았다. 청진은 평양, 함흥 다음으로 큰 도시였다. 1980년에 남청진 쪽에 15층짜리 근로자 아파트가 지어졌다. 중앙난방이었고, 방도 따뜻했다. 장판도 괜찮은 것이었다. 하지만 모양은 없었다. 옷장은 판자도 제대로 붙이지 않은 상태였고, 책상과 밥상도 모양이 없었다. 전기스위치도 마찬가지였다.[30] 김일성이 새로 지은 아파트를 돌아보면서 이러한 지적을 한 것인데, 모양까지 생각하는 단계가 되었으니 과거에 비해 형편이 좀 나아졌음을 알 수 있다.

청진 시민들은 먹는 기름을 한 사람당 하루 20g 좀 못 되게 공급받았다. 이런 사정은 평양도 마찬가지이긴 했다.[31] 북한 당국은 고기를 충분히 공급하지 못하기 때문에 1960년대부터 콩기름과 옥수수기름 등 식용기름과 채소라도 충분히 공급하려 노력했지만, 그마저도 쉽지는 않았다. 1960년대 평양 시민 한 사람당 한 달에 300g 정도 공급받았으니까 그보다는 나아졌지만, 아직 모자라는 형편이었다.

농사가 본격 시작되기 전부터 노동자와 사무원들은 농사를 돕는 일까지 감당해야 했다. 분토糞土를 만들어 농촌에 공급하는 일이었다. 인분과 흙을 1 대 4로 섞어 분토로 만들어 농촌에 비료로 공급하는 것이다. 분토 생산은 4월에서 7월까지 넉 달 동안 진행되었다. 노동자와 사무원들이 분토를 만들어 집 한쪽 구석에 쌓아 놓으면 인근 협동농장에서 자동차로 실어 갔다. 북한은 분토와 함께 이른바 '풍년비료'라는 것도 생산해 농사에 썼다. 도시에서 나오는 각종 오물을 활용해 비료를 만들어 '풍년비료'라 이름 짓고 농사에 활용한 것이다.[32] 공장에서 생산되는 화학비료만으로는 농사에 필요한 비료를 충분히 공급할 수 없었기 때문에 이러한 대체비료를 만들어 농사에 적극 활용한 것이다.

분토 생산뿐만 아니라 농번기에는 직접 농촌 일손을 도와야 했다. 노동자와 사무원뿐만 아니라 학생들도 동원되었다. 중학교 1, 2학년은 가까운 농장에 지원을 나갔고, 3학년부터는 먼 농촌까지 갔다. 한 달 이상 지원을 나가는 경우도 많았다. 평안북도 삭주에 살던 최광애는 중학교 2학년 때(1980년대 후반) 하루 종일 걸어서 어느 농촌에 도착해 거기서 40일 정도 농사일을 하기도 했다.[33]

근로자나 농민, 학생 불문하고 생산에 필요한 원료 조달에 동원되기는 마찬가지였다. 평안북도 삭주군 판막구는 군수공장이 모여 있던 곳인데, 여기서도 모든 가정이 토끼가죽, 헌 옷, 고무, 동, 철 등을 모아야 했다. 그때그때 가정에 할당량을 주었는데, 수집을 제대로 못하면 돈을 주고 사서라도 내야 했다.[34] 북한의 근로자들은 증산운동에 동원되고 원료 수집에도 동원되는 모습이었다.

여전히 가부장적인 가정

여성들도 남성들과 다름없이 일하고 권리와 의무도 차별 없이 가져야 한다는 것이 1946년 7월 '남녀평등법' 제정 이후의 북한의 일관된 방침이었다. 그에 따라 1980년대 대부분의 북한 여성들은 직장을 갖고 일을 했다. 그럼에도 불구하고 남성들의 가부장적인 인식은 쉽게 변하지 않았다. 아내가 직업을 가지는 것을 달가워하지 않는 사람들이 여전히 많았다. 직장에서 돌아오면 남성들은 편히 쉬고 여성들은 밥하고 빨래하면서 바쁘게 지내는 경우가 많았다. 장을 보는 일, 아이를 탁아소에 맡기는 일도 여성들의 몫이었다. 눈 치우기, 망치질도 여성들이 하는 경우가 많았다. 그러다가 부부싸움을 하는 경우도 적지 않았다.

그럼에도 이러한 현상이 계속되는 데에는 남성들의 게으름과 유교적인 인식뿐만 아니라 남편을 섬기는 것을 우선시하는 여성들의 전통적 인식도 작용하고 있었다. 이를 개선하기 위해 TV에서 남성교육 캠페인 프로그램이 시리즈로 방송되기도 했다. 집에 들어온 남편은 양말을 아무 데나 던져 놓고 누워서 쉬고 있고 그러는 사이 아내는 청소 등 가사를 하느라 분주하게 움직이는 내용 등을 연속해서 방송한 것이다. 그에 따라 조금씩 생각을 바꾸는 남성들이 생기기도 했다고 한다.[35]

자녀의 수는 3명인 경우가 많았다. 더 낳는다고 해서 제약이 있는 것은 아니었지만, 보통 그 정도였다. 독일(당시 서독)의 여류작가 루이제 린저Luise Rinser가 1980년 방북했을 당시 안내를 맡았던 여성도 자녀가 셋이었다. 세 자녀를 키우며 차관급인 노동당 부부장까지 올라간 사람이었다. 자녀가 많으면 직장에서 노동시간을 줄여 줬다. 가정을 돌볼 수 있는 시간을 주기 위해서였다. 그렇다고 월급을 줄이는 것은 아니었다. 낙태시술도 허용되었다. 필요한 경우 무료로 시술받을 수 있었다.[36]

양복 입은 남성이 큰소리를 치면 웬만한 일은 해결되는 분위기는 여성보다는 남성, 블루칼라보다는 화이트칼라를 우대하는 현상을 반영하고 있었다. 1988년 12월 평양을 방문한 재미교포 기자는 길 가던 노동자를 붙들고 인터뷰를 하다가 안전원에게 불심검문을 당했다. 그는 주눅들지 않고 안전원을 향해 "동무 소속을 대라"며 되레 큰소리를 쳤다. 그러면서 수첩을 꺼내 이름을 적으려 했다. 그러자 안전원은 슬금슬금 물러섰다. 북한 군인을 촬영하다 들켰을 때에도 "왜 이래 사진을 찍을 만한 사람이니까 찍는 것 아니야"라고 큰소리를 쳤더니 별일 없이 무마되었다.[37] 노동계급 중시의 정책이 오랫동안 시행되었음에도 화이트칼라의 목소리가 여전히 권위를 가지고 있었고, 가부장제적 요소가 실생활 깊숙한 곳에 온존하고 있었던 것이다.

청년들은 탈농 희망

농민들의 생활도 조금은 나아졌다. 농촌에 문화주택이 많이 들어서 주거생활이 편리해졌다. 평안남도 문덕군 동림리에도 2층, 3층, 4층 등 다양한 문화주택이 들어서 농민들이 보다 편리한 생활을 할 수 있게 되었다. 대부분의 집에는 TV와 재봉기(재봉틀) 등이 갖추어져 있었고, 온수난방이 되었으며, 화장실에도 고운 색깔의 타일이 깔려 있었다.[38] 농촌 문화주택은 통상 방 2개와 부엌, 창고를 갖추고 있었다. 도시 근로자들은 월급의 2~3%를 주택 임대료로 내고 있었지만, 농민들은 문화주택을 무료로 사용했다. 물론 모든 농촌이 그런 것은 아니었지만, 농촌의 생활환경은 이처럼 조금씩 달라지고 있었다.

남포에 위치한 청산협동농장의 상황을 좀 자세히 보자. 이 농장은 1981년 7월 당시 602가구 3,100명의 주민으로 구성되어 있었다. 성인으로 실제 농사에 종사하는 사람은 700명이었다. 20명으로 구성된 청산리 당위원회가 주요사항을 결정하고, 24명의 위원으로 이루어진 청산협동농장 관리위원회가 결정사항을 집행하는 역할을 맡고 있었다. 관리위원들은 매년 농장 총회에서 선출되었다. 모두 19개 작업반(곡물생산 작업반 11개, 과일생산 작업반 4개, 가축사육, 야채재배, 기계수리, 양잠 작업반 각 1개)이 있었고, 하나의 작업반은 3~5개의 분조로 구성되어 있었다. 하나의 분조에는 20명 정도의 농장원이 있었다. 작업의 종류를 난이도에 따라 여섯 가지로 분류해 놓고 어려운 작업은 점수를 많이 주는 식으로 매일매일 개인의 작업량을 분조장이 기록했다. 트랙터 운전이 가장 높은 점수를 받고 있었다.

1980년 가을 이 농장의 모든 가구는 곡물 10톤과 현금 1,700원을 분배받았다. 북한 당국이 특별 관리하는 농장이어서 생산량이 높았다. 현금 1,700원은 당시 환율로 850달러(1원=50센트)에 해당하는 액수였다. 분배

청산협동농장의 결산분배 모습

만경대협동농장의 결산분배 모습

받은 곡물은 가족의 1년 식량만을 남기고 모두 국가가 수매했다. 공동경작지 외에 35평의 텃밭을 각 가정이 가지고 있었다. 예전에는 50평까지 허용되었는데, 줄어든 것이었다.[39]

가장이 트랙터 운전사로 이 농장에서 일하는 어느 한 가정은 5인 가족이 방 3개짜리 집에 살고 있었다. 마당도 있었다. 300원을 주고 산 흑백 TV, 다이얼이 고정된 라디오도 있었다. 가구는 좀 초라했다. 두 달 전 것이지만 『로동신문』도 보고 있었다. 35평의 텃밭을 따로 가지고 있었고, 여섯 마리의 닭을 기르고 있었다. 농민시장이 인근에서 열흘마다 열리고 있었지만 이용해 본 적은 없었다.[40] 가장이 높은 노력공수를 받는 트랙터 운전사였기 때문에 청산협동농장의 농민 가운데서도 잘사는 편에 속했다.

1980년대 초반 북한 농가의 가족 한 사람당 1년 식량은 260kg이었다. 분배받은 알곡 가운데 여기에 해당하는 양은 남겨 놓고 나머지는 정부가 수매했다. 하루 710g 정도였으니 많은 것은 아니었다. 그러다가 1985년부터는 한 사람당 1년 식량을 300kg으로 늘렸다. 대신 농가당 두 마리씩 돼지를 기르도록 했다. 늘어난 식량을 일부 활용하고 다른 먹이도 확보해 돼지를 기르라는 것이었다. 전체 농가 92만 6,000세대에 두 마리씩 돼지를 기르게 해 돼지고기 생산을 늘리려 한 것이다. 생활이 조금씩 개선됨에 따라 농민, 도시 노동자, 사무원 불문하고 고기수요가 늘어 생산을 더 해야 했다. 돼지는 식용으로 쓸 뿐만 아니라 가죽은 구두를 만드는데, 기름은 비누를 생산하는 데 활용되었다. 당국은 농민들이 호박이나 콩 등을 텃밭에 심어 그것으로 두 마리 이상의 돼지를 기르는 것도 권장했다. 그렇게 추가로 기른 돼지는 농민시장에서 자유롭게 팔 수 있도록 했다. 시세에 따라 10원을 받을 수도, 50원을 받을 수도 있었다. 그렇게 해서 국영상점에서 산 고기만으로 모자라는 사람은 농민시장에서 살 수

있게 되었다.[41]

농민들은 10일에 한 번 쉬었다. 농한기에는 휴양소에서 2주간 휴식을 취할 수도 있었다.[42] 전국에 산재해 있는 휴양소들을 12월 1일부터 이듬해 2월 중순까지는 농민들이 이용했다. 나머지 기간에는 노동자와 사무원들이 사용했다.[43] 개성직할시 박연리에 있는 박연휴양소도 겨울철에 농민들이 많이 이용하는 곳이었다. 이곳에는 농구, 배구, 탁구 등 각종 운동시설이 마련되어 있었고, 윷놀이, 장기 등을 할 수 있는 장소도 구비되어 있었다. 이곳에서 휴양을 하던 농민들은 팀을 이뤄 주변의 공장을 견학하기도 했고, 소규모 모임을 통해 농사 경험을 공유하는 기회를 가지기도 했다.[44]

농촌의 의료환경도 좀 나아지는 모습이었다. 1980년 루이제 린저가 북한의 한 농촌을 찾아갔다. 50가구 정도 되는 마을이었다. 탁아소와 유치원이 있었고, 작은 병원도 있었다. 의사 3명, 간호사 2명이 일하고 있었다. 감기나 류머티즘, 상처 등을 주로 치료했다. 병실은 5개였다. 린저가 방문했을 때는 방광염과 인두염 때문에 병원을 찾은 환자가 각각 병실에서 치료를 받고 있었다. 류머티즘 환자들을 위한 온돌방 2개와 쑥탕욕을 할 수 있는 욕실도 따로 갖추어져 있었다. 페니실린도 갖고 있었고, 한쪽에는 약초 다발이 매달려 있었다. 마을의 모든 사람에 대한 의학정보가 카드로 정리되어 있었다. 각 카드에는 이름과 앓은 병의 내역, 처방 등이 기록되어 있었다.[45]

북한 당국이 1940년대부터 미신타파운동을 전개했음에도 1980년대까지 무당과 점쟁이가 일부 남아 있었다. 병이 들었을 때에도 병원을 찾지 않고 무당이나 점쟁이를 찾는 경우가 가끔 있었다. 지속적인 계몽으로 거의 사라지긴 했지만, 농민들 속에는 여전히 민간신앙이 남아 있었던 것이다. 농촌의 병원에서는 무당들이 병 치료에 쓰던 민간요법 가운데 필요한 부분을 차용하기도 했다. 그들이 사용하던 약초 등에 대해 검증 후 효과가 있는 것은 활용한 것이다.[46]

농약이 충분치 않아 대용품이 병충해 예방에 쓰이기도 했다. 과일나무에 생기는 해충을 예방하기 위해 농민들은 산에서 석회석을 직접 채취해 석회를 만든 뒤 물에 타 나무에 뿌려 주었다.[47] 농민들이 오랜 경험으로 터득한 방법을 농사에 활용하고 있었던 것이다.

땔감 마련은 농촌의 난제로 여전히 남아 있었다. 1980년대의 땔감대책은 아카시아나무였다. 땔나무를 충분히 확보하기 위해 아카시아나무를 심는 사업이 대대적으로 벌어진 것이다. 아카시아나무는 1년에 1m씩 빨리 성장해 땔나무로 유용했다. 베고 나면 다시 새싹이 돋아나는 것도 땔나무로서의 이용 가치를 크게 높이는 것이었다. 아카시아꽃에서 꿀을 딸 수도 있었고, 아카시아잎은 토끼 먹이로 활용되었다. 주로 땔감으로 이용되었지만, 여러 가지 목적으로 농민들은 아카시아나무 기르기에 나서고 있었다.[48]

농장의 상점에 생필품이 모자라는 것은 1970년대와 별다를 바가 없었다. 현금을 가지고 있어도 살 수 있는 것이 많지 않았다. 그래서 농민들은 작업반우대제에 따라 받는 몫도 현금이 아니라 현물로 달라고 요구했다. 하지만 당국은 현물을 주면 이를 농민시장에 내다 팔게 되고, 그렇게 되면 농민시장이 너무 커지게 된다는 점을 우려해 현금으로 주었다. 이러한 사정으로 현금이 어느 정도 있는 농민들은 결산분배로 받은 벼도 수매하지 않고 가지고 있었다. 평안남도 온천군의 한 농민은 햇곡식이 나올 즈음까지도 벼를 수매하지 않고 있었는데, 현금화시켜 놓아야 상점에서 머리빈침(머리핀)이나 맞단추(호크) 하나 살 수가 없는데, 차라리 벼를 가지고 있다가 시집간 딸이 오면 떡이나 해먹겠다는 심산이었다.[49] 농촌은 물론 군소재지에도 목욕탕이 제대로 갖춰져 있지 않거나 있어도

운영이 안 되는 경우가 많아 자주 목욕을 하기는 어려웠다.[50]

교통이 불편한 농촌은 여전히 많았다. 강원도의 경우 안변군과 고산군을 제외하고는 대부분의 군들이 철도역에서 멀리 떨어져 있어 주민들이 이동에 큰 불편을 겪고 있었다. 어떤 군은 철도역에서 150km나 떨어져 있었다. 자강도와 양강도의 사정은 이보다 더 나빴다. 그래서 당국은 북한산 트럭 '승리-58'을 이용해 자동차수송대라는 것을 조직해 생필품과 비료 등을 시골마을에 공급했다. 하지만 자동차수송대가 필요한 수송작업을 다 하기엔 부족해 농장들은 트랙터를 짐과 사람의 수송용으로 썼다. 그러다 보니 정작 농사철에는 트랙터가 고장 나 농사에 지장을 주는 경우가 많았다.[51] 교통수단 부족이 농사에 대한 직접적 피해로 연결되고 있었던 것이다.

농촌의 사정이 여의치 않다 보니 청년들이 되도록 농촌에 머물지 않으려는 현상은 계속되었다. 협동농장에 배치된 제대 군인들이 도시의 공장으로 가버리기도 했다. 황해남도 벽성군의 서원협동농장에는 제대 군인 3명이 배치되어 농장의 여성들과 결혼까지 했는데, 배치된 지 열흘 만에 아내들을 데리고 함경남도 흥남비료공장으로 가버렸다. 김일성이 이 사실을 알고 함경남도당에 전화해 이들을 다시 서원협동농장으로 돌려보냈다. '농촌진지'를 강화해야 한다는 정책에 따라 농촌에 배치된 제대 군인을 되도록 이동하지 못하게 한 것이다. 그럼에도 불구하고 청년들은 이런저런 구실을 붙여 도시로 가고 있었다.[52] 북한 당국은 농촌에 공장을 더 짓고 도시보다 넓은 집을 공급하는 등 농촌 유인책을 마련해 청년들의 탈농촌을 막으려 했다.[53]

농한기에도 농민들을 힘들게 하는 일이 있었는데, 가마니 짜는 일이었다. 겨울 동안 농민들은 쉴 틈 없이 가마니를 만들어 놓아야 농사에 불편이 없었다. 이 문제가 해결된 것은 1980년대 후반이었다. 1980년대 중반부터 신의주화학공장에서 폴리프로필렌 수지로 마대를 생산하는 방법을 연구했는데, 이것이 1980년대 후반에 성공한 것이다. 이후 농민들은 농산물을 담는 도구로 수지마대를 주로 이용하게 되었고, 대신 볏짚은 거름을 만드는 재료로 사용했다.[54]

농민들의 약한 자발성은 북한 농촌의 지속적 난제로 남아 있었다. 개인농에서 협동농장으로 전환한 이후 북한 당국이 끊임없이 개선 노력을 전개해 왔지만, 쉽사리 바뀌지 않았다. 1980년대에도 협동농장에서는 일은 되도록 적게 하면서 노력공수는 많이 받으려는 경향이 지속되었다. 호미 등을 쓰다가 논두렁에 그냥 두고 온다든지, 비료를 밭머리에 쌓아 놓고 덮지 않아 빗물에 씻겨 내려간다든지, 비료를 되는 대로 치는 모습들이 여전히 남아 있었다.[55]

더딘 어민생활 개선

어민들의 생활개선은 더디었다. 1980년대 초반까지도 힘들게 생활하는 어민들이 적지 않았다. 함경북도 신포와 홍원 등의 어촌에서 고기잡이를 하는 사람들은 바다에 나가 어업을 하면서 땔나무까지 스스로 마련해야 했다. 고기잡이를 위해 8개월 동안 집을 비웠다가 돌아오자마자 땔나무를 마련하기 위해 도끼를 들고 산으로 올라가야 하는 경우도 있었다. 수산사업소 간부들은 비교적 편하게 살고 있었지만, 실제 고기를 잡는 어민들은 힘들게 생활하고 있었던 것이다.[56]

추운 겨울에 동해안에서 많이 잡히는 명태를 손질하는 일은 여전히 여성들의 몫이었다. 그런데 1980년대 들어서도 추운 겨울에 바닷바람을 맞으며 밖에서 명태의 배를 따는 작업을 하고 있었다.[57] 겨울철에만 한꺼번에 명태가 많이 잡히기 때문에 항구에는 다른 지역에서도 명태 손질하는 일을 하기 위해서 많은 여성이 몰려들었다. 이들은 낮에는 추운

데서 일하고 잠은 남의 집 신세를 지고 있었다. 기숙사가 필요했지만 마련되지 않고 있었다.[58] 김일성이 1976년에 이런 모습을 보고 따뜻한 곳에서 일할 수 있도록 하라고 지시했는데도, 시정되지 않고 있었다. 그러다가 1982년 12월에야 함경남도 함흥의 서호수산사업소에 대규모 실내 수산물가공장이 건설되었다. 넓은 부지에 보온시설을 갖춘 것이었다. 수산물가공 과정도 상당 부분 자동화되었다. 생선의 배를 가르고 내장을 뽑아내는 것까지 기계가 했다. 평양기계대학에서 만든 기계가 그런 일을 해주었다. 그다음 창자와 알을 따로 구분하는 것 정도는 사람이 해야 했다.[59] 물론 모든 수산물가공장이 이렇게 현대화된 것은 아니겠지만, 조금씩 좋아지고 있었던 것이다.

어촌의 자원부족은 여전했다. 냉동창고가 모자라고 소금이 부족하던 1950년대 상황이 1980년대에도 재연되고 있었다. 1980년 초 북한의 동해안에서 명태가 많이 잡혔다. 하지만 암모니아가 부족해 냉동창고를 제대로 가동하지 못했고, 제때에 생선을 얼릴 수 없었다. 소금도 모자라 잡은 고기를 다 절이기도 어려웠다.[60] 그래서 잡은 생선을 활용하지 못하고 썩히는 경우가 많았다.

전기를 이용해 바닷물을 농축해서 소금을 생산하는 방안을 고려했으나 전기가 너무 많이 들어 여의치 않았다. 외국과 합작 생산하는 방안도 생각해 보았지만 수송에 시간과 비용이 많이 들어 선불리 하지 못하고 있었다.[61] 1989년에 이르러서는 화학공업부 산하의 소금공업총국을 정무원 직속으로 옮겼다. 소금생산과 관련한 문제를 총리가 직접 맡아 해결하도록 하기 위해서였다. 소금공업총국의 간부들이 화학공업부뿐만 아니라 다른 부처와도 폭넓게 협력하도록 하는 조치이기도 했다. 소금공업총국은 평안남도 온천군에 위치하고 있었는데, 정무원 소속으로 바뀐 이후에도 평양으로 본부를 옮기지 않았다. 제염소가 많은 곳에 있어야 한다는 김일성의 의견에 따른 것이었다.[62] 그만큼 당시 북한은 소금생산에 지대한 관심을 쏟고 있었던 것이다.

어촌의 상점에도 농촌과 마찬가지로 물건이 부족했다. 생활에 직접 필요한 신발, 옷, 식품 등의 공급이 달려 돈이 있어도 못 사는 경우가 많았던 것이다. 그래서 어민들은 바람이 좀 불거나 추운 날에는 바다에 나가기를 꺼렸다.[63] 소득이 좀 늘어난다 해도 그 돈으로 필요한 물건을 사지 못하니 일에 대한 동기부여가 제대로 되지 않았던 것이다.

그런 가운데서도 고기는 많이 잡아야 했다. 1981년 북한의 목표어획고가 200만 톤이었다.[64] 1969년 목표가 80만 톤이었으니까 많이 높아진 것이다. 목표대로 잘되지는 않았지만, 1980년대 중반 해마다 150만 톤 정도의 어획고를 올리고 있었다.[65] 그런 가운데 북한은 모자라는 부식물을 생선으로 충당하기 위해 더 많은 물고기를 잡을 것을 어민들에게 계속 촉구하고 있었다.

1980년대 말에는 겨울철에도 동해지역에서 명태가 많이 잡히지 않았다. 어획고가 그만큼 떨어졌다. 1950년대에는 동해에서 고등어가 많이 잡히더니 이후 명태로 바뀌었다가 1980년대 말 명태가 줄어드는 상황이 된 것이다. 그러자 어민들은 좀 더 먼 바다로 나가 어업을 해야 했다.[66]

상품포장에도 관심

종이가 모자라 교과서와 공책을 제대로 공급하지 못하는 현상도 여전했다. 이전보다 종이공장은 많이 건설되어 있었다. 웬만한 군 단위에는 중소형 종이공장이 있을 정도였다. 하지만 가동이 안 되는 공장이 많았다. 부품이나 재료 등이 제대로 공급이 되지 않았기 때문이다. 황해남도 해주에 있는 해주종이연합기업소의 경우는 오수를 정화하는 정화장을 마련하지 못해 제대로 돌리지 못하고 있었다.[67] 성냥과 비누, 담배 등도 부족했다.[68] 담배가 모자란 것은 사람들이 담배를 많이 피웠기 때문이기도 했던 것 같다. 정확한 통계는 발견하기 어렵지만 담배를 피우는 사람이 많았다.[69] 1988년 5월에 북한을 방문한 사람도 "북한 사람들은 대부분 굉장한 골초"라고 느낄 정도였다. 이동하는 도중에 버스에서도 담배를 피웠다.[70]

인민들의 생활 가까이에 있는 것들이 질이 낮은 문제는 쉽게 개선이 되지 않았다. 기차는 의자의 인조가죽이 해진 것이 많았고, 창문이 깨진 채 운행되는 경우도 있었다. 이용할 사람은 많고 기차는 부족하다 보니 정원보다 많은 사람을 태우기 일쑤였다. 화장실 관리가 안 된 경우, 먹는 물이 안 나오는 경우도 많았다. 겨울철 난방은 대부분 안 되었다. 과자나 과일, 사탕 같은 것도 팔지 않았다. 이용자들이 불편할 수밖에 없었다. 그런 가운데 차표 없이 몰래 기차를 타는 사람도 많아 사회안전부에서 단속에 나서기도 했다.[71] 이런 모습은 1980년대 후반까지도 대체로 계속되었다. 기차역의 플랫폼은 컴컴한 채 바닥의 시멘트는 깨진 곳이 많았다. 역사는 깨끗하지 못했고, 창문도 유리 대신 박막을 쳐놓은 것이 많았다. 겨울이면 손님들이 추위에 떨면서 기차를 기다려야 했다.[72]

그런 가운데에서도 상품의 포장을 잘하는 방안에 대해서도 신경을 쓰기 시작했다. 상품을 그저 만들어 내는 데 급급한 단계에서 조금 발전해 생산한 제품을 잘 포장하는 것도 강조하기 시작한 것이다. '포장혁명'이라 불렀다. 치약튜브를 좀 더 보기 좋게 만들고, 마이신이나 페니실린 같은 약의 용기, 과일 통조림, 안경집 등도 보다 산뜻하게 만드는 데 관심을 기울였다.[73] 생활용품의 생산량이 태부족해 생산량 확대에만 모든 역량을 쏟아붓는 단계는 지났음을 말하는 것이었다. 풍족하진 못해도 아주 어렵지는 않았던 것이다.

농촌학교는 비교적 여유

농촌에 있는 학교들은 좀 여유가 있는 편이었다. 1980년 방북 당시 루이제 린저는 농촌의 학교도 들렀다. 인민학교였는데, 1학년부터 4학년까지 각 학년당 남녀반이 하나씩 있었다. 한 반에 40명 정도, 모두 300명이 조금 넘었다. 교사는 12명, 그 가운데 10명은 여성이었다. 학교 건물은 좀 낡은 편이었다. 벽에 얼룩들이 있었고, 겉칠이 떨어져 나간 곳도 여럿 있었다.[74] 깔끔하지는 못했지만, 한 반에 40명 정도였으니 비교적 여유가 있는 편이었다.

평양의 학교들은 좀 달랐다. 교실이 부족해 오전과 오후 이부제 수업을 하는 고등중학교가 있었다. 기숙사가 부족한 학교, 실험실습 여건이 부실한 학교도 적지 않았다. 종이가 부족해 교과서와 공책이 충분치 못한 현상도 계속되고 있었다. 종이공장이 모자라고, 있는 공장도 제대로 돌아가지 않는 경우가 있었기 때문이다. 교원 가운데에는 대학교육을 받지 못한 사람도 많았다. 그래서 김일성 스스로 1980년대 당시 북한의 교육의 질이 높지 못하다고 인정하기도 했다. 그런가 하면 북한 당국은 외국의 높은 과학기술 받아들이기 등 다양한 목적에서 외국어 교육을 강조하고 강화했다. 러시아어와 영어, 중국어, 일어 등을 학교에서 가르쳤다.[75] 학생들 사이에서는 영어가 러시아어보다 더 인기가 높았다. 70% 이상이 외국어 과목으로 러시아어 대신 영어를 선택하고 있었다.[76] 학생뿐만 아니라 사무원들 가운데서도 영어 배우는 사람이 많아졌다. 평양의 인민대학습당에는 녹음기를 사용하여 영어회화를 배우는 3개월짜리 직장인 회화반이 개설되어 있었다. 일상대화에서도 영어를 섞어 쓰는 사람이 있었고, 그런 사람이 경원시되기보다는 오히려 인텔리로 인정받는 경향도 생겨났다.[77]

대학을 가려는 욕구는 남한과 별반 다르지 않았다. 북한에서도 김일성종합대학이나 김책공업종합대학 등 명문대를 나오면 그만큼 좋은 자리로 갈 가능성이 높기 때문이었다. 평양 용흥거리에 있는 용북여자고등중학교의 경우도 졸업생 가운데 45%는 대학에 진학했다. 대학진학에는 성적과 함께 당성이 중요한 요소로 작용했다. 나머지는 군대 또는 직업현장으로 갔다. 고등중학교의 교과과목은 김일성혁명역사, 국어, 문학, 세계문학, 세계역사지리, 영어, 러시아어, 수학, 물리, 생물, 화학 등이었다. 오전 8시부터 오후 1시 반까지 교과 수업을 하고, 집에 가서 점심식사를 한 후 학교에 다시 와 2시 반부터는 음악, 체육, 영어회화 등 실기, 실습교육을 받았다.[78]

대학에 들어간다고 해서 공부만 하는 것은 아니었다. 대학 내에 농장이 있는 경우 농장에서 일을 했다. 외교관을 양성하는 평양 국제관계대학에도 대규모 농장이 있었다. 학생들은 일요일에 이 농장에서 일을 했다. 일을 하면 매달 감자 한 배낭 또는 돼지고기 1kg을 줬다.[79]

보여 주기식 증산운동

1980년대 중·후반 북한이 역점적으로 추진한 사업 가운데 하나가 순천비날론연합기업소 건설이었다. 의식주 가운데 '의', 즉 '입는 문제'를 해결하기 위해 평안남도 순천에 연간 10만 톤의 비날론을 생산할 수 있는 공장을 만드는 사업이었다. 북한 당국은 1983년부터 이 사업에 전체 인민이 떨쳐나설 것을 호소했다. 노동력이든, 돈이든 각자의 능력에 따라 참여해 달라는 호소였다. 많은 사람이 동참했다. 어떤 여인은 남편도 없이 혼자서 농장원으로 일하면서 저금해 둔 돈을 내놓았다. 휴가를 나온 군인들은 하루 정도만 쉬고 나머지는 공장건설 현장에서 노력봉사를 했다.[80] 이렇게 해서 이 기업소는 1989년 10월 완공되었다.

물론 강요하지는 않았을 것이다. 하지만 대대적인 선전으로 전 인민이 국가 중대사업에 동참하도록 호소하고, 돈을 내거나 시간을 투자해 작업을 하도록 독려했다. 그런 상황에서 불참하기는 어려웠을 것이다. 자원의 형태였지만, 결과적으로는 주민들에게 부담이 되었다. 북한은 국가건설 초기부터 어려울 때마다 대대적인 운동을 통해 군중들에게 함께할 것을 호소했다. 그때마다 인민들은 참여했다. 개인보다는 전체를 우선시하는 시스템 속에서 북한 민중들의 삶은 스스로의 의사보다는 전체와 국가의 의사에 많은 영향을 받고 있었다.

생산 현장에서는 증산운동과 절약운동이 계속 진행되고 있었다. 증산운동은 지나치게 양적 증산만을 강조하는 방식으로 진행되면서, 노동의 질은 떨어지는 현상이 발생했다. "500% 운동이요, 1000% 운동이요 하면서 떠들기 때문에 농장원들과 지원자들이 모를 질적으로 꽂지 않고 되는 대로 꽂아 빈 포기가 생기게 하고 모살이에도 지장을 주고 있습니다. 모내기는 제철에 질적으로 하여야 합니다"라는 김정일의 직설적 지적이 이를 잘 보여 준다. 방직공장에서는 다기대운동, 즉 한 사람이 많은 기계를 운영하도록 하는 운동을 전개했는데, 이 또한 한 사람에게 일이 지나치게 집중되어 효율이 떨어졌다. 탄광에서는 갱 안에서 침식을 하면서, 심지어는 가족들까지 갱 안으로 들어가 일을 돕는 운동이 전개되었는데, 이 또한 그다지 효과적인 것은 아니었다.[81]

1970년대에도 하루 생산계획을 달성하지 못하면 갱 밖으로 나오지 않는다는 '혁명적 열의'로 일해야 한다는 분위기는 있었다.[82] 하지만 이처럼 갱내에서 침식을 하고 가족들까지 갱내로 들어가 일을 돕는 운동이 본격적으로 벌어진 것은 1980년대에 일어난 현상이었다. 북한 역사에서 수시로 전개되어 온 군중동원이 1980년대 들어 지나치게 보여 주기식, 형식주의적으로 진행되었고, 그에 따라 부작용도 적지 않게 나타난 것이다.

1980년대 중반까지만 해도 소련이나 동유럽으로 유학을 가는 학생들이 많았는데, 유학생으로 선발되면 비교적 넉넉한 생활을 할 수 있었고, 갖가지 군중운동으로부터도 자유로울 수 있었다. 하지만 외국에서도 통제는 있었다. 평양의학대학에 다니다 1985년 체코 유학생으로 선발되어 프라하에서 생활한 김은철의 경우, 학비와 기숙사비 외에도 한 달에 1,000코루나의 생활비를 받았다. 당시 그 정도 용돈이면 생활에 큰 불편은 없었다. 그런데 주말마다 일정 지역에 있는 유학생들이 모임을 갖고 프라하 주재 북한대사관에 보고를 해야 했다. 학교생활, 이성교제 등 웬만한 것은 다 보고사항이었다. 3개월에 한 번은 대사관에 모여 사상교육을 받았다. 북한 당국의 시책을 전달받고, 서구 자본주의사상에 대한 경계도 교육받았다.[83]

부식도 전기도 군 스스로 해결

공군부대의 '이론식사'

북한은 군인들의 의식주는 우선적으로 해결해 주기 위해 오랫동안 노력했다. 실제로 자원을 배분함에 있어 군에 상당한 우선권을 주어 왔다. 생산한 자동차도 군에 우선 보내 주고 어느 정도 사용한 이후에 다른 부문으로 보내도록 했다. 1985년 즈음에는 군인 1명에게 매일 고기 150g, 생선 200g, 기름 20g, 채소 800g, 식량 800g씩을 공급해 주는 것을 목표로 하고 있었다. 그런데 실제로는 쌀과 옥수수를 섞어 식량 800g은 공급하고 있었지만, 나머지는 목표에 맞추질 못하고 있었다.[84]

고등중학교를 졸업하고 1986년 8월에 입대한 박태용의 얘기를 그가 쓴 수기를 통해 들어보자. 이 당시 북한의 남성들은 만 17살에 입대해 만 27살이 되면 제대했다. 입대 후 6개월은 신병 훈련기간이었다. 오전에는 정치학습 2시간, 제식훈련 2시간, 체육훈련 1시간을 받았다. 오후에는 제식훈련 1시간, 태권도훈련 2시간이 있었다. 땡볕 아래서 소련군식으로 발을 쭉쭉 올리면서 대열을 정확히 맞춰야 하는 제식훈련이 제일 힘들었다. 제식훈련이 끝나면 다리에 쥐가 나는 경우도 많았다.

주식은 주로 염장 무와 배추에 쌀을 조금 섞어 지은 밥이었다. 쌀과 밀을 섞어 지은 밥을 주는 경우도 있었다. 하루 800g씩 공급되었다. 아주 어려운 상황은 아니어서 식량 800g의 정량은 맞춰 주고 있었던 것이다. 한 달에 한 번 정도 특식이 나왔는데, 주먹만 한 비곗덩이가 들어 있는 돼지고기국과 쌀밥이었다. 오랜만에 기름기를 먹게 되는 특식날 군인들은 화장실 앞에 길게 줄을 서야 했다. 과일도 가끔 공급되었다.

신병훈련이 끝나고 박태용은 황해북도 황주군에 있는 제3비행사단의 사단장 타자수로 배치되었다. 식사는 신병 때와 비슷했다. 하지만 비행사들은 식사가 완전히 달랐다. 비행사들만의 식당이 따로 마련되어 있었고, 매끼 쌀밥에 돼지고기와 초콜릿이 나왔다. 박태용과 같은 일반 군인들은 비행사 식당 옆을 지날 때면 "비행사들은 고기를 매번 남긴다더라", "초콜릿은 어떻게 생겼다더라" 등등 이른바 '이론식사'를 하면서 군침을 흘리곤 했다.[85]

모자라는 것을 보충하기 위해 군부대들은 스스로 부식을 마련해야 했다. 대부분의 기관이 부식공급을 위해 여러 가지 방법을 동원하고 있는 상황이었다. 동해안인 강원도 통천군 앞바다에도 군인민병원을 비롯해 협동농장과 급양기관들이 양식장을 차려 놓고 섭조개와 다시마 등을 양식하고 있었다.[86] 군부대들도 예외일 수 없었다. 어느 부대는 관할구역 내에 있는 밤나무에서 밤을 많이 생산해 부식으로 공급했다. 이 부대는 밤나무 그루마다 담당 병사의 이름을 써 붙여 관리하게 함으로써 밤생산을 늘려 부식으로 유용하게 활용할 수 있었다.[87] 어떤 부대는 부대 안에 비닐하우스를 꾸려 놓고 토마토 등 야채와 수박 등을 길러 부식으로 사용했다. 이 부대는 1989년 여름 평양에서 열린 제13차 세계청년학생축전에 수박 3만 개를 공급하기도 했다.[88]

북한군에도 잦은 '위치 이동'

북한군은 다른 부문보다 우선적으로 자원을 배분받았지만, 여전히 풍족하지는 못했다. 그러다 보니 군 내에서 절도가 빈발하기도 했다. 한국군 내에서도 '위치이동'이라는 속어로 불리는 절도가 많았는데, 북한군도 별반 다르지 않았던 것이다. 북한군 정찰부대에서 근무하던 김민세는 1987년 3월 야외기동훈련을 마치고 돌아와 밤 11시부터 다음 날 새벽 1시까지 소대 보초를 섰다. 힘든 훈련 뒤라 깜박 잠이 들었다. 그런데 그사이 취사장의 취사도구와 쌀이 없어졌다. 다른 부대 군인들이 훔쳐 간 것이었다. 이를 알게 된 부소대장은 새벽 1시에 소대원 전부를 깨우고, 소대원들을 3개조로 나눴다. 타깃은 사단본부 경리과 식당이었다. 1조는 식당으로 들어가고, 2조는 식당 앞에서 망을 보고, 3조는 1조가 훔쳐 오는 취사도구를 재빨리 옮기는 역할을 맡았다. 그날 '작전'은 계획대로 성공했다. 다음 날 김민세의 소대는 별 탈 없이 취사를 할 수 있었고, 평소와 다름없이 움직였다.[89] 이런 일은 북한군 여기저기에서 벌어지고 있었다.

전력이 모자라는 현상은 북한 전체가 마찬가지였는데, 그래서 전국적으로 중소형 수력발전소 건설이 적극 독려되고 있었다. 특히 자강도와 양강도는 여름에는 비가 많고 겨울에는 눈이 많아 수력이 풍부했기 때문에 중소형 수력발전소 건설이 곳곳에서 진행되고 있었다. 군대도 예외가 아니었다. 군인들이 훈련뿐만 아니라 수력발전소를 직접 건설해서 전기를 생산하는 일도 했다. 양강도의 한 군부대 군인들은 산골짜기를 막아 소형 수력발전소를 건설해 필요한 전기를 생산해 썼는데, 30kW와 80kW 2개의 발전기를 들여 놓고 물이 많은 때는 80kW 발전기를, 물이 적을 때는 30kW 발전기를 돌렸다. 이렇게 만들어 낸 전기로 난방도 하고 온실채소도 길러서 부식으로 활용했다.[90]

북한군의 오랜 전통 가운데 하나가 민간의 지원을 지속적으로 받는다는 것이었는데, 1980년대에도 이런 전통은 계속되고 있었다. 주변의 농민과 근로자들로부터 생활에 필요한 물품을 지원받는 것이었다. 장운렬이라는 여성 농민은 1967년부터 1984년까지 17년 동안 계속해서 농장에서 분배받은 몫을 고스란히 인근 군부대에 전해 주었다. 뿐만 아니라 장운렬은 텃밭에서 나는 마늘과 파, 고추 등도 군부대에 지원해 주었다. "군대가 강해야 나라가 흥하고 우리가 편히 살 수 있다"는 생각으로 지원하고 있었던 것이다.[91] 이러한 현상은 물론 강제성을 띠었다고 보기는 어려운 것이었다. 하지만 민중들이 그런 인식을 갖도록 북한 당국은 선전하고 교육하는 작업을 계속했다.

군인들 가운데 많은 수는 건설 현장에 동원되었다. 군시설뿐만 아니라 정부기관, 그리고 아파트까지 군인들이 맡아 건설하는 경우가 많았다. 지하에 시설을 건설하는 작업 등 위험한 일도 대부분 군인들의 몫이었다. 그러다 보니 건설작업 도중 사망하는 경우도 적지 않았는데, 사망군인 가족에게는 '전사자증'을 주고 식량과 옷감이 위문품으로 전달되었다.[92] 군대에서 기합이나 가혹행위는 찾아보기 어려웠다. 장교나 하사관이 계급을 내세워 부당한 일을 시키거나 불합리한 행동을 하면 소대, 중대별 총화시간에 심한 비판을 받게 되어 있었다. 총화시간에 당원들을 중심으로 잘못된 행동을 비판하고 시정하는 활동이 진행되었는데, 장교나 하사관뿐만 아니라 사병들 가운데에도 당원이 있었다. 그러니 계급이 높다고 해서 함부로 할 수 있는 것은 아니었다.[93]

평양 시민의 생활

문화시설 증가

1981년 7월, 남한 출신으로 미국의 대학에서 정치학을 가르치는 교수들이 평양의 한 아파트를 방문했다. 엘리베이터가 설치된 새 아파트였다. 가장이 제2기계공업부 부국장인 상류층이었다. 방이 3개였다. 한 방에는 김일성 사진, 다른 방에는 김일성과 김정일이 함께 찍은 사진, 또 다른 방에는 김정일의 사진이 걸려 있었다. 1980년 10월 제6차 당대회에서 김정일이 후계자로 공식화된 이후 권력이 승계되어 가고 있음을 상징적으로 보여 주었다. 가장 부부, 아들 부부, 여고생 두 딸이 각각 방 하나씩을 쓰고 있었다. 부엌엔 대형과 소형 2개의 냉장고가 있었고 히타치 컬러TV도 있었다. 하지만 가구는 좀 초라했고, 라디오나 세탁기, 선풍기 등은 없었다.[94]

1981년 당시 평양 인구는 150만 명 정도였는데,[95] 대부분의 평양 시민들이 이 정도 수준의 생활을 하는 것은 아니었다. 하지만 평양에서 부부가 근로자로 일한다면 각각 100원 정도의 월급은 받을 수 있었다. 그 정도의 부부가 세 자녀와 함께 평양에서 산다면 어떤 수준의 생활을 하고 있었을까? 월 생활비를 대략 계산해 보면 다음과 같다.[96]

식량: 7.35원(0.7kg×30일×5명×kg당 0.07원)※

아파트 임대료: 4~6원(소득의 2~3%)

관리비(전기료, 수도료, 난방비): 4~10원

가스비: 3~4원

교통비: 15원(매일 0.01원×30일×5명)

총액: 33.35~42.35원

여기에다 부식비와 비누, 치약 등의 생필품 등을 사는 비용이 든다고 하더라도 소득의 30% 정도를 사용하는 것이니 형편이 괜찮은 편이었다. 나머지 돈을 잘 관리하면 1년에 식구들이 옷 한 벌씩 사 입고 가끔 휴일에 외식도 하는 정도의 생활은 가능했던 것이다.[97] 재미교포 기자가 예고 없이 문을 두드린 한 가정은 가장이 대학교수였다. 가장이 월 150원, 러시아어 번역사인 아내가 월 130원을 벌고 있었다. 침실 2개, 부엌, 화장실이 있는 집에 살았는데, 두 아들은 군대에 가고 딸은 공사장에서 일하고 있었다. 이 정도 되는 집은 여유롭게 살 수 있는 상황이었다. 실제로 이 집의 냉장고에는 달걀, 장조림, 멸치조림, 김치 등이 있었다. 베란다에는 김장독과 된장독이 있었다.[98]

1980년 3월 창광원 개원으로 평양 시민들이 문화시설을 이용할 수 있는 기회는 조금 더 많아졌다. 창광원은 중구역 보통강반에 건설된 대규모 위생문화시설이다. 목욕탕과 물놀이장, 수영장으로 되어 있다. 목욕탕은 한 번에 100명을 수용할 수 있는 대중목욕탕, 그리고 개별목욕탕과 가족탕 등을 갖췄다. 초음파로 때를 씻는 시설, 한증탕 등도 있고, 이발소와 미용실도 포함하고 있다. 하루 1만 명까지 목욕을 할 수 있다. 개장 당

※ 쌀은 1kg에 8전, 다른 곡물은 6전이었다. 그래서 평균 7전으로 계산했다.

시 개별목욕탕을 이용하는 데 2원 50전씩 받았다.

물놀이장은 실내와 야외로 나뉘어져 있고, 공기주머니, 미끄럼대 등이 설치되어 있다. 수영장은 수영과 수구를 할 수 있게 되어 있고, 10개의 다이빙 보드를 갖춰 다이빙도 할 수 있도록 꾸며져 있다. 국제수영대회를 개최할 수 있도록 2천 명 규모의 관람석도 갖추었다. 일반 시민들도 이용했지만, 수영선수들도 여기서 훈련을 했다. 이 수영장이 만들어지기 전에는 선수들은 여름철 훈련을 위해 멀리 강원도 원산까지 갔었다.[99]

1981년 12월에는 창광원 근처에 빙상관도 들어섰다. 스피드스케이팅, 피겨스케이팅, 아이스하키 대회가 열릴 수 있는 아이스링크였다. 비슷한 시기에 창광원과 빙상관에서 멀지 않은 곳에 청류관이라는 대형 음식점도 만들어졌다. 냉면과 온면, 단고기국(보신탕) 등을 파는 대형 식당이었다. 가족실도 11개를 갖추고 있었다. 1961년에 문을 연 옥류관과 함께 평양의 대표적인 음식점이 되었다. 사무원들은 가족실을 빌려 생일파티를 하기도 했다. 6명이 신선로 전골요리와 반주로 생일파티를 하면 60원 정도 들었다.[100] 북한 사람들은 생일파티 등의 기회에 술을 마시더라도 보통 잔을 돌리지는 않았고, 술을 따를 때는 한 손으로 따랐다.[101] 이렇게 놀이시설과 대형 식당을 한곳에 지어 시민들이 보다 편히 즐길 수 있도록 했는데, 북한 당국이 과거에 비하면 어느 정도 여유가 생겼기 때문에 가능한 일이었고, 그만큼 평양 시민의 생활은 나아졌다고 할 수 있다.

최신 설비의 산부인과 병원 개원

대동강 구역 문수거리에 대규모 산부인과 병원 '평양산원'이 개원한 것은 1980년 7월이었다. 하루에 외래환자 400명을 수용할 수 있고, 60명이 분만할 수 있는 규모였다. 1년이면 1만 5,000명 정도가 여기서 출산을 할 수 있는 규모가 되는데, 이는 당시 평양에서 1년에 출산하는 4만 명 가운데 3분의 1을 훨씬 넘는 것이었다. 평양산원은 개원 당시부터 수술실과 분만실 등에 최신 설비를 갖추고 있었고, 산모를 보호하기 위해 TV 화면으로 면회를 하는 시설을 갖추고 있었다. 병원 앞쪽에는 공원이 조성되었다. 함경북도 회령의 백살구나무, 황해북도 개성의 향나무 등 각지에서 보내 온 수천 그루의 나무가 심어져 있는 아늑한 공원이었다.

평양의 많은 여성이 혜택을 보게 되었는데, 이만한 시설이 건설되는 데에는 이면에서 고생한 사람이 많았다. 건설돌격대 대원들이 주로 동원되었다. 이 조직은 북한의 주요시설을 건설하는 데 동원되는 준군사 조직이다. 국가 단위의 건설돌격대뿐만 아니라 각 도 단위의 여단돌격대도 있었다. 중대, 소대, 분대 등과 같은 군체제로 운영되었다. 평양산원 건설에는 각 도의 여단돌격대가 주로 동원되었고, 휴가 나온 군인들, 가정부인들도 참여했다.[102]

병원 얘기가 나왔으니 북한의 의료제도를 전반적으로 살펴보면, 기본적으로는 무상치료제를 1960년에 도입해 계속 실시했다. 월급에서 1%씩 떼는 사회보장비로 의료비가 충당되어 병원비를 따로 내지 않는 시스템이다. 1963년부터는 의사담당구역제가 실시되었다. 동, 리, 구에 하나씩 있는 종합진료소의 의사들이 지역을 나눠 주민들의 건강을 책임지는 방식이다. 의사들은 진료소로 찾아오는 환자들을 진료하고, 담당 구역을 방문해 건강검진과 예방접종, 위생교육 등을 실시해 질병을 사전에 예방하는 데 주력한다.

1980년 평양 보통강구역 낙원종합진료소의 사례를 보자. 소장은 강보선이었다. 강보선도 담당 구역이 있었다. 그는 담당 구역의 가정을 방문해 개인별 건강관리부를 작성했다. 그의 담당 구역에 한국전쟁 상이군인이 한 명 있었는데, 여전히 통증으로 고생하고 있었다. 그런데 그의 건강관리부에는 부상당한 사실만 간단하게 기록되어 있었다. 강보선은 일주일 동안 환자와 주변인들을 만나 상세한 건강관리부를 만들었다. 이후에는 인민병원과 평양의학대학병원까지 가서 종합진단을 받게 해 건강관리부를 보완했다. 이를 바탕으로 투약과 치료를 진행했다. 또 위장병이 많은 가정을 방문해서는 식생활에 대해 알아보고 자극성 있는 음식을 자제하도록 권하기도 했다. 이 진료소의 다른 의사 최명순은 담당 구역 집집을 다니며 채소 씻는 법, 음식 보관법 등을 알려 주기도 했다. 또 다른 의사 고명숙은 담당 구역 주민들과 함께 주위환경을 깨끗이 유지하도록 돕고, 가정을 방문해 부엌을 말끔히 정리하는 일도 함께했다.[103] 의사담당구역제는 이렇게 사후치료보다는 사전예방에 중점을 두면서 실시되어 왔다.

일요일엔 예배를 보는 사람들도

아파트에 살면서도 김칫독을 묻는 풍경은 1960년대나 별 차이가 없었다. 10층, 20층 아파트에 살면서도 아파트 주변 땅에 김칫독을 묻었다. 베란다에 김칫독을 놓는 사람도 있었지만, 대부분 땅에 묻는 것을 선호했다. 도시 미관에 좋지 않다며 당국이 만류해도 별 소용이 없었다.[104]

맵시 있는 차림도 아직은 기대하기 어려웠다. 1980년대 초 목이 좀 긴 목달이구두를 신으면 멋쟁이로 평가되었는데, 실제로 이걸 신은 사람은 아주 드물었다. 1981년 12월 우간다 대통령이 평양을 방문했을 때 많은 여성이 연도에서 환영했다. 여성들은 괜찮은 옷을 입고 머릿수건까지 했는데, 좋은 신발을 신은 사람이 별로 없었다. 더욱이 목달이구두를 신은 사람은 천 명에 한 사람 정도밖에 되지 않았다.[105]

1980년대 말에는 그동안 모자랐던 어린이 식료품을 생산하는 공장이 평양에 여러 군데 세워졌다. 여기서 양배추가루, 시금치가루, 홍당무가루, 토마토가루, 땅콩가루, 고기뼈가루 등을 생산해 어린이들에게 공급

했다.[106]

1980년대 후반에 들어서도 생활필수품들이 모자라는 현상은 쉽사리 사라지지 않았다. 1987년 당시에도 평양의 백화점과 상점들에 신발과 천이 많지 않았다. 특히 겨울에 필요한 털모자, 털신발, 털목도리가 많이 부족했다.[107] 전기가 모자라 백화점도 대부분의 등을 끈 채 어두컴컴한 가운데서 영업을 했다. 외국 손님들이 이용하는 고려호텔의 경우도 복도는 소등상태를 유지하고 있었다. 방 번호가 안 보이면 불을 켜고 확인한 후 다시 끄는 식이었다.[108] 대중교통으로 지하철과 버스, 무궤도전차가 있었지만, 어른용 세발자전거를 타고 다니는 사람들도 있었다.[109]

그런 가운데서도 여성들의 미적 욕구는 여느 국가처럼 표현되고 있었다. 1980년대 말 평양의 여성 사이에서는 양장차림과 눈썹가를 족집게로 가지런히 정리하는 화장법이 유행하고 있었다. 긴 굽 끝에 놋쇠가 붙어 있는 하이힐과 긴 부츠를 신은 여성들도 평양 시내에서 찾아볼 수 있었다.[110]

지금도 일반인들이 외국에 나가는 것이 쉽지는 않지만, 1980년대에는 평양 시민이라도 외국여행을 하기는 여간 어렵지 않았다. 여행 목적이 분명해야 했고, 당국에서 목적을 용인한다고 하더라도 주변 인물들에 대한 철저한 신원조사와 항문까지도 다 본다고 소문난 세밀한 신체검사를 거쳐야 여권을 받을 수 있었다. 그나마 1989년 세계청년학생축전이 끝나고 나서는 국제교류와 외화벌이에 대한 인식이 확산되어 외국에 친척이 있는 경우에는 여행이 조금 수월해졌다.[111]

평양의 특이한 풍경 가운데 하나는 소방서가 없다는 것이었다. 인구 150만 명에 이르는 메트로폴리탄 시티였지만 소방서는 없었다. 의아하게 생각하는 외부인에게 평양 시민들은 "인민들이 단결하여 스스로 불을 끈다. 그래서 세금도 필요없고 소방차도 필요없다"는 식으로 설명했다.[112] 시민들은 대부분 친절한 편이었다. 재미교포 기자가 예고도 없이 아파트 문을 두드려도 문을 열고 친절하게 대해 줬고, 카메라를 들이대거나 말을 걸었을 때에도 싫은 얼굴을 하지 않았다.[113]

1988년 9월에는 장충성당이 세워졌다. 일요일마다 열리는 주일미사에는 200여 명이 참석했다. 10월에는 평양에 봉수교회가 세워져 신도들이 예배를 보았다. 형식만 갖춘 가짜 성당, 교회라는 시각도 있었지만, 실제로 신도들이 있었다. 기도도 했고, 찬송가도 불렀다. 봉수교회의 경우, 매주일마다 예배가 열려 120명 정도가 참석했다. 피아노는 없어서 녹음테이프를 틀어 놓고 찬송가를 따라 불렀다.[114] 이후 지금까지 교회는 계속 이어져 오고 있는데, 많은 남한의 교인과 재미교포 성직자의 관찰에 따르면, 북한의 교회를 완전한 연극이라고 보기는 어렵다는 것이다. 가정교회 형태로 유지되던 기독교를 북한 당국이 양성화시켜 준 것으로 보아야 한다는 것이다. 이후 북한 당국은 외부의 도움을 받아 짓는 교회도 수용했고, 등록을 하고 가정에서 10여 명이 모여 주일예배를 보는 가정교회도 인정했다. 불교 사찰들은 한국전쟁 이후 복구되어 유지되어 왔고, 1980년대 말에는 승려양성도 시작했다. 1980년대 말 북한은 세계청년학생축전을 치르고 탈냉전의 상황을 맞으면서 정책적으로 종교에 대해 상당히 개방적 태도를 갖게 되었다고 할 수 있겠다.

1 김일성, "올해 국가예산을 바로 세울 데 대하여"(1980. 3. 26.), 『김일성 저작집』 35, 조선로동당출판사, 1987, p.80.
2 김일성, "수산업을 발전시키는 데서 나서는 몇 가지 과업에 대하여"(1982. 2. 18.), 『김일성 전집』 75, 조선로동당출판사, 2008, p.173.
3 김일성, "타이공주 일행과 한 담화"(1987. 5. 12.), 『김일성 전집』 85, 조선로동당출판사, 2009, p.410.
4 김일성, "도경제지도위원회들에 대한 지도체제를 바로 세울 데 대하여"(1981. 11. 19.), 『김일성 전집』 74, 조선로동당출판사, 2008, p.411.
5 김일성, "인민생활지도위원회를 내올 데 대하여"(1981. 1. 20.), 『김일성 전집』 73, 조선로동당출판사, 2007, pp.18-33.
6 김일성, "조선민주주의 인민공화국 최고인민회의 제7기 제4차회의에 제출할 남조선 국회에 보내는 편지에 대하여"(1985. 4. 5.), 『김일성 전집』 81, 조선로동당출판사, 2009, p.185.
7 김일성, "탄자니아련합공화국 대통령과 한 담화"(1981. 3. 26~30.), 『김일성 전집』 73, 조선로동당출판사, 2007, p.169.
8 김일성, "알곡생산을 늘이(늘리)며 다른 나라들과의 무역과 기술교류를 잘할 데 대하여"(1984. 1. 18.), 『김일성 전집』 79, 조선로동당출판사, 2008, p.68.
9 김일성, "인민생활을 높이며 대외사업과 의학기술을 발전시킬 데 대하여"(1984. 4. 9.), 『김일성 전집』 79, 조선로동당출판사, 2008, p.271.
10 "무병장수의 기쁨", 『로동신문』, 1986. 4. 5.
11 의료종사자수 통계, 국가통계포털(KOSIS), http://kosis.kr/statHtml/statHtml.do?orgId=101&tblId=DT_2KAAC01_OECD&vw_cd=MT_RTITLE&list_id=UTIT_OECD_L&seqNo=&lang-mode=ko&language=
12 김보식, "상업봉사자 된 영예를 안고", 『천리마』, 제447호(1996), pp.48-49.
13 김종익, "긴 여행: '금기의 땅'을 가다", 양성철 · 박한식 편저, 『북한기행』, 한울, 1986, p.34.; 이채진, "'평등사회'의 참모습", 양성철 · 박한식 편저, 『북한기행』, p.72.
14 작가황석영석방대책위원회 엮음, 『황석영 북한방문기-사람이 살고 있었네』, 시와사회사, 1993, p.322.
15 이채진, "'평등사회'의 참모습", 양성철 · 박한식 편저, 『북한기행』, pp.72-73.
16 작가황석영석방대책위원회 엮음, 『황석영 북한방문기-사람이 살고 있었네』, pp.322-323.
17 김일성, "공산주의 시책을 더욱 발전시킬 데 대하여"(1985. 10. 22.), 『김일성 전집』 82, 조선로동당출판사, 2009, p.445.
18 "당의 봉사일군된 영예 빛내여간다", 『로동신문』, 1980. 2. 4.
19 평화통일연구소 편, 『북한개요』, 평화통일연구소, 1986, p.93.
20 작가황석영석방대책위원회 엮음, 『황석영 북한방문기-사람이 살고 있었네』, p.153.

21 명홍숙, "(현지보도) 그때의 그들이였다", 『로동신문』, 1982. 6. 29.
22 이찬삼, "가서 본 북한: 본사 이찬삼 시카고 편집국장 방문기 ⑥", 『중앙일보』, 1988. 12. 23.
23 작가황석영석방대책위원회 엮음, 『황석영 북한방문기 – 사람이 살고 있었네』, p.323.
24 이찬삼, "가서 본 북한: 본사 이찬삼 시카고 편집국장 방문기 ⑩", 『중앙일보』, 1988. 12. 28.
25 여순화, "새 거리의 집주소", 『금수강산』, 1990년 1월호, pp.9-10.
26 이미영, "이미영씨의 증언", 2004년 11월 18일, 탈북자동지회 홈페이지(http://nkd.or.kr) '탈북자수기' 코너.
27 김정일, "온 사회에 문화정서생활기풍을 세울 데 대하여"(1989. 1. 5.), 『김정일 선집』 12, 조선로동당출판사, 2011, pp.466-467.
28 최광애(평안북도 삭주 출신. 1977년생) 인터뷰, 2019년 1월 17일, 전주.
29 김정일, "온 사회에 문화정서생활기풍을 세울 데 대하여"(1989. 1. 5.), 『김정일 선집』 12, 조선로동당출판사, 2011, pp.468-469.
30 김일성, "남청진에 새로 지은 살림집을 돌아보면서 일군들과 한 담화"(1980. 7. 25.), 『김일성 전집』 71, 조선로동당출판사, 2007, p.495.
31 김일성, "청진시와 함경북도 경제부문 일군협의회에서 한 연설"(1980. 7. 28.), 『김일성 전집』 71, 조선로동당출판사, 2007, p.533.
32 김일성, "올해 영농준비사업과 경제사업에서 제기되는 몇 가지 문제에 대하여"(1987. 3. 30.), 『김일성 전집』 85, 조선로동당출판사, 2009, pp.207-210.
33 최광애(평안북도 삭주 출신. 1977년생) 인터뷰, 2019년 1월 17일, 전주.
34 최광애(평안북도 삭주 출신. 1977년생) 인터뷰, 2019년 1월 17일, 전주.
35 루이제 린저 저, 강규현 역, 『루이제 린저의 북한이야기』, 형성사, 1988, p.79.; 이찬삼, "가서 본 북한: 본사 이찬삼 시카고 편집국장 방문기 ④", 『중앙일보』, 1988. 12. 20.
36 루이제 린저 저, 강규현 역, 『루이제 린저의 북한이야기』, pp.79~80.
37 이찬삼, "가서 본 북한: 본사 이찬삼 시카고 편집국장 방문기 ⑩", 『중앙일보』, 1988. 12. 28.
38 조원재, "(기행) 우리 삶이 꽃 피는 품", 『로동신문』, 1984. 2. 13.
39 김종익, "긴 여행: '금기의 땅'을 가다", 양성철 · 박한식 편저, 『북한기행』, p.33.; 이채진, "'평등사회'의 참모습", 양성철 · 박한식 편저, 『북한기행』, pp.80-81.
40 이채진, "'평등사회'의 참모습", 양성철 · 박한식 편저, 『북한기행』, pp.81-82.
41 김일성, "축산업을 발전시키는 데서 나서는 몇 가지 과업에 대하여"(1985. 5. 20.), 『김일성 전집』 81, 조선로동당출판사, 2009, pp.367-369.
42 김일성, "전국농업대회에 참가한 농업부문 책임일군들과 한 담화"(1985. 1. 3.), 『김일성 전집』 81, 조선로동당출판사, 2009, p.20.
43 이용운, "즐거운 농민 휴양", 『로동신문』, 1984. 12. 6.
44 나성국, "즐거운 휴양생활을!", 『로동신문』, 1984. 2. 12.
45 루이제 린저 저, 강규현 역, 『루이제 린저의 북한이야기』, pp.122-125.
46 위의 책, p.124.
47 위의 책, pp.136-137.
48 이순희, "(방문기) 쓸모가 많은 아카시아림", 『로동신문』, 1980. 8. 24.
49 김일성, "전국농업대회에 참가한 농업부문 책임일군들과 한 담화"(1985. 1. 3.), 『김일성 전집』 81, 조선로동당출판사, 2009, p.19.

50 김일성, "정무원 책임일군들의 역할을 높여 당의 경제정책을 철저히 관철하자"(1980. 3. 5.), 『김일성 저작』35, 조선로동당출판사, 1987, p.37.
51 김일성, "자강도 경제사업에서 나서는 몇 가지 문제"(1985. 1. 31.), 『김일성 저작집』39, 조선로동당출판사, 1993, p.33.
52 김일성, "간석지 건설을 다그치며 논밭의 지력을 높일 데 대하여"(1983. 4. 2.), 『김일성 저작집』37, 조선로동당출판사, 1992, pp.432-433.
53 루이제 린저 저, 강규현 역, 『루이제 린저의 북한이야기』, p.137.
54 김일성, "평양시 룡성구역 화성협동농장 제1작업반 벼수직파 시험포전을 돌아보면서 일군들과 한 담화"(1987. 9. 1.), 『김일성 전집』86, 조선로동당출판사, 2010, pp.24-25.
55 김일성, "농촌경리의 관리운영사업을 개선하며 농업생산을 늘이(늘리)기 위한 몇 가지 과업에 대하여"(1982. 12. 9.), 『김일성 전집』76, 조선로동당출판사, 2008, pp.549-550.
56 김일성, "물고기 가공사업에서 혁명적 전환을 일으킬 데 대하여"(1980. 12. 10, 12.), 『김일성 저작집』35, 조선로동당출판사, 1987, pp.443-444.
57 김일성, "1981년 인민경제계획을 수행하는 데서 틀어쥐고 나가야 할 몇 가지 문제에 대하여"(1980. 12. 15~16.), 『김일성 전집』72, 조선로동당출판사, 2007, p.539.
58 김일성, "물고기 가공사업에서 혁명적 전환을 일으킬 데 대하여"(1980. 12. 10, 12.), 『김일성 저작집』35, 조선로동당출판사, 1987, p.443.
59 김경준, "(방문기) 흥겨운 물고기 가공장", 『로동신문』, 1982. 12. 17.; 김일성, "농촌기술혁명을 다그치는 데서 나서는 당면한 몇 가지 과업에 대하여"(1982. 5. 20.), 『김일성 저작집』37, 조선로동당출판사, 1992, p.171.
60 김일성, "수산업을 발전시켜 인민생활을 더욱 높이자"(1980. 3. 21.), 『김일성 전집』71, 조선로동당출판사, 2007, p.137.
61 김일성, "화학공업을 더욱 발전시키며 일군들 속에서 우리 식대로 살아나가는 혁명적 기풍을 세울 데 대하여"(1987. 3. 20.), 『김일성 저작집』40, 조선로동당출판사, 1994, pp.281-282.
62 김일성, "수산업을 더욱 발전시키며 소금 생산을 늘일(늘릴) 데 대하여"(1989. 3. 20~21.), 『김일성 저작집』41, 조선로동당출판사, 1995, pp.357-358.
63 김일성, "련합기업소를 조직하며 정무원의 사업체계와 방법을 개선할 데 대하여"(1985. 11. 19.), 『김일성 저작집』39, 조선로동당출판사, 1993, p.246.
64 김일성, "겨울철 물고기잡이와 물고기 가공에서 새로운 혁신을 일으킬 데 대하여"(1981. 3. 11.), 『김일성 전집』73, 조선로동당출판사, 2007, p.84.
65 김일성, "중국공산당 중앙위원회 총서기와 한 담화"(1985. 5. 4~6.), 『김일성 전집』81, 조선로동당출판사, 2009, p.285.
66 김일성, "함경남도의 경제사업에서 전환을 가져올 데 대하여"(1989. 8. 24~26.), 『김일성 전집』88, 조선로동당출판사, 2010, p.379.
67 김일성, "과학·교육사업과 인민보건사업에서 새로운 전환을 일으킬 데 대하여"(1988. 3. 7~11.), 『김일성 전집』87, 조선로동당출판사, 2010, p.106.
68 김일성, "200일 전투를 성과적으로 벌리(벌이)는 데서 제기되는 몇 가지 문제에 대하여"(1988. 3. 29~4. 1.), 『김일성 전집』87, 조선로동당출판사, 2010, p.215.
69 루이제 린저 저, 강규현 역, 『루이제 린저의 북한이야기』, p.126.

70 조명훈, 『북녘일기』, 산하, 1988, pp.116-117.
71 김일성, "려객렬차 관리운영사업을 개선할 데 대하여"(1982. 12. 17.), 『김일성 전집』 76, 조선로동당출판사, 2008, pp.581-583.; 김일성, "당의 로선과 정책을 옹호관철하는 혁명적 기풍을 세우며 경제조직사업을 짜고들 데 대하여"(1983. 1. 10~11.), 『김일성 전집』 77, 조선로동당출판사, 2008, p.44.; 김일성, "농촌경리의 관리운영사업을 개선하며 농업생산을 늘이기 위한 몇 가지 과업에 대하여"(1982. 12. 9.), 『김일성 저작집』 37, 조선로동당출판사, 1992, p.368.
72 김일성, "철도수송의 긴장성을 풀기 위한 몇 가지 과업에 대하여"(1987. 6. 8.), 『김일성 전집』 85, 조선로동당출판사, 2009, p.441.
73 김일성, "경공업혁명을 다그쳐 인민들의 물질문화생활을 더욱 높이자"(1983. 3. 10.), 『김일성 저작집』 37, 조선로동당출판사, 1992, pp.386-387.
74 루이제 린저 저, 강규현 역, 『루이제 린저의 북한이야기』, pp.126-127.
75 김일성, "학교교육사업에서 나서는 몇 가지 문제"(1985. 2. 26.), 『김일성 저작집』 39, 조선로동당출판사, 1993, pp.41-42.; 김일성, "과학, 교육 사업과 인민보건사업에서 새로운 전환을 일으킬 데 대하여"(1988. 3. 7~11.), 『김일성 저작집』 41, 조선로동당출판사, 1995, pp.48-51.
76 양성철, "무엇을 가르치고 어떻게 배우나", 양성철 · 박한식 편저, 『북한기행』, p.100.
77 이찬삼, "가서 본 북한: 본사 이찬삼 시카고 편집국장 방문기 ⑪", 『중앙일보』, 1988. 12. 29.
78 이찬삼, "가서 본 북한: 본사 이찬삼 시카고 편집국장 방문기 ③", 『중앙일보』, 1988. 12. 19.
79 태영호, 『3층 서기실의 암호: 태영호 증언』, 기파랑, 2018, p.430.
80 김일성, "노르웨이 공산당 중앙위원회 위원장과 한 담화"(1988. 1. 6.), 『김일성 전집』 87, 조선로동당출판사, 2010, pp.55-56.
81 김정일, "인민경제 모든 부문에서 증산과 절약투쟁을 잘하며 행정규률을 강화할 데 대하여"(1982. 11. 14.), 『김정일 선집』 10, 조선로동당출판사, 2011, pp.97-99.
82 주한률, "석탄전선에서 혁신의 불길이 계속 타오른다", 『로동신문』, 1970. 8. 11.
83 김은철, "북녘땅에서 의사로 봉사할 수 있는 날을 기다리며", 2004년 11월 18일, 탈북자동지회 홈페이지(http://nkd.or.kr) '탈북자수기' 코너.
84 김일성, "인민군대의 중대를 강화하기 위한 몇 가지 과업에 대하여"(1985. 9. 2.), 『김일성 전집』 82, 조선로동당출판사, 2009, p.233,
85 박태용, "공군상위 출신 탈북자의 수기", 탈북자동지회 홈페이지(http://nkd.or.kr) '탈북자수기' 코너.; 임영선, "땀방울의 가치를 생각하며", 2004년 11월 18일, 탈북자동지회 홈페이지(http://nkd.or.kr) '탈북자수기' 코너.
86 김창해, "(기행) 풍요한 바다가(바닷가)에 행복이 꽃핀다", 『로동신문』, 1988. 10. 8.
87 김일성, "인민생활에 필요한 상품생산을 늘일(늘릴) 데 대하여"(1987. 12. 9.), 『김일성 전집』 86, 조선로동당출판사, 2010, p.427.
88 김일성, "평안북도 향산군 관하협동농장을 돌아보면서 일군들과 한 담화"(1989. 6. 17.), 『김일성 전집』 88, 조선로동당출판사, 2010, p.244.
89 김민세, "북한군 병영 추억 '잃으면 훔쳐서라도 보충하라'", 2007년 7월 16일, 탈북자동지회 홈페이지(http://nkd.or.kr) '탈북자수기' 코너.
90 김일성, "자강도 경제사업에서 나서는 몇 가지 문제"(1985. 1. 31.), 『김일성 저작집』 39, 조

선로동당출판사, 1993, pp.28-29.
91 김형균, "공민의 의무를 지켜", 『로동신문』, 1984.12.10.
92 임영선, "땀방울의 가치를 생각하며".
93 작가황석영석방대책위원회 엮음, 『황석영 북한방문기-사람이 살고 있었네』, p.157.
94 고병철, "'혁명' 2대", 양성철·박한식 편저, 『북한기행』, p.62.; 이채진, "'평등사회'의 참모습", 양성철·박한식 편저, 『북한기행』, pp.75-76.
95 김일성, "프랑스 사회당 당수와 한 담화"(1981.2.14~15.), 『김일성 전집』 73, 조선로동당출판사, 2007, p.63.
96 이채진, "'평등사회'의 참모습", 양성철·박한식 편저, 『북한기행』, pp.74-75.
97 이채진, "'평등사회'의 참모습", 양성철·박한식 편저, 『북한기행』, p.74.
98 이찬삼, "가서 본 북한: 본사 이찬삼 시카고 편집국장 방문기 ②", 『중앙일보』, 1988.12.17.
99 김일성, "창광원 관리운영사업을 잘 하여야 한다"(1980.3.21.), 『김일성 전집』 71, 조선로동당출판사, 2007, pp.139-142.
100 이찬삼, "가서 본 북한: 본사 이찬삼 시카고 편집국장 방문기 ⑤", 『중앙일보』, 1988.12.21.
101 이찬삼, "가서 본 북한: 본사 이찬삼 시카고 편집국장 방문기 ⑪", 『중앙일보』, 1988.12.29.
102 김일성, "평양산원은 녀성들을 위한 현대적인 종합병원이다"(1980. 3. 31.), 『김일성 전집』 71, 조선로동당출판사, 2007, p.163.
103 박재권, "의사담당구역제 사업을 실속 있게", 『로동신문』, 1980.2.28.
104 김일성, "지방공업부문 일군들의 책임성과 역할을 높일 데 대하여"(1980. 5. 3.), 『김일성 전집』 71, 조선로동당출판사, 2007, p.273.
105 김일성, "경공업혁명을 일으킬 데서 풀어야 할 몇 가지 문제"(1982.1.12), 『김일성 전집』 75, 조선로동당출판사, 2008, p.38.
106 김일성, "과학·교육사업과 인민보건사업에서 새로운 전환을 일으킬 데 대하여"(1988. 3. 7~11.), 『김일성 전집』 87, 조선로동당출판사, 2010, p.111.
107 김일성, "인민생활에 필요한 상품생산을 늘일(늘릴) 데 대하여"(1987.12.9.), 『김일성 전집』 86, 조선로동당출판사, 2010, p.425.
108 이찬삼, "가서 본 북한: 본사 이찬삼 시카고 편집국장 방문기 ②", 『중앙일보』, 1988.12.17.
109 이찬삼, "가서 본 북한: 본사 이찬삼 시카고 편집국장 방문기 ⑨", 『중앙일보』, 1988.12.27.
110 이찬삼, "가서 본 북한: 본사 이찬삼 시카고 편집국장 방문기 ①", 『중앙일보』, 1988.12.16.
111 김길선, "아버지 생각", 2004년 11월 18일, 탈북자동지회 홈페이지(http://nkd.or.kr) '탈북자수기' 코너.
112 이찬삼, "가서 본 북한: 본사 이찬삼 시카고 편집국장 방문기 ⑦", 『중앙일보』, 1988.12.24.
113 이찬삼, "가서 본 북한: 본사 이찬삼 시카고 편집국장 방문기 ⑪", 『중앙일보』, 1988.12.29.
114 이찬삼, "가서 본 북한: 본사 이찬삼 시카고 편집국장 방문기 ⑧", 『중앙일보』, 1988.12.26.

※ 이 장에서 사용한 사진은 美하버드대 옌칭도서관에서 사전 승인을 받고 촬영한 것이다.

1990~

제6장

모두 고난의 행군

굶주림과의 싸움

살아남는 것이 문제

1990년대는 세계사의 물줄기가 크게 바뀌는 시기였다. 탈냉전의 거대한 흐름에 따라 동유럽과 소련의 공산주의는 몰락의 길을 걸었다. 이들과의 사회주의적 연대를 통해 체제를 유지해 온 북한도 정치 · 경제적으로 난관을 맞지 않을 수 없었다. 특히 소련이 망하면서 경제적 지원이 단절된 것은 북한 경제에 심대한 타격을 주었다. 이는 곧 민중생활의 극심한 어려움으로 연결되었다.

1990년에는 농사가 잘되어 식량 사정이 나쁘지 않았다.[1] 하지만 1991년부터 조금씩 나빠지기 시작했다. 1991년 함경남도에서는 한 사람당 1년 식량을 260kg으로 상정하고 있었다. 물론 쌀과 강냉이가 섞인 것이었다.[2] 하루 710g 정도에 해당하는 양이었다. 북한의 농민들이 1985년 이전에 이 정도의 식량을 할당받고 있었는데, 부족해 1985년부터는 연 300kg으로 늘렸다. 그런데 1991년에 다시 1985년 이전 상황으로 돌아간 것이다.

1992년 하반기에는 김일성종합대학 학생들을 비롯해 곳곳에서 하루 '두 끼 먹기 운동'을 벌였다. 함경북도 청진에서는 다섯 식구 한 가족이

한 달에 쌀 3kg과 옥수수 섞은 잡곡 27kg을 배급받았다. 한 사람에게 하루 200g의 식량이 배급된 셈이었다.[3] 1993년 5월 즈음에는 북한 전역에서 '두 끼 먹기 운동'이 전개되었다. 외국 손님을 모시는 영빈관에도 더운물이 저녁 8시에서 10시까지만 나왔다. 식당들도 식사시간 이외에는 불을 껐다.[4]

1994년이 되면서 식량난이 심화되었다. 강원도에 있는 금강산의 안내원들은 1994년 4월 당시 배급을 받지 못하고 있었다. 안내원들은 원래 손님들로부터 돈을 받을 수 없었다. 알려지면 처벌을 받았다. 하지만 사정이 어렵다 보니 외국 관광객 등 손님들이 주는 돈을 받는 경우도 있었다.[5] 함경남도 함흥의 경우 1994년 7월 김일성 사망 이후부터 식량배급이 제대로 안되기 시작했다.[6] 1994년 8월에는 영양실조에 걸려 병원이나 유치원, 탁아소 등에 누워 있는 아이들이 적지 않았다. 평양은 1995년 초부터 쌀 배급소에 쌀이 나오지 않는 경우가 많았다. 그때만 해도 장마당이 아주 활성화되어 있지는 않았다. 배급소에 쌀이 안 나오면 따로 구하기가 어려웠다. 그래서 직장마다 도시락을 싸오지 못하는 사람들이 있었고, 그런 사람들을 위해 강냉이국수 한 그릇을 점심으로 주는 직장들도 있었다. 쌀을 구했어도 부식을 제대로 구하지 못해 밥만 싸오는 사람들도 있었다. 그나마 사람 사이의 정은 넘쳐 좀 여유 있는 사람이 반찬을 많이 싸와 함께 나누어 먹곤 했다.[7]

1995년 초 김정일은 "나라의 경제사정과 인민들의 생활형편은 매우 어렵습니다. 우리는 앞으로 류례없이 간고한 행군길을 걸을 각오를 하여야 합니다"라며 인민들의 고군분투를 직접 독려하고 나섰다.[8] 그만큼 상황이 악화되어 가고 있었던 것이다. 함흥의 경우 1995년 하반기가 되면서 식량배급이 완전히 끊겼다. 그러자 역이나 버스정류장 등에 꽃제비들이 몰려다녔고, 굶어 죽는 사람도 속출했다. 탈북자 김영순은 당시 함흥시 동흥산구역 운흥1동에서 인민반장을 하고 있었다. 운흥1동에는 48개 인민반이 있었는데, 그중 하나를 맡고 있었던 것이다. 인민반장에게는 30원의 월급이 지급되었다. 평양의 경우 70원이었지만 함흥은 그 절반이 안 되는 수준이었다. 인민반장은 인민보안서(경찰), 국가안전보위부와 연계되어 인민반원들의 일거수일투족을 모두 파악하고 있었다. 하나의 인민반에 25~30가구가 소속되어 있었는데, 김영순의 인민반에는 25가구가 있었다. 그 가운데 강냉이밥이라도 먹는 집은 5가구 정도였고, 세 끼 죽을 먹는 집이 10가구, 두 끼 죽을 먹는 집이 5가구였으며, 나머지 5가구는 죽는 날만 기다린다고 할 만큼 어려웠다.[9]

식량배급이 끊어진 시기는 지역별로, 직종별로 조금씩 달랐다. 함흥의 경우 1995년 하반기에 끊어졌지만, 평양은 1997년에 끊겼다.[10] 그런 가운데서도 군수공장 근로자와 같은 특수 직종에 대해서는 좀 더 배급이 이루어졌다. 평안북도 삭주군에 살던 최광애도 1990년대 말에 배급이 끊긴 것으로 기억하고 있다. 최광애의 아버지가 군수공장의 일급 기술자였기 때문에 배급이 다른 곳보다 더 이루어지다가 1990년대 말 군수공장의 식량 사정도 나빠져 결국 배급이 끊긴 것이다.[11]

배급이 끊어져 가면서 장마당은 늘어갔다. 가재도구 등을 팔기 위해, 먹을 것을 구하기 위해 사람들은 장마당을 찾았다. 장마당에는 쌀, 밀가루, 옥수수, 비누, 치약 등 온갖 것이 있었다. 주로 중국에서 유입되는 것들이었다. 사람들은 자신이 가진 것을 팔아 먹을 것과 생활필수품을 구입했다. 짐을 나르고 빗자루를 매고 담배를 말고 작은 가구들을 만들고 하면서 시장에서 생계를 해결했다.

열악한 환경 탓에 장티푸스나 파라티푸스 등의 전염병도 곳곳에서 발생했다. 함경북도 청진에 살던 유난옥도 1995년 11살짜리 아들을 잃었다. 파라티푸스에 감염된 것이었다. 유 씨 주변에 그렇게 파라티푸스나 결핵으로 죽어간 사람이 많았다. 자고 일어나면 이 집에서 누가 죽었다 하고, 또 자고 일어나면 저 집에서 누가 죽었다는 얘기가 끊임없이 전해졌다.[12]

1996년에는 상황이 좀 더 나빠졌다. 김정일도 "농사가 잘 되지 않아 나라의 식량사정이 전례 없이 긴장해지고 있습니다"라며 보다 구체적으로 식량난을 호소했다.[13] 기차역마다 널브러져 있는 사람들이 어렵지 않게 발견되었다. 시, 군에서 직접 운영하던 국숫집들도 1996년에는 많이 없어졌다. 양강도 대홍단군과 황해남도 은률군 등에서는 국숫집을 운영하고 있었지만, 국숫집을 운영하지 못하는 시, 군이 많았다.[14] 필요한 재료를 확보할 수 없었기 때문이다. 1996년 하반기에 들어서는 북한 주민의 85~90%가 기근의 영향을 받고 있는 것으로 평가되었다. 유엔의 관리들은 제한된 범위가 아니라 국민 대부분이 기근의 영향을 받고 있다는 점에서 아프리카의 최빈국들보다 더 심각한 상황이라고 보고 있었다.[15]

1997년에도 점입가경이었다. 1월 초 함경남도 함흥의 상황을 보면, 길바닥에 죽어 있는 시체를 발견하는 것이 어렵지 않은 정도였다. 차를 몰고 가다 보면 내려서 시체를 치우고 가야 하는 경우도 많았다. 한 광산에서는 직원과 가족 4,800명 가운데 1,500명이 죽기도 했다.[16] 1996년 북한의 민중들은 당국으로부터 "사람이 죽어도 소리 내 울리 마라"는 지시를 받았고, 1997년에는 "장례는 야간에 조용히 치르고 친척도 참석하지 말라"는 새로운 지시를 받았다.[17]

1997년에는 어려운 사정이 누적되면서 사람들이 각자의 살길을 찾아보려는 현상이 두드러졌다. 식량을 훔치고, 비료공장에서 비료를 가져다 팔고, 기계공장에서는 공장 부속품이나 전동기 등을 뜯어서 파는 경우가 많았다.[18] 입에 풀칠을 해야 하는 상황에서 주변을 돌아볼 여유가 없어진 것이다. 지방의 관리들도 이런 행위에 적극 나서고 있었다. 어촌에

서는 잡은 고기를 중국과의 국경 지역으로 가지고 가 식량으로 바꿔 오기도 했다.[19]

식량난은 1995~1997년 3년 동안 가장 심했는데, 이 기간을 북한에서는 '고난의 행군'이라고 일컬었다. 본래 '고난의 행군'은 1938~1939년 김일성의 항일유격대가 일본군의 대대적인 토벌에 쫓기면서 겪은 굶주림과 혹한의 고통을 이르는데, 1995~1997년 사이의 난관이 1938~1939년 기간의 고통과 같은 정도라는 것으로, 항일투쟁정신으로 어려움을 극복해 가자는 의미였다.

고난의 행군 기간을 지나서도 식량난은 쉽게 극복되지 않았다. 1999년에도 "식량사정이 매우 어려운 조건"에 있었다.[20] 이런 사정은 2000년까지 계속되었다. 그 와중에 많은 북한 민중이 굶주림을 이기지 못하고 숨졌다. 북한의 인구통계 등을 종합적으로 분석한 연구에 따르면, 1994년부터 2000년까지 아사자가 적게는 25~60만 명, 많게는 25~117만 명 정도 된다.[21]

김정일은 노동당 고위 간부들에게 고난의 행군 당시의 상황을 설명하면서 "참기 어려운 시련도 많았고 가슴 아픈 일도 많았습니다. 우리나라 사회주의를 없애버리기 위한 제국주의자들과 반동들의 책동이 더욱 악랄해졌으며 경제건설에서의 난관도 말이 아니였습니다(아니었습니다). 적들의 반공화국, 반사회주의 책동에 식량난까지 겹치다보니 난관과 시련이란 말할 수 없었으며 그것을 뚫고 전진하기가 참으로 힘겨웠습니다"라고 실토해 당시 많은 사람이 희생되었음을 시사하기도 했다.[22] 1990년대 북한의 민중들은 굶어 죽지 않고 살아남기 위해 도처에서 말 그대로 사투를 벌이지 않으면 안 되었다.

전력난, 외화난도 겹쳐

식량난뿐만 아니라 전력난, 외화난으로 1990년대는 북한 역사의 암흑기였다. 전기와 같은 전력이 모자라 공장을 돌리지 못했고, 그래서 주민생활은 더 어려웠다. 석탄생산이 제대로 되지 않아 화력발전소도 제대로 운영이 되지 않았다. 수력발전소를 더 건설하려 했지만, 자재가 모자랐다. 그나마 건설이 쉬운 중유발전소를 몇 개 건설했지만, 중유를 수입하는 것도 쉬운 일은 아니었다.[23] 그러니 전력이 모자랐고, 인민생활은 힘들 수밖에 없었다. 수출상품을 개발하지 못해 외화를 확보하지 못하니 필요한 것을 외국에서 사오지도 못했다.

전력이 부족한 것은 파급효과가 크다는 점에서 매우 심각한 문제였다. 전기가 제대로 공급이 안되니 공장이 돌아가지 않았고, 그러다 보니 주민들에게 공급하는 물품들이 모자랐고, 할 일이 없는 노동자들은 공장에 출근하지 않고 시장에서 장사를 하는 경우가 많았다. 그래서 북한 당국이 생각한 대책이 중소형 발전소를 되도록 많이 건설하는 것이었다.

중소형 발전소 건설은 1960년대부터 김일성이 강조하던 사업이기도 했다. 김일성은 풍부한 수력자원을 활용해 작은 발전소들을 많이 지으려 했지만 곧 우선순위에서 밀려 계속 추진되지는 못했다. 이를 고난의 행군 시대에 다시 역점적으로 추진했다. 화력발전보다 자재도 덜 들 뿐만 아니라 석탄과 같은 연료를 사용하지 않아도 되니 경제적이어서 더욱 관심을 기울인 것이다. 여건이 좋은 자강도를 중심으로 야심 차게 추진되던 이 사업은 북한 당국의 기대와는 달리 원활하게 진행되지 못했다. 우선 발전기와 베어링, 벨트 등 설비가 부족했다.[24] 또 당국 주도로 서둘러 추진되다 보니 날림공사가 많았다. 그래서 짓기는 했는데, 실제로 가동은 못하는 경우가 많았다.[25]

석유나 휘발유 등 기름이 모자라다 보니 차를 이용하는 간부들의 경우도 먼 길을 떠날 때는 플라스틱통에 휘발유를 넣고 다녀야 했다. 1994년의 상황을 보면, 우선 고속도로에 주유소가 없었다. 평양-원산 고속도로에도 주유소가 설치되어 있지 않았다. 평양-원산 고속도로는 도로 자체도 좋지 않았다. 포장이 아스팔트가 아니라 시멘트로 되어 있었다. 시멘트에 모래와 자갈을 섞어 군인들이 포장한 것이다. 긴 각목의 양쪽에 손잡이를 만들어 양쪽에서 각목을 들었다 놓았다 하는 방식으로 시멘트를 펼쳐 놓다 보니 제대로 다져지지 않아 쉽게 유실되었다. 곳곳이 파여 있었고, 차에서 느끼는 진동은 클 수밖에 없었다. 시속 50km 이상 속도를 내기도 어려웠다. 평양에서 원산까지 200km 정도인데, 4시간 정도 걸렸다. 다른 고속도로들도 사정은 비슷했고, 역시 주유소는 없었다. 다만 평양을 비롯한 큰 도시에 2~3곳씩의 주유소가 있었다.[26]

당시 사정이 워낙 어려워 김정일이 직접 나서 '고난의 행군'을 제시하며 고통을 참고 견딜 것을 독려하기도 하고, 당이나 국가기관의 간부들에게는 문제 해결을 독촉하기도 했다. 당 중앙위원회 간부들을 모아 놓고는 "지금 우리는 매우 어려운 환경에서 사회주의를 건설하고 있으며 우리에게는 하루빨리 풀어야 할 문제들이 적지 않습니다. 일군들은 고난의 행군 대오의 앞장에 서서 실천으로 당을 받들어 나가야 합니다. 현실은 말공부나 걱정만 하는 일군이 아니라 조직사업을 짜고들어 걸린 문제를 풀어나가는 실천가형의 일군, 김책형의 일군을 요구하고 있습니다"라고 호소하기도 했다.[27]

북한의 공간자료들도 여기저기에서 당시의 어려움을 간헐적으로 밝히고 있다. 『조선녀성』 2002년 7월호는 1995년 12월 상황을 설명하면서 "공장, 기업소들에서 생산이 정상화되지 못하고 예상치 못했던 심한 식량타격까지 받은 우리 인민들 속에서는 적지 않은 사람들이 그 극복방도를 옳게 찾지 못하고 손맥을 놓았다. 시내의 농민시장으로 찾아들어

가는 사람들이 하나둘 늘어났고 역전과 공원들에는 허무하게 하루를 보내는 사람들이 생겨났다"고 밝히고 있다.[28] 김정일도 직접 "우리가 벌린(벌인) 고난의 행군은 말할 수 없이 어려운 투쟁"이었다고 밝히고,[29] "고난의 행군, 강행군 시기는 우리 혁명의 가장 어려운 시기였습니다. 위대한 수령님께서 서거하신 이후 적들은 우리나라가 3년을 넘기지 못하고 붕괴될 것이라고 떠들면서 사회주의의 보루인 우리나라를 고립압살하기 위하여 사면팔방에서 달려들었습니다. 제국주의자들의 끈질긴 정치군사적 압력과 경제적 봉쇄, 세계사회주의 시장의 붕괴, 거기에 몇 해째 계속된 자연재해로 하여 식량난, 원료난, 동력난이 닥쳐 대용식품으로 끼니를 에우는(때우는) 사람들이 많아졌으며 공장들은 멎고 경제발전에서 불균형이 생겨나게 되였습니다(되었습니다)"라고 난관의 모습을 구체적으로 밝히기도 했다.[30]

북한 당국은 어려운 상황을 극복하기 위해 다양한 방안을 고민했다. 동유럽 사회주의 국가들과 소련이 붕괴된 상황에 대응하기 위해 1993년부터 농업제일주의, 경공업제일주의, 무역제일주의를 내세웠다. 식량과 생활용품을 생산하고 인민생활에 필요한 물품을 조달하기 위해 다변화된 무역을 실시하겠다는 것이었다.[31] 당장 인민들이 먹고 입고 사는 문제를 해결하기 위해서는 이러한 정책을 실시할 수밖에 없다는 인식에서 나온 것이었다. 그렇다고 해서 북한이 종래 추진해 온 중공업 우선정책을 포기한 것은 아니었다. 그동안의 정책으로 중공업 토대는 마련되어 있기 때문에 그 바탕 위에서 몇 년간 농업, 경공업, 무역 우선주의를 실시한다는 것이었다.[32]

그러면서 1994년부터 1996년까지 3년 동안은 완충기로 정했다.[33] 북한은 경제목표를 달성하지 못하고 상황이 매우 어려운 경우 완충기로 정해 달성하지 못한 목표를 다시 추진해 왔다. 1976~1977년,

1985~1986년 기간도 완충기로 설정했었다.

구호로 주민들을 독려하기도 했다. 그래서 1990년대 후반에 나온 대중적인 구호가 "가는 길 험난해도 웃으며 가자"였다. 마을마다 큰 붉은 글씨로 이 구호를 써놓았다. 집에도 이 구호판을 걸어 놓는 경우가 많았다. 현실의 어려움을 의지의 힘으로 극복해 나가자는 북한 당국의 정책적 함의가 다분히 담긴 구호였다.

1995년부터는 국제 사회에 식량지원을 요청했다. 해일과 한랭전선에 의한 흉년으로 식량 사정이 악화되었다면서 국제 사회가 도와줄 것을 호소한 것이다. 재난 수준의 사태를 내부적인 역량만으로 해결하기 어렵다는 것을 인식하고, 외부의 도움을 받아서라도 난국을 헤쳐 나가려 한 것이다. 그런 과정을 거쳐 1999년 들어 사정이 조금씩 나아져 갔다. 지원물자가 들어오면서 식량배급이 부분적으로 재개되었고, 시장의 식량가격도 떨어졌다. 사람들이 좀 살아갈 수 있게 된 것이다. 병원에서는 환자나 산모들이 그나마 빨리 회복할 수 있도록 보양식을 공급하기도 했다. 평안남도 순천시 인민병원 연포분원 산부인과에서는 토끼곰과 달걀로 산모들의 회복을 도왔다. 토끼곰은 토끼고기에 약재를 넣고 고아 만든 보약이다. 이 병원은 이러한 보양식 공급을 위해 토끼와 닭을 직접 키웠다. 조산원 이순영과 같은 직원들은 병원 일을 하면서 토끼, 닭을 기르는 일도 함께했다.[34] 이런 형태로 극심한 어려움의 단계는 겨우 지나가고 있었다.

1990년대 어려움의 시작은 세계 질서의 변화에서 온 것이었다. 소련과 동유럽의 사회주의 붕괴로 인해 사회주의 국가 사이의 우호적 무역관계가 사라지면서 경제난이 촉발되었다. 김일성은 "우리가 이전에 쏘련과 동구라파 나라들과 하던 무역이 지금은 거의 중단되였으며(중단되었으며) 그 나라들과 맺었던 여러 가지 장기계약들도 다 없어지고 말았습니다"라며 소련과 동유럽의 붕괴가 1990년대 북한 경제문제의 시작이었음을 직접 밝히기도 했다.[35] 외부요인과 함께 1995년과 1996년의 대규모 홍수 등 자연재해가 겹쳐 1990년대 북한 민중들은 먹고 입고 기본적인 생활을 영위하는 것 자체가 쉽지 않았다.

일터 찾기 어려운 근로자들

1990년대 초반 북한 근로자들의 일반적인 생활패턴을 보면, 아침 7시 출근, 오후 3시 퇴근, 밤 10시 취침의 양태였다. 8시간 노동을 하고 있었다. 오후 3시에 퇴근해서는 산책도 하고 낚시도 하고 아이들 공부도 돌봐 줬다. 저녁이 되면 TV를 시청하는 사람들이 많았다. 밤 10시가 되면 하루 방송이 종료되어 보통 잠자리에 들었다. 사무직의 경우 금요일에는 '금요노동'을 했다. 나무심기를 하거나 생산 현장에서 일했다. 토요일에는 생활총화와 학습시간을 가졌다.[36]

1990년대 초반 근로자들의 생활은 그렇게 어려운 편은 아니었다. 이때만 해도 식량난이 심화되진 않았다. 맥주도 어느 정도 공급되고 있었다. 하지만 유리병 생산량이 모자라 나무통에 들어 있는 맥주를 가져다 컵에 나눠 주는 식으로 공급되었다. 병을 만드는 공장들이 있긴 했지만 전동기와 감속기 등 기계류 공급이 제대로 되지 않아 공장이 정상 가동되지 않는 경우가 많았다.[37] 연말에는 직장 단위로 송년회도 즐겼다. 한 해의 마지막 날에는 직장 동료들이 각자 술이나 고기, 채소, 기름, 고추 등을 준비해서 부서의 책임자나 부책임자의 집에 모였다. 부서의 책임자나 부책임자라고 해도 보통 방 3개 정도의 집에 살았기 때문에 많은 사람이 모이면 복잡하긴 했다. 하지만 동료들이 모여 이야기꽃을 피우며 마음껏 먹고 술도 마셨다. 그러고는 그다음 날인 설날에는 가족들끼리 모여 제사도 지내고, 친척들끼리 휴식을 즐기기도 했다.[38]

북한이 오랫동안 겪어 온 문제 가운데 하나인 소금부족 현상은 1990년대 초라고 달라진 것이 없었다. 황해남도와 평안남도 등에 있는 제염소에서 생산하는 소금이 수요를 따라가지 못했다. 이온교환막이 설치된 전기투석조를 이용해 소금을 생산하는 방법도 시도하고 있었지만, 전기가 많이 드는 방법이어서 소금생산에 획기적인 기여를 하지는 못하고 있었다.[39]

1980년대 근로자 생활 부분에서 살펴본 대로 정부기관 등에서 근무하는 사람들이 공장 노동자들보다 많은 월급을 받고 있었다. 노동자, 농민이 주인인 사회주의 건설을 추구하는 북한으로서는 불합리한 것이었다. 1990년대 들어서도 상황은 달라지지 않았다. 1991년 상황을 보면, 모란봉공원 청소원의 월급은 68원이었다. 2년제 간호전문대를 졸업한 평양산원 간호사의 초임은 월 90원, 10년차 간호사는 월 100원을 받았다. 평양제1백화점 가방판매대 점원의 월급은 95원이었다. 조국평화통일위원회 서기국 간부는 200원, 인민배우는 250원의 월급을 받았다.[40]

1990년대 초까지도 배급제가 시행되고 교통비 등도 저렴했기 때문에 근로자들은 많은 저축을 할 수 있었다. 월급 120원을 받는 열차원은 80원을, 180원을 받는 조국평화통일위원회 지도원은 100원을 저축하기도 했다. 저축은 은행과 같은 '저금소'에 했다. 생활구역별로 설치된 저금소에서는 연 5%의 이자를 붙여 줬고, 한 달에 한 번은 추첨을 해서 원금의 80~100%의 이자를 붙여 주기도 했다.[41]

통상 방적공장이나 피복공장 등 경공업 제품을 생산하는 공장의 근로자들은 열심이었다. 생산되는 제품들도 남한 것 못지않았다. 일본이나 유럽에 수출을 하기도 했다. 하지만 대체로 어민들은 의욕이 떨어져 있었다. 어선과 장비들이 낙후되어 있었기 때문이다.[42] 노동자와 사무원의 월급이 차이 나는 점에 대해서는 개선작업이 이루어졌다. 이 작업은 중앙인민위원회 경제정책위원회 부위원장이 책임지고 진행했다. 개선 방향은 사무기관 근로자의 월급을 깎는 것보다는 생산 현장 근로자들의 월급을 올리는 것이었다. 또 같은 사무원이라도 직종에 따라 다른 월급을 주도록 하는 것이었다.[43]

이러한 개선작업의 결과는 1992년 3월에 나왔다. 근로자들의 월급과 작물의 수매가, 장학금 등을 대폭 인상하는 내용이었다. 노동자와 사무원, 기술자의 월급을 평균 43.4% 인상했다. 퇴직자들의 연금도 50.7% 올렸다. 농민들로부터 수매하는 곡식의 가격은 쌀의 경우 26.2%, 옥수수는 44.8% 인상했다. 대학과 전문학교 학생들에게 주는 장학금도 33% 올렸다. 그러면서도 식량 공급가격은 인상하지 않았다.[44]

북한의 주 에너지원은 석탄과 수력이다. 그 가운데에서도 석탄이 핵심이다. 1990년 통계에 따르면, 석탄이 전체 에너지원 중 69.2%, 다음으론 수력이 15.7%, 그다음은 석유가 10.0%를 차지하고 있었다. 2015년의 상황을 보면, 석탄이 차지하는 비중은 45.2%, 수력은 28.7%, 석유는 11.6%를 점유해, 25년 전과 별반 다르지 않은 상태를 유지하고 있었다.[45] 원유를 수입하기 위해서는 달러가 필요한 데다 북한은 석탄 매장량이 많아 석탄에 의존해 온 것이다. 그런 만큼 탄광은 북한 당국의 주요 관리대상이 되어 왔다. 탄광 노동자들은 월급과 배급에서도 일반 노동자들보다 더 많이 받았다.

일부 채탄장은 기계화가 진행되어 노동자들의 작업이 전보다 수월

안주탄광에서 노동자들이 작업하는 모습

해졌다. 평안남도 안주시 안주탄광은 1911년 밭을 갈던 농민이 석탄을 발견한 이래 오랫동안 북한 지역의 대표적 탄광으로 자리 잡고 있었다. 1978년에는 안주지구탄광연합기업소로 발전해 산하에 10개의 탄광과 2개의 탄광건설사업소 등이 운영되고 있었다. 여기서 캐는 석탄으로 청천강화력발전소와 50개 공장에 연료를 제공했다. 오랫동안 재래식 장비로 운영되던 탄광은 1990년대 들어 최신 설비를 갖추게 되었다. 지령실에서 각 막장을 폐쇄회로TV로 관찰하면서 지시를 내릴 수 있게 되었고, 종합채탄기로 탄을 캐냈다. 유압식 기계동발이 갱도의 천장을 떠받쳐 사고의 위험도 줄게 되었다. 캐낸 석탄은 강력사슬 컨베이어가 운반해 주었다. 목욕탕과 문화회관도 갖춰져 있었고 병원도 있었다. 일과 후 공부를 하고자 하는 사람은 안주석탄단과대학에서 대학과정을 공부할 수도 있었다.[46]

하지만 모든 탄광이 이렇게 사정이 좋은 것은 아니었다. 1990년대 북한 경제가 전반적으로 악화되는 시기에는 탄광 노동자들의 생활도 많이 어려워졌다. 탄광에서 오랫동안 일해 온 김유봉을 통해 탄부의 생활을 보자. 김유봉은 1986년부터 평안남도 순천시에 있는 2·8직동청년탄광에서 탄을 캐는 탄부로 일했다. 군에서 제대해 고향 황해북도 사리원에서 잠시 직장생활을 하다가 이 탄광에 온 이후로 줄곧 탄을 캐는 일을 했다.

그는 누구보다 열심히 일했다. 덕분에 1년 만에 중대(탄광 조직은 1960년대 초반 이후 계속 군대식으로 편성, 운영되고 있었다) 당세포비서로 선출되었다. 그때부터는 중대원들을 독려하고 통솔하는 일도 함께했다. 애를 먹이는 청년도 많았다. 힘든 노동을 견디기 어려워하는 경우가 많았던 것이다. 김유봉은 힘들어하는 청년들은 아예 집에 데려와 함께 생활했다. 친형의 역할을 한 것이다. 부모가 없는 청년들은 결혼도 시켜 주었다. 그렇게 마음을 써가며 중대를 운영했다.

그러한 노력 때문인지 성과는 높았다. 1991년 김유봉의 중대는 6월에 벌써 연간 생산목표를 달성하고 연말까지 10만 톤 생산을 새로운 목표로 정했다. 그러고는 그러한 내용을 담은 편지를 김정일에게 보냈다. 김유봉은 이 편지를 녹음해 놓았다. 하루는 막장 안의 물이 흘러나가지 못하게 막아 놓은 큰 물동이 터지는 사고가 났다. 중대원들은 망연자실 주저앉았다. 이때 김유봉은 갖고 다니던 녹음기를 틀었다. 편지를 녹음해 놓은 것을 튼 것이다. 맹세편지를 듣고 중대원들은 다시 일어섰다. 한 달 정도 예상되던 복구기간은 6일로 줄었다. 그 바람에 1991년 말까지 10만 2천 톤의 석탄을 생산할 수 있었다. 장비와 여건이 열악한 상태에서 북한의 전통적인 동원기제인 '혁명정신에의 호소' 방법으로 어려움을 극복하고 있었던 것이다.

1990년대 중·후반 '고난의 행군' 동안 청년들이 많이 떠났다. 김유봉은 이들을 집까지 찾아가 설득해 데려오곤 했다. 그러고는 탄광 주변의 땅을 개간해 곡식과 채소를 함께 심었다. 이렇게 먹는 문제를 어느 정도 해결하자 떠나는 사람이 줄었다. 이러한 성과로 김유봉의 중대는 '3대혁명붉은기 중대'로 선정되었고, 김유봉은 노력영웅이 되었다.[47] 조직과 시스템이 일을 하는 체계가 무너지고, 개별 사업장 리더의 지도력과 같은 비공식적·우연적 요소가 일을 하고 있었던 것이다. 1995~1996년 대기근을 거치면서 이러한 현상은 농촌, 도시 할 것 없이 북한 사회 전반에 걸쳐 관찰되는 모습이었다.

함경북도 청진에 살던 유난옥의 경우도 남편이 자동차수리소에서 근무했는데, 1994년부터 상황이 안 좋아졌다. 수리소에 맡겨지는 자동차가 줄었고, 그러자 할 일이 없어져 더 이상 수리소에 나갈 필요가 없게 되었다. 근로자들이 일터를 유지하기 어렵게 된 것이다. 생계를 위해 유난옥은 함경북도 무산의 친정으로 돌아갔다. 거기서 언니와 함께 술을 만들어 시장에서 팔았다. 중국 담배도 팔았다. 중국 상인들이 무산까지 들어와 담배를 넘겼는데, 그걸 사서 시장에서 판매한 것이다. 그렇게 생계를 이어 갔다.[48]

먹을 것이라면 이것저것 다 모자라다 보니 관광객들에게도 인심을 쓰기는 어려웠다. 1995년 5월 재미교포 기자가 개성을 방문했다. 공민왕릉을 구경하고 점심을 먹기 위해 식당을 찾아 비빔밥을 먹었다. 고추장이 일품이었다. 색깔이 진하지는 않았지만 쌉쌀하면서 상큼한 맛이 났다. 그런데 참기름을 청하니 5원(한국 돈 1,900원)을 더 요구했다.[49] 참기름은 아주 귀한 음식이 되어 있었던 것이다. 북한은 오래전부터 먹는 기름을 충분히 공급하기 위해 노력해 왔지만 해결하지 못하고 있었고, 고난의 행군 시기에 들어서면서 먹는 기름은 더욱 귀하신 몸이 된 것이다.

고난의 정도는 화이트칼라와 블루칼라가 별반 다르지 않았다. 1995년 여름 농업위원회 소속 여성 과학자 2명이 태국 출장길에 나섰다. 식량난 해결을 위한 방안으로 수확량이 많은 태국의 목감자 묘목을 구하러 간 것이다. 그런데 이들이 받은 출장경비는 하루 0.5달러에 불과했다. 방콕의 북한무역참사부에서 숙식은 해결하는 것으로 하고 15일간의 경비로 7.5달러만을 받은 것이다. 이들은 귀국할 때 컵라면을 먹고 남은 컵을 모아서 가져오기도 했다. 방콕에는 무역참사부가 있었지만, 대사관이나 참사부가 없는 지역으로 출장을 갈 경우에는 하루 1달러의 경비를 받을 수 있었다. 북한의 항공사 고려항공의 승무원들도 하루 1달러 정도의 잡비를 받았다.[50]

자강도 사람들은 식량난이 심해지는 1996년 즈음 니탄을 대용식량으로 먹었다. 니탄은 오랜 세월 땅속에 묻혀 탄화된 갈뿌리(갈대의 뿌리)를 말한다. 석탄이 되기 직전의 것이다. 니탄을 캐내서 잘 말린 다음 약간의 밀가루나 강냉이가루를 섞어 국수나 떡을 해서 먹었다. 먹을 것이 없는 시절이었지만 처음 이 음식을 접하면 사람들은 쉽게 넘기지를 못했다. 하지만 목숨을 유지하기 위해서는 어쩔 수 없었다. 일반 근로자는 물론이고 자강도 당위원회 간부들도 이 니탄 음식으로 끼니를 때우곤 했다.[51]

1997년에 이르러서는 정부의 고위 간부들도 먹을 것이 궁해져 고층 아파트에서 닭을 키웠다. 외교부의 의전국장 이도섭은 고려호텔 앞에 있는 외교부 아파트 26층에 살았다. 평양에서도 좋은 아파트에 속하는 것이었다. 그런데 이 아파트도 엘리베이터를 5시 반까지만 운영했다. 엘리베이터에는 운전기사가 따로 있었는데, 이들의 근무시간이 5시 반까지였고, 이후에는 운행이 중단되어 주민들은 걸어서 오르내려야 했다. 이도섭 국장은 이 아파트에 부인, 아들, 딸과 함께 살았다. 베란다에는 닭장을 두고 닭은 길렀다. 닭장의 높이는 낮게 했다. 머리를 쳐들지 못하게 해 시끄럽게 우는 것을 막기 위해서였다. 냄새가 지독했지만 참아야 했다.[52] 베란다에 콩이나 토마토, 옥수수 등을 심는 집도 많았는데, 이는 깔끔한 축에 드는 것이었다고 하겠다.

1997~1998년 시기에는 공장의 비품을 뜯어 파는 사태가 여기저기에서 벌어졌다. '황철'로 불리면서 북한의 대표적 중화학공업시설로 알려진 황해북도 송림시의 황해제철연합기업소에서도 그런 일이 발생했다. 황해제철연합기업소는 1997년 가동을 중단했다. 식량과 전기 부족으로 은률광산과 재령광산의 철광석 생산이 중단되자 철광석 공급이 끊겨 더 이상 가동을 할 수가 없었다. 식량이 부족한 노동자들은 제철소의 설비와 자재를 팔아 식량을 조달했다. 단순히 살아남기 위한 행동이었다. 그러자 북한 당국은 1998년 2월 말 군을 동원해 대대적 단속에 나섰다. 그 결과 많은 사람이 처벌을 받아야 했다.[53]

식량이 부족한 상황이니 다른 것들도 부족한 것은 당연한 현상이었다. 위생지(화장지)도 역시 공급부족이었다. 여기까지 관심을 돌릴 여유

가 없었다. 그러다 보니 항문위생이 문제였다. 치질 환자가 많을 수밖에 없었다.[54]

여행수단으로는 주로 기차가 이용되었다. 연료가 부족한 상황이어서 버스나 자동차는 많이 운행되지 않았고, 그나마 주요노선에 기차가 운행되고 있었다. 평양을 중심으로 청진, 원산, 개성, 만포, 신의주, 두만강, 사리원 등으로 가는 기차가 있었다. 1990년대 초에도 가던 기차가 고장으로 멈춰 5시간 정도씩 서 있는 경우가 있었다. 아무런 설명이 없어도 사람들은 아무 말이 없었다.[55] 이 같은 교통난은 1990년대 중후반 연료난이 심화되면서 더 심해졌다.

기차요금은 제일 비싼 것(평양에서 함경북도 온성까지)이 18원이었다. 비싼 편이었다. 보통 7~8량 가운데 1량은 우편차, 1량은 간부칸, 1량은 군인칸이었다. 나머지 4~5량이 일반석이었다. 열차가 연착되는 경우도 많아 운행되는 열차는 늘 만원이었다. 복도는 물론, 열차와 열차 사이, 심지어 화장실에도 사람들이 서 있는 경우가 많았다. '서서 가는 것도 사치'라고 말할 정도로 기차 타고 여행하는 것 자체가 쉽지 않았다.[56] 하지만 민중들은 힘든 가운데서도 주로 식량을 구하기 위해 친척 집을 찾거나 장사를 할 만한 곳을 찾아가기 위해 기차를 이용했다. 먹고살기 위한 여행이 대부분이었다.

여성들이 생계 책임

1990년대 초 여성들은 일정 정도 차별 속에서 생활을 영위하고 있었다. 이혼도 가능했지만, 합의만으로는 되지 않고 법원에 신청해 승인을 받아야 했다. 그래서 이혼하는 사례는 많지 않았다. 전남편이 살아 있는 이혼녀의 경우 재혼하기가 어려웠기 때문에 여성들이 이혼을 청구하는 경우는 더욱 드물었다.[57] 이혼과 관련해서는 여전히 여성들에게 사회적인 벽이 존재하고 있었던 것이다.

사회주의 제도하에서 직업에는 귀천이 없음을 지속 강조하면서 일정 직업을 천시하는 의식은 많이 사라졌지만, 그래도 일부에서는 1990년대 초까지 남아 있었다. 구두를 수선하는 사람을 '구두쟁이', 머리 깎는 사람을 '리발쟁이'라고 부르며 천시하는 현상이 지역에 따라 존재하고 있었던 것이다. 특히 젊은 여성이 구두수선을 하는 경우, 청년들이 이런 여성에게 장가를 들려 하지 않는 현상이 있어 당국의 고민거리가 되기도 했다.[58]

가정에서 아들 선호사상은 여전했다. 그런 만큼 결혼한 여성들은 되도록 아들을 낳고 싶어 했다. 평양산원의 통계에 따라 아들 많이 낳는 시기에 맞춰 부부관계를 갖는 경향도 있었다. 아들을 선호하는 경향은 북한 사회에 남성 중심성이 여전히 존재하고 있음을 말해 주는 것이었다. 실제로 남성의 직업이 좋아야 보다 나은 월급을 받아 안정적 가정을 꾸려 나갈 수 있었고, 배급표 등도 남성의 직장을 중심으로 지급되었다. 그러다 보니 교육열도 높았다. 대학입학시험 과목은 혁명역사와 국어, 외국어, 수학, 선택 2과목 등 모두 6개였는데, 학생들은 촌음을 아껴 가며 이 과목들을 공부했다. 김일성종합대학이나 김책공업종합대학을 가려면 6과목 총점이 30점 만점에 24점 이상 되어야 했다.[59] 좋은 대학을 나와야 대접받고 안정된 생활을 할 수 있는 상황, 이를 위해 학생들이 밤을 새워 가며 책을 파는 모습은 사회주의를 하는 북이나 자본주의를 하는 남이나 다를 바가 없었다.

남아선호와 함께 북한 사회에도 여전히 남아 있는 관습 가운데 하나가 묘를 쓰는 것이었다. 산림훼손 때문에 당국은 화장을 권장했지만 사람들은 묘를 선호했다. 그렇다고 당국이 섣불리 손을 댈 수 있는 문제도 아니었다. "묘를 못 쓰게 해서는 난리가 난다"는 인식이 있었던 것이다.[60] 민중 속에 깊이 뿌리내린 관습은 제도나 체제, 캠페인도 어쩌지 못하는 면이 있었다.

1990년대 중후반 들어 북한의 전반적인 상황이 악화되면서 여성들의 삶은 힘들어졌다. 남성이나 여성이나 직장을 유지하는 것은 어려워졌고, 장마당이 일반 주민들의 생계 해결의 장이 되어 가면서, 여성들의 몫이 더 커졌다. 가정에서 빵이나 떡 등 장마당에서 팔 만한 것을 만드는 것도 여성이었고, 이를 직접 이고 나가 시장에서 펼쳐 놓고 파는 것도 여성들의 몫이었다. 가족 모두가 위태로운 상황에서 먹을 것을 구하고 입을 것을 챙겨 오는 것은 주로 여성들이었던 것이다. 그런 만큼 1990년대 북한 여성들의 삶은 더 간난의 연속일 수밖에 없었다.

농사지으랴 식량 구하랴

1990년대 북한 농민들의 생활도 만만치는 않았다. 1990년대 초반까지는 그나마 먹고사는 데 큰 문제는 없었다. 가끔은 나들이를 가기도 했다. 1991년 4월 남한의 기자가 강원도 고성군 삼일포에서 여성 농민들을 만났는데, 거무스름한 밀기울빵을 싸서 나들이를 와 있었다. 화장을 했지만 분이 먹지 않아 덕지덕지한 모습이었다.[61]

북한에서 농촌의 노인들은 일을 하지 않아도 식량을 배급받고 있었다. 그런데 노인 식량배급이 끊기기 시작했다. 함경북도의 경우 1992년부터 끊겼다.[62] 1990년대 중반부터는 농촌 전반의 사정이 악화되었다. 함경북도 청진의 한 협동농장의 상황을 보자. 2008년 탈북한 김재숙은 1990년대 중후반 아버지, 오빠 셋과 함께 함경북도 청진의 한 농촌에 살았다. 1년 농사가 끝나면 농장에서 분배받는 식량은 400kg(쌀 200kg, 옥수수 200kg) 정도였다. 다섯 식구가 1년을 먹고살기 위해서는 1,100kg은 있어야 했는데, 턱없이 모자랐다. 그래서 추수가 끝난 논밭에서 이삭줍기를 하기도 하고, 때론 논에 쌓아 놓은 볏단에서 조금씩 벼를 잘라 오기도 하면서 연명했다.

집에서 돼지와 닭, 토끼를 길러 생계에 보탰다. 돼지는 잘 길러 50kg 정도가 되면 15만 원 정도(kg당 3,000원)를 받을 수 있었다. 새끼 돼지를 6만 원에 사고 나면 9만 원이 남았다. 시장에서 쌀 1kg이 2,500원 정도에 거래되고 있었으니 9만 원이면 큰돈이었다. 하지만 사람이 먹을 식량이 모자라는 상황이었으니 돼지에게 먹일 것을 구하는 것이 여간 어렵지가 않았다.[63]

1996년 5월 즈음 농민들은 농사일에 바쁜 중에도 산으로 들로 풀을 뜯으러 다녀야 했다. 나무의 껍질도 벗겨야 했다. 당장 먹을 것을 해결하려면 어쩔 수 없었다. 나물과 풀이 주식이 되다시피 했다. 어쩌다 한 번 약간의 밥에 나물과 풀을 섞어 먹을 수 있었다.[64]

어려운 상황에서도 군대 지원사업은 계속해야 했다. 함경남도 고원군에 사는 장명옥의 경우도 이전부터 해오던 군 지원사업을 고난의 행군 시기에도 계속했다. 딸 결혼식이 있었지만 새 이불 한 채 못해 주었다. 쓰던 이불을 깨끗이 빨아 가져가게 했다. 그러면서도 기르던 돼지 한 마리를 군대에 보냈다. 뿐만 아니라 인민반장을 하면서 반원들이 군 지원사업에 동참하도록 이끌었다.[65] 어려운 시기임에도 군에 대한 지원은 북한의 기본방침이기도 했다. 자원을 우선 군에 배정하고 군을 앞세우는 '선군정치'로, 선군정치는 1990년대 중후반 북한 통치방식의 핵심을 형성하면서 북한 사회 전반을 규정하고 있었다. 이러한 정책정향에 따라 민중들은 군 지원에 동참하지 않을 수 없었다.

농민들은 조금이라도 빈 땅이 있으면 곡식을 심어 식량을 보충했다. 논두렁에도 콩을 심었다. 당국은 이렇게 빈 땅에 심은 콩 등 곡식도 정부가 매긴 가격으로 수매해 갔다. 그러자 어차피 수매당할 것을 예상하고 빈 땅을 애써 가꾸지 않는 현상이 나타났다. 농민들의 생활이 더 어려워졌다. 그렇게 되자 김정일이 직접 나서 빈 땅에 심은 작물은 수매하지 말고 농민들이 100% 가질 수 있도록 했다.[66]

농민들은 생산량을 늘리기 위해 두벌농사(이모작)를 제대로 하려 애를 썼다. 이를 위해서는 지력을 보강하는 것이 중요했는데, 땅에 거름을 많이 줘야 했다. 거름을 생산하는 것이 그만큼 중요했다. 평안남도 문덕군 인흥협동농장의 경우를 보자. 이 농장에서도 거름을 생산하고 이를 논밭에 주는 것을 무엇보다 중요한 일로 추진하고 있었다. 우선 농민들이 집에서 매일 15kg의 흙을 구워 냈다. 흙을 구우면 벌레가 없어져 작물에 대한 피해를 줄일 수 있었다. 또 짐승 등의 똥 10kg을 모았다. 오줌도 수집했다. 이런 것을 작업반실 앞에 분조별로 매일 모으도록 했다. 이렇게 해서 정보당 거름 20톤을 내도록 했다. 이런 방법으로 지력을 높이면서 이모작을 실시했다. 이 농장의 경우 1998년 10월 벼를 거두고 곧바로 밀보리를 심었다.[67]

작물 가운데는 감자를 많이 심었다. 생산성 높은 다수확 작물이기 때문이었다. 특히 자강도와 양강도, 함경북도 등 북쪽지방에서는 대대적으로 감자증산운동을 벌였다. 정보당 60~70톤씩 생산을 해내기 위해 물거름을 더 많이 만들고 더 많이 줘야 했다. 감자 찌꺼기를 이용해서는 돼지를 길렀다. 식량난이 심해지기 전에는 옥수수를 먹여 돼지를 기르기도 했지만, 식량난이 심화된 이후 옥수수는 식량으로 이용되고 대신 감자 찌꺼기가 돼지먹이로 이용되었다.[68]

과일을 생산하는 농장들은 비료와 농약이 부족해 애를 먹었다. 특히 농약이 모자라 병충해 관리를 해주지 못하는 바람에 수확기 과일이 떨어지는 피해를 많이 입었다. 대규모 과수농장으로 유명한 황해남도 과일군의 1990년 상황을 보면, 정보당 과일 생산량이 10톤에도 미치지 못했다. 그래서 1991년 목표량을 10톤, 이듬해 목표량을 20톤으로 잡아 놓

과일군(1995년 가을)
황해남도 북서부 서해 연안에 있는 군으로, 1967년 군으로 승격하면서 큰 규모의 과수종합농장이 있다는 의미에서 이름을 과일군으로 했다.

고 있었다. 잘되면 20톤까지 생산할 수 있는데, 1990년에는 10톤도 생산하지 못했다는 말이 된다. 그런 결과로 당시 평양 시민들도 사과나 배 등 과일을 하루 2개 공급받기 어려운 상황이었다.[69]

트랙터가 생산되기 시작한 것은 1958년이지만 보급이 원활하지 못해 농민들의 수고는 쉽게 덜어지지 않았다. 남포에 있는 금성뜨락또르종합공장에서 몇 종류의 트랙터를 생산하고, 평안북도 등에도 소형 트랙터 공장들이 있었지만, 생산력이 떨어지고 있었다. 원인은 강재공급이 제대로 되지 않았기 때문이다. 천리마제강연합기업소(남포) 등의 강재 생산 공장이 있었지만, 생산량이 달렸다. 당시 북한이 어느 정도 자신감을 가지고 있던 공작기계를 많이 생산, 수출해 강재를 수입해 오는 방안도 강구했다. 하지만 공작기계 생산에 필요한 선철을 확보하기 어려웠다. 황해제철연합기업소 등에서 선철을 생산하고 있었지만 역시 부족했다.[70] 어렵게 생산한 트랙터가 기름만 많이 소비하면서 힘을 쓰지 못하는 경우도 많았다.[71] 그만큼 농민들이 몸을 더 쓸 수밖에 없었다.

북한이 모든 리 소재지에 버스가 운행되는 농촌버스화 사업을 1975년 마무리했다고 밝혔지만, 실제로는 1990년대 초까지 마무리되지 못했다. 군 소재지에서 리 소재지로 가는 버스가 없는 곳이 있었던 것이다.[72] 도로가 없는 곳도 있었고, 도로는 있지만 버스가 투입되지 못한 곳도 있었다. 버스와 연료가 부족했기 때문이다. 1990년대 초 걸프전의 영향은 북한의 농촌에도 미치고 있었다. 유가상승과 국제적 긴장의 고조에 따라 북한 당국은 트랙터나 트럭보다는 소를 사용할 것을 권장했다. 소를 더 많이 기를 것도 독려했다. 함경북도의 경우 2정보당 한 마리의 소가 마련되도록 한다는 목표로 부림소 증가에 노력하고 있었다. 소를 사용해 농사를 짓기 위해서는 달구지와 보습, 극젱이 등 축력 농기구도 많이 필요했다. 그래서 이런 농기구도 많이 만들어 내고 있었다.[73]

농촌의 여성들이 물 길러 다니지 않도록 하겠다는 수도화사업도 진행 중이었다.[74] 농촌에 중앙난방시스템을 도입하는 작업, 가정마다 가스를 공급하는 사업도 빠르게 진척되지는 않았다. 농촌의 중앙난방화, 가스화를 1995년, 아니면 2000년까지는 완성한다는 목표를 세워 놓고 있었다.[75] 목표 연도를 애매하게 잡고 있는 것부터 자신 없는 모습이었다. 이런 사업은 그만큼 우선순위에서 밀려 있었던 것이다. 1990년대 농민들의 생활이 빠르게 개선되기는 어려운 상황이었다.

수정된 분조관리제… 기대했지만 실망

분조관리제는 일찍이 1965년부터 실시된 제도이다. 1996년에는 식량난

해소를 위해 이를 좀 더 효율화하려 했다. 분조의 규모를 종전 12~13명에서 7~8명으로 축소했다. 분조의 생산목표량을 지난 3년간의 평균 수확고와 1993년 이전 과거 10년간의 평균 수확고를 합하여 나눈 평균치로 설정했다. 생산목표량 설정방법을 현실에 맞게 개선한 것이다. 목표량을 초과하는 생산량은 농민들에게 분배해 농민시장에서 자유롭게 처분할 수 있도록 했다. 그대로 실시되었다면 농업개혁과 식량난 해소에 크게 도움이 되었을 것이다.

농민들은 수정된 분조관리제에 많은 기대를 걸었다. 일한 만큼 분배받을 수 있다는 기대를 한 것이다.[76] 하지만 농업개혁이 생각처럼 쉽지는 않았다. 여러 가지 면에서 처음 계획대로 실행되지 못했고, 그러다 보니 농업증산에도 도움이 되지 못했다. 실패원인은 당초 계획했던 대로 초과 생산분의 농민배분이 제대로 실현되지 않았기 때문이다. 국가가 잉여분을 다 회수해 간 것이다. 국가 전체가 식량난에 처한 상황에서 농민들에게만 특혜를 줄 수 없다는 인식에서 회수한 것이다. 군인들을 지원한다는 명목도 있었다.[77] 잉여분을 상품구매권으로 주는 경우도 있었다. 하지만 당시 상황은 절대적 식량난이었고, 무엇보다 식량을 받는 것을 농민들이 선호했는데, 상품구매권은 그러한 농민들의 수요와는 배치되는 것이었다. 게다가 상품구매권을 들고 농장의 상점에 가도 상품을 살 수 없는 경우가 많았을 것이다. 경공업이 무너진 상태에서 상품공급이 제대로 이루어지지 않는 형편이었기 때문이다. 더욱이 상품구매권을 내더라도 일정한 돈을 지불해야 물건을 살 수 있었다. 그러니 농민들에게 상품구매권은 별 의미가 없는 것이었다.

협동농장의 오래된 문제이지만, 농장 간부의 과다와 관료주의도 농업개혁을 어렵게 하는 부분이었다. 협동농장은 1,000명 정도의 규모였다. 그런데 간부가 약 100명에 이르렀다. 이들은 실제 노동은 하지 않고 이런저런 지시를 내리기만 했다. 대부분 농민이 이런 간부들을 달갑게 여기지 않고 있었다. 농자재와 비료 등의 공급도 원활하지 않았다.[78] 그러니 북한에서 농업개혁, 농업증산이 쉽지 않았던 것이다. 그 속에서 농민들의 어려운 사정은 쉽게 개선되지 않고 있었다.

군인들은 '민가 사냥'

북한 사회 전반의 난관 속에서 군대라고 해서 계속 특별대우를 받을 수는 없었다. 1995년 무렵부터는 하루 세 끼를 다 챙겨 먹기 어려웠다. 두 끼를 먹는 경우가 많았다. 점심을 먹지 못하는 경우가 많았던 것이다. 두 끼도 강냉이국수로 때우는 경우가 적지 않았다. 사단장에게 나오던 커피도 공급이 중단되어 해외출장을 가는 군인들에게 커피를 부탁하는 경우도 있었다.[79]

먹을 게 모자라는 상황이 되다 보니 여기저기서 웃지 못할 사건들도 많이 발생했다. 2005년 탈북한 이영재는 1990년대 중후반 평안남도 덕천에 있는 북한군 특수부대에서 장교로 근무했다. 당시 이영재가 근무하던 중대에 경리사관이 있었는데, 늘 활기가 넘치는 사람이었다. 고난의 행군 시기였는데도 그는 부식조달을 잘해 중대원들의 칭송이 자자했다. 그런데 그의 부식보급 비결은 범죄에 해당하는 것이었다. 주변 마을의 리당 위원장 등 당과 농장의 간부집들을 골라 돼지 등을 도둑질해 온 것이다. '민가 사냥'이라고 할 만했다. 어려운 시기였지만, 농촌의 간부들은 비교적 충분한 양의 식량을 분배받고 있었다. 게다가 사료도 충분히 확보해 돼지, 닭 등 집짐승도 튼실하게 키우는 경우가 많았다. 경리사관은 이를 알고 간부들의 집을 타깃으로 삼은 것이다. 결국 그는 돼지 18마리를 도둑질한 혐의로 군사재판에 회부되어 형을 받아야 하는 상황이 되었다. 그런데 중대원들이 "함께 처벌 받겠다"며 탄원하는 바람에 겨우

벌을 면할 수 있었다.[80]

총체적 난국 상황에서 체제수호를 위한 군인들의 역할은 더 중요해져 복무기간은 길어졌다. 종전에는 만 17살에 시작해 27살이 되면 제대했는데, 1997년부터는 30살까지 복무해야 했다. 식량난은 군인들에게도 닥쳐 있었다. 군대 식당에도 식량이 제대로 공급되지 않았다. 강냉이알 삶은 것 반 사발이나 밀가루죽 반 사발, 통밀밥 반 사발, 무나 배추를 넣고 끓인 쌀죽 한 사발로 끼니를 때우는 경우가 많았다. 먹는 기름은 전혀 공급이 안되어 배추나 무를 반찬으로 만들 때도 기름 없이 그냥 삶아서 접시에 담아 주었다. 그러다 보니 군인들이 인근 민가에 피해를 주는 경우가 빈발했다. 식량이 될 만한 것들을 훔쳐 오는 것이었다. 장교는 부대 운영을 위해, 사병은 우선 자신들의 허기를 면하기 위해 담 너머 민가만을 쳐다보고 있는 양상이었다. 그러면서 주민들의 군에 대한 원망도 높아 갔다. 군부대에서는 훈계하고 처벌도 했지만, 그때뿐이었다. 배고픔을 참기 어려운 군인들이 부대의 명령을 지키지 못하고 다시 민가로 나가는 경우가 많았다.[81] 군에서 생명처럼 강조되는 군기가 배고픔 앞에서는 쉽게 무너지는 모습이었다.

교과서 없는 학생들

1990년대 초반부터 학교에서 공부하는 학생들에게 필수적인 교과서가 제대로 공급되지 않았다. 김일성, 김정일 사상을 가르치는 과목의 교과서는 공급되었지만, 그 밖의 교과서는 새로운 학년들에게 원활하게 공급되지 않은 것이다. 어떤 학생들은 선배들이 쓰던 것을 물려받았고, 어떤 학생들은 다른 사람 것을 빌린 뒤 베껴서 사용했다. 물론 학습장(공책)도 제대로 공급이 안되어 모자랐다. 연필로 쓴 것을 지우고 다시 쓰는 학생도 있었고, 연필로 쓴 다음 그 위해 펜으로 덧쓰기를 하는 학생도 있었다. '고약 연습 판대기'라는 것을 사용하는 학생들도 있었다. 1mm 정도의 비닐판 위에 흰 고약을 바르고 비닐 박막을 씌운 것으로, 연습장을 대신한 것이다. 그 위에 필요한 것을 쓰고 지울 때에는 비닐 박막을 들었다 놓는 식이었다.[82]

보통 기숙사 생활을 하던 대학생들도 1997년 무렵에는 통강냉이에 도토리가 절반 정도 섞인 것으로 한 끼 식사를 해결해야 했다. 온수도 거의 나오지 않았고, 난방도 거의 되지 않았다. 장마당에 나가면 먹을 것들이 좀 있었지만, 돈이 있어야 했다. 그래서 학교를 결석하고, 또는 휴일이나 방학을 이용해 장사를 하는 대학생들도 많았다.[83] 장마당의 물가는 비쌌다. 수요는 많은데 공급이 달리니 값이 높아질 수밖에 없었다. 국영상점의 가격보다 10~20배 높았다.[84] 하지만 국영상점에는 물건이 없으니 장마당으로 갈 수밖에 없었다. 학생이건 어른들이건 일단은 장마당으로 나가야 그나마 먹을 것을 마련할 수 있다 보니 장마당은 점점 커질 수밖에 없었다. 1997년 6월에는 나진선봉지구에도 매점이 등장했다. 외국인들이 드나드는 곳이어서 사회주의의 이완된 모습을 보여 주지 않기 위해 북한 당국이 노력했을 법한데, 여기에도 1평 정도의 매점이 등장했다.[85] 주민들이 살길 찾기 차원에서 장사를 시작한 것인지, 당국이 외국인들의 편의를 위해 선제적으로 장사를 허용한 것인지 분명치는 않다. 하지만 당시 북한 전체의 사정으로 보아 전자의 가능성이 높아 보인다.

1998년에도 학생들의 학용품은 부족하고 책이나 공책 모두 누런색이었다. 유치원의 장난감도 빈약했고, 비누와 물 등도 여전히 모자랐다. 학생들은 대부분 꺼칠했고 몸집은 작았다. 중학교 2~3학년의 키가 남한의 초등학교 2~3학년 수준밖에 안 되었다.[86] 교육열이 높은 북한이지만 총체적 난국 속에서 학생들도 어려움을 피해 갈 수는 없었다.

평양도 대동소이

결핍에 적응하며 살아가는 평양 시민

평양의 아침은 비질 소리로 시작되었다. 1991년 4월 평양을 방문한 재미교포 기자 조광동이 새벽의 평양을 관찰하기 위해 거리에 나섰는데, 처음 들려오는 소리가 빗자루를 들고 마당과 거리를 쓰는 소리였다. 새벽 5시 반 정도였다. 양동이로 물을 뿌리는 소리도 함께 들렸다. 새벽청소는 평양 시민들의 습관이었고 하루의 시작이었다. 강제성이 있는 것은 아니었다. 길도 골목도 모두가 공유하는 것이기 때문에 자기 것처럼 청결하게 유지해야 한다는 집단의식에서 나오는 행위였다. 이런 의식을 공유하고 있었기 때문에 휴지조각이 뒹굴면 누군가 줍는 사람이 있었다. 골목 깊숙이 자리 잡고 있는 공중화장실도 항상 깨끗한 상태를 유지하고 있었다.[87]

남자들은 작업복이나 인민복을 입은 사람이 많았고, 신사복을 착용한 사람도 있었다. 신발은 대부분 운동화였다. 신사복을 입은 사람도 대부분 운동화를 신고 있었다. 여성들의 경우, 작업복 차림이 많았지만 젊은 여성 가운데는 밝은 정장을 입은 사람도 적지 않았다. 머리는 뒤로 묶어 맨 모습이 많았고, 파마를 한 사람도 적지 않았다. 굽 낮은 구두를 많이 신었고, 흰색의 긴 머플러를 두른 여성도 많았다. 손톱에 매니큐어를 바른 사람도 가끔 눈에 띄었고, 이따금 옅은 분냄새를 풍기는 여성도 보였다. 여대생들은 대부분 초록색 교복에 초록색 스타킹 차림이었다.[88] 세련된 베이지색 블라우스에 검정색 주름치마를 받쳐 입고 분홍색 숄을 걸친 여성의 활기찬 모습도 볼 수 있었다. 보통강 변 산책로에는 손을 잡고 걷는 남녀들도 있었고, 2명에 1명 정도는 연애결혼을 할 만큼 남녀 간의 교제도 어느 정도 자연스런 것이 되었다.[89]

평양 거리에서도 밤에는 술에 취해 흥얼거리는 사람, 부축을 받으며 가는 사람이 더러 보였다. 하지만 남쪽 사람들처럼 2차, 3차까지 하면서 코가 비뚤어지게 술을 마시는 사람은 드물었다.[90]

1990년대가 되어도 물과 전기 사정은 쉽사리 좋아지지 않았다. 1991년 4월의 평양은 곳곳에 절약의 정신이 생활화되어 있는 모습이었다. 수돗물은 나오는 시간이 따로 있어 물통에 담아 놓고 쓰고 있었다. 가로등은 길의 한쪽만 밝히고 있었고, 그나마 하나 건너 하나씩만 켜져 있었다. 지하도도 겨우 어두움만 벗어날 정도였다. 엘리베이터 천장의 불도 정지해 있을 때는 꺼졌다. 그런 가운데서도 건물과 화장실 등은 깨끗하게 관리되고 있었고, 결핍에 적응하며 사는 모습이었다.[91]

소풍 풍경을 보면 일반 시민들의 생활상이 좀 더 입체적으로 보일 것 같다. 1991년 노동절(5월 1일)의 평양 대성산 유원지 모습을 보자. 평양 동북쪽에 위치한 대성산 유원지는 대규모 동물원과 식물원을 갖춘 평양 시민의 대표적 휴식처 가운데 하나다. 입장료는 어른 10전, 어린이 5전이었다. 사람들은 대부분 나들이 때 솥을 싸들고 갔는데, 거기에 오리고기를 요리해서 먹었다. 어른들은 오리고기를 안주로 맥주를 마셨다. 주변 사람에게 술과 고기를 권하기도 했다. 술을 먹고 조금 비틀대는 사람도 있었고, 서로 어깨를 치며 왁자하게 웃어 대는 젊은이들도 있었다. 야외 매대에서 세트메뉴를 사 먹을 수도 있었다. 국밥과 접시고기, 밥, 맥주 1잔, 김치가 갖추어진 한 상에 10원이었다. 근로자들의 월급이 100원 정도였으니 비싼 편이었다.[92] 북한 사회 전반이 넉넉한 편은 아니었지만, 시민들은 가끔 이런 유원지를 찾아 휴식을 즐기면서 생활했다.

식생활에 기본적으로 필요한 것들이 모자라긴 했다. 1992년 상황을 보면, 주식뿐만 아니라 간장과 설탕 등 식생활에 필요한 것들이 부족했다. 간장은 대규모로 생산해서 공급하는 공장이 없었고, 주로 지방산업 공장들에서 생산했는데, 맛이나 색깔이 변변치 못했다. 설탕도 수입자금이 부족해 많이 사오질 못했다. 그러다 보니 과자나 사탕을 많이 생산할 수 없었다. 평양 시민들에게 공급하는 과자를 만들던 평양곡산공장의 생산능력도 크지 않아 생산을 신속히 늘리는 것도 어려웠다. 주민들의 수요는 늘어나고 있었지만 공급이 따라가질 못하고 있었다.[93]

1990년대 초반 평양의 모습은 이중적이었다. 6천 석의 열람실을 갖춘 인민대학습당(도서관)이 있고, 105층 높이의 유경호텔이 건설되고 있는 반면, 도시의 다른 쪽에는 20년이 넘은 허름한 회색의 아파트들이 공존하고 있었다. 눈에 띄는 변화 가운데 하나는 간선도로 중앙차선에 나 있던 김일성의 전용도로(주석도로)가 없어진 것이었다. 인민들의 편의를 위한 조치였다고 한다.

외국인 손님들이 묵는 백화원 초대소의 객실에 있는 '천리마'라는 상표의 라디오는 진공관식이었다. 스위치를 켜면 10초쯤 있어야 소리가 나기 시작했다. '만병초'라는 이름의 세숫비누는 거품이 잘 나지 않았고, '압록강' 치약은 역겨운 냄새가 났다.[94] 상품들의 수준이 아직 높지 못한 상태였던 것이다.

사람들의 작은 상행위는 묵인되었다. 일부 노인들이 지하도 입구 등에서 금붕어나 결혼식 때 쓰는 꽃 등을 팔았는데, 당국은 규제하지 않았

1990년 8월 평양제1백화점의 모습

다. 평양에도 구역마다 하나씩 농민시장이 있었는데, 1주일에 이틀씩 열렸다. 평양 외곽의 농민들이 재배한 채소 등을 가지고 나와 판매했다. 평양 거리에 청량음료를 파는 매대가 설치되어 있기도 했는데, 이는 근처 식당에서 관리하는 국영매대들이었다.[95] 1990년대 초 벌써 달러만 있으면 웬만한 것은 다 구입할 수 있는 상황이 되었다. 달러를 가진 사람에게 어디서 구했는지 묻지 않았고, 백화점이나 시장에서 자유롭게 물건을 살 수 있었다.[96]

1994년 9월만 해도 대동강에는 뱃놀이 하는 사람들도 있었고, 낚시꾼들도 보였으며, 강변 공원에서는 인민학교 학생들이 태권도 연습을 하기도 했다. 평양의 주요 교통수단인 무궤도전차와 궤도전차, 버스들은 낡은 것이었지만, 많은 평양 시민을 싣고 다녔다. 콩나물시루까지는 아니었지만 대중교통 수단들은 상당히 붐비는 편이었다. 낡은 트럭들이 많았지만, 가끔은 괜찮은 것도 있었다. 고물 승용차도 있었지만, 벤츠와 아우디, 일본 자동차들도 함께 평양 시내를 다녔다. 걷는 사람도 많이 눈에 띄었다.[97]

평양 시민들도 벗어날 수 없었던 '고난의 행군'

고난의 행군이 시작되면서는 상황이 많이 달라졌다. 평양의 시민이라고 해서 식량난, 전력난 등을 피해 갈 수 없었다. 평양 시내에도 무리를 지어 식량을 구하러 다니는 사람이 많았다. 강냉이가루라도 구하면 가로수 잎사귀를 섞어 끓여서 배를 채웠다. 소금을 구해서 먹고 계속 물을 마셔 물배를 채우는 사람들도 있었다.[98] 토끼풀을 뜯어 먹는 사람들도 있었다.[99] 평양의 주요 대학들도 어려운 사정은 마찬가지였다. 평양 출신의 박명희는 1997년 평양 동대원구역에 있는 조선체육대학에 다니고 있었다. 체육인재를 집중 양성하는 대학이다. 이 대학도 식량을 제대로 공급받지 못하고 있었다. 대학 당국은 학생들을 아침 일찍 배낭을 메고 모이도록 하곤 했다. 그러고는 주변의 농촌 지역까지 뛰어가서 강냉이뿌리를 캐오게 했다. 박명희도 그렇게 배낭을 메고 달려가 강냉이뿌리를 캐오곤 했다. 학교식당은 이 뿌리를 가공해서 빵으로 만들어 학생들에게 제공했다. 박명희의 기억으론 식량난이 심한 상태였음에도 목구멍으로 넘기기 힘든 음식이었다.[100] 이즈음에는 강냉이뿌리뿐만 아니라 벼뿌리까지 말려서 가루를 낸 다음 빵으로 만들어 먹으라는 지시가 내려져 있었다.[101]

홍순경은 태국 주재 북한대사관 무역참사로 근무하다 잠시 귀국했는데, 1997년 6월 10일 단옷날 부인과 함께 모란봉에 올랐다. 외화상점에서 산 빵과 과일을 가지고 갔다. 점심시간이 되어 가져간 빵과 과일을 펴 놓고 먹기 시작했다. 주변에는 홍순경 부부처럼 싸간 음식을 먹는 가족들이 더러 있었다. 그런데 약간 떨어져 서 있는 나무들에 기대서서 식사하는 가족들을 바라보는 사람들이 많았다. 달라는 말은 못하고 부스러기라도 남기고 가면 먹으려고 기다리는 눈치들이었다. 홍순경은 더 이상 빵을 넘기지 못했다. 나무에 기대선 사람들을 불러 빵과 과일을 나눠 주고 내려왔다.[102]

지방에서 먹을 것을 구하지 못한 꽃제비(어린 유랑자)들이 평양에 들어와 먹을 게 있을 만한 집의 문을 두드리는 경우가 많았고, 평양 서쪽 초입에 위치한 간리역 대합실에서는 꽃제비들이 더 이상 먹을 것을 구하지 못해 쓰러져 죽기도 했다.[103] 아사자가 지방뿐만 아니라 평양에서도 어렵지 않게 발견되고 있었던 것이다.

전기 부족으로 난방이 제대로 되지 않아 겨울은 춥게 지낼 수밖에 없었다.[104] 이불을 뜯어서 솜자루로 만들거나 비닐봉지를 이어 큰 주머니를 만들어 그 안에 들어가 자는 사람들이 많았다.[105] 석유를 구하기 어려워 풍로를 쓰기도 어려웠다. 모란봉에 올라 흩어져 있는 삭정이와 나뭇잎 등을 모아 연료로 사용하는 사람들이 많았다.[106]

방송 차량이 구석구석을 다니면서 어려움을 참고 견딜 것을 독려했다. "미 제국주의자들의 경제봉쇄 책동으로 인하여 우리는 지금 고난과 시련을 겪고 있습네다. 지금 고난의 행군 진두에는 위대한 령도자 김정일 장군님께서 죽으로 끼니를 때우며 고난의 행군을 진두지휘하고 계십네다. 여러분! 우리는 이 고난의 행군을 반드시 이겨내서 저 남녘 땅에서 미국놈들을 몰아내고 조국통일을 이룩해야 합네다."[107] 이런 내용의 방송을 여기저기서 하고 다닌 것이다. 먹는 것, 입는 것, 자는 것, 모든 것이 총성만 울리지 않을 뿐 전쟁의 상황과 다를 것이 없었다.

쉽게 끝나지 않는 어려움

평양의 사정은 1999년 무렵 좀 호전되었다. 국제 사회의 지원으로 상황이 개선되어 간 것이다. 풍족하지는 않지만 굶어 죽는 사람은 없게 되었다. 1999년에는 평양시 인민위원회에 인민봉사총국이 설치되어 평양 시민들의 생활향상을 위한 구체적인 방안을 마련하기 시작했다.[108] 시민들이 이용할 수 있는 식당을 더 세우고, 선술집이나 맥줏집과 같은 삶의 질을 한 단계 높이는 데 필요한 것들을 마련하는 작업에 착수한 것이다.

하지만 평양에서 남쪽으로 130km 정도밖에 떨어져 있지 않은 황해남도 도청소재지 해주만 해도 1999년까지 여전히 어려운 상황이었다. 해주에서도 굶어 죽는 사람은 거의 없게 되었지만, 식량과 전기, 물 등 생활에 꼭 필요한 것들이 크게 모자랐다. 1999년 7월의 상황을 보자. 당시 독일의 국제구호단체 '캅 아나무르Cap Anamur'에서 파견된 의사 노베르트 폴러첸Norbert Vollertsen은 해주호텔에 머물고 있었다. 해주에 있는 유일한 호텔이었다. 명색이 호텔이었지만 수돗물이 나오지 않았고, 난방도 되지 않았다. 정전되는 날이 많았고, 때로는 촛불도 없었다. 식사는 밥과 김치가 위주였고, 때때로 달걀이 나왔다. 고기는 아주 드물었다. 그럼에도 외국인이 내야 하는 숙박비는 하루 45달러였다. 고기는 구하는 것 자체가 어려웠다. 차로 시내를 헤매고 다녀야 겨우 구할 수 있는 정도였다.

해주의 신원병원에는 소독약이 없었고, 주사제나 수술장갑도 없었다. 물공급도 잘 안되어 우물에서 물을 길어다 썼다. 수술대의 전등에도 불이 들어오지 않아 창문 바로 옆에서 수술을 해야 했다. 제일병원에는 마취제가 부족해 충분히 마취를 못한 상태에서 뼈 접합수술을 하기도 했다.[109] 생활에 기본적인 것이 여전히 모자랐을 뿐만 아니라 의약품, 의료장비, 의료시설 등은 취약한 상태를 벗어나지 못하고 있었다. 1990년대가 저물어 갈 때까지 북한은 평양이건 지방이건 '고난의 행군'의 여진을 벗어나지 못하고 있었다.

1 김일성, "미국 사회로동당 대표단과 한 담화"(1990. 10. 5.), 『김일성 저작집』 42, 조선로동당 출판사, 1995, p.409.
2 김일성, "발관개를 완성하여 농업생산에서 새로운 전환을 일으키자"(1991. 11. 8, 12~15, 18~19, 21~23, 26.), 『김일성 전집』 91, 조선로동당출판사, 2010, p.469.
3 이은일, "나에겐 또 하나의 조국이 있었다: 재미교포 이은일씨 방북기", 『세계일보』, 1992. 10. 28.
4 스도 신지, "북한 식량난에 '1일 2식 운동'", 『경향신문』, 1993. 5. 13.
5 홍순경, 『만사일생: 북한대사관 참사의 자유를 향한 탈출』, 바른기록, 2013, p.159.
6 김영순, "90년대 함흥 집단아사의 악몽", 2004년 11월 19일, 탈북자동지회 홈페이지(http://nkd.or.kr) '탈북자수기' 코너.
7 태영호, 『3층 서기실의 암호: 태영호 증언』, 기파랑, 2018, pp.57, 66-67.
8 김정일, "인민군대를 더욱 강화하며 총대로 혁명의 종국적 승리를 이룩해나가자"(1995. 1. 1.), 『김정일 선집』 18, 조선로동당출판사, 2012, p.176.
9 김영순, "90년대 함흥 집단아사의 악몽".
10 태영호, 『3층 서기실의 암호: 태영호 증언』, pp.110-111.
11 최광애(평안북도 삭주 출신. 1977년생) 인터뷰, 2019년 1월 17일, 전주.
12 유난옥(함경북도 무산 출신. 1961년생) 인터뷰, 2019년 1월 17일, 전주.
13 김정일, "경제사업을 개선하는 데서 나서는 몇 가지 문제에 대하여"(1996. 4. 22.), 『김정일 선집』 18, 조선로동당출판사, 2012, p.363.
14 김정일, "일군들은 고난의 행군정신으로 살며 일해야 한다"(1996. 10. 14.), 『김정일 선집』 18, 조선로동당출판사, 2012, p.465.
15 조재용, "NYT 객원칼럼니스트 방북기: 평양 곳곳 주민들 농작물 운반 목격", 『한국일보』, 1996. 9. 15.
16 홍순경, 『만사일생: 북한대사관 참사의 자유를 향한 탈출』, p.152.
17 강석진, "식량·전력난에 인심 흉흉: 일 아사히 신문기자 방북기", 『서울신문』, 1997. 8. 26.
18 김영순, "90년대 함흥 집단아사의 악몽"; 강석진, "식량·전력난에 인심 흉흉: 일 아사히 신문기자 방북기".
19 정연주, "세계식량기구 쿠츠 국장 방북기: 나물이 밥, 밥은 되레 반찬", 『한겨레』, 1996. 5. 24.
20 김정일, "올해를 강성대국 건설의 위대한 전환의 해로 빛내이자"(1999. 1. 1.), 『김정일 선집』 19, 조선로동당출판사, 2013, p.447.
21 이석, "1994~2000년 북한 기근: 초과 사망자 규모와 지역별 인구 변화", 『국가전략』, 제10권 1호(2004), p.141.
22 김정일, "올해에 당사업에서 혁명적 전환을 일으킬 데 대하여"(1997. 1. 1.), 『김정일 선집』 19, 조선로동당출판사, 2013, p.1.

23 김일성, "사회주의 경제건설에서 새로운 혁명적 전환을 일으킬 데 대하여"(1994. 7. 6.), 『김일성 전집』 94, 조선로동당출판사, 2011, p.418.
24 김정일, "당의 중소형발전소 건설 방침을 철저히 관철할 데 대하여"(1998. 1. 28.), 『김정일 선집』 19, 조선로동당출판사, 2013, p.265.
25 김정일, "당의 중소형발전소 건설 방침을 철저히 관철할 데 대하여"(1998. 1. 28.), 『김정일 선집』 19, 조선로동당출판사, 2013, pp.261-264.
26 홍순경, 『만사일생: 북한대사관 참사의 자유를 향한 탈출』, p.156.
27 김정일, "일군들은 고난의 행군정신으로 살며 일해야 한다"(1996. 10. 14.), 『김정일 선집』 18, 조선로동당출판사, 2012, p.466.
28 최룡혁, "우리 시대의 참된 녀맹일군", 『조선녀성』, 2002년 7월호, p.32.
29 김정일, "강행군으로 사회주의 경제건설에서 새로운 진격로를 열어나가자"(1998. 2. 13.), 『김정일 선집』 19, 조선로동당출판사, 2013, p.268.
30 김정일, "강계정신은 고난의 행군시기에 창조된 사회주의 수호정신, 불굴의 투쟁정신이다"(2008. 1. 30.), 『김정일 선집』 23, 조선로동당출판사, 2014, p.305.
31 김일성, "당면한 사회주의 경제건설 방향에 대하여"(1993. 12. 8.), 『김일성 전집』 94, 조선로동당출판사, 2011, p.156.
32 김일성, "당면한 사회주의 경제건설 방향에 대하여"(1993. 12. 8.), 『김일성 전집』 94, 조선로동당출판사, 2011, p.156.
33 김일성, "사회주의 경제건설에서 새로운 혁명적 전환을 일으킬 데 대하여"(1994. 7. 6.), 『김일성 전집』 94, 조선로동당출판사, 2011, p.418.
34 전호남, "미래를 위해 바쳐가는 정성", 『조선녀성』, 2008년 7월호, p.34.
35 김일성, "에꽈도르 좌익 민주당 대표단과 한 담화"(1991. 5. 3.), 『김일성 저작집』 43, 조선로동당출판사, 1996, p.62.
36 한명규, "뿌리는 같다", 『기자들이 가본 북한: 남북교류행사 취재기자들의 방북기』, 다나, 1993, p.244.
37 김일성, "량강도의 중요지구를 잘 꾸리며 경제를 발전시키기 위한 몇 가지 과업"(1991. 8. 20.), 『김일성 저작집』 43, 조선로동당출판사, 1996, p185.
38 홍순경, 『만사일생: 북한대사관 참사의 자유를 향한 탈출』, p.141.
39 김일성, "공업적 방법으로 소금을 생산할 데 대하여"(1991. 8. 23.), 『김일성 저작집』 43, 조선로동당출판사, 1996, pp.201-202.; 김일성, "흥남비료련합기업소의 설비 대형화, 현대화 공사준공을 축하하는 연회에서 한 연설"(1991. 12. 1.), 『김일성 저작집』 43, 조선로동당출판사, 1996, p.247.
40 김성진, "'정치입북' 9일", 『기자들이 가본 북한: 남북교류행사 취재기자들의 방북기』, p.148.
41 한명규, "뿌리는 같다," pp.241-242.
42 김우중, "한국여권 입국… 가까워진 남북 실감: 김우중 대우회장 방북기", 『한국일보』, 1992. 1. 28.
43 김일성, "사회주의 농촌문제에 관한 테제를 철저히 관철하자"(1990. 6. 22~23.), 『김일성 저작집』 42, 조선로동당출판사, 1995, pp.375-376.
44 김일성, "전체 로동자, 기술자, 사무원들의 생활비를 높이며 협동농민들의 수입을 늘이(늘리)는 시책을 실시함에 대하여"(1992. 2. 13.), 『김일성 전집』 92, 조선로동당출판사, 2010, p.64.

45 「전력」, 통일부 북한정보포털, http://nkinfo.unikorea.go.kr/nkp/overview/nkOverview.do? sumryMenuId=EC211
46 이갑송, "안주탄전의 변모", 『금수강산』, 1990년 7월호, p.16.
47 김유봉, "강성대국건설의 전초전에서", 『천리마』, 제489호(2000), p.36.
48 유난옥(함경북도 무산 출신. 1961년생) 인터뷰, 2019년 1월 17일, 전주.
49 이승환, "화사한 옷, 외제 음료… 개방 소슬바람: 개성에서의 하루", 『한국일보』, 1995. 5. 7.
50 홍순경, 『만사일생: 북한대사관 참사의 자유를 향한 탈출』, 191.
51 김지영, "뿔뿔히 흩어졌다면 우린 벌써 죽었어요", 『민족21』, 2002년 4월호, p.64.
52 홍순경, 『만사일생: 북한대사관 참사의 자유를 향한 탈출』, pp.197, 208-209.
53 정철민, "그날 황해제철소에서는", 2004년 11월 19일, 탈북자동지회 홈페이지(http://nkd.or.kr) '탈북자수기' 코너.
54 김정일, "당사업과 경제사업에서 제기되는 당면한 몇 가지 문제에 대하여"(1998. 7. 4.), 『김정일 선집』 19, 조선로동당출판사, 2013, p.393.
55 이은일, "나에겐 또 하나의 조국이 있었다: 재미교포 이은일씨 방북기".
56 채학선, 『정말 이럴 수가!』, 연합통신, 1994, pp.106-107.
57 이온죽, "여성의 가정생활", 손봉숙 외, 『북한의 여성생활』, 나남, 1991, pp.66-67.
58 김정일, "대중체육사업을 강화하여야 한다"(1993. 2. 22.), 『김정일 선집』 17, 조선로동당출판사, 2012, pp.302-303.
59 박정삼, "북한·북한인·북한경제", 『기자들이 가본 북한: 남북교류행사 취재기자들의 방북기』, p.198.
60 정종문, "산 너머 저쪽", 『기자들이 가본 북한: 남북교류행사 취재기자들의 방북기』, p.233.
61 장영섭, "금강산, 걸음마다", 『기자들이 가본 북한: 남북교류행사 취재기자들의 방북기』, pp.123-124.
62 아침, "우리 가족의 운명", 2005년 12월 7일, 탈북자동지회 홈페이지(http://nkd.or.kr) '탈북자수기' 코너.
63 김재숙, "농장 간부 밥상은 쌀밥 돼지고기 명태 기본이 7찬", 2010년 11월 13일, 탈북자동지회 홈페이지(http://nkd.or.kr) '탈북자수기' 코너.
64 정연주, "세계식량기구 쿠츠 국장 방북기: 나물이 밥, 밥은 되레 반찬".
65 "바쳐가는 인생", 『조선녀성』, 2007년 4월호, p.44.
66 김정일, "당면한 경제사업의 몇 가지 문제"(1997. 9. 10.), 『김정일 선집』 19, 조선로동당출판사, 2013, p.188.
67 안봉근, "당정책 관철의 선구자", 『조선녀성』, 1999년 2월호, p.35.
68 김정일, "감자농사에서 혁명을 일으킬 데 대하여"(1998. 10. 1.), 『김정일 선집』 19, 조선로동당출판사, 2013, pp.413-422.
69 오창일, "평양시민들에게 차례지는 과일에 깃든 은정", 『인민들 속에서』 65, 조선로동당출판사, 2004, pp.199-209.
70 김일성, "사회주의 농촌문제에 관한 테제를 철저히 관철하자"(1990. 6. 22~23.), 『김일성 저작집』 42, 조선로동당출판사, 1995, pp.357-362.
71 김정일, "감자농사에서 혁명을 일으킬 데 대하여"(1998. 10. 1.), 『김정일 선집』 19, 조선로동당출판사, 2013, p.425.

72 김일성, "사회주의 농촌문제에 관한 테제를 철저히 관철하자"(1990. 6. 22~23.), 『김일성 저작집』 42, 조선로동당출판사, 1995, p.370.
73 김일성, "함경북도 앞에 나서는 경제과업에 대하여"(1991. 1. 22, 25.), 『김일성 전집』 90, 조선로동당출판사, 2010, p.206.
74 김일성, "사회주의 농촌문제에 관한 테제를 철저히 관철하자"(1990. 6. 22~23.), 『김일성 저작집』 42, 조선로동당출판사, 1995, p.371.
75 김일성, "사회주의 농촌문제에 관한 테제를 철저히 관철하자"(1990. 6. 22~23.), 『김일성 저작집』 42, 조선로동당출판사, 1995, p.374.
76 남성욱, 『현대 북한의 식량난과 협동농장 개혁』, 한울아카데미, 2016, p.171.
77 위의 책, p.170.
78 위의 책, pp.169-170.
79 "밀대전략을 우습게 보다니", 2004년 11월 19일, 탈북자동지회 홈페이지(http://nkd.or.kr) '탈북자수기' 코너.
80 이영재, "목표가 뒤바뀐 특수부대", 2012년 12월 12일, 탈북자동지회 홈페이지(http://nkd.or.kr) '탈북자수기' 코너.
81 박태용, "공군상위 출신 탈북자의 수기", 탈북자동지회 홈페이지(http://nkd.or.kr) '탈북자수기' 코너.
82 채학선, 『정말 이럴 수가!』, pp.132-133.
83 남광수, "꿈으로 보이는 7년", 2004년 11월 19일, 탈북자동지회 홈페이지(http://nkd.or.kr) '탈북자수기' 코너.
84 "일본인들 방북기", 『경향신문』, 1997.7.25.
85 강석진, "식량·전력난에 인심 흉흉: 일 아사히 신문기자 방북기".
86 이기범, "남북어린이어깨동무재단 방북기", 『한겨레』, 1998.11.27.
87 조광동, 『더디가도 사람 생각 하지요』, 우리일터기획, 1996, pp.26-28.
88 위의 책, pp.33-34.
89 김수배, "'동토의 공화국'에도 봄은 오는가", 『기자들이 가본 북한: 남북교류행사 취재기자들의 방북기』, pp.57-58.
90 조광동, 『더디가도 사람 생각 하지요』, p.31.
91 위의 책, pp.46-47.
92 김성진, "'정치입북' 9일", pp.148-149.
93 김정일, "경공업을 발전시키며 경제관리연구사업을 잘 할 데 대하여"(1992. 4. 4.), 『김정일 선집』 16, 조선로동당출판사, 2012, pp.450-451.
94 황병선, "두 얼굴의 평양", 『기자들이 가본 북한: 남북교류행사 취재기자들의 방북기』, pp.22-23.
95 오태진, "거대한 쇼윈도 평양", 『기자들이 가본 북한: 남북교류행사 취재기자들의 방북기』, pp.39-40.
96 김연수, "북한개혁 이미 시작됐다: 대구대 김연수 교수 방북기", 『경향신문』, 1992.2.10.
97 정연주, "외제승용차 고물트럭 뒤섞여: 정연주 특파원이 본 94년 9월의 평양 2", 『한겨레』, 1994.9.13.
98 주순영, 『축복의 땅으로: 전 북한 1호공훈배우 주순영의 탈북 간증 수기』, 예찬사, 2009,

p.213.

99 김무정, "인도 나사렛성결회 비잘 싱 목사 방북기: 평양서 만난 안승운 목사", 『국민일보』, 1996. 5. 9.

100 박명희, "14살에 조선체육대학에 입학했지만…", 신정아 외, 『자화상』, FNK미디어, 2012, p.30.

101 주순영, 『축복의 땅으로: 전 북한 1호공훈배우 주순영의 탈북 간증 수기』, p.211.

102 홍순경, 『만사일생: 북한대사관 참사의 자유를 향한 탈출』, pp.213-214.

103 위의 책, pp.214-215.

104 김정일, "당면한 경제사업의 몇 가지 문제"(1997. 9. 10.), 『김정일 선집』 19, 조선로동당출판사, 2013, p.190.

105 주순영, 『축복의 땅으로: 전 북한 1호공훈배우 주순영의 탈북 간증 수기』, p.212.

106 홍순경, 『만사일생: 북한대사관 참사의 자유를 향한 탈출』, p.212.

107 주순영, 『축복의 땅으로: 전 북한 1호공훈배우 주순영의 탈북 간증 수기』, pp.210-211.

108 김지영, "올 봄 가장 심한 욕은 '책상주의자'", 『민족21』, 2001년 6월호, p.31.

109 노베르트 폴러첸, 『미친 곳에서 쓴 일기』, 월간조선사, 2001, pp.29-30, 32, 69.

※ 이 장에서 사용한 사진은 美국립문서기록보관청, 美하버드대 옌칭도서관에서 사전 승인을 받고 촬영한 것이다.

2000～

제7장

생존을 위해서는 저항도

나아지는 생활, 높아지는 의식

먹는 문제는 한고비 넘겨

북한 민중의 생활형편이 좀 나아지긴 했지만, 2000년대 들어서도 식량은 여전히 부족했다. 물론 지방이 더 심했다. 2000년 1월 함경북도 회령의 상황을 보면, 여전히 적지 않은 가정이 하루 두 끼를 먹고 있었다. 그나마 한 끼는 죽으로 때우는 경우도 많았다. 옥수수나 감자 등을 구하기 위해 배낭을 메고 농촌으로 다니는 사람이 많았다. 장마당에서 쌀을 구할 수는 있었다. 하지만 비쌌다. 1kg에 75원이었다. 옥수수는 35원, 사탕 1개는 50전 내지 1원 정도였다. 근로자들의 월급이 100원 정도였으니까 모두 아주 비싼 편이었다. 허기를 때우는 데 요긴한 음식으로 장마당에선 '속도전떡'이 많이 팔리고 있었다. 강냉이가루를 고온에 부풀린 다음 물을 부어 반죽해서 만든 떡이었다. 만드는 데 불과 몇 분 걸리지 않아 '속도전떡'이라는 이름이 붙었다. 회령역 앞에는 식당이 2개 있었는데, 밥과 국, 강냉이국수만 팔았다. 그나마 현지 주민들은 이용하지 못하고 외지인들만 들어갈 수 있게 되어 있었다.[1]

생활에 필요한 용품들도 전체적으로 모자랐다. 옷도 신발도 충분치 못했다. 면화가 부족하니 겨울옷은 특히 부족했다. 함경북도 회령 사람들은 중국산 내의를 살 때 큰 것을 사서 일부를 잘라 양말이나 장갑을 만들어 사용하기도 했다. 연료가 부족해 가정마다 촛불처럼 약한 조명도구를 사용했고 다니는 차들은 많지 않았다. 기차도 연착하기 일쑤였다. 열차들은 깨진 창문을 비닐로 막고 다니기도 했다.[2] 중국 단둥丹東에서 평양으로 들어가는 국제열차도 겨울에 난방이 되지 않았다. 승객들은 두꺼운 옷을 입고 양말을 세 켤레씩 신고 두꺼운 코트를 입어야 했다.[3]

2000년대 초반의 상황은 2000년 1월 김정일이 당 중앙위원회 간부들에게 한 말에서 여실히 드러난다. 당시 그는 "최근 년간 우리나라에 대한 제국주의자들의 악랄한 경제봉쇄 책동과 거듭되는 자연재해로 하여 지금 우리인민들의 생활이 매우 어려운 형편에 있습니다. 고난의 행군 시기에 인민생활이 더욱 어려워졌습니다. 인민들이 식량이 모자라 고통을 받고 있는 데다가 생활필수품도 제대로 보장되지 않아 애로를 느끼고 있습니다"라고 말했다.[4] 고난의 행군 시기에 형편이 악화되어 2000년 초까지 곤란을 겪고 있다는 얘기였다. 경제체제의 근본적인 문제보다는 국제 사회의 경제제재와 자연재해에 원인을 돌리고 있긴 하지만, 어려운 형편은 김정일 자신도 인정하고 있었던 것이다.

2002년 7월 1일에 실시한 7·1경제관리개선조치(7·1조치) 이후 조금 나아졌다. 7·1조치의 핵심내용은 물건값을 현실화하고, 그에 부응해 근로자들의 월급도 대폭 인상하는 것이었다. 국영상점의 쌀 소매가는 8전에서 44원으로 550배나 올랐다. 농민들한테 수매하는 가격도 종전 80전에서 40원으로 인상했다. 아파트 사용료, 물값, 전기료 등도 올랐다. 전에 25원 정도 내던 평양 시민이 130원을 내야 했다. 버스와 지하철 요금도 10전에서 2원(어린이는 1원)으로 인상되었다. 대신 월급도 대폭 올랐다. 근로자 평균월급인 100~110원을 받던 사람이 2,000원을 받게 되었다.

탄광에서 탄을 캐는 탄부의 월급은 6,000원이 되었다.[5]

이러한 조치를 실시한 근본원인은 국가의 부담을 줄이려는 것이었다. 종전처럼 낮은 쌀값이나 공과금, 교통요금을 받아서는 재정을 안정적으로 운영하기 어려워 개선조치에 나선 것이다. 또 월급과 쌀수매가를 올려 근로자와 농민들의 생활형편을 좀 높여 보려는 조치이기도 했다. 1990년대 중반 무너진 식량배급제를 일부 복원하는 조치이기도 했다. 쌀을 적절한 가격에 국가가 수매함으로써 분배에 필요한 양을 확보하고, 적절한 가격에 국영상점에서 판매함으로써 쌀의 유통체계를 정비하려 한 것이다.

7·1조치의 또 다른 주요내용은 성과급제도를 강화하는 것이다. 공장, 기업소들에 자율권을 더 주어 실적에 따라 근로자들이 이익을 가질 수 있게 했다. 상품의 가격과 생산계획도 스스로 정하게 하고 인센티브 제도도 도입했다. 농업 부문에서도 농장의 분조별 실적을 차등화해 실적이 좋은 분조는 분배를 더 받도록 했다. 7~8명으로 구성된 하나의 분조가 성과를 낸 만큼 차등적으로 분배를 받을 수 있도록 한 것이다. 이에 따라 북한 주민들은 좀 더 일하고 그에 따라 좀 더 보상을 받기 위해 노력하지 않을 수 없게 되었다. 실제로 기본월급이 2,500원인 기계공이 생산목표를 초과 수행해 7,500원까지 받는 경우도 있었고, 수매가 인상에 고무된 농민들이 저녁 늦게까지 농장에서 일하는 경우도 생겨났다.[6] 텃밭 경작을 줄이고 협동농장에서 더 많은 성과를 내기 위해 노력하는 경향을 보이게 되었다.[7]

2005년 10월 1일부터는 식량배급제가 복원되었다. 수매양정성 김성철 처장이 『조선신보』와의 인터뷰에서 밝혔는데, 평양뿐만 아니라 전국에서 식량이 정상적으로 공급되기 시작했으며 지역에 따른 차이가 없다는 것이었다. 그러면서 시장에서 쌀을 판매하는 것도 금지했다. 실제로 평양의 통일시장에서 쌀을 구할 수 없었다.[8] 2005년은 10년 만의 대풍이었다. 곡물 생산량이 1997년의 260만 톤보다 50% 이상 증가한 390만 톤에 이르렀다.[9] 이렇게 곡물 생산량이 늘자 북한 당국에서 배급제를 다시 시작한 것이다. 배급을 복원하고 대신 시장에서 쌀거래를 금지시켰다. 배급 정상화의 전제조건은 충분한 식량의 확보였다. 하지만 당시 북한의 식량 사정이 그렇게까지 좋지는 못했다. 그에 따라 복원된 배급제가 계속 정상적으로 실행되지는 못했다. 2009년 11월 화폐개혁 이후 배급제 정상화가 다시 시도되었다. 하지만 역시 배급제를 예전처럼 시행하기에는 식량이 부족했다. 도시 근로자와 당원을 중심으로 한 배급으로, 때에 따라 중단되기도 했고, 지역에 따라 편차가 발생하기도 했다.

1950년대부터 북한은 인민들의 식생활을 개선하고 식량소비도 일정 부분 줄일 수 있다는 생각으로 참기름과 들기름 등 먹는 기름을 많이 생산, 공급하기 위해 노력했다. 하지만 2000년대 말까지도 먹는 기름이 모자라는 현상은 계속되었다. 양이 부족하고 가짓수도 많지 않았다. 참기름과 들기름, 콩기름, 강냉이기름, 해바라기기름 정도였다. 그래서 북한 당국은 기름이 나올 수 있는 유채와 낙화생(땅콩), 역삼, 아마 등을 기르도록 권장했다. 쌀겨로 기름을 짜서 일부는 식용으로, 일부는 비누 제조용으로 쓰기도 했다.[10]

전력공급도 여전히 모자랐다. 정전되는 경우가 잦았다. 정전이 되면 보통의 가정에서는 식용유에 면심지를 넣은 등잔불을 많이 사용했다. 잘사는 집은 양초를 켰다. 양초는 부의 상징과도 같았다.[11]

전체적으로 보면, 2000년대 말은 2000년대 초보다 상황이 좀 개선되는 모습이었다. 함경남도 함흥의 경우를 보면, 2008년 한 해 동안 시민들은 오리고기 12kg을 공급받았다. 농촌의 상점들에도 생필품이 떨어지지 않도록 하기 위해 50가지 필수 비치품목을 정해 놓고 있었다. 그 가운데에는 창호지, 치분 등도 들어 있었다. 이런 품목들은 품절이 되지 않도록 하여 농민들이 생활에 불편을 겪지 않게 노력하고 있었던 것이다.[12]

그럼에도 불구하고 양강도처럼 벼농사가 어려운 곳에서는 2000년대 말에도 쌀밥을 맛보기가 쉽지 않았다. 2009년 혜산시와 삼지연군의 경우 주민들에게 알곡을 공급하지 못하고 감자만 공급했다. 대신 감자를 가지고 좀 더 다양한 음식을 만들도록 권장했다. 감자떡과 감자국수뿐만 아니라 뢰스티rösti라는 스위스식 감자전도 해 먹도록 홍보했다. 감자전에 달걀 등을 올린 현대적인 요리이다.[13] 여전히 먹을 것이 풍부한 상태는 아니었지만, 그런 가운데서도 맛과 질 등을 고려할 수 있는 일정한 여유가 생겼다고 하겠다.

인민 생활용품 가운데 식료품에 대한 관심은 점점 높아져 2009년 7월에는 내각에 이를 담당하는 부처인 식료일용공업성이 신설되었다. 농림성, 수산성, 임업성의 식품 관련 사무, 그리고 경공업성의 인스턴트 식료품 관련 사무를 묶어서 관장하는 새로운 부처를 출범시킨 것이다. 된장과 간장, 고추장, 참기름, 식용유 등의 기초식료품, 인스턴트식품, 그리고 치약, 비누, 화장품 등 생활필수품에 대한 공급을 원활하게 하는 책임이 이 부처에 주어졌다. 사람들의 일상생활과 직결된 먹을 것과 생필품에 대한 조달, 품질관리 등에 관심을 점점 더 높여 가는 모습이 아닐 수 없다.

휴대폰이 일상 속으로

2000년대가 되면서 평양에서도 대학생들이 인터넷으로 채팅하고 정보 검색을 하는 것이 자연스러운 모습이 되었다. 조선컴퓨터센터에서 운영하는 포털사이트 '내나라'의 대화방에서 채팅도 하고 이를 통해 농구모임을 구성하기도 했다. 김일성종합대학이나 중앙과학기술통보사 등에 접속해 필요한 정보를 찾기도 했다. 하지만 북한의 인터넷망은 해외로

접속할 수는 없게 되어 있다. 지금까지도 북한 내에서만 운영되는 인트라넷 형태이다.[14]

북한에도 휴대폰이 공급되기 시작했다. 2003년부터의 일이다. 태국의 록슬리라는 회사가 사업을 벌였다. 휴대폰값은 1,270달러로, 북한에서는 큰돈이었다. 휴대폰의 공급은 북한 사람들의 생활을 많이 바꿨다. 휴대폰으로 통화하면서 거리를 걷는 시민을 보는 것도 어렵지 않았다. 그런데 2004년 4월 평안북도 용천군의 용천역에서 큰 폭발사고가 발생했다. 전기작업을 하다 불꽃이 질안비료(질산 암모늄으로 만든 비료) 쪽으로 튀어 비료 100톤이 폭발한 것이다. 주변의 수십 명이 사망하고 수천 명이 다쳤다. 용천읍의 거의 모든 공공건물이 무너지거나 금 갔다. 중국에서 돌아오는 김정일을 태운 열차가 폭발 몇 시간 전에 용천역을 지나가 암살 시도설이 돌았다. 휴대폰을 이용한 폭발이라는 설까지 흘러 다녔다. 그 바람에 휴대폰 사용이 중지되었다.

그러다가 2008년 말쯤 휴대폰 사용이 다시 허용되었다. 이집트 오라스콤이 휴대폰을 다시 공급하기 시작했다. 북한에서 휴대폰 사용이 재개된 데에는 당시 스위스 주재 대사 리수용(2019년 말까지 조선노동당 중앙위원회 부위원장 역임)의 역할이 컸다. 제네바에 있는 국제전기통신연합 사무총장을 만난 리수용은 이동통신망을 제대로 구축하면 테러도 방지할 수 있고 사회통제도 쉽게 할 수 있다는 얘기를 들었다. 리수용은 휴대폰 도입으로 북한 사회에 활기를 불어넣을 수 있다는 생각도 했다. 국제전기통신연합 사무총장으로부터 오라스콤의 나기브 회장을 소개받았다. 나기브의 자세한 설명을 들은 리수용은 김정일에게 이동통신사업 재개를 건의했다. 김정은의 스위스 유학시절 보호자 역할을 했던 리수용이 김정일, 김정은 부자와 특별한 관계를 형성하고 있어 가능한 일이었다.[15]

아무튼 휴대폰 사용 재개로 북한 사회는 크게 변화했다. 일상생활에서도 휴대폰을 쓰는 사람이 많아졌고, 특히 시장에서 장사를 하는 사람들은 휴대폰을 많이 사용했다. 물건을 주문하거나 운송수단을 부르는 데 휴대폰을 사용하면서 민첩하게 움직이고 있었던 것이다.

생존을 위한 저항

고난의 행군을 거치면서 활성화된 장마당은 2000년대 북한 민중생활의 중요한 부분으로 자리하게 되었다. 장마당에서 생계를 유지하는 사람들이 그만큼 많아진 것이다. 장사를 하는 형태로 다양해졌다. 집에서 빵이나 떡 같은 먹거리를 만들어 와 파는 작은 개인상에서부터 물건을 받아서 바로 다른 지역으로 넘기는 되거리장사, 많은 돈을 가지고 물건을 중국에서 사들여 분배하는 '돈주' 등이 생겨나 상인 사이 계층분화 현상을 보이기 시작했다. 팔고 사는 것이 금지되어 있는 주택을 매매하는 현상도 나타났다. 북한 주민들에게는 주택의 소유권이 아니라 사용권이 주어져 있는데, 한 번 입주하면 특별한 일이 없는 한 계속 살 수 있었다. 주택거래는 그 사용권을 몰래 사고파는 것이었다.[16]

장마당이 활성화되면서 인플레 현상이 심해졌다. 2000년대 중후반 장마당에서 쌀 1kg은 3,000원 정도였다. 외무성의 부국장급 간부의 월급이 2,900원이었으니 시장의 물가는 매우 높은 편이었다. 우선 상품의 공급이 부족하니 물가가 높아질 기본적인 요건을 가지고 있었다. 사람들은 장마당에서 번 돈을 쓰거나 은행에 저금을 하기보다는 집에 가지고 있는 경우가 많았다. 북한 정부는 돈을 계속 찍어 내야 했다. 그러다 보니 인플레가 심해질 수밖에 없었다. 인플레를 막고 집에 있는 돈을 끌어내기 위해 북한은 2009년 11월 30일 화폐개혁을 실시했다. 구권 100원을 신권 1원으로 바꿔 주는 것이었다. 바꿀 수 있는 돈은 가구당 10만 원으로 제한되어 있었다. 며칠 후 가족 1명당 추가로 5만 원씩을 더 바꿀 수 있도록 했다.

화폐개혁은 장마당에서 힘겹게 일해 저축한 사람들에겐 날벼락이었다. 일정한 액수 이상은 신권으로 바꿀 수 없어 그냥 휴지로 버려야 했기 때문이다. '돈주'들은 달러나 위안화, 유로 등의 화폐를 많이 가지고 있어서 피해가 덜했다. 장마당의 상인들을 중심으로 저항이 일어났다. 장사를 하지 않은 것이다. 대규모로 확산되지는 않았지만, 북한 사회주의 체제가 성립된 이후 첫 민중저항이라고 할 만한 것이었다. 상인들이 장사를 않자 생필품 공급이 어려워졌다. 상인뿐만 아니라 근로자들도 불만이 생길 수밖에 없었다. 그렇게 되자 평양시당 책임비서 김만길이 주민들 앞에서 사과하고 장사를 할 것을 부탁했다. 하지만 주민들은 쉽게 응하지 않았다. 북한은 주민들의 불만을 누그러뜨리기 위해 당 계획재정부장 박남기를 처형했다. 그러고서야 저항 분위기가 좀 가라앉았다.[17] 북한의 민중들은 그동안 당국의 정책에 순응하는 편이었다. 하지만 생존을 배급보다는 시장과 화폐에 의존하는 사람들이 많아지고 생존권을 위협하는 당국의 조치가 내려지면서 민중들의 행동양태는 달라졌다. 살기 위해서는 언제든 저항의 길을 택할 수 있음을 분명히 보여 준 것이다.

이 사건은 북한에서도 시장과 민중의 힘이 당국을 조종할 수 있음을 잘 보여 주었다. 북한이 강력한 권위주의 체제를 유지하고 있지만, 그래서 조직적인 저항은 매우 어려운 상황이지만, 그렇다고 해서 민중에게 불평과 불만이 없는 것은 아니었다. 일정한 시위와 저항 등이 없는 사회가 아니라, 오히려 민중들은 부당한 정부의 조치에 대해 스스로 평가하고 또 일정한 행위로 표현까지 하고 있었다. 이 사건은 그런 상황을 적나라하게 묘사한다.

개선 그러나 아직은 미진

월급 많아진 근로자들

2002년 7·1조치 이후 근로자들의 생활상을 좀 구체적으로 살펴보자. 2002년 가을 평안남도 순천의 2·8직통청년탄광 근로자들의 모습이다. 몇 달 전만 해도 목표량을 초과 달성해도 한 달 월급이 3,000~4,000원 정도였다. 그런데 7·1조치 이후에는 목표량을 초과 달성해 만 원 이상의 월급을 받는 근로자도 많아졌다. 정량을 채우지 못해 3,000원밖에 못 받는 사람도 있었지만, 많지는 않았다. 한 달에 20일 정도 열심히 일하면 정량을 채울 수 있고, 이후 일하는 것은 추가적으로 계산되어 월급이 많아진 것이다.

월급을 많이 받을 수 있게 된 것은 전반적 물가조정조치 때문이었다. 종전에는 탄광에서 석탄을 넘길 때 톤당 40원을 받았다. 그런데 7·1조치 이후로는 톤당 1,600원을 받았다. 그러니 탄광이 돈이 많아졌고, 그 돈으로 월급을 올려 줄 수 있게 된 것이다. 물론 전반적으로 물가가 올라 들어가는 비용도 많아지긴 했다. 국영상점에서 돼지고기 1kg은 120원이었다. 공급도 웬만큼 되고 있었다. 월급이 많아진 만큼 이 정도의 물가는 감당이 가능했다. 종전에는 월급 3,000~4,000원을 받으면서 순천 장마당에서 1kg에 250원 하는 돼지고기를 사먹기는 어려웠다. 그런데 7·1조치 이후 먹고사는 데 큰 문제가 없게 되고 여윳돈도 가질 수 있게 되었다. 탄부들은 TV, 냉장고, 녹음기, 오르간 등의 제품도 하나씩 갖추어 나가고 있었다.[18]

이처럼 운영이 잘되는 공장이나 기업소는 이익을 남기고 근로자들에게 성과급도 줄 수 있었다. 하지만 이런 경우만 있는 것은 아니었다. 생산량이 적고 적자가 나는 공장이나 기업소도 적지 않았다. 그런 공장이나 기업소들도 생산계획의 30%는 국가에 납부해야 했다. 어려운 상황에서 이를 납부하고 나면 근로자들에게 돌아가는 몫은 적을 수밖에 없었다. 실제로 이런 경우가 적지 않았다.[19]

근로자들은 기초식료품도 모두 사서 먹을 수밖에 없었는데, 간장과 된장 등 기초식품의 품질은 여전히 좋지 못했다. 양도 충분하지 않았다. 시, 군에서 운영하는 공장에서 이를 생산하고 있었는데, 품질도 낮고 양도 부족했던 것이다. "이제는 인민군대에서 정제소금공장도 건설하고 현대적인 장공장도 건설하였기 때문에 인민군대의 간장, 된장 문제는 풀렸습니다. 그러나 사회에서는 인민들에게 좋은 간장과 된장을 제대로 공급하지 못하고 있습니다"라는 김정일의 말이 2000년대 초의 형편을 적나라하게 전해 준다.[20] 그나마 군에서 운영하는 공장은 괜찮은 품질을 유지하고 있었지만, 나머지 공장들은 그렇지 못했던 것이다. 간장, 된장의 품질과 양은 1970년대부터 북한 당국이 해결하려고 노력했던 문제인데, 2000년대 들어서도 크게 달라진 게 없는 모습이었다.

화장품도 질이 떨어졌고 종류가 다양하지 못했다. 세숫비누와 치약, 칫솔 등도 지속적으로 모자랐다. 소련, 동유럽과 사회주의권 내 거래를 활발하게 전개할 때에는 필요한 원료들을 싼 가격에 들여와 생산할 수 있었지만, 사회주의 시장이 사라진 이후에는 그것이 불가능하게 되어 경공업제품 생산이 훨씬 어려워진 것이다. 그래서 북한은 종전의 '자립적 민족경제' 기치를 완화하고, 국내생산에 어려움이 많은 생필품은 수입해서 공급했다. 하지만 외화가 부족해 수입을 마음껏 할 수 있는 상황은 아니었다.[21]

원료공급이 원활하지 못한 것이 핵심문제였지만, 그에 못지않은 문제가 낡은 설비였다. 방직공장, 신발공장, 식료품공장 등 대부분의 경공업 시설들이 오래된 것들이었다. 생산공정이 뒤떨어진 것도 문제였다.[22] 낡은 설비를 교체하지 못한 채 공장이 운영되고 있었고, 혁신이 수시로 이루어지는 체제가 아니다 보니 공정은 옛날 것을 답습하고 있었다. 그런만큼 생산성은 떨어질 수밖에 없었고, 주민들은 오랫동안 해왔던 내핍생활을 2000년대에도 해야 했다.

새로운 세기에 들어섰지만, 조선노동당을 중심으로 한 직장운영은 북한의 기본방침으로 지속되고 있었다. 물론 근로자들은 당의 지시를 중심으로 움직이고 있었다. 모든 직장에서 하루 일과는 '정성작업'으로 시작되었다. 김일성과 김정일의 초상화를 닦는 일이었다. 통상 당원이 30명 미만이면 세포, 30명 이상이면 부문당이라는 당조직이 구성되어 있었다. 이 조직의 대표인 세포 비서나 부문당 비서는 '정성작업'을 지휘하면서 하루를 시작했다. 토요일 오전 9시부터 30분 동안은 세포별, 부문당별로 생활총화가 진행되었다. 자아비판과 상호비판을 하는 시간이었다. 그런데 2000년대 들어 상호비판을 꺼리는 분위기가 팽배해졌다. 기껏해야 이런저런 거리들을 만들어 자아비판을 하는 정도였다. 당의 상층부에서 상호비판을 하도록 독촉했지만 사람들은 다른 사람을 비판하는 일에 잘 나서지 않았다. 그래서 부문당 비서들이 회의록을 꾸며서 쓰는 경우가 많았다.[23]

2000년대 중후반이 되면서 지방 근로자들의 형편도 조금씩 개선되었다. 평안남도 남포의 경우 시내 곳곳에 살림집을 짓느라 사람들의 발길이 바빴다. 상점들에도 여러 가지 생활에 필요한 물건들이 구비되어 있었다. 도로변 여러 곳에는 음식을 파는 가판대도 설치되었다. 시민들의 먹거리에 대한 다양한 수요를 충족시키려 한 것이다. 차량이 많은 편은 아니었지만 자전거 운행이 많아져 그나마 활기가 더해지고 있었다. 여자들은 앞에 바구니를 단 것, 남자들은 뒤에 짐을 실을 수 있는 것을 많이 이용했다. 돼지 두 마리를 자전거 뒤 짐받이에 꽁꽁 묶어 싣고 가는 모습도 보였다.[24]

자전거는 북한 민중들의 생활에서 필수품처럼 되어 갔다. 이동의 주요 수단으로 활용되었다. 일본에서 들어온 중고자전거, 중국에서 수입된 새 자전거가 혼재했다. 일제가 튼튼해서 더 인기였다. 2000년대 초반에는 1대에 50달러 정도에 거래되었는데, 점점 수입량이 많아지면서 10~30달러 선으로 가격이 떨어졌다.[25] 특히 시장에서 장사를 하는 여성들에게는 자전거가 필수품이 되었다. 시장에 내다 팔 물건을 싣고 다니는 데 자전거만 한 것이 없었다. 그러다 보니 단속도 많아졌다. 2008년 6월 즈음 함경북도 청진 시내에도 자전거를 타는 사람이 많았고 위반사항을 단속하는 교통규찰대원도 많았다. 차도 끝에서 1m 이상 벗어나는 경우, 자전거 방울을 달지 않는 경우, 짐을 너무 많이 싣는 경우 등이 모두 단속 대상이었다. 남성보다는 여성들이 단속에 걸리는 경우가 많았다. 장사하는 여성들이 자전거 타는 경우가 많았고, 장사를 하다 보니 주머니에 현금을 가지고 있는 경우가 많았다. 이를 알고 규찰대원들이 여성들을 주로 단속하고 있었던 것이다. 한 번 걸리면 보통 500원, 짐을 많이 실은 경우는 1,000원의 벌금이 부과되었다. 단속된 여성들은 보통은 바쁘게 시장이나 집으로 가는 길이어서 얼른 현금을 주고 가던 길을 가는 경우가 많았다.[26]

밖에서도 안에서도 일하는 여성들

북한의 가정은 여전히 가부장적인 측면이 많았다. 여성들은 일을 하면서도 집안일을 도맡아 하는 경우가 많았다. 산전산후 휴가나 보육시설이 비교적 잘 되어 있고 세 자녀 이상을 둔 여성에게는 노동시간을 단축시켜 주는 등 일하는 여성을 위한 제도가 마련되어 있었지만, 가사는 여전히 여성들의 부담으로 남아 있었다. 식사를 준비하고 세탁을 하는 등 자질구레한 가정의 일들은 으레 아내의 몫이라는 인식이 온존하고 있었던 것이다. 김장을 하는 경우에도 남성들은 직장으로 배급되는 배추와 무, 고추, 파, 마늘, 새우, 낙지젓 등 김장재료를 받아서 집으로 옮기는 일을 했다. 맞벌이의 경우에도 김장재료는 남편 직장에서만 받을 수 있었다. 재료를 옮기는 것으로 남성의 일은 보통 끝났다. 이후 재료를 손질하고 김치를 담그는 일은 여성들이 했다. 다 담근 김치를 맛보며 이런저런 평가를 하는 것이 남편이나 아들의 모습이었다. 남자들은 다만 '김치평론가' 노릇만 하고 있었던 것이다.

남편이 아내를 때리는 경우도 드물지 않았다. 그런 경우 이웃에서도 보통 알게 되는데도 관여하지는 않았다. 관여해서 고칠 수 있는 문제가 아니라고 여기는 편이었다.[27] 그래서 국제부녀절(세계 여성의 날)인 3월 8일에는 남편들이 밥하는 풍조가 생겨나고 있었다. 평소 가정일을 모두 여성들이 하기 때문에 이날 하루만이라도 남편들이 밥하고 요리도 하는 날로 하자는 것이었다.[28]

여성들에 대한 불합리한 선입견이나 편견도 남아 있었다. 무릎보다 짧은 스커트를 입거나 긴 머리를 뒤로 묶거나 화장을 진하게 하는 것은 비도덕적인 것으로 여겨졌다.[29] 어른들은 여성들이 자전거를 타는 것에 대해 부정적인 의견을 얘기하곤 했다. 그래서 2000년대 초반만 해도 여성들이 자전거 타기를 꺼리기도 했다. 당국의 특별한 지시가 있었던 것

은 아니지만 여성들 스스로 자전거를 삼가는 경향이 있었다.[30]

북한의 여성들은 검정색 등 짙은 색 치마에 수수한 남방이나 때론 화려한 색상의 블라우스를 받쳐 입는 것을 좋아했다. 바지는 잘 입지 않았고 몸에 착 붙는 티셔츠 등은 '상스럽다'며 입지 않았다. 외출할 때 화장하는 여성들은 많았지만 한 듯 안 한 듯 옅게 하는 편이었다. 염색하는 여성도 찾아보기 어려웠다. 여성들은 미용실, 남성들은 이발소라는 구분도 분명했다.[31]

결혼은 중매를 통해 하는 경우도 있고 부모들이 정해 주는 대로 하는 경우도 있었는데, 연애결혼을 하는 경우가 점점 많아졌다. 청춘 남녀가 손을 잡거나 팔짱을 낀 모습도 자주 볼 수 있게 되었다. 유희장이라 불리는 놀이공원, 영화관 등이 데이트 장소로 많이 활용되고 있었다. 청년동맹이 주최하는 '청년동맹 일요 군중무도회'가 매주 일요일 여기저기에서 열렸는데, 여기서 청춘 남녀가 만나 연애를 하는 경우도 적지 않았다. 대학과 군대에서는 연애가 공식적으로는 금지되었지만, 남모르게 하는 '도둑연애'가 많았다. 남자는 28살, 여자는 26살 정도에 결혼을 하는 경우가 많았고, 30살이 넘으면 노총각, 노처녀로 불리었다.[32] 결혼한 후에는 삼대가 함께 한집에서 사는 경우가 많아 고부간 갈등을 겪는 경우도 적지 않았다. 시어머니로부터 시달림을 당하는 며느리는 조선민주여성동맹(여맹)에 신고할 수 있었고, 그러면 여맹이 나서서 문제 해결을 도와주었다. 여맹은 시어머니와 며느리가 서로 존중하는 문화를 만들기 위한 노력도 계속했다.[33]

결혼식은 신랑이나 신부의 집에서 하는 경우가 많았고, 직장이나 문화회관에서 하는 경우도 있었다. 대도시의 경우 예식장에서 하는 경우도 있었다. 신랑은 양복, 신부는 한복을 보통 예복으로 입었다. 사회 겸 주례는 주로 친구나 직장상사가 맡아서 했다. 야외촬영도 대세라고 할 만큼 많아졌는데, 평양의 경우 모란봉공원과 만수대동상, 만수대예술극장, 주체사상탑, 개선문 등이 야외촬영 장소로 인기였다. 혼수는 실생활에 필요한 것을 중심으로, 신랑이 옷감이나 화장품을 준비하는 경우가 많았고, 신부는 보통 장롱과 재봉틀, 이불, 그릇 등을 마련해 갔다. 여유가 있는 신부의 경우 가전제품을 혼수로 준비하는 경우도 있었다.[34]

이혼을 하는 것도 큰 제약은 없었다. 성격차이 등을 이유로 들어 인민재판소에 이혼청구서를 제출하면 판사가 결정을 해주는데, 이때 여성의 의견을 중시하는 경우가 많았다. 여성이 "죽어도 못 산다"고 강력하게 주장하면 이혼을 결정하는 경우가 많았던 것이다. 2000년대 초반 즈음 이혼율은 1,000쌍당 1~2건으로 낮은 편이었다. 하지만 평양 등 대도시는 좀 더 높아 100쌍당 1건 정도 되었다.[35] 시장에서 일하는 여성들이 증가하고 이혼에 대한 부정적인 인식도 완화되면서 이혼은 조금씩 늘어갔다. 비교적 까다로운 법적 승인을 미루고 별거를 하는 경우도 2000년대 중후반이 되면서 점점 증가했다.[36]

지역별로 차이 나는 농촌

2002년 7·1조치 이후 농민들의 형편도 좀 개선되었다. 평안북도 운전군 운하협동농장의 경우 2003년 1인당 5만 원의 연소득을 올렸다. 벼뿐만 아니라 담배와 과일·옥수수 등을 재배하고, 누에를 치고, 물고기·돼지·염소를 길러 그 정도의 소득을 올렸다. 일반 공장의 노동자들이 월 3,000~5,000원의 소득을 올리고 있었으니 꽤 높은 소득이었다. 평안남도 남포시 청산협동농장은 1인당 연소득이 6만 원이었다. 농사철 중학생에게서 받아 오던 지원을 중단하여 인건비를 절약한 결과 소득이 더 높아졌다. 생산물의 25%는 국가에 내고, 나머지는 농장의 계획에 따라 일정 부분은 공동비용으로 남겨 둔 뒤, 분조 단위로 성과에 따라 분배를 했는데, 최고 실적을 낸 사람은 12만 원을 받아 가기도 했다. 이처럼 농촌도 실리를 따르는 움직임에 따라 생활이 조금씩 개선되고 있었다. 지역에 따라 편차는 있었다. 황해도와 평안도 등 곡창지대는 소득이 올라갔지만, 함경도와 강원도 등 산악지대는 여전히 낮은 소득으로 어려움을 겪고 있었다.[37]

7·1조치에 따라 분조가 세분화되어 중국식의 가정영농제가 실시되었다는 얘기도 있었지만, 실제로는 그런 제도가 전면적으로 도입된 것은 아니었다. 조선농업근로자동맹(농근맹) 중앙위원회 부부장 김순복이 『민족21』과의 인터뷰에서 밝힌 바에 따르면, 그런 제도는 일부 지역에서 시범적으로 실시된 것일 뿐 중국 제도를 받아들인 것은 아니었다.[38] 다시 말하면, 분조의 인원을 과거보다 적게 해 분조 차원의 합의와 결의를 쉽게 한 것은 분명하지만, 가족에게 일정 농지를 맡겨서 경작하게 하는 식의 가족영농제가 실시된 것은 아니었던 것이다.

평안남도 남포시 청산협동농장의 경우 2005년에는 생산과 소득이 증가하는데, 정보당 작물 생산량은 9톤 정도였다. 농민 1인당 40만~50만 원을 분배받았다. 당국에서 특별관리를 하면서 비료와 트랙터, 트럭 등을 적극 지원하는 농장이어서 소득이 더 높았던 것으로 보인다. 월 평균 소득이 4만 원 정도니까 사무직 근로자들이 평균적으로 받는 5,000원보다 훨씬 높은 소득을 올리고 있었던 것이다. 분조마다 실적에 따라 다르게 분배를 했기 때문에 실적 좋은 분조원의 경우 월 4만 원보다 더 많은 소득을 올렸다. 게다가 세대별로 30~40평의 텃밭도 가지고 있어 채소 등을 재배해 시장에 내다 팔 수 있었다. 2006년 초에는 편의 봉사시설 '청산원'이 청산협동농장에 세워져 농장원들의 삶의 질이 높아졌다. 청산원에는 목욕탕과 미용실, 양복점, 전자제품 수리소 등이 갖추어져 있었다. 다만 휴식은 좀 부족한 편이었다. 농민은 열흘에 한 번 휴식하는

제도가 계속 시행되고 있어 매월 1일, 11일, 21일에만 쉴 수 있었다.[39]

지역별로 보면, 앞에서도 언급했듯이 평안도나 황해도 지역 농민들은 형편이 나아졌지만 함경도나 자강도, 양강도 등 산간 지역 농민들의 생활향상은 좀 더디었다. 그럼에도 이들 산간 지역의 식량 생산량도 조금씩 늘어갔다. 함경남도 함주군에 있는 동봉협동농장의 경우 2008년 정보당 벼 생산량이 5톤이었고, 옥수수는 정보당 8톤이었다.[40] 청산협동농장에 비하면 적은 것이었지만, 산간 지역임을 감안하면 상당히 많은 것이었다.

1946년 2월 북조선임시인민위원회의 첫 회의 안건이 될 만큼 1940년대부터 부족했던 소금은 2000년대에도 여전히 모자랐다. 특히 양강도처럼 해안에서 떨어져 있는 곳에서는 더욱 심각했다. 양강도에는 이른바 혁명사적지가 많아 답사자도 많았다. 그 바람에 소금소비가 많았고, 소금부족 현상이 심각했다. 소금부족은 2009년 당시 양강도가 해결해야 하는 가장 시급한 문제가 될 정도였다.[41]

농촌에서는 여전히 땔감이 문제로 남아 있었다. 전기로 난방을 하고 취사도 할 수 있도록 하기 위해 중소형 발전소 건설사업을 전개했지만, 기대만큼 원활하지는 않았다. 발전소 건설을 위한 설비공급이 원활하지 않았기 때문이다. 그래서 일부 농촌에서는 축산분뇨로 메탄가스를 생산해 사용했다. 하지만 그걸로 땔감을 모두 충당할 수는 없었다. 나무가 여전히 중요한 땔감이었다. 마을 주변 야산에 아카시아와 같이 빨리 자라는 나무를 심어 땔감으로 사용했다.[42] 양강도 혜산시의 시민들도 공급되는 석탄이 모자라 산에서 나무를 베어 땔감으로 사용했다. 80km 거리에 있는 백암탄광(양강도 백암군 대택노동자지구)에서 석탄을 비교적 많이 생산하고 있었지만, 철길이 발달하지 못해 운송에 어려움을 겪고 있었다. 탄광이 있는 대택역에서 백암역까지의 철길이 협궤로 되어 있어 많은

함경남도 함주군 '홍봉청년호' 저수지 부근의 살림집(2005년 8월)

양을 실어 올 수 없을뿐더러 백암역에서 다시 석탄을 옮겨 실어야 하는 문제가 있었다.[43] 땔감 문제는 이렇게 북한의 발전공업 수준, 운송산업 수준과 직접 연결되어 있어 쉽게 해결이 되지 않고 있었다.

농사에 꼭 필요한 비료와 농약도 부족해 농민들이 애를 먹고 있었다. 곡식이나 채소, 과일 등 농사 전반에 걸쳐 작물의 성장을 촉진하고 병충해를 막아 수확고를 높이자면 비료와 농약이 충분히 공급되어야 했다. 하지만 둘 다 부족했다. 특히 농약이 부족해 작물들이 병충해 피해를 당하는 경우가 많았다. 수요는 많았지만 생산량이 적었다. 수입해 오자니 달러가 부족했다.[44] 이는 바로 사람들이 충분히 먹기 어려운 사정으로 이어질 수밖에 없었다.

농촌의 의료환경도 여전히 여의치 못했다. 2005년 12월 즈음 평양특별시 강남군 용교리 진료소의 경우, 의사 3명, 보조의사 1명, 구강의사(치과의사) 1명이 근무했다. 허름한 1층 기와집을 진료소로 쓰고 있었다. 한겨울인데 난방이 제대로 안되어 냉골이었다. 농촌의 학교도 사정은 비슷했다. 그즈음 용교리소학교는 시설이 열악했다. 책상 · 의자 · 칠판 · 풍금 등이 오래된 것이었고, 난방은 시멘트로 만든 벽난로에 겨를 넣고 태우는 방식이었다. 냉기만 겨우 면할 수 있게 되어 있었다. 학생이 150여 명이었는데, 교실이 모자라 이부제 수업을 하고 있었다. TV 등을 갖추어 교육을 하고 싶었지만 그러지 못하고 있었다.[45] 농민들은 고난의 행군은 벗어났지만 그렇다고 사정이 크게 좋아지지는 않았다.

전통은 여전

관혼상제 여전히 중시

북한 주민들도 1960년대 중반까지는 민속명절을 크게 쇠었다. 그런데 1967년 당국이 봉건잔재 청산 차원에서 민속명절을 폐지하는 바람에 사람들이 전통적인 명절을 지내기는 쉽지 않았다. 양력설이 공휴일이어서 이날 가족들이 모여 음식을 함께 해먹고 즐거운 한때를 즐기는 정도였다. 1988년에는 추석, 1989년에는 음력설과 한식, 단오 등이 민속명절로 부활되었다. 그러다가 2003년부터 음력설이 3일 공휴일이 되었다. 전통과 관례를 살리는 측면의 조치였다고 할 수 있겠다. 양력설을 쇠어 온 기간이 길어 2000년대 중반까지만 해도 양력설을 쇠는 사람이 많았다. 그런 가운데서도 음력설에 한복을 입고 차례를 지내고 세배를 하고 전통음식을 준비해 함께 먹는 가족들이 늘어 갔다.[46] 어른들은 음력설에 '용싯돈'이라 불리는 세뱃돈을 주었다. 남한에서는 떡국을 먹지만, 북한 사람들은 통상 국수와 냉면을 먹었다. 명이 길어지라는 의미로 끊어 먹지 않고 단숨에 먹었다. 은사나 친척을 찾아뵙기도 했다. 상점들도 명절 기간에는 많게는 50%까지 가격을 할인해 팔았다. 그런 과정을 거쳐 2000년대 후반으로 넘어가면서 음

력설이 중요한 명절로 자리 잡아 가는 모습이었다.[47]

추석에는 고향을 찾아 조상의 묘역에 성묘를 했다. 햇곡식으로 빚은 송편과 햇과일 등을 묘소에 차려 놓는 것은 남쪽과 다르지 않았다. 큰절을 하는 사람이 많았지만, 서서 묵상을 하는 경우도 있었다. 2002년부터는 북한 전역의 내로라하는 씨름꾼들이 실력을 겨루는 '대황소상 씨름대회'가 평양의 능라도씨름경기장에서 벌어져 추석날 최대 이벤트가 되었다. 추석 이틀 전부터 경기를 벌여 추석날 우승자를 가렸다. 우승자에게는 실제로 900kg이 넘는 황소가 주어졌다.[48] 2009년 대회에서는 평안북도어로공우대물자공급소 노동자 이조원과 신의주신발공장 노동자 조명진이 결승에 올랐다. 이조원은 30살, 키 186cm, 체중 99kg이었고, 조명진은 29살, 체중 89kg이었다. 삼판양승제였는데, 첫판은 이조원이 들배지기로 이겼다. 둘째 판은 조명진이 덧걸이로 승리해 1 대 1이 되었다. 마지막 판에서 둘은 백중세였지만 결국 돌림배지기로 이조원이 우승을 거머쥐었다. 이조원은 950kg짜리 황소를 상으로 받았다. 황소 등에 올라 경기장을 한 바퀴 돌면서 관중들의 환호에 답했다. 선수들뿐만 아니라 관중들도 장구, 꽹과리를 치면서 응원을 즐겼다. 이런 모습을 TV로 지켜보며 즐기는 사람도 많았다.[49] 오랜 민속놀이가 북한에서도 사람들의 생활 속에 깊이 녹아들어 있는 모습이 아닐 수 없었다.

2000년대에도 북한 민중들의 생활 형편이 아주 좋아지지는 않았지만, 사람들 사이에서 관혼상제는 지켜지고 있었다. 형편에 따라서 규모는 달랐지만, 관혼상제는 생명력을 유지하며 사람들 속에 전해지고 있었던 것이다. 과한 경우도 있었다. 많은 사람을 초대해 "술풍을 조장시키면서 먹자판"을 벌이는 사례, 전통방식으로 제사를 비교적 성대하게 하는 사례 등이 있었던 것이다. 결혼식을 손 없는 날 골라 치르는 사례도 있었다. 북한 당국은 이러한 것들을 모두 허례허식 또는 미신으로 보고 있었다. 그러면서 결혼식은 양가 부모가 참석해 축복해 주고 식사를 함께하는 정도로 할 것을 권장했다. 제사는 추석이나 청명절에 산소를 찾아 묘소에 꽃을 놓고 고인을 추모하는 간소한 형태를 권했다. 이런 것이 '선군 생활문화'라면서 적극 선전한 것이다. 김정일 국방위원장도 나서서 허례허식과의 투쟁을 독려했다.[50]

식량난 가운데에서 관혼상제를 간소화하여 식량을 절약하고 주민 사이에 발생할 수 있는 위화감을 방지하려는 목적이었을 것이다. 사람들은 당국의 권유와 전통을 적절히 소화하면서 관혼상제를 지켰다. 되도록 많은 사람을 초대해 성대하게 결혼식을 치르려는 욕구는 강했지만 욕구대로 다 하지는 않는 모습이었다. 사망한 날을 지켜 제사를 지내고 손 없는 날을 골라 결혼 등 중요 행사를 치르는 관습은 지나친 낭비나 허례가 아닌 만큼 되도록 지켜 가려 했다. 오랜 동안 혁명적 기풍을 강조하는 사회 분위기가 이어지고 식량난이 지속되어도 전통 속에 체화된 민속은 민중의 삶 속에서 쉽게 사라지지 않고 있었다.

장례는 이웃끼리 도우면서 치르는 관습도 남아 있었다. 상을 당하면 인민반원과 직장의 동료들이 함께 장례를 치러 줬다. 혼자 살다 사망하는 노인의 장례도 인민반원들이 치렀다. 장례는 보통 3일장이었다. 상주가 상복을 입지는 않았지만, 남자는 검은 천을 팔에 두르거나 상장을 옷깃이나 소매에 붙였다. 여자는 흰 리본을 머리에 달았다. 염습, 입관, 운구, 매장 등의 작업은 녹화사업소나 편의협동조합에서 해줬다. 북한 당국은 화장을 권하고 있었지만, 어른들은 여전히 매장을 선호했다. 공동묘지가 시, 군별로 조성되어 있어 누구나 이용할 수 있었다.[51] 그런 가운데서도 젊은 세대들은 화장을 선호하는 경향이 나타나고 있었다. 화장을 하는 경우에는 화장을 한 뒤 행정 당국이 마련해 놓은 유골보관실에 유골을 보관했다.[52]

남아선호사상도 여전히 남아 있었다. 가족의 대를 잇는 것은 2000년대의 북한 사회에서도 중요한 일로 여겨지고 있었다.[53] 또 남아선호를 거리낌 없이 표현하기도 했다. 평양 순안구역에 사는 장창일은 부인이 평양산원에서 출산했는데, 마침 병원을 방문한 『통일신보』(무소속 대변 주간지) 기자의 질문에 답을 하면서 "저는 2년 동안 아이를 기다렸습니다. 꼭 아들을 낳고 싶었는데 소원을 풀었습니다"라고 솔직하게 말했다.[54] 아이를 잘 키워 나라의 기둥이 되도록 하고 싶다는 얘기였다. 아들을 선호하는 마음을 가지고 있고, 이를 숨김없이 표현하고, 사내아이를 잘 키워 나라에 기여하도록 하겠다는 속내를 가감 없이 말하고, 이런 것들이 그다지 이상하게 여겨지지 않고 있었던 것이다. 그런가 하면, 여성들이 모이면 자식자랑 하는 것은 남한이나 다름없었고, 아이를 아예 안 가지는 여성들에 대해서는 '이기적'이라는 평가를 하는 분위기도 있었다. 국가에서 출산과 육아, 교육까지 맡아서 해주는데, 아이를 낳지 않으면 너무 자신만 생각하는 것이라는 지적이었다. 결혼한 여성이 아이가 없을 경우 스스로 어색해하고 쑥스러워하는 경향도 있었다.[55]

북한 당국은 관혼상제 간소화를 독려하면서, 한편으로는 건전한 민속놀이는 적극 장려했다. 윷놀이와 제기차기, 널뛰기, 그네 등을 권장한 것이다. 이러한 민속놀이를 통해 "민족정서와 랑만이 차넘치게 함으로써 우리 민족의 우수성을 높이 발양해나갈 수 있다"는 것이었다. 그러면서 이러한 놀이를 명절에만 할 것이 아니라 휴일이나 일과 후에도 많이 할 것을 권했다. 특히 윷놀이는 쉽고 놀이도구가 간편해서 대표적 민속오락으로 적극적으로 장려했다. 그에 따라 마을마다 가정마다 대표적 민속놀이로 널리 퍼졌다.[56] 민속도 문화정서생활의 기풍증진에 도움이 되는 것과 그렇지 않은 것을 분명하게 구분해 달리 대응했던 것이다.

담백하고 깔끔한 음식 즐겨

북한의 민중들은 전통적으로 담백하고 깔끔한 음식을 주로 먹어 왔다. 2000년대까지도 그러한 전통은 크게 변화하지 않았다. 김치는 고춧가루나 젓갈 등을 많이 넣지 않은 담백한 김치를 주로 먹었다. 자박자박한 국물에 통배추김치가 통째로 잠겨 있는 상태로 먹는 이른바 '퐁당김치'가 북한의 대표적 김치다. 북한 사람들은 이 김치를 '반년 식량'이라 불렀다. 11월 김장철이 되면 1인당 70kg(35포기) 정도씩의 김치를 담가 이듬해 봄까지 먹었다. 집집마다 마당에 김장독을 묻었다. 아파트 주민도 1층에 창고를 배정받아 김장독을 묻었다. 김치공장에서 만든 김치를 사서 먹는 사람들도 있었지만, 많은 사람이 직접 담가 김장독에 보관하며 겨울내내 먹었다.

국수(냉면)는 북한의 남녀노소가 즐겨 먹는 대표적인 음식이다. 메밀가루를 반죽해 국수를 만든 뒤 육수나 동치미국물을 말아 먹는 평양냉면은 북한을 대표할 만한 음식이다. 감자가 많이 나는 양강도 사람들은 농마국수, 언감자떡 등 감자음식을 많이 해 먹었다. 강원도 원산 지역에서는 섭조개밥(홍합밥), 털게찜 등 해산물 음식을 많이 먹었다. 지역에서 많이 나는 식재료를 활용해 특색 있는 음식들을 발전시켜 온 것이다.[57]

여름철에는 단고기(개고기)를 즐겼다. "오뉴월 복골에는 단고기물이 발잔등에만 떨어져도 약이 된다"면서 보양식으로 많이 먹었다. 음식점뿐만 아니라 가정에서 요리를 해먹는 경우도 많았다. 다리찜, 등심찜, 갈비찜, 탕 등 단고기 요리도 다양했다.[58] 단고기는 북한 사람들이 사계절 가리지 않고 찾는 음식이지만, 여름에는 땀을 줄줄 흘리면서 단고기국을 먹는 사람들이 특히 많았다. 2000년대 후반 평양에만도 단고기 음식점은 60여 개에 이르렀는데, 여름철에는 찾는 손님들이 다른 계절에 비해 10배 정도나 많았다.[59] 2000년대 들어 타조와 메기 등 고단백이면서 효율적으로 기를 수 있는 식재료로 만든 음식이 많아졌고, 이를 찾는 사람도 많아졌다.

어린이 음식으로는 자장면이 인기를 끌고 있었다. 자장면을 주로 파는 중국요릿집 외에 2002년 즈음에는 일반 음식점들도 자장면을 메뉴에 추가해 어린이들의 수요에 맞추어 가고 있었다. 그런가 하면 서양식 레스토랑도 평양에 생겨났다. 2005년 6월 평양 창광거리에 유럽식 카페 '별무리'가 국제 NGO 아드라ADRA의 투자로 문을 열었다. 피자, 스파게티, 소고기겹빵(햄버거) 등을 팔았다. 찾는 사람이 꾸준히 있어 지금도 운영되고 있다.

찌개를 가운데 놓고 함께 숟가락을 섞으며 먹는 일은 드물고 개인별로 떠서 먹었다. 술을 받을 때는 잔을 들고 받는 것이 아니라 잔을 내려놓은 상태에서 받았다. 잔을 채울 때도 다 빈 다음 채우는 것이 아니라 남아 있는 상태에서 첨잔을 했다. 음식문화가 남쪽과는 다른 모습으로 정착되고 있었던 것이다.

2000년대 후반이 되면서 간장과 된장 등 기초식품 공급 상황은 좀 개선되었다. 식료품상점을 통해 1인당 한 달에 간장은 100g, 된장은 300g 공급되고 있었다. 도시에서는 전기나 가스를 이용하는 경우가 많았지만, 농촌에서는 여전히 아궁이에 불을 때 밥을 하고 숯불로 볶음요리 등을 하는 경우가 많았다.[60]

컴퓨터 구비하려는 학교들

전반적으로 물자가 모자라는 상황에서 일어난 일이지만, 북한의 학교들은 학생들에게 필요한 교과서를 온전히 공급하지 못해 왔다. 무엇보다 책을 만들 수 있는 종이가 부족하기 때문이었다. 2000년대 들어서도 교과서 부족 현상은 계속되고 있었다. 2006년의 교과서 공급률은 63.7%였다. 2008년에는 66.8%, 2010년에는 68%였다.[61] 평양 외곽 지역의 학교들도 건물은 무너지기 직전인 데다 교과서는 낡은 것을 지급하는 경우가 적지 않았다.[62]

2000년대 중반 들어 북한의 학교들은 컴퓨터 교육에 열성을 쏟고 있었다. 문제는 컴퓨터를 갖추기가 쉽지 않다는 것이었다. 임혜순은 2000년대 중반 평안남도 남포시 남포경공업전문학교 교장으로 부임했다. 고급중학교를 졸업한 학생들이 가는 실무 위주 고등교육기관이었다. 경공업공장에서 필요로 하는 인재를 양성하는 만큼 실무교육이 중요했다. 임혜순 교장은 제대로 교육을 하기 위해서는 교육장비를 갖추는 것이 중요하다고 생각했다. 특히 컴퓨터를 확보해야겠다는 생각이었다. 그런데 만만치가 않았다. 행정 채널을 통해 요청했다. 하지만 기다리고 있어서 되는 일이 아니었다. 직접 기관들을 찾아다녔다. 장비를 얻어 등에 지고 수십 리 밤길을 걸어서 오기도 했다. 그러자 다른 교직원, 학부모들도 나서서 도왔다. 그렇게 한 달 남짓 노력해 장비들을 어느 정도 갖추게 되었다. 컴퓨터응용실과 정보보급실을 꾸릴 수 있게 된 것이다. 이렇게 해서 실무교육을 실시할 수 있게 되었다.[63]

정보화시대라는 세계적 흐름에 따라 북한도 IT교육에 대한 필요성은 인식하고 있었다. 하지만 그에 필요한 첨단장비를 갖추기에는 자원이 부족했다. 교육시스템이 체계적으로 필요한 자료와 장비를 확보해 주지 못했다. 그래서 교육의 질이 관계자들의 개인적인 열정에 좌우되는 경우가 많았다.

2000년대 말에도 지방의 학교들은 부족한 게 많았다. 가을철에는 보통 체육대회를 했는데, 필요한 도구와 상품 등을 마련하는 데 애를 먹는 학교가 많았다. 그래서 학생들에게 빈 병을 모아 오게 해서 그걸 장마당에 내다 팔아 비용에 보태는 경우도 있었다. 교사들이 형편이 괜찮은 학부모를 찾아 도움을 받는 경우도 있었다. 그러다 보니 학부모가 교사를 붙들고 교육방향이나 학교운영에 대해 한참 훈계를 한 뒤 일정한 찬조금을 내는 경우도 있었다.[64]

그런가 하면 2000년대 중후반에는 학교교육 외에 사교육이 확산되어 갔다. 1990년대만 해도 예체능 분야에서 드물게 보이던 사교육이 대학 입시 과목인 수학, 과학, 외국어 등을 중심으로 확산되고 있었다. 사교육 현상은 수요와 공급 측면의 요인이 함께 존재하면서 확산된 것인데, 수요 측면의 요인은 시장에서 돈을 버는 사람이 늘어나면서 자녀의 교육에 투자하려는 사람들이 생겨난 것이다. 공급 측면 요인은 교직만으로 생계유지가 쉽지 않은 교사들이 개인지도에 나서게 된 것이다. 양측의 필요가 만나면서 대도시에서는 사교육이 많아진 것이다.[65]

이는 북한 체제의 견고성과 관련해서도 주목하지 않을 수 없는 부분이라고 하겠다. 북한의 교육은 단순히 실무나 전문적인 지식의 확보를 목적으로 한 것이 아니었다. 실무능력이나 전문성과 함께 사회주의 혁명정신으로 무장한 인재를 양성하는 데 주목적을 두고 있었다. 그런데 돈을 들여 개인지도를 받고 이를 이용해 대학에 진학하려는 경향은 혁명정신과는 결이 다른 실리주의의 모습이 아닐 수 없다. 사교육의 확산은 사람들이 능력이나 실리, 경제 등에 보다 많은 관심을 두고 있음을 단적으로 보여 주는 현상이라 할 수 있겠다.

평양에 선술집도

퇴근 후 선술집에서 한잔

2000년대가 되면서 평양은 이전과 상당히 달라졌다. 굶어 죽을 걱정은 벗어난 모습이었고, 인민들의 생활향상이 모색되고 있었다. 이를 잘 보여 주는 곳이 창광거리였다. 평양역에서 북쪽으로 뻗어 있는 곳인데, 2000년 즈음에 많은 식당이 들어섰다. '새날메기탕', '평양단고기집', '네거리 꼬치안주집' 등이 문을 열고 시민들을 맞은 것이다. 그중 '네거리 꼬치안주집'이 특히 인기였다. 2000년 4월 15일 문은 연 이 선술집은 오후 4시에 열어 밤 8시에 닫았다. 이 집의 인기안주는 닭발쪽튀기로 닭발에 밀가루를 입혀 튀긴 것이었다. 닭내장 꼬치구이도 많이 찾는 안주였다. 소주 두 잔과 닭발쪽튀기 2개, 닭내장 꼬치구이 1개를 시키면 7원 60전이었다. 보통 이걸 다 먹으면 자리에서 일어나 다른 사람들이 이용할 수 있게 했다. 퇴근길 근로자들이 소주 한잔으로 피로를 풀 수 있도록 하자는 것이 선술집이 생긴 이유였고, 이용자들은 이 취지를 잘 따라 주고 있었다.

평양화력발전소, 10월 5일 자동화기구공장, 평양창광옷공장, 그리고 평양역에 근무하는 근로자들이 '네거리 꼬치안주집'의 단골손님들이었다. 하루 700명 정도가 다녀가곤 했다. 사람들은 소주 한 잔을 놓고 직장에서 있었던 일을 얘기하기도 하고 아들이나 딸 자랑을 하기도 했다. 평양 시민들이 소주를 좋아하기 때문에 이 집도 소주를 주로 내놓고 있었는데, 종류는 '평양술', '창광술', '혜산술', '양덕술' 등 다양했다. 그 가운데에서 '평양술'은 잡맛이 없고 뒤끝도 없어 특히 찾는 사람들이 많았다. 40도짜리와 25도짜리가 있었는데, 주로 찾는 것은 25도짜리였다.

'네거리 꼬치안주집'에서는 금연이었다. 평양 남성들은 술자리에서는 으레 담배를 피웠다. 보통 자리에 앉으면서 담배를 꺼냈다. '건설', '락원', '공작새', '갈매기', '꿀벌', '평양', '룡성' 등 담배 종류도 많았다. 그중 '건설'과 '평양'이 평양 남자들이 선호하는 담배였다. 하지만 이 선술집은 귀갓길에 간단히 한잔하는 집이어서 금연이었다. 이런 선술집은 광복거리와 문수거리에도 있었다.[66] 1990년대 초까지 있었던 선술집이 이후 사라졌다가 2000년에 다시 생겨나 점점 늘어간 것이다.

2002년 7월에는 평양에 처음으로 생맥줏집도 생겼는데, 곧 150여 곳으로 늘었다. 천마거리에 있는 '대동강맥주집'에는 퇴근길 근로자들이 많이 들러 하루 평균 500ml 2,000잔이 팔리고 있었다. 2003년 2월에는 평양에 '대동강맥주공장'도 완공되어 평양의 생맥줏집에 맥주를 공급했다. 독일 라우스만사의 설비를 350만 달러에 사들여 지은 공장이다. 이 공장은 알코올 도수 5.7%짜리 맥주를 연간 7만kl 생산해 공급하고 있었다.[67] 식량난이 완전히 가시지 않은 상황에서 생맥줏집을 열고 맥주공장을 짓는 것에 대해 이런저런 얘기들이 나올 법도 했지만, 쉽지 않은 상황에서도 사람들의 기호를 충족시켜 주기 위한 노력은 계속해야 한다는 북한 당국의 방침에 따라 적극 추진된 것이다.

부족함 속에서도 의연한 모습

평양의 사정이 그렇게 좋아졌다고만 보기는 어려운 면도 많았다. 평양 시민들에 대한 부식공급도 잘되는 편은 아니었다. 2000년의 사정을 보면, 국영상점에 생선이 공급되지 않아 평양 시민이 생선을 사려면 장마당에 가야 했다. 농민들이 개인적으로 메기를 길러 장마당에 가지고 나오는 경우가 있었다.[68]

2003년 9월 즈음 평양 어린이들의 영양 상태는 전보다 상당히 개선되어 있었다. 그렇지만 좋아졌다고 말하기도 어려운 상태였다. 아슬아슬하게 담벼락 위를 걷기도 하고 분수대 물에도 뛰어드는 모습은 남쪽 아이들과 다름없었다. 하지만 영양결핍으로 실제 나이보다는 조금씩 많아 보였다.[69]

의료체계는 조직화되어 있었다. 평양의 각 동에는 진료소가, 각 구역(남한의 구)에는 구역병원이 있고, 구역병원은 꽤 커서 70~150 병상을 갖추고 있었다. 구역병원들은 하루 200명 정도의 환자를 받고 있었다. 하지만 의료장비는 부족했다.[70] 약품도 모자랐고, 의료소모품도 부족했다. 그나마 갖추어져 있는 마취제와 소독약은 남한에서 1970년대에나 쓰던 단지나 병에 보관되어 있었다. 용품이나 장비가 부족할 뿐만 아니라 장비를 운영할 만한 전기가 부족한 것도 문제였다. 2000년대 초중반 평양 구역병원들의 가장 큰 문제는 실제로 전원공급이 불안한 것이었다. 정전으로 의료장비가 제 역할을 못하는 경우가 있었고, 수술실도 냉난방이 제대로 되지 않고 있었다.[71] 북한 최고의 병원 가운데 하나인 평양의학대학병원의 소아 입원동도 시설이 낡고 난방과 환기가 제대로 되지 않았다. 의약품이 모자라 수액을 맞아야 하는 경우 환자 보호자가 사 와야 했다.[72]

모자라는 것이 많았지만, 평양의 병원들은 남한의 병원과는 달리 통상은 차분한 모습이었다. 2007년 8월 평양을 방문했다가 허리통증으로 평양친선병원에 입원했던 중국사회과학원 초빙교수 정기열에게는 병원의 그런 모습이 인상적이었다. 입원 당시 느낀 점을 그는 "그들은 급하지 않다. 서두르는 것을 보지 못했다. 아주 바쁜 상황이 아닌 경우를 빼고는 대부분 그들은 느긋하다. 어렵지만 각박하지 않은 것 같다. 그래서 편안한 감이 든다. 전반적으로 경제가 어렵지만 사람들의 웃음소리는 명랑하고 티없이 맑다"라고 얘기하고 있다.[73]

시장에서 생필품 조달

2003년 9월 통일거리에 '통일시장'이 문을 열었다. 국영기업소였다. 1990년대 어려운 시절을 겪으면서 크게 확대된 시장을 북한 당국이 인정하고 오히려 정책적으로 활용하기 위해 개설한 것이다. 앞서 3월에는 평양의 각 구역마다 있는 '농민시장'을 '시장'으로 개칭했다.[74] 농산물뿐만 아니라 공산품도 거래되고 있기 때문에 이름을 고친 것이다. '종합시장'으로 부르기도 했다. 평양 시민들은 쌀과 주요 부식물은 배급체계에 따라 국영상점에서 주로 샀지만, 옷과 신발 등의 공업제품 등은 시장을 이용했다. 국영상점에서 사기 어려운 부식물을 시장에서 구하기도 했고, 쌀도 더 필요하면 시장에서 샀다. 물론 국영상점보다는 비쌌다. 하지만 공급이 달리는 북한 경제의 오랜 속성상 시장은 주민들이 생필품을 조달하는 중요한 공간이 아닐 수 없었다.

통일시장에서는 공장이나 기업소, 협동농장에서 생산한 물건을 직접 판매대를 설치해서 팔기도 하고, 개인들이 생산한 농산물을 가지고 나가 팔기도 했다. 물건값을 놓고 흥정이 벌어지기도 했다. 장사를 하는 기관이나 개인은 시장관리위원회에 매대 사용료를 내야 했다. 사용료는 판매액에 따라 결정되었다.[75] 종합시장 주변과 평양의 주요 거리에는 포

장마차처럼 생긴 거리매대도 많이 생겼다. 평양 중구역에 있는 중구시장 옆에도 고정매대와 이동식 매대가 설치되어 간이음식 등을 팔았다. 봄, 여름에는 청량음료나 냉차, 빙수, 아이스크림을 파는 곳이, 가을부터는 군고구마나 군밤을 파는 곳이 많아졌다.[76] 2007년 10월 10일 당창건 기념일을 전후해서는 땅콩매대도 처음으로 등장했다. 천리마거리와 승리거리, 영광거리, 비파거리 등 30여 곳에 땅콩 판매대가 설치된 것이다. 평양 시민들이 보다 다양한 먹거리를 즐길 수 있도록 평양시인민위원회가 각 도에서 땅콩을 수집해 오고 각 구역(구)의 식료품상점이 판매대를 만들어 평양 시민들에게 판매하기 시작한 것이다.[77]

2003년 10월 즈음 고려호텔 종업원인 30대 여성의 생활형편을 보면, 남편과 함께 한 달에 버는 게 약 8,000원이었다. 쌀 판매소에서 쌀을 사는 데 1,500원 정도를 쓰고, 시장에서 부식을 사는 데 2,000원 정도 지출했다. 그리고 각종 생활용품을 사고 공과금을 내고 하는 데 약 3,500원을 사용했다. 한 달 생활하는 데 7,000원 정도 든 것이다.[78] 남는 1,000원 정도는 매달 저금을 했다. 어느 정도 여유 있는 생활을 하고 있었던 것이다. 그렇지만 당시 옥류관의 냉면값이 한 그릇에 150원이었으니까 외식까지 하면서 생활할 만한 형편은 되지 못했다.

2004년쯤에는 태양열이 주택난방에 적극 활용되었다. 종전에도 단층주택이나 온실 등 작은 규모에 태양열을 이용하는 경우가 있었는데, 2004년 즈음 태양열 난방기술이 발전하면서 5층 50가구 정도의 꽤 큰 주택도 태양열을 이용해 난방을 하게 되었다. 평양의 난방 사정이 이전보다 나아지게 된 것이다.[79] 사람들의 기호는 단독주택보다는 아파트 쪽으로 기울고 있었다. 아파트가 좀 더 편리하기 때문이었다. 평양의 일반 근로자들은 보통 10~30평 되는 아파트에 살고 있었다. 주택 사용료와 물, 전기 사용료 등을 합쳐 매달 150~170원을 인민반장에게 냈다. 근로

자들이 5,000원 정도의 월급을 받고 있었으니까 월급의 2~3%를 내고 있었던 것이다.[80]

2006년 말 즈음에는 평양거리 여기저기에 군고구마 판매대가 발견될 만큼 거리 판매대가 늘었다. 평양 전체에 군고구마 판매대가 340여 개에 이를 정도였다. 군고구마 한 봉지에 150원이었다. 군밤, 군고구마로 만든 빵을 파는 매대도 있었다. 통일시장의 물가도 조금 올라 과자 한 봉지는 1,500원, 태국산 망고 하나는 2,000원, 포도 한 송이는 2,500원이었다. 평양 시민들 사이에 디지털카메라를 사는 것도 하나의 유행처럼 되었는데, 카시오CASIO 디지털카메라 한 대가 통일시장에서 230달러에 팔리고 있었다. 당시 1달러의 공식환율은 143원이었다. 디지털카메라 한 대가 32,890원이었던 것이다. 평양의 근로자가 사기에는 여전히 큰 부담이 아닐 수 없었는데도 사는 사람이 드물지 않았다.[81]

나름대로 일하고 즐기고

2000년대 후반에도 평양 남자들의 패션은 어두운 색 위주였다. 갈색톤의 인민복이나 정장이 대부분이었다. 멋쟁이들은 단추 셋 달린 이른바 '세알양복'을 입기도 했다. 하지만 여성들은 밝게 입은 사람들이 많았다. 분홍색과 자주색의 옷차림이 눈에 많이 띄었다. 화려한 정장차림을 한 사람들도 적지 않았다. 양산을 든 사람도 있었다. 치마저고리가 대종이었지만, 투피스를 입는 여성들도 있었고, 바지정장을 입는 여성도 있었다. 중학교 고학년 정도의 여학생들도 굽이 높은 샌들을 신고 다녔다. 늘어진 귀걸이를 하거나 손톱에 매니큐어를 칠한 여성들도 눈에 띄었다. 젊은이들 사이에서는 눈이 나쁘지 않아도 멋으로 안경을 끼는 경우도 있었다.[82]

2000년대 들어 평양 거리의 차량은 매년 늘었다. 종류도 다양해졌다.[83] 그런 가운데서도 여전히 지하철과 버스, 궤도전차, 무궤도전차 등이 평양 시민들의 발 역할을 하고 있었다. 지하철 이용도는 점점 높아졌다. 2007년 초 지하철을 이용하는 사람은 하루 70만 명에 이르렀다. 평양 인구 240만 명 가운데 대중교통 이용자는 130여만 명이었는데, 그 가운데 54%가 지하철을 이용하고 있었다. 지하철 요금은 1원이었다. 2002년 7·1조치 직후에는 어른은 2원, 어린이는 1원이었으나 남녀노소 불문 1원으로 통일되었다. 거리에 상관없이 1원이었다. 표를 따로 사는 것은 아니고 개찰구에 동전을 투입하는 식이었다. 학생이나 통근 근로자는 정기권을 살 수 있었다. 출퇴근 시간에는 2분 간격으로, 평시에는 5~7분 간격으로 운행되었다. 4량짜리 열차가 새벽 5시 반부터 밤 11시 반까지 쉴 새 없이 평양 시민을 실어 나르고 있었다.[84]

2000년대 후반까지도 도로의 배수가 잘되는 상황은 아니었다. 2007년 8월 중순에는 장맛비에 도로가 침수되어 버스와 전차가 다니지 못했다. 걸어서 출근하는 사람이 많았다. 전선이 끊어져 전화도 대부분 불통이었다.[85] 전반적으로 시민편의의 바탕이 되는 인프라가 탄탄한 편은 못되었던 것이다.

외국인들이 머무는 호텔 등을 제외하고 일반 식당이나 건물 등에는 화장실에 잠금장치가 없었다. "왜 잠그는 고리가 없냐?"는 물음에 평양 사람들은 "들어가기 전에 노크를 하는데 그런 게 왜 필요합네까"라고 답했다.[86] 문을 벌컥 여는 사람이 없다는 얘기다. 북한 사회 전반의 특징이기도 하지만, 사회운영의 질서와 관행이 정리되어 있고 이것이 비교적 잘 지켜지는 모습이 아닐 수 없다.

식량 상황이 조금 개선되면서 취미생활을 하는 평양 시민도 많아졌다. 낚시, 화초 가꾸기, 관상용 물고기 기르기, 개·앵무새와 같은 애완동물 기르기, 바둑, 장기 등 취미활동도 다양했다. 만경대공작기계공장에서 근무하는 정영일은 우표수집이 취미였다. 1946년 토지개혁과 1998년 광명성1호 발사 등 북한 역사의 주요 시점마다 발행된 우표, 북한의 바다자원을 소개한 우표 등 2만 장의 우표를 모아 놓고 있었다. 그 자체가 즐겁기도 하고 나라의 기상을 우표를 통해 엮어 내는 의미도 있어서 정영일은 우표수집을 계속하고 있었다.[87] 중년의 평양 여성 이일미의 경우는 볼링을 즐겼다. 딸이나 이웃 사람들과 함께 일주일에 세 번은 볼링장을 찾았다. 평양보링(볼링)관을 이용하는데, 어른의 경우 200원씩을 내야 했으니까 상당히 비싼 편이었다. 하지만 몸까기(다이어트)도 하고 젊어지는 느낌도 들어 자주 볼링을 하고 있었다. 주로 저녁시간을 이용했지만 남편도 잘 이해해 주는 편이었다.[88] 아주 풍요롭지는 않지만 역경을 넘어선 평양 시민들은 각자의 생활전선에서 나름대로 일하고 나름대로 즐기며 나름의 생활을 영위하고 있었다.

1 송회선, "식량 부족 '속도전떡' '솔잎떡' 유행", 『매일신문』, 2000. 3. 31.
2 위의 기사.
3 펠릭스 아브트 지음, 임상순·권원순 옮김, 『평양 자본주의 – 스위스 사업가의 평양생활 7년』, 한국외국어대학교 지식출판원, 2015, p.161.
4 김정일, "인민생활을 높이는 데서 나서는 몇 가지 과업에 대하여"(2000. 1. 23.), 『김정일 선집』 20, 조선로동당출판사, 2013, p.86.
5 정창현, 『변화하는 북한 변하지 않는 북한』, 선인, 2005, pp.35-37.
6 위의 책, pp.48-49.
7 강은지, "두벌농사·감자혁명으로 식량난 해결 모색", 『민족21』, 2003년 11월호, p.65.
8 펠릭스 아브트 지음, 임상순·권원순 옮김, 『평양 자본주의 – 스위스 사업가의 평양생활 7년』, p.180.
9 이경수, "7·1조치 이후 40개월, 상승세 탄 북녘 경제", 『민족21』, 2005년 12월호, pp.27-28.
10 김정일, "먹는 기름 문제를 푸는 것은 인민생활을 개선하는 데서 나서는 중요한 과업이다"(2008. 3. 26.), 『김정일 선집』 23, 조선로동당출판사, 2014, pp.312-317.
11 태영호, 『3층 서기실의 암호: 태영호 증언』, 기파랑, 2018, pp.143-144.
12 김정일, "동봉협동농장은 함경남도 협동농장들의 본보기가 되여(되어)야 한다"(2009. 2. 3.), 『김정일 선집』 24, 조선로동당출판사, 2014, p.57.
13 김정일, "량강도의 경제사업과 인민생활에서 혁명적 전환을 일으킬 데 대하여"(2009. 5. 22.), 『김정일 선집』 24, 조선로동당출판사, 2014, p.179.
14 정창현, 『변화하는 북한 변하지 않는 북한』, pp.125-127.
15 태영호, 『3층 서기실의 암호: 태영호 증언』, pp.118-120.
16 류경원, "우리나라의 경제형편(상)", 『림진강』, 2007년 11월호, p.59.
17 태영호, 『3층 서기실의 암호: 태영호 증언』, pp.280-283.
18 신준영, "장마당 장사꾼에 타격줘 기뻐, 정직한 사람 잘 살게 됐다", 『민족21』, 2002년 10월호, p.47.
19 류경원, "우리나라의 경제형편(상)", p.44.
20 김정일, "인민생활을 높이는 데서 나서는 몇 가지 과업에 대하여"(2000. 1. 23.), 『김정일 선집』 20, 조선로동당출판사, 2013, p.93.
21 김정일, "인민생활을 높이는 데서 나서는 몇 가지 과업에 대하여"(2000. 1. 23.), 『김정일 선집』 20, 조선로동당출판사, 2013, pp.87-89.; 김정일, "평양화장품공장은 인민의 사랑을 받는 공장으로 인민을 위하여 복무하는 공장으로 되어야 한다"(2003. 8. 5.), 『김정일 선집』 21, 조선로동당출판사, 2013, p.474.
22 김정일, "당이 제시한 선군시대의 경제건설 로선을 철저히 관철하자"(2003. 8. 28.), 『김정일 선집』 22, 조선로동당출판사, 2013, p.93.

23 태영호, 『3층 서기실의 암호: 태영호 증언』, pp.258-260.
24 정태웅, "여기는 평양: 북녘의 항구기행 ④ 남포", 『민족21』, 2008년 5월호, p.53.
25 펠릭스 아브트 지음, 임상순·권원순 옮김, 『평양 자본주의 – 스위스 사업가의 평양생활 7년』, p.254.
26 "녀성들의 호주머니 노리는 교통 규찰대", 『림진강』, 2008년 8월호, pp.39-40.
27 펠릭스 아브트 지음, 임상순·권원순 옮김, 『평양 자본주의 – 스위스 사업가의 평양생활 7년』, p.199.
28 신준영, "조국이 거부한 『조선신보』 평양특파원 기고문 두 편", 『민족21』, 2001년 7월호, pp.48-49.
29 펠릭스, 아브트 지음, 임상순·권원순 옮김, 『평양 자본주의 – 스위스 사업가의 평양생활 7년』, p.195.
30 김지형, "늘어나 거리 매대, 홍성거리는 옥류관…", 『민족21』, 2003년 10월호, p.49.
31 김기헌, "남쪽 모델, 깡마르고 키만 길쭉해가지고…", 『민족21』, 2001년 8월호, pp.65-66.
32 김양희, "창광유치원 아이들 모습에 십년 젊어져", 『통일뉴스』, 2006. 11. 27.; 이경수, "손잡고 팔짱끼고 대담해진 연애 풍경 야외촬영 늘고 전문 결혼식장 이용", 『민족21』, 2009년 7월호, p.155.
33 펠릭스 아브트 지음, 임상순·권원순 옮김, 『평양 자본주의 – 스위스 사업가의 평양생활 7년』, p.195.
34 김기헌, "결혼전 야외촬영하는 신세대들이 늘고 있습니다", 『민족21』, 2003년 4월호, p.79.; 이경수, "손잡고 팔짱끼고 대담해진 연애 풍경 야외촬영 늘고 전문 결혼식장 이용", p.157.
35 강은지, "부모님 만류도 어쩔 수 없어요", 『민족21』, 2003년 9월호, pp.62-63.
36 한승호, "고달픈 북한 여성들…'이혼율 증가'", 『연합뉴스』, 2006. 7. 2.
37 정창현, 『변화하는 북한 변하지 않는 북한』, pp.231-232.
38 박지수, "분조 안에서도 근로일수 따라 생활비 차등 지급", 『민족21』, 2004년 8월호, p.102.
39 정창현, "주체농법의 본보기 농장, 생활공동체적 성격의 집단적 경영시스템 특징", 『민족21』, 2006년 7월호, pp.56-59.
40 김정일, "동봉협동농장은 함경남도 협동농장들의 본보기가 되여(되어)야 한다"(2009. 2. 3.), 『김정일 선집』 24, 조선로동당출판사, 2014, p.58.
41 김정일, "량강도의 경제사업과 인민생활에서 혁명적 전환을 일으킬 데 대하여"(2009. 5. 22.), 『김정일 선집』 24, 조선로동당출판사, 2014, p.179.
42 김정일, "현대적인 농촌살림집을 많이 건설하여 농촌마을을 사회주의 선경으로 전변시키자"(2004. 5. 16.), 『김정일 선집』 22, 조선로동당출판사, 2013, pp.104-105.
43 김정일, "량강도의 경제사업과 인민생활에서 혁명적 전환을 일으킬 데 대하여"(2009. 5. 22.), 『김정일 선집』 24, 조선로동당출판사, 2014, pp.178-179.
44 김정일, "콩농사에서 전환을 일으킬 데 대하여"(2004. 10. 12.), 『김정일 선집』 22, 조선로동당출판사, 2013, p.177.
45 이기범, 『남과 북 아이들에게 철조망이 없다』, 보리, 2018, pp.157-159.
46 김지영, "사회주의도 자본주의도 아닌 남북 합의법으로 운영될 통일국가의 옛 수도", 『민족21』, 2003년 4월호, p.74.
47 특별취재반, "6자회담, 남북관계 등 국내외 정세 관심 표명", 『민족21』, 2007년 4월호, pp.43-

44.
48 이재승, "사회주의 명절에는 대규모 국가행사, 민속명절에는 고향, 친척 발길 분주", 『민족21』, 2007년 4월호, pp.57-58.
49 김춘경, "이른 아침부터 성묘 준비로 분주, 민속씨름경기에 다함께 환호", 『민족21』, 2009년 11월호, pp.50-51.
50 "선군시대의 요구에 맞게 관혼상제를 간소하게 하자", 『조선녀성』, 2007년 4월호, p.54.
51 강은지, "여기는 평양: 노후와 장례", 『민족21』, 2003년 12월호, p.81.
52 "1990년대 들어 화장 적극 권장 평양 각 구역마다 유골보관실 마련", 『민족21』, 2009년 1월호, pp.44-45.
53 펠릭스 아브트 지음, 임상순·권원순 옮김, 『평양 자본주의-스위스 사업가의 평양생활 7년』, p.197.
54 박단희, "평양산원 리포트(상-2): 첫 아이 아버지 취재기". 『민족21』, 2004년 5월호, p.69.
55 이경수, "출산, 육아, 가사, 직장생활 감당 이악스럽게", 『민족21』, 2005년 11월호, p.63.
56 "문화정서생활에서 민속적인 것을 적극 살려나가자", 『조선녀성』, 2008년 3월호, p.51.; "윷놀이 방법", 『조선녀성』, 2008년 3월호, p.55.
57 이경수, "7·1조치 이후 식당수 급증 외식문화 자리 잡아", 『민족21』, 2007년 10월호, pp.50-52.
58 유수, "단고기에 땀방울 송송~ 냉면 한 사발에 속까지 얼얼~", 『민족21』, 2007년 9월호, p.19.
59 통일신보 특별취재팀, "여기는 평양: 평양시민들의 여름나기", 『민족21』, 2009년 9월호, pp.62-63.
60 이경수, "7·1조치 이후 식당수 급증 외식문화 자리 잡아", pp.51-53.
61 조정아, 『교육통계를 통해 본 북한의 교육』, 통일연구원, 2016, p.11.
62 펠릭스 아브트 지음, 임상순·권원순 옮김, 『평양 자본주의-스위스 사업가의 평양생활 7년』, p.220.
63 전태범, "교정에 새겨진 교육자의 모습", 『조선녀성』, 2014년 4월호, p.42.
64 최진이, "학부모의 입김이 세졌다", 『림진강』, 2009년 9월호, pp.74-79.
65 조정아, 『교육통계를 통해 본 북한의 교육』, p.12.
66 김지영, "올 봄 가장 심한 욕은 '책상주의자'", 『민족21』, 2001년 6월호, pp.30-35.
67 김지형, "남자들이야 밥은 못 먹어도 이건 먹어야 한다는 사람도 있고… 하하하", 『민족21』, 2004년 6월호, p.85.
68 김정일, "중요공업부문들을 현대적 기술로 개건하며 나라의 경제를 추켜세우는 데서 나서는 몇 가지 문제에 대하여"(2000. 5. 12.), 『김정일 선집』 20, 조선로동당출판사, 2013, p.205.
69 김진숙, "〈방북기〉 하루에 비타민 10만 정을 찍어내고 있어요", 『통일뉴스』, 2003. 9. 3.
70 위의 기사.
71 이미숙, "수술실, 소아과 집중치료실 지원 가장 시급", 『민족21』, 2004년 8월호, p.109.
72 이기범, 『남과 북 아이들에게 철조망이 없다』, p.189.
73 정기열, "여기는 평양: 평양친선병원 입원기 2부", 『민족21』, 2007년 11월호, p.37.
74 정창현, 『변화하는 북한 변하지 않는 북한』, pp.197, 204.
75 위의 책, p.205.
76 이경수, "시장 역시 국가의 관리 밑에 사회주의 경제원칙 따라 운영", 『민족21』, 2005년 12월

호, p.40.; 김양희, "다른 곳은 안 가도 평양은 가야하지 않나?", 『통일뉴스』, 2007. 5. 12.
77 "평양에 땅콩매대 등장", 『민족21』, 2007년 12월호, p.75.
78 정창현, 『변화하는 북한 변하지 않는 북한』, p.199.
79 위의 책, p.250.
80 "국가에서 주택 배정, 주택사용료는 생활비의 2% 수준", 『민족21』, 2009년 11월호, pp.44-45.
81 모리토모미森類臣, "차분한 거리, 북적이는 통일거리시장에서 느낀 평양의 여유", 『민족21』, 2007년 1월호, p.53.
82 허재철, "중국 런민人民대 박사의 좌충우돌 평양방문기", 정창연·정용일 편, 『북한, '다름'을 만나다』, 선인, 2013, p.86, 88.; 김양희, "다른 곳은 안 가도 평양은 가야하지 않나?", 『통일뉴스』, 2007. 5. 12.; 서유상, "편한 옷보다는 맵시 중시, 멋부리기용 안경도 등장", 『민족21』, 2006년 8월호, pp.28-30.
83 펠릭스 아브트 지음, 임상순·권원순 옮김, 『평양 자본주의 - 스위스 사업가의 평양생활 7년』, p.249.
84 이재승, "에너지난과 환경오염, 두 마리 토끼 잡으려는 대중교통 체계", 『민족21』, 2007년 2월호, pp.50-53.
85 정기열, "여기는 평양: 평양친선병원 입원기 2부", pp.40-41.
86 김양희, "평양, 개성 뒷이야기", 『통일뉴스』, 2006. 12. 12.
87 김광수, "여기는 평양: 사회주의에도 부자가 있다?", 『민족21』, 2003년 12월호, pp.72-73.
88 김지형, "한 주일에 세 번쯤 오는데 젊어집니다. 몸도 까고…", 『민족21』, 2004년 7월호, pp.64-65.

※ 이 장에서 사용한 사진은 美하버드대 옌칭도서관에서 사전 승인을 받고 촬영한 것이다.

2010~

제8장

생활의 향상을 향해

식량과 연료 사정 개선

먹는 문제는 북한 역사 전반에 걸쳐 해결난망의 문제였다. 2010년대 초까지도 북한은 식량문제 걱정에서 벗어나지 못했다. 2010년 당과 국가경제기관 간부들에게 한 연설에서 김정일이 "최근 년간에 농사를 잘 짓지 못하다보니 나라의 식량사정은 의연히 매우 긴장합니다. 아직도 식량문제를 해결하지 못하고 있는 것은 우리의 경제지도 일군들과 농업부문 일군들이 당의 농업방침을 철저히 옹호관철하지 못한 것과 주로 관련되여(관련되어) 있습니다"라고 말한 부분에서 어려운 사정은 분명하게 드러난다.[1] 같은 연설에서 김정일은 "미제와 제국주의 반동들이 우리를 고립 압살하려고 악랄하게 책동하고 있는 조건에서 식량을 어디에 가서 얻어올 데도 없고 우리에게 식량을 주겠다는 나라도 없습니다"라며 어려움을 호소했는데,[2] 국제사회의 경제제재에 따른 식량 사정의 어려움을 여실히 보여 주는 것이 아닐 수 없다.

북한이 오랫동안 해결을 위해 노력해 온 먹는 기름도 2010년대 초반 여전히 문제로 남아 있었다. 강냉이 눈을 확보해 기름을 짜고 유채 등 기

름작물을 길러 기름을 더 확보하기 위해 노력하는 모습이었다.[3]

하지만 1990년대처럼 어려운 상황은 아니었다. 장마당이 이전보다 활성화되어 주민들이 생활에 필요한 많은 것을 여기서 구할 수 있었다. 김정은 정권은 장마당을 사실상 단속하지 않기로 결정했다고 할 만큼 묵인하고 있고, 주민들은 여기서 필요한 것들을 얻게 된 것이다.[4]

당과류 같은 간식도 이전보다는 쉽게 구입할 수 있게 되었다. 하지만 2010년대 초반 당시 품질은 아직 좋은 편이 아니었다. 향료가 외국에서 수입되어 과일맛 사탕도 생산, 공급되었는데, 딸기 드롭스나 복숭아 드롭스나 맛이 모두 같았다. 사탕의 굳기도 강했다. 잇몸에 붙어 잘 떨어지지 않는 경우도 많았다.[5] 간식류의 질이 높지 않은 것은 분명했지만, 이를 다른 측면에서 바라보면, 사탕의 맛에 신경 쓰는 상황이 되었다는 것은 이전보다 형편이 좋아졌음을 의미하는 것이라고 하겠다. 품질을 염려하는 것은 양 문제는 어느 정도 완화되었음을 말하는 것이라 하겠다.

실제로 2017년 정도부터는 먹는 문제가 어느 정도 해결되었다. 시장의 쌀값이 상당히 안정된 모습을 보이는 것이 이를 상징적으로 보여 준다. 평양 시장의 쌀 1kg 값을 보면, 2017년 9월 6,100원이었고, 2018년 5월에는 5,100원이었다. 2019년 5월에는 4,180원으로 내렸다. 북한 당국에서 운영하는 국영상점의 식량공급이 모자랄수록 시장의 쌀값은 올라가게 마련이다. 이렇게 시장의 쌀값이 하락 안정세를 보이는 것은 국영공급망을 통한 식량공급이 많이 달리지는 않는다는 것을 말한다. 과일 등 부식도 어느 정도는 공급되고 있다. 연료문제도 중국에서 바이오에탄올이 많이 들어오는 바람에 사정이 좀 나아졌다.[6] 2020년 1월 말 이후 코로나 19 때문에 중국과의 국경이 봉쇄되어 있는 동안에는 사정이 좀 나빠졌을 가능성이 있다.

일용품과 식료품의 공급개선을 위해 행정조직에도 변화를 주었다. 식료품의 생산과 공급을 책임지고 있던 식료일용공업성이 세분화되어 보다 원활한 수급이 추진되고 있다. 2018년 4월 내각의 식료일용공업성이 일용품공업성과 지방공업성으로 나누어졌다. 전자는 전체적인 식품과 생활용품 수급에 대한 계획, 생산관리 등을 맡고, 후자는 된장과 간장 등 기초식품, 그리고 치약·칫솔 등 일상생활 용품을 직접 생산하는 일선 시, 군의 공장을 직접 관장하는 역할을 하는 것으로 보인다. 주민들의 하루하루 생활에 직접 필요한 용품들의 공급에 보다 많은 관심을 두고 있음을 확인해 주는 것이라고 하겠다.

선군정치의 색채는 좀 엷어지고, 군과 함께 민간의 생활향상에 대한 관심이 이전보다 훨씬 높아졌다. 심지어 군수공장에서 주민생활에 필요한 제품들을 만들어 내기도 했다. 군수품을 만들던 공장이나 기업소에서 자전거와 선풍기, 썰매, 유모차 등을 만들어 공급한 것이다.[7] 자원을 군에 우선적으로 배분하던 선군정치의 취지와는 완전히 다른 것인데, 북한 정권이 인민생활의 향상에 그만큼 관심을 쏟고 있음을 단적으로 보여 주는 현상이라고 할 수 있다.

전력 사정도 조금 나아졌다. 평양을 중심으로 태양광을 이용해 발전하는 곳들이 생겨났다. 정전이 되는 경우에도 식용유에 면심지를 담근 등잔불이나 양초보다는 충전등을 사용하는 가정이 많아졌다. 중국산 12볼트 충전등이 시장에 공급되어 많이 이용되고 있다.[8]

의료, 보건 환경은 여전히 미흡한 부분이 많다. 평양에 평양산원과 고려의학과학원, 구강종합병원 등 몇 개의 대형 병원을 세우긴 했지만, 현대적 병원은 수요에 비해 많이 부족하다. 특히 지방에는 대형병원이 없을 뿐만 아니라 도, 시, 군의 인민병원과 공장병원, 농촌의 진료소 등은 현대화 수준이 높지 않은 상황이다.[9] 의약품이 부족하고, 수술기구와 의료용 특수금속과 플라스틱 등도 모자라는 상황이다. 인공관절기 같은 고가의 장비는 더욱 찾아보기 힘들다. 환자에 대한 치료가 대부분 의사와 간호사의 손에 의해 이뤄지고 있는 것이다. 그런 가운데에서도 의사들은 사정이 허락하는 범위에서 의료 장비와 물품들을 스스로 만들어 내기 위해 노력하고 있다.[10] 어려운 여건 속에서도 지방의 의료혜택을 확장하기 위해 원격의료 시스템을 갖추려는 노력도 하고 있다. 평양의 김만유병원은 세계보건기구WHO의 지원을 받아 평안북도인민병원 등을 광섬유 케이블로 연결해 진단, 상담, 수술 등에 대한 지도를 원격으로 하고 있다.[11] 지방의 환자들이 평양에 가지 않고도 높은 수준의 의료혜택을 받을 수 있도록 하고 있는 것이다.

주민 40% 시장에서 활동

고난의 행군 이후 북한 주민생활의 중요한 부분을 시장이 맡아 왔지만, 이러한 현상은 2000년대를 거쳐 2010년대에 들어서면서 더욱 심화되었다. 특히 2009년 화폐개혁 당시 갑작스런 100 대 1의 화폐교환과 시장통제에 대해 주민들이 심하게 반발한 이후, 김정은 정권은 시장을 통제하기보다는 합법화하고 관리하는 쪽으로 방향을 선회했다. 영업시간을 정해 주고 자릿세를 받는 등의 조치를 취하고 있는 것이다. 그 바람에 시장은 주민생활에서 점점 더 중요한 부분이 되어 가고 있다.

집에서 만들 수 있는 빵이나 떡 등 먹거리뿐만 아니라 중국에서 들여온 옷, 신발, 전자제품, 태양광 패널 등도 시장에서 거래되고 있다. 공장이나 협동농장들도 국가에 납부하고 남는 제품을 시장에 유통시켜 돈을 버는 경우가 많다. 이렇게 시장이 확대되다 보니 시장 주변에는 음식을 파는 집도 많이 생겨나고 있고, 신발이나 시계를 수리하는 사람, 열쇠나 도장을 만들어 주는 사람, 머리를 깎아 주는 사람 등도 늘어나고 있다.[12] 많은 사람이 시장에 의존해 생활하고 있는 것이다. 실제로 당국의 승인하에 운영되는 시장만 해도 460여 개에 이르고 작은 규모의 간이시장은 이보다 훨씬 많다. 청진에만 시장이 20개나 된다. 이렇게 늘어난 시장에서 장사를 하면서 일정한 돈을 버는 사람이 북한 주민의 40% 정도 되는 것으로 추산된다.[13]

남성들은 보통 소속 직장이 있기 때문에 직장생활을 하는 사람들이 많지만, 결혼한 여성들은 직장을 자연스럽게 그만둘 수 있어 많은 기혼 여성이 시장으로 진출해 장사를 하고 있다. 북한의 시장은 기혼 여성들을 중심으로 운영되고 있고, 이들이 실제로 시장에서 돈을 벌어 많은 가정의 생계를 책임지고 있는 것이다.

중소형 식당을 운영하는 사람도 많아졌다. 평양의 옥류관이나 청류관 등 대형 식당은 여전히 국가가 운영하고 있지만, 많은 중소형 식당은 명목상으로만 각급 기관에 소속되어 있고, 실제로는 개인들이 운영하는 경우가 많다. 이발소도 개인 이발소가 많아졌다. 국영은 요금 2,000원을 받고, 개인 이발소는 15,000원 정도 받는데도 개인 이발소를 이용하는 사람들이 적지 않다. 국영 이발소는 정형화된 모양으로 이발을 하는 반면 개인 이발소들은 원하는 스타일로 머리를 잘라 주기 때문이다.[14] 미용실도 개인이 운영하는 경우가 많은데, 요금은 1만 원에서 40만 원까지 다양하다. 물론 기관 소속으로 해놓고 실제로는 개인이 운영하는 것이다.[15] 택시 등 운수업도 개인이 하는 경우가 상당이 많다. 차를 구입해 회사에 적을 두고 개인이 운영하는 것이다. 물론 수익의 일부는 회사에 낸다.[16]

장사가 활성화되다 보니 개인 은행도 생겼다. '이관집'이라 불리는 것이다. 2000년대 초반부터 조금씩 생기기 시작해 지금은 주요 지역마다 많은 이관집이 있다. 주로 송금을 담당한다. 예를 들어 평양의 갑돌이가 청진의 갑순이한테 만 원을 송금하는 경우, 갑돌이는 평양의 이관집을 찾아간다. 이관집에 만 원을 전달하고 청진에 있는 이관집의 전화번호를 받는다. 이를 갑순이한테 불러 준다. 그러면 갑순이는 청진 이관집에 전화하고 찾아가 만 원을 찾는다. 대신 갑돌이는 평양의 이관집에 송금액의 1%, 즉 100원을 수수료로 준다. 이런 형식으로 개인 은행업이 이루어지고 있는데, 이관집은 대부업으로까지 영역을 확대하고 있다.[17] 은행이 하는 일에 개인이 손대는 영역이 확대되고 있는 것이다. 북한에서 시장의 영역이 커져 가고 민중의 삶이 시장에 의존하는 정도가 점점 확대되고 있음을 여실히 보여 주는 모습이 아닐 수 없다.

근로자와 농민 생활 차츰 안정화

슈퍼마켓으로 근로자들 숨통 트여

공장이나 기업소의 노동자, 사무원들의 생활은 2010년대 초반 일시적으로 좋아졌다. 2009년 11월 100 대 1의 화폐개혁으로 신권의 가치는 높아졌다. 물가는 일시적으로 내려갔다. 쌀의 국정가격은 1kg에 23원, 옥수수는 8원이었다. 2010년 1월 평양제1백화점의 물가를 보면, 학습장 5~15원, 강서약수 20원, 과자 10~35원, 그릇 50~60원, 평양소주 60원, 가슴띠(브래지어) 80~140원, 담요 1,500~3,000원, TV 10,000~30,000원이었다. 화폐개혁 이전에는 담요가 5,000~7,000원이었으니까 많이 내린 것이다.[18] 평양제1백화점과 같은 국가 공급망뿐만 아니라 시장의 물가도 일시적으로 하락했다.

하지만 이는 일시적인 현상이었고, 물가는 곧 올라갔다. 국가 공급망을 통해 공급되는 물자가 적어 사람들은 시장을 찾지 않을 수 없었고, 월급은 화폐개혁 전의 액수 그대로 지급되고 있었다. 그러니 주머니에 돈이 많아진 사람들은 높은 값을 주고도 시장의 물건들을 샀다. 결국 시장의 물건값은 올라갈 수밖에 없었다. 2010년에 벌써 주요 도시 시장의 쌀값이 kg당 300원이 넘었고, 1kg에 150원 하던 콩기름도 1,500원으로 올랐다. 2011년 10월 즈음에는 쌀 1kg에 3,000원 하는 곳도 있었다.[19] 화폐 개혁은 당초 시장의 확산과 인플레를 막고 시장에 풀린 돈을 정부로 모아 경제를 안정시켜 보려는 조치였다. 하지만 결과는 반대였다. 물가는 올라가고 주민생활은 힘겨워졌다. 물자의 공급이 달리는 상황에서 물가를 잡고 시장을 약화시키려는 정책의 출발 자체가 실패를 예고하는 것이기도 했다. 사람들은 높은 물가를 감당하면서 시장에 많은 부분을 의존하면서 살아가는 상황이 되었다.

식량 배급은 일정 부분 이루어지고 있는데, 최근에 북한 당국은 1인당 하루 평균 배급 목표량을 500g으로 삼고 있다. 당과 군대, 정부, 교육기관을 중심으로 배급이 이루어지고 있다. 나머지 계층은 불안정하게 배급을 받고 있는 정도이다. 많은 공장과 기업소의 근로자들도 자체적으로 벌어서 식량을 조달하고 있다.[20] 과거 배급이 원활하던 시절보단 못하지만 1990년대 중반 배급체계가 완전히 무너졌을 때보다는 많이 회복된 모습이다. 배급이 이루어지면서 명절이면 선물도 받을 수 있게 되었다. 2011년 1월 함경북도 무산의 무산광산 근로자들은 양력설 선물로 소주 또는 과일주 1병(500ml)과 맥주 1병, 돼지고기 1kg, 콩기름 500g, 수건 1장, 치약 1통, 칫솔 1개를 받았다.[21] 최근에도 명절이면 일정 정도의 선물이 지급되고 있다. 배급과 명절선물은 북한 사회주의 체제의 상징과도 같은 것이고, 북한이 체제유지를 위해 조금만 형편이 나아져도 우선적으로 실시하려 하는 부분이기 때문에, 이것이 어느 정도 이루어지고 있음은 북한 경제의 회복을 상징적으로 보여 주는 것이 아닐 수 없다.

2012년 1월 평양에 처음으로 슈퍼마켓이 생겼다. 광복거리에 문을 연 '광복지구상업중심'이다. 중국 자본이 들어와 설립한 것이다. 1층에는 쌀과 옥수수 등을 비롯한 생필품, 그리고 전자제품 매장이 있고, 2층에서는 의류와 가구, 귀중품을 팔고 있으며, 3층에는 식당과 카페, 어린이놀이장이 있다. 북한산 상품이 40%, 중국산 등 수입품이 60% 정도이다.[22] 계산도 바코드를 통해서 하고 현금과 카드 모두 받는다.[23]

이 슈퍼마켓의 개장은 북한 경제운영과 북한 주민들의 삶에 있어서 매우 큰 의미를 지닌다. 그동안 북한의 상품 유통망은 국영상점 아니면 시장이었다. 국가가 확보한 농산물이나 공산품은 국영상점을 통해 싼 가격으로 유통되고, 농장이나 농민 개인, 공장 등이 소유한 농산품과 공산품은 시장을 통해 유통되어 왔다. 국영상점의 물건이 부족한 만큼 시장의 물건들은 비쌌다. 사람들은 비싸도 꼭 필요한 것들은 시장에서 사야 했다. 시장의 물가는 점점 올라가는 경향이었고, 사람들의 부담은 많을 수밖에 없었다.

이에 대한 대안으로 북한 당국이 들고 나온 것이 슈퍼마켓이다. 당국이 상품들을 좀 더 확보하고 중국 등으로부터 수입도 해서 이 슈퍼마켓에, 국영상점과 시장의 중간 정도의 가격으로 내놓게 된 것이다. 인플레를 막고 주민생활의 안정을 도모하기 위한 것이다. 2012년 초 광복지구상업중심 1층 매장에서 닭알빵(계란빵)과 밤빵 한 봉지를 400원에 팔고 있었다. 평양화장품 공장에서 생산한 은하수화장품 기초화장 세트는 29유로였다.[24] 2012년 8월에는 평양 창전거리 해맞이식당 내부에 슈퍼마켓이 문을 열었고, 2013년 4월에는 동평양대극장 옆에 건설된 식당 행당화관 안에도 슈퍼마켓이 신설되었다. 이후 슈퍼마켓은 점점 더 생겼다.

생산은 여전히 불충분하고 생활은 아직 만만치 않은 가운데서도 사람들은 나름의 즐거움을 찾고 있다. 어떤 사람들은 장기를, 어떤 사람들은 운동을, 어떤 사람들은 낚시를 취미로 즐긴다. 겨울이면 대동강의 얼음판 위엔 하얀 비닐천막이 여기저기 설치된다. 대동강 잉어를 잡으려는 낚시꾼들이다. 쉬는 날에는 밤을 새는 사람도 많다. 부인들이 싫어해도 꿋꿋이 나오는 '용감한' 강태공들이다.[25] 가까운 사람들과 주변의 산에 올라 고기를 굽고 술잔을 돌리는 일도 드문 일은 아니었다. 술 인심, 밥 인심은 여전히 남아 있어 지나가는 사람들에게도 술 한잔, 밥 한술을 권하는 모습도 어렵지 않게 찾아볼 수 있다.[26] 물론 여행이나 스포츠 등을 즐기려면 비용 부담이 만만치 않았다. 2014년 10월 당시 평안북도 구장군에 있는 석회암동굴인 용문대굴을 구경하려면 어른은 한 사람당 3,000원, 학생은 1,500원의 입장료를 내야 했다.[27] 당시 평양의 무궤도전차 요금이 5원인 데 비하면 아주 비싼 편이었다. 당시 교사나 금강산 안내원의 월급이 3,000원 정도였으니까 그것과 견주어서도 입장료는 아주 비싼 편이었다.[28]

2017년에는 북한 근로자의 평균월급이 4,000원 정도였는데, 평양의 탁구장 입장료가 시간당 5,000원이었다. 시장에서 쌀 1kg을 살 수 있는 금액이었다. 탁구장에서 파는 사이다 한 병은 3,000원이었다. 일반 상점에서는 1,000원이었는데, 3배를 받고 있었다.[29] 일상에 꼭 필요한 것은 싼값에 살 수 있지만, 여행이나 레저로 삶의 질을 한 단계 높이려면 많은 비용을 부담해야 하는 것이다.

전력이 부족한 북한은 석탄생산에 줄곧 관심을 기울여 오고 있다. 2010년대 들어서도 석탄생산은 산업의 주요 부분을 이루고 있다. 탄부들은 험한 일을 하는 만큼 오랫동안 상대적으로 나은 처우를 받아 왔다. 2010년대 이후에도 이들에 대해서는 지속적인 관심을 쏟고 있다. 탄부들에게 영양을 공급하는 일은 지역별로 조선민주여성동맹(여맹)이 동원되어 조직적으로 전개되고 있다. 함경북도 명천군 고참탄광의 경우도 여맹을 중심으로 탄부의 부인들이 나서 축산기지를 만들었다. 돼지와 닭을 기르는데, 가축 종류별로 맡아 기르는 사람을 따로 정해 일한다. 평양과 청진, 회령 등지를 다니며 과학적 축산기술도 배우면서 사육을 하고 있다. 탄부들도 여유가 있는 날이면 축산기지에 들러 일을 돕는다. 이렇게 기른 가축들은 '탄부들을 위한 날' 음식으로 쓰인다. 부인들이 차려 낸 푸짐한 식사는 탄부들의 영양을 보충하고 사기를 높이는 기능을 한다.[30]

직장에서 일하는 여성들을 배려하는 제도는 오랫동안 지켜지고 있다. 특히 아이가 있는 여성들은 아이를 돌보고 집안일을 할 수 있도록 하루 6시간만 근무하는 제도는 여전히 실시되고 있다.[31] 근로자들의 생활은 2010년대 초반 롤러코스터식으로 일시적으로 좋았다가 나빠지는 단계를 거쳐 시간이 지나면서 어느 정도 안정되어 가는 모습이라 하겠다.

인센티브 많아진 농민

농촌의 농민들은 어려운 식량 사정을 해결하기 위해 정보당 알곡 생산량을 5톤 이상은 내야 한다는 독촉을 받고 있었다. 물론 생산성이 높은 협동농장은 정보당 10톤 이상을 생산하기도 했지만, 생산량이 아주 떨어지는 곳도 있었다. 그런데 북한 당국은 평야지대나 중간지대, 산간지대 불문하고 어디든 정보당 최소한 5톤은 생산해야 한다고 강조하고 있었다.[32] 군대를 지원하는 일도 여전히 해야 하는 일 가운데 하나였다. 매년 4월 25일 인민군창건일과※ 12월 24일 김정일 최고사령관 추대 기념일에는 전 사회가 나서 군대지원 사업을 벌였다. 2011년에도 4월 25일 인민군창건일을 맞아 군대지원을 위한 물자수집이 진행되었는데, 농촌에서는 집집마다 강냉이 300g과 감자, 무, 김치, 된장 등을 내야 했다.[33]

식량증산을 위해 2012년 6월 '우리식 경제관리방법'을 실시해 농민들에게 인센티브가 확대되도록 했다. 첫째, 계획량의 70%는 토지사용료와

※ 북한의 인민군 창건 기념일은 1977년까지는 2월 8일이었다. 1948년 2월 8일 인민군이 공식 창건된 날을 기념한 것이다. 그러다가 1978년부터는 4월 25일로 바꿨다. 1932년 4월 25일 조선인민혁명군이 창건된 것을 기념한다는 의미였다. 2018년부터는 다시 인민군 창건 기념일을 2월 8일로 되돌렸다.

비료값, 장비사용료 등으로 국가에 납부하도록 하고, 30%는 농민들에게 돌아가도록 했다. 농민들에게 분배된 몫은 자유롭게 처분하도록 했다. 둘째, 포전담당제를 실행했다. 하나의 분조를 세분화해 그 안에서 3~5명씩이 일정한 농지를 경작하도록 한 것이다. 사실상 가족 단위로 일을 할 수 있도록 해서 생산성 향상을 도모한 것이다.[34] 일부 지역에서는 한 농가가 일정한 농지를 책임지는 농가책임경영제를 시범적으로 실시했다.[35] 이런 농업제도 개혁은 물론 식량난 타개를 위한 것으로, 지금까지 실시되면서 꾸준히 개선책이 모색되고 있다. 그 덕분에 2012년의 식량 생산량은 468만 톤으로, 2009년 411만 톤보다 57만 톤이나 많아졌다. 2013년에는 481만 톤으로 더 늘었다.[36] 이후에도 비슷한 수준을 유지해 오다가 2018년에는 자연재해 등의 영향으로 417만 톤으로 크게 줄었다.[37]

북한 농민들의 삶과 직결된 문제가 협동농장 운영방식인데, 북한은 2002년 7·1경제관리개선조치 이후 2004년부터 황해북도 수안과 함경북도 회령 등에서 포전담당제를 시범적으로 실시했다. 물론 농업 생산성을 올려 식량을 증산하기 위해서였다. 하지만 협동농장 간부들의 소극적 태도 때문에 중단되었다. 포전담당제의 확산은 가족 단위의 영농을 의미하는 것이었고, 그렇게 되면 농장 간부들의 권한과 역할이 줄어들 수밖에 없기 때문에 간부들이 시행을 반대한 것이다.[38] 그런데 2012년부터는 이를 본격적으로 실행해 농장과 농민생활의 변화를 추진한 것이다.

국가에 내도록 되어 있는 70%는 엄밀하게 지키는 것이 아니고 경우에 따라 일정 부분 융통성 있게 적용하고 있는 것으로 보인다. 실제로 2014년 10월 황해북도 사리원의 미곡협동농장 관계자가 밝힌 바에 따르면, 수확량의 60~70%를 국가에 납부하고 있었다. 30평의 개인 텃밭 경작은 오래전부터 해오던 것인데, 여전히 지켜지고 있었다.[39]

전반적으로 농촌의 상황이 과거보다는 어느 정도 나아졌음을 확인할 수 있는 자료는 많이 발견된다. 예전엔 먹는 문제 해결을 위해 떨어진 과일도 가공해서 활용했다. 하지만 2011년 자료는 달라진 모습을 보여 준다. 김정일이 강원도 고산군 고산과수농장을 현지 지도하면서 "이제는 과일나무에서 떨어진 과일을 가공하는 시대는 지나갔습니다. 떨어진 과일을 가공하겠다고 생각하는 것은 지난 시기의 낡은 사고방식입니다"라고 말한 것이다.[40] 농산물의 부족현상이 전보다는 심하지 않아 농민들의 형편도 매우 어려운 상황을 벗어났음을 시사하는 것이라고 하겠다. 과수원의 토양관리와 과일가공 등의 작업들도 기계화되어 가는 과정을 겪고 있다.[41]

농촌의 리 단위에서는 전통적인 장마당이 서민경제의 중요한 부분을 여전히 담당하고 있다. 강원도 고성군 온정리에도 한 달에 세 번(1일, 11일, 21일) 장이 선다. 옷이나 신발 등 각종 생필품을 여기서 구할 수 있다. 대부분 중국제이다. 여기서는 중국돈과 달러가 주로 통용된다.[42] 2009년 11월 화폐개혁 당시 일정한 액수의 구화폐를 100 대 1의 비율로 신화폐로 교환할 수 있었는데, 장사를 해서 돈을 번 사람들이 큰 손해를 볼 수밖에 없었다. 이후 장마당에서는 주로 중국 돈이나 달러가 쓰이게 되었다. 장마당은 지방 주민들의 소득에도 크게 영향을 미치고 있는데, 장마당에서 장사를 하는 여성이 가장보다 많이 버는 경우가 적지 않은 것으로 보인다. 2014년 10월 당시 온정리 장마당에서 장사를 하는 한 여성의 경우 교사인 남편이나 금강산 안내원인 딸보다 소득이 더 많았다. 남편과 딸의 월급이 3,000원 정도 되었는데, 이보다 더 벌고 있었던 것이다.[43]

그럼에도 불구하고 농사를 위한 설비들은 아직도 모자라고 구시대적인 것이 많았다. 강원도 원산 지역의 2014년 가을 수확기 상황을 보면, 수확하는 데 필요한 농기구와 차량이 모자라 소달구지로 짐을 나르는 경우가 많았다. 수확하는 작업도 대부분 사람이 직접 하고 있었다.[44]

묘향산이 있는 평안북도 향산에서도 소달구지를 끌고 뚜벅뚜벅 걸어가는 농민, 옥수숫대를 지게로 져 나르는 농민을 어렵지 않게 만날 수 있었다.[45] 황해남도 재령에서도 깻단을 나르는 일은 소달구지가 했고, 황해북도 사리원에서는 자전거로 볏짚을 가득 실어 나르는 모습을 볼 수 있었다.[46] 나무를 연료로 하는 목탄차는 2014년에도 다니고 있었다.[47] 많지는 않았지만 강원도 등 산간 지역에서는 목탄차가 화물운송 수단으로 이용되고 있었던 것이다. 지금도 운송수단으로 소달구지를 쓰고, 낫으로 벼를 베 한쪽에 쌓아 놓은 뒤 타작을 하는 식으로 농사를 짓는 곳이 많다.

농촌에서는 어린이들도 나름의 일을 하면서 가정을 돕는 모습을 어렵지 않게 볼 수 있다. 리어카에 키우는 닭을 싣고 추수가 끝난 들판에 풀어놓아 이삭을 주워 먹게 하는 것도 어린이들 몫이다. 닭을 풀어놓고 열심히 책을 보는 학생도 눈에 띈다.[48]

여전히 나무를 땔감으로 이용하는 농촌이 적지 않지만 메탄가스를 연료로 사용하는 곳도 있다. 황해북도 사리원의 미곡협동농장이 그런 경우인데, 가축의 분뇨를 모아 메탄가스를 생산해 연료로 사용하고 있다.[49] 전기 사정은 물론 평양보다 지방이 좋지 않아 식사를 할 때 전기가 왔다 갔다 하는 경우도 있다.[50] 농민들의 사정 역시 과거보다 나아지고는 있지만 여전히 많은 부분 불편을 감수하면서 생활을 영위해 가는 모습이라 하겠다.

대북제재로 어려운 어민

어민들도 오랫동안 쉽지 않은 삶을 살아오고 있었지만, 2000년대 들어 더 어려워진 것은 중국 어선들이 북한 근해에 몰려들어서이다. 서해에는 주로 꽃게를 잡기 위해, 동해에는 오징어를 잡기 위해 중국 어선들이 수백 척씩 몰려왔다. 북한 당국도 2010년대 들어서는 대응책을 마련하지 않을 수 없었다. 우선 2000년대 중국의 장금천무역회사에 주었던 동해 어업권을 취소했다. 1930년대 만주에서 생활하던 김일성을 적극 도와준 인물 가운데 하나가 당시 중국의 부호 장울화였다. 그에 대한 감사의 표시로 북한은 장울화의 손자 장금천의 회사에 동해 어업권을 주었다.[51] 하지만 이로 인해 어민들의 생활이 어려워지자 2015년 즈음 이를 취소했다.

서해에서 중국 어선들이 하던 꽃게잡이, 동해에서 하던 오징어잡이도 2015년부터 엄격하게 단속하기 시작했다. 중국 어선들이 대거 들어와 어업을 하는 바람에 북한 어민들이 생활고에 시달릴 정도가 되었고, 그러자 북한 당국이 이들에 대한 단속에 나선 것이다. 이런 조치들로 인해 어민들의 상황이 조금 나아졌을 것으로 보인다.

하지만 이런 것들이 어민생활을 근본적으로 개선하는 조치는 되지 못했다. 어민들의 생활은 다른 직종보다도 개선이 더디게 진행되어 왔다. 수산기술이 발달하지 않은 데다 열악한 장비가 여전히 사용되고 있기 때문이다. 북한의 수산사업소들이 보유하고 있는 어선은 대부분 12마력 목선이나 30마력 철선이다. 대형 어선은 드물다. 그러니 대규모 어업으로 생산성을 높이는 작업 자체가 어려운 형편이다. 게다가 어선에 대한 유지, 관리가 제대로 되지 않고 있다. 이를 위해서는 수리에 필요한 자재 공급이 원활해야 하는데, 그게 잘 안 되고 있다. 발전기, 철판, 용접봉 등 모든 게 모자라는데, 그러다 보니 제때 출어해 효율적으로 어업을 하지 못하는 것이다.[52]

이러한 상황에서 국제 사회의 대북제재도 계속되고 있어 중국으로의 수출길이 막혀 있다 보니 어민들의 생활은 어려울 수밖에 없다. 대북제재는 수산물의 수출길을 막고 있을 뿐만 아니라 출항에 필요한 휘발유나 디젤유의 수입도 어렵게 하고 있다. 또 중국이 철제품 수출까지 중단해 그렇지 않아도 어려운 선박수리를 더욱 어렵게 하고 있다.

북한 당국은 또한 탈북을 막기 위해 가족이나 친척이 한배에 타고 조업하는 것을 막고 있고, 어업을 위해 출항하는 것에 대한 통제도 강화하고 있다. 이런 조치들이 어민들의 생활을 조금 더 어렵게 하고 있다.[53]

전통과 지혜가 어우러져

교사, 의사, 법관은 '선생'

남쪽도 그렇지만 북한 사람들의 교육에 대한 관심은 2010년대라고 달라지지 않았다. 고등교육을 받아야 얻을 수 있는 직업을 선호하는 것도 여전했다. 사람들 사이 호칭은 보통 동무 또는 동지이지만, '선생'이라고 부르는 직업이 셋 있다. 교사와 의사, 법관이다. 이 직업을 가진 사람들에 대해서는 일정한 존경의 마음을 담아 '선생'이라는 호칭으로 부르는 관행이 오랫동안 계속되어 오고 있다.[54] 일반 사람들도 자녀들이 이러한 직업에 종사하도록 교육에 열을 올리는 현상은 여전히 계속되고 있다.

지방에서는 삼대가 함께 사는 경우가 여전히 적지 않고, 환갑을 맞으면 자식들이 작은 잔치를 마련해 직장과 이웃 사람들에게 대접하는 관습이 이어지고 있다. 강냉이국수와 떡, 두부전, 감자채, 고사리채, 무채, 콩나물 등 화려하진 않지만 정성을 들인 음식들로 상을 차려 주변 사람들에게 대접하는 것이다. 때론 술도 한잔 함께하면서 서로 어울려 노래하고 춤을 추기도 한다.[55] 어려운 가운데서도 이웃들과 정을 나누면서 지내는 관습은 지켜 가고 있는 것이다. 정월 대보름에는 촛불을 켜고 빙

둘러서서 소원을 빌기도 하고, 강물에 촛불과 돈을 넣은 종이배를 띄워 보내기도 한다.[56] 4월의 청명과 한식에는 조상의 산소를 돌보기도 하고 묘를 옮기기도 한다. 과거에는 당국의 눈치를 보아 가면서 조상을 섬기는 모습이었지만, 2003년 민족문화유산 계승 발전에 대한 당의 방침이 나온 이후로는 어떤 사람들은 순수한 조상 모시기 차원에서, 어떤 사람들은 기복 차원에서 성묘나 이장을 하고 있다.[57]

전통적 관혼상제에 대해서는 간소화 캠페인을 계속하고 있다. 결혼식을 크게 차려 놓고 먹자판을 벌이는 것, 신랑 신부가 서로 예복을 교환하고 큰상을 차리는 것, 제사를 자주 차리는 것, 복잡한 장례절차를 따르는 것 등을 모두 낡은 풍습으로 여기고, 여기서 탈피할 것을 독려하고 있다. 결혼식은 식당이나 집에서 간단하게 하고, 장례식도 간소하게 하며, 제사는 묘소참배 정도로 할 것을 권하고 있다.[58] 그런데 역으로 보면, 이러한 캠페인은 관혼상제를 성대하게 치르는 풍습이 북한 사회 곳곳에 아직도 남아 있음을 말해 주는 것이다. 북한 당국이 오랫동안 캠페인을 전개하고 있는데도 민중 속에 뿌리내린 관습은 쉽게 바뀌지 않는 모습이라 하겠다.

북한 당국이 오랫동안 근절하기 위해 노력해 왔지만 점쟁이나 무당들은 여전히 북한 민중의 삶 속에 존재하고 있다. 먼 길을 떠나거나 가정의 중요한 일이 있을 때는 점쟁이를 찾는 사람이 여전히 있는 것이다. 『토정비결』이 암암리에 거래되기도 한다. 중국돈 300위안 정도에 거래되고 있다고 한다. 그 정도면 쌀 60kg 정도를 살 수 있는 돈이니 거액이 아닐 수 없다. 컴퓨터를 가지고 있는 사람들은 남한에서 들어간 사주팔자 프로그램을 깔고 운세를 보는 경우도 적지 않다고 한다.[59]

사회주의 체제를 오랫동안 유지해 오면서 남녀평등이 강조되어 왔음에도 남아선호사상은 여전히 주민들 속에 남아 있다. 시어머니는 손자가 없으면 섭섭해 하고 며느리는 아들을 못 낳으면 죄의식을 갖게 되는 것이다. 2012년 1월 김정은 노동당 위원장이 공군부대 시찰을 나갔다. 관련 내용이 『조선녀성』에 실렸다. 김정은은 연대장의 집에도 들렀다. 가족사진에 연대장 부부와 세 딸이 있었다. 이를 보고 김정은은 "가족사진을 보니 이 집에는 아들이 없고 딸만 3명 있습니다. 련대장은 딸부자입니다" 하면서 호탕하게 웃었다. 이에 대해 『조선녀성』은 "딸만 두어서 저의기(적이) 섭섭해 하던 련대장의 마음도 아들을 낳지 못해 남편과 시집식구들 앞에 늘 미안해 하던 그의 안해(아내) 심정도 속속들이 헤아리시고 대번에 풀어주시는 다심한 말씀이였(었)다"고 전하고 있다.[60] 자식이 셋이어도 딸만 가지면 남편도 시댁 식구들도 서운해 하고, 아내는 그걸 자신의 책임으로 생각하는 전통적인 한국 가정의 인식이 여전히 남아 있는 것이다. 북한 체제 형성 이후 구습을 타파하기 위해 다양한 캠페인을 벌이고 제도적 장치를 마련했음에도 민중생활의 한가운데에 자리잡고 있는 전통적인 관습과 인식은 70년 넘게 온존해 오고 있는 것이다.

모자라는 것은 생활의 지혜로

지방의 학교들이 학교운영을 학부모들의 지원에 의존하는 현상은 2010년대 초에도 계속되었다. 4월 1일 개학을 앞두고 3월에 학부형 총회를 여는 학교가 많았다. 주제는 보통 '교과서 · 학습장 보장을 위한 종이생산 지원'이었다. 집에 있는 낡은 교과서와 다 쓴 학습장 수집에 적극 협조해 달라, 교육자재와 비품 생산 지원에도 학부모들이 적극 참가해 달라는 내용을 학교 측에서 학부모들에게 전달하는 장이었다. 적극 참여하겠다는 의사표시로 학부형들의 사인까지 받는 경우도 있었다. 돈이 있는 학부형들은 선뜻 내기도 했지만, 그렇지 못한 학부모들은 어깨가 처진 모습이 될 수밖에 없었다.[61]

도로 사정은 여전히 열악한 상태를 벗어나지 못하고 있다. 평양–원산 고속도로는 울퉁불퉁해서 차가 덜컹거릴 정도이다. 평양과 원산 사이가 200km 정도 되는데, 휴게소는 하나밖에 없다. 황해북도 신평군 신평휴게소이다. 휴게소에서는 과자와 음료수를 팔고, 들깨 · 오미자 · 고사리 · 황구렁이술 등의 특산물도 판매한다. 식당 같은 것은 갖추어져 있지 않고, 여행하는 사람들은 대개 도시락을 싸가지고 다닌다. 2014년 9월 원산으로 실습여행을 떠난 평양관광대학교 학생들도 고속도로변 잔디밭에 앉아 어머니가 싸준 김밥이나 유부초밥, 튀김, 계란말이 등을 함께 먹었다. 관광안내원이 될 준비를 하고 있는 이 학생들은 외국어로 대부분 중국어를 선택해 공부하고 있었다. 중국 관광객이 그만큼 많아지고 있음을 보여 준다.[62] 신평휴게소 옆에 주유소도 하나 있다.[63] 평양–원산 고속도로의 유일한 주유소이다. 운행하는 차량이 적다 보니 이용자는 드물다.

2014년 10월 평양 순안공항 활주로 공사가 한창이었는데, 중장비를 사용하기보다는 대부분 사람 손으로 하고 있었다. 모래를 나르고 시멘트를 옮기고 물을 퍼오고 하는 일을 모두 사람들이 나서서 하고 있었다. '조선속도', '결사관철' 등의 구호 아래 대규모 공사를 손으로 발로 등으로 어깨로 해내고 있었다.[64]

그즈음 평양의 웬만한 호텔에도 여름철 모기퇴치를 위한 도구가 마땅치 않았다. 뿌리는 모기약 등이 구비되어 있지 않았던 것이다. 그래서 한 재일교포 여행객이 모기에 물리자 호텔 측은 다음 날 쑥과 라이터를 방에 갖다 주었다.[65] 이 여행객은 쑥을 태워 모기를 쫓고 편안하게 잠을 잤다. 모자라는 것이 많았지만, 그런 가운데서도 전통적으로 전해지는 생활의 지혜를 동원하면서 나름의 생활을 영위해 나가고 있는 것이다.

외로운 노인들

노인문제는 북한도 남한이나 세계 여러 나라와 다름없이 겪고 있는 문제이다. 북한은 2002년 말 65세 이상 노인인구 비율이 전체 인구의 7%를 넘어섰다.[66] 유엔은 65세 이상 노인인구 비율이 7% 이상이면 고령화사회, 14% 이상이면 고령사회, 20% 이상이면 초고령사회로 규정하는데, 북한도 2002년 말 고령화사회가 된 것이다. 2014년에는 그 비율이 8.5%에 이르렀다.[67] 2018년에는 9% 정도에 이른 것으로 추산된다.[68] 남한은 2018년 65세 이상 노인인구가 14.3%에 이르러 이미 고령사회에 들어가 있다.

북한은 남자 60세, 여자 55세 이상을 연로자로 규정해 국가에서 연금과 보조금을 지급하고 지방정권기관이 식료품과 생활용품을 지급한다. 병원치료와 보조기구 등도 보장받을 수 있도록 되어 있다.

하지만 노인들이 자신들의 능력과 적성에 맞는 일을 하면서 활력 있게 생활하는 것을 보장할 만큼 경제가 활성화되어 있지 않은 것은 문제로 지적된다. 실제로 노인들은 공원에서 장기나 주패놀이(트럼프) 등으로 소일하는 경우가 많다. 몇몇이 모여 소주를 나눠 마시며 하루하루를 보내는 경우도 적지 않다. 평양의 모란봉공원에서도 은퇴한 노인들이 돌계단에 비닐을 깔고 앉아 종이컵으로 소주를 나눠 마시는 모습을 볼 수 있다.[69]

젊은이들에게 가장 큰 짐은 남쪽이나 마찬가지로 군복무이다. 최근 북한의 젊은이들은 의무화되어 있는 군복무를 늦게 시작하는 경우가 많아 군생활 적응에 큰 어려움을 겪고 있다. 북한은 오랫동안 10년군사복무제를 실시하고 있다. 공식적으로는 1993년 4월부터 김정일 국방위원장의 지시에 따라 10년군사복무제를 시행했다. 하지만 실제로는 그 전부터 사실상의 10년군사복무제가 실시되고 있었다. 1958년 내각결정 제148호에 따라 육군 3년 6개월, 해·공군 4년의 복무기간이 정해져 있었지만, 실제로는 이보다 길게 근무하는 경우가 많아, 17살에 군에 들어가 26~27살에 제대하는 경우가 많았던 것이다. 그런데 이러한 군복무제가 2003년까지는 지원자가 입대하는 초모제招募制, 즉 모병제였다. 중학교를 졸업하는 청년들 가운데 원하는 사람은 군에 지원하는 시스템이었다. 그런데 공식적으로는 모병제였지만, 바로 대학으로 가는 학생들을 제외한 대부분의 중학교 졸업생들이 군에 지원하고 있었다. 군에 다녀오지 않으면 사회인으로 대접받기 어렵고, 군에 들어가면 대부분 당원이 되어 이후 사회생활의 기초를 다질 수 있었기 때문이었다.

하지만 고난의 행군 기간을 거치면서 상황은 많이 달라졌다. 시장의 기능이 확산되면서 되도록 입대를 피하려는 경향이 생겨났다. 먹고사는 문제보다 더 중요한 것은 없다는 인식이 확산됨에 따라 입영은 젊은이들이 환영할 만한 일이 못 되게 된 것이다. 그러자 북한은 2003년 3월 '군사복무법'을 제정하여 전민군사복무제, 즉 의무병제를 실시했다. 자원입대가 아니라 중학교 졸업생은 바로 대학에 가거나 다른 양성기관 또는 노동 현장으로 가야 하는 경우를 제외하고는 모두 군에 가도록 한 것이다. 또, 대학이나 다른 기관으로 가더라도 일정 기간 후에는 군에 입대하도록 했다.[70]

이렇게 시작된 전민군사복무제는 2010년대가 되면서 새로운 문제점을 낳고 있다. 대학을 졸업하거나 노동 현장을 경험한 후 늦게 군에 가는 경우가 많다 보니 이들이 군에 적응하는 데 많은 어려움을 겪고 있는 것이다. 엄격한 규율에 적응하지 못하는 경우, 다른 구성원과 갈등을 겪는 경우, 이런 것을 견디지 못하고 탈영하는 경우까지 생기고 있다. 이러한 문제들이 거대 규모의 조선인민군에 하나의 새로운 도전이 되고 있는 것이다.[71] 북한의 젊은이들 입장에서는 사회인이 되기 위해 극복해야 할 새로운 문제가 된 것이다.

디지털화되어 가는 평양 시민

흡연, 음치와 함께 컴맹은 3대 바보

2010년대 들어서면서 평양 시내에서는 여기저기서 휴대폰 신호음이 들리게 되었다. 무궤도전차나 버스 안에서도, 길거리에서도 전화소리가 쉽게 들린다. 음식점이나 백화점에서도 휴대폰 소리가 수시로 들린다. 사람들은 건설 현장에서도 휴대폰을 이용하면서 일을 하고 있고, 문안인사도 휴대폰 문자로 하고 있다. 휴대폰으로 사진을 찍고 게임을 즐기는 사람도 많다. 온라인 쇼핑몰 '만물상'에 접속해 비행기표 예약까지 휴대폰으로 한다. 젊은 층을 중심으로 인터넷 활용도는 점점 높아지고 SNS를 통해 교류하는 경우가 점점 많아지고 있다. 컴맹은 흡연, 음치와 함께 '3대 바보'로 취급될 정도이다.[72] 디지털카메라도 많이 보급되어 가족모임이나 관광을 하게 되면 디지털카메라로 사진을 찍는 경우가 많다. 2009년 9만 명이던 북한의 휴대폰 가입자는 2010년 43만 명, 2011년 90만 명, 2012년 2월에는 100만 명, 2019년 초에는 600만 명에 이르렀다.[73] 2012년 즈음 휴대폰 하나에 3만 원 정도였고, 일반 노동자들의 월급이 1,500원, 기능직 노동자는 2,000원, 교사는 2,500원, 의사는 3,000원 정도였는데, 휴대폰 가입자는 계속 늘었

고, 지금도 늘고 있다.[74]

평양 시민들에게는 맥주도 적지 않게 공급되게 되었다. 2011년 상황을 보면, 평양에는 '대동강맥주공장'에서 만든 맥주가 160여 개 맥줏집에서 팔리고 있었다. 하루 팔리는 양으로 따지면 120~130kl였다. 예를 들어 경흥거리에 위치한 '경흥관'이라는 종합회관의 맥줏집에서는 보리와 쌀의 혼합 비율에 따라 일곱 가지 다른 종류의 맥주가 팔리고 있었다. 기호에 따라 마실 수 있어 시민들의 반응이 아주 좋았다.[75]

반면에 사이다는 공급이 부족했다. 설탕, 탄산가스 등의 원료가 제대로 조달되지 않고 있었기 때문이다. 게다가 사이다병의 질도 낮았다. 대안친선유리공장 등 유리병 생산공장의 기술력이 높지 못해 맛과 탄산가스를 온전하게 보존할 수 있는 유리병을 생산하지 못하고 있었던 것이다.[76]

서양식당도 평양에 문을 열어 평양 시민들의 먹는 욕구를 조금 더 다양하게 충족시켜 주게 되었다. 평천구역에 개업한 '해운이딸리아특산물식당'이라는 이탈리아 식당이다. 2009년 12월 문을 연 뒤 2010년을 거쳐 2011년에는 꽤 많은 사람의 사랑을 받고 있었다. 피자와 스파게티, 커피 등이 주 메뉴다. 특히 피자는 쑥갓피자, 호박피자 등 평양 사람들의 입맛에 맞는 메뉴를 개발해 팔고 있었다.[77] 여전히 평양 사람들의 입맛은 담백하고 깔끔한 음식을 선호했지만, 서양 음식으로 입맛의 지평을 확장하게 된 것이다. 이 식당은 지금도 운영되면서 많은 평양 시민에게 피자 맛을 선사하고 있고, 이런 이탈리아 식당은 이후 평양에 5개 더 생겼다. 여러 가지 맥주를 직접 만들어 파는 수제 맥줏집도 생겼다.[78] 2000년대 대동강생맥주를 공장에서 갖다가 파는 생맥줏집 단계를 지나 다양한 맛을 제공하는 맥주 전문점으로 발전하는 모습을 보이고 있는 것이다. 한편 2014년 10월 당시 평양에 있는 아리랑식당의 음식값을 보면, 냉면(200g) 400원, 비빔국수(200g) 400원, 김치볶음밥 450원, 비빔밥 490원, 쟁반국

2012년 개장한 능라물놀이장

수 550원, 돌솥비빔밥 600원, 낙지볶음국수 650원이었다.[79] 당시 근로자들 평균 월급이 3,000원 정도였으니까 음식값은 싼 편도 아니지만 그렇다고 터무니없이 비싼 편도 아니었다고 할 수 있겠다.

'사회주의 문명국'을 향해

2012년 7월에는 능라인민유원지가 평양 능라도에 개장해 평양 시민들이 이용할 수 있게 되었다. 물놀이장과 유희장을 갖추고 있는 능라인민유원지는 근로자와 청소년들이 즐겨 찾는 곳이 되었다. 1년에 90만 명 정도가 이곳을 찾아 즐기고 있다.

2013년에는 평양 문수지구에 대규모 워터파크 문수물놀이장이 개장해 평양 시민들이 즐길 수 있게 되었다. 11만 제곱미터의 넓은 부지에 파도풀장, 인공폭포, 대형 미끄럼틀 등을 지어 놓아 시민들이 여름철 피서지로 이용하고 있다. 농구장, 탁구장, 배구장, 음식점 등도 구비하여 가족

2013년 개장한 대규모 워터파크 문수물놀이장

들이 즐길 수 있도록 해놓았다.

2013년에는 또 '운하 바닷물 수영장'도 평양에 문을 열었다. 남포-평양 간 바닷물 수송관으로 바닷물을 공급받아 운영된다. 그래서 평양의 해수욕장으로 불린다. 여름이면 많은 시민이 바닷가 대신 이곳을 찾아 해수욕을 즐기고 있다. 평양뿐만 아니라 지방에도 공원과 놀이시설 등이 지어졌다. 평안북도 신의주에 남산공원과 동하공원 등이 새로 조성되었고, 함경남도 함흥과 양강도 혜산에도 체육시설과 산책로 등을 갖춘 공원이 만들어졌다. 황해북도 사리원에 대규모 야외물놀이장이 완공되었고, 강원도 원산의 해수욕장도 새롭게 단장되었다. 먹고사는 문제가 완전히 해결되지 않은 상황에서 대규모 놀이시설을 짓는 것에 대해 비판적인 시각이 존재하지만, 북한은 이를 '사회주의 문명국'으로 발전하기 위한 구체적 실행 방안으로 여기고 있다. 인민생활의 향상과 함께 교육과 보건, 문학예술, 체육 등 다양한 부문의 발전을 동시에 추구해 인민들이 문화를 향유할 수 있도록 해야 한다는 것이다. 그런 정책방향 때문에 북한의 주민들이 문화를 향유할 수 있는 기회는 확대되어 갔다.

아침 일찍 또는 휴일에 대동강 둔치에는 배드민턴을 하는 사람, 자전거를 타는 사람, 달리는 사람, 음악을 틀어 놓고 몸을 흔드는 사람 등 나름의 방법으로 여유를 즐기고 건강을 관리하는 사람이 많다. 강아지를 데리고 나와 산책을 하는 사람도 있다.[80] 휴일에는 친구들과 또는 가족끼리 볼링, 탁구, 포켓볼, 스케이트 등의 취미를 즐기는 사람들도 많다.[81] 과거 돈 많은 북송 교포들이 주로 마시던 커피가 이젠 평양 시민이 즐겨 마시는 기호식품이 되었다. 졸림을 방지하려는 학생들도, 야근을 하는 근로자들도 커피를 마신다. 주로 중국에서 들어오는 커피들이다. 중국의 차와 북한산 강령녹차도 평양 시민들 사이에서 찾는 사람이 늘어나고 있다.[82]

평양 시민들의 옷차림은 좀 더 밝아졌다. 꽃무늬 원피스, 주홍색 셔츠나 티셔츠, 무릎이 드러나는 짧은 치마를 입는 여성들이 적지 않다. 여성들의 머리모양도 다양해졌고, 반지나 귀고리, 목걸이 등을 착용하는 여성도 많아졌다. 바지를 입은 여성들을 평양에서 발견하는 것도 어렵지 않은 일이 되었다.[83] 실용적이면서도 밝고 세련된 것을 찾는 경향이 주류를 이루게 된 것이다.

화려한 거리와 서민적인 풍경 공존

2010년대가 되어서도 평양의 전기 사정은 완전히 좋아지지는 않았다. 전기가 부족한 현상이 어제오늘의 얘기는 아니지만, 2010년대 들어서도 평양의 순안공항에 겨울철 난방이 제대로 안 될 정도로 여전히 전기 부족 현상이 계속되었다.[84] 전기가 끊겨 신호등이 작동되지 않는 바람에 사거리에 서 있는 교통 안내원들이 바빠지는 경우가 적지 않았다. 그런 경우 교통 안내원들은 수신호로 차량통행을 정리하랴 길 건너는 노인들 도우랴 정신없이 바빴다.[85] 가정집의 경우 갑자기 정전되는 경우가 있었다.[86] 해방산호텔 등 호텔도 계단에 있는 전등이 켜지지 않는 경우가 많았고 더운물도 시간제로 나왔다.[87] 학생들은 낮에 길을 걸으면서도 책을 읽는 경우가 많았는데, 저녁이면 전기 사정이 안 좋아 낮시간을 최대한 활용하기 위해서였다. 저녁에는 가로등 불빛 아래서 책을 보는 학생들도 꽤 있었다. 새벽에 해가 나면 바로 대동강 변으로 나와 의자에 앉아 책을 보는 학생들도 많았다.[88] 평양 사람들은 학생도, 관광 안내원도, 아이를 업은 여인도 시간이 나는 대로 책을 읽는 경우가 많았다.[89] 전기 사정이 여의치 않은 것은 다른 지역도 비슷했다. 비가 많이 오지 않아 수력발전에 의지하는 지역은 특히 전기가 부족했다. 그런 가운데서도 평양의 괜찮은 아파트들은 전기로 난방을 하고 취사는 가스로 하는 등 조금씩 상황이 개선되어 가고 있었다.[90]

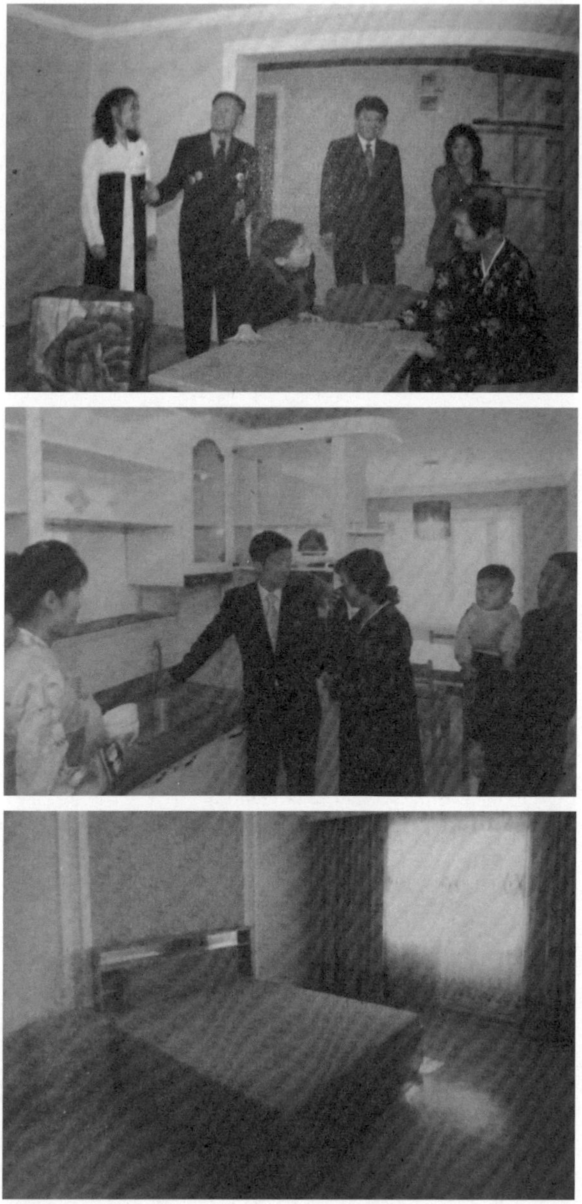

평양 중구역 미래과학자거리에 있는 살림집

평양의 교통수단은 여전히 버스와 지하철, 궤도전차, 무궤도전차 등이다. 출퇴근 시간에는 대부분의 버스가 만원을 이루고 지하철도 붐빈다. 궤도전차와 무궤도전차도 일반 시민들의 발이 되고 있다. 지하철은 오래전에 중국에서 수입한 객차와 2000년대 들어 독일에서 수입한 신형 객차가 함께 운행된다.[91] 연료부족으로 배차시간을 길게 하다 보니 긴 줄을 서는 경우가 많다. 2012년부터는 버스나 지하철, 전차를 타는 데 교통카드를 이용할 수 있게 되었다. 카드의 가격은 5,000원으로, 버스나 전차, 지하철의 요금은 5원이다. 학생이나 근로자들은 학교와 직장에서 이 요금을 다 대준다. 지하철은 지하 100m에 건설되어 지하철역은 한여름 더위를 피하는 공간으로도 활용된다. 택시도 꽤 많아져 평양 시내에서 6,000대 정도의 택시들이 운행되고 있다. 택시를 운영하는 회사도 6개나 되었다.[92] 이용자가 그만큼 많아진 것인데, 실제 옥류관이나 청류관, 광복지구상업중심 등의 앞에는 택시가 몇 대씩 손님을 기다리고 있다. 택시요금은 1km에 49원(우리 돈 약 500원)이고, 야간에는 98원(약 1,000원)이다. 택시 운전사들은 직장에서 같은 월급을 받고, 남는 수익금은 직장의 운영비로 쓰인다.[93]

평양에는 깨끗하고 화려한 거리와 함께 서민적인 풍경이 공존하고 있다. 도시의 한쪽에선 쓰레기를 태우는 모습도 보이고 연탄을 말리는 모습도 관찰된다.[94] 노점상들도 있다. 세발자전거식으로 된 리어카에 과일이나 달걀을 놓고 파는 경우가 있다. 이런 것들도 당국의 허가를 받는다. 번 돈의 일부는 정부에 내야 한다. 2014년 10월 즈음 노점상에서 파는 달걀 1개는 1,100원이었다.[95] 지하도 계단에 앉아서 떡을 파는 할머니도 가끔 보이는데, 이런 경우는 당국에서 허가하는 것이 아니다. 그래서 파는 할머니도 은밀하고 조용하게 "떡이요, 떡"이라고 낮게 호객을 하고 사는 사람도 두리번거리다가 얼른 사간다.[96] 휴대폰, 디지털카메라, 현대적인 놀이시설 등을 보면 평양 시민들의 생활은 전반적으로 세계적 조류를 쫓아가는 듯하다. 그러면서도 식수, 난방 등 기본적인 문제가 원만하지 않은 측면도 있다. 현대적인 측면과 함께 뒤처진 측면도 동시에 가지고 있는 것이 평양 시민의 생활 모습이라 하겠다.

1 김정일, “경공업과 농업생산에 힘을 집중하여 인민생활 향상에서 결정적 전환을 일으키자”(2010. 3. 31.), 『김정일 선집』 25, 조선로동당출판사, 2015, p.54.
2 김정일, “경공업과 농업생산에 힘을 집중하여 인민생활 향상에서 결정적 전환을 일으키자”(2010. 3. 31.), 『김정일 선집』 25, 조선로동당출판사, 2015, p.55.
3 김정일, “질 좋은 여러 가지 상품들을 더 많이 생산하여 인민들에게 정상적으로 팔아줄 데 대하여”(2011. 7. 10.), 『김정일 선집』 25, 조선로동당출판사, 2015, p.338.
4 태영호, 『3층 서기실의 암호: 태영호 증언』, 기파랑, 2018, p.525.
5 김정일, “평양곡산공장은 생산공정의 현대화, 과학화를 계속 힘있게 밀고나가며 생산을 정상화하고 당과류의 질을 높여야 한다”(2010. 8. 24.), 『김정일 선집』 25, 조선로동당출판사, 2015, pp.199-200.
6 송홍근, “평양에서 온 자본주의 청년 정시우 ‘주식회사 형태 빵공장 했습니다’”, 『신동아』, 2019년 2월호, p.234.; 주성하, “인구 450만이 부풀려진 북한 식량위기의 진실”, nambukstory.donga.com/Board?bid=123&#!lid=320339&m=view
7 김정일, “질 좋은 여러 가지 상품들을 더 많이 생산하여 인민들에게 정상적으로 팔아줄 데 대하여”(2011. 7. 10.), 『김정일 선집』 25, 조선로동당출판사, 2015, p.338.
8 태영호, 『3층 서기실의 암호: 태영호 증언』, pp.143-144.
9 김정일, “인민보건사업에서 혁명적 전환을 일으켜 사회주의 보건제도의 우월성을 높이 발양시킬 데 대하여”(2011. 10. 7.), 『김정일 선집』 25, 조선로동당출판사, 2015, p.398.
10 염규현, “재미동포 의사의 통일과 의업의 길 20년”, 『민족21』, 2010년 11월호, pp.142-143.
11 “원격수술시스템 구축 멀지 않았다”, 『민족21』, 2010년 4월호, p.46.
12 애나 파이필드 지음, 이기동 옮김, 『마지막 계승자』, 프리뷰, 2019, p.139.; 주성하, “장마당의 진화 2편 – 표준화되는 북한 시장들”, nklogin.com/post/Postmng? ptype=v& contentkey=BFC1566265633
13 정용수, “북한 이미 시장경제 맛 봐… 공식시장만 460개 넘었다”, 『중앙일보』, 2018. 10. 15.; 애나 파이필드 지음, 이기동 옮김, 『마지막 계승자』, pp.139-140.
14 송홍근, “평양에서 온 자본주의 청년 정시우 ‘주식회사 형태 빵공장 했습니다’”, p.234.
15 주성하, “사회주의 3시간, 자본주의 5시간”, http://nambukstory.donga.com/Board?bid=123&timeseed=678&#!lid=319281&bid=123&p=31&m=view
16 송홍근, “평양에서 온 자본주의 청년 정시우 ‘주식회사 형태 빵공장 했습니다’”, p.235.
17 주성하, “국영은행 눌러버린 북한 개인은행들”, nambukstory.donga.com/Board?bid =123&#ilid=319645&m=view
18 “2010년 인민생활의 결정적 전환 가져올 것”, 『민족21』, 2010년 2월호, p.64.
19 이연철, “쌀값 2년새 130배 폭등”, *VOA*, 2011. 11. 30.
20 정영, “평양 핵심계층 한 달째 식량 배급 못받아”, *RFA*, 2019. 6. 25.; 주성하, “인구 450만이

부풀려진 북한 식량위기의 진실", nambukstory.donga.com/Board?bid=123&#!lid=320339&m=view
21 내부통신원, "2011년 1월 접경일지", 『임진강』, 2011년 3월호, p.126.
22 정창현, "북에 새로운 소비층이 성장하고 있다", 『민족21』, 2012년 3월호, p.57.
23 진천규, 『평양의 시간과 서울의 시간은 함께 흐른다』, 타커스, 2018, p.227.
24 정창현, "북에 새로운 소비층이 성장하고 있다", pp.58-59.
25 정기성, "주체철 생산, CNC 개발에 자부심, 화폐교환 후 혼란도 과도기적 현상", 『민족21』, 2010년 4월호, p.34.
26 정찬열, "하루 종일 개성에서 송도삼절과 노닐다", 『통일뉴스』, 2015. 11. 12.
27 정찬열, "10달러에 배를 전세 내 유람할 수 있는 나라가 또 있을까", 『통일뉴스』, 2015. 10. 15.
28 정찬열, "만물상에 오르다. 시간이라는 조각가가 만든 저 걸작을 보라", 『통일뉴스』, 2015. 11. 27.
29 송홍근, "평양에서 온 자본주의 청년 정시우 '주식회사 형태 빵공장 했습니다'", p.232.
30 노철남, "탄부들이 자랑하는 녀성들", 『조선녀성』, 2013년 12월호, p.49.
31 정찬열, "매주 금요일 '로동봉사', 토요일 '학습의 날'은 북한이 가진 특별한 제도", 『통일뉴스』, 2016. 1. 21.
32 김정일, "경공업과 농업생산에 힘을 집중하여 인민생활 향상에서 결정적 전환을 일으키자"(2010. 3. 31.), 『김정일 선집』 25, 조선로동당출판사, 2015, p.56.
33 편집부, "2011년 4, 5, 6월 접경일지", 『임진강』, 2011년 여름호, p.146.
34 홍제환, 『김정은 정권 5년의 북한경제: 경제정책을 중심으로』, 통일연구원, 2017, pp.63-64.; 특별취재반, "농민의 자율처분권 보장된다", 『민족21』, 2013년 1월호, p.50.; 김치관, "쌀 '협정가격' 알아야 북한 경제가 보인다", 『통일뉴스』, 2015. 1. 8.
35 주성하, "인구 450만이 부풀려진 북한 식량위기의 진실", nambukstory.donga.com/Board?bid=123&#!lid=320339&m=view
36 이현진, "[북한농업현황] 식량작물 생산량 471만t 농업종사자 293만명", 『농민신문』, 2018. 4. 30.
37 김종환, "대북식량지원 사태가 남긴 것", *TOPDAILY*, 2019. 7. 4.
38 "첫 '농업 분조장대회' 개최, 분조관리제 강화와 포전담당책임제 실시", 『민족21』, 2014년 3월호, pp.125-130.
39 정찬열, "우리가 살아왔던 추억이 북녘 땅에 고스란히 남아있다", 통일뉴스, 2015. 11. 5.
40 김정일, "고산과수농장에서 능력 확장공사를 다그치고 과일생산을 높은 수준에서 정상화할데 대하여"(2011. 6. 2.), 『김정일 선집』 25, 조선로동당출판사, 2015, p.325.
41 김정일, "고산과수농장에서 능력 확장공사를 다그치고 과일생산을 높은 수준에서 정상화할데 대하여"(2011. 6. 2.), 『김정일 선집』 25, 조선로동당출판사, 2015, pp.326-327.
42 정찬열, "만물상에 오르다. 시간이라는 조각가가 만든 저 걸작을 보라".
43 정찬열, "만물상에 오르다. 시간이라는 조각가가 만든 저 걸작을 보라".
44 배안, "당연히 원산에도 즐겁게 다녀왔다", 『통일뉴스』, 2014. 11. 4.
45 정찬열, "10달러 배를 전세 내 유람할 수 있는 나라가 또 있을까".
46 정찬열, "우리가 살아왔던 추억이 북녘 땅에 고스란히 남아있다".
47 정찬열, "세계 제일 목장 꿈꾸는 세포등판엘 가다", 『통일뉴스』, 2015. 12. 3.

48 정찬열, "우리가 살아왔던 추억이 북녘 땅에 고스란히 남아있다".
49 위의 방북기.
50 위의 방북기.
51 "北국방위, '中쌍끌이 어선 어업 금지' 명령 하달", *Daily NK*, 2015, 3, 5.
52 김지은, "대북제재로 북 어민들 생활고", *RFA*, 2018.3.25.
53 이명철, "북, 어선에 대한 통제 강화로 어민들 생활난", *RFA*, 2019, 6.27.
54 숑레이熊蕾, "여기는 평양: 중국 지식인들이 본 조선의 사회주의 ②", 『민족21』, 2010년 12월호, p.24.
55 최진이, "2010년 11월 접경일지", 『임진강』, 2010년 12월호, p.133.; 정찬열, "바람찬 흥남부두에서 목을 놓아 금순이를 부른다", 『통일뉴스』, 2015.12.24.
56 주성하, "애기신 무당의 중앙당 간부집 굿풀이", nambukstory.donga.com/Board?bid=123&#!lid=303238&m=view
57 편집부, "2011년 4,5,6월 접경일지", p.134.
58 송은주, "관혼상제를 간소하게 하자", 『조선녀성』, 2015년 4월호, p.52.
59 주성하, "애기신 무당의 중앙당 간부집 굿풀이", nambukstory.donga.com/Board?bid= 123&#!lid=303238&m=view
60 "비행사들의 건강을 비행사 안해들에게 부탁합니다", 『조선녀성』, 2015년 1월호, p.19.
61 이정순·최진이, "2010년 3월 접경일지", 『임진강』, 2010년 6월호, p.141.
62 배안, "당연히 원산에도 즐겁게 다녀왔다", 『통일뉴스』, 2014.11.4.
63 정찬열, "평양 노래방에서 '진도 아리랑'을 부르다", 『통일뉴스』, 2015.12.31.
64 정찬열, "왜, 어떻게 북한을 방문하게 되었는가", 『통일뉴스』, 2015.9.10.
65 정찬열, "'잡으라이, 여자하나 못 잡아서… 아이들 노는 모습이 참 재미있다", 『통일뉴스』, 2016.1.28.
66 이동훈, "'국제노인의 날' 북한의 노인정책은?", NK투데이, 2016.10.6.
67 이현기, "남북한 노인들", *RFA*, 2017.10.20.
68 정명화, "1990년대 북한 영유아세대, 자신 및 늘어나는 노인 보건비용 이중부담으로 허덕여", *RFA*, 2017.10.20.
69 정찬열, "아! 모란봉, 을밀대, 부벽루", 『통일뉴스』, 2015.9.24.
70 최진이, "조선의 10년 군사복무제와 혼령기 인구성비률", 『임진강』, 2014년 봄호, pp.62-63.; 「전민군사복무제」, 통일부 북한정보포털, https://nkinfo.unikorea.go.kr/nkp/term/viewNkKnwldg Dicary.do?pageIndex=1&dicaryId=159
71 「전민군사복무제」, 통일부 북한정보포털, https://nkinfo.unikorea.go.kr/nkp/term/viewNkKnwldgDicary.do?pageIndex=1&dicaryId=159
72 염규현, "컴퓨터·디카·손전화 보급 확산, 디지털 문화 인민들의 생활과 의식 바꾼다", 『민족21』, 2011년 2월호, p.25.; 진천규, 『평양의 시간과 서울의 시간은 함께 흐른다』, p.132.
73 김영권, "북한 휴대폰, 보급대구와 사용자 구분해야", *VOA*, 2019.1.28.
74 정창현, "북에 새로운 소비층이 성장하고 있다", p.62.
75 김정일, "질 좋은 여러 가지 상품들을 더 많이 생산하여 인민들에게 정상적으로 팔아줄 데 대하여"(2011.7.10.), 『김정일 선집』 25, 조선로동당출판사, 2015, p.334.
76 김정일, "질 좋은 여러 가지 상품들을 더 많이 생산하여 인민들에게 정상적으로 팔아줄 데 대

하여"(2011.7.10.), 『김정일 선집』 25, 조선로동당출판사, 2015, p.335.
77 지은영, "평양의 '쑥갓, 토마토 피자' '호박 피자' 소박하고 담백하지만 독특한 맛", 『민족21』, 2011년 1월호, pp.34-35.
78 정찬열, "뭐니뭐니 해도 먹고 살아가는 일이 크고 중하다", 『통일뉴스』, 2015.10.29.
79 정찬열, "결국은 자주, 그리고 평화다", 『통일뉴스』, 2016.2.11.
80 진천규, 『평양의 시간은 서울의 시간과 함께 흐른다』, pp.70-80.
81 위의 책, p.269.
82 주성하, 『서울과 평양 사이』, 기파랑, 2017, pp.162-164.
83 정창현, "유행에 민감한 젊은 세대의 튀는 패션, 세련미와 실용성을 추구", 『민족21』, 2013년 10월호, p.14.
84 정기상, "주체철 생산, CNC 개발에 자부심, 화폐교환 후 혼란은 과도기적 현상", 『민족21』, 2010년 4월호, p.35.
85 허재철, "CCTV 특파원이 만난 북의 여성 교통안내원", 『민족21』, 2013년 3월호, pp.135-136.
86 배안, "평양이 나에게 잘 왔다며 미소 짓는다", 『통일뉴스』, 2014.10.22.
87 정찬열, "왜, 어떻게 북한을 방문하게 되었는가", 『통일뉴스』, 2015.9.10.; 정찬열, "평양시내를 아침 일찍부터 해질녘까지 돌아다니다", 『통일뉴스』, 2015.9.17.
88 정찬열, "평양의 동네 이발소에서 무료 이발을 하다", 『통일뉴스』, 2015.10.22.; 정찬열, "결국은 자주, 그리고 평화다", 『통일뉴스』, 2016.2.11.
89 정찬열, "가로등 아래 책읽는 학생들, 가슴이 짠하다", 『통일뉴스』, 2016.2.4.
90 정찬열, "매주 금요일 '로동봉사', 토요일 '학습의 날'은 북한이 가진 특별한 제도", 『통일뉴스』, 2016.1.21.
91 최재영, "재미 목사가 만난 2012년 가을의 평양사람들", 정창연·정용일 편, 『북한, '다름'을 만나다』, 선인, 2013, pp.75-76.
92 진천규, 『평양의 시간과 서울의 시간은 함께 흐른다』, p.146.
93 위의 책, pp.146-149.
94 정찬열, "평양시내를 아침 일찍부터 해질녘까지 돌아다니다", 『통일뉴스』, 2015.9.17.
95 위의 방북기.
96 정찬열, "가로등 아래 책읽는 학생들, 가슴이 짠하다".

※ 이 장에서 사용한 사진은 美의회도서관, 美하버드대 옌칭도서관에서 사전 승인을 받고 촬영한 것이다.

에필로그

다른 나라와 마찬가지로 북한의 역사 70년 동안 북한의 민중도 정부도 인민생활의 향상이라는 기본적인 목표를 갖고 움직여 왔다고 할 수 있다. 그렇기에 민중들은 해방 직후 소작료 인하 투쟁을 벌였고 토지개혁을 요구했으며, 노동자와 여성들은 민주개혁을 호소했다. 이후 오랫동안 농장과 공장, 어장 등 다양한 삶의 현장에서 민중들은 성과를 많이 내고 생산성을 높이기 위해 나름의 노력들을 해왔다. 물론 그 가운데 많은 사람은 사회주의 혁명의 완성이라는 대의에 봉사한다는 의식도 가졌을 것이다. 북한 정부도 사회주의 체제의 완성과 인민생활의 향상을 동시에 추구하며 다양한 정책을 실행해 왔다.

그런데 실제 북한 민중들의 삶은 얼마나 나아졌을까? 물론 해방 직후 못 먹고 헐벗을 때에 비하면 민중생활에도 많은 향상이 있었다. 하지만 70년의 인민생활 개선 역사치고는 향상의 정도가 높다고 하기는 어렵다. 농민, 노동자, 어민, 여성, 군인을 막론하고 삶의 질이 크게 개선되었다고 보기는 어려운 것이다. 앞에서 시대별로 서술했으니, 여기서는 부문별로 정리를 해보자.

우선 농민들의 삶은 처음에는 토지개혁으로 향상되었다. 대부분 소작인이었는데, 이들이 토지를 가지게 되고 소출은 많아져 소득이 증가했다. 해방 직후부터 농민들은 토지개혁을 원했고, 그것이 실현되어 생활 향상으로 이어진 것이다. 1950년대 협동농장화 이후 초기에는 공동작업이 한국전쟁으로 어려워진 농촌을 살리는 기능을 수행했다. 하지만 협동농장 시스템은 이른바 '건달꾼', 즉 일은 하지 않고 분배는 받는 농민들 문제를 해결하기 어려웠다. 공동생산, 공동분배의 비효율성을 해결하지 못한 것이다. 농민생활은 그만큼 답보상태였다. 분조의 인원을 줄이고 포전담당제를 실시하면서 농민들의 인센티브가 어느 정도 증가했다. 하지만 협동농장에 팽배한 관료주의, 형식주의는 새로운 제도의 효과를 반감시키는 기능을 하고 있다. 소규모 가족농 형태로 변화하는 것은 생산성을 높이는 방법이지만, 농장의 관료들 입장에서는 자신들의 권한과 이익을 침해하는 것이고, 따라서 이들은 이러한 새로운 제도에 반대하고 있다. 그래서 농민들에게 주어진 인센티브제도도 효과가 지속될지는 여전히 의문으로 남아 있다.

노동자들은 해방 직후 북한 체제의 주도세력으로 인정되어 국가건설 단계부터 우대를 받았다. 내무성의 간부를 선발할 때에도, 지방정권기관을 구성할 때에도 노동자 출신은 유리한 조건이었다. 실제 노동조건도 훨씬 좋아졌다. 1947년 6월 새로운 노동법이 시행되어 노동시간이 하루 8시간으로 제한되었다. 일제강점기 하루 14~16시간씩 노동을 하던 것에 비하면 획기적으로 개선된 것이다. 콩깻묵으로 식사를 대신하는 단계에서 벗어나 쌀 배급도 받게 되었다. 물론 어려운 환경이 일시에 개선되지는 않았다. 흡진장치가 없는 시멘트공장이 많았고, 탄광에 목욕시설이 부족했다. 공장의 기숙사들은 낡고 식사도 변변치 못했다. 하지만 점차 개선되었다. 1950년대 말에는 월급도 오르고 노동자들이 가족 단위로 식사를 할 수 있는 식당도 늘었다. 휴가철에는 휴양소에서 가족들과 한때를 즐기기도 했다. 하지만 성과에 따른 인센티브가 적어 생산성이 크게 높아지지는 않았다. 경제체제가 그런 것이어서 노동자들의 생활 여건이 크게 개선되지 않는 것은 어쩔 수 없는 일이 되었다. 고난의 행군 당시 아사를 면치 못한 사람들은 대부분 노동자나 노동자 가족이었다. 농촌은 그나마 식량을 직접 생산하고 있었으니 연명이라도 가능했지만, 노동자들은 배급이 끊긴 상황에서 식량을 스스로 구하지 못하면 굶어 죽을 수밖에 없었다. 고난의 행군을 지나 2002년 7·1조치로 노동자들의 성과급이 증가하면서 형편이 나아졌다. 2009년 화폐개혁으로 화폐가치가 100분의 1로 떨어졌지만 노동자 월급은 종전 액수 그대로여서 월급의 가치가 일시적으로 급상승하기도 했다. 하지만 곧 시장의 물가가 오르면서 상황은 반전되었다. 체제의 성격에서 오는 약한 근로동기와 함께 지속적으로 노동자의 생활을 어렵게 하는 요소는 공급이 달리는 경공업 제품이었다. 이런 문제를 일부 해결하기 위해 2010년대 들어 북한이 도입한 것이 슈퍼마켓이다. 주로 중국에서 상품을 들여와 슈퍼마켓을 열고 물건을 국영상점보다는 비싸게 시장보다는 싸게 파는 것이다. 그나마 이런 것이 노동자들의 숨통을 틔게 해주고 있다.

1950년대 사회주의 협동화에 따라 수산업도 수산사업소 등으로 공동어업의 형태가 되었다. 어민들의 경우 공동노동과 적색조합운동의 경험이 없어 수산업 분야에서는 어민들의 의식개혁을 통한 생산력 증진방안이 그다지 효과를 거두지 못했다. 그만큼 어민들의 생활개선은 더디게 진행되었다. 어업기술은 발전하지 못했고, 장비도 현대화되지 못했다. 건조시설이나 냉동시설의 건설도 더디었다. 경제상황이 나아진 1960년대 후반에서 1970년대 초반 장비가 좀 보강되긴 했다. 어선에 전기밥솥이 공급되고 어군탐지기가 설치되기도 했다. 하지만 이후 경제가 후퇴하면서 어업에 대한 투자는 지지부진했다. 그런 만큼 어민들의 생활은 어려웠다. 어선과 장비 등이 대부분 열악한 상황에서 사람 손으로 웬만한 일을 다 해내야 했다. 그런 가운데서도 목표 달성은 계속 독려받았다. 2010년대 들어 강화된 국제 사회의 대북제재로 북한의 수산물 수출이 금지되고 휘발유나 디젤유 등의 수입이 어려워지면서 어민들의 생활은 난관이 계속되고 있다.

여성들의 지위는 1946년 7월 '남녀평등법' 시행으로 크게 개선되었다. 일부다처, 축첩, 기생, 강제결혼 등의 악습도 폐지되었다. 법률상으로는 남녀의 차이가 없게 되었다. 하지만 실생활은 많이 달랐다. 여성들은 남성과 다를 바 없이 일을 하면서도 아이양육과 가사를 책임져 왔다. 오랜 기간 북한 정부의 남녀평등 캠페인에도 불구하고 관습적으로 남아 있는 남성우월주의는 쉽게 사라지지 않고 있는 것이다. 밥공장이 생기고 아이를 기르는 여성은 하루 6시간만 근무하는 제도를 만들어 여성들의 부담을 줄이려는 노력도 계속되었다. 그런 것들이 여성들의 생활을 개선하는 데 도움이 되기도 했다. 하지만 남녀의 평등에 대한 근본적인 의식개혁이 이루어졌다고 보기는 어렵다. 여전히 가사는 여성들의 몫으로 남아 있고, 남아선호사상 또한 온존하는 모습이 이를 잘 말해 준다. 70년의 사회주의 체제에도 불구하고 조선시대 이래 전해져 온 유교적 전통이 쉽사리 자리를 내주지 않고 있는 것이다.

동서고금을 막론하고 군인들이 고생하는 것은 많이 다를 바 없겠으나, 특히 북한 역사에서 군인들은 수많은 역경과 고난을 견뎌 내야 했다. 건국 초기에는 물자부족과 소련군의 통제에 시달렸고, 한국전쟁의 와중에서는 배고픔과 추위, 생사의 고비에서 고통을 겪어야 했다. 전쟁 중 북한군 약 55만 명이 사망하거나 실종되었다. 탈영도 적지 않았다. 전쟁이 끝나서도 물자는 여전히 모자랐다. 많은 부대에서 식량을 확보하기 위해 농사를 짓고 가축을 길렀다. 밤에 협동농장에 몰래 들어가 식량을 훔쳐 오기도 했는데, 이런 행위가 '담력 키우기'라고 미화되기도 했다. 그나마 북한군 내에서 구타나 가혹행위 등은 많지 않았던 것으로 보인다. 한국전쟁 당시 인민군의 편지, 인민군 출신 탈북자들의 증언에서도 그런 내용은 찾아보기 어렵다. 중국 공산당군의 영향일 것이다. 중국 공산당은 군을 구성한 이래 구타, 가혹행위, 민간에 피해를 주는 행위는 철저히 금지해 왔다. 북한군은 1958년 영창제도를 폐지했다. 사병으로 입대해 장교로 승진하는 문도 넓게 열려 있다. 개방적이고 선진적인 면을 가지고 있는 것이다. 문제는 여전히 자원부족으로 먹을 것이 풍족하지 못한 것이다. 또 건설장비가 부족한 북한에서 대규모 건설공사의 대부분은 군대가 맡아서 하고 있다. 군대라고 해서 장비가 제대로 있을 리 없다. 군인들의 땀으로 많은 건설이 이루어지고 있다.

고난의 행군 이후 형성된 북한 사회의 가장 큰 특징은 시장의 확대이다. 국가가 식량과 생활필수품 공급을 제대로 해주지 못하다 보니, 주민들이 스스로 시장을 열고 거기서 필요한 것을 서로 팔고 사고 한 것이다. 이러한 시장이 확대되어 지금은 공식적으로 인가를 받고 운영되는 시장이 460여 개나 되고, 간이시장은 이보다 더 많다. 여기서 주민의 40% 정도가 돈을 벌면서 생계에 도움을 받고 있다. 북한 당국도 주민들의 의존도가 높아진 시장을 묵인하고 있다. 상인들의 규모는 천차만별이다. 많은 자본을 가지고 중국에서 물건을 대량 구입해 시장에 공급하는 돈주에서부터 집에서 만든 떡을 간이시장에서 파는 여성까지 다양하다. 빵 · 국수 · 국밥 등 먹을거리, 라디오 · TV · 선풍기 · 컴퓨터 등 전자제품, 심지어는 태양광 패널도 거래되고 있다. 공산품은 물론 대부분 중국에서 건너오는 것이다. 북한의 민중들은 목숨 부지를 위해 어쩔 수 없이 시장을 찾는 단계를 넘어 시장을 삶의 중요한 현장으로 여기고 있다. 여기서 생계를 해결하고 돈을 벌어 좀 더 나은 삶을 이루기도 한다. 시장에서 활동하는 사람들은 대부분 결혼한 여성들이다. 남성들은 직장에 소속되어 있어야 하지만 결혼한 여성들은 직장생활 여부가 자유의사에 맡겨져 있기 때문에 이들이 시장에서 활동하는 경우가 많은 것이다. 그래서 실제로 이들이 가정의 생계를 책임지는 경우도 적지 않다. 가정일을 대부분 여성들이 맡아서 하면서도 시장에서 장사를 하는 것 또한 여성들의 일로 되어 버려 아이러니한 현상이라 하겠다.

고난의 행군 이후 북한 민중의 역사에서 주목할 부분은 계층분화가 분명해지고 있다는 것이다. 북한 체제는 사회주의의 완성을 지향해 왔고, 그 핵심 가치는 평등사회라고 할 수 있다. 사유재산을 없애고 모두가 함께 잘사는 사회를 이루는 데 최고의 가치를 둔다. 고난의 행군 이전까지는 북한 역사가 그런 흐름 속에 있었다고 할 수 있다. 하지만 이후 북한 사회에는 시장이 깊숙이 자리 잡게 되었고, 시장은 사람들의 경제적 능력에 따른 계층분화를 유발했다. 돈주라고 불리는 일종의 자본가를 만들어 냈고, 다양한 규모의 상인들도 양산했다. 이들은 2009년 화폐개혁으로 일정한 액수 이상의 구권 화폐가 휴지가 되자 저항했다. 철시를 함으로써 많은 사람의 생계를 위협한 것이다. 북한 사회주의 체제 성립 이후 처음이라 할 수 있는 민중저항이 발생한 것이다. 평양시당 책임비서가 주민들에게 사과하고 당 계획재정부장이 처형되면서 누그러지긴 했지만, 그만큼 시장의 힘, 시장에서 장사하는 상인들의 세력이 강해졌음을 잘 보여준다. 시장의 확대는 시장을 활용하지 못하고 장사를 하지 않는 사람들이 경제적인 혜택에서 소외되는 현상으로 이어졌다. 이는 북한 체제가 형성된 이후 지향해 온 사회주의 비전과는 상치되는 것이 아닐 수 없다.

하지만 조금 더 깊이 들어가 보면, 이러한 우려마저도 거만한 제3자의 시각일 수 있다. 경제적 측면, 생활의 수준 측면을 주로 살피다 보니 삶이 선진국 수준으로 개선되지 않은 점이 부각된 면이 있고, 일정한 계층 분화의 문제도 지적하게 되었다. "아직도 낮은 수준이다", "더 발전해야 한다"는 인식을 깔고 있지 않았나 하는 느낌이다. 그렇지만 실제 북한 사람들의 인식은 다를 수 있다. 그 속에 사는 것이 편하고 즐겁고 만족스러울 수 있다. 외부에서 관찰한 것과 북한을 벗어나 외부로 나온 사람들의 증언 등을 바탕으로 한 연구는 그래서 한계가 있을 수밖에 없다. 이 연구도 그런 한계를 가지고 있다는 점은 부인하기 어렵다. 외적으로 드러나는 자료에다 북한 민중들의 정서와 심리를 담을 수 있는 자료를 합쳐 연구를 하는 것이 가장 바람직하겠으나, 북한 사람들의 내적 측면을 확인할 수 있는 자료를 확보하는 것이 쉽지 않으니 한계가 있을 수밖에 없다. 이 연구에서 말하는 것들은 어디까지나 북한 민중들이 실제로 자기 삶에 대해 어떻게 느끼는지에 대해서는 많이 고려하지 못한 것이고, 이런 부분을 고려하면 다른 역사 서술도 가능할 것이라는 점을 밝혀 두어야 할 것 같다. 실제 북한 민중들이 경험하고 느끼는 진솔한 삶에 대한 연구는 그들을 자유롭게 만날 수 있는 날까지 추후 연구과제로 미뤄 둬야 할 것 같다.

참고문헌

북한 문서

「가축보험금 청구서」[National Archives and Records Administration(NARA), Record Group(RG) 242, Records Seized by U.S. Military Forces During the Korean War, 1950-1954, Entry 299AH, Container 1185, Shipping Advice(SA) 2012, Box 6, Item 35].

「각 교화소 수용소 및 직위 직급 통계표(통계표)」(NARA, RG 242, Entry 299C, Container 79, SA 2005, Box 3, Item 5).

「각도 내무서 산하 직위 및 직급별 통계표(통계표)」(NARA, RG 242, Entry 299C, Container 79, SA 2005, Box 3, Item 5).

「간부명단: 동흥리인민위원회, 1949년」(NARA, RG 242, Entry 299Q, Container 862, SA 2010, Box 2, Item 97).

「간부 임명에 대한 명령서」(NARA, RG 242, Entry 299D, Container 280, SA 2006, Box 16, Item 51).

「간첩분자를 체포한 내무원 및 자기(자위)대원, 정보공작원에게 표창 및 상금수여에 대하야」(NARA, RG 242, Entry 299AL, Container 1237, SA 2013, Box 1, Item 195).

「개인토지 매매에 대한 조사에 대하야」(NARA, RG 242, Entry 299E, Container 414, SA 2007, Box 6, Item 10).

「교육성규칙 제1호 농림성규칙 제4호 농촌지대교원에 대한 채소원 급여에 관한 규정」, 『조선민주주의인민공화국 내각공보』, 1950년 제4호(1950. 2. 28.), p.112.

「교육성령 제5호 인민학교·초급중학교·고급중학교 진급시험 및 인민학교·초급중학교 졸업시험에 관한 규정」, 『조선민주주의인민공화국 내각공보』, 1949년 제5호(1949. 4. 22.).

「교육성령 제6호 고급중학교 졸업시험에 관한 규정」, 『조선민주주의인민공화국 내각공보』, 1949년 제5호(1949. 4. 22.).

국가계획위원회, 『1949년 제2차·제3차 국정가격·운임 및 요금표』, 1949(NARA, RG 242, Entry 299D, Container 320, SA 2006, Box 19, Item 36).

「군대(인민군대, 경비대, 보안대) 증모사업 준비에 대하여」(NARA, RG 242, Entry 299C, Container 119, SA 2005, Box 6, Item 21).

「군사동원에 관한 규정(군사위원회 결정 제14호)」(NARA, RG 242, Entry 299AL, Container 1229, SA 2013, Box 1, Item 106).

「군사등록에 관한 규정 밑(및) 세칙: 내무성」(NARA, RG 242, Entry 299C, Container 117, SA 2005, Box 6, Item 14).

「군상무위원회 보고문」(NARA, RG 242, Entry 299C, Container 83, SA 2005, Box 4, Item 1).

「군인선서」(NARA, RG 242, Entry 299AG, Container 1154, SA 2012, Box 5, Item 43).

「군인선서에 관하여」(NARA, RG 242, Entry 299AJ, Container 1208, SA 2012, Box 7, Item 132).
「군인초모사업에 관한 지시」(NARA, RG 242, Entry 299C, Container 115, SA 2005, Box 6, Item 1.2).
「군인초모사업에 대하야」(NARA, RG 242, Entry 299C, Container 118, SA 2005, Box 6, Item 16).
「군중심판에 관한 규정(규정)시행 요강」(NARA, RG 242, Entry 299AH, Container 1189, SA 2012, Box 6, Item 179).
「내각양정국규칙 제3호 1949년 육류수매 및 공급에 관한 규정」, 『조선민주주의인민공화국 내각 공보』, 1949년 제3호(1949. 3. 10.).
「내무성 정치보위국 공작원 모집협조에 대하야」(NARA, RG 242, Entry 299D, Container 280, SA 2006, Box 16, Item 46).
「농업현물세 개정에 관한 결정서에 대한 세칙」(농림국 규칙 제8호. 1947. 6. 1.), 『북조선법령집』, 1947.
「농업협동조합들의 국가대부금과 미납곡을 면제할 데 대하여」, 김준엽 · 김창순 · 이일선 공편, 『북한연구자료집』 〈제4집〉, 고려대학교출판부, 1979.
「당신의 소식」(NARA, RG 242, Entry 299AF, Container 1139, SA 2012, Box 4, Item 31).
『당열성자들에게 주는 주간보』, 제1호(1950. 8. 13.)(NARA, RG 242, Entry 299F, Container 645, SA 2008, Box 10, Item 미상).
「대원성분구성표」(인민군 제249군부대 제6대대 대원 성분 통계. NARA, RG 242, Entry 299M, Container 788, SA 2009, Box 8, Item 30).
「동남면 녀맹 위원장 동무 앞」(NARA, RG 242, Entry 299AK, Container 1220, SA 2012, Box 8, Item 135).
「로동생산능률을 제고할 데 대한 목표」(NARA, RG 242, Entry 299D, Container 207, SA 2006, Box 11, Item 117.1).
「로동수첩교부대장」, 「사회보험보조금지불액청산서」, 「유아보조금지불계산서」(NARA, RG 242, Entry 299AL, Container 1227, SA 2013, Box 1, Item 89).
「면 인민위원장 앞」(NARA, RG 242, Entry UD 300C, Container 155, Item 205475).
「문화일꾼 명단보고서」(NARA, RG 242, Entry 299AF, Container 1140, SA 2012, Box 4, Item 33).
「미신행위 단속 사업에 대하야」(NARA, RG 242, Entry 299AJ, Container 1198, SA 2012, Box 7, Item 66).
「보고서」(NARA, RG 242, Entry 299AH, Container 1181, SA 2012, Box 6, Item 108).
「봉급명단철」(NARA, RG 242, Entry 299AB, Container 1079, SA 2011, Box 9, Item 27.5).
「부대부근 폭격 사항 보고에 대하여」(NARA, RG 242, Entry 299M, Container 788, SA 2009, Box 8, Item 30).
「부동(부정)토지 조사보고」(NARA, RG 242, Entry 299E, Container 414, SA 2007, Box 6, Item 10).
「부정몰수에 대하야」(NARA, RG 242, Entry 299E, Container 414A, SA 2007, Box 6, Item 9).
「북농은 평남총지점 지배인 앞」(NARA, RG 242, Entry 299AH, Container 1185, SA 2012, Box 6, Item 35).

북조선농민동맹중앙위원회, 『제6회 농촌이동사진합본』(NARA, RG 242, Entry 299AC, Container 133, SA 2005, Box 7, Item 15).
북조선로동당 금화군 서면 당부, 『1948년도 면당위원회 회의록철』(NARA, RG 242, Entry 299AG, Container 1163, SA 2012, Box 5, Item 150).
「빈농민 조사보고의 건」(NARA, RG 242, Entry 299E, Container 414, SA 2007, Box 6, Item 10).
「사법간부양성소 제9기생 추천에 대하여」(NARA, RG 242, Entry 299AG, Container 1152, SA 2012, Box 5, Item 6).
「3의 4반 졸업생 명단(1949. 5. 13.)」, 「3의 3 졸업생 명단(1949. 5. 13.)」(NARA, RG 242, Entry 299C, Container 88, SA 2005, Box 4, Item 24).
「삼춘전상서」(NARA, RG 242, Entry UD 300C, Container 20, Item 200782).
「3학년 재적생 통계표(통계표)」(NARA, RG 242, Entry 299C, Container 84, SA 2005, Box 4, Item 7).
「상급당 결정서: 조직부」(NARA, RG 242, Entry 299AG, Container 1167, SA 2012, Box 5, Item 192).
「상장」, 「수업증서」(NARA, RG 242, Entry 299AG, Container 1159, SA 2012, Box 5, Item 123).
「서금돌 아버지 회답」(NARA, RG 242, Entry UD 300C, Container 179, Item 206883).
「서흥군 인민군대 합격자 통계표」(NARA, RG 242, Entry 299C, Container 102, SA 2005, Box 5, Item 44).
서흥군 인민위원회 기요계, 『1948년도 인민군대지원자관계서류』(NARA, RG 242, Entry 299C, Container 118, SA 2005, Box 6, Item 15).
「성내(국부처) 직위 믿(및) 직급별 정원통게(정원통계)」(NARA, RG 242, Entry 299C, Container 79, SA 2005, Box 3, Item 5).
「성내 직속 처부 및 각도 내무부 문제되는 간부명단」(NARA, RG 242, Entry 299C, Container 79, SA 2005, Box 3, Item 5).
「순게(순계)리 인민들의 여론」(NARA, RG 242, Entry UD 300C, Container 115, Item 203554).
「습격련대 근무자들의 저금장려에 대한 사업진행정형 보고」(NARA, RG 242, Entry 299P, Container 837, SA 2010, Box 1, Item 74).
「신부면 백현교회 검열서: 계익혁」(NARA, RG 242, Entry 299C, Container 93, SA 2005, Box 4, Item 41).
「신부면 원동교회: 김광현」(NARA, RG 242, Entry 299C, Container 93, SA 2005, Box 4, Item 41).
「신안리 인민들의 여론」(NARA, RG 242, Entry UD 300C, Container 115, Item 203554).
「신체검사」(NARA, RG 242, Entry 299C, Container 102, SA 2005, Box 5, Item 44).
「여성간부 신채용 등용에 관한 건의문」(NARA, RG 242, Entry 299D, Container 280, SA 2006, Box 16, Item 46).
「연도별 노동임금장성 대비표」(NARA, RG 242, Entry 299D, Container 293, SA 2006, Box 17, Item 38).
「5·1절에 제하여 전체 근로자들에게 보내는 조선노동당 중앙위원회 호소문」(1961. 4. 20.), 김준엽·김창순·이일선 공편, 『북한연구자료집』 〈제V집〉, 고려대학교출판부, 1980.
「요감시인관계서류철」(NARA, RG 242, Entry 299AK, Container 1209, SA 2012, Box 8, Item

16).
「요주의인명부」(NARA, RG 242, Entry 299AH, Container 1184, SA 2012, Box 6, Item 132), pp.5~7, 47~49, 51~53.
「위생사업대상 통계표」(NARA, RG 242, Entry 299AJ, Container 1198, SA 2012, Box 7, Item 66).
「인민군 군사재판기록」(NARA, RG 242, Entry UD 300C, Container 177, Item 206807).
「인민군대 대원 모집사업에 관하여」(NARA, RG 242, Entry 299C, Container 102, SA 2005, Box 5, Item 44).
「인민군대 원호사업과 인민군대에게 보내는 선물수집사업 강화에 대하여」(NARA, RG 242, Entry 299AB, Container 1084, SA 2011, Box 9, Item 46).
「인민군대 지원서」(NARA, RG 242, Entry 299C, Container 118, SA 2005, Box 6, Item 17, Part 1).
「인민군대 초모사업에 관한 명령」(NARA, RG 242, Entry 299C, Container 118, SA 2005, Box 6, Item 16).
「인민군 입대청원자 통게(통계)」(NARA, RG 242, Entry 299C, Container 86, SA 2005, Box 4, Item 17, part 5).
「1·4분기 사업총결보고서」, 『월별사업계획서 및 보고서철』(교육성 보통교육국, 1950, NARA, RG 242, Entry 299D, Container 209, SA 2006, Box 12, Item 1).
「임금조사표」(NARA, RG 242, Entry 299E, Container 413, SA 2007, Box 6, Item 3).
「입당청원서」(NARA, RG 242, Entry 299AF, Container 1159, SA 2012, Box 5, Item 127).
「자서전」(강계고급중학교 교원 김석빈의 자기소개서. NARA, RG 242, Entry 299D, Container 210, SA 2006, Box 12, Item 9).
「자서전」(인민군 제17포병연대 하사 손동혁의 자기소개서. NARA, RG 242, Entry 299O, Container 817, SA 2009, Box 10, Item 21.7).
「자서전」(조선인민군 병사 정두화의 자기소개서. NARA, RG 242, Entry 299AF, Container 1140, SA 2012, Box 4, Item 32).
「자서전」(조선인민군 항공기 수리병 김종상의 자기소개서. RG 242, Entry 299AF, Container 1140, SA 2012, Box 4, Item 32).
「자서전」(평양공업대학 교수 박영관의 자기소개서. NARA, RG 242, Entry 299F, Container 538, SA 2008, Box 3, Item 18).
「자서전」(평양공업대학 교수 안봉진의 자기소개서. NARA, RG 242, Entry 299F, Container 538, SA 2008, Box 3, Item 18.4).
「자서전」(평양시 인민위원회 시학(장학사) 한국도의 자기소개서. NARA, RG 242, Entry 299C, Container 151, SA 2005, Box 8, Item 35).
「자서전」(평양중등교원양성소 경리주임 김일규의 자기소개서. NARA, RG 242, Entry 299D, Container 209, SA 2006, Box 12, Item 4.2).
「자서전」(함남 연포비행장 비행학생 문택용의 자기소개서. NARA, RG 242, Entry 299I, Container 716, SA 2009, Box 4, Item 111.5).
「자서전」(황해도 송화군 수교여자중학교 교원 김병일의 자기소개서. NARA, RG 242, Entry 299D, Container 210, SA 2006, Box 12, Item 14.2).
「자서전」(황해도 장연군 대구면 대구중학교 교원 이상춘의 자기소개서. NARA, RG 242, Entry

299D, Container 210, SA 2006, Box 12, Item 14.2).
「자서전」(황해도 평산군 금암면 금암중학교 교사 황상엽의 자기소개서. NARA, RG 242, Entry 299D, Container 221, SA 2006, Box 12, Item 30.2).
「자서전」(홍남공업대학 교수 양인선의 자기소개서. NARA, RG 242, Entry 299F, Container 538, SA 2008, Box 3, Item 18.1).
「작전종합보고」(NARA, RG 242, Entry 299K, Container 745, SA 2009, Box 6, Item 28.1).
「재정성규칙 제1호 교육성규칙 제1호 각급학교 수업료에 관한 규정」, 『조선민주주의인민공화국 내각공보』, 1949년 제2호(1949. 2. 20.).
「적령자명단: 구포」(NARA, RG 242, Entry 299C, Container 118, SA 2005, Box 6, Item 18, Part 1).
「전사 하사관 봉급명단: 1950년 9월분, 505군부대 자동총중대」(NARA, RG 242, Entry 299I, Container 708, SA 2009, Box 4, Item 31).
「전시에 있어서의 특수범죄와의 투쟁에 대하야」(NARA, RG 242, Entry 299AJ, Container 1198, SA 2012, Box 7, Item 66).
「전입전출자 및 17세 해당자 명단 작성에 대하여」(NARA, RG 242, Entry 299C, Container 118, SA 2005, Box 6, Item 16).
「전투총결: 1951, 포병참모부」(NARA, RG 242, Entry 299AL, Container 1225, SA 2013, Box 1, Item 52).
「정방기의 운전률을 95%로 제고하기 위하여」(NARA, RG 242, Entry 299D, Container 207, SA 2006, Box 11, Item 117.2).
「정보원명단」(NARA, RG 242, Entry 299AK, Container 1210, SA 2012, Box 8, Item 23).
「정치보도 제강철(1951. 6. 5, 제317부대 제3중대)」(NARA, RG 242, Entry 299AG, Container 1154, SA 2012, Box 5, Item 58).
「제2련대 대렬정치보위부장 앞」(NARA, RG 242, Entry 299AL, Container 1229, SA 2013, Box 1, Item 112).
「제1차 자위대장 회의록: 동면 분주소」(NARA, RG 242, Entry 299C, Container 91, SA 2005, Box 4, Item 36).
「조선민주주의인민공화국 군사위원회 명령 제35호 군인 적령자에 대한 군사증 교부에 관하여」, 『조선민주주의인민공화국 내각공보』, 1950년 제14호(1950. 8. 31.).
「조선민주주의인민공화국 군사위원회 명령 제38호 농업증산 및 농업현물세 징수에 관하여」(NARA, RG 242, Entry 299AB, Container 1084, SA 2011, Box 9, Item 46).
「조선민주주의인민공화국 내각결정 제9호 농민시장 개설에 관한 결정서」, 『조선민주주의인민공화국 내각공보』, 1950년 제1호(1950. 1. 26.).
「조선민주주의인민공화국 내각결정 제9호 대학생 장학금 급여범위 확장에 관한 규정」, 『조선민주주의인민공화국 내각공보』, 1949년 제2호(1949. 2. 20.).
「조선민주주의인민공화국 내각결정 제27호 노동자 사무원들의 생활향상대책에 대한 결정서」, 『조선민주주의인민공화국 내각공보』, 1948년 제1호(1948. 12. 10.).
「조선민주주의인민공화국 내각결정 제93호 뜨락똘임경료 제정에 관한 결정서」, 『조선민주주의인민공화국 내각공보』, 1950년 제8호(1950. 4. 30.).
「조선민주주의인민공화국 내각결정 제161호 식량이 부족한 빈농민에게 1952년도 농업현물세와 국가 대여곡 등을 면제할 데 대하여」, 『조선민주주의인민공화국 내각공보』, 1950년 제16호(발행일 미상).
「조선민주주의인민공화국 내각결정 제170호 전시 로동임금 지불에 관한 결정서」, 『조선민주주의인민공화국 내각공보』, 1950년 제15호(1950. 9. 30.).
「조선민주주의인민공화국 내각지시 제691호 '경작자 없는 토지를 공동경작함에 관하여'」(NARA, RG 242, Entry 299AL, Container 1225, SA 2013, Box 1, Item 41).
「조선인민군대 전사응모사업에 관하야」(NARA, RG 242, Entry 299C, Container 119, SA 2005, Box 6, Item 21).
「졸업생통계표: 북조선민주청년동맹 선천고급중학교위원회, 1950년 5월 8일」(NARA, RG 242, Entry 299C, Container 90, SA 2005, Box 4, Item 32, Part 1).
「졸업증서」(NARA, RG 242, Entry 299AG, Container 1159, SA 2012, Box 5, Item 123).
「주간상학 과정표: 1951년 4월 23일부터 4월 28일까지」(NARA, RG 242, Entry 299AG, Container 1155, SA 2012, Box 5, Item 59).
중앙선거위원회, 『북조선 면 및 리(동) 인민위원회 위원선거에 관한 총결』, 1947(NARA, RG 242, Entry 299C, Container 101, SA 2005, Box 5, Item 43).
「진술서」(간첩용의자 변택용의 진술서. NARA, RG 242, Entry 299AH, Container 1183, SA 2012, Box 6, Item 123).
「1947년 6월 6일 북조선로동당 강원도 린제군 북면당부 제27차위원회 회의록」(NARA, RG 242, Entry 299E, Container 408, SA 2007, Box 6, Item 1.42).
「1947년 12월 1일 제7차 당조 회의록: 북조선 민주여성총동맹 린제군 당조」(NARA, RG 242, Entry 299E, Container 410, SA 2007, Box 6, Item 1.53).
「1948년도 식량부족량 상항(상황) 보고의 건」(NARA, RG 242, Entry 299E, Container 414, SA 2007, Box 6, Item 10).
「1948년 1월 15일 제20호 당조 회의록: 린제군 인민위원회 당조」(NARA, RG 242, Entry 299E, Container 406, SA 2007, Box 6, Item 1.1).
「1948년 3월 11일 제23호 당조 회의록: 린제군 인민위원회 당조」(NARA, RG 242, Entry 299E, Container 406, SA 2007, Box 6, Item 1.1).
「1949년도 재정결산보고에 대하야」(NARA, RG 242, Entry 299C, Container 118, SA 2005, Box 6, Item 16).
『1949년도 함남도 시설사업 총결보고서」(NARA, RG 242, Entry 299D, Container 321, SA 2006, Box 19, Item 42).
『1950년도 경비한도표』(NARA, RG 242, Entry 299AG, Container 1169, SA 2012, Box 5, Item 212).
「1950년도 군중대회: 한전리 위원회」(NARA, RG 242, Entry 299AG, Container 1153, SA 2012, Box 5, Item 29).
「1950년도 상반기 시설사업 총결보고서」(NARA, RG 242, Entry 299D, Container 305, SA 2006, Box 18, Item 31.1).
「1950년도 해임자 조사서」(NARA, RG 242, Entry 299C, Container 79, SA 2005, Box 3, Item 5).
「1950년 3월 중 사업계획서」, 『월별사업계획서 및 보고서철』(교육성 보통교육국, 1950. NARA, RG 242, Entry 299D, Container 209, SA 2006, Box 12, Item 1).
「1950년 10월 세포지도 복명서철: 조직부」(NARA, RG 242, Entry 299AG, Container 1167, SA

2012, Box 5, Item 190).
「1951년 범인수사해제: 후남분주소」(NARA, RG 242, Entry 299AB, Container 1085, SA 2011, Box 9, Item 53.5).
「1951년 사업계획서: 북교문(북조선 교원문화인 직업동맹) 천도인교직장단체」(NARA, RG 242, Entry 299AL, Container 1227, SA 2013, Box 1, Item 89).
「철산광산: 1949년」(NARA, RG 242, Entry 299C, Container 123A, SA 2005, Box 6, Item 40).
「출생증 소지자 공민증 교부에 의한 군사등록사업 절차에 대하여」(NARA, RG 242, Entry 299C, Container 118, SA 2005, Box 6, Item 16).
「출신성분별 통게표(통계표)」(NARA, RG 242, Entry 299C, Container 118, SA 2005, Box 6, Item 16).
「친애하는 인민군대 오빠들이여」(NARA, RG 242, Entry 299AB, Container 1087, SA 2011, Box 9, Item 73.1).
「토지개혁 검열공작에 대한 결정서」(NARA, RG 242, Entry 299E, Container 414A, SA 2007, Box 6, Item 9).
「토지개혁 실시 검열공작 보고의 건」(NARA, RG 242, Entry 299E, Container 414A, SA 2007, Box 6, Item 9).
「토지매매에 대한 조사에(조사의) 건」(NARA, RG 242, Entry 299E, Container 414, SA 2007, Box 6, Item 10).
「특별시교화장 실지조사표」(NARA, RG 242, Entry 299C, Container 115, SA 2005, Box 6, Item 1.2).
「평안남도 룡강군 룡강면 방어리 하후동 김춘복 앞」(NARA, RG 242, Entry 299AF, Container 1138, SA 2012, Box 4, Item 31).
평양결핵요양소, 『사업지도서(1949년)』(NARA, RG 242, Entry 299AG, Container 1163, SA 2012, Box 5, Item 149).
「평정서」(1948년 9월 평양공업대학 전기강좌장이던 이문환에 대한 이 대학 학장의 평가서. NARA, RG 242, Entry 299F, Container 538, SA 2008, Box 3, Item 18.1).
「평특시 시장물가 조사표」(NARA, RG 242, Entry UD 300C, Container 47, Item 201254-201256).
「학교내 재정규률(규율) 강화에 대하여」(NARA, RG 242, Entry 299C, Container 88, SA 2005, Box 4, Item 21).
「학습장」(NARA, RG 242, Entry 299AB, Container 1087, SA 2011, Box 9, Item 73.1).
『학습장: 1951년도, 정명옥』(NARA, RG 242, Entry 299AG, Container 1160A, SA 2012, Box 5, Item 140).
「함경북도 인민위원회 사업총결보고: 1947년 11월 3일」(NARA, RG 242, Entry 299L, Container 763, SA 2009, Box 7, Item 25).
「해군 군관학교 학생모집에 대하여」(NARA, RG 242, Entry 299C, Container 88, SA 2005, Box 4, Item 21).
「해방후 북조선 농민들의 증산도표」(NARA, RG 242, Entry 299AK, Container 1212, SA 2012, Box 8, Item 34).
「화물자동차 제한의 승차 증명서 취급에 대한 긴급지시」(NARA, RG 242, Entry 299AJ,

Container 1198, SA 2012, Box 7, Item 66).
「회의록 제14호: 북조선로동당 강원도 린제군당 상무위원회 회의록」(NARA, RG 242, Entry 299E, Container 412, SA 2007, Box 6, Item 1.66).
「회의록 제24호: 북조선민주여성총동맹 강원도 린제군위원회 당조 회의록」(NARA, RG 242, Entry 299E, Container 410, SA 2007, Box 6, Item 1.52).

북한 연설, 담화

김일성, "가격의 일원화 방침을 관철하는 데서 나서는 몇 가지 문제에 대하여"(1971. 3. 26.), 『김일성 저작집』 26, 조선로동당출판사, 1984.
——, "가금업을 더욱 발전시킬 데 대하여"(1970. 3. 31.), 『김일성 저작집』 25, 조선로동당출판사, 1983.
——, "간석지 건설을 다그치며 논밭의 지력을 높일 데 대하여"(1983. 4. 2.), 『김일성 저작집』 37, 조선로동당출판사, 1992.
——, "강서군당 사업지도에서 얻은 교훈에 대하여"(1960. 2. 23.), 『김일성 저작선집』 2, 조선로동당출판사, 1968.
——, "강원도당 단체들 앞에 나서는 몇 가지 과업에 대하여"(1965. 5. 13.), 『김일성 전집』 35, 조선로동당출판사, 2001.
——, "강철생산을 늘이(늘리)기 위한 대책을 세울 데 대하여"(1962. 9. 10.), 『김일성 전집』 29, 조선로동당출판사, 2000.
——, "개성시 당사업과 경제사업에서 풀어야 할 몇 가지 문제에 대하여"(1971. 1. 11.), 『김일성 전집』 46, 조선로동당출판사, 2002.
——, "겨울철 물고기잡이와 물고기 가공에서 새로운 혁신을 일으킬 데 대하여"(1981. 3. 11.), 『김일성 전집』 73, 조선로동당출판사, 2007.
——, "경공업부문에서 경제지도와 기업관리사업을 개선하며 제품의 질을 높일 데 대하여"(1962. 1. 8.), 『김일성 전집』 28, 조선로동당출판사, 1999.
——, "경공업 부문에서 사상혁명, 기술혁명, 문화혁명을 힘 있게 벌리(벌이)기 위하여"(1973. 1. 31.), 『김일성 저작집』 28, 조선로동당출판사, 1984.
——, "경공업을 발전시키며 기본건설을 힘있게 밀고나갈 데 대하여"(1961. 3. 22.), 『김일성 전집』 26, 조선로동당출판사, 1999.
——, "경공업혁명을 다그쳐 인민들의 물질문화생활을 더욱 높이자"(1983. 3. 10.), 『김일성 저작집』 37, 조선로동당출판사, 1992.
——, "경공업혁명을 일으킬 데서 풀어야 할 몇 가지 문제"(1982. 1. 12.), 『김일성 전집』 75, 조선로동당출판사, 2008.
——, "공산당원들의 역할을 높이자"(1945. 11. 27.), 『김일성 전집』 2권, 조선로동당출판사, 1992.
——, "공산주의 시책을 더욱 발전시킬 데 대하여"(1985. 10. 22.), 『김일성 전집』 82, 조선로동당출판사, 2009.
——, "공업적 방법으로 소금을 생산할 데 대하여"(1991. 8. 23.), 『김일성 저작집』 43, 조선로동

당출판사, 1996.
——, "과학·교육사업과 인민보건사업에서 새로운 전환을 일으킬 데 대하여"(1988. 3. 7~11.), 『김일성 전집』 87, 조선로동당출판사, 2010.
——, "교육부문 일군협의회에서 한 연설"(1977. 10. 1.), 『김일성 전집』 64, 조선로동당출판사, 2006.
——, "교육사업에서 사회주의 교육학의 원리를 철저히"(1971. 12. 27.), 『김일성 저작선집』 6, 조선로동당출판사, 1974.
——, "교통운수의 긴장성을 풀 데 대하여"(1968. 11. 16.), 『김일성 저작선집』 5, 조선로동당출판사, 1972.
——, "국가재산을 애호절약하며 수산업을 더욱 발전시킬 데 대하여"(1968. 6. 30.), 『김일성 전집』 43, 조선로동당출판사, 2002.
——, "군인들의 생활에 깊은 관심을 돌릴 데 대하여"(1960. 8. 29.), 『김일성 전집』 25, 조선로동당출판사, 1999.
——, "근로단체 사업을 개선 강화하기 위한 몇 가지 대책에 대하여"(1974. 1. 3.), 『김일성 전집』 53, 조선로동당출판사, 2004.
——, "기능공 양성과 학교교육사업에서 제기되는 몇 가지 문제"(1977. 12. 28.), 『김일성 전집』 65, 조선로동당출판사, 2006.
——, "기본건설사업과 수산물 가공사업을 개선할 데 대하여"(1966. 6. 20~7. 1.), 『김일성 전집』 37, 조선로동당출판사, 2001.
——, "기술인재 양성사업을 개선 강화하며 과학과 기술을 빨리 발전시킬 데 대하여"(1961. 6. 13.), 『김일성 전집』 27, 조선로동당출판사, 1999.
——, "남청진에 새로 지은 살림집을 돌아보면서 일군들과 한 담화"(1980. 7. 25.), 『김일성 전집』 71, 조선로동당출판사, 2007.
——, "노르웨이 공산당 중앙위원회 위원장과 한 담화"(1988. 1. 6.), 『김일성 전집』 87, 조선로동당출판사, 2010.
——, "농업생산에서 결정적 전환을 이룩하며 철강재 생산을 정상화할 데 대하여"(1978. 6. 26.), 『김일성 전집』 67, 조선로동당출판사, 2006.
——, "농업생산에서 일대 전환을 일으키기 위하여"(1973. 1. 17, 22~24.), 『김일성 저작집』 28, 조선로동당출판사, 1984.
——, "농업생산에서 일대 전환을 일으키기 위하여"(1973. 1. 17, 22~24.), 『김일성 전집』 50, 조선로동당출판사, 2003.
——, "농업위원회의 역할을 높이며 평양시 공급사업을 잘 할 데 대하여"(1977. 11. 5.), 『김일성 전집』 65, 조선로동당출판사, 2006.
——, "농장원들의 생활을 향상시키는 데서 나서는 몇 가지 문제에 대하여"(1966. 8. 24.), 『김일성 전집』 37, 조선로동당출판사, 2001.
——, "농촌경리를 기업적 방법으로 지도하는 데서 나서는 몇 가지 과업에 대하여"(1967. 1. 13.), 『김일성 전집』 38, 조선로동당출판사, 2001.
——, "농촌경리를 더욱 강화 발전시킬 데 대하여"(1973. 1. 8~9.), 『김일성 전집』 50, 조선로동당출판사, 2003.
——, "농촌경리를 더욱 발전시키기 위한 당면한 몇 가지 과업"(1962. 10. 5.), 『김일성 전집』 29,

조선로동당출판사, 2000.
———, “농촌경리의 관리운영사업을 개선하며 농업생산을 늘이(늘리)기 위한 몇 가지 과업에 대하여”(1982. 12. 9.), 『김일성 전집』 76, 조선로동당출판사, 2008.
———, “농촌 금융사업의 몇 가지 경험에 대하여”(1976. 7. 7.), 『김일성 전집』 59, 조선로동당출판사, 2005.
———, “농촌기술혁명을 다그치는 데서 나서는 당면한 몇 가지 과업에 대하여”(1982. 5. 20.), 『김일성 저작집』 37, 조선로동당출판사, 1992.
———, “농촌로력을 증가시키며 로동행정사업을 강화할 데 대한 당중앙위원회와 내각 공동결정 집행을 위한 지도사업 진행정형에 대하여”(1963. 2. 15.), 『김일성 전집』 30, 조선로동당출판사, 2000.
———, “농촌에 대한 로력지원사업을 전인민적 운동으로 벌리며 건설에 대한 지도체계를 고칠 데 대하여”(1963. 1. 7.), 『김일성 전집』 30, 조선로동당출판사, 2000.
———, “다음해 평양시 건설에서 일대 전변을 일으킬 데 대하여”(1969. 11. 14, 25.), 『김일성 전집』 44, 조선로동당출판사, 2002.
———, “당면한 사회주의 경제건설 방향에 대하여”(1993. 12. 8.), 『김일성 전집』 94, 조선로동당출판사, 2011.
———, “당사업과 경제사업에서 나서는 몇 가지 문제에 대하여”(1960. 10. 19.), 『김일성 전집』 26, 조선로동당출판사, 1999.
———, “당사업에서 주되는 것은 모든 사람을 교양하고 개조하며 단결시키는 것이다”(1961. 1. 23.), 『김일성 저작선집』 3, 조선로동당출판사, 1968.
———, “당사업을 강화하며 나라의 살림살이를 알뜰하게 꾸릴 데 대하여”(1965. 11. 15~17.), 『김일성 전집』 36, 조선로동당출판사, 2001.
———, “당원들과 근로자들 속에서 조국보위에 대한 의무감을 더욱 높이며 인민군대의 전투대렬(대열)을 튼튼히 꾸릴 데 대하여”(1977. 7. 29.), 『김일성 전집』 63, 조선로동당출판사, 2006.
———, “당원들에 대한 당생활지도를 강화하며 우리당 간부정책을 옳게 관철할 데 대하여”(1968. 5. 27.), 『김일성 전집』 40, 조선로동당출판사, 2001.
———, “당의 로선과 정책을 옹호관철하는 혁명적 기풍을 세우며 경제조직사업을 짜고들 데 대하여”(1983. 1. 10~11.), 『김일성 전집』 77, 조선로동당출판사, 2008.
———, “당의 정책과 지시를 제때에 정확히 집행할 데 대하여”(1968. 5. 21.), 『김일성 전집』 40, 조선로동당출판사, 2001.
———, “당중앙위원회 정치위원회, 중앙인민위원회 련합회의에서 한 결론”(1977. 6. 21.), 『김일성 전집』 63, 조선로동당출판사, 2006.
———, “도경제지도위원회들에 대한 지도체제를 바로 세울 데 대하여”(1981. 11. 19.), 『김일성 전집』 74, 조선로동당출판사, 2008.
———, “도당경제비서의 임무와 역할에 대하여”(1976. 12. 15.), 『김일성 전집』 60, 조선로동당출판사, 2005.
———, “도시경영사업을 개선강화할 데 대하여”(1962. 9. 5.), 『김일성 전집』 29, 조선로동당출판사, 2000.
———, “동의학을 발전시킬 데 대하여”(1979. 2. 27.), 『김일성 전집』 69, 조선로동당출판사, 2007.
———, “려객렬차 관리운영사업을 개선할 데 대하여”(1982. 12. 17.), 『김일성 전집』 76, 조선로동

당출판사, 2008.
——, "련합기업소를 조직하며 정무원의 사업체계와 방법을 개선할 데 대하여"(1985. 11. 19.), 『김일성 저작집』 39, 조선로동당출판사, 1993.
——, "리당비서들의 임무에 대하여"(1974. 1. 14.), 『김일성 저작선집』 7, 조선로동당출판사, 1978.
——, "말가슈 민주주의공화국 대통령과 한 대화"(1976. 6. 4~7, 10.), 『김일성 전집』 59, 조선로동당출판사, 2005.
——, "메추리알과 고기를 많이 생산하자"(1977. 11. 15.), 『김일성 전집』 65, 조선로동당출판사, 2006.
——, "모든 군인들을 일당백으로 튼튼히 준비시킬 데 대하여"(1963. 2. 6), 『김일성 전집』 30, 조선로동당출판사, 2000.
——, "물고기 가공사업에서 혁명적 전환을 일으킬 데 대하여"(1980. 12. 10, 12.), 『김일성 저작집』 35, 조선로동당출판사, 1987.
——, "물고기 공급체계를 바로세우며 평양시의 닭알 생산을 추켜세울 데 대하여"(1977. 4. 1.), 『김일성 전집』 62, 조선로동당출판사, 2006.
——, "물고기를 많이 잡아 인민들에게 정상적으로 공급하기 위한 몇 가지 대책에 대하여"(1972. 3. 18.), 『김일성 전집』 48, 조선로동당출판사, 2003.
——, "물고기를 많이 잡아 인민들에게 정상적으로 공급하자"(1968. 1. 28.), 『김일성 전집』 38, 조선로동당출판사, 2001.
——, "미국 사회로동당 대표단과 한 담화"(1990. 10. 5.), 『김일성 저작집』 42, 조선로동당출판사, 1995.
——, "발관개를 완성하여 농업생산에서 새로운 전환을 일으키자"(1991. 11. 8, 12~15, 18~19, 21~23, 26.), 『김일성 전집』 91, 조선로동당출판사, 2010.
——, "분조관리제를 정확히 실시하며 농업생산에서 새로운 앙양을 일으킬 데 대하여"(1968. 2. 14.), 『김일성 전집』 40, 조선로동당출판사, 2001.
——, "빠나마 인적자원 육성 및 리용협회 위원장과 한 담화"(1979. 9. 20.), 『김일성 저작집』 34, 조선로동당출판사, 1987.
——, "사회주의 경제건설에 대한 당적 지도를 더욱 강화할 데 대하여"(1979. 2. 6.), 『김일성 전집』 69, 조선로동당출판사, 2007.
——, "사회주의 경제건설에서 새로운 혁명적 전환을 일으킬 데 대하여"(1994. 7. 6.), 『김일성 전집』 94, 조선로동당출판사, 2011.
——, "사회주의 농촌건설에서 이룩한 위대한 성과를 더욱 공고 발전시키자"(1974. 1. 10), 『김일성 저작집』 29, 조선로동당출판사, 1985.
——, "사회주의 농촌문제에 관한 테제를 철저히 관철하자"(1990. 6. 22~23.), 『김일성 저작집』 42, 조선로동당출판사, 1995.
——, "새로 임명된 정무원 부총리와 한 담화"(1977. 7. 1.), 『김일성 전집』 63, 조선로동당출판사, 2006.
——, "새학년도 준비사업을 다그치며 내화물공업을 발전시킬 데 대하여"(1969. 6. 9.), 『김일성 전집』 43, 조선로동당출판사, 2002.
——, "새 환경에 맞게 군당단체의 사업방법을 개선할 데 대하여"(1960. 2. 28.), 『김일성저작선

집』 2, 조선로동당출판사, 1968.
──, "석탄공업을 빨리 발전시키기 위하여"(1961. 12. 23.), 『김일성 저작선집』 3, 조선로동당출판사, 1968.
──, "세소어업을 발전시켜 물고기 생산을 늘일(늘릴) 데 대하여"(1961. 5. 12.), 『김일성 전집』 27, 조선로동당출판사, 1999.
──, "수매사업을 개선 강화할 데 대하여"(1978. 2. 7.), 『김일성 저작집』 33, 조선로동당출판사, 1987.
──, "수산업을 더욱 발전시키며 소금 생산을 늘일(늘릴) 데 대하여"(1989. 3. 20~21.), 『김일성 저작집』 41, 조선로동당출판사, 1995.
──, "수산업을 발전시켜 물고기를 더 많이 잡자"(1978. 2. 14.), 『김일성 저작집』 33, 조선로동당출판사, 1987.
──, "수산업을 발전시켜 인민생활을 더욱 높이자"(1980. 3. 21.), 『김일성 전집』 71, 조선로동당출판사, 2007.
──, "수산업을 발전시키는 데서 나서는 몇 가지 과업에 대하여"(1982. 2. 18.), 『김일성 전집』 75, 조선로동당출판사, 2008.
──, "식료품 일용품 생산을 늘이(늘리)는 데서 나서는 몇 가지 문제에 대하여"(1977. 12. 2.), 『김일성 전집』 65, 조선로동당출판사, 2006.
──, "식료혁명을 일으켜 인민들의 식생활을 개선하자"(1977. 7. 1.), 『김일성 전집』 63, 조선로동당출판사, 2006.
──, "알곡생산을 높이며 문화주택을 아담하게 건설하자"(1960. 11. 30.), 『김일성 전집』 26, 조선로동당출판사, 1999.
──, "알곡생산을 늘이(늘리)기 위하여 나서는 몇 가지 문제에 대하여"(1970. 12. 19.), 『김일성 저작집』 25, 조선로동당출판사, 1983.
──, "알곡생산을 늘이(늘리)며 다른 나라들과의 무역과 기술교류를 잘할 데 대하여"(1984. 1. 18.), 『김일성 전집』 79, 조선로동당출판사, 2008.
──, "야금공업의 자립성을 강화하며 농업생산을 늘릴 데 대하여"(1976. 8. 13~14, 16.), 『김일성 전집』 60, 조선로동당출판사, 2005.
──, "양강도 당조직들 앞에 나서는 과업"(1963. 8. 16.), 『김일성 저작선집』 3, 조선로동당출판사, 1968.
──, "양강도의 중요지구를 잘 꾸리며 경제를 발전시키기 위한 몇 가지 과업"(1991. 8. 20.), 『김일성 저작집』 43, 조선로동당출판사, 1996.
──, "에꽈도르 좌익 민주당 대표단과 한 담화"(1991. 5. 3.), 『김일성 저작집』 43, 조선로동당출판사, 1996.
──, "올해 국가예산을 바로 세울 데 대하여"(1980. 3. 26.), 『김일성 저작집』 35, 조선로동당출판사, 1987.
──, "올해 농사경험을 살려 더 많은 알곡을 생산하자"(1973. 11. 5.), 『김일성 전집』 53, 조선로동당출판사, 2004.
──, "올해 영농준비사업과 경제사업에서 제기되는 몇 가지 문제에 대하여"(1987. 3. 30.), 『김일성 전집』 85, 조선로동당출판사, 2009.
──, "우리나라의 정세와 재일본 조선청년동맹의 과업에 대하여"(1974. 9. 24.), 『김일성 저작

선집』7, 조선로동당출판사, 1978.
——, "우리당의 수산정책을 철저히 관철하자"(1976. 11. 14~15.), 『김일성 전집』60, 조선로동당출판사, 2005.
——, "우리의 인테리들은 당과 로동계급과 인민에게 충실한 혁명가가 되여(되어)야 한다"(1967. 6. 19.), 『김일성 전집』39, 조선로동당출판사, 2001.
——, "200일 전투를 성과적으로 벌리(벌이)는 데서 제기되는 몇 가지 문제에 대하여"(1988. 3. 29~4. 1.), 『김일성 전집』87, 조선로동당출판사, 2010.
——, "인민경제 계획의 일원화, 세부화의 위대한 생활력을 남김없이 발휘하기 위하여"(1965. 9. 23), 『김일성 저작선집』4, 조선로동당출판사, 1968.
——, "인민군대 내에서 정치사업을 강화할 데 대하여"(1960. 9. 8), 『김일성 전집』26, 조선로동당출판사, 1999.
——, "인민군대는 공산주의 학교이다"(1960. 8. 25.), 『김일성 전집』25, 조선로동당출판사, 1999.
——, "인민군대의 중대를 강화하기 위한 몇 가지 과업에 대하여"(1985. 9. 2.), 『김일성 전집』82, 조선로동당출판사, 2009.
——, "인민군대의 후방사업을 개선하기 위한 몇 가지 문제에 대하여"(1976. 7. 6.), 『김일성 전집』59, 조선로동당출판사, 2005.
——, "인민들에게 고기와 기름을 공급하는 사업을 더 잘 할 데 대하여"(1977. 12. 1.), 『김일성 전집』65, 조선로동당출판사, 2006.
——, "인민반장들의 역할을 높여야 한다"(1962. 3. 4.), 『김일성 전집』29, 조선로동당출판사, 2000.
——, "인민생활과 경제사업에서 당면하게 제기되는 몇 가지 과업에 대하여"(1976. 11. 30, 12. 6.), 『김일성 전집』60, 조선로동당출판사, 2005.
——, "인민생활에 필요한 상품생산을 늘일(늘릴) 데 대하여"(1987. 12. 9.), 『김일성 전집』86, 조선로동당출판사, 2010.
——, "인민생활을 높이는 데서 나서는 몇 가지 문제에 대하여"(1971. 10. 1.), 『김일성 저작집』26, 조선로동당출판사, 1984.
——, "인민생활을 높이며 대외사업과 의학기술을 발전시킬 데 대하여"(1984. 4. 9.), 『김일성 전집』79, 조선로동당출판사, 2008.
——, "인민생활을 책임지고 돌볼 데 대하여"(1977. 3. 8.), 『김일성 전집』61, 조선로동당출판사, 2005.
——, "인민생활지도위원회를 내올 데 대하여"(1981. 1. 20.), 『김일성 전집』73, 조선로동당출판사, 2007.
——, "자강도 경제사업에서 나서는 몇 가지 문제"(1985. 1. 31.), 『김일성 저작집』39, 조선로동당출판사, 1993.
——, "자강도 인민들의 후방공급사업을 개선하기 위한 몇 가지 과업에 대하여"(1971. 2. 28.), 『김일성 저작집』26, 조선로동당출판사, 1984.
——, "자녀교양에서 어머니들의 임무"(1961. 11. 16.), 『김일성 저작선집』3, 조선로동당출판사, 1968.
——, "전국농업대회에 참가한 농업부문 책임일군들과 한 담화"(1985. 1. 3.), 『김일성 전집』81,

조선로동당출판사, 2009.
———, "전반적 10년제 고중 의무교육을 성과적으로 실시하기 위하여 나서는 몇 가지 문제에 대하여"(1972. 9. 1.), 『김일성 전집』 49, 조선로동당출판사, 2003.
———, "전반적 10년제 고중의무교육을 실시하기 위하여 나서는 몇 가지 과업"(1972. 7. 6.), 『김일성 저작집』 27, 조선로동당출판사, 1984.
———, "전반적 10년제 고중 의무교육을 실시하기 위하여 나서는 몇 가지 과업"(1972. 7. 6.), 『김일성 전집』 49, 조선로동당출판사, 2003.
———, "《전진호》 뜨락또르를 더 많이 생산하자"(1972. 10. 10.), 『김일성 전집』 49, 조선로동당출판사, 2003.
———, "전체 로동자, 기술자, 사무원들의 생활비를 높이며 협동농민들의 수입을 늘이(늘리)는 시책을 실시함에 대하여"(1992. 2. 13.), 『김일성 전집』 92, 조선로동당출판사, 2010.
———, "정무원사업을 개선하며 중앙인민위원회 경제위원회의 기능과 역할을 높일 데 대하여"(1977. 6. 22.), 『김일성 전집』 63, 조선로동당출판사, 2006.
———, "정무원 책임일군들의 역할을 높여 당의 경제정책을 철저히 관철하자"(1980. 3. 5.), 『김일성 저작』 35, 조선로동당출판사, 1987.
———, "제약공업과 의료기구공업을 발전시킬 데 대하여"(1967. 6. 6.), 『김일성 전집』 39, 조선로동당출판사, 2001.
———, "제2차 7개년계획 초안 수정보충 방향에 대하여"(1977. 8. 10~11.), 『김일성 전집』 63, 조선로동당출판사, 2006.
———, "조선로동당 제4차대회에서 한 중앙위원회 사업총화 보고"(1961. 9. 11.), 『김일성 저작선집』 3, 조선로동당출판사, 1968.
———, "조선로동당 제5차대회에서 한 중앙위원회 사업총화 보고"(1970. 11. 2.), 『김일성 저작선집』 5, 조선로동당출판사, 1972.
———, "조선로동당 중앙위원회 정치위원회에서 한 결론"(1971. 3. 15~16.), 『김일성 전집』 46, 조선로동당출판사, 2002.
———, "조선로동당 중앙위원회 제5기 제2차 전원회의 확대회의에서 한 결론"(1971. 4. 19~26.), 『김일성 저작집』 26, 조선로동당출판사, 1984.
———, "조선로동당 중앙위원회 제5기 제5차 전원회의에서 한 결론"(1972. 10. 23~26.), 『김일성 전집』 49, 조선로동당출판사, 2003.
———, "조선민주주의 인민공화국 최고인민회의 제7기 제4차회의에 제출할 남조선 국회에 보내는 편지에 대하여"(1985. 4. 5.), 『김일성 전집』 81, 조선로동당출판사, 2009.
———, "중국공산당 중앙위원회 총서기와 한 담화"(1985. 5. 4~6.), 『김일성 전집』 81, 조선로동당출판사, 2009.
———, "중량화차 생산과 기관차 수리를 더 힘 있게 밀고나가자"(1965. 5. 9.), 『김일성 전집』 35, 조선로동당출판사, 2001.
———, "중앙인민위원회, 정무원 련합회의에서 한 결론"(1978. 1. 16.), 『김일성 전집』 66, 조선로동당출판사, 2006.
———, "지방공업부문 일군들의 책임성과 역할을 높일 데 대하여"(1980. 5. 3.), 『김일성 전집』 71, 조선로동당출판사, 2007.
———, "지방공업을 발전시켜 인민소비품 생산에서 새로운 전환을 일으키자"(1970. 2. 27.), 『김

일성 저작집』 25, 조선로동당출판사, 1983.
——, "창광원 관리운영사업을 잘 하여야 한다"(1980. 3. 21.), 『김일성 전집』 71, 조선로동당출판사, 2007.
——, "채취공업을 더욱 발전시킬 데 대하여"(1962. 9. 24.), 『김일성 전집』 29, 조선로동당출판사, 2000.
——, "1981년 인민경제계획을 수행하는 데서 틀어쥐고 나가야 할 몇 가지 문제에 대하여"(1980. 12. 15~16.), 『김일성 전집』 72, 조선로동당출판사, 2007.
——, "천리마시대에 맞는 문화예술을 창조하자"(1960. 11. 27.), 『김일성 전집』 26, 조선로동당출판사, 1999.
——, "철도수송의 긴장성을 풀기 위한 몇 가지 과업에 대하여"(1987. 6. 8.), 『김일성 전집』 85, 조선로동당출판사, 2009.
——, "철도전기화를 적극 추진하며 제염공업을 급속히 확대 발전시킬 데 대하여"(1963. 11. 1.), 『김일성 전집』 32, 조선로동당출판사, 2000.
——, "청진시 건설에서 나서는 몇 가지 문제에 대하여"(1976. 4. 7.), 『김일성 전집』 59, 조선로동당출판사, 2005.
——, "청진시와 함경북도 경제부문 일군협의회에서 한 연설"(1980. 7. 28.), 『김일성 전집』 71, 조선로동당출판사, 2007.
——, "축산업을 발전시키는 데서 나서는 몇 가지 과업에 대하여"(1985. 5. 20.), 『김일성 전집』 81, 조선로동당출판사, 2009.
——, "타이공주 일행과 한 담화"(1987. 5. 12.), 『김일성 전집』 85, 조선로동당출판사, 2009.
——, "탄자니아련합공화국 대통령과 한 담화"(1981. 3. 26~30.), 『김일성 전집』 73, 조선로동당출판사, 2007.
——, "'토지개혁' 사업의 총결과 금후의 과업", 『김일성 장군 중요 논문집』, 북조선로동당 출판사, 1948.
——, "평안남도 공업부문 3대혁명소조 앞에 나서는 당면한 몇 가지 과업"(1974. 2. 19~20.), 『김일성 전집』 53, 조선로동당출판사, 2004.
——, "평안북도 향산군 관하협동농장을 돌아보면서 일군들과 한 담화"(1989. 6. 17.), 『김일성 전집』 88, 조선로동당출판사, 2010.
——, "평양백화점을 돌아보면서 일군들과 한 담화"(1967. 4. 8.), 『김일성 전집』 38, 조선로동당출판사, 2001.
——, "평양산원은 녀성들을 위한 현대적인 종합병원이다"(1980. 3. 31.), 『김일성 전집』 71, 조선로동당출판사, 2007.
——, "평양시가 정치, 경제, 문화의 모든 면에서 전국의 모범이 될 데 대하여"(1974. 5. 20.), 『김일성 전집』 54, 조선로동당출판사, 2004.
——, "평양시당사업과 경제사업에서 나서는 몇 가지 문제에 대하여"(1968. 1. 8.), 『김일성 전집』 40, 조선로동당출판사, 2001.
——, "평양시 룡성구역 화성협동농장 제1작업반 벼수직파 시험포전을 돌아보면서 일군들과 한 담화"(1987. 9. 1.), 『김일성 전집』 86, 조선로동당출판사, 2010.
——, "평양시민들에게 공급할 고기를 더 많이 생산할 데 대하여"(1960. 10. 21.), 『김일성 전집』 26, 조선로동당출판사, 1999.

———, “평양시민들의 생활을 높이기 위한 몇 가지 과업에 대하여”(1970. 12. 3.), 『김일성 전집』 45, 조선로동당출판사, 2002.
———, “평양시 사동구역 장천협동농장 일군들과 한 담화”(1973. 1. 12.), 『김일성 전집』 50, 조선로동당출판사, 2003.
———, “평양시의 수해복구와 수해방지 대책에 대하여”(1967. 9. 2), 『김일성 전집』 39, 조선로동당출판사, 2001.
———, “평양시, 평안남도 농촌경리부문 앞에 나서는 당면한 몇 가지 과업에 대하여”(1975. 3. 31.), 『김일성 저작집』 30, 조선로동당출판사, 1985.
———, “평양 창전중학교 교원들과 한 담화”(1969. 12. 21), 『김일성 전집』 44, 조선로동당출판사, 2002.
———, “프랑스 사회당 당수와 한 담화”(1981. 2. 14~15.), 『김일성 전집』 73, 조선로동당출판사, 2007.
———, “학교교육사업에서 나서는 몇 가지 문제”(1985. 2. 26.), 『김일성 저작집』 39, 조선로동당출판사, 1993.
———, “한랭전선의 영향을 이겨내기 위한 연구사업을 강화하여야 한다”(1975. 1. 8.), 『김일성 전집』 56, 조선로동당출판사, 2004.
———, “함경남도 앞에 나서는 몇 가지 과업에 대하여”(1960. 9. 2.), 『김일성 전집』 26, 조선로동당출판사, 1999.
———, “함경남도의 경제사업에서 전환을 가져올 데 대하여”(1989. 8. 24~26.), 『김일성 전집』 88, 조선로동당출판사, 2010.
———, “함경북도 앞에 나서는 경제과업에 대하여”(1991. 1. 22, 25.), 『김일성 전집』 90, 조선로동당출판사, 2010.
———, “함주군 조양농업협동조합 관리일군 및 조합원들과 한 담화”(1960. 8. 31.), 『김일성 전집』 25, 조선로동당출판사, 1999.
———, “혁명적 동지애에 기초한 단결은 인민군대의 불패의 힘의 원천이다”(1973. 2. 8.), 『김일성 저작선집』 6, 조선로동당출판사, 1974.
———, “화학공업을 더욱 발전시키며 일군들 속에서 우리 식대로 살아나가는 혁명적 기풍을 세울 데 대하여”(1987. 3. 20.), 『김일성 저작집』 40, 조선로동당출판사, 1994.
———, “흥남비료련합기업소의 설비 대형화, 현대화 공사준공을 축하하는 연회에서 한 연설”(1991. 12. 1.), 『김일성 저작집』 43, 조선로동당출판사, 1996.
김정일, “감자농사에서 혁명을 일으킬 데 대하여”(1998. 10. 1.), 『김정일 선집』 19, 조선로동당출판사, 2013.
———, “강계정신은 고난의 행군시기에 창조된 사회주의 수호정신, 불굴의 투쟁정신이다”(2008. 1. 30.), 『김정일 선집』 23, 조선로동당출판사, 2014.
———, “강행군으로 사회주의 경제건설에서 새로운 진격로를 열어나가자”(1998. 2. 13.), 『김정일 선집』 19, 조선로동당출판사, 2013.
———, “경공업과 농업생산에 힘을 집중하여 인민생활 향상에서 결정적 전환을 일으키자”(2010. 3. 31.), 『김정일 선집』 25, 조선로동당출판사, 2015.
———, “경공업을 발전시키며 경제관리연구사업을 잘 할 데 대하여”(1992. 4. 4.), 『김정일 선집』 16, 조선로동당출판사, 2012.

———, "경제사업을 개선하는 데서 나서는 몇 가지 문제에 대하여"(1996. 4. 22.), 『김정일 선집』 18, 조선로동당출판사, 2012.
———, "고산과수농장에서 능력 확장공사를 다그치고 과일생산을 높은 수준에서 정상화할 데 대하여"(2011. 6. 2.), 『김정일 선집』 25, 조선로동당출판사, 2015.
———, "당면한 경제사업의 몇 가지 문제"(1997. 9. 10.), 『김정일 선집』 19, 조선로동당출판사, 2013.
———, "당사업과 경제사업에서 제기되는 당면한 몇 가지 문제에 대하여"(1998. 7. 4.), 『김정일 선집』 19, 조선로동당출판사, 2013.
———, "당의 중소형발전소 건설 방침을 철저히 관철할 데 대하여"(1998. 1. 28.), 『김정일 선집』 19, 조선로동당출판사, 2013.
———, "당이 제시한 선군시대의 경제건설 로선을 철저히 관철하자"(2003. 8. 28.), 『김정일 선집』 22, 조선로동당출판사, 2013.
———, "대중체육사업을 강화하여야 한다"(1993. 2. 22.), 『김정일 선집』 17, 조선로동당출판사, 2012.
———, "동봉협동농장은 함경남도 협동농장들의 본보기가 되여(되어)야 한다"(2009. 2. 3.), 『김정일 선집』 24, 조선로동당출판사, 2014.
———, "량강도의 경제사업과 인민생활에서 혁명적 전환을 일으킬 데 대하여"(2009. 5. 22.), 『김정일 선집』 24, 조선로동당출판사, 2014.
———, "먹는 기름 문제를 푸는 것은 인민생활을 개선하는 데서 나서는 중요한 과업이다"(2008. 3. 26.), 『김정일 선집』 23, 조선로동당출판사, 2014.
———, "병원관리운영사업을 개선 강화할 데 대하여"(1976. 5. 1.), 『김정일 선집』 7, 조선로동당출판사, 2011.
———, "예술작품은 창작가의 열정과 탐구의 열매이다"(1971. 10. 16.), 『김정일 선집』 4, 조선로동당출판사, 2010.
———, "온 사회에 문화정서생활기풍을 세울 데 대하여"(1989. 1. 5.), 『김정일 선집』 12, 조선로동당출판사, 2011.
———, "올해를 강성대국 건설의 위대한 전환의 해로 빛내이자"(1999. 1. 1.), 『김정일 선집』 19, 조선로동당출판사, 2013.
———, "올해에 당사업에서 혁명적 전환을 일으킬 데 대하여"(1997. 1. 1.), 『김정일 선집』 19, 조선로동당출판사, 2013.
———, "인민경제 모든 부문에서 증산과 절약투쟁을 잘하며 행정규률을 강화할 데 대하여"(1982. 11. 14.), 『김정일 선집』 10, 조선로동당출판사, 2011.
———, "인민군대를 더욱 강화하며 총대로 혁명의 종국적 승리를 이룩해나가자"(1995. 1. 1.), 『김정일 선집』 18, 조선로동당출판사, 2012.
———, "인민보건사업에서 혁명적 전환을 일으켜 사회주의 보건제도의 우월성을 높이 발양시킬 데 대하여"(2011. 10. 7.), 『김정일 선집』 25, 조선로동당출판사, 2015.
———, "인민생활을 높이는 데서 나서는 몇 가지 과업에 대하여"(2000. 1. 23.), 『김정일 선집』 20, 조선로동당출판사, 2013.
———, "일군들은 고난의 행군정신으로 살며 일해야 한다"(1996. 10. 14.), 『김정일 선집』 18, 조선로동당출판사, 2012.

———, “전당이 동원되여(되어) 70일전투를 힘있게 벌리(벌이)자”(1974. 10. 9.), 『김정일 선집』 7, 조선로동당출판사, 2011.
———, “중요공업부문들을 현대적 기술로 개건하며 나라의 경제를 추켜세우는 데서 나서는 몇 가지 문제에 대하여”(2000. 5. 12.), 『김정일 선집』 20, 조선로동당출판사, 2013.
———, “질 좋은 여러 가지 상품들을 더 많이 생산하여 인민들에게 정상적으로 팔아줄 데 대하여”(2011. 7. 10.), 『김정일 선집』 25, 조선로동당출판사, 2015.
———, “콩농사에서 전환을 일으킬 데 대하여”(2004. 10. 12.), 『김정일 선집』 22, 조선로동당출판사, 2013.
———, “평양곡산공장은 생산공정의 현대화, 과학화를 계속 힘있게 밀고나가며 생산을 정상화하고 당과류의 질을 높여야 한다”(2010. 8. 24.), 『김정일 선집』 25, 조선로동당출판사, 2015.
———, “평양지하철도를 현대적으로 훌륭히 건설할 데 대하여”(1965. 9. 6.), 『김정일 선집』 2, 조선로동당출판사, 2009.
———, “평양화장품공장은 인민의 사랑을 받는 공장으로 인민을 위하여 복무하는 공장으로 되어야 한다”(2003. 8. 5.), 『김정일 선집』 21, 조선로동당출판사, 2013.
———, “현대적인 농촌살림집을 많이 건설하여 농촌마을을 사회주의 선경으로 전변시키자”(2004. 5. 16.), 『김정일 선집』 22, 조선로동당출판사, 2013.
이종옥, “중공업부문에 청산리교시 실행총화와 1961년도 과업에 대하여”(1961. 2. 11.), 김준엽 · 김창순 · 이일선 공편, 『북한연구자료집』 〈제V집〉, 고려대학교출판부, 1980.

북한 단행본

류문화, 『해방 후 4년간의 국내외 중요일지』, 민주조선사, 1949.
사회과학원 역사연구소, 『조선전사』 23, 24, 25, 33, 과학 · 백과사전출판사, 1981.
손전후, 『사회생활과 민주화경험』, 사회과학출판사, 1986.
조선중앙통신사, 『조선중앙년감 1949』, 조선중앙통신사, 1949.
조선중앙통신사, 『조선중앙연감 1950』, 조선중앙통신사, 1950.

북한 기사, 수기

“가계표를 짜면서부터”, 『조선녀성』, 1961년 4월호.
강용길, “우리 상점에 남기신 사랑의 자욱”, 『인민들 속에서』 84, 조선로동당출판사, 2009.
———, “중성밥공장에 찾아오시여”, 『인민들 속에서』 87, 조선로동당출판사, 2010.
강태석, “로동계급은 가장 문명한 계급이므로 생활도 문화적으로 꾸려야 합니다”, 『인민들 속에서』 97, 조선로동당출판사, 2011.
강현수, “더 좋은 농촌문화주택을 지어주시려고”, 『인민들 속에서』 50, 조선로동당출판사, 1992.
강희원, “구멍탄에 깃든 이야기”, 『인민들 속에서』 40, 조선로동당출판사, 1987.
“개인 리기주의와의 투쟁을 강화하자”, 『당 간부들에게 주는 참고자료』, 1959년 2월호.
“겨울의 바다”, 『신생활』, 제55호(1962).
고형창, “(방문기) 은혜로운 해빛(햇빛) 아래 누리는 끝없는 행복”, 『로동신문』, 1976. 12. 6.

"교원 단기양성소 2월 1일에 개소", 『로동신문』, 1947. 1. 4.
"국가양곡 대여사업을 신속·정확히 집행하라", 『로동신문』, 1952. 4. 30.
권학철, "우리 부대 부업포전에 찾아 오시여", 『인민들 속에서』 92, 조선로동당출판사, 2011.
김경준, "(방문기) 흥겨운 물고기 가공장", 『로동신문』, 1982. 12. 17.
김광선, "금성땅에 새겨진 위대한 자욱", 『인민들 속에서』 80, 조선로동당출판사, 2009.
김광식, "생소강에 민물고기 욱실거린다", 『로동신문』, 1972. 10. 31.
김동순, "녀성들의 사회적 해방의 력사적 사변을 안아오신 위대한 어버이", 『조선녀성』, 2016년 7월호.
김동춘, "살림 잘 하는 김영애 동무", 『조선녀성』, 1961년 2월호.
김룡수, "공산주의 아주머니", 『천리마시대 사람들』(9), 선동원사, 1964.
김룡익, "좋구나 오늘은 분배의 날", 『조선녀성』, 1960년 12월호.
김리운, "위대한 수령님을 생각할 때면", 『인민들 속에서』 60, 조선로동당출판사, 2000.
김보식, "상업봉사자 된 영예를 안고", 『천리마』, 제447호(1996).
김상애, "구름에 떠서", 『활살』, 제84호(1957).
———, "날아가는 세멘트", 『화살』, 제105호(1959).
———, "류통부문을 통해서 듣는 손님들의 목소리", 『화살』, 제102호(1959).
———, "리기주의 잔재들", 『활살』, 제95호(1958).
———, "문화적인 배려에 대하여", 『활살』, 제76호(1957).
———, "언제나 바쁘신 수의사", 『활살』, 제81호(1957).
———, "피현군 상업부장의 솜씨", 『활살』, 제84호(1957).
———, "합숙원들의 목소리", 『화살』, 제100호(1959).
———, "황남도 류통사업에서", 『활살』, 제83호(1957).
김석모, "우리나라에서 첫 전기철도는 이렇게 건설되였(되었)다", 『인민들 속에서』 54, 조선로동당출판사, 1996.
김선옥, "토지개혁 전야에 있었던 이야기", 『인민들 속에서』 70, 조선로동당출판사, 2007.
김수현, "1인3역에 대한 이야기", 『화살』, 제161호(1962).
김애영, "고마운 보건제도를 생각할 때면", 『인민들 속에서』 95, 조선로동당출판사, 2011.
김영숙, "살림을 계획적으로", 『조선녀성』, 1960년 6월호.
김영재, "먹는 기름 문제 해결에서 큰 성과", 『로동신문』, 1972. 10. 7.
김영채, "가정용 랭동기에 깃든 이야기", 『인민들 속에서』 85, 조선로동당출판사, 2010.
김영철, "우리는 이 과수농장을 공산주의 과수농장으로 만들어야 하겠습니다", 『인민들 속에서』 9, 조선로동당출판사, 1971.
김용근, "평양시에 꾸려주신 첫 남새생산기지", 『인민들 속에서』 69, 조선로동당출판사, 2007.
김유봉, "강성대국건설의 전초전에서", 『천리마』, 제489호(2000).
김정옥, "우리 직매점에 찾아오신 첫 손님", 『인민들 속에서』 80, 조선로동당출판사, 2009.
"김제원 농민의 '실수'", 『조선녀성』, 2012년 10월호.
김주교, "자력갱생이 제일입니다", 『인민들 속에서』 44, 조선로동당출판사, 1989.
김집, "악질 불경지주를 처단 산업 확충과 조림 강화", 『로동신문』, 1947. 3. 18.
김창선, "망신하기 좋겠어요", 『화살』, 제109호(1959).
김창억, "지주의 본성을 잊지 말아야 한다", 『인민들 속에서』 56, 조선로동당출판사, 1998.

김창해, "(기행) 풍요한 바다가(바닷가)에 행복이 꽃핀다", 『로동신문』, 1988. 10. 8.
——, "안악의 공산주의자 붉은 보육원들", 『로동신문』, 1970. 1. 24.
김춘길, "황철 땅에 새겨진 사랑의 전설", 『인민들 속에서』 63, 조선로동당출판사, 2003.
김현, "토지개혁 실시의 그 당시를 회고하며", 『새조선』, 제2권 제3호(1949).
김현복, "수두고급중학교는 길이 전하리", 『인민들 속에서』 103, 조선로동당출판사, 2014.
김형균, "공민의 의무를 지켜", 『로동신문』, 1984. 12. 10.
김효석, "새 조선의 주인으로 살라고 하시며", 『인민들 속에서』 99, 조선로동당출판사, 2012.
"나는 일급료리사", 『조선녀성』, 1964년 9월호.
나능걸, "(방문기) 복받은 우리의 꽃봉오리들", 『로동신문』, 1976. 6. 14.
나성국, "즐거운 휴양생활을!", 『로동신문』, 1984. 2. 12.
남유경, "소문없이 우리집에 찾아오시여", 『인민들 속에서』 80, 조선로동당출판사, 2009.
남정화, "붉은청년근위대 시절을 생각할 때마다", 『인민들 속에서』 77, 조선로동당출판사, 2008.
"년금 수령자", 『등대』, 1964년 7월호.
노명주, "농민들의 수고를 덜어주시려고", 『인민들 속에서』 45, 조선로동당출판사, 1990.
노철남, "탄부들이 자랑하는 녀성들", 『조선녀성』, 2013년 12월호.
"농업현물세 징수 대책 완납하기 전에는 방매 금지", 『로동신문』, 1946. 11. 20.
"농촌 출신으로 농민은행 간부 양성", 『로동신문』, 1947. 9. 23.
"당의 봉사일군된 영예 빛내여간다", 『로동신문』, 1980. 2. 4.
"더 많이 생산하고 아껴 쓰자", 『조선녀성』, 1961년 2월호.
도재현, "농민시장에 대한 지도 사업을 개선하자", 『상업』, 1958년 6월호.
"로동자들의 생활문제에 관심을 돌리라", 『활살』, 제44호(1954).
류달, "값 비싼 노루메기", 『활살』, 제62호(1956).
명홍숙, "(현지보도) 그때의 그들이였다", 『로동신문』, 1982. 6. 29.
"모두 다 쓸 수 있는 것이지요", 『조선녀성』, 1961년 2월호.
"무병장수의 기쁨", 『로동신문』, 1986. 4. 5.
문성술, "청산리정신, 청산리방법이 창조되던 나날에", 『인민들 속에서』 48, 조선로동당출판사, 1991.
문태화, "함남인민위원회 업적", 『각도인민위원회 2년간 사업개관』, 북조선인민위원회 선전부, 1947.
"문화정서생활에서 민속적인 것을 적극 살려나가자", 『조선녀성』, 2008년 3월호.
"밀가루 한 포대를 받은 기쁨", 『로동신문』, 1952. 5. 15.
"바쳐가는 인생", 『조선녀성』, 2007년 4월호.
박경석, "민주 사법간부들 속속 양성 배출", 『로동신문』, 1949. 9. 14.
박석용, "강냉이 가공품에 깃든 다심한 은정", 『인민들 속에서』 96, 조선로동당출판사, 2011.
박용녀, "아버지가 섰던 초소에 오늘은 딸이 서있습니다", 『인민들 속에서』 16, 조선로동당출판사, 1978.
박재권, "의사담당구역제 사업을 실속 있게", 『로동신문』, 1980. 2. 28.
박종태, "직장 사회보험사업 개선 강화를 위한 몇 가지 문제", 『로동자』, 1954년 3월호.
박찬혁, "산간역의 차비표에도", 『인민들 속에서』 24, 조선로동당출판사, 1981.
박창석, "우리 농장을 사회주의 문화농촌으로 꾸려주시려", 『인민들 속에서』 91, 조선로동당출판사, 2010.
박태화, “길주군 전화 가설 상황”, 『로동신문』, 1947. 9. 6.
방갑철, “세소어업을 적극 벌려 많은 문어를 잡아낸다”, 『로동신문』, 1974. 6. 17.
백영수, “기계가 농사일을 대신한다”, 『등대』, 1964년 5월호.
백창덕, “석탄 절약에서 앞장섰다”, 『조선녀성』, 1962년 3월호.
변용남, “제품의 질 제고를 위한 상금 조직”, 『로동』, 1959년 7월호.
변창복, “당의 농업정책이 옳게 실현되도록”, 『인민들 속에서』 65, 조선로동당출판사, 2005.
“봉사성 높은 판매원”, 『농촌여성』, 1959년 4월호.
“비행사들의 건강을 비행사 안해들에게 부탁합니다”, 『조선녀성』, 2015년 1월호.
“빈농가 솔선하여 애국미 2입 헌납”, 『로동신문』, 1947. 1. 1.
“빼스표”, 『활살』, 제84호(1957).
“사설: 농업현물세 납입을 속히 완수하자!”, 『로동신문』, 1946. 10. 18.
“40% 임금 인상”, 『조선녀성』, 1958년 11월호.
“사회주의 분배원칙을 철저히 관철시키자!”, 『조선녀성』, 1960년 10월호.
“생활 필수품 품종 확대 및 품질 제고에 대한 상금제를 정확히 실시하자”, 『로동』, 1958년 6월호.
“선군시대의 요구에 맞게 관혼상제를 간소하게 하자”, 『조선녀성』, 2007년 4월호.
“소정 이외의 잡세 절대 부과치 말라”, 『로동신문』, 1947. 3. 23.
손익천, “온 나라 학생들의 학부형이 되시여”, 『인민들 속에서』 79, 조선로동당출판사, 2009.
손종준, “잊지 못할 그날의 가르치심”, 『인민들 속에서』 48, 조선로동당출판사, 1991.
송은주, “관혼상제를 간소하게 하자”, 『조선녀성』, 2015년 4월호.
“수매양곡의 청산 신속 공평히 하라”, 『로동신문』, 1947. 2. 11.
신금단, “당에 감사를 드립니다”, 『조선녀성』, 1961년 8월호.
신기관, “졸업시험 앞두고 학생 성적 제고 위해 투쟁”, 『로동신문』, 1948. 6. 2.
신상준, “그 이께서 열어주신 고래잡이의 길”, 『인민들 속에서』 5, 조선로동당출판사, 1964.
“신포 바다의 명태잡이”, 『조선녀성』, 1957년 1월호.
심재복, “잊을 수 없는 군사복무의 첫 시절”, 『인민들 속에서』 94, 조선로동당출판사, 2011.
안봉근, “당정책 관철의 선구자”, 『조선녀성』, 1999년 2월호.
안월숙, “성실한 리발사”, 『상업』, 1964년 9월호.
——, “한 리발사의 경우”, 『상업』, 1963년 8월호.
안재승, “우리 수령님 기뻐하시는 가을”, 『인민들 속에서』 84, 조선로동당출판사, 2009.
“야간통행시간 11시까지로”, 『로동신문』, 1947. 8. 3.
“어로공의 안해들”, 『조선녀성』, 1963년 1월호.
“여성들을 위하여”, 『조선녀성』, 1958년 11월호.
여순화, “새 거리의 집주소”, 『금수강산』, 1990년 1월호.
오복성, “가족식당 운영 경험”, 『상업』, 1959년 3월호.
오순애, “정말 꿈만 같았습니다”, 『인민들 속에서』 83, 조선로동당출판사, 2009.
오창일, “평양시민들에게 차례지는 과일에 깃든 은정”, 『인민들 속에서』 65, 조선로동당출판사, 2004.
“우산장 휴양소를 찾아서”, 『로동자』, 1963년 7월호.
우석도, “평남관개건설을 위한 수령님의 원대한 구상”, 『인민들 속에서』 10, 조선로동당출판사,

1971.
"우차공의 붉은 마음", 『상업』, 1962년 7월호.
원도명, "노래의 주인공", 『천리마』, 제46호(1962).
원순히, "실농군과 무릎을 마주하시고", 『인민들 속에서』 34, 조선로동당출판사, 1984.
원철, "빼스를 좀 탑시다", 『활살』, 제41호(1954).
유관철, "농업도 기업적 방법으로 지도할 때가 되였소", 『인민들 속에서』 8, 조선로동당출판사, 1969.
유범, "(방문기) 해빛(햇빛)은 여기 은반 우에도", 『로동신문』, 1986. 2. 24.
유향림, "새집들이", 『화살』, 제98호(1959).
"윷놀이 방법", 『조선녀성』, 2008년 3월호.
이갑송, "안주탄전의 변모", 『금수강산』, 1990년 7월호.
이경희, "부자가 된 다음에 오겠소", 『인민들 속에서』 2, 조선로동당출판사, 1962.
이규정, "수령의 교시를 심장으로 받들고 농촌전기화에서 이룩된 커다란 혁신", 『로동신문』, 1970. 1. 26.
"이런 조합원은 없습니까?", 『농촌여성』, 1959년 7월호.
이병근, "그는 선반공이였다", 『천리마』, 제46호(1962).
이봉원, "농업생산에서 허풍과 요령주의를 극복하도록", 『인민들 속에서』 49, 조선로동당출판사, 1991.
이성영, "산골마을 상점에 찾아 오시여", 『인민들 속에서』 96, 조선로동당출판사, 2011.
이순희, "(방문기) 쓸모가 많은 아카시아림", 『로동신문』, 1980. 8. 24.
이용운, "즐거운 농민 휴양", 『로동신문』, 1984. 12. 6.
———, "화선 천리길을 헤쳐 싸운 그 투지로", 『로동신문』, 1978. 2. 7.
이용철, "현지보고 국영 평양견직공장에서", 『농민』, 1949년 7월호.
이운봉, "둘러대기 선수들", 『화살』, 제101호(1959).
———, "분주한 사람들", 『화살』, 제104호(1959).
———, "성진제강소에서", 『화살』, 제100호(1959).
———, "어지러운 채점법", 『화살』, 제125호(1960).
———, "탐조등", 『화살』, 제109호(1959).
———, "특제품과 막구두", 『화살』, 제101호(1959).
이유남, "미신에서 과학으로", 『조선녀성』, 1949년 10월호.
이인규, "제품의 질 제고와 로동 생산능률 장성에서 기능양성 일군들의 당면 과제", 『로동』, 1959년 1월호.
이일선, "국가재산을 침범하는 자들과 견결히 싸우자", 『조선여성』, 1947년 9월호(NARA, RG 242, Entry 299F, Container 620, SA 2008, Box 9, Item 19).
이택기 · 문창렬, "우리 시대의 이동 영사대 대장", 『천리마시대 사람들』(2), 조선로동당출판사 · 직업동맹출판사, 1961.
임창걸, "어버이 사랑은 먼 바다 어로공들의 생활에도", 『인민들 속에서』 97, 조선로동당출판사, 2011.
임휘증, "해방 후 4년 동안에 북반부 농촌경리는 이렇게 발전하였다", 『농민』, 1949년 8월호.
장용태, "한 농장의 살림살이를 살피시고", 『인민들 속에서』 6, 조선로동당출판사, 1967.

장필순, “터문이 없는 간소화”, 『활살』, 제42호(1954).
———, “피장파장”, 『활살』, 제41호(1954).
전영, “붉은 상업 전사들”, 『조선녀성』, 1960년 9월호.
전태범, “교정에 새겨진 교육자의 모습”, 『조선녀성』, 2014년 4월호.
전호남, “미래를 위해 바쳐가는 정성”, 『조선녀성』, 2008년 7월호.
정원암, “친절한 해설로 완고 노파 설복”, 『로동신문』, 1947. 2. 12.
정인순, “잊을 수 없는 렬차승무의 나날을 돌이켜보며”, 『인민들 속에서』 39, 조선로동당출판사, 1986.
“제대 군인 취업 보장 사업을 정확히 집행하기 위하여”, 『로동』, 1958년 4월호.
조광열, “한 기업가가 걸어온 길”, 『금수강산』, 1993년 1월호.
“조국의 영예를 빛내고저”, 『조선녀성』, 1964년 1월호.
“조선로동당 제5차대회에서 한 중앙위원회 사업총화 보고”, 『로동신문』, 1970. 11. 3.
조선희, “침봉마을의 살림군”, 『천리마시대 사람들』(14), 조선로동당출판사, 1966.
조원재, “(기행) 우리 삶이 꽃 피는 품”, 『로동신문』, 1984. 2. 13.
“조합원들은 사회주의 사상으로 더욱 튼튼히 무장하자”, 『농업협동조합원』, 제4호(1958).
주정순, “직장을 가진 주부의 생활설계”, 『조선여성』, 1947년 9월호.
주진달, “이른 아침에 남새상점에 오시여”, 『인민들 속에서』 16, 조선로동당출판사, 1978.
주한률, “석탄전선에서 혁신의 불길이 계속 타오른다”, 『로동신문』, 1970. 8. 11.
진승구, “수도의 무궤도전차화를 실현하시는 길에서”, 『인민들 속에서』 25, 조선로동당출판사, 1981.
“천리마 작업반”, 『농촌여성』, 1959년 7월호.
최근호, “배 머리에 오신 수상님”, 『인민들 속에서』 1, 조선로동당출판사, 1962.
최금선, “손잡아 이끌어주신 따뜻한 사랑”, 『인민들 속에서』 50, 조선로동당출판사, 1992.
최도현, “양화수산사업소를 큰 원양수산기지로 잘 꾸려야 하겠습니다”, 『인민들 속에서』 36, 조선로동당출판사, 1985.
최룡혁, “우리 시대의 참된 녀맹일군”, 『조선녀성』, 2002년 7월호.
최병직, “농업현물세 징수사업의 정확한 집행을 위하여”, 『인민』, 1955년 9월호.
최석화, “두 공장 합숙의 두 현상”, 『로동자』, 1959년 3월호.
최선호, “분계연선마을에 문화주택을”, 『인민들 속에서』 53, 조선로동당출판사, 1994.
최세권, “새 주택을 받고”, 『로동자』, 1956년 10월호.
“추기 수확물에 관한 농업현물세 징수상황 보고: 농림국장 이순근”, 『로동신문』, 1946. 11. 28.
“7년 후의 생활은 얼마나 더 좋은가!”, 『조선녀성』, 1961년 10월호.
특파기자, “(동승기) 우리 렬차원, 우리 선동원”, 『로동신문』, 1978. 4. 9.
“패권은 계속 유지될 것이다”, 『천리마』, 제46호(1962).
하병섭, “과자들을 미리 봉지에 넣어 달아 둔다면”, 『상업』, 1962년 9월호.
하석태, “신금단 선수를 찾아서”, 『천리마』, 제46호(1962).
하정하 · 김준호, “로동당의 딸 영웅 탄부”, 『천리마시대 사람들』(9), 선동원사, 1964.
한수일, “인민소비품에 대한 그이의 기준”, 『인민들 속에서』 92, 조선로동당출판사, 2011.
한왕규, “간석지벌에 생겨난 국영 3월3일농장”, 『인민들 속에서』 54, 조선로동당출판사, 1996.
한필화, “세계적인 선수로 내세워주시며”, 『인민들 속에서』 48, 조선로동당출판사, 1991.

허병섭, “리발사 가정”, 『상업』, 1963년 1월호.
현규섭, “지칠 줄 모르고 달려온 20년”, 『천리마시대 사람들』(13), 조선로동당출판사, 1966.
현룡균, “땅 속의 별들”, 『조선녀성』, 1964년 7월호.
“현물세를 적게 납부하려는 일부 경향과 강력히 투쟁하라”, 『로동신문』, 1952. 9. 25.
“현물세 완납에 적극 투쟁 평양시와 평남북 우량”, 『로동신문』, 1946. 11. 21.
홍건의, “인민들의 건강을 위한 일에서는 작은 일이 따로 없소”, 『인민들 속에서』 40, 조선로동당출판사, 1987.
홍도학, “몸소 내오신 분조관리제”, 『인민들 속에서』 64, 조선로동당출판사, 2004.
홍인룡, “오늘의 이야기를 옛말로 할 때가 옵니다”, 『인민들 속에서』 19, 조선로동당출판사, 1980.
“환희와 랑만에 찬 생활”, 『삼천리』, 제12호(1965).

한국 문서

「의료종사자수 통계」, 국가통계포털(KOSIS), http://kosis.kr/statHtml/statHtml.do?orgId=101&tblId=DT_2KAAC01_OECD&vw_cd=MT_RTITLE&list_id=UTIT_OECD_L&cseqNo=&lang_mode=ko&language=
「전력」, 통일부 북한정보포털, http://nkinfo.unikorea.go.kr/nkp/overview/nkOverview.do?sumryMenuId=EC211
「전민군사복무제」, 통일부 북한정보포털, https://nkinfo.unikorea.go.kr/ nkp/term/viewNkKnwldg Dicary.do?pageIndex=1&dicaryId=159

한국 논문

김태운·이강복, “북한의 산업구조 변화 추이와 향후 전망”, 『아시아연구』, 제11권 제2호(2008).
양문수, “분단 이후 남북한 경제의 궤적”, 『현대사광장』, 제5권(2015).
이석, “1994~2000년 북한 기근: 초과 사망자 규모와 지역별 인구 변화”, 『국가전략』, 제10권 제1호(2004).
이온죽, “여성의 가정생활”, 손봉숙 외, 『북한의 여성생활』, 나남, 1991.

한국 단행본

김광운, 『북한 정치사 연구 I: 건당·건국·건군의 역사』, 선인, 2003.
김성보, 『북한 현대사』 1, 역사비평사, 2011.
김진계 구술·기록, 김응교 보고문학, 『조국: 어느 ‘북조선 인민’의 수기』(상), 현장문학사, 1990.
김창순, 『북한 15년사』, 지문각, 1961.
김현식, 『나는 21세기 이념의 유목민』, 김영사, 2007.
남북회담수행기자단, 『분단의 장벽을 뚫고: 기자들이 본 북한』, 대한공론사, 1977.
남성욱, 『현대 북한의 식량난과 협동농장 개혁』, 한울아카데미, 2016.
노베르트 폴러첸, 『미친 곳에서 쓴 일기』, 월간조선사, 2001.

루이제 린저 저, 강규현 역, 『루이제 린저의 북한이야기』, 형성사, 1988.
박명림, 『한국전쟁의 발발과 기원 II: 기원과 원인』, 나남, 1996.
성혜랑, 『등나무집』, 지식나라, 2000.
스칼라피노 · 이정식 저, 한홍구 역, 『한국공산주의운동사』 2, 돌베개, 1986.
아리스토텔레스 저, 리종일 역, 『정치학』, 올재, 2011.
양운철 외, 『통계로 보는 남북한 변화상 연구: 북한연구자료집』, 세종연구소, 2011.
애나 파이필드 지음, 이기동 옮김, 『마지막 계승자』, 프리뷰, 2019.
오영진, 『소련군정하의 북한—하나의 증언』, 국민사상지도원, 1952.
이기범, 『남과 북 아이들에게 철조망이 없다』, 보리, 2018.
작가황석영석방대책위원회 엮음, 『황석영 북한방문기—사람이 살고 있었네』, 시와사회사, 1993.
전국인민위원회 대표자대회 서기부, 『전국인민위원회 대표자대회 의사록: 1945. 11. 20. ~ 1945. 11. 25.』, 조선정판사, 1946.
정창현, 『변화하는 북한 변하지 않는 북한』, 선인, 2005.
조광동, 『더디 가도 사람 생각 하지요』, 우리일터기획, 1996.
조명훈, 『북녘일기』, 산하, 1988.
조정아, 『교육통계를 통해 본 북한의 교육』, 통일연구원, 2016.
주성하, 『서울과 평양 사이』, 기파랑, 2017.
주순영, 『축복의 땅으로: 전 북한 1호공훈배우 주순영의 탈북 간증 수기』, 예찬사, 2009.
중앙일보특별취재반, 『비록 조선민주주의인민공화국』, 중앙일보사, 1992.
진천규, 『평양의 시간과 서울의 시간은 함께 흐른다』, 타커스, 2018.
채학선, 『정말 이럴 수가!』, 연합통신, 1994.
태영호, 『3층 서기실의 암호: 태영호 증언』, 기파랑, 2018.
펠릭스 아브트 지음, 임상순 · 권원순 옮김, 『평양자본주의—스위스 사업가의 평양생활 7년』, 한국외국어대학교 지식출판원, 2015.
평화통일연구소 편, 『북한개요』, 평화통일연구소, 1986.
홍순경, 『만사일생: 북한대사관 참사의 자유를 향한 탈출』, 바른기록, 2013.
홍제환, 『김정은 정권 5년의 북한경제: 경제정책을 중심으로』, 통일연구원, 2017.
황장엽, 『황장엽 회고록』, 시대정신, 2006.

한국 기사, 수기, 방북기

강석진, "식량 · 전력난에 인심 흉흉: 일 아사히 신문기자 방북기", 『서울신문』, 1997. 8. 26.
강은지, "두벌농사 · 감자혁명으로 식량난 해결 모색", 『민족21』, 2003년 11월호.
——, "부모님 만류도 어쩔 수 없어요", 『민족21』, 2003년 9월호.
——, "여기는 평양: 노후와 장례", 『민족21』, 2003년 12월호.
고병철, "'혁명' 2대", 양성철 · 박한식 편저, 『북한기행』, 한울, 1986.
"국가에서 주택 배정, 주택사용료는 생활비의 2% 수준", 『민족21』, 2009년 11월호.
김광수, "여기는 평양: 사회주의에도 부자가 있다?", 『민족21』, 2003년 12월호.
김기헌, "결혼전 야외촬영하는 신세대들이 늘고 있습니다", 『민족21』, 2003년 4월호.

———, “남쪽 모델, 깡마르고 키만 길쭉해가지고…”, 『민족21』, 2001년 8월호.
김길선, “아버지 생각”, 2004년 11월 18일, 탈북자동지회 홈페이지(http://nkd.or.kr) ‘탈북자수기’ 코너.
김무정, “인도 나사렛성결회 비잘 싱 목사 방북기: 평양서 만난 안승운 목사”, 『국민일보』, 1996. 5. 9.
김민세, “북한군 병영 추억 ‘잃으면 훔쳐서라도 보충하라’”, 2007년 7월 16일, 탈북자동지회 홈페이지(http://nkd.or.kr) ‘탈북자수기’ 코너.
김성진, “‘정치입북’ 9일”, 『기자들이 가본 북한: 남북교류행사 취재기자들의 방북기』, 다나, 1993.
김수배, “‘동토의 공화국’에도 봄은 오는가”, 『기자들이 가본 북한: 남북교류행사 취재기자들의 방북기』, 다나, 1993.
김양희, “다른 곳은 안 가도 평양은 가야하지 않나?”, 『통일뉴스』, 2007. 5. 12.
———, “창광유치원 아이들 모습에 십년 젊어져”, 『통일뉴스』, 2006. 11. 27.
———, “평양, 개성 뒷이야기”, 『통일뉴스』, 2006. 12. 12.
김영권, “북한 휴대폰, 보급대구와 사용자 구분해야”, *VOA*, 2019. 1. 28.
김영순, “90년대 함흥 집단아사의 악몽”, 2004년 11월 19일, 탈북자동지회 홈페이지(http://nkd.or.kr) ‘탈북자수기’ 코너.
김연수, “북한개혁 이미 시작됐다: 대구대 김연수 교수 방북기”, 『경향신문』, 1992. 2. 10.
김우중, “한국여권 입국… 가까워진 남북 실감: 김우중 대우회장 방북기”, 『한국일보』, 1992. 1. 28.
김은철, “북녘땅에서 의사로 봉사할 수 있는 날을 기다리며”, 2004년 11월 18일, 탈북자동지회 홈페이지(http://nkd.or.kr) ‘탈북자수기’ 코너.
김재숙, “농장간부 밥상은 쌀밥 돼지고기 명태 기본이 7찬”, 2010년 11월 13일, 탈북자동지회 홈페이지(http://nkd.or.kr) ‘탈북자수기’ 코너.
김종익, “긴 여행: ‘금기의 땅’을 가다”, 양성철 · 박한식 편저, 『북한기행』, 한울, 1986.
김종환, “대북식량지원 사태가 남긴 것”, *TOPDAILY*, 2019. 7. 4.
김지영, “뿔뿔히 흩어졌다면 우린 벌써 죽었어요”, 『민족21』, 2002년 4월호.
———, “사회주의도 자본주의도 아닌 남북 합의법으로 운영될 통일국가의 옛 수도”, 『민족21』, 2003년 4월호.
———, “올 봄 가장 심한 욕은 ‘책상주의자’”, 『민족21』, 2001년 6월호.
김지은, “대북제재로 북 어민들 생활고”, *RFA*, 2018. 3. 25.
김지형, “남자들이야 밥은 못 먹어도 이건 먹어야 한다는 사람도 있고… 하하하”, 『민족21』, 2004년 6월호.
———, “늘어나 거리 매대, 홍성거리는 옥류관…”, 『민족21』, 2003년 10월호.
———, “한 주일에 세 번쯤 오는데 젊어집니다. 몸도 까고…”, 『민족21』, 2004년 7월호.
김진숙, “〈방북기〉 하루에 비타민 10만 정을 찍어내고 있어요”, 『통일뉴스』, 2003. 9. 3.
김춘경, “이른 아침부터 성묘 준비로 분주, 민속씨름경기에 다함께 환호”, 『민족21』, 2009년 11월호.
김치관, “쌀 ‘협정가격’ 알아야 북한 경제가 보인다”, 『통일뉴스』, 2015. 1. 8.
남광수, “꿈으로 보이는 7년”, 2004년 11월 19일, 탈북자동지회 홈페이지(http://nkd.or.kr) ‘탈북자수기’ 코너.
내부통신원, “2011년 1월 접경일지”, 『임진강』, 2011년 3월호.
“녀성들의 호주머니 노리는 교통 규찰대”, 『림진강』, 2008년 8월호.

류경원, "우리나라의 경제형편(상)", 『림진강』, 2007년 11월호.
모리토모미森類臣, "차분한 거리, 북적이는 통일거리시장에서 느낀 평양의 여유", 『민족21』, 2007년 1월호.
"밀대전략을 우습게 보다니", 2004년 11월 19일, 탈북자동지회 홈페이지(http://nkd.or.kr) '탈북자수기' 코너.
박단희, "평양산원 리포트(상-2): 첫 아이 아버지 취재기", 『민족21』, 2004년 5월호.
박명희, "14살에 조선체육대학에 입학했지만…", 신정아 외, 『자화상』, fnk미디어, 2012.
박정삼, "북한·북한인·북한경제", 『기자들이 가본 북한: 남북교류행사 취재기자들의 방북기』, 다나, 1993.
박지수, "분조 안에서도 근로일수 따라 생활비 차등 지급", 『민족21』, 2004년 8월호.
박태용, "공군상위 출신 탈북자의 수기", 탈북자동지회 홈페이지(http://nkd.or.kr) '탈북자수기' 코너.
배안, "당연히 원산에도 즐겁게 다녀왔다", 『통일뉴스』, 2014. 11. 4.
──, "평양이 나에게 잘 왔다며 미소 짓는다", 『통일뉴스』, 2014. 10. 22.
"北국방위, '中쌍끌이 어선 어업 금지' 명령 하달", *Daily NK*, 2015, 3, 5.
서유상, "편한 옷보다는 맵시 중시, 멋부리기용 안경도 등장", 『민족21』, 2006년 8월호.
송홍근, "평양에서 온 자본주의 청년 정시우 '주식회사 형태 빵공장 했습니다'", 『신동아』, 2019년 2월호.
송회선, "식량 부족 '속도전떡' '솔잎떡' 유행", 『매일신문』, 2000. 3. 31.
숑레이熊蕾, "여기는 평양: 중국 지식인들이 본 조선의 사회주의 ②", 『민족21』, 2010년 12월호.
스도신지, "북한 식량난에 '1일 2식 운동'", 『경향신문』, 1993. 5. 13.
신준영, "장마당 장사꾼에 타격줘 기뻐, 정직한 사람 잘 살게 됐다", 『민족21』, 2002년 10월호.
───, "조국이 거부한 『조선신보』 평양특파원 기고문 두 편", 『민족21』, 2001년 7월호.
아침, "우리가족의 운명", 2005년 12월 7일, 탈북자동지회 홈페이지(http://nkd.or.kr) '탈북자수기' 코너.
양성철, "무엇을 가르치고 어떻게 배우나", 양성철·박한식 편저, 『북한기행』, 한울, 1986.
염규현, "재미동포 의사의 통일과 의업의 길 20년", 『민족21』, 2010년 11월호.
───, "컴퓨터·디카·손전화 보급 확산, 디지털 문화 인민들의 생활과 의식 바꾼다", 『민족21』, 2011년 2월호.
오태진, "거대한 쇼윈도 평양", 『기자들이 가본 북한: 남북교류행사 취재기자들의 방북기』, 다나, 1993.
"원격수술시스템 구축 멀지 않았다", 『민족21』, 2010년 4월호.
유수, "단고기에 땀방울 송송~ 냉면 한 사발에 속까지 얼얼~", 『민족21』, 2007년 9월호.
이경수, "손잡고 팔짱끼고 대담해진 연애 풍경 야외촬영 늘고 전문 결혼식장 이용", 『민족21』, 2009년 7월호.
───, "시장 역시 국가의 관리 밑에 사회주의 경제원칙 따라 운영", 민족21, 2005년 12월호.
───, "출산, 육아, 가사, 직장생활 감당 이악스럽게", 『민족21』, 2005년 11월호.
───, "7·1조치 이후 40개월, 상승세 탄 북녘 경제", 『민족21』, 2005년 12월호.
───, "7·1조치 이후 식당수 급증 외식문화 자리 잡아", 『민족21』, 2007년 10월호.
이광수, "나의 고백", 『이광수전집』 별권, 삼중당, 1971.

이기범, “남북어린이어깨동무재단 방북기”, 『한겨레』, 1998. 11. 27.
이동훈, “‘국제노인의 날’ 북한의 노인정책은?”, NK투데이, 2016. 10. 6.
이명철, “북, 어선에 대한 통제 강화로 어민들 생활난”, *RFA*, 2019, 6. 27.
이미숙, “수술실, 소아과 집중치료실 지원 가장 시급”, 『민족21』, 2004년 8월호.
이미영, “이미영씨의 증언”, 2004년 11월 18일, 탈북자동지회 홈페이지(http://nkd.or.kr) ‘탈북자수기’ 코너.
이선민, “소련군에게 무기 넘겨받은 공산주의자들 라디오 방송국과 지역신문 빼앗고 있다… 반대세력 학살 위협하고 대낮에 총살”, 『조선일보』 2017. 8. 16.
이성우, “나의 탈북동기는 도둑질”, 2012년 11월 25일, 탈북자동지회 홈페이지(http://nkd.or.kr) ‘탈북자수기’ 코너.
이승환, “화사한 옷, 외제 음료… 개방 소슬바람: 개성에서의 하루”, 『한국일보』, 1995. 5. 7.
이연철, “쌀값 2년새 130배 폭등”, *VOA*, 2011. 11. 30.
이영재, “목표가 뒤바뀐 특수부대”, 2012년 12월 12일, 탈북자동지회 홈페이지(http://nkd.or.kr) ‘탈북자수기’ 코너.
이은일, “나에겐 또 하나의 조국이 있었다: 재미교포 이은일씨 방북기”, 『세계일보』, 1992. 10. 28.
이재승, “사회주의 명절에는 대규모 국가행사, 민속명절에는 고향, 친척 발길 분주”, 『민족21』, 2007년 4월호.
———, “에너지난과 환경오염, 두 마리 토끼 잡으려는 대중교통 체계”, 『민족21』, 2007년 2월호.
이정순 · 최진이, “2010년 3월 접경일지”, 『임진강』, 2010년 6월호.
이찬삼, “가서 본 북한: 본사 이찬삼 시카고 편집국장 방문기 ①”, 『중앙일보』, 1988. 12. 16.
———, “가서 본 북한: 본사 이찬삼 시카고 편집국장 방문기 ②”, 『중앙일보』, 1988. 12. 17.
———, “가서 본 북한: 본사 이찬삼 시카고 편집국장 방문기 ③”, 『중앙일보』, 1988. 12. 19.
———, “가서 본 북한: 본사 이찬삼 시카고 편집국장 방문기 ④”, 『중앙일보』, 1988. 12. 20.
———, “가서 본 북한: 본사 이찬삼 시카고 편집국장 방문기 ⑤”, 『중앙일보』, 1988. 12. 21.
———, “가서 본 북한: 본사 이찬삼 시카고 편집국장 방문기 ⑥”, 『중앙일보』, 1988. 12. 23.
———, “가서 본 북한: 본사 이찬삼 시카고 편집국장 방문기 ⑦”, 『중앙일보』, 1988. 12. 24.
———, “가서 본 북한: 본사 이찬삼 시카고 편집국장 방문기 ⑧”, 『중앙일보』, 1988. 12. 26.
———, “가서 본 북한: 본사 이찬삼 시카고 편집국장 방문기 ⑨”, 『중앙일보』, 1988. 12. 27.
———, “가서 본 북한: 본사 이찬삼 시카고 편집국장 방문기 ⑩”, 『중앙일보』, 1988. 12. 28.
———, “가서 본 북한: 본사 이찬삼 시카고 편집국장 방문기 ⑪”, 『중앙일보』, 1988. 12. 29.
이채진, “‘평등사회’의 참모습”, 양성철 · 박한식 편저, 『북한기행』, 한울, 1986.
“2010년 인민생활의 결정적 전환 가져올 것”, 『민족21』, 2010년 2월호.
이현기, “남북한 노인들”, *RFA*, 2017. 10. 20.
이현진, “[북한농업현황] 식량작물 생산량 471만t 농업종사자 293만명”, 『농민신문』, 2018. 5. 3.
“일본인들 방북기”, 『경향신문』, 1997. 7. 25.
임영선, “땀방울의 가치를 생각하며”, 2004년 11월 18일, 탈북자동지회 홈페이지(http://nkd.or.kr) ‘탈북자수기’ 코너.
장영섭, “금강산, 걸음마다”, 『기자들이 가본 북한: 남북교류행사 취재기자들의 방북기』, 다나, 1993.
정기상, “주체철 생산, CNC 개발에 자부심, 화폐교환 후 혼란은 과도기적 현상”, 『민족21』, 2010

년 4월호.
정기열, "여기는 평양: 평양친선병원 입원기 2부", 『민족21』, 2007년 11월호.
정명화, "1990년대 북한 영유아세대, 자신 및 늘어나는 노인 보건비용 이중부담으로 허덕여", *RFA*, 2017. 10. 20.
정연주, "세계식량기구 쿠츠 국장 방북기: 나물이 밥, 밥은 되레 반찬", 『한겨레』, 1996. 5. 24.
——, "외제승용차 고물트럭 뒤섞여: 정연주 특파원이 본 94년 9월의 평양 2", 『한겨레』, 1994. 9. 13.
정영, "평양 핵심계층 한 달째 식량 배급 못 받아", *RFA*, 2019. 6. 25.
정용수, "북한 이미 시장경제 맛 봐… 공식시장만 460개 넘었다", 『중앙일보』, 2018. 10. 15.
정용욱, "정용욱의 편지로 읽는 현대사 14: 토지개혁(하)", 『한겨레』, 2019. 7. 6.
정종문, "산 너머 저쪽", 『기자들이 가본 북한: 남북교류행사 취재기자들의 방북기』, 다나, 1993.
정찬열, "가로등 아래 책 읽는 학생들, 가슴이 짠하다", 『통일뉴스』, 2016. 2. 4.
——, "결국은 자주, 그리고 평화다", 『통일뉴스』, 2016. 2. 11.
——, "만물상에 오르다. 시간이라는 조각가가 만든 저 걸작을 보라", 『통일뉴스』, 2015. 11. 27.
——, "매주 금요일 '로동봉사', 토요일 '학습의 날'은 북한이 가진 특별한 제도", 『통일뉴스』, 2016. 1. 21.
——, "뭐니뭐니 해도 먹고 살아가는 일이 크고 중하다", 『통일뉴스』, 2015. 10. 29.
——, "바람찬 흥남부두에서 목을 놓아 금순이를 부른다", 『통일뉴스』, 2015. 12. 24.
——, "세계 제일 목장 꿈꾸는 세포등판엘 가다", 『통일뉴스』, 2015. 12. 3.
——, "10달러에 배를 전세 내 유람할 수 있는 나라가 또 있을까", 『통일뉴스』, 2015. 10. 15.
——, "아! 모란봉, 을밀대, 부벽루", 『통일뉴스』, 2015. 9. 24.
——, "왜, 어떻게 북한을 방문하게 되었는가", 『통일뉴스』, 2015. 9. 10.
——, "우리가 살아왔던 추억이 북녘 땅에 고스란히 남아있다", 통일뉴스, 2015. 11. 6.
——, "'잡으라이, 여자하나 못 잡아서… 아이들 노는 모습이 참 재미있다", 『통일뉴스』, 2016. 1. 2.
——, "평양 노래방에서 '진도 아리랑'을 부르다", 『통일뉴스』, 2015. 12. 31.
——, "평양시내를 아침 일찍부터 해질녘까지 돌아다니다", 『통일뉴스』, 2015. 9. 17.
——, "평양의 동네 이발소에서 무료 이발을 하다", 『통일뉴스』, 2015. 10. 22.
——, "하루 종일 개성에서 송도삼절과 노닐다", 『통일뉴스』, 2015. 11. 12.
정창현, "북에 새로운 소비층이 성장하고 있다", 『민족21』, 2012년 3월호.
——, "유행에 민감한 젊은 세대의 튀는 패션, 세련미와 실용성을 추구", 『민족21』, 2013년 10월호.
——, "주체농법의 본보기 농장, 생활공동체적 성격의 집단적 경영시스템 특징", 『민족21』, 2006년 7월호.
정철민, "그날 황해제철소에서는", 2004년 11월 19일, 탈북자동지회 홈페이지(http://nkd.or.kr) '탈북자수기' 코너.
정태웅, "여기는 평양: 북녘의 항구기행④ 남포", 『민족21』, 2008년 5월호.
조재용, "NYT 객원칼럼니스트 방북기: 평양 곳곳 주민들 농작물 운반 목격", 『한국일보』, 1996. 9. 15.
주성하, "국영은행 눌러버린 북한 개인은행들", nambukstory.donga. com/Board?bid=123&#ilid=319645&m=view

———, “사회주의 3시간, 자본주의 5시간”, nambukstory.donga. com/Board?bid=123&timeseed=678&#!lid=319281&bid=123&p= 31&m=view
———, “애기신 무당의 중앙당 간부집 굿풀이”, nambukstory.donga. com/Board?bid=123&#!lid=303238&m=view
———, “인구 450만이 부풀려진 북한 식량위기의 진실”, nambukstory.donga.com/Board?bid=123&#!lid=303238 &bid=320339&m=view
———, “장마당의 진화 2편-표준화되는 북한 시장들”, nklogin. com/post/Postmng? ptype=v&contentkey= BFC1566265633
지은영, “평양의 ‘쑥갓, 토마토 피자’ ‘호박 피자’ 소박하고 담백하지만 독특한 맛”, 『민족21』, 2011년 1월호.
“1990년대 들어 화장 적극 권장 평양 각 구역마다 유골보관실 마련”, 『민족21』, 2009년 1월호.
“첫 ‘농업 분조장대회’ 개최, 분조관리제 강화와 포전담당책임제 실시”, 『민족21』, 2014년 3월호,
최재영, “재미 목사가 만난 2012년 가을의 평양사람들”, 정창연 · 정용일 편, 『북한, ‘다름’을 만나다』, 선인, 2013.
최진이, “2010년 11월 접경일지”, 『임진강』, 2010년 12월호.
———, “조선의 10년 군사복무제와 혼령기 인구성비률”, 『임진강』, 2014년 봄호.
———, “학부모의 입김이 세졌다”, 『림진강』, 2009년 봄호.
통일신보 특별취재팀, “여기는 평양: 평양시민들의 여름나기”, 『민족21』, 2009년 9월호.
특별취재반, “농민의 자율처분권 보장된다”, 『민족21』, 2013년 1월호.
———, “6자회담, 남북관계 등 국내외 정세 관심 표명”, 『민족21』, 2007년 4월호.
편집부, “2011년 4, 5, 6월 접경일지”, 『임진강』, 2011년 여름호.
“평양에 땅콩매대 등장”, 『민족21』, 2007년 12월호.
한명규, “뿌리는 같다”, 『기자들이 가본 북한: 남북교류행사 취재기자들의 방북기』, 다나, 1993.
한승호, “고달픈 북한 여성들…‘이혼율 증가’”, 『연합뉴스』, 2006. 7. 2.
허영식, “나는 왜 조선노동당을 깨끗이 버렸나”, 2006년 2월 3일, 탈북자동지회 홈페이지(http://nkd.or.kr) ‘탈북자수기’ 코너.
허재철, “CCTV 특파원이 만난 북의 여성 교통안내원”, 『민족21』, 2013년 3월호.
———, “중국 런민人民대 박사의 좌충우돌 평양방문기”, 정창연 · 정용일 편, 『북한, ‘다름’을 만나다』, 선인, 2013.
황병선, “두 얼굴의 평양”, 『기자들이 가본 북한: 남북교류행사 취재기자들의 방북기』, 다나, 1993.

미국 자료

Anna Louise Strong, *In North Korea: First Eye-Witness Report*, Soviet Russia Today, 1949. https://www.marxists.org/reference/archive/strong-anna-louise/1949/in-north- korea/index.htm
U.S. Department of State, *North Korea: A Case Study in the Techniques of Takeover*, U.S. Government Printing Office, 1961.

인터뷰

유난옥(함경북도 무산 출신. 1961년생) 인터뷰, 2019년 1월 17일, 전주.
최광애(평안북도 삭주 출신. 1977년생) 인터뷰, 2019년 1월 17일, 전주.
허선옥(평안남도 강동군 출신. 1936년생) 인터뷰, 2018년 7월 31일, 미국 매사추세츠주 메드퍼드 Medford.

찾아보기

【ㄱ】

【ㄴ】

【ㄷ】

【ㄹ】

【ㅁ】

【ㅂ】

【ㅅ】

【ㅇ】

【ㅈ】

【ㅊ】

【ㅋ】

【ㅌ】

【ㅍ】

【ㅎ】

지은이_ 안문석

1965년 전북 진안에서 출생해 서울대학교 철학과를 졸업하고, 영국 요크대학교University of York에서 정치학 석사, 영국 워릭대학교University of Warwick에서 정치학 박사 학위를 받았다. KBS 통일부, 정치부, 국제부 기자를 거쳐 정치부 외교안보데스크를 지냈다. 2012년부터 전북대학교 정치외교학과 교수로 재직하면서 동북아 국제관계, 북한의 대외관계, 미국 외교정책 등에 대해 강의하고 있다. 남북관계의 발전과 한반도 평화체제 구축, 통일외교 방안 등에 관심을 갖고 꾸준히 연구하고 있다.
활발한 저술활동을 통해 『북한현대사 산책』 1~5권, 『오기섭 평전』, 『김정은의 고민』, 『외교의 거장들』, 『글로벌정치의 이해』, 『무정 평전』 등 다수의 저서를 펴냈으며, "The Sources of North Korean Conduct"(International Journal, 2020), "문재인 정부와 한미동맹-동맹의 지속성에 대한 고찰"(『한국동북아논총』, 2018) 등 한반도와 국제정치 관련 논문을 국내외 학술지에 지속적으로 발표하고 있다.

북한 민중사

제1쇄 펴낸날 2020년 10월 30일

지은이 | 안문석
펴낸이 | 김시연

펴낸곳 | (주)일조각
등록 | 1953년 9월 3일 제300-1953-1호(구: 제1-298호)
주소 | 03176 서울시 종로구 경희궁길 39
전화 | 02-734-3545 / 02-733-8811(편집부)
02-733-5430 / 02-733-5431(영업부)
팩스 | 02-735-9994(편집부) / 02-738-5857(영업부)

이메일 | ilchokak@hanmail.net
홈페이지 | www.ilchokak.co.kr

ISBN 978-89-337-0778-4 93910
값 40,000원

* 지은이와 협의하여 인지를 생략합니다.
* 이 도서의 국립중앙도서관 출판예정도서목록(CIP)은 서지정보유통지원시스템 홈페이지(http://seoji.nl.go.kr)와 국가자료종합목록 구축시스템(http://kolis-net.nl.go.kr)에서 이용하실 수 있습니다.
(CIP제어번호 : CIP2020042023)